罗马史

从奥古斯都建立至奥里略去世

【英】伯里（J.B. Bury） 著
曾祥和 翻译
刘德美 沈念祖 整理

南京大学出版社

图书在版编目(CIP)数据

罗马史:从奥古斯都建立至奥里略去世/(英)伯里(J.B.Bury)著;曾祥和译;刘德美,沈念祖整理. — 南京:南京大学出版社,2024.4
书名原文:A History of the Roman Empire From Its Foundation to the Death of Marcus Aurelius (27 BC - 180 AD)
ISBN 978 - 7 - 305 - 27441 - 1

Ⅰ. ①罗… Ⅱ. ①伯… ②曾… ③刘… ④沈… Ⅲ. ①古罗马-历史 Ⅳ. ①K126

中国国家版本馆 CIP 数据核字(2023)第 233357 号

出版发行	南京大学出版社
社　　址	南京市汉口路22号　　邮　编　210093
书　　名	**罗马史:从奥古斯都建立至奥里略去世**
	LUOMA SHI: CONG AOGUSIDU JIANLI ZHI AOLILÜE QUSHI
著　　者	(英)伯　里(J.B. Bury)
译　　者	曾祥和
整 理 者	刘德美　沈念祖
责任编辑	官欣欣　　　　　　　编辑热线　(025)83593947
照　　排	南京南琳图文制作有限公司
印　　刷	南京爱德印刷有限公司
开　　本	718 mm×1000 mm　1/16　印张 38　字数 537 千
版　　次	2024 年 4 月第 1 版　2024 年 4 月第 1 次印刷
	ISBN 978 - 7 - 305 - 27441 - 1
定　　价	168.00 元

网址:http://www.njupco.com
官方微博:http://weibo.com/njupco
官方微信号:njupress
销售咨询热线:(025) 83594756

＊版权所有,侵权必究
＊凡购买南大版图书,如有印装质量问题,请与所购
　图书销售部门联系调换

曾祥和教授译伯里《罗马史》序

罗马帝国最初之两世纪,乃罗马史所有时期中最重要者,却无关于此时期适用于大学及学院之英文手册。此缺憾导致学生除对古典文学有相当造诣者外,所具备之罗马史知识,突然终止于亚克兴(Actium)之战。至少其系统知识终结于此,其所知之其后历史仅为由贺拉斯(Horace)、尤维纳尔(Juvenal)及塔西佗(Tacitus)作品中随意收集之孤立事实。尚祈本书能满足此迫切需要,消除《学生之罗马》(Student's Rome)与《学生之吉本》(Student's Gibbon)间之差距。

此书直接自原始资料写出,但须深为感谢诸多现代指南。首先应感谢蒙森(Mommsen)之《罗马之国家体制法》(Römisches Staatsrecht),及其《罗马史》(Römische Geschichte)之第五卷。亦应感谢下列诸书之持续裨益:梅里韦尔(Merivale)之《罗马帝国史》(History of the Romans under the Empire)、席勒(Schiller)之《罗马帝国史》(Geschichte der römischen Kaiserzeit),及赫尔佐克(Herzog)之《罗马宪法史及制度》(Geschichte und System der römischen Staatsverfassung)。迪吕伊(Duruy)之《罗马史》(History of Rome)偶亦有用。至于或多或少参考之专门书籍,则不胜枚举。加特豪森(Gardthausen)关于奥古斯都(Augustus)(未完成)、莱曼(Lehmann)关于克劳狄(Claudius)之专论(附宝贵之世系表)、席勒关于尼禄(Nero)之大作、贝格(De la Berge)及迪劳尔(Dierauer)关于图拉真(Trajan)、迪尔(Dürr)关于哈德良(Hadrian)之出巡、拉库尔-加耶(Lacour-Gayet)关于安东尼·皮乌斯(Antonius Pius)、希施费尔德(Hirschfeld)之《罗马行政史之研究》(Untersuchungen auf dem Gebiete der römischen Verwaltungsgeschichte),乃最重要者。并须特别感谢刊于《历史评论》

(*Revue historique*,第三十一卷,1886)之色诺波(Xenopol)关于图拉真达契亚战争(Dacian wars)论文之助。于编辑史料中,蒙森所编《安克拉奥古斯都与罗马神庙铭文》(*Monumentum Ancyranum*)、弗诺(Furneaux)先生编之塔西佗《编年史》(*Annals*)、哈迪(Hardy)先生编《普林尼与图拉真之通信》(*Correspondence of Pliny and Trajan*)及普鲁塔克之《加尔巴与奥托传》(*Lives of Galba and Otho*)、梅厄(Mayor)先生之《尤维纳尔之讽刺诗集》(*Satires of Juvenal*)、弗里德伦德(Friedländer)先生之《马尔提阿利斯之讽刺短诗》(*Epigrams of Martial*),皆极有帮助。作者亦得益于普尔色(L. C. Purser)先生之学识,并感激其细心阅读校稿之情谊。

希望最后一章"罗马之生活及习俗"对读者有用。内容编辑自:弗里德伦德之《习俗史》(*Sittengeschichte*)中提供之材料、史密斯爵士(Sir W. Smith)新版之《希腊罗马古物辞典》(*Dictionary of Greek and Roman Antiquities*)中各条目,以及梅厄之《尤维纳尔》。作者认为适合大量征引并参考贺拉斯、尤维纳尔及马尔提阿利斯,作为本章之特色,以利更直接联系到其所属时代之研究。

蒙森及其德国学派之精心研究,近年来对于宪法理论及元首制历史之考察有如此惊人成果,以致作者于手册所能接受之范围内,须充分处理。此乃困难之问题,但欲深入了解帝国历史,开头即须掌握第二、三章所专注之宪法原则。

目　　录

第一章　　自亚克兴之战至元首制之建立 / 1

第二章　　元首制 / 10

第三章　　"元首"与元老院共治之政府 / 26

第四章　　奥古斯都之家庭及其建立朝代之计划 / 40

第五章　　奥古斯都对罗马与意大利之统治、军队之组织 / 52

第六章　　奥古斯都统治下之行省：西方诸省 / 65

第七章　　诸省行政（续）：东方诸省及埃及 / 89

第八章　　罗马与安息、阿拉伯、埃塞俄比亚 / 103

第九章　　日耳曼之得与失、奥古斯都之死 / 109

第十章　　奥古斯都统治下之罗马及其建筑 / 123

第十一章　奥古斯都时期之文学 / 131

第十二章　提比略时期之元首制 / 146

第十三章　提比略时期之元首制（续）/ 165

第十四章　盖乌斯之统治（37—41年）/ 186

第十五章　克劳狄之统治（41—54年）/ 199

第十六章　不列颠之征服 / 222

第十七章　尼禄之元首制（54—68年）/ 236

第十八章　克劳狄及尼禄统治时期对亚美尼亚之战争 / 263

第十九章　加尔巴之统治，四帝之年（68—69年）/ 280

第二十章　日耳曼及犹太之叛变 / 303

第二十一章　弗拉维朝诸帝：韦伯芗、提图斯及图密善(69—96年) / 323

第二十二章　弗拉维朝之不列颠及日耳曼、达契亚战争 / 341

第二十三章　涅尔瓦与图拉真、达契亚之征服 / 354

第二十四章　图拉真时期之元首制(续)、东方之征服与行政 / 372

第二十五章　自提比略去世至图拉真时代之文学 / 391

第二十六章　哈德良之元首制(117—138年) / 419

第二十七章　安东尼·皮乌斯之元首制(138—161年) / 451

第二十八章　马尔库斯·奥里略之元首统治(161—180年) / 461

第二十九章　哈德良及安东尼王朝之文学 / 477

第三十章　帝国时期之罗马世界：政治、哲学、宗教及艺术 / 488

第三十一章　罗马之生活及习俗 / 516

索　引 / 552

后　记 / 590

附　识 / 591

整理《罗马史》感言 / 592

地图及平面图

罗马平面图　　　　　　　　　126
公元 69 年卡斯托庙之战地图　　291
图拉真达契亚战争地图　　　　363
具主要驻地之罗马城墙图　　　431

插 图

奥古斯都	1
战神庙	9
奥古斯都加冕	10
阿格里帕	25
利维娅头像（来自那不勒斯博物馆）	26
奥古斯都之钱币	39
着头巾之利维娅	40
朱利娅	40
马尔凯路斯之钱币	48
里米尼之奥古斯都拱门	52
盖乌斯及路奇乌斯之钱币	64
奥斯托之奥古斯都拱门	65
卢格杜努姆之罗马祭坛及奥古斯都之钱币	88
提比略之凯旋	89
奥古斯都之胜利纪念碑	102
庆祝自安息人收复鹰旗之钱币	103
奥古斯都及阿特瓦斯德斯之钱币	108
阿匹亚大道上所谓之德鲁苏斯拱门	109
德鲁苏斯之钱币	122
古代之罗马	123
麦凯纳斯头像	130

维吉尔之墓	131
贺拉斯迪根提亚河畔之萨宾农庄	144
提比略	146
布伦杜西乌姆之景	164
图拉真柱上之安息战士	165
日耳曼尼库斯之妻阿格里匹娜（来自卡庇托林博物馆之雕像）	185
盖乌斯与德鲁希拉（来自巴黎之国家图书馆浮雕饰品）	186
安东尼娅	198
克劳狄半身像	199
日耳曼尼库斯之女阿格里匹娜半身像（来自卡庇托之半身像）	221
美萨利娜（来自卡庇托之半身像）	222
日耳曼尼库斯之尊为神	235
尼禄	236
波佩娅像之钱币	260
尼摩苏斯水道	262
尼禄庆祝科尔布洛胜利钱币	263
阿萨克斯像之钱币	279
加尔巴之钱币	280
奥托	285
维特利乌斯	301
提图斯拱门	303
征服犹太之钱币	322
大竞技场	323
提图斯（来自大英博物馆）	329
图密善（来自慕尼黑之雕像）	331
韦伯芗雕像	341
林肯之罗马拱门	353
涅尔瓦	354

插　图

图拉真纪功柱上之人物	370
图拉真纪功柱	371
图拉真	372
图拉真纪功柱上之浮雕	386
图拉真将一王交付安息人	389
迎接哈德良入城礼之钱币	390
尼禄之七弦琴（来自卡庇托雕像）	391
（史称）塞涅卡（来自那不勒斯博物馆之半身雕像）	418
哈德良（来自大英博物馆半身像）	419
图拉真之世系表	420
萨比娜头像	450
安东尼·皮乌斯	451
安东尼及福斯提娜之神化	460
马尔库斯·奥里略	461
路奇乌斯·维鲁斯	476
哈德良陵墓	477
安提努斯头像（源自大英博物馆）	487
维纳斯与罗马神殿（今日景象）	488
马尔库斯·奥里略凯旋浅浮雕	514
庞贝之浴场	516
学校之鞭笞	524
卡拉卡拉浴场	535
弗拉维竞技场一区	546
竞技场升高野兽之法	550
"军营之母"福斯提娜	551
安东尼·皮乌斯钱币，显示其神化时之火葬堆	589

第一章 自亚克兴之战至元首制之建立

第一节 屋大维

屋大维(Octavius)为恺撒之姊朱利娅(Julia)之外孙①,为恺撒所收养。起初如其真正父亲名屋大维(C. Octavius)②,于此独裁者死后加入尤利乌斯家族,自称为尤利乌斯·恺撒·屋大维(C. Julius Caesar Octavianus)。但屋大维之名旋即未用,时人多以恺撒名之,犹如西庇阿·埃米利亚努斯(Scipio Aemilianus)通称为西庇阿。

公元前31年9月2日亚克兴之战,屋大维胜,次年8月1日,安东尼(Marcus Antony)自杀,屋大维乃独掌罗马大权。屋大维并非天纵之才,

奥古斯都

其成就盖得力于冷静之自制。虽不乏如于伊利里库姆战役所显示之个人男气,但既非将才,亦非士兵。政治方面亦无创新发明之功,但治事能力极强,遵循恺撒之遗规而大都能予以实现,为人冷静而乏热忱,思想极有条理,表达力求正确。其才艺多而不精,希腊知识不足,喜爱简单明确之文体,对文学能作精确之批评,

---

① 屋大维之母阿提娅(Atia)为朱利娅之女。
② 据云获姓图里努斯(Thurinus)。

与同时代知识分子同样无法免除迷信；衣食简单，居处亦不奢侈，家庭观念极为强烈，有时为其所累；身材不高，五官端正，仪表颇具威严；惟健康不佳，肤色常呈苍白。其能克享古稀之年，殆得力于生活之简易及自制。

第二节　阿格里帕及麦凯纳斯

屋大维之成功颇得阿格里帕（M. Vipsanius Agrippa）及麦凯纳斯（G. Cilnius Maecenas）二人之助。二人于内战期间，助之克服强敌。统一之后，又助之安定国家。

阿格里帕久居要津，于世界史上之地位颇为重要。但其事迹却流传不多。阿格里帕为屋大维总角之交，终身甘居其下，从不妄冀非分；善将兵，在与塞克斯图斯·庞培（Sextus Pompeius）及亚克兴之战中，对屋大维帮助极大。公元前41年佩鲁西亚（Perusia）之围，初露头角，其后战胜莱茵河右岸之日耳曼人，声名大著。阿格里帕出身寒微，贵族视之为暴发户，所受教育亦不多，但趣味不俗。其人精力充沛，若干建筑于其指导之下，表现极佳；高卢之道路亦由其监督修筑。其外表严厉而粗鲁，性情内向而高傲，野心勃勃，但从不妄想逾越屋大维。实则当时如与屋大维一争短长，鹿死谁手，正未可知耳。

麦凯纳斯对屋大维亦同样忠心，但不喜居显位，常愿隐居幕后。麦凯纳斯长于外交，于布伦杜西乌姆（Brundusium）及米塞努姆（Misenum）条约之谈判中，厥功甚伟。当屋大维领兵在外时，麦凯纳斯常坐镇意大利，为其看守门户。直至公元前8年逝世为止，始终为屋大维之可靠友人及得力顾问，对帝国宪法之制定，贡献颇大。麦凯纳斯卑视名位，仅以能对屋大维深具影响，参赞机密为满足，曾拒绝自骑士阶级晋升至元老阶级，实则彼出身富贵，其近祖盖出于伊特鲁里亚

(Etruria)望族,生活奢侈而高雅,"静如处子,动如脱兔"①,深受当时文化气息熏陶,对文学极感兴趣,结交文人极夥,维吉尔(Virgil)、贺拉斯等之为屋大维所重,皆其推介,将于另章述之。

阿格里帕、麦凯纳斯二人助屋大维得天下后,尽心竭力,辅弼左右。公元前28年,阿格里帕第二度为执政官,与屋大维并居高位,更与屋大维之甥女马尔凯拉(Marcella),乃屋大维之姊屋大维娅(Octavia)与其首任丈夫马尔凯路斯(Marcus Claudius Marcellus)②之女结婚,中贵内戚关系愈益密切。

第三节 屋大维对埃及之措施

亚克兴之战非唯决定屋大维与安东尼之成败,亦且决定东方与西方政治形态之采用。安东尼在东方之政策、与埃及女王克里奥帕特拉(Cleopatra)之关系,及以亚历山大城为罗马第二之意图,在在显示若该战安东尼获胜,则埃及将在罗马居于最重要地位,帝国将采东方式之君主专制。屋大维深知埃及之重要性,刻意防范其对将来之威胁,希腊人所建之托勒密(Ptolemy)王朝自不能继续存在,屋大维未设新省,乃以克里奥帕特拉及处死之托勒密·恺撒之继承人自居,虽不用王号,但指定省长,直接对己负责;作为埃及之君主,罗马元老不得其特许,不能擅访埃及。其首任省长即为助其攻下亚历山大城之加卢斯(G. Cornelius Gallus)。埃及居民不得为罗马公民,其城市亦不得设地方之政府。③

埃及之战利品

克里奥帕特拉之财富对屋大维迫切之需要,极有帮助。举凡其内战期间所

---

① 维雷乌斯·帕特库鲁斯(Velleius Paterculus)之语: otio ac mollitiis paene ultra feminam fluens。
② 屋大维娅之第二任丈夫为安东尼(M. Antonius)。
③ 见下第七章第四节。

负之债,以及军队与罗马民众之赏赉,皆由此出,对帝国繁荣之恢复,厥功甚伟。多年战乱之后,民穷财尽,安定繁荣实当时国人所渴望。

但埃及之财富贡献最大者,厥为安置12万退伍军人之生活。亚克兴战后,兵役期满之军人立被解甲,但未获前所预期之报偿。此辈包括屋大维本身所属之军队及安东尼之降卒,当其返抵意大利后,自知一旦内战结束,即将无足重轻,乃要求立即支领其应得之款。随军西返之阿格里帕及坐镇意大利之麦凯纳斯皆无法安抚,乃急请正在萨摩斯(Samos)过冬之屋大维返意处理。屋大维冒冬季波涛之险,两度遭遇飓风,一部分船只沉没,始抵布伦杜西乌姆。对退伍士兵或授田,或赏金,不敷所需者拖延,其余大部皆作口头允诺,直至获得埃及巨大财富——支付,始履行其义务。

退伍军人之垦殖意大利

退伍军人大半皆意大利人,极盼于故乡获得土地,但内战期间,意大利人大部支持屋大维,不便如十年前之大量攘夺大地主之田产以供均分,惟安东尼旧部战时原驻拉文纳(Ravenna)、波诺尼亚(Bononia),及卡普亚(Capua)等地,于该地强占之田则可强其退出,而以行省之地补偿之,尤以战后人口减少之东方为多。其余仍无田可分者则需以金钱购买,于公元前30及前14年,曾以6亿塞斯特斯(sesterce,约500万镑)购置意大利农田以供分配。此等田地多在阿特斯特(Ateste,今Este)附近,其迹今犹可考。埃及征服之后,安东尼旧部移驻高卢南部,于该地建具有拉丁公民权(jus Latinum)之垦殖区,如尼摩苏斯(Nemausus,今尼姆[Nimes])等。

退伍军人之大批解雇,及战争所受之损失,必须重组军团,采取联合同遭大量减少之军团,形成新"双团",称之为"合组"(Gemina),如第十三"合组"、第十四"合组"军团皆是。

第四节　屋大维在东方

公元前30年8月克里奥帕特拉死后,大半年间,屋大维皆忙于处理亚洲诸省及属邦之事。犹太(Judea)之希律(Herod)领土扩大以酬其战时之助。小亚细亚诸小邦亦略有变动①。罗马颇冀其乘胜回意大利前,与帕提亚(Parthia,即安息)帝国议和,弥补卡雷(Carrhae)之败。维吉尔此时极赞誉之,直之为亚洲远至印度②战争与和平之仲裁者。但屋大维延迟处理帕提亚问题。

屋大维之返意大利、小雷必达之阴谋、屋大维之法令

公元前29年夏,屋大维返意大利,元老院及国人竭诚欢迎。盖久乱思治,皆以为屋大维能致天下于太平。仅雷必达(M. Aemilius Lepidus)之子轻率而有雄心,不甘其父退隐平静之奇尔切伊(Circeii),欲俟其归,谋叛屋大维。其父毫不知情,而其母布鲁图斯(Brutus)之妹朱尼娅(Junia)则私许之。麦凯纳斯适时发现阴谋,立即逮其母子,送小雷必达至在东方之屋大维,处死。此事件影响不大,屋大维安然无恙,方其归时,国人对其拥戴之情至为热烈。元老院以其诞辰为国定假日,以后并每年举行竞技,其名与战神祭司团(Carmen Saliare)之神并称,甚至亦可一如埃及与小亚细亚之俾以神圣地位,埃及以其为托勒密王室之继承人,小亚细亚俾以阿塔路斯(Attalids)所享之特权,但屋大维虽于东方已成为神,于

---

① 此等改变见下第七章第二节。
② 《农事诗》第2卷第170行:"大恺撒,作为得胜者,如今在亚细亚极远处驱退不善战之印度人远离罗马戍楼。"(Maxime Caesar Qui nunc extremis Asiae iam victor in oris Inbellem avertis Romanis arcibus Indum.)

6　罗马仍不欲以神自居①。屋大维已为终身之保民官②,此时再度赋予此职并扩充其权。每四年之胜利日,举行竞技会以纪念之。以其所俘船头及战利品装饰神圣之尤利乌斯(Julius)神庙。罗马广场(Forum)及布伦杜西乌姆皆搭建凯旋门,元老院及民众一致举行对诸神之感恩献祭。

凯旋礼

　　屋大维之凯旋大庆延续三天(8月13、14、15日),已解散之军队皆复返原来单位参加,所有参与胜利之战之队伍齐集罗马附近,每一士兵获赏一千塞斯特斯(约8磅),罗马民众每人得四百塞斯特斯。胜利包括对当时仅知三大洲之征服。最初数日庆祝对欧洲之征服,包括潘诺尼亚(Pannonia)、达尔马提亚(Dalmatia)以及屋大维于东方时卡里纳斯(C. Carrinas)对高卢叛变部族之征服。次日庆祝亚克兴战役,代表对亚洲军队之胜利,战利品较得之于贫穷之伊利里库姆(Illyricum)国君者更为华丽,诗人普罗佩提乌斯(Propertius)谓曾见"君王之颈系以金炼,亚克兴之舰队溯圣路(Via Sacra)而上",被俘诸王中有战时为屋大维所废之埃美萨之亚历山大(Alexander of Emesa),及在战争以前大杀罗马人之加拉太(Galatia)统治者阿迭托里克斯(Adiatorix)。凯旋礼后,处死被俘诸人。第三日庆祝对非洲之胜利最为精彩,克里奥帕特拉已自戕,免受献俘之辱,但其塑像及其幼子亚历山大与幼女克里奥帕特拉则被迫参加,代表埃及王室灭亡,庆

7　祝行列中有尼罗河及埃及之像,及大量金币银币使人目眩,此等大量货币之流入意大利,竟使利率由12%降至4%。此外更有一点与传统凯旋礼不同者,即另一执政官波提图斯(M. Messalla Potitus)及其他元老非依往例在队伍前导,引胜利

---

①　后来建立其于西方诸省之崇拜,见下第六章第三节。
②　保民官亦采用之权(potestas)如下:(1)即使当地官吏反对亦可召唤人民,且于部落集会中做决定;(2)于城市第一里程碑内,若遇请求帮助时,有权阻止其他官员之诉讼程序;(3)有权调停元老院之敕令及其他官员之法令;(4)有权约束及惩罚(coercitio)任何企图阻止其法令,或侮辱其人者。保民官之权因宗教义务(sacrosancta)变为神圣;保民官之人身不可被侵犯。除非另一保民官出面调解,或上诉(provocatio)至百人团会议(comitia centuriata),否则无法反对保民官,其权成为宪法中最强者,且诸恺撒兼独裁者及三头之权,以支持其地位。

者入城,而系殿后,此项创新显示罗马即将入于君主制。

典礼之中,又将恺撒设计、开始兴建,死后才完成之建筑及其本人之庙,由屋大维郑重呈献。由贵族子弟扮演之"特洛伊"(Troy)竞赛会在马克西姆斯竞技场(Circus Maximus)上演,共分前后两部,其中一部即由屋大维养子,后为继任皇帝之提比略(Tiberius Nero)领导,元老院设置胜利女神像,此外更有各种竞技及角力比赛,甚至元老亦不惜纡尊降贵参加表演,以襄盛举。

掩蔽亚努斯神庙之门

是年1月11日元老院即曾郑重下令掩蔽亚努斯(Janus)神庙之门,显示和平时代即将来临,此种由努玛(Numa)王创始之仪式自第一次布匿(Punic)战争结束以来,凡二百余年未见举行。严格而论,罗马各地尚未全归太平,西班牙北部山间部族及日耳曼边疆仍时有动乱,但与过去二十年来之内战较之,实微不足道。著名之"罗马和平"(Pax Romana)终于来临,帝国伊始,关闭战争之门,谁云不宜,"帝国即和平",①诚属真实。

第五节　屋大维三头政治之地位及辞此职

恺撒前此所具三头政治之身份本为临时性者,于法无据,在三头政治之头衔下,除具有执政官正常之行政权及行省总督特殊之军权外,更有原属民会之立法、任官之权。和平既已恢复,此权必须交还,但一切恢复恺撒以前旧观,已不可能。元老院既已腐化,与终身任期之元老相较之下,每年改选之行政人员又复软弱无力,唯一可行之有效方法即一人专制。恺撒之时既已行之在先,三头政治之结果,势必走上独裁之一途。但屋大维欲图合乎宪法取得大权,且不愿违反共和

---

① 拿破仑三世之名言:L'Empire, c'est la paix。

传统,"独裁政治"(dictatorship)或三头政治皆非长期合法之头衔,乃欲另谋他法,以求建立一永久性之合法威权。

屋大维自公元前43年提提亚法(Lex Titia)取得三头政治之权力,凯旋之后,仍居其位一年又半,直至前27年始行放弃。公元前29年,屋大维第五度当选执政官,次年,亦复为之,或许此两年内尽量依照执政官之权行事。但帝国重建,百废待举,当务之急,莫过于补充贵族阶级(patriciate)及改组元老院。公元前30年,元老院通过塞尼亚法(Lex Saenia),授权屋大维晋封新家族入贵族阶级。次年,屋大维予以执行。前28年,运用监察官身份与是年同为执政官之阿格里帕举行户口普查,整顿元老院并改良其组织,①废止内战期间一切权宜措施,但其范围及实施情形则不详。同年又依照旧习俗,与其同僚阿格里帕互换执政官之权标(fasces)以承认彼此地位相同,并开始恢复元老院于行省之行政权。

公元前27年,屋大维第七度当选执政官,阿格里帕又为其同僚。似已放弃其部分特殊大权②,但彻底改换方式,另谋他法取得合法大权之时已至。1月13日,屋大维向元老院辞去三头政治之职位及交还行省军权,一时之间③,表面似为真实,及"共和古制已经恢复"之说,屋大维可以"罗马人民自由之拥护者"(libertatis P. R. vindex)之名铸于币上,但此后延续将近千五百年之帝制,实由此始。

---

① 见下第三章第二节。
② 奥古斯都于其《功业录》描述其重建共和如下:"于予第六及第七执政官时期,平息内战之后,经一致同意成为共主,将共和自予之权力转移至元老院及罗马人民。"见下章附录A。
③ 同时代之作家狄翁·卡西乌斯(Dion Cassius)假奥古斯都之口曰:"予向汝交还军队、行省、赋税及法律。"《罗马史》第55卷第9节。

附录

公元前 29 及 28 年间奥古斯都权力之定义

奥古斯都战胜后,返回罗马至公元前 27 年 1 月 13 日间,其合法地位及所具之权力,为赫尔佐克(《罗马国家宪法史》第 2 卷第 130 页及以下)所充分讨论。吾人乍见权威人士之说,将推断奥古斯都仅保留提提亚法所授之权力,而视此举为篡夺,赫尔佐克驳回此说。(赫尔佐克正确地摒除狄翁认为监察权来自皇帝继承之头衔之观点,及苏维托尼乌斯认为特殊授予,来自永久道德及法律控制权[morum legumque regimen]之不同说法。奥古斯都于其《功业录》中明确陈述此曾提供于彼之道德及法律控制权,但为其所拒。)其观点乃内战之后,公元前 29 年中,奥古斯都依提提亚法所具之特殊权力为一新正式法令合法化,此法定义其涵盖省及军队之执政官统帅权,及包括监督功能之宪法。此组合无足够证据,主要根据奥古斯都(《功业录》第 6 节第 13 段)表达之"获得一致同意控制所有事物"(per consensum universorum[potitus rerum omn]ium)。但无论是否有新法,此时期奥古斯都之权力与公元前 29 年前其任三头执政官者相同。

有关狄翁所谓奥古斯都于公元前 29 年行使之监察权,及奥古斯都自述于公元前 28 年行使者,有若干困难。赫尔佐克认为奥古斯都不能于任执政官时如此做,因监察权通常不超过两任执政官之年;且奥古斯都之监察官同僚阿格里帕(狄翁《罗马史》第 52 卷第 42 章)非其公元前 29 年之执政官同僚。假设狄翁于年代有误似颇简单,而元老院于公元前 28 年由执政官以监察权行使监察及净化,此乃古共和时期执政官之部分权力。

战神庙

第二章 元首制

第一节 奥古斯都之新宪法，其最初及最后之形式

屋大维辞去公元前43年赋予之"三头"(triumrate)及总督之权后，其所负任务厥为恢复共和之名而集一切行政于一身，易言之，即在宪法形式下，为罗慕路斯(Romulus)第二而无君主之名，此时屋大维仍拥有公元前36年所获之终身保民官职位。

于罗马建城727年1月16日，亦即屋大维放弃其非常大权后三日，罗

奥古斯都加冕

马帝国即正式开始，普兰库斯(Munatius Plancus)于元老院提议上屋大维"奥古斯都"(Augustus)之尊号，以表扬其对国家之贡献。此字虽未授予任何政治权力，却为此后皇帝最明显且最重要之名号。盖此字显示宗教意味，予被神化之恺撒之子以神圣地位。帝国实际权力所在之代行执政官统帅(imperium proconsulare)①职位亦同时恢复，为期十年，期满可再续。其权与前此加比尼乌斯法(Lex Gabinia)及马尼利乌斯法(Lex Manilia)所予庞培者相同。统帅

---

① 见本章末附录B。

(Imperator)拥有全国陆海军指挥权,其辖区包括所有边疆最重要之省份。此权主要为军事性质,故罗马及意大利不在其内。因而仅凭其本身不足以建立名为维护共和宪法,实为恢复王权之君主制。屋大维之想法来自其新宪法之特性,为补充及增强高级首长之一之最高权力。

屋大维最初欲借执政官职位补其不足①,为公元前 27 年之执政官,以后四年每年连选连任,如此非唯于罗马及意大利具有统治权,即在行省亦可提高其地位,因屋大维如仅为省长,虽辖区远过其他省长,但在法理上却与此辈处于同样地位,今屋大维兼为执政官,其地位乃远在其他省长之上。但作为执政官,须另有同僚,彼此地位在法理上相等,对于一国元首究有未当,且执政官之一任期如系终身,仅另一执政官每年改选,则曾为执政官者必大为减少,对于需要只有执政官身份始能充任之职位时,至为不便。更有甚者,执政官常被目为元老院之代表,而皇帝为民主政治之产物,似应代表人民。屋大维遂属意于保民官职位之兼领。但发现居十位保民官之一于民政事务上之高位,较居两位执政官之一之权力为难用,乃终身永保其原有之保民官之权(tribunicia potestas),却似未充分利用。

公元前 23 年,屋大维乃放弃其初步计划,于 6 月 27 日辞执政官职,依靠保民官为其权力之第二支柱。保民官之职原已授予终身,自此除保有终身任期外,每年复经选举,并以是年为其统治之元年。就此方面而言,可谓帝国自公元前 23 年始克完成其最终之形式。是年(第 11 任执政官)以后,屋大维仅于公元前 5 年及前 2 年各任执政官一次。其后之皇帝常不止一次兼任执政官,但非必要之身份;此为对同僚之区别,而非对皇帝之优势。

奥古斯都辞执政官,但保民官并不能完全代替执政官之地位,乃于公元前

---

① 不知此是否于其恢复共和国之同一天(1 月 13 日)或 1 月 16 日接受奥古斯都之名时,此最高权力亦予更新。奥维德之《岁时纪》第 1 卷第 589 行记载此事:"归还行省于人民,汝之祖父受以奥古斯都之名。"(redditaque est omnis populo provincia nostro, et tuus Augusto nomine dictus avus.)

23年及以后数年经一连串之特殊法规授予特权,其中包括可随时召开元老院会议①,每次开会可首先提出议案(ius primae relationis)。其代行执政官头衔加"高级"(maius)字样以别于其他代行执政官,在罗马可使用十二权标(fasces),座位介于两执政官之间(前19)。于外在尊严上其地位遂与执政官相等。奥古斯都或亦得到发布行政敕令之权(ius edicendi)②。凡此种种由不同法规分别赋予之权,其后更汇合成为一条法规,每一皇帝即位时,皆由元老院及民会授予。至是皇帝于宪法上之权力乃建立于总督权力、保民官权力及特别法授予若干特权之三基础上。

第二节 统帅之头衔

"统帅"(imperator)之头衔仅表示皇帝身为总督及军事上之职权。真正能代表其一切职权之"王"(rex)字,奥古斯都绝不敢采用,故意伪装共和,仅以皇帝为一官员而非专制君主。但无论如何,总须有一名词表示其于共和国中之崇高威权,乃自称"元首"(princeps)③,意即"首席公民"(princeps civitatis),一面显示其崇高威权,一面表示其基本身份与一般国人平等,与奥古斯都宪法之精神完全相合,不确指任何固定职位,完全属于礼貌上之称呼。"首席公民"与"首席元老"(princeps senatus)不同,首席元老系指元老名单上居首位,有权被优先征询其意见之人。公元前28年,奥古斯都亦曾获此职位。但当言及元首一词时,则非指首席元老,而系首席公民。奥古斯都所组织之帝国常被称为元首制之时,与

---

① 此权或即来自保民官之权。
② 或于公元前19年(赫尔佐克)。
③ 比较贺拉斯,第1卷第2首第50行。于东方诸省译princeps为霸主(hegemon),但通常称皇帝为王(basileus),最终仅限于称罗马皇帝及波斯君王。奥古斯都在希腊文为sebastos(至尊)。

以后逐渐演变为绝对专制之时相对而言,元首制实际上仅为帝国阶段之一①,故可谓奥古斯都创造元首制,而恺撒则为帝国之真正建立者。

第三节　元首制之宪法理论

依据法理而言,奥古斯都之时帝国在元首统治之下,由元老院及全体人民共同治理,人民授权元首,实际即由代表人民之首席公民与元老院分治,宪法之共和形式及皇帝之官员性质逐渐消失,最初则明确显示并严格遵守也。共和时期元老院仍保有若干实权,民会亦照常召开,执政官、司法官、保民官,及其他官员仍然照常选举。元首制实际上并非君主之国,而为德国学者所谓"两头政治"(dyarchy)之国,由元首及元老院共同统治。不过二者之间并非平等,皇帝掌握军队最高指挥权,乃实际力量所在。所谓"两头政治"之说,显属表面之词。帝国前三百年宪法史之主要形态厥为元老院威权之衰落及元首权力之相对增加,直至终于成为皇帝绝对专制,其时帝国已不复能以元首国称之矣。

"元首"为一长官,其权力来自人民,其地位建立于人民握有主权。首席公民与其他公民同样受制于法律,如需解除任一法律拘束时,须由元老院予以解除。罗马所有长官在职期间除其上级长官外,不受任何人召讯,"元首"亦同样享有不受刑事审判之权,但"首席公民"任期终身,且更无上司,乃得免除一切刑事审讯。万一退位或遭废黜,则须与众人同样接受法庭审讯。罗马法又允许起诉已死之人,往往"首席公民"于死后为元老院审判有罪,则其生前荣誉全归乌有,其所定法规亦属无效。重者禁止其公共葬礼,并废除以其名竖立之雕像及纪念碑,轻者自皇帝行列中取消其名,长官就职时向其宣誓遵守之法令亦归无效。

---

① 奥维德,《岁时记》第 2 卷第 142 行,一名句区别罗慕路斯称"君王"(dominus),而奥古斯都称"元首"(princeps),奥古斯都不喜被称"dominus",关于 princeps 之头衔,参见本章末附录 C。

"元首"如未被判罪,则其法令仍属有效,接受奉之为神之荣誉。

元首制对已逝元首之神化,为其时一重要特色,其源来自恺撒。恺撒生时即允许罗马人视之为神,以敬神之礼向其崇拜。虽无专庙,其雕像却列于诸神庙中,有专门之祭司(flamen)。恺撒死后由元老院及人民发布敕令,以尤利乌斯神(divus Julius)之名,列之于罗马诸神祇之中。屋大维生时不敢令罗马人祀奉①,奥古斯都满足于仅用神祇之子(divi filius),但其所获"奥古斯都"之称则颇具神圣意味,且常自喜与罗慕路斯相比拟,于死后晋升为众神。由此可见奥古斯都较恺撒知时务处,每常以缓和方式渐达其目的,非若恺撒之莽撞,亦可谓接受恺撒前车之鉴之结果也。恺撒不掩饰专制,奥古斯都则自称"元首",而不称"王"。在罗马,恺撒生时即已为神,奥古斯都则仅为神之子,死后始为神。

元首制与其他行政组织有重大不同处,无指定之事。即此职位出缺,始能决定继承人。故皇帝去世,帝制即暂时中断,由元老院及人民统治,实际领导权落于执政官之手。英人所谓"君王已死,君王万岁"之原则,从未见之于罗马帝国。

元首制于行政方面并非世袭而系民选,可由民意授之任何公民。"元首"之产生常由二或三次法案,首先获得统帅及获"奥古斯都"之尊称,继得保民官职位,再以"皇权法"(lex de imperio)授予其他特权。其最重要之职权在于统帅,由此获得帝国一切军队统率之权,一旦获得,即为皇帝。保民官职权自然随伴而来,但本身并无最高权力。新君接任统帅之日(dies imperii),即其统治开始之时。

行省总督之权理论上得之于民,但从未于民会中选之。习惯上,总督向由元

---

① 罗马街上祭坛供奉奥古斯都保护神(genius Augusti),与保护罗马诸神(Lares)相连;参考贺拉斯《歌集》第4卷第5首第34行:"并与汝之神混合。"(Et Laribus tuum miscet numen.)见上第一章第四节战神祭司团。当代诗人不迟疑以神论奥古斯都。故贺拉斯写下《歌集》第3卷第5首第2行:"视奥古斯都为一位现在之神。"(Praesens divus habebitur Augustus.)而另一处《书札》第2卷第1首第15行,言及对奥古斯都所致神圣荣耀:"及时赠汝诸多荣耀。"(Praesenti tibi maturos largimur honores.)

老院代表人民授予。① 统帅先由兵士选任,当兵士授予统帅头衔之时,需元老院正式认可,否则即为僭窃。反之,元老院虽予合法任命,但军队不承认,则无从执行其职权。

新元首之地位于元老院及军队皆承认时,即完全建立。奥古斯都以后,"元首"之总督职为终身,不接受任何形式上之年金。

保民官之职则由公民会议授予,须经两次立法。先有一特殊法规说明即将授予权力之性质,再决定人选,往往二者合并举行,由一行政官员(或为执政官之一)于会议中提出议案,说明职权性质并提候选人名。此议案例须先于元老院提出,在与公民会议提出之间须有一段时间,即三个市场日(trinum nundinum)。元首制之初期,此等形式仍然采用时,保民官职位之获得常在接受统帅之日以后一段时间。保民官职权为终身,但每年再经形式上之选举,元首据此以为其统治纪年。②

帝国元首名义上虽为选举,实际上除非发生革命,元老院及军队无从择其人选,承平时期皆由前任皇帝择其继承之人,并于生时授予若干军权之标帜或任务,多系父子相传,无子则传婿或外孙,子女俱无则于近亲中过继一人。帝国实际上倾向世袭。此点特色于帝国一开始时即已显露,盖帝国之创始者首次登上政治舞台,即以恺撒之子及继承人之关系,是故毫不犹豫努力建立一恺撒之朝代。

---

① 见本章末附录 E。
② 保民官年(tribunician year)始自 12 月 10 日;但统帅保民官年始自授权之日,直至一世纪末引进古老共和时代之常规。一般持续使用更为实际之执政官纪年,始自 1 月 1 日。

第四节　元首之荣誉头衔

奥古斯都除统帅及保民官职权外,另有其他头衔及职务,但在法理上无关紧要,其中有公元前 2 年由"元老院、骑士及人民"所上"国父"(pater patriae)之称,以后诸帝亦均具此头衔。① 公元前 12 年 3 月 6 日雷必达死后,屋大维由人民选举为大祭司长(Pontifex Maximum)。雷必达于三头之一职位被黜后,获准仍保大祭司长职位,直至其死,此后诸帝亦常保此职,形成其固定头衔之一。奥古斯都又属于其他宗教团体,除大祭司长外,更为七人委员会(septemvir)、十五人祭司团(quindecimvir)、占兆官(augur),又列入朱庇特祭司团(Fetiales)、兄弟田地祭祀团(Fratres Arvales)及提提乌斯(Titii)族祭司团。②

奥古斯都并非监察官(censor),皇帝亦不兼具监察官之权,但有时于短时间担任之。其所以不长居此位,理由至为明显,盖欲保存共和之形式及保持元老院为一独立机构,监察官主要职权之一即掌元老名单之删除,奥古斯都不愿兼任此职,对元老院直接控制,以坏其名义上之独立。

公元前 28 年,奥古斯都与阿格里帕同为执政官,曾据古制行使监察官之权,公元前 8 年又单独为之,公元 14 年与提比略共同行之,但皆不以监察官名义,而暂由元老院委以兼执政官之职,以执政官名义行之。公元前 22 年,民会提议授奥古斯都终身监察官之职,为奥古斯都所拒,另派雷必达(Paullus Aemilius Lepidus)及普兰库斯(Munatius Plancus)任之。此为最后一次两位普通公民同任此职。另有三次③提议奥古斯都终身担任"定法制礼"(morum legumque

---

① 此头衔最初由卡图路斯在元老院授予西塞罗。参见尤维纳尔《讽刺诗集》第 8 首 244 行,称西塞罗为"罗马国家之父"。但于此庄严头衔与赞美西塞罗之间无历史之关联。李维将此头衔归之于罗慕路斯。

② 此等不重要职位皆未列入其正式头衔中。

③ 公元前 19、18 及 11 年。

regimen)之职,皆为其所拒,以免公然违反共和传统,显示露骨专制。但监察官之若干职权,尤其骑士监察官(census equitum)则自始即入其手。

"元首"并无执政官之权①,仅有时为某种特别目的短期特别授予之。

第五节　皇帝名字之式样

皇帝既然避免使用"王"及"独裁官"之名,则以下列名义以别于一般公民:(1) 自奥古斯都至哈德良(Hadrian),除克劳狄(Claudius)、尼禄(Nero)及维特利乌斯(Vitellius)三帝外,皆不用族姓(gen);(2) 从不指明所属部族(tribe);(3) 大多采用统帅(Imperator)头衔为首名(praenomen),首先见之于恺撒于其名字之后、其他头衔之前用之。遂视之为第二氏名(cognomen),奥古斯都以之为其父名字之一部分,更以之为其本身之首名,以代替其原来之首名盖乌斯(Gaius)。

所有恺撒之男系家族皆袭恺撒之名,此字为尤利乌斯(Julius)氏族(gens)之名,其后诸朝皇帝皆沿用之。恺撒遂为皇帝及其族姓。当盖乌斯逝世,尤利乌斯恺撒家族绝嗣时,其继承者克劳狄采用恺撒为其姓,其后诸朝皇帝皆沿用之。恺撒遂为皇帝及其家族常规之姓。

"奥古斯都"为一荣誉头衔,非如"统帅"或"执政官"之为职位名称,此后皇帝之妻亦可获得"奥古斯塔"(Augusta)之称。"奥古斯都"不若"恺撒"之可世袭,必须由元老院或民会授予,显然亦为家族之姓,尤其专指屋大维而言,因彼为首先获得此称者。其继承者于获得实权时,亦同时膺受此名,以示其不同职权虽皆有同僚,但皇帝则仅有一人。

帝国晚期"奥古斯都"与"恺撒"二头衔有高低之分。正式皇帝为奥古斯都,其所选继承人则为恺撒。奥古斯都与恺撒皆可不止一人。

---

① 见本章末附录 B。

"统帅"在皇帝之头衔上,有两种不同用法:(1) 表示行省军权时,置于本名之前为名字,前文已述;(2) 统帅冠以一数字,置于本名之后、其他头衔之间,表示曾于胜利之后,以"统帅"身份,接受士兵致敬若干次,二者之间有密切关联。盖被指定为"统帅"之初,即被认为第一次获得此名,践位后第一次胜利时则为 Imp. II。

皇帝名字之次序亦值得注意。[①] 早期诸帝时,"恺撒"在本名之后,例如 Imp. Nero Claudius Caesar Augustus。韦伯芗(Vespasian)起,"恺撒"则在本名之前,为 Imp. Caesar Vespasianus Augustus,"奥古斯都"居最后。

第六节 元首之服饰与特权

"元首"有权于公共场所出现时,一年四季皆着长官所穿镶有紫边之长袍(toga),遇有大典则着全紫镶金边之长袍,此袍习惯上系将军凯旋于行凯旋礼时始能穿着。元首于意大利虽无军权,亦可着统帅所穿之紫袍(paludamentum purpura),即在罗马亦不例外,但早期诸帝极少穿着。元首头戴桂冠,作为统帅可佩剑,但令牌(scepter)则仅于凯旋礼时始用。在元老院及他处皆坐于高官座椅(sella curulis)之上,与其他首要长官同样由十二侍卫(lictors)陪侍。另有卫队以保护其安全,此等卫队多由日耳曼人充任,禁卫军之一大队(cohort)常驻其宫中。

共和时代,公众宣誓之时凭天神朱庇特(Jupiter)及罗马人家神佩纳特斯(Penates)之名,恺撒增加其本族之守护神,"元首制"一贯沿用之。宣誓皆凭天

---

① 公元14年时,奥古斯都之最后全衔为 Imp. Caesar Divi F(ilius) Augustus, Pontif. Max., Cos. XIII., Imp. XX., Tribunic, Potestat XXXVII., P(ater) P(atriae)。

神、已经逝世成神之皇帝、在位皇帝家族之守护神①及家神之名。"元首"亦有权加入习惯上每年1月举行之国事祈祷②，除皇帝外，凡侵害此等特权，则视之为叛逆。亚克兴战后，奥古斯都之诞辰举行公共之庆祝，此后每一在位之皇帝诞辰及其登基之日，皆行庆祝。

"元首"一如其他居高位之人，每日清晨接见臣下，凡有相当地位者皆可觐见。奥古斯都视与其官级相同者为同侪辈以结纳贵族，在一般社交上亦以普通贵族身份周旋于其他贵族之间，并无特别之朝仪。其宫室亦一如普通私人住宅。但其崇高之政治地位在社会上自非毫无影响。奥古斯都视之为友之诸人逐渐结合成所谓"帝友"（amici Caesaris）之团体，其中大多数为元老阶级，亦有少数骑士阶级者。此种团体虽无正式之政治地位，但与其他诸人显有不同。奥古斯都常于此辈中选择所谓"同伴"（comites）者随其巡视行省。"帝友"每日参加早朝，并获奥古斯都一吻之问候。"帝友"戴镶有御容之戒指，早朝时依次觐见，日久遂依与皇帝亲疏之程度分为数级，且进入"帝友"组织亦成固定法规。一旦被排除于此地位之外，则直同放逐。应皇帝宴会之邀或亦仅限于帝友。凡此一切实为以后数世纪朝仪繁复要素之滥觞，其后"帝友"组织更形明确，且领受津贴，于军营中有特殊营帐。对行省总督亦有优先权。碑铭中常见于正式头衔中提及"帝友"头衔。

罗马旧制于公共场所不能为生人立像，但"元首"之像则到处可见。在军队神龛里及钱币上非此不可。军队神龛中系与鹰帜同祠，亦常见于旗帜上。对于铸币，奥古斯都尤严格规定为皇帝特权，元老院曾以铸币之权授之恺撒（前44年）；币上所铸之像，亦仅限于皇帝及其所特许之家人。

---

① 例如图密善在位时之一誓词为：朱庇特经由神圣之奥古斯都、神圣之克劳狄、神圣之韦伯芗、神圣之提图斯，与图密善之守护神及家神。对应 genius 之希腊字为 τυχη。
② 此项祈祷最后固定于每年1月3日。

附录

A 三头制之弃权

若吾人无奥古斯都本人之声明(原书第10页注释引句),将会由其他作者之陈述,认为奥古斯都于公元前27年1月13日放弃其所有非常之权力。但如其明确之言:"于予第六及第七任执政官时期",公元前27年之法令仅能为部分,公元前28年必先有部分弃权之法令。赫尔佐克似认为奥古斯都提及其第六任执政官仅思及其重启与其他执政官交换令牌之形式。亦可认为奥古斯都所指乃废除三头政治之专断法令。蒙森于讨论其《功业录》之版本问题,并指出(第149页)一钱币(埃克赫尔[Eckhel]第6卷第83页)证明奥古斯都于公元前28年开始归还行省于元老院(确实归还亚细亚省)。此事实或足以解释奥古斯都之语言。但吾人或可推测公元前28年时奥古斯都放弃属于其为三头之基本权力——此举或以交换令牌及其他事物而标记——但保留代行执政官统帅之权;而公元前27年之法令仅放弃其统帅权。奥古斯都之正式声明似暗示两明确法令。

B 元首制之最初结构(公元前27—前23年)

或问公元前27—23年间元首制初期包括何种成分?普遍同意代行执政官统帅乃此时及以后之最重要成分。吾人亦知执政官于此时奥古斯都之政治地位发挥主要作用;因除每年重复执政官之事实外,亦见于塔西佗之明确证辞(《编年史》第1卷第2章"停止其三头之头衔,自称乃一执政官"[posito triumviri nominee consulem se ferens])。但奥古斯都是否仅基于执政官之公民地位则不明。可想象此数年中奥古斯都或用其保民官职权(tribunicia potestas),虽不若其后所用之同样程度。亦不知奥古斯都是否以共和初期包括监察权之意义上诠释其拥有之执政官权力,或共和后期不含监察权者。故有数种可能之替代方案。公元前27年元首制之建构或基于:

(1)代行执政官权,及执政官权。

(2)代行执政官权、及执政官权及监察官权。

(3)代行执政官权、及执政官权及保民官权。

(4) 代行执政官权、及执政官权、监察官权,及保民官权。

若奥古斯都采用(2)或(4),其后至公元前23年,必见监察官权令元老院正式独立之地位虚化,遂放弃之。整体而言,此数年间奥古斯都似未声称监察官权,而保民官权则常在幕后。(见第一章末之附录。)

指出奥古斯都具终身执政官权,而此乃元首制不可或缺者之旧误不为多余——为蒙森所反驳,而今普遍放弃之。此误源自狄翁·卡西乌斯(Dion Cassius)(第54卷第10章),其或误解授予奥古斯都佩执政官徽章权利之敕令,此乃迥异之事。奥古斯都或以"执政官权"为特别授其某些指定之执政官权力,如"有权"召集元老院(ius edicendi)等。如蒙森指出,于沉默之安克拉奥古斯都及罗马神庙铭文(Monumnetum Ancyranum)证据确凿,而其后无皇帝声称执政官权。

本章叙述元首制之结构主要建立于蒙森之《宪法》(Staatsrecht)(第2卷),但有若干修改。曾仔细研究赫尔佐克之观点(《罗马宪法之历史及制度》(Geschichte und system der römischen Staatsverfassuny,第2卷)。裴尔翰(H. F. Pelham)先生阐述些许不同,或重建较简易之元首制初期形式(《语言学期刊》第17卷,及史密斯《希腊罗马古物辞典》之"元首"条),须诉诸其原文:

公元前27年1月,"以元老院及人民之投票,合法再授予奥古斯都[恺撒]其之前权威之基本要素。给予其空前广之有限范围及时期之指令……但若奥古斯都仅满足于此'执政官权',则仅为一强有力之代行执政官……其仅等同,而非优越于帝国行省之代行执政官总督。分离国外主要军事统领及国内最高行政首长间之固有困难,亦会重现。奥古斯都保留其执政官之权并以执政官掌理帝国,遂避开此等缺点及困难……于某种意义上,回归于共和初期之作法,即执政官同时为掌国家最高民事权及最高军事权者"。奥古斯都以保留执政官职权行使其作为执政官之权力,逃避诸此不利及困难。于某种意义上,当执政官同时居于国家最高民事及军事权威时,即为回归至古共和之实践。关于公元前23年之安排,裴尔翰先生续言:

"但于公元前23年,一项改变赋予元首制略为不同之形态……是年6月27日,奥古斯都放下执政官职权……其仍保留广大行省之'执政官权',但此时仅任代行执政官;故同时于罗马及意大利,亦即实际执政官之范围内,不再有效。奥古斯都进而失去执政官享有凌驾其他所有行政长官及代行行政长官之权,及附属于执政官职权有关元老院及公民大会之诸般权利。最终,奥古斯都不再具执政官之威严及徽章。诸此损失于若干特殊措施获得补偿;但奥古斯都不甘于罗马仅任代行执政官统帅,乃提议特别突出其保民官之权……似欲隐藏一惊人之事实,即此时于罗马,年度执政官旁,有一于本国完全具有同等地位及权力之执政官统帅,其于国外具广泛控制权,至少于罗马,提出保民官职权,以之为元首优越之外在标志及象征。"

C 元首(Princeps)头衔之起源

以前认为皇帝(Emperor)之一名"元首",意为首席元老(princeps senatus)。此观点今已普遍弃之。裴尔翰先生明白指出(《语言学期刊》第8卷第322页)元首代表首席公民(Princeps Civitatis),乃西塞罗用以称庞培者。西塞罗亦以元首称庞培及恺撒(比较《致阿提库斯函》[ad Atticum]第8卷第9函第4行,及《家书》[ad Familiares]第6卷第6函第5行),萨路斯特(Sallust)以元首称庞培。蒙森及席勒(Schiller)同持此观点。

但赫尔佐克(《罗马宪法之历史及制度》第2卷第134页)认为帝王之衔"元首"源自"首席元老"之正式头衔,渐获较广之义。赫尔佐克比较"首席少年"(princeps iuventutis)之延伸,自仅为"首席骑士"至其次要意义"法定继承人"(heir apparent)(见下第四章第六节)。

D 皇权法(Lex De Imperio)

现存圣约翰(St. John)拉特兰(Lateran)大教堂中,有黎恩济(Cola di Rienzi)促成修整之一大铜版,上有部分法律,赋予韦伯芗某些曾予其前任之君权。法令显系依据固定准则而制,明确体现公元前23年及其后通过加惠奥古斯都之特殊措施。此法由法学家指定为"皇权法"(lex de imperio,或 lex regia)。蒙森确认此乃赋予皇帝保民官职权之法,假设此权之范围以若干特殊条款定义及延伸。此说似颇可疑。如赫尔佐克之观察,难以想象一法学家会授予保民官职权之法(无论多所扩展)为皇权法,因统治权(imperium)与保民官职权于法律上乃截然不同之概念。此法似更可能赋予元首若干其代行执政官权及保民官权不具之权利(比较赫尔佐克前引书第2卷第617—619页;及裴尔翰《古物辞典》第2卷第485页)。

此极重要之残篇(《拉丁铭文总集》第6卷第930号第167页)如下:

他可与所欲者立约,如同神圣奥古斯都、提比略·尤利奥·恺撒·奥古斯都、提比略·克劳狄·恺撒·奥古斯都·日耳曼尼库斯皆合法所为者;

他可召集元老院研讨相关事宜,发表或取消演说,作成元老院决议,如同神圣奥古斯都、提比略·尤利奥·恺撒·奥古斯都、

第二章 元首制

提比略·克劳狄·恺撒·奥古斯都·日耳曼尼库斯合法所为者；

他可据其意志及权威，于他出席元老院会议情况下，维持并遵守所有程序，效力如同依法召开之元老院会议；

他可有权寻找行政长官或掌管公物者，向元老院及罗马人民推荐之，民会应承诺考虑他所推荐及支持之人选；

只要他认为是为了国家，他可前推及扩展城界之范围，如同提比略·克劳狄·恺撒·奥古斯都·日耳曼尼库斯合法所为者；

只要他认为合于国家之需要、神及人之威权、公私事务，他可有权力及权利去做及实施，如同神圣奥古斯都、提比略·尤利奥·恺撒·奥古斯都、提比略·克劳狄·恺撒·奥古斯都·日耳曼尼库斯合法所为者；

法律或民会决议，即使神圣奥古斯都、提比略·尤利奥·恺撒·奥古斯都、提比略·克劳狄·恺撒·奥古斯都·日耳曼尼库斯免受其约束。若神圣奥古斯都、提比略·尤利奥·恺撒·奥古斯都、提比略·克劳狄·恺撒·奥古斯都·日耳曼尼库斯依民会制定之法可以做者，则恺撒·韦伯芗·奥古斯都亦可合法去做；

于本民决法通过前，恺撒·韦伯芗·奥古斯都所做、签署及命令皆应合法而有效，

如同根据人民或平民之命令所做者。

制裁

任何人若因本法做了违反法律、民会决议、元老院决议之事，或未做依法律、民会决议、元老院决议应做之事，不构成对法之诈欺，亦不应对人民负有任何义务，并不得因此等行为而受起诉或判处。

"foedusve cum quibus volet facere liceat, ita uti licuit divo Aug[usto], Ti[berio] Iulio Caesari Aug[usto] Tiberioque Claudio Caesari Aug[usto] Germanico;

utique ei senatum habere, relationum facere, remittere, senatus consulta per relationemdiscessionemque facere liceat, ita uti licuit divo Aug foedusve cum quibus volet facere liceat, ita uti licuit divo Aug foedusve cum quibus volet facere liceat, ita uti licuit divo Aug[usto], Ti[berio] Iulio Caesari Aug[usto],Ti[berio] Claudio Caesari Aug[usto] Germanico;

utique, cum exvoluntate auctoritateve iussu mandatuve eius praesenteve eo senatus habebitur, omnium rerum ius perinde habeatur, servetur, ac si e lege senatus edictus esset habereturque;

utique quos magistratum, potestatem, imperium curationemve cuius rei petentes senatui populoque Romano commendaverit, quibusue suffragationem suam dederit, promiserit, eorum comitis quibusque extra ordinem ratio habeatur;

utique ei fines pomerii proferre, promovere, cum ex re publica censebit esse, liceat ita uti licuit Ti[berio] Claudio Caesari Aug[usto] Germanico;

utique, quaecumque ex usu reipublicae, maiestate divinarum, huma[na]rum, publicarum, privatarumque rerum esse censebit, ei agere, facere ius potestasque sit, ita uti divo Aug[usto] Tiberioque Iulio Caesari Aug[usto] Tiberioque Claudio Caesari Aug[usto] Germanico fuit;

utique quibus legibus plebeive scitis scriptum fuit ne divus Aug[ustus] Tiberiusve Iulius Caesar Augustus Tiberiusque Claudius Caesar Aug[ustus] Germanicus tenerentur, iis legibus plebisque scitis imp[erator] Caesar Vespasianus solutus sit, quaeque ex quaeque lege, rogatione divum Aug[ustum], Tiberiumve Iulium Aug[ustum], Tiberiumve Claudium Caesarem Aug[ustum] Germanicum facere oportuit, ea omnia imp[eratori] Caesari Vespasiano Aug[usto] facere liceat;

utique quae ante hanc legem rogatam acta, gesta decreta imperata ab imperatore Caesare Vespasiano Aug[usto] iussu mandatuve eius a quoque sunt, ea perinde iusta rataq[ue] sint ac si populi plebisve iussu acta essent.

SANCTIO

Si quis huiusce legis ergo adversus leges rogationes plebisve scita senatusve consulta fecit, fecerit, sive, quod eum ex lege rogatione plebisve scito s[enatus]ve c[onsulto] facere oportebit non fecerit huius legis ergo, id ei ne fraudi esto neve quit ob eam rem populo dare debeto, neve cui de ea re actio neve iudicatio esto neve quis de ea re apud [s]e agi sinito."

E 元首之选举

予采用赫尔佐克(《罗马宪法之历史及制度》第2卷第610页及以下)辩解适当之观点,声明代行执政官统帅为元老院,而非军队专门授予。蒙森之看法相反,认为统治权可合法由军队或元老院授予;事实上此举仅包含元老院或军队要求任一人承担皇帝名号;假定元老院或军队同等地代表人民,偏好元老院之选举,仅因其较方便且有利于国家之利益。但证据似显示"皇帝"(Imperator)之宣告及摄取其衔须有取得代行执政官统帅之独特法令。当军士宣告一指挥官为统帅时,其人成为帝国之候选人,而非皇帝,亦非元首,直至其自元老院取得代行执政官统帅职权;当授予代行执政官统

第二章 元首制

帅职权时,保民官权力顺理成章随之。(比较普鲁塔克《加尔巴传》第10章;狄翁《罗马史》,第63章第25节;维克多《恺撒传》第37章)

阿格里帕

第三章 "元首"与元老院共治之政府

第一节 "元首"之政治地位、罗马人民

所谓"元首制"既为伪装之民主,则"元首"与元老院职权如何划分,实堪注意。

皇帝于行省之职权与一般总督显有不同,(一)皇帝掌握所有军队之指挥权。(二)皇帝之军权为终身职。(奥古斯都本人除外)(三)皇帝所辖范围包括大部分重要省份,不特远大于元老院者,其地位复驾于其他任何总督之上,必要时可指挥之,故实际上其所辖范围为整个帝国。皇帝既掌握全国军权,则发付将士薪饷、委派军官,及决定士兵退伍之权亦属之①。兵士宣誓

利维娅头像(来自那不勒斯博物馆)

对之效忠,惟皇帝始有招募军队之权,皇帝以外如有未得皇帝许可而擅自招募者,以叛逆论。除凯旋礼及胜利勋章外,所有军事荣誉皆由皇帝颁授。一般总督一离所辖行省即失去军权,皇帝则可居住罗马而仍旧保有军权,尽管意大利及罗马无普通军队驻扎。皇帝亦为海军统帅,且有意大利人志愿者组成之禁卫军常

---

① 后来退伍军人有"皇帝之老兵"(veterani Augusti)之称。

驻罗马。皇帝有权宣战媾和,此权最初或许由一特别法规赋予奥古斯都,其后即为皇帝特权之一。

"元首"由保民官所获职权为:(一)有权为所有其他保民官开会时之主席。(二)有仲裁权(intercession),常用之于反对元老院之决议。(三)具有一般保民官之强制权,其身体不可侵犯,凡对其伤害或言行不敬者皆应受惩罚。(四)有权阻止一切职权之滥用、失职等等,并可保护受压迫者。(五)皇帝所有之立法权部分或由此而来。

于以上各种权力之外,"皇权法"(lex de imperio)中更载有皇帝之其他特权。

尽管此时最高统治者人民由元首代表,仍有其若干政治义务。全民大会照旧召开,人民制定法律,选举长官,但以下诸事值得注意:(一)奥古斯都正式剥夺人民向所具有之司法权。(二)部族会议(comitia tributa)继续为立法会议,其立法权从未正式被剥夺,但用间接方法使此等立法权几乎全部入于皇帝之手。提比略以后,部族会议即不复有立法权,但民会将保民官之权授予皇帝之形式,则长时间后仍然保存,为此目的而开之会议,称部族权力会议。(三)奥古斯都之时,选举官吏仍为民会之最重要工作,依据宪法,执政官及司法官(praetors)系由百人团会议(comitia centuriata)选出,保民官、市政官(aediles)及财政官(quaestors)则由部族会议选出。帝国建立之后,百人团会议与部族会议之分别似已不见,可通称为民会(assembly of the people)。

氏族会议(comitia curiata)之主要职权为通过皇权法,赋予奥古斯都代行执政官威权,有五六种场合可行使其权力。但苟遇此等情况时是否召开民会则不确知,更无论氏族会议矣。

尽管理论上如同上述,奥古斯都仍保留若干共和制度之形式,罗马公民事实上政权全失,此乃理所当然。盖于古代代议制度尚未实行之时,民会对于统治一城及其近郊颇为有效,但对一庞大帝国则不然,且公民人数日益加多,亦难全部出席会议,利用其公民权。共和时代末期,事实上共和晚期出席会议者人数既少,且多最差及最不负责任之选民,会议上暴乱流血,屡见不鲜。

第二节 "元首"与元老院

帝国政府由皇帝与元老院分治,元老院之地位极为重要。奥古斯都对宪法曾作若干改变,恺撒时元老人数已增至九百,奥古斯都又减至六百,并将必须具备之财产标准定为一百万塞斯特斯(约 8000 镑)。共和时期曾任财政官者有权充任元老,年龄则确定为 25 岁以上。元老阶级仍由官阶执政官、司法官等决定。故官员既由人民选出,则元老院之组织实有赖于人民,皇帝以两法具有影响:(一)皇帝能影响民会对官吏之选举。(二)皇帝有监察官之权,与完成元老之名单(lectio senatus)。奥古斯都曾数度整顿元老院①。"元首制"时,监察官或具有其权者不能将非元老阶级之人进于元老院,但可任命其当元老最低资格较高之职位(公元前 22 年以后),皇帝常单独或与同僚行之。事实上,选任最低阶级之财政官并非寻常,任职保民官或司法官阶级则为常规。恺撒曾将人擢升于元老阶级所需最高之执政官之位,而奥古斯都以后,至三世纪以前,则未行之。当奥古斯都死前,执政官常半年一选,皇帝对选举之影响力更大,元老名单亦每年一换。

皇帝对元老院之法规,亦以另一方式,具有极大影响。一般常规,元老之选拔在其曾为财政官,而财政官之选举则在二十人团(vigintivirate)。法律规定唯有属于元老阶级者始得为二十人团之候选人,不能用选任,但皇帝有权于元老阶级以外俾以宽紫带(latus clavus),而准许其为二十人团之候选人。如此则一非出身元老家庭之年轻骑士,可由皇帝之提拔,进身元老院。诗人奥维德(Ovid)原属骑士阶级,后擢升为元老阶级,即为著名之例。皇帝似亦有权以未曾为二十人团者充任财政官。元老必须于军团中至少服役一年以上,一般程序为:(一)二

---

① 见上第二章第六节。

十人团,(二) 军事司令官(military tribune)①,(三) 财政官,(四) 市政官或保民官,(五) 司法官,(六) 执政官。此后奥维德称二十人团之职位为"少年之最初职位"。②

"元首"非仅为元老,且为"首席元老",名列诸元老之首,有权率先投票。奥古斯都并未以"首席元老"为其正式头衔之一,盖不愿被视为与元老院一体,但据皇权法,授予更进一步关于元老院事务之权力。奥古斯都有召集元老院,及以口头或外出时以书面宣布决议之权。其召集元老院之权或来自保民官之职位,以及口头或缺席时书面引进法案之权(relatio),提案以对元老院之口头或书信形式表述。其保民官之职又赋予取消元老院决议之权利。元老院一切活动当奥古斯都不克出席之时必向其书面报告,由其指定一特别官吏代表其监督此种报告是否完备,此人称为元老院记事监督官(curator actorum 或 ab actis Senatus)。

奥古斯都在元老院中首创委员会事先与之讨论之制。此委员会包括每一部门官员一人,元老十五人,每半年由诸元老中抽签一次抽出,形成所谓"内阁会议"(cabinet council)。晚年由于年老体衰,不克亲自出席元老院会议,乃选一部分元老于其宫中开会,所通过之议案由全体元老院名义发布。此项小型元老会议包括其子、二孙、现任执政官及已经指定之执政官、每年改选之二十名元老,及每次集会奥古斯都亲自选定之其他元老。此种会议不在宪法规定之内。帝国初期亦仅奥古斯都及提比略二人行之,与以后之司法会议不同。

皇帝与元老院共治之局或称为"两头政治",但仅表面如此,实质上却为皇帝专制。盖皇帝由于控制军队具有实权,如欲使用武力时,可取消元老院之政治存在。但自形式上观之,由两头政治至皇帝专制则由来以渐,且半由元老院之无能招致皇帝之干涉。元老院行省之统治权亦系逐步转变为对于不属皇帝治下行省之直接统治。但奥古斯都诚心赋予元老院以明显之政治地位及实权,极力避

---

① 见下第三节。
② 《哀歌》第5卷第10首第33行:"余代表年轻人之最初职位。"(Tenerae primos aetatis honores.)

免干预不属于其治下行省之事务。其所订之宪法亦倾向于作为恺撒继子而真正代表人民之君主政体,与贵族政体间之妥协。奥古斯都急于消除国人对内战之记忆,并忘记其本人曾支持民主政体之旧事。虽承恺撒之姓氏,并不欲保持恺撒全部政策。奥古斯都时代之诗人极少称赞恺撒之词,奥古斯都对于掩盖政治专制之技术,实无出其右者。

奥古斯都体系中于宪法方位上有诸多观点不明。但总路线很清晰。此二政治势力权利义务间之谨慎平衡,以元老院受损,正式或默默地迅即生变,但奥古斯都所建此体系之主要原则——元老院独立及协调统治之虚构,未被完全放弃达三个世纪。

元老院与皇帝工作及特权之划分,可于行政、司法、官员之选举、立法及财政等五方面分述之:

(一)元老院于共和时期,尤以后期所具之行政权大部分于宪法上并不属之,而系自原有此权之最高行政长官获得,于帝国时期复归之:(1)元老院于宗教上所具有之权力,如压制外来或亵渎仪式,于帝国时代继续存在。(2)元老院宣战、媾和、对外交涉之权已遭剥夺,但于不重要之事件中,皇帝常将外邦使节之事委诸元老院。(3)元老院处理意大利事务之权仍旧保留。(4)罗马事务最初完全在元老院管理下,但由于元老院行政之无能,旋即需要皇帝参与。(5)行省分皇帝统治及元老院治理两种①,但皇帝于元老院所属省份行政中有若干权力。元老院对皇帝所属者除埃及外,仅在皇帝须指定元老为其省长一事,稍有坚持。

(二)元老院作为高级官员之会议,于共和时代或可行使司法权,如公元前186年之酒神节事件(Bacchic orgies),但此等事件乃属例外。奥古斯都则以元老院为永久性之法庭,由执政官为主审法官,可审判所有刑事案件,但实际上仅牵涉高级官员在内之重要案件或无明确法律条文可用之疑难案件,始于此审理。皇帝可以两种方式影响之:(1)皇帝以本身为元老之身份干涉之。(2)由保民

---

① 见下第六章。

官所赋予之仲裁权。

于执政官主持,元老院陪审之法庭外,又有皇帝之法庭,可不用陪审而独自处理。但皇帝常召辅佐人员助理之,称"咨询团"(consilium),与前述政治上之"会议"不同,所有元老院可处理之案件同样可在御用法庭审理。但实际上仅限于政治性或有高级官员牵涉在内之案件。

此二新法庭仅审判本质上特殊及重要之案件。至于罗马及意大利普通案件则一如往昔,仍由司法官审理,陪审官由皇帝指定,元老不得参与①。

行省司法由总督掌理,但对罗马公民除皇帝特别指定外,无权处理。罗马公民可由行省法庭向罗马高级法庭上诉,自公元前30年此事即为合法,由于元老院与皇帝分治之原则,所有属于元老院行省之上诉案件皆由元老院审理,但由于皇帝所具之优越地位,常接受元老院行省与皇帝行省之上诉。上诉案件仅可针对主管司法官员之判决,不能直接对陪审官,但可对委派此等陪审官之官员。

(三)奥古斯都时期,元老院对官员之选举无发言权。皇帝可经由两种方式控制民会之选举:(1)皇帝有权审查候选人之资格,并负责选举工作之进行。此权原属执政官,但公元前23年奥古斯都放弃执政官职位,改用保民官头衔后,似另经特殊条款保存此等权力。由此,皇帝可公布候选人名单,借此提出其所欲选出之人,通常仅提出已经出缺之人数。(2)皇帝有推荐权(commendatio 或 suffragatio),即可提出适合充当某种职位之候选人,此等由皇帝推荐之候选人(candidate principis)自然会被宣告。最高职位执政官之推荐权则被排除。②

(四)在立法方面,元老院在理论上于帝国时期较共和时期地位为佳。元老院实际上本无此权,其决议须经民会通过认可,始能正式成为法规。但决议实际上有法律效力,人民之认可逐渐流于形式,有时连形式亦省略,元老院遂具有立法之实权。如授皇帝以军权之事,即常不经民会之认可。

---

① 见下第四节。
② 此对前两位皇帝而言为真。推荐执政官似由尼禄引进。

奥古斯都时期,元老院成为立法团体,代替民会之地位。元老院通过皇帝所授意之议案后,即以元老院之名义公布成为法律(senatusconsulta),共和时期之法律(leges)则由官员提出而由民会通过。

帝国初期惟元老院有权通过法律以免于执行其他法律之权①。皇帝在原则上与一般公民同样须受法律拘束,不得不诉诸于此等法规。如公元前24年元老院通过法案解除皇帝所受规定捐献最高额之奇内阿斯法(Lex Cineias)之约束。对于特许某人不受一般法律规定之官员最低年龄之限制,最初为元老院之特权,但"元首"逐渐加以侵占。元老院又有权决定凯旋礼之举行,于"元首"死后奉之为神或判其有罪,及批准行会(collegia)等。

"元首"并无较执政官及保民官更多之直接立法之权。皇帝如同此等行政官员,由于保民官权力,有权于民会提出立法之建议,由会议通过。但此权"元首"极少运用,奥古斯都之继任者更完全放弃。表面上"元首"与一般官员地位相等,终极大权依然在民,"元首"之权似尚不如恺撒与"三头"之时,但此等限制可以若干方式避免,事实上皇帝仍为真正之制法者。盖由于特别法规,皇帝可具唯有民会始能具备之授权团体或个人之权力。如建立殖民地及授予公民权,授予所辖城镇以拉丁公民权或授予拉丁城镇以罗马公民权,作为统帅,可管理行省及宣战媾和,与外邦订结条约,决定新殖民地之地方法规,以及授予兵士或其他人士罗马公民权等。

除以上各种属于公民会议立法权外,皇帝最主要之立法权来自"宪法",并不需元老院或民会之协助。此种办法为:(1)敕令(edict),特别授权作为行政长官之"元首"发布敕令。(2)记录(acta),最初,皇帝之决定及规章仅用之于特殊情况,但可作为普遍通用之法规,皇权法中有特别条文加以规定,元老及其他长官宣誓就职时亦对此加以承认。但元首一死,此等法令即归无效,是"元首制"与君主专制政体在宪法上重要不同之处。

---

① 此适用于较早时期,公元一世纪末诸帝准予免除。

（五）财政系统，皇帝者与元老院者各自分开。旧有之国库（aerarium Saturni）仍属元老院，共和时代国库由财政官掌管，奥古斯都之时改归二司法官（前23）称国库司法官（praetors aerarii）。皇帝之府库称"帝库"①，负责支付行省行政费用、海陆军费、粮食供应等。视皇帝管辖之省份为皇帝之财产，其田赋归帝库。就严格之法律观点而言，帝库为皇帝私产，一如其由于继承（patrimonium）或个人获得（res privata）之私人财产。但帝国之初则公私二者尚系分开，不久其私人财产虽不视为国库所有，却视之为皇帝财富而传授于其继承者。

在元首制下，国库负责支付者主要为：（1）公众宗教祭祀，（2）公众庆典，（3）公共建筑之维持，（4）新建筑之兴造，（5）罗马及意大利道路之兴修，有时帝库亦出资修路。事实上国库、帝库实难准确划分。

元老院所属省份之赋税，最初依共和时代旧习由包税商征收，不久即改由皇帝所属之官吏在元老院行省与皇家行省者一体征收，但趋势为由各地自行征集，最后全国皆如此办理②。

奥古斯都之时，钱币之铸造亦由皇帝与元老院分别办理。公元前27年，二者皆可发行金币及银币，各由其所辖财库负责。铜币曾停止应用，约12年后，复用铜币，金银币乃由元首负责铸造，元老院专铸铜币。此对元老院颇为有利，对元首之权力则为严重限制。盖铜币之面值常超过其实值，元老院可无限制铸造，晚期皇帝亦贬银币之值，而同享此权。

元老院重要职权之一为发布一切消息之机关，为民众与政府之间之联系者。皇帝可将国内外大事告知元老院，此种消息形式上虽不公开，③却可下达于民众。新"元首"就职时，常将其施政方针报告元老院，得以昭告更多听众，不限于元老院。

---

① fiscus，其名或于克劳狄（Claudius）始用之，兹为方便起见，此处亦用之。
② 国家税收及来源见本章末附录 A。
③ 《元老院记事录》之发布，最初似于公元前59年引入，奥古斯都废除。关于《每日记事》见本章末附录 B。

第三节 "元首"与地方长官

帝国时期,共和制度下之官员仍照常选举,且在名义上可独立行使其权力。恺撒独裁之时,曾由恺撒以"独裁官"所具有之最高权力(maius imperium)加以控制,但"元首制"则不然。"元首"对此等官员并无控制权,与对行省总督不同。"元首"与诸官员权力相等,但在另一方面却非常具有独立性。

执政官之尊严仍旧保持,其地位仍令人羡慕,"元首"偶然自兼,更显其光彩。执政官身为皇帝之同僚,诚为莫大光荣。执政官之名仍用以纪年,指导并控制民会之权仍旧保存,所组织之元老法庭由执政官为首席法官。奥古斯都又授执政官以于民事裁判上若干新任务。但执政官于一月就职,六个月后即另换新人曰候补执政官(consules suffecti),则为新制。此种习惯并非完全合法,有时亦未遵守。尼禄以后有四个月任期之制,哈德良(Hadrian)时更减为两个月。

司法官于恺撒时增为16人,奥古斯都最初将之减为8人,旋又加2国库司法官(praetores aerarii)①,继又恢复16人之制,最后则固定其数为12人。其主要职务仍为司法,一如共和时代,但奥古斯都授之以负责公共节日庆典之职,此等任务前属执政官及市政官。

普通保民官10人,仍每年改选。但其地位已不重要,其主要任务限于市内事务②,市政官亦丧失其许多职权。

奥古斯都将罗马城市分为14区,每区设监督(prefect),由司法官、市政官及保民官中选充之。

财政官之职务较为繁重,苏拉(Sulla)曾固定其数为20人。恺撒增为40

---

① 见上第二节。
② 但仍保留及有时运用协助权及调解权。

人,奥古斯都复减之为20人。财政官分属元老院所辖诸省,西西里总督有2人,皇帝所属者2人,用以联络皇帝与元老院,执政官有财政官4人,及市财政官(quaestores urbani)2人。

以上诸官员于其本身之外,更具重要性者厥为具有充任元老之资格。民会只要仍然选举财政官,即等于在元老院中拥有直接发言者。皇帝亦可由上述委任之法,行使其对元老院组成间接控制之权。

在选举财政官之前,先有二十人团(vigintivirate),包括四部分:(1)三名执法官(tresviri capitales)负责执行死刑。(2)三名铸币官(tresviri monetales)负责铸币。(3)四名清洁道路官(quatuorviri viis in urbe purgandis)负责罗马道路清洁,(4)十名争议裁判委员会(decemviri stlitibus indicandis)负责百人审判团法庭(centumviral court)。

共和时期之长官负责元老院事务之执行。"元首"则无此帮助,凡事皆自为之,是与君主专制不同处。是故所有负责推行皇帝所负一切事务之人皆非公众官员,而为皇帝之私属,由获释奴(freedman)任之。君主制之国家则由正式官员为之。理论上皇帝有权指定任何获释奴或各级公民为各省总督代其本人治理,但奥古斯都除于某种情况下用骑士阶级外,仅以元老为之,以后皇帝皆承其制。奥古斯都又固定将财政官限以骑士阶级充任,于各省代表其本人在执行职务[①]。但骑士之地位则须详加解释。

第四节　骑士阶级

骑士(equites)阶级于奥古斯都之时重新组织,其成分及政治地位皆与前不同:

---

① 见下第四节及第六章第三节。

（一）成立　共和时代初期,骑士为由公家出资服务兵役之公民。共和末期分为三级:(1)由公家供给马匹,(2)自备马匹,(3)具有骑士之资产或其他资格而不实际服役者。后两者严格而论,并非罗马骑士,奥古斯都加以废止,恢复共和初期之制度。此后每位骑士皆有公共马匹(eques Romanus equo publico),整个骑士阶级(ordo equester)皆如此①。

（二）加入资格　皇帝有权亲加指定,凡曾经通过骑士之审查,父母为自由人,身体健康,品行良好者始能为之。但帝国时期对于出身限制较宽,获释奴亦常为之。元老之子由于其出生,为当然骑士,故骑士身份为进入元老之必经阶段。有特殊机关专司审查加入元老及骑士"两种阶级"之资格。

（三）终身职位　骑士任期终身亦为奥古斯都之新猷。骑士除升任元老或加入军队服役以外,如未受降级处罚或收入减至四十万塞斯特斯以下者,皆终身为之。但帝国时期军队出路极佳,骑士放弃其身份以加入百夫长者,颇不乏人。

（四）检阅骑士(Equites probatio)　据罗马旧俗,获授公共马匹之骑士(equites Romani equo public)每年于7月15日(Ides of July)自卡佩纳门(Porta Capaena)之战神(Mars)庙,着全副军装,骑马先至广场祭其保护神卡斯托(Castor)及波路克斯(Pollux),继至卡庇托(Capitol)庙,此种行列称骑士祭祀行列(transvectio equitum),已久不采用,奥古斯都恢复之,且与检阅骑士联合举行。骑士经人高声唱名,依序策马通过皇帝面前。如行为有问题则略其名,并黜其骑士阶级。盖皇帝是时已掌握苏拉之前原属监察官之职权,由元老三或十人襄助执行。

（五）组织　骑士阶级分为六队(turmae),每队由一队长(seviri equitum Romanorum)统率之。队长由皇帝指定,每年更换。队长负责每年表演竞技(ludi sevirales)。骑士阶级并非政治团体若元老院然,亦无经费或实际行动之机构及

---

① 常缩写为 equo publico。共和末期骑士则自备马匹,使用"公共马匹"(equo publico)与"罗马骑士"(eques Romanus)遂非同义词。

政治上之立法权,亦无共有之资金。

（六）特权　骑士着军用长袍(trabea),袍上有狭窄之紫色条带以资识别,御金指环,由皇帝钦赐,晋身骑士时授之。骑士之子可着金垂饰(bulla),一如元老之子。所谓"十四排",即于剧场中保留予骑士之特别座位。公元5年,奥古斯都复于竞技场及角力赛时指定其特别座位。

（七）骑士之军役　奥古斯都重组骑士阶级主要目的在于军事。欲为军队取得干练之军官,完全摈除元老阶级于军队之外,惟于年龄未达元老资格之前,先为骑士服役军中。骑士所任军官为各军团司令以下者,共分三类:(1) 军团所属大队(praefectura cohortis)或辅助军大队之指挥官。(2) 军团中之军事司令官(tribunatus militum)。(3) 辅助军骑兵中队之指挥官(praefectura alae)。皇帝为军队之最高统帅,所有骑士之军职皆由其指定。奥古斯都时,骑士服兵役为必尽之义务,军官既仅骑士始能充任,则兵士永无升为官佐之机。但当兵士立功,升至百人团第一级士兵时,皇帝授予公共马匹(equus publicus),成为骑士,此后可任指挥官或司令官。依照规定军官须任职数年,任半年保民官(tribunatus semestris)者,则视之为特权,可于六个月后卸职①。

（八）骑士充任陪审官之服务　公元前122年,盖约·格拉古(C. Gracchus)曾将充任审判(iudice)之权授予骑士。前81年,苏拉复以此权还之元老院。前70年,科塔法(Law of L. Aurelius Cotta)调和二阶级,陪审官由三阶级组成,称十人团(decuriae),即元老全部、有公共马匹之骑士及国库总长(tribuni aerarii)三者。后者亦属广义之骑士阶级,惟无公共马匹。此法给予骑士莫大优待。陪审官(iudices)共有900人,每一阶级300人,此种安排一直持续至公元前46年。是年,恺撒将国库总长从第三阶级除去,而代之以严格意义之骑士。奥古斯都排除元老任十人团审判,仍保留三个十人团,皆为骑士。但对不重要之民事审判,则加入第四个十人团充任,包括拥有超过骑士收入一半以上之人。法官

---

① 见下第五章第三节。

须 30 岁以上者始能充任,奥古斯都时仅罗马或意大利公民可任。

（九）骑士于政府中充任之职位　奥古斯都将军官及法官全以骑士充任,实现盖约·格拉古给予骑士阶级以重要政治地位之政策,使之于参加政府与元老阶级同为其中一部分,奥古斯都更进而使之平分秋色。一般言之,与皇帝个人较为接近之行政方面授予骑士,军团之副帅及共和时代所吞并行省之省长皆归诸元老。但新置行省如埃及、诺里库姆(Noricum)、雷提亚(Raetia)及新置军种如海军及地方军(辅助军)等,则由骑士充任。财政官、税吏及皇帝所属罗马与意大利之官员亦归之骑士。行省税吏全由骑士包办,以偿其于共和时代所有而于帝国失去之包税人(publicani)肥缺。皇帝所属行省赋税不复采包税制,而由税吏直接征收,骑士所任中间人,得以聚积财富获得政治影响力之道消失。于"元首制"时期,骑士为一官僚阶级,其踞高位者称"杰出之骑士"(equites illustres)。

（十）骑士升任元老　元老级之骑士(即元老之子)①,尚未进入元老院者,于骑士中形成一特殊阶级。通常仅暂时相属,佩有其出身元老家庭之标帜。此辈届满 25 岁即可为元老。至于非元老家庭出身之骑士升任元老,则无定制。皇帝以其监察官之职权可以选择骑士,跻身元老。禁卫军队长卸任常循例升任元老。

附录

A　帝国之赋税及其收入来源

主要税收有(1)行省田赋,(2)谷物供给(annona),军用谷物(annona militaris)供给行省军队,民用谷物(annona civica)供给罗马,仅取之于埃及与非洲,(3)商业税,

---

①　孙或曾孙亦可,但不超过第三代之后裔。

(4) 意大利及行省之公地（ager publicus），(5) 意大利及行省属于皇帝之土地，埃及整个归其所有，此等土地分为耕地、草地及矿产，(6) 遗产税（vicesima hereditatum），奥古斯都初行之于意大利，行省则无之，(7) 关税（portoria），(8) 奥古斯都始征之 1% 贸易税（contisima rerum venalium），(9) 4% 售奴隶税（quinta et vicesima venalium mancipiorum），(10) 犯罪者财产之充公（bona damnatorum），(11) 无人承领，收归国有之财产（bona caduca），(12) 登基税（aurum coronarium），皇帝即位时，意大利及行省名义上为自动，实系捐献之款。（参考：W. Arnold, *Roman Provincial Administration*）

B 每日记事（Acta Diurna）

罗马与今日报纸类似之刊物，尤似公报。由政府发布，内容包括：（1）罗马出生与死亡人数之统计、谷物供给详情、来自行省之公库收入账目。（2）法律文件纪录（Acta Forensia）摘要，包括行政官员之命令、审判报告等。（3）元老院记事（Acta Senatus）之摘要。（4）宫廷专栏记录皇室动态。（5）奇闻（prodigies）、火灾、娱乐节目，及其他各种琐闻。（参考 Wilkins, "Acta"，见于氏著 *Dictionary of Greek and Roman Antiquities*。）

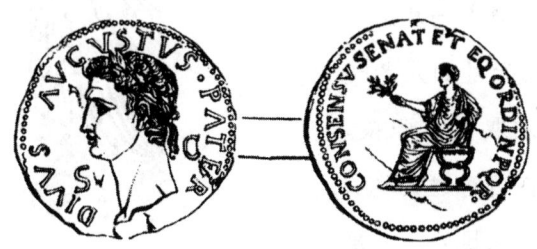

奥古斯都之钱币

第四章 奥古斯都之家庭及其建立朝代之计划

第一节 奥古斯都之任务

当奥古斯都建立新宪时,尚有行政、军事、外交等事务须处理。罗马与东方邻邦之关系亟待规定。帝国北疆莱茵、多瑙河沿岸之日耳曼蛮族亟须征服,以完成恺撒开始之工作。罗马及意大利之行政亟待改进,且如元老院不能胜任时,必须取代其职权。共和时代元老院在行省之窳政亟待改良。此外更须满足公民之要求,以巩固其本身之地位,又须供给贵族与平民就业及娱乐。最后且须为未来着想,确保甫经形成之制度永久化。

奥古斯都之最后工作为选择继承人之计划,实令其失望,此构成本章之主题,首先须清楚了解其家庭关系。

着头巾之利维娅　　朱利娅

第二节　奥古斯都之婚姻：利维娅、皇帝家室之政治重要性

奥古斯都结婚三次。(1) 曾与伊索里库斯(P. Servilius Isauricus)之女订婚，但由于政治原因，与之解约，另婚弗尔维亚(Fulvia)之女克洛迪娅(Clodia)，以坚与其继父安东尼之联盟。但婚礼完成前，由于与其母之争执而放弃。(2) 再婚史克利伯尼娅(Scribonia)。史克利伯尼娅曾两度孀居，奥古斯都以其兄利波(Scribonius Libo)为庞培之岳父，婚之。公元前39年，生一女朱利娅(Julia)，后为迎娶利维娅(Livia)，与之离异。(3) 利维娅，公元前38年，与前夫尼禄(Tiberius Claudius Nero)离异，利维娅之父利维乌斯(M. Livius Drusus Claudius)本为克劳狄族，为利维氏所收养。

利维娅秀外慧中，为奥古斯都真正爱恋之人，但无所出，仅与前夫生两子提比略(Tiberius Claudius Nero，公元前42年生)及德鲁苏斯(Nero Claudius Drusus，公元前38年生)。德鲁苏斯生于二人婚后，或疑为奥古斯都所出。

奥古斯都有姊名屋大维娅，先嫔马尔凯路斯(C. Claudius Marcellus)，继以政治原因改嫁安东尼，屋大维娅与前夫生一子马尔凯路斯(M. Claudius Marcellus，公元前43年生)，及一女名马尔凯拉。

皇室人员包括创业皇帝男系所生之男女后裔、皇后及男系子孙之妻。利维娅及朱利娅自系皇室之人，但屋大维娅及朱利娅之子女于奥古斯都未正式收养以前则不属之。皇室之显著特权为神圣不可侵犯，一如保民官然。此种特权始于三头政治之时，故屋大维娅虽非皇室之人，却以安东尼之妻身份具有保民官神圣不可侵犯之权。奥古斯都之时，军队尚无宣誓效忠"皇室"之习①。帝国之初，

---

① 约于尼禄之时似成定制。

皇室所享荣誉实远较后期为少。

第三节　继承问题、皇帝同僚、阿格里帕之地位

就宪法而言,皇帝无权指定"元首"之继承人。奥古斯都欲保其新制于不坠及得一适当之继承人,必须另谋他法。乃以相当于共治(co-regency)之法,于皇权之行使指定一"同僚"(consort)。罗马习惯,同等官员常有二人,且皇帝所有行省军队及保民官职权亦不止一种,一人以上为之,原无不可。但"同僚"仅为皇帝副手,并不能与之敌体并列。元首及奥古斯都仍仅一人,在奥古斯都本人之时,同僚与皇帝之关系仅如司法官之于执政官。

在"元首"及一般官员之间,乃有"代行执政官"(proconsul)及"保民官"之特殊职位,"元首"一旦逝世,"同僚"自然当选。虽无法律根据,事实上却为国人所共同承认,除非发生革命,否则一般新帝皆如此产生。

"同僚"先为总督,继任保民官。奥古斯都之时,二职皆有一定任期,但常不止一年,与普通官员之一年任期不同。"同僚"并不能指挥军队,但皇帝常指定其特别任务,俾以兵权。"同僚"无统帅头衔,亦不能戴桂冠,军队每年对皇帝效忠之宣誓,亦不包括"同僚"在内。但"同僚"有权立像,其形像亦出现于钱币上。

任何人皆可能获选为"同僚",但是皇帝以其子为之,后且成为定例。皇帝之子必为"同僚",逐渐形成朝代。皇帝如无子嗣,则选择适当继承人为养子,亦不至有朝代中断或篡位之危险。

但此法于稍后始成为定制。奥古斯都首先指定之"同僚"为其甥婿阿格里帕(马尔凯拉之夫),奥古斯都于公元前22年以前即授阿格里帕以总督之位,初无意以之为继承人,仅以高位酬其功业,结其欢心,但其后国人视之如可能之继承人。

第四节　奥古斯都第一个朝代计划、马尔凯路斯与朱利娅、奥古斯都之病、马尔凯路斯之死

利维娅既无出，奥古斯都不得不另觅继承人。于皇室中可有三种选择：(1) 其女朱利娅可生子为皇嗣，(2) 可选屋大维娅之子为继承人①。(3) 可以利维娅之子为嗣。

奥古斯都最初欲以朱利娅嫁其甥马尔凯路斯，马尔凯路斯仪容俊美，人缘极佳，深得舅氏欢心，婚礼于公元前 25 年举行，奥古斯都适卧病于西班牙，阿格里帕以新郎姊夫身份代奥古斯都主持婚礼。次年，马尔凯路斯当选为高级市政官（curule aedile），元老院特颁敕令许其在不满法定执政官年龄十年之前即为候选人。同时，奥古斯都又特许较马尔凯路斯更年轻之继子提比略为财政官候选人，以平利维娅之心。

不意阿格里帕却对马尔凯路斯忌妒万分，视之为竞争对手。阿格里帕既婚皇家，又连续二年居执政官之位，系皇帝同僚，国人常以其为"第二公民"，东方诸省对罗马政情常有误解，更以之为与皇帝地位相当之共治者。阿格里帕不如其内弟之得人心，但其功业能力受国人普遍敬重，不免野心勃勃，以奥古斯都之继承人自居。公元前 27 年，奥古斯都曾离罗马，专心处理高卢及西班牙事务，直至公元前 24 年始返。在此期间，奥古斯都虽未正式指定代理人，罗马却安谧如常，一部分原因盖归功于阿格里帕坐镇罗马维系人心，②惟是时阿格里帕尚无正式官职。

公元前 23 年，奥古斯都为第十一任执政官之时，又罹重病，似有退位之意，曾召集执政官皮索（Piso）至榻畔，授以载有帝国军队名单及财政账目之文件。

---

① 屋大维娅与安东尼曾生子女，但似不在奥古斯都考虑之中。
② 蒙森认为公元前 27 年阿格里帕已得总督之权。

此乃罗马旧制,皇帝逝世,帝国暂由元老院及主要之行政长官掌摄,是时奥古斯都纵不能指定,至少可推荐继承人,但奥古斯都不欲为其家人之私利以损害国家利益。是时马尔凯路斯年纪尚幼,其能力未经证明,奥古斯都乃将其印章指环(signet-ring)授予阿格里帕,明示以之为绍业继志之人。奥古斯都此次大病,经名医穆萨(Antonius Musa)治愈。复原期间,发现阿格里帕、马尔凯路斯二人互相倾轧,马尔凯路斯恃其半子之亲,阿格里帕则以关键时刻显受奥古斯都信任而得意。奥古斯都乃派阿格里帕至东方行省,委以与亚美尼亚议定重要事务之大任。阿格里帕至莱斯博斯岛(Lesbos)而止,于岛上发号施令。其友人以之为谦逊,或疑其不乐,盖阿格里帕显然已知奥古斯都对其任务之真正用意。

公元前23年底,一意外不幸事件突然挫折奥古斯都之继承计划,并除去阿格里帕妒忌之由。马尔凯路斯于拜亚(Baiae)染疟疾,群医束手,不治而死,葬于奥古斯都数年前于马尔斯广场(Campus Martius)为其家族所营巨墓。奥古斯都以其名名一壮丽之剧场以纪念之。维吉尔之《埃涅阿斯纪》①。诗中颂赞之词更使其不朽。传说屋大维娅聆此诗时悲恸昏厥,维吉尔获每行字一万塞斯特斯(约80镑)之赏赐。

第五节　奥古斯都之第二计划、阿格里帕与朱利娅之婚姻、阿格里帕之去世

马尔凯路斯既死,奥古斯都不得不另作打算,或可认为,利维娅将影响其选择定于利维娅一子之身上。但其希望在于朱利娅,此时选阿格里帕为朱利娅之

---

① 第6卷第860行及以下:"啊! 可悯之男孩,汝若能胜过残酷之命运,方为马尔凯路斯。给余满手之百合,余将撒下紫色之花以为子孙灵魂之荣耀,至少余将以堆积之礼物,执行无用之仪式。"(Heu miserande puer, si qua fata aspera rumpas! Tu Marcellus eris. Manibus date lilia plenis, Purpureos spargam flores animamque nepotis His saltem accumulem donis et fungar inani Munere.)亦见普罗佩提乌斯,第2首第16行,提及拜亚。

夫。以朱利娅再婚阿格里帕，阿格里帕前曾与发妻庞波尼娅（Pomponia）离异以婚奥古斯都之甥女，今更不惜遗弃其甥女以尚其女。公元前22年，奥古斯都出发往东方行省巡视，冬季留西西里，是时罗马由于雷必达（Q. Lepidus）及西拉努斯（M. Silanus）二人竞选执政官，发生暴动，奥古斯都认为阿格里帕与朱利娅之婚姻刻不容缓。乃召阿格里帕自东方返罗马，完成婚礼，并于公元前21年初出巡东方之时，授以罗马及其以西地方行政之权。传说麦凯纳斯曾告其主谓阿格里帕位已过高，如不能再加擢升，则安定之事仅婚以朱利娅及处死二途耳。

公元前19年10月，奥古斯都返罗马，次年新获为期五年之总督权力。同时，使阿格里帕当选保民官，任期五年，距"元首"更近一步。朱利娅与阿格里帕共生三子二女，幼子为遗腹。公元前17年，奥古斯都以外孙盖乌斯（Gaius）及路奇乌斯（Lucius）入继皇室，显欲以之为继承人，其父阿格里帕仅为其监护人而已。阿格里帕五年保民官期满，又予延长五年。公元前12年，阿格里帕卒于坎帕尼亚（Campania），得年51岁。与马尔凯路斯同葬皇室陵墓，①次年，皇姊屋大维娅亦死。

第六节 提比略与朱利娅之婚姻、提比略之地位、盖乌斯与路奇乌斯·恺撒

奥古斯都"同僚"之死，并未影响奥古斯都之选嗣计划，但对奥古斯都为一大损失，盖其健康状况实难单独承担帝国重任。盖乌斯及路奇乌斯年纪尚幼，万一奥古斯都不讳，需为之觅一监护人，乃以朱利娅又嫁提比略。公元前11年，提比略不得已与已生一子德鲁苏斯（Drusus）之发妻阿格里皮娜（Vipsania

---

① "陵墓中，阿格里帕在汝之旁。"（Condidit Agrippam quoo te, Marcelle, sepulchro.）《致利维娅劝慰辞》第67行。

Agrippina)离异。阿格里皮娜为阿格里帕与其元配庞波尼娅(西塞罗之友 Pomponius Atticus 之女)所生之女,提比略实以爱妻易其岳母,其心情之难堪可想而知。奥古斯都为皇嗣着想,不择手段,可叹为观止。其收养之幼子德鲁苏斯亦与屋大维娅之女安东尼娅结婚,以加强与皇室之关系。

提比略与德鲁苏斯于政府中俱已获得重要职位,公元前 15 年平雷提亚及文德利奇亚(Vindelicia)之役,战功卓著①。公元前 12 年及其以后,提比略于潘诺尼亚敉平叛乱部族,德鲁苏斯于越莱茵河经营日耳曼蛮族又大展长才。公元前 9 年,德鲁苏斯之逝予奥古斯都以极大打击,盖奥古斯都对德鲁苏斯实具真正父爱,而对提比略则无之。但此时除提比略外,已无更得力之人助其治国。提比略严肃内向,幼年之经历使之处事谨慎。不喜交友,处境复杂,常不得不掩饰其真正意向。但做事干练,善治军,深得军心,常获胜利。公元前 13 年 29 岁时为执政官,奥古斯都使之跻于与阿格里帕前此相同之地位。约于公元前 9 年,先俾以总督职权,三年后再以之为保民官。于此政策中,奥古斯都不仅受提比略功绩之影响,亦受利维娅之影响,公元前 9 年予提比略以罗马公民有三子者之特权(ius trium liberorum)以重之②。提比略任保民官后,曾受命赴东方镇压亚美尼亚之变乱。提比略是时极盼奥古斯都能以之为嗣。但奥古斯都显然仅以之为未来皇帝之监护人,虽为"同僚",但非皇位继承人,深怀怨望,乃不受君命,自甘放逐于罗得岛(Rhodes)。次年,盖乌斯接受成年服(toga virilis),更为指定之执政官,四年后获总督职权,受命赴亚美尼亚,公元 1 年为执政官。

继承之事似无问题,路奇乌斯于公元 2 年接受成年袍,尤利乌斯王朝已有两大支柱。罗马骑士称盖乌斯、路其乌斯兄弟二人为"首席青年",显然以之为未来之元首。自此以后,"首席青年"即为元首继承人未达元老年龄时之正式称

---

① 贺拉斯于《歌集》第 4 卷第 4 首中曾誉其成就为奥古斯都教以兵事之功,第 22 行及以下:"长期以来,教导年轻王子策略,奥古斯都幸运地巧妙影响年轻之尼禄。"(Diu Lateque victrices catervae Consiliis iuvenis revictae Sensere quid mens rite, quid indoles Nutrita faustis sub penetralibus Posset, quid Augusti paternus In pueros animus Nerones.)

② 见下第五章第一节。

呼。不意路奇乌斯竟于公元 2 年死于马西利亚(Massilia),4 年,盖乌斯于围攻阿尔塔吉拉(Artagira)时受伤,死于吕基亚(Lycia)。奥古斯都二十年来之希望又成空。

第七节 朱利娅之纵欲与放逐、奥古斯都之第三计划、提比略成为皇帝之同僚及其继承者

奥古斯都祸不单行。其女朱利娅放荡成性,行为不检,声名狼藉,国人尽知。朱利娅对提比略早已不忠。提比略之放逐罗得岛,主要虽为对奥古斯都之抗议,部分原因亦系对朱利娅不满。盛传朱利娅尝偕众友寅夜穿越大街,于会堂或讲坛(rostra)纵欲狂欢。当时人谓其"骄奢淫逸,至于其极",信不诬也。奥古斯都知悉后,极为愤怒,正式向元老院提出其行为叙述,公元前 2 年将之放逐于坎帕尼亚海岸荒凉之潘达特里亚(Pandateria)岛上,其母史克里波尼娅(Scribonia)自动赶往照应。奥古斯都对国人为朱利娅求情者一概拒绝。朱利娅诸腻友克劳狄(Claudii)、史克里波内(Scripiones)、森普若尼(Sempronii)及昆克提(Quinctii)等皆遭放逐,仅前于亚克兴战后曾获赦免并受优遇之安东尼之子尤利乌斯·安东尼(Julius Antonius,为 M. Antonius 与 Fulvia 之子),则因以诱朱利娅阴谋反奥古斯都之罪处死刑。谣传利维娅曾对奥古斯都此次严厉之措施颇具影响,但无证据可寻。

朱利娅与阿格里帕其他子女皆不能代替盖乌斯、路奇乌斯之位。幼子阿格里帕·波斯图穆斯(Agrippa Postumus)顽劣无望,小朱利娅则与其母同样荒淫。仅嫁于皇室之阿格里皮娜(Agrippina)尚不负所望。阿格里皮娜之夫日耳曼尼库斯(Germanicus)即德鲁苏斯与安东尼娅所生之子。奥古斯都如此撮合其侄孙与其外孙女,一如其以前撮合其甥与其女。

由于皇帝继承问题,奥古斯都不得不求助于提比略,但仍不妨碍日耳曼尼库

斯甚至小阿格里帕之继承权。朱利娅遭放逐后,提比略曾欲返罗马,未获允准。据云提比略于罗得岛上曾致力天相学之研究。公元2年,终于获准返罗马,仍度退隐生活,直至盖乌斯死,始恢复其公职。4年6月27日,奥古斯都宣布收养提比略及小阿格里帕,畀提比略以保民官之职,任期十年,并派之往日耳曼指挥战事。同时,提比略亦受命正式收养其侄日耳曼尼库斯,而小阿格里帕则行为日益乖张,奥古斯都不得不将之放逐于普拉纳西亚(Planasia)岛。

至是,奥古斯都于多次计划受挫后,不得不以其最不喜爱却系较佳人选之提比略为其子及继承人。当其正式收养提比略之时曾云:"予为共和国而如此",诚衷心之语。

九年之后(公元13年①),提比略之地位已较以前所有"同僚"为高,由执政官颁布特别法规,提比略对所有行省及军队皆有总督之权,与其"父"共治。总督之权得之于"法"实属创举,一般情况则系奥古斯都本其行省统治之权授某人为总督,从此以后,提比略于行省之地位已不亚于奥古斯都,且奥古斯都死后亦不终止,因此乃以法令行之。同时提比略亦再获保民官职权,任期终身。元老院列之于元老委员会(senatorial committee)最重要之地位,应奥古斯都之请,指定其代表整个元老院②。

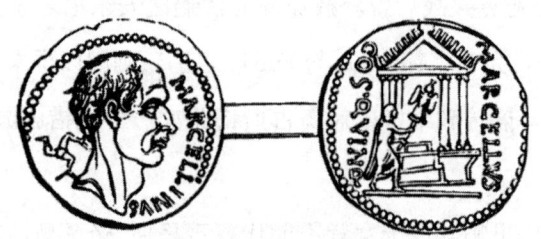

马尔凯路斯之钱币

---

① 蒙森称是公元11年。
② 见上第三章第二节。

第四章 奥古斯都之家庭及其建立朝代之计划

奥古斯都之直系后裔表

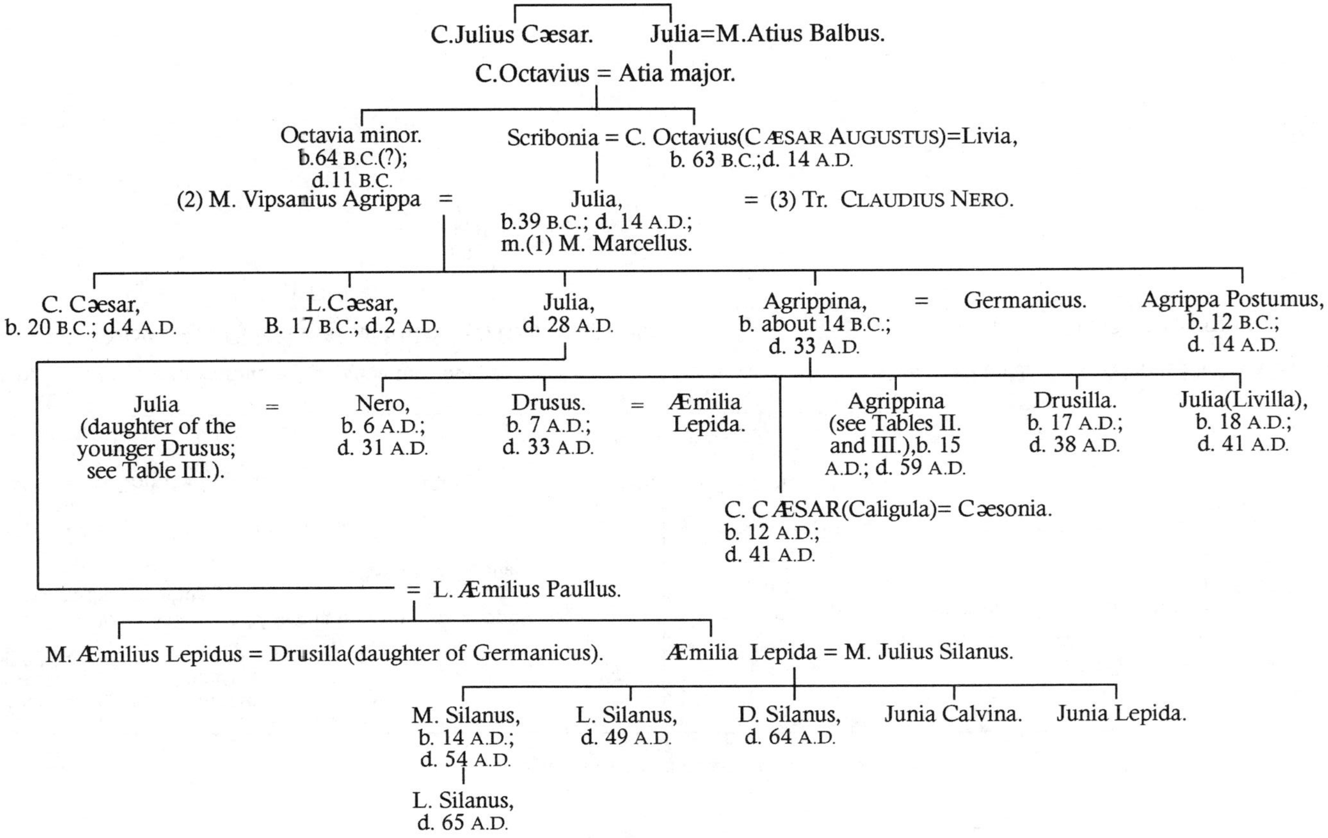

```
                              C. Julius Cæsar.    Julia = M. Atius Balbus.
                                              |
                              C. Octavius = Atia major.
                                         |
        Scribonia = C. Octavius (CÆSAR AUGUSTUS) = Livia,
                    b. 63 B.C.; d. 14 A.D.
                    = (3) Tr. CLAUDIUS NERO.
                              |
    ┌─────────────────────────┼──────────────────────────┐
 Octavia minor.         Julia,                    (2) M. Vipsanius Agrippa =
 b. 64 B.C.(?);         b. 39 B.C.; d. 14 A.D.;
 d. 11 B.C.             m.(1) M. Marcellus.
    │                                              │
    │   ┌──────────────┬──────────┬────────┬───────┴──────┬──────────────┐
    │  L. Cæsar,    Julia,     Drusus.  Agrippina,    Agrippa Postumus,
    │  B. 17 B.C.;  d. 28 A.D. b. 7 A.D.; b. about 14 B.C.; b. 12 B.C.;
    │  d. 2 A.D.              d. 33 A.D.  d. 33 A.D.     d. 14 A.D.
    │        │                              = Germanicus.
    │     Nero,                                │
    │     b. 6 A.D.;           ┌───────────┬───┴────────┬──────────────┐
    │     d. 31 A.D.        = Æmilia    Agrippina,   Drusilla.      Julia(Livilla),
    │                         Lepida.   (see Tables II. b. 17 A.D.;  b. 18 A.D.;
    │                                   and III.), b. 15 d. 38 A.D.   d. 41 A.D.
C. Cæsar,                                  A.D.; d. 59 A.D.
b. 20 B.C.; d. 4 A.D.                   = C. CÆSAR(Caligula) = Cæsonia.
    │                                      b. 12 A.D.;
  Julia                                    d. 41 A.D.
  (daughter of the
  younger Drusus;              ┌────────────────────────┬─────────────┐
  see Table III.).          Æmilia Lepida = M. Julius Silanus.
  = L. Æmilius Paullus.                │
                          ┌────────┬───┴──────┬──────────┬──────────┐
M. Æmilius Lepidus = Drusilla(daughter of Germanicus).
                                   M. Silanus,  L. Silanus,  D. Silanus,  Junia Calvina.  Junia Lepida.
                                   b. 14 A.D.;  d. 49 A.D.   d. 64 A.D.
                                   d. 54 A.D.
                                        │
                                    L. Silanus,
                                    d. 65 A.D.
```

49

屋大维娅之后裔表

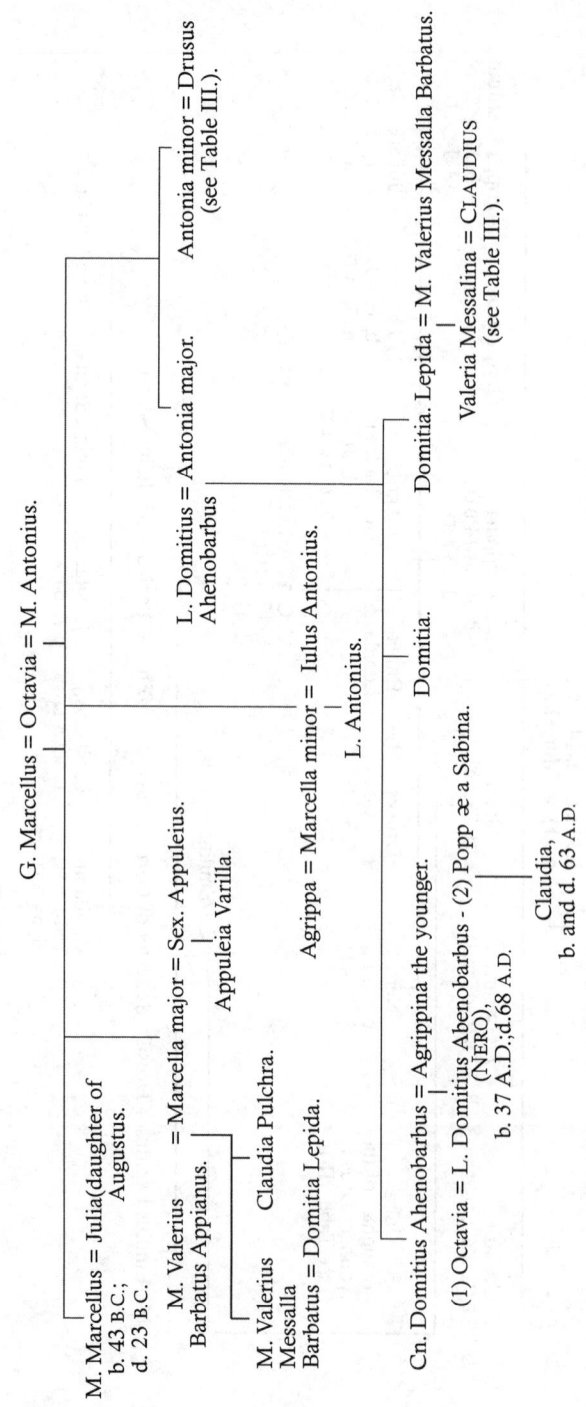

第四章 奥古斯都之家庭及其建立朝代之计划

克劳狄家族表

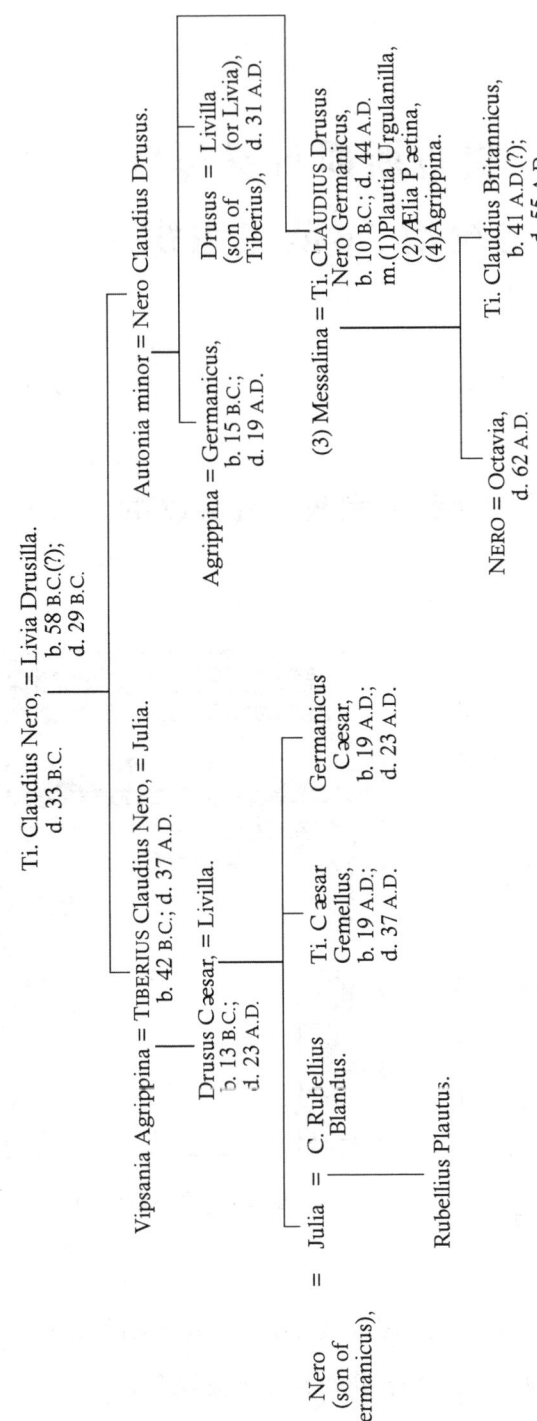

51

第五章 奥古斯都对罗马与意大利之统治、军队之组织

第一节 奥古斯都之宗教及社会改革

奥古斯都为政极力拉拢上流社会而取悦于民众,行之极为成功。大体言之,其统治颇得人心,罗马人对之极为满意,其政策开明而合乎人道,常受麦凯纳斯之影响,麦凯纳斯保护其主人之安全,并不借重于告密者或间谍。罗马人视之为理想之官员,公元前8年麦凯纳斯去世时,奥古斯都顿失膀臂,后继无人。据云晚年曾泣云:苟麦凯纳斯、阿格里帕二人有一人在世,则其晚年因于家务纠纷之不幸,将不会产生。

里米尼之奥古斯都拱门

拉拢贵族之困难,尤甚于满足平民。尽管奥古斯都个人深为国人所爱戴,元老院亦完全服从其意志接受领导,奥古斯都仍可窥见上流社会对共和制度之怀念,颇虑其"元首制"能否继续。奥古斯都不能误以谄谀之言行,甚至对其个人

之友谊,为对新制之欣然接受。谋刺之阴谋偶有发生,史料极少,似乎并不真正严重。仅公元前23年,凯皮奥(Faunius Caepio)及公元4年秦纳(Gnaeus Cornelius Cinna)之乱,较值一述。凯皮奥案之重要在于与皇帝同为执政官之穆瑞纳(A. Terentius Varro Murena)亦牵连在内。穆瑞纳为奥古斯都挚友普罗库雷乌斯(Proculeius)①及麦凯纳斯之妻特伦提娅(Terentia)之兄。特伦提娅尝被认为奥古斯都之情妇,奥古斯都非常重视此案。穆瑞纳、凯皮奥二人俱被处死,但罗马人似不相信穆瑞纳有罪。另一案则秦纳及其同谋由于利维娅之请均获赦免,利维娅或由麦凯纳斯宽大政策吸取教训。穆瑞纳案发生之年,亦为奥古斯都罹患重病及"元首制"完成最后形式之年。奥古斯都曾获一向拥护共和制度最力之皮索(Cn. Calpurnius Piso)及奎里努斯(L. Sestius Quirinus)二人之归顺,为其政治上之最大胜利。是年6月,奥古斯都放弃执政官之位,诱以立选二人接补当年所余任期之缺。但此二人之外,仍有若干未被拉拢者,随时伺机欲图恢复共和制度。

奥古斯都时代罗马人对其普遍满意之坚固基础,实建立于长时间之和平。币制信用及工商业之恢复,大量公款之用于公众福利,及公共舒适之促进及公共安全之保障,为罗马人渴望已久者。一旦得之,自无限满意。欲述奥古斯都之内政,请先自其恢复宗教及崇拜神祇始。

国家宗教

罗马旧习于神庙中所举行之宗教祭祀,由贵族任祭司之责。内战期间,此种家庭数目及财富皆日益减少,非宗教精神遂趁机而入,庙宇多呈衰颓。目睹奥古斯都恢复宗教之贺拉斯云,以长期战祸归咎于一般罗马人对神之不敬:"汝不配为祖先之失败付出代价,罗马人,直至汝建造了神殿。"②

---

① 贺拉斯称普罗库雷乌斯:"而予本人,以基于父爱对待兄弟而闻名。"(notus in fratres animi paterni.)
② 《歌集》第3卷第6首。

埃及征服之后，奥古斯都使元老院通过法律(Lex Saenia，公元前30年)，擢升若干平民家庭进入贵族阶级①，关心维护贵族尊严，并恢复对国家宗教之崇拜，致力于修复旧有神庙及增建新庙。②

亚克兴附近之阿波罗神庙最为奥古斯都所重视，尝以之自居，最喜廷臣谓其受光明之神启示，或谓臣下在其面前为其神光所逼不敢仰视等谀词。乃于帕拉廷(Palatine)为阿波罗建华丽之庙。又重家神之崇拜，于罗马各区修建无数庙宇祀之。许多宗教表演及节日庆祝亦告恢复。

奥古斯都改良后之国家宗教与"元首国"关系极密，视之为其帝国保障之一。诸神之中又加入神圣之尤利乌斯(Divus Julius)、阿发(Arval)兄弟司皇帝及其家族之祭祀、十五人祭司团(quindecimviri)及七人祭司团(septemviri)为其祈祷。又于历法中加入依照新宪法而有之新节日。"元首"又为大祭司长兼管其他宗教团体，其家人亦常加入其中。旧宗教所表示之新生命力可于其新创造之神如安诺娜(Annona)等见之。安诺娜为司帝国时期罗马所仰赖之谷物供应女神。

朱诺(Juno)之崇拜恢复后，由利维娅掌之，代表罗马之保姆。朱诺神庙已经荒废，其所司之社会制度亦已落伍。由于奢侈及不道德风气之增长，婚姻亦逐渐不受重视。独身生活盛行，罗马公民人数亦逐渐减少，监察官虽经常采用鼓励结婚，或保障婚姻之措施，却未见显效。奥古斯都先以惩罚，继以奖赏以纠正之。公元前18年通过朱利亚法规定社会秩序之婚姻法(lex Julia de maritandis ordinibus)，限制离婚，对未婚及已婚而无子女者加以各种处罚，未婚者不能接受遗产，已婚而无子女者罚其遗产半数。此辈于服公务之竞争方面亦多不利。公元9年，另一法规——巴比乌斯·波佩乌斯法(lex Papia Poppae)——则定订奖赏之法。罗马有子女三人者可减一部分公共负担，可免服法庭(judex)及守卫

---

① 见上第一章第五节。
② 奥维德称奥古斯都为神庙之建造者及修复者(templorum positor, templorum sancta reostor)，见《岁时记》第2卷第63行。

(guardian)之役,且优先获任官员。此种特权称"三子特权法"(jus trium librorum)。意大利有子女四人、行省有子女五人者,赏亦如之。公元前18年,奥古斯都对放荡之罪科以新罚,以间接保障婚姻。朱利亚法之通奸与贞洁法(Lex Julia de adulteriis et de pudicitia)以通奸为有罪,前此则仅以之为个人之过犯。奥古斯都之政策中以婚姻法规最不受欢迎。各阶层皆坚决反抗,尽可能设法规避,但仍或有若干效果。自公元前28至前8年,罗马公民人数少量回升,公元前8年至公元14年则显著增加。① 但此后人数之增加或由于一般情况之改善,而非人为之刺激。

元首制建立十年以后(前17),奥古斯都庆祝每百年(或一百一十年)一度之世纪庆典(Ludi Saeculares),无人以前曾见过,亦无人可再次见到。事实上,许多目击者其后参与由克劳狄重复举办之庆典。奥古斯都盖欲以此庆典发生政治作用,一方面加强前一年所颁宗教及社会立法之神圣意味,一方面则昭示新时代之开始。是年奥古斯都正式收养两名孙子为继承人,可确保新制之延续。典礼由15人祭司团领导,选出其中二人奥古斯都及阿格里帕为主席。庆典连续三日,包括火炬、硫磺、松脂、小麦、大麦、豆类等之分配,于城中各站举行。传统对天神朱庇特(Dis Pater)及冥后普罗塞庇涅(Proserpine)之祈祷为阿波罗及狄安娜(Diana)所取代。第三日于帕拉廷之阿波罗神庙中庭由父母健在之贵族少年男女组成之联唱队进献感恩诗歌(carmen saeculare),诗为贺拉斯所写,至今仍存。

奥古斯都颁布奢侈法,限制奢侈,②并取缔于公共竞赛中流行之不道德行为,禁止妇女出现于体育竞赛中,角力比赛时,指定妇女于特别座位,以与男子分开。此等公开表演中,各阶级座位亦予分开。元老、骑士、兵士、获释奴皆各有专

---

① 据《功业录》安克拉奥古斯都神殿铭文(Monumentum Ancyranum)皇帝之官方记载,公元前28年罗马公民人数为4 063 000人,公元前8年为4 233 000人,公元14年为4 937 000人。
② 公元前18年,颁布朱利亚奢侈法(lex Julia sumptuaria),同年又颁贿赂法(lex de ambitu)制止贿赂。

席。已婚男士较单身汉优先。

社会改革方面，奥古斯都对于占罗马人口很大多数之获释奴（libertini）之改革，颇堪注意。奥古斯都以下列三法减少其数目：（1）鼓励获释奴与除元老以外之自由人结婚，以使其加入自由之人口。（2）以奥古斯都祭司团（The institution of the Augustales）诱使获释奴留居意大利城镇，阻止其大批涌入罗马。（3）通过法规限制奴隶之解放。公元4年，埃利亚·森提亚法（lex Aelia Sentia）规定30岁以下之奴隶或品行不端者，除非经由杖式解放（vindicta）过程外，不得解放。四年以后，富菲亚·卡尼尼亚法（lex Fufia Caninia）制定主人当时可经遗嘱释放奴隶之比例。

第二节 罗马及意大利之行政

奥古斯都在罗马及意大利之行政，最足显示其政治方面及元首制一般精神之特色。最初，奥古斯都将此地区完全交付元老院，从不公开攘夺其权。但不久其多数重要部门逐渐移归元首，元老院及执政官一再宣称其力量不足，请求"元首"干预，于是若干职位乃固定转移于元首掌握之中，其他事务虽仍归元老及其他共和制度之官员，但每遇困难，辄就商于"元首"请其指导。故君主政体之建立盖为对共和制度加以考验，并揭露其无能。是即"帝国之秘密"之一，由奥古斯都发现且灵活运用，直至奥古斯都统治后期，行省事务已经就绪，始正式干预罗马及意大利之行政及组织。帝国新制已为行省带来安定繁荣，政治上逐渐可与意大利跻于平等地位，但奥古斯都极力保持罗马为统治城市之崇高地位，意大利亦为全国之主要地区，与行省之区别三百年后始行消失。

罗马谷物之供给需要新组织，皇帝所拥有之埃及适足以供给此需。公元前22年罗马大饥，人民要求元老院以奥古斯都为"独裁官"及监察官，任期终身。奥古斯都谦辞，但接受主管"谷物市场之行政"（cura annonae），饥荒旋解，是为奥古斯都于罗马掌握之第一个部门。公元 6 年,饥荒更亟,数年后,皇帝不得不设法筹划长久供给罗马谷物之策。设置一督粮官(praefectus annonae),由骑士充之,其人选由皇帝指定。督粮官之责为监督谷物由埃及运抵罗马,及罗马粮食市场以廉价供给谷物。其经费由帝库供应,然理论上固应属于元老院所属之国库。皇帝又负责供给平民之需要,最后免费固定供给粮食之人数为 20 万,包括获释奴在内。公共捐献于平民之巨款亦由奥古斯都负责。

公元前 21、20 年,奥古斯都出巡东方期间,阿格里帕负责罗马事务,热心改善水之供应,修复旧有引水道,并建新水道。公元前 19 年所建"维尔果水道"(Aqua Virgo)为其最重要者。又集合公共服务人员负责出随时修整水管①。公元前 11 年,"水道管理处"(cura aquarum)正式组成,已于阿格里帕死后。

奥古斯都一面建设罗马,一面又防其遭受破坏。罗马常有火灾,向无消防之策,奥古斯都见负责此事之市政官无能,乃于公元 6 年组织消防人员(vigiles)七队,每队一千至一千二百人,由一骑士阶级之队长(prefect)统率之,称为消防队队长(praefectus vigilum),其人选由皇帝指定。队员大部为获释奴,分七处驻市内,每队负责两区②。

其他促进罗马福利之新组织为监督公地及公共建筑之管理者(curatores operum publicorum,由法官级元老[praetorian senators]选出)等,亦为奥古斯都所创。

罗马执政官本有权指定代表曰罗马城行政长官(praefectus urbi),当其不在罗马城时代理其职务。及至司法官之建立,执政官此权遂失,"元首制"建立之初,奥古斯都地位尚系由于执政官与总督职权之联合时,奥古斯都离罗马(前 27—前 24),恢复此制,指定罗马城司法官代理其职。③ 公元前 25 年,德高望重,

---

① 关于罗马引水道之记述,见第三十一章第四节。
② 公元前 8 年罗马分为 14 区(见上第三章第三节),下分 265 小区(vici),小区长官(magistri vicorum)负责于 5 月及 8 月祭祀家神及奥古斯都之守护神。
③ 麦凯纳斯于屋大维与安东尼相争时,曾为此官。

为皇帝得力助手之科尔维努斯(Messalla Corvinus)曾任此职,但六天后即以不能胜任辞卸,实似以之为不合宪法之新制。公元前21、20年,奥古斯都巡视东方,罗马由其同僚阿格里帕治理,不需其他代表。但公元前16—前13年,奥古斯都赴高卢,阿格里帕亦往东方,遂以陶汝斯(Statilius Taurus)为罗马城行政长官,甚为称职。是时奥古斯都并非执政官,"元首制"亦不依赖其执政官之权,实不应亦不必指定罗马城行政长官,故此事实为宪法上之创新。但于奥古斯都统治之下,此职仅临时性,为皇帝不在意大利时有之,至提比略时遂成定制。

元老院对意大利之统治亦表现同样无能,皇帝乃不得不代行其事。公元前20年,设道路监督官(cura viarum)负责公共道路之整修。每一道路有一监督官(curator)专管,自罗马至意大利边疆之主要道路由法官级元老选拔,次要道路则由骑士充之。意大利亦如罗马,分为11区,罗马为其第12区①。分区之目的不详,或为征税之用,但绝非行政区,因各城市自治之权至图拉真(Trajan)之时始遭剥夺,奥古斯都及其继承者固未加干预也。②

遍及全国之帝国邮政,颇值一述。此制为奥古斯都新创,于军用大道设有驿站,确保首都与各省官员之快速联系,严格限于帝国官员、送信者或有特殊凭证(diploma)者使用。车马等费用由驿站所在地区供给。后因弊端百出,乃由帝库支付。但奥古斯都当时之邮政与百余年后者不同。

奥古斯都祭司团(The Augustales)

帝国严格规定获释奴不得任行政长官、祭司、城市议会之议员或元老。恺撒曾许此辈于行省任职,但奥古斯都严加禁止,不许获释奴参加政府。此项禁令于经济上实为一公共损失,盖各城市主要财源之一即为新官或新祭司所缴纳之贡

---

① 11区分别为Campania、Apulla及Calabria、Bruttia及Lucania、Samnium、Picenum、Umbria、Etruria及Tuscia、Aemilia、Liguria、Venetia及Istria、Transpadana。

② 意大利城市之自治权由恺撒于公元前49年鲁布流斯法(lex Rubria)及45年朱利亚法之市政法(lex Julia municipalis)明定之。一万五千塞斯特斯以上之民事诉讼由罗马司法官处理,各城市财政完全独立,帝国赋税仅限于居住各城之罗马公民个人,而不及于城市本身。

献,或以现金,或负责公共娱乐表演。获释奴既不能为官员或祭司,自亦不必有此负担为其所乐于贡献者。约在帝国初期,奥古斯都设新组织曰"奥古斯都祭司团",以为此辈谋出路且恃其资财供给公共费用:(1)此组织先设于意大利,次及西方之拉丁行省,在非洲并不普遍,帝国东方则无。(2)此组织并非根据奥古斯都所颁法规,而系由于奥古斯都之建议,由各城市建为定制,对各地皆有利。(3)每年由当地主要市政长官(decurions)提名选出六人组成之,称六人团(sexviri Augustales)。(4)此六人团为行政官员,并非祭司,但其职位仅为名义上者,并无实际之职务。(5)此辈虽无实际任务,却须与一般真正官员同样于就职时缴纳献金,并负担公众表演之费用。(6)此辈常自获释奴中选出,此一规定于南意大利行之有效,并无例外。(7)此辈于一年任满后,称奥古斯都祭司团,一如执政官任满后称执政官团(consulares),自成一种阶级,获释奴皆渴望成为其中一员。(8)此制似乎部分模仿罗马骑士之组织,其指定人选之方法似借法骑士团,时间亦约于同时。奥古斯都祭司团于意大利及行省之地位亦与骑士在罗马者相同,实为于各城市骑士之形象。此辈代表资本家及商人阶级,与贵族及地主相对,其与市议会之关系正如骑士与罗马之元老院。

第三节 陆海军之组织

奥古斯都对罗马军事制度作若干急剧之改变。(1)设置常备军。统帅既为常设官职,自应有常备军队供其指挥。军团分驻需要军事保护之行省,现在要有常设之军营。(2)组织辅助军(auxilia),使之成为帝国军队之重要部分。(3)将海陆军分开。(4)设置禁卫军(praetorian guards)。奥古斯都对军队之组织煞费心机,一般却认为其于内战之后削减军队数目,颇为不智①。奥古斯都当

---

① 见本章末附录C。

时此举主要系为经济着想,以节省公共负担,但所留之25万军队实不足以防御广大帝国边疆莱茵、多瑙及幼发拉底等河之强敌,其他地区较小危险尚不计算在内。

奥古斯都死时,有25军团。每一军团约五千至六千步兵,及百二十骑兵。步兵分为十大队(cohort),每大队分为六个"百人团",每一百人团自有其军旗(signum),骑兵分为四队(turmae),加入军团者皆为自由人,且属于某一城市团体(city-community)。

辅助军与军团互相联系,由省民招募,不属于城市团体辅助军,分为若干大队,包括步兵及骑兵或两者兼备。若干步兵大队由约500人组成,分为六个百人团,此种单位称五百人队(quingenariae)。其他则包括一千人分为十个百人团,称一千人队(miliariae),兼有步骑兵者称步骑兵联合队(equitatae)。骑兵队(alae)仅有骑兵,亦有大小之别。当辅助军依附于某一军团时,即由军团之长官指挥。但辅助军亦可单独行动,若干行省全由辅助军驻防。

军团由数目及名称区别。如第十合组军团(legio X gemina)、第十三饕餮军团(XIII rapax)或第六胜利军团(VI victrix)①。

正规军团及辅助军外,又有意大利志愿兵大队(cohorts of Italian volunteers),吾人对此所知甚少。此外若干行省亦有其民兵组织。奥古斯都有日耳曼兵士组成之卫队以保护其安全,但于公元9年解散②。除埃及驻军及若干小省之辅助军外,帝国之军队皆由元老统率。奥古斯都之重要组织军团副帅(legatus legionis)即元老阶级,一般且曾为司法官阶级之军官,负责统率正规军团及与之有关之辅助军。军事司令官附属于其下,仅为"军团司令官",与一辅助军之长官(prefect)相等,低于辅助军大队长官(prefect of an auxiliary squadron)。军团长官(tribunatus legionis)、大队长(praefectura cohortis)、骑兵队长(praefectura alae)三者合称"骑士官职"(equestrian offices),由元老之子有志

---

① 见本章末附录A。
② 见本章附录D及E。

仕途者为之。军营长官(praefectus castrorum)非元老阶级,常由首席百夫长(primipili)为之,属军营所在之行省总督,但不属于军团司令。军营长官无处大刑之权(jus gladii)。埃及无军团司令,其地位为军营长官所代替。

公元5年,军团兵士服役期限定为20年,辅助军25年。退伍时由政府授田或酬以金钱,退伍后如欲继续服役,则编入特别队伍,授以特权。此等队伍称军旗老兵(vexilla veteranorum)①仅作战时雇用之。

此种军制费用极巨。公元6年,达尔马提亚反叛,奥古斯都无法依正规方式应付其军队之所需,以1.7亿塞斯特斯(约136万镑)设置军库(aerarium militare),由司法官元老(praetorian senators)中抽签产生之三长官(praefecti)主持,任期三年,军库所仰赖之税源为5%之继承税及1%之拍卖税。

统帅所辖范围不包括罗马及意大利,军队皆分驻行省及边疆,但禁卫军连同市卫队、巡夜兵(watchmen),及海军除外。

共和时代已有总司令之卫队(cohors praetoria),三头政治时更加扩充。奥古斯都加以整编,胜利后,其本人及安东尼之卫队皆归其所有,乃以之组成九大队,每大队一千人。帝国时期永久性之禁卫军对统帅之关系与共和时期临时性之卫队对总司令者相同。禁卫军薪饷为正规军之两倍,公元5年固定其服役期限为16年,其指挥权最后于公元前2年规定由骑士阶级之队长(prefect)二人掌握。稍后此职遂为帝国最重要之职位,但即使帝国初期,禁卫队队长之影响力已甚大。皇帝之安全系于其忠诚,奥古斯都以"二"人为之,或即减少叛逆机会之计。禁卫军中仅少数可驻罗马,其余则在罗马附近。意大利有军队常驻,本非罗马人所喜,禁卫队员之规定非意大利人不可,依照意大利人之旧有范围,排除山南高卢及意大利南部希腊城市之居民服役。②

----

① 亦称vexillarii,与本字之另一用法有别,意指一小分队之士兵,暂时从其主力分开,并置于特别之军旗下。当signum仅为永久团体之旗帜,vexillum用于特殊及暂时之编队。

② 塔西佗《编年史》第4章第5节:"此等士兵主要征募自伊特鲁里亚、翁布里亚、旧拉丁姆及早期之罗马殖民地。"(Etruria ferme Umbriaque delectae aut vetere Latio et coloniis antiquitus Romanis.)如此,即排除逾帕杜斯河之意大利及南方之希腊市镇。

禁卫军以外，罗马更有三大队"城市武警部队"(cohorts urbanae)驻扎。皇帝不在罗马时，此辈受市长官(prefect of the city)统率。消防队前已提及。①

奥古斯都设置帝国海军，称为海军舰队(classis praetorian)，当时或尚无此称法。共和时期，海军常属军团司令指挥，因意大利不在统治权之内，故不能于意大利港口驻扎。其后托斯坎(Tuscan)及亚得里亚海为海盗所扰，奥古斯都于对庞培之战后对海军特别注意，乃将之与陆军分开。其中两支舰队常驻意大利，一在拉文纳，保卫东海岸，一在米塞努姆，控制南方海面。两队共卫皇帝安全，最初各舰由其家奴驾驶。帝国初期，海军统帅称提督(praefecti)，有时由获释奴充之。奥古斯都又于尤利乌斯广场(Forum Julium)置一较小规模之舰队。公元前22年，纳博讷(Narbonensis)省移归元老院管理，此舰队遂撤离。此等舰队由常规战船组成，有三排桨船(triremes)及较轻便之双排桨船(Liburnian biremes)。其后较巨大者不复使用，此种轻型高速较小型之木船(liburna)遂为战船之一般通称。

附录

A　奥古斯都去世时(公元14年)行省军团分配表(共25个军团)

西班牙(Spain)：3个军团。第四马其顿军团(IV Macedonia)、第六胜利军团(VI Victrix)、第十合组军团(X Gemina)。

下日耳曼(Lower Germany)：4个军团。第一、第五云雀军团(I、V Alauda)，第二十瓦勒里亚胜利军团(XX Valeria Victrix)，第二十一饕餮军团(XXI Rapax)。

上日耳曼(Upper Germany)：4个军团。第二奥古斯都军团(II Augusta)、第十三合组军团(XIII Gemina)、第十四合组军团(XIV Gemina)、第十六军团(XVI)。

潘诺尼亚(Pannonia)：3个军团。第八奥古斯都军团(VIII Augusta)、第九军团

---

① 第四城市武警部队驻于卢格杜努姆，另一武警部队不明，为军事警察Statores Augusti，似位于城市武警部队与消防队之间。

(IX)、第十五阿波罗军团(XV Apollinaris)。

达尔马提亚(Dalmatia):2个军团。第七军团(VII)、第十一军团(XI)。

默西亚(Moesia):2个军团。第四斯基提亚军团(IV Scythica)、第五马其顿军团(V Macedonia)。

叙利亚(Syria):3个军团。第三高卢军团(III Gallica)、第六铁甲军团(VI Ferrata)、第十海峡军团(X Fretensis)。

埃及(Egypt):3个军团。第三昔兰尼军团(III Cyrenaica)、第十二雷电军团(XII Fulminata)、第二十二戴奥塔鲁斯军团(XXII Deiotariana)。

非洲(Africa):1个军团。第三奥古都军团(III Augusta)。

公元前27年"元首制"之初,仅23军团,奥古斯都继增第六铁甲(VI Ferrata)及第十海峡(X Fretensia)两军团。至公元13年时原有三军团在瓦鲁斯(Varus)之败时消灭,即第十七、第十八、第十九军团,但另增第一、第二十一饕餮(Rapax)及第二十二戴奥塔鲁斯(Deiotariana)三新军团代之。有时一数目不止代表一军,或因三头政治时三人各编其军,数目有雷同者。其后奥古斯都接受安东尼及雷必达之军队时,仍其旧有番号不变,如第三高卢军团(III Gallica)即随安东尼于东方作战者,在此情形下,须兼列数目后面之军名即可分别。

军队名号有数原则:(1)由于军徽(insigma),如雷电(Fulminata)、云雀(Alauda)等。(2)由于作战对象如斯基提亚,或作战之地如海峡(Fretensis)。(3)一般名称如胜利(Victrix)、饕餮(Rapax)等。(4)原有军团人数不足,与其他军团合并所成之军团称合组(Gemina),如第十三、十四合组军团等。

辅助军则由所募族群之名称而区别,但骑兵队(alae)(大队[cohorts]更罕见)有时亦指特殊名称(例如佩特里亚那骑兵队[ala Petriana])。

B 军团及禁卫队之薪饷与服务期限

奥古斯都时,军团士兵为年薪225狄纳尔(denarii,约8磅),图密善时增加1/3,为300狄纳尔。公元前27年禁卫军初组成时,年薪450狄纳尔,为普通兵士之两倍。继增至720狄纳尔(约25磅,据塔西佗[Tacitus],《编年史》第1卷第17章)。城市武警部队(Cohortes urbanais)或为360狄纳尔。

公元前13年,奥古斯都将军团兵士服役期限固定为16年,禁卫军者12年。公元前5年,延长军团士兵为20年,禁卫军为16年,辅助军为25年,市民军(urban cohorts)为20年。

C 奥古斯都之裁减军团

奥古斯都时期军队演变详情不悉,但极可能逐渐完成,而非由一次法令行之。蒙森认为原有 50 以上之军团,在"元首制"建立之初,即减至 18。至公元 6 年又增 8 军团,共 26 军团。瓦鲁斯所失三军团由二新军团代替,共 25 军团。至奥古斯都去世时即为此数。但蒙森所依八新军团组成之证据,由已有军团补充。

公元前 27 年,奥古斯都经济情况无论若何困难,决不至将军队减至仅有 10 万人。此问题一如赫尔佐克所谓应与辅助军之组成密切相关。赫尔佐克以其后军团之裁减系与辅助军之组成同时且逐渐进行,此猜测值得推荐。果如此说,则此种演变应于公元前 13 年完成,是年元老院曾颁敕令对军队之服役有若干重要规定。

D 行省民军

若干行省如雷提亚、卡帕多奇亚（Cappadocia）等,省民于遭遇特别危机时,组织民军防卫。此种民团与正式之辅助军有别。塔拉哥纳（Tarraconensis）省似有特殊组织之民军,曾见有军官称海军司令（praefectus orae maritimae）者统率两大队。另有少数城镇为应特别危机,或亦组织成市民军。

E 日耳曼卫队

公元 9 年瓦鲁斯之败,奥古斯都乃解散其自亚克兴战时即已雇用之日耳曼卫队,但提比略、盖乌斯及尼禄时,又复用之。尼禄之日耳曼卫队为加尔巴（Galba）所解散,帝国初期即未再设置。日耳曼卫队中之兵士为奴隶地位,分为若干十人队（decuriae）。

F 志愿留任老兵（The Evocati Augusti）

此种组织材料极少,为奥古斯都所组织之特殊团体,成为特殊部门,一如共和时期之志愿兵,系应特殊需要征召而来之志愿队（evocati）,其分子系选自已服役期满者,常负责军事以外之特殊事务,如军事工程等。

盖乌斯及路奇乌斯之钱币

第六章　奥古斯都统治下之行省：西方诸省

第一节　行省之一般组织

奥古斯都建立帝国时，帝国版图西起大西洋，东至幼发拉底河，北至北海(German Ocean)，南迄埃塞俄比亚。其中政治情形显非一致。罗马为帝国之发祥地，亦为统治帝国之中枢，自成一体，全国仰望。意大利于若干方面与其同享特殊权利。[①] 在罗马及意大利内圈之外，为直属土地及城市，由罗马人直接统治。在此以外，虽然实际上由罗马统治，但名义上系属独立，称之曰联盟(federate

奥斯托之奥古斯都拱门

state and allies)，而非属邦。其中每一部分皆有若干不同种类之小区，其统治方法或自治程度各异，其与罗马关系之复杂性正如种族及语言之种类繁多。所谓罗马帝国实为一错综复杂之结合，包括行省、独立之盟邦及附属王国，附属王国

---

① 自公元前 49 年起，意大利自阿尔卑斯山至美萨纳(Messana)海峡之各城市皆享有全部罗马公民权。公元前 42 年，罗斯修斯法(Lex Roscia)将所谓"意大利"扩充至阿尔卑斯山。

之人民并非罗马属民,土地亦非罗马之所有。此等盟邦就法理上言之,并不在罗马统治之下,但实际上却归罗马所管辖,其自治权是否继续,端赖罗马之决定。拉丁文字中并无专门名词表示地理上包括所有直接及间接统治之地区。其最接近之字盖为"世界"(obis terrarum),其范围似与"帝国"相等。罗马法认为所有领土,其非罗马者,或不属于罗马承认其所有权者,皆为世界以外之地,不属于任何人。

自治及非自治城市之主要区别为前者自行课税,后者由罗马征收。两者皆有例外,但一般如此。行省中非自治城市之土地属于罗马,其自治城市之土地则非罗马者。起初,罗马征服最初诸省后,并未占有其土地,此种错误,当盖约·格拉古筹划亚细亚省时,已予纠正。此后,所有行省领土皆视为罗马人所有。罗马人可将其地以一定租赋租予原有人,实际上大部分情形皆系如此。行省属民由原来之地主降为佃农。①

(1)奥古斯都之时,行省城市多数皆为须交贡赋之城市(civitates stipendiariae),其人民因曾是反对罗马之外国人,在法律上为无完全公民权之自由人(peregrini dediticii),此辈受其所属行省总督之控制。

(2)行省中有许多城市拥有全部罗马公民权,其数目且不断增加。但在个人权利上,此等城市与意大利之城市居于同等地位,但在下列二事不如之:(A)须纳赋税,如此奇特之理由即行省领土不能与其拥有者——罗马人分离,海外之罗马人公地(ager publicus populi Romani)不能成为市民所有权之私有地(ager privatus ex jure Quiritium)。如纳波(Narbo)之人虽为罗马公民,却不能成为该省土地之所有者(quiritary possessor),而仅能领有罗马人之土地,故须为之付税。但若干享受特别待遇之城市,此种原则于奥古斯都时期已放弃其特权,采两种方式之一:或者特许免税,或者给予意大利法(ius Italicum)。后者较为普遍,使获

---

① 此种田租称赋税(tributum 或 stipendium),stipendium 之正确意义为被征服国家偿付战费而征收之赋税,仅为暂时性者,但被征服地区之地位既从此降低,则其赋税亦成为永久性者,其名称仍旧,后改为田赋(ground-rent, vertigal 或 tribute)之形式,但 stipendium 之名称仍继续使用。

得此权之城市土地与意大利城市者有同等地位,因之具有市民所有权。行省城市具有意大利权者,以一肩负葡萄酒皮袋之塞勒努斯(Selenus)裸像称为马西亚斯(Marsyas)者为标帜,此种习惯系模仿立于罗马广场、作为首都城市象征之马西亚斯像。赋税之外,拥有罗马公民权之行省城市与外国人城市一样,受制于罗马总督之干涉。

(B) 此等城市非殖民地(coloniae)即市镇(municipia)。于意大利历史过程中,市镇一字意义已完全改变。此字最初用之于具有拉丁公民权(ius Latinum)及无选举权之城市(civitas sine suffragio),与其他拥有全部罗马公民权者有别。其后无选举权之城市获得政治权利,以及罗马地方获得全部罗马公民权,所谓"市镇"者,于意大利本已消失,但其名仍在,乃用之于拉丁市镇或独立之盟邦(federate states),并继续用之于意大利以外具有拉丁公民权之城市。市镇及殖民地两字最初意义并非全然不同,具有拉丁公民权之殖民地,既为市镇,亦为殖民地。但当市镇一字具有新义时,两者差别逐渐增大。市镇仅用之于在接受罗马公民权以前已经存在之独立城邦,不论其是否为殖民地。殖民地则一般限于由罗马殖民所建立之城市,前此并非城邦者。市镇则与原先自治之情况有关。

(3) 罗马城市之外,行省亦有拉丁城市。拉丁公民权起初有较高者与较低者两等:旧有之拉丁殖民地地位较高,较低者称阿里米努姆法(ius of Ariminum)①。唯有后者扩张至行省城市。联盟战争后,意大利获罗马公民权,其境内较优之拉丁公民权城市乃永远绝迹。较低一种则仅存在于意大利以外。拉丁城市与外国人城市主要差别为拉丁城市之居民如在本城充任官职,则可有望获得全部罗马公民权。拉丁城市当然为自治②,不受行省总督统治,但须付罗马人所有财产之地税,一如罗马城市,除非具有意大利公民权以及拉丁公民权之豁免权。

---

① Ariminum 为联盟战争以前成为罗马殖民地之十二拉丁城市中最早者。
② 但于某些方面,帝国时期拉丁城市之自主性不如共和时期者。

（4）在罗马领土之外，罗马之独立盟邦虽然实际上为其属地，形式上则为弗里敦邦（civitates liberae），不管其为单独之共和国如雅典，或城邦联盟如吕基亚。宪法上，可分二类：（A）自由城邦与联盟城邦（civitates liberae et foederatae）或仅称盟邦（foederatae）。（B）无条约与豁免之自由城邦（civitates liberae sine foedere et immunes）。第一类之城邦与罗马以条约（foedus）相结合，保证其永久之自治。第二类无如此之条约，其自治由一法令（lex）或元老院法令授予，可随时取消。其他方面，两类之情形完全一样。此等自由城邦之主权受到与罗马不同关系之限制，不能再有如其与罗马关系相同之属邦，不能自行宣战，而罗马所有宣战缔约之决定不须其正式表示同意，即对其有效。若干自由城邦如雅典、斯巴达、马西利亚于共和及帝国时期皆似由条约规定免除其提供军队之负担，其他城邦则由条约规定其执行此类义务，如罗得岛每年即须贡献若干战船予罗马舰队。"元首制"时，成为盟邦或拉丁城邦中若干城市可能亦须征兵。理论上，所有自治城市之土地非罗马人者，应予免除纳税，但有例外，若干自由城邦如拜占庭，在"元首制"时即须每年纳税。

（5）附属王国（client kingdoms）之地位，与自由自治城邦同中有异。两者皆为罗马盟邦，不受罗马总督统治。双方皆为罗马人之盟邦（socii），自由城邦自治，附属王国由其国王统治，两者土地皆在罗马领土疆界之外。在联盟城邦情形下，罗马人与自由城邦之关系为永久性者，附属王国之条约则为国王个人所订，君主逝世之时即告中止。故每当属邦君主死亡时，罗马或与其新王另订新约，维持同样关系，或趁机将之变为行省，而不致违犯任何条约。元首制时即常用后法，所有主要属邦先后消灭，行省领土相应增加。属邦即使于共和时期亦须每年向罗马交纳一定赋税。

（6）奥古斯都对待埃及，为罗马属地创一新例①。双方成为"君合国"（personal union），犹如卢森堡之与荷兰统合。罗马之统治者亦即埃及之统治者，

---

① 见上第一章第三节及见下第七章第四节。

奥古斯都未在双方称王,但事实上为托勒密王朝之继承人。此后继续成为罗马属邦者,皆援其例,如诺里库姆及犹太(Judae)等皆是。此等行省由骑士统治,而非元老,此等骑士以长官(prefects)或代行财政官(procurators)名义代表皇帝本人统治。此种政府形式显然于罗马由共和国变成君主国,以一人代表国家时,始有可能。

(7)罗马帝国更有若干属地(attributed places)虽不重要,亦备一格。系指若干少许民族或小地方,既非城邦,亦不成为区域(pagi),而系附属于邻近城市者。仅联盟城市具有罗马公民权或拉丁公民权之城市始有属地,特别用之于阿尔卑斯山地区,若干山间小部落附属于特格斯特(Tergeste,今 Trieste,在意大利东北部)或布里克夏(Brixia,今 Brescia,在意大利北部)等市控制之下。"属地"之居民常有拉丁公民权,但既无本身之行政官,乃获准为其所属城邦官员之候选人,且可由此途径成为罗马公民。

罗马属邦一般既分为自治及非自治两种,其非自治者具有自治之城市政府。行省一如意大利,皆系建立于地方自治政府之原则上。此等地区之城市制度既已发展,罗马征服者常乐于保持其地方事务一如往昔,仅规定其须使用贵族政治之原则。罗马甚至将自治城市之原则推行于前此并无自治经验之行省,建立意大利模式之城镇。每一行省城市由地方政府征税,缴于罗马官吏。每年行省会议(concilium)各城皆派代表参加。司法方面,各省总督分区处理,称为省级法庭(conventus iuridicus)。

由此观之,"交纳贡赋之城市"(stipendiary communities)亦享有自治——"宽容之自治"(tolerated autonomy),比自治城市及盟邦限制较多。各省总督只要不影响帝国利益,并不干涉其省内任何城市之市政。非自治城市而获有免税权者,实际上近似自治城市。至于名义上独立之邦仍被征税者,即约同于属邦。

奥古斯都及其继承者在帝国行政之政策上,有逐渐废除共和晚期存在于罗马与其属地差别之趋向:(1)意大利与行省之分。(2)各省城市彼此间之多样差别。自奥古斯都开始,即逐渐消除此等差别,直至全国一致。(1)行省逐渐受到提高其朝向意大利地位之优待,意大利之特权则朝向行省之水平逐渐减少。(2)帝国各地之逐渐一致,可溯自奥古斯都之时,即致力于(a)限制自由城邦及盟邦之自治。(b)增加直属城邦之自治。(c)扩大罗马公民权。(d)改附属王国为行省。奥古斯都对促进此趋向最有效之作法或为军队之重组。以前军团兵士仅罗马公民始能充任,行省不能参加正规军队,仅于需要时征召之,奥古斯都则许全国所有人民不论是否为罗马公民,意大利人或行省之民,皆可加入正规军。军团招募不仅来自意大利,亦来自帝国所有城市,不分罗马、拉丁或外来者(peregrinae),一旦进入军团,即为罗马公民。辅助军系由尚未成为城市之属地组成之,兵士无罗马公民权。此等地区之地位,与以前意大利人之地位略同。此种军团之新组织法,大量增加罗马公民人数,经由提高行省之重要性,遂倾向于全国一致。

皇帝行省与元老院行省

于行省之统治及其他事务方面,奥古斯都与元老院分治,前已言之。此后即有元老院属下及皇帝属下两种省份。元老院行省主要为秩序已经建立之太平地区,不需军队常驻者。皇帝则负责多事之地,常需统帅及其兵士介入者。公元前27年,奥古斯都乃接受叙利亚、高卢及近西班牙(Hither Spain)为其治下行省。叙利亚负责东方边疆之防御,高卢是时尚为一省,负责防御莱茵河外之日耳曼蛮族,近西班牙(或塔拉哥纳)则须从事坎塔布里亚战争(Cantabrian War)。元老院所辖者为:西西里、阿非利加、克里特与昔兰尼(Crete and Cyrene)、亚细亚(Asia)、比提尼亚(Bithynia)、伊利里库姆、马其顿、亚该亚(Achaea)、萨丁尼亚(Sardinia)及远西班牙(Further Spain,后改名贝提卡[Baetica])。此种分法,大致可望双方势力平均。但不久皇帝行省于数目及重要性方面即超过元老院行省,凡新省建立,皆归皇帝。

公元前27年划分之后,于奥古斯都时期有所改变,但吾人于了解各省之前,须先论及皇帝属省与元老院属省之一般差异。

第六章 奥古斯都统治下之行省：西方诸省

罗马之行省最初由司法官（praetor）统治，苏拉易以曾任司法官者（propraetors）为之。此一改变为行省之行政引入一项新原则：总督皆为前执政官及前司法官。元老院属省之省长悉为前执政官（proconsuls），其上已无更高官员，皇帝属省之总督则在皇帝之前执政官权威（proconsular authority）下，故仅由前司法官任之。

前执政官之总督与前司法官之总督有差别，不得与执政官及司法官级之总督混淆。前司法官及前执政官皆可以是执政官或司法官阶级。至于元老院行省，在执政官行省及司法官行省之间有条确定线，终于安排仅执政官得任亚细亚、阿非利加两省，司法官任其他省。在皇帝属省，此线似不如此严格。通常司法官总督仅指挥一个军团，执政官总督则可指挥一个以上之军团。

元老院行省之省长仍依旧例，由抽签选定，任期一年，由具独立军事及行政权之前司法官及财政官（quaestors）襄助之。执政官级之省长，由12名侍从随员，有三名副帅（由其指定），及一名财政官在其旁，司法官级之总督（由6名侍从随员）则仅有一名副帅及一名财政官。

皇帝行省之总督称"钦差代行司法官之总督"（legati Augusti pro praetore）①，由皇帝指定，其宪法地位为皇帝授权统治行省，皆属于执政官或司法官级者，故仅元老始能为之。其任期不限于一年，由皇帝以意为之。皇帝属省之财政事务由代行财政官管理，一般钦差由骑士阶级充任，有时亦以获释奴充之。司法方面由元老阶级之"钦差审判官代表"（legati Augusti juridici）执掌，但不确定其制是否为奥古斯都所创。

元老院无权过问皇帝属省事务，仅省长由元老中选任之，皇帝则可以其对所有省长之最高权力（imperium maius）干涉元老院属省之事务。除此之外，更可于元老院属省征兵及管理赋税。是故来自元老院属下阿非利加省之粮食供给，不由元老院而由皇帝掌管。所有行省之军政民政皆归省长掌管，但元老院属下者

---

① 更确切之头衔为"代行执政官代行司法官之总督"（legati proconsulis pro praetore）。

除阿非利加外,省长之军力实无足轻重。

省长既分属于元老院及属于皇帝者两类,前者似应羡慕后者之拥有军团及较长任期。但此种危险因重要情况而避免,因总督亦出于同一级别,故此人可一年为亚细亚省省长,次年改为叙利亚总督。

奥古斯都除阿非利加及萨丁尼亚外,为帝前后足迹已遍于西方各省。公元前27年,赴高卢,继转西班牙,指挥坎塔布里亚战争,直至公元前24年始返。两年后又赴西西里,转东方萨摩斯、亚细亚及比提尼亚,解决安息问题,公元前19年返罗马。前16年再赴高卢,偕提比略同行,停留三年之久。前10年第三度、前8年第四度莅临。此后则未再离开意大利,仅派其选定之继承人赴省代理行省组织之事。

第二节 高卢

奥古斯都将高卢分为纳博讷、阿奎丹尼亚(Aquitania)、卢格杜南西斯(Lugudunensis)及比尔吉卡(Belgica)四省。公元前22年将纳博讷划归元老院属下,其他仍旧。

纳博讷系于公元前121年成为罗马行省。恺撒征服高卢后,并于高卢,此时又恢复其独立地位。内战期间,其疆域远超过纳博讷者,盖前此拥有沿海地区大部之希腊盟邦马西利亚缩小为一行省城镇,纳博讷省遂由比利牛斯山至海岸阿尔卑斯(Maritime Alps)尽属之。恺撒曾力促此地之罗马化,纳博讷因之日趋强大繁荣,更建立若干具有罗马公民权之新城,阿莱拉特(Arelate)为主要者,其商业旋即凌驾于其附近旧希腊城邦之上。纳博讷省凯尔特人(Celts)旧有村镇(canton)之制逐渐由意大利式之城市制度所取代,奥古斯都更极力推行之。如弗尔凯人(Volcae)之村镇最初依意大利原则,由司法官统治,其后所谓弗尔凯人之村镇即由尼摩苏斯(Nemausus)之拉丁城市取代,即今之尼姆(Nimes)。高卢南部省份村镇制度之消失为其与高卢其他部分不同,最具罗马特色。罗马化程度之不同可能与奥克语(langue d'oc)及奥依语(langue d'oui)土地之显著差别大有关系。但纳博讷之凯尔特人并未忘记其民族神祇,其固有宗教在高卢南北部皆继续长期存在。

高卢三省(Tres Galliae)

皇帝所属三省常合称"高卢三省",是即恺撒于《高卢战纪》开始所指之三部分,依民族不同而分,但并非完全相同。西南部分包括伊比利阿奎丹尼亚人(Iberian Aquitania),另加一小部分凯尔特人。在利日(Liger)与加隆河(Garumna)之间凯尔特土地系取之于凯尔特卡(Celtica),而归并于阿奎丹尼亚。卢格杜南西斯(Lugudunensis)省相当于恺撒之凯尔特卡,但不再包括所有之凯尔特人,阿奎丹尼亚以南及第三部分比尔吉卡以北若干地区不在其内。是故比尔吉卡不再全为条顿(Teutonic),而系一部分条顿,一部分凯尔特。此三地区最初似属于同一军事统领,统率驻于莱茵河畔之军团。各省有一总督,德鲁苏斯自公元前13至前9年,提比略自公元前9至前7年,皆曾为之。公元13至17年,日耳曼尼库斯(Germanicus)亦曾任斯职。其后此种军事统治可能废除,三省之总督皆为独立而直属于皇帝,至公元17年以后,此种情况确立。

皇帝统治下之高卢,罗马政府允许保存村镇,并指挥其行政。此等行省不似纳博讷省,城市制度尚未传入,因而罗马化之进展亦大为缓慢。本地之民族精神强烈,德鲁伊教(Druids)根深蒂固。罗马统治者认为驻军莱茵河以阻止高卢叛变及抵挡日耳曼族之侵略,乃属必需。但凯尔特人并不真正希望脱离罗马统治。约于公元前27年,阿奎丹尼亚之伊比利人叛变,为美萨拉·科尔维努斯(Messalla Corvinus)轻易敉平,此事同属西班牙及高卢之历史。比利牛斯山以北之伊比利人可能与山南之同族互有联络。科尔维努斯之胜利,曾在罗马举行凯旋礼以奖之。

奥古斯都之四临高卢及公元前19年阿格里帕之赴高卢,显示皇帝切望对其父曾经征服而无暇整顿之地区加以组织。奥古斯都第一次莅临时，曾对高卢举行人口调查，以便规定赋税，是为罗马于此地区之首次人口调查。罗马在此所采之政策乃系保存其民族精神，而非消灭之。非但保存其村镇组织，且将三省所有村镇，依民族制度结合在一起，受皇帝保护，与帝国一般行政迥异。公元前12年，巴巴图斯（M. Messalla Barbatus）及奎里尼乌斯（P. Quirinius）为执政官时，8月1日，德鲁苏斯（Drussus）于卢格杜努姆（Lugudunum，今里昂）南下，向罗马及奥古斯都神祇呈献一祭坛①。此后由高卢三省之祭司于每年是日向诸神献祭，祭司每年由三省诸村镇代表于卢格杜努姆举行之民族会议（national concilium）中选出。此种会议职权之一即决定赋税之分配及对帝国官员措施之控诉②。

卢格杜努姆既为高卢人于罗马赞助下选定集会之城市，其地位遂在高卢其他城市之上，而与众不同。三省之一即以之为名，该省省长即住卢格杜努姆内，但卢格杜努姆实较一般省会更为重要，成为三省中唯一享有罗马公民权之城市，遂被目为三省之共同省会，而不属于其中任何一省。其崇高之地位与罗马在意大利之地位相似，而异于亚历山大城之于埃及，亦可与美国之华盛顿城相比。卢格杜努姆及迦太基城为西方地区仅有之二城与罗马同样有军队驻防。卢格杜努姆有权铸皇家金币，其他西方城市皆无之。卢格杜努姆地当由东而来之隆河及由北而来之阿拉尔（Arar[Sâone]）河交会处，对商业及军事同样重要，又为阿格里帕所开辟之高卢道路系统之中心，皇帝每幸高卢，皆驻跸此处。

高卢三省与纳博讷——村镇及城市地区——之不同发展，可于法境城市名称中见之。纳境之地名永久替代部落名，如阿莱拉特、维恩纳、瓦伦西亚（Valentia），仍然存在于阿尔勒（Arles）、维耶纳（Vienne）、瓦朗斯（Valence），而皇帝所属之高卢则地名已经废弃，其城市至今仍以高卢旧日部落名称之。如巴黎人（Parisii）之城市卢特提亚（Lutetia）即今巴黎（Paris），雷米人（Remi）之城市

---

① Ara Romae et Augusti.
② 奥古斯都时期，获释奴李奇努斯（Licinus）于公元前16年为高卢之代行财政官，据传曾大量需索而致富，其名遂成为财富之形容词。

杜洛柯托鲁姆（Durocortorum）即今汉斯（Rheims，又译兰斯），比图里吉人（Bituriges）之城市阿瓦里库姆（Avaricum）即今布尔日（Bourges）。

高卢之征服者显示征服不列颠（Britain）之道；但此工作将保留予其子以外之人。奥古斯都于公元前27年访高卢目的之一乃为进侵北方岛屿探路；但放弃计划。奥古斯都之军团虽未逾海峡，但渡过莱茵河（Rhine）；将于另章①讲述莱茵河以外真实且原始之日耳曼省之形成及其短暂之存在，以及莱茵河左岸形成之假日耳曼省②。

第三节　西班牙

旧世界极西方之西班牙，在地理形势上不易遭敌人侵扰。三面临海，这种不受外人威胁，但为具此形势而需要经常驻军之唯一省份。盖其东、南部分之罗马化虽速，其西北地带之顽强居民却拒绝接受征服者之统治，据山固守，且时而南下掠其近邻。坎塔布里亚人（Cantabrians）及阿斯图里亚人（Asturians）为此等善战民族之最重要者，当奥古斯都建立帝国之时，其地尚未真正属于罗马统治。自恺撒死后，西班牙军队迄未解甲，虽常能奏凯，但叛乱时生。奥古斯都认为至少须驻三军团于其地，一在坎塔布里亚，二在阿斯图里亚，阿斯图里亚军队之记忆仍存于利昂（Leon）之名中，利昂即第七合组军团（Legio VII Gemina）之驻在地。

奥古斯都以前，远西班牙省（Hispania Ulterior）包括塔古斯（Tagus）、杜里乌斯（Durius）及贝提斯（Baetis）地区，奥古斯都之时加以变更。西北角之加来西亚（Gallaecia）首先由远西班牙移至近西班牙（Hither Spain），以便北方及西北多事

---

① 见下第九章。
② 见下第九章。

地区可归同一将领管辖。继又将路西塔尼亚(Lusitania)分开,作为皇帝属下行省,其余远西班牙部分,所谓贝提卡(Baetica)者则归元老院统治。奥古斯都更将近西班牙政府所在由新迦太基(New Carthage)迁至以北更近中心地带之塔拉哥(Tarraco)。此后,该省即以塔拉哥纳(Tarrraconensis)为名。塔拉哥于本省之地位,与卢格杜努姆于高卢者相当,亦为祭祀罗马与奥古斯都神坛所在及省议会(provincial concilium)集会之地。

是故依照新制,西班牙包括三省:贝提卡属元老院,塔拉哥纳与路西塔尼亚属皇帝。此种措施或于坎塔布里亚战争(前29—前25)结束时始臻完成。公元前29年,坎塔布里亚、阿斯图里亚叛,陶汝斯敉平之。公元前27年,乱事又起,奥古斯都自高卢驰往亲征,但在塔拉哥罹重病,不得不将指挥之责委其副帅,或由阿格里帕主其事。北海岸一支舰队支持陆军行动,坎塔布里亚之险要地区遂陆续由罗马人掌握。同时,卡里修斯(P. Carisius)亦平定阿斯图里亚人之乱事。

战事虽告终止,永久和平之建立工作却更为艰巨。奥古斯都致力于使山间民族移居平地,与罗马殖民地为邻而逐渐驯服,进于文明。当时西北部分之罗马文化中心有阿斯图里卡(Augusta Asturica)、布拉卡拉(Bracara Augusta)、路库斯(Lucus Augusti)等,皆为纪念奥古斯都西班牙之行而定,至今阿斯托尔加(Astorga)、布拉加(Braga)、路哥(Lugo)等地犹存其名。塔拉哥纳东部主要内陆城市亦为奥古斯都所建,艾布罗(Ebro)河畔之萨拉戈萨(Saragossa)仍存恺撒奥古斯塔(Caesar Augustus)殖民地之名。①

奥古斯都离西班牙不久,公元前24年乱事又起②,旋遭压服。公元前22年,坎塔布里亚人及阿斯图里亚人又叛,塔拉哥纳与路西塔尼亚两省之长联合始平定之。公元前20—前19年,最后一战更为剧烈,要求阿格里帕亲自指挥,始

---

① 本省其他罗马城市皆在沿海,如巴奇诺(Barcino,即巴塞罗那)、塔拉哥、瓦伦西亚、新迦太基等。
② 贺拉斯《歌集》第2卷第6首第2行:"坎塔布里亚,不会承受我等之轭。"(Cantabrum indoctum iuga ferre nostra.)第11首第1行:"好战之坎塔布里亚人。"(bellicosus Cantaber.)第3卷第8首第21行:"坎塔布里亚人,西班牙海岸之宿敌,终于成为被缚之奴隶。"(Servit Hispanae vetus hostis orae, Cantaber, sera domitus catena.)

获胜利。战事之初,由于罗马军士厌于山中艰苦战事,招致叛变,而更加严重。将领竭尽心力,始行恢复罗马军队之纪律与士气,几经波折,公元前 19 年,终获最后胜利。前此桀骜不驯之坎塔布里亚人①,渐告无事。四年后虽有零星骚动,皆易应付,但西班牙北部驻守大军,仍属必需。

罗马文明在西班牙南部渐趋根深蒂固②。纳博讷与高卢其他地区之对比,一如贝提卡及近西班牙东部与西班牙其他地区者然。但罗马治理两地之政策却迥然不同。盖西班牙之征服经营,为时较早,共和时期已相当罗马化,高卢之罗马化则于帝国时期方开始也。恺撒父子对高卢之部落村镇皆允其存在,共和时代元老院对西班牙者则将之散为小区。高卢及其以南除卢格杜努姆外,别无罗马城市;西班牙之罗马殖民地则遍及各处,帝国初期贝提卡之加地斯(Gades)、哥多华(Corduba)与西斯帕里斯(Hispalis)、路西塔尼亚之埃美里塔(Emerita)与奥利西波(Olisipo)、塔拉哥纳之新迦太基、恺撒奥古斯塔(今萨拉哥萨)与布拉卡拉(Bracara)等地之高卢人民,必须求之于高卢四省最小一省之中。

奥古斯都于路西塔尼亚建埃美里塔(Emerita Augusta)为退伍军人之殖民地,于阿纳斯(Anas,瓜地亚纳[Guadiana])河畔,为该省省会。路西塔尼亚省其他罗马城市如奥利斯波(Olispo)即今葡京里斯本,及帕克斯朱利亚(Pax Julia),即今贝亚(Beja)。西班牙并无罗马公路网如高卢者,其仅有之帝国大道为奥古斯都大道(Via Augusta),自意大利北部沿纳尔波海岸,逾普伊塞尔达(Puycerda)山道至耶尔达(Ilerda),再往塔拉哥及瓦伦西亚至贝提斯(Baetis)河口。于此富庶繁荣之省份,帝国大道之外,其他必需道路交通则全由地方筹措。西班牙半岛盛产金属、酒、油及谷类。加地斯,奥古斯都时期定名为加地塔纳朱利亚奥古斯塔市(Augusta Urbs Iulia Gaditana),即为帝国最繁荣富庶城市之一。

---

① 贺拉斯《歌集》第 4 卷第 14 首第 41 行:"不能被驯服之坎塔布里亚人。"(Cantaber non ante domabilis.)比较第 4 卷第 5 首第 27 行:"孰忧伊比利亚荒野之战争?"(Quis ferae bellum curet Hiberiae?)《书札》第 1 卷第 12 号第 26 行:"阿格里帕平定坎塔布里亚人,提比略在亚美尼亚成功。"(Cantaber Agrippae, Claudi uirtute Neronis Armenius cecidit.)

② 斯特拉波(Strabo)云,贝提卡一带居民全部罗马化,已忘其原有语言。

第四节　阿非利加、萨丁尼亚、西西里

自西班牙至非洲为自然之事，奥古斯都却从未抵其地，但于公元前25年离塔拉哥之前，不得不处理非洲事务。历史上西班牙与非洲一直紧密相连。西班牙常为欧人至非洲之跳板，腓尼基人及阿拉伯人则常以非洲为赴欧之跳板。毛里塔尼亚（Mauretania）西部距伊比利半岛较距非洲其他沿海地区尤近，帝国晚期此地常与西班牙、高卢行动一致，而非跟随阿非利加及意大利。毛里塔尼亚西部之丁吉斯（Tingis，今丹吉尔［Tangier］）与东部之恺撒里亚（Caesarea）并无道路相通，彼此以海道交往。故摩尔（Moor）游牧部族渡海至贝提卡，对西班牙人之威胁较对非洲者尤大。尼禄时期一诗人描述贝提卡为"处于摩尔人之危胁下"（trucibus obnoxia Mauris）。西班牙虽无敌国外患，但其南方相邻之地初为罗马属邦，继为罗马行省，皆粗野不驯之民所居，亦颇可虑也。

奥古斯都于西班牙省会所发命令，特别与毛里塔尼亚有关。自从恺撒重整非洲之后，加入努米底亚（Numidia）王国。新非洲（New Africa，Numidia之别称）西以安普萨加河（Ampsaga）与毛里塔尼亚为界。毛里塔尼亚当时由二王分治，东部约尔（Iol）地区不久改称恺撒里亚者，由波库斯（Bocchus）王统治，西部丁吉斯由波古德（Bogud）王统治。第一次内战期间，二王皆助恺撒，与努米底亚王朱巴（Juba）不同，故恺撒获胜后，其王国得以保全。第二次内战期间，波库斯支持屋大维，波古德支持安东尼，但其首都丁吉斯（Tingis）则接受屋大维，奥古斯都为酬波库斯之功，以之为全毛里塔尼亚之王；丁吉斯获罗马公民权。公元前33年，波库斯死，王位虚悬一季，但罗马认为将之改为行省之时机尚未至。

努米底亚最后一王朱巴之子与其父同名，曾参加恺撒于罗马举行之凯旋礼，其后为恺撒及其继承人抚养长大，于罗马军队服役，爱好希腊及罗马文学，曾亲自编写希腊文书籍，奥古斯都以之代波库斯之位。盖朱巴既已不复能为努米底

亚王，只好退而求其次，君临毛里塔尼亚国。土人以其为第一位努米底亚王马西尼萨（Massinissa）后人，必对之欢迎。公元前25年，奥古斯都且以安东尼与克里奥帕特拉之女婚之。此女从母名亦名克里奥帕特拉，曾参加奥古斯都凯旋礼，受屋大维娅之高贵仁慈所保护及教育，而其双亲曾深深亏负屋大维娅。于此努米底亚王子与埃及公主之婚姻中特别引人注目者，为其命运如此相似。是故毛里塔尼亚末代国王朱巴之子，竟承托勒密之名。

奥古斯都时期，罗马于非洲之领土，埃及以西遂有一省及一属邦，以锡尔塔（Cirta）所在之安普萨加（Ampsaga）河为界，以南则以并无邻邦，界限颇难由奥古斯都决定，由于无邻国也①。一般言之，皆为罗马之势力范围，但土人叛服无常，一如罗马人所谓之"叛乱成性"。

罗马为防非洲之强邻如加拉曼特人、盖图里人（Gaetulians）②、特兰斯塔格嫩人（Transtagnenses）与木苏拉姆人（Musulami），显有驻军之必要，乃以一军团驻防，是为元老院行省省长之唯一有军权者。奥古斯都统治时，曾对此等敌人作战两次，一由省长巴尔布斯（L. Cornelius Balbus）对抗加拉曼特人（前19年），一由奎里尼乌斯对抗更东之马尔马里卡（Marmarica）部落。巴尔布斯英勇胜敌，曾举行凯旋礼，为罗马公民中最后有此荣誉者。③

罗马经营高卢及西班牙时，当地并无固有文明，④西西里及非洲则不然。西西里在为罗马所征服时，其文明主要为希腊者，另有一小部分为腓尼基者。非洲则主要为腓尼基者，小部分为希腊者。罗马乃于得自迦太基之地以腓尼基文化为基础，接受其城邦制度，一如接受高卢之村镇（cantons）。腓尼基之城邦制度与意大利者极为相似，由前者变为后者颇为容易。重建前此由于共和政府之短

---

① 实则有一王国曰加拉曼特（Garamantes）。
② 维吉尔《埃涅阿斯纪》第4卷第40行："于盖图里人城市之外，战争中不可征服之民族，周围有不受控制之努米底亚人及不友好之苏尔特人。"（Hinc Gaetulae urbes, genus insuperabile bello. Et Numidae infreni cingunt et inhospita Syrtis.）
③ 较早时期亦曾有战事，公元前21年，阿特拉提努斯（Sempronius Atratinus）曾以于非洲有功，举行凯旋礼。
④ 虽有高卢之马西利亚、西班牙少数希腊城邦，及腓尼基之工场等，一般言之，无碍上述之结论。

视而招致覆亡之迦太基成为阿非利加行省之首府。该城最初恢复腓尼基制度，但不久即为具罗马殖民地之形式，成为帝国西方最大最繁华城市之一。迦太基旧日对手乌提卡(Utica)亦成为一罗马城市。退伍军人之移此拓殖，更促进非洲之罗马化。旧有行省中之克鲁佩(Clupea)、希波·狄亚尔吕托斯(Hippo Diarrhytos)以及努米底亚之锡尔塔(Cirta, Constantine)、西卡(Sicca)等皆是。毛里塔尼亚于罗马化方面较其东邻落后许多，但奥古斯都建立不少殖民地，沿海地区尤多。此等罗马城市并不对毛里塔尼亚王效忠，直接属于邻省总督。

除腓尼基及意大利式城市及殖民地以外，另有本地之利比亚人(Libyans)城市，直接受制于罗马省长，或受特派之罗马长官(prefect)统治。罗马人足迹罕至之地，仍旧使用当地之柏柏尔(Berber)语言，罗马人视之一如西班牙之伊比利语(Iberian)及高卢之凯尔特语(Celtic)。非洲北部之通用语言向为腓尼基者，但罗马拒绝承认此亚洲语为官方语言，却承认其东方诸省之希腊语。于地方性事务上，各城可用腓尼基语文，但与帝国之交涉则仅能用拉丁语文。非洲人对希腊语文虽亦较拉丁语文为熟悉，但罗马政府以非洲及西西里为西方行省，故仍以拉丁语文为主。一事颇可注意，即毛里塔尼亚后名系以希腊文见于钱币，而其夫之名则为拉丁文，盖以之为帝国官员，故须用拉丁文。

阿非利加盛产水果①，酒则不如西班牙及意大利。粮食亦富，与埃及、西西里同享供应罗马之特权。紫色染业仍盛，主要集中于杰尔巴(Gerba)小岛，然不如提尔(Tyre)之著名。朱巴于其王国西部沿海地区发展此工业，今日非洲各地可见之剧场、浴场、凯旋门等恢宏建筑之遗址，见证当年之富庶繁荣。

萨丁尼亚为公元前238年取之于迦太基者，七年后成为罗马行省，为除西西里外，最先获得者。公元前27年划分省区时，与科西嘉(Corsica)同归元老院与罗马人民治下。公元6年，由于海盗骚扰，改由皇帝治理，交给军队维护其安全。奥古斯都未交由元老阶级之总督治理，仅以一骑士阶级之代行财政官治之。尼

---

① 贺拉斯《歌集》第3卷第16首第31行："肥沃非洲之主人。"(imperio fertilis Africae.)

禄时再次改隶元老院,但于韦伯芗时复归皇帝。此等岛屿虽处文明地区之中,本身却极野蛮偏远。科西嘉岛地形崎岖,其南部伙伴之有害空气无法招来定居或造访,仅为适于放逐罪犯之地。奥古斯都从未在此殖民,亦未临幸此处。萨丁尼亚之主要价值在其大量生产及出口之谷类。①

西西里则大不相同,该岛为罗马首建之行省,其征服招致萨丁尼亚及非洲之征服。奥古斯都即以此地之谷物供给罗马而奠定其声望及于西方之地位。公元前22年又临此地,以其统治之权处理其事务于叙拉古,尝以叙拉古名其欲静处之室,或即纪念此行。当时西西里属元老院,罗马政策将西西里划归西部拉丁世界,遂与一向关系密切之东方希腊地区分离,于以后若干世纪之历史中,不见重要。

第五节　雷提亚、诺里库姆及阿尔卑斯地区

意大利北方城市长期受南下之阿尔卑斯山间部落攻击,此辈且于山外其野蛮同族所居之雷提亚拥有土地为其避难所,无法完全征服。为保意大利之安宁,非将此辈征服不可,为有效达此目的,即须占领雷提亚及文德利奇亚(Vindelicia)。公元前15年,德鲁苏斯竟轻易完成之,自南而北征服雷提亚②。时提比略为高卢总督,自北南下助之,于布里甘提乌姆(Brigantium)湖③上水战,败温德利奇人。此战中,无巢之格瑙尼人(nestless Genauni)、敏捷之布罗尼人(swift Breuni)等部落为其主力表现④。8月1日得提比略之助,于多瑙河源附近

---

① 贺拉斯《歌集》第1卷第31首第3行:"肥沃萨丁尼亚之丰收。"(Opimae Sardiniae segetes feraces.)
② 贺拉斯《歌集》第4卷第4首第17行:"德鲁苏斯发现于文德利奇,在雷提亚之阿尔卑斯山下进行战争。"(Videre Raetis bella sub Alpibus Drusum gerentem Vindelici.)
③ 今康士坦兹湖,Brigantium 为 Bregenz。
④ 贺拉斯《歌集》第4卷14首第9行:"勇敢之德鲁苏斯,以汝之军队击败桀骜之格瑙尼人,更直接还击布罗尼人及其建于可怕之阿尔卑斯高地之防御。"(Milite nam tuo Drusus Genaunos, implacidum genus, Breunosque veloces et arcis. Alpibus impositas tremendis. Deiecit acer plus vice simplici.)

一役，决定雷提亚战争之胜利①。此战之后，今巴伐利亚（Bavaria）、提洛尔（Tyrol）及瑞士东部皆入罗马版图，形成北方新防线。意大利北部及多瑙、莱茵河上游之直接交通，亦从此建立。雷提亚省由皇帝派人统治，前驻山南高卢之军队，进驻雷提亚省。又于该省边疆附近建一军事要塞称奥古斯塔·文德利库姆（Augusta Vindelicum），即今奥古斯堡（Augusburg），以纪念此位对西欧罗马化有贡献之统治者奥古斯都。但雷提亚并无罗马城市，奥古斯都及其继承者对该省罗马化之努力，不如对邻省诺里库姆。

公元前25年，麦凯纳斯之妻兄穆瑞纳（Terentius Murena）完成对居住于格莱及本宁阿尔卑斯（Graian & Pennine Alps）间杜里亚（Duria）河谷强悍之萨拉西人（Salassi）之征服，尽戮其民，以司令官军队驻防于谷中，该谷有路逾格莱阿尔卑斯山至卢格杜努姆，及逾本宁山脉至雷提亚。新城保留皇帝之名曰奥古斯塔（Augusta Praetoria Salassorum），即今阿奥斯塔（Aosta），旧罗马城垣及城门犹可见。高卢及意大利间阿尔卑斯西部地分为两小区，曰海岸阿尔卑斯（Maritime Alps）及科提阿尔卑斯（Cottian Alps）②，前者由皇帝派人统治。科提最初为属邦，由其王科提乌斯（Cottius）统治，科提王国（Regnum Cottii）之名即由此而来。科提及时降服，故得仍领其地，称公民长官（praefectus civitatium，由总督任命）。其首都塞古修（Segusio）仍旧保留，即今苏萨（Susa）。公元前8年，科提乌斯为奥古斯都所建之纪念拱门至今犹在。自陶里瑙鲁姆（Augusta Taurinorum，今杜林[Turin]）至阿莱拉特（Arelate，今阿尔勒）之科提大道（Via Cottea）即通过该区。阿尔卑斯一带之征服虽无丰功伟业引起史家注意，对意大利却有长期之实际贡献，意大利人感之，于地中海沿岸摩纳哥附近山上建碑以纪奥古斯都之功，上刻征服阿尔卑斯46部族之事，至今仍存。

---

① 贺拉斯《歌集》第4卷第14首第14行："提比略，老尼禄，进入激烈之战斗，以其有利之预兆，打败野蛮之雷提亚人。"（Maior Neronum mox grave proelium Commisit immanisque Raetos Auspiciis pepulit secundis.）

② 另有代行财政官治下之格莱阿尔卑斯山区，奥古斯都时似尚未有。

雷提亚所留罗马统治之遗迹不多,其邻省诺里库姆则不然。诺里库姆包括今日所谓斯提里亚(Styria)、卡林提亚(Carinthia)、卡纽拉(Carniola)之一部,及奥地利(Austria)大部分。该省道路畅通,为罗马征服之先驱。卡尼克阿尔卑斯(Carnic Alps)以外地区,罗马风俗及拉丁语言皆所习知,故可轻易收归罗马版图。公元前16年,若干游牧部落与其邻人潘诺尼亚人联合侵扰伊斯特里亚(Istria),罗马遂征服之①。诺里库姆初为附属王国,旋夷为行省,由皇帝派一长官(prefect)或代行财政官统治,但仍称诺里库姆王国(Regnum Noricum)。雷提亚及诺里库姆皆未驻正规军团,仅有辅助军,但雷提亚由文多尼萨(Vindonissa,此名保存于巴塞尔[Basel]以东之温迪施[Windisch])之莱茵军团兼管之。诺里库姆则由驻于特拉华(Drava, Drave)河岸之波托沃(Poetovio)之潘诺尼亚军团节制。克劳狄时以意大利方式经营之。尤利安阿尔卑斯(Julian Alps)以外地区及埃摩那(Emona)、瑙波图斯(Nauportus)等城市属伊利里库姆,继为意大利之一部。

雷提亚及诺里库姆之征服可加强帝国对在中欧蛮族之军事防御,影响深远,确保莱茵、多瑙河所驻军队间之联系线。

第六节 伊利里库姆及哈伊莫斯(Haemus)地区

(一) 潘诺尼亚及达尔马提亚

伊利里库姆之征服,为奥古斯都之首要工作。伊斯特里亚(Istria)及达尔马提亚于共和时期已为罗马所有,仅内部土著部族尚保持独立,时对马其顿加以骚扰。公元前48年加比尼乌斯(Gabinius)及前44年瓦提尼乌斯(Vatinius)统治

---

① 北欧之剑(Nordic sword)为谚语,参见贺拉斯《歌集》第1卷第16首第9行及《书札》第17卷第71号。

时，罗马军团曾遭毁灭，并失军旗。屋大维为报此仇及镇压内陆地区，于解决庞培后，尽力征服之。公元前35年，征服亚得里亚海沿岸较小部族，先平马其顿边疆附近之多克利亚(Doclea，即今黑山[Montenegro])，继平伊斯特里亚东北居住于阿尔卑斯地区之亚匹德人(Iapydes)。同时，其海军亦平侵扰海岸附近岛屿如库尔佐拉(Curzola)及美勒达(Meleda)之海盗。亚匹德人之侵扰曾直抵意大利北部，并攻击特尔格斯特(Tergeste，今特里亚斯特[Trieste])及阿奎莱亚(Aquileia)等地，对罗马军队抵抗甚烈，当罗马军队来临，其大部分居民集中于阿鲁皮乌姆(Arupium)城中，但屋大维接近时，则窜入林中，其建于一树木覆盖之小山上两峰间之要塞梅图路姆(Metulum)①由三千精选战士守卫，抵抗力尤强，最后屋大维与阿格里帕亲率大军直迫城下，始攻克之。屋大维本人受伤，将士力战。罗马人诱使亚匹德人投降，入城令其缴械。亚匹德人以为受骗，再度激烈反抗，大多被杀，余者杀其妇孺，纵火焚城。

  亚匹德人既平，屋大维穿越其境沿科拉匹斯(Colapis，Kulpa)河而下，围攻潘诺尼亚人于科拉匹斯、萨维(Save)两河相会处西斯其亚(Siscia)之要塞(其名保存于西塞克[Sissek])，前此罗马曾屡攻此城不下，屋大维于河上架桥，环城筑以土堤及壕沟，更得多瑙河流域若干部落之助，于萨维河上组织小舰队，水陆并进，被围之潘诺尼亚友好部族驰援，为罗马所败，损伤颇重。围城三十日，始攻陷之。自此以后，对抗潘诺尼亚人及达契亚人(Dacians)得一重要根据地，另建罗马城堡，驻以25大队军队，由弗非乌斯(Fufius Geminus)统率。公元前35年底，屋大维始返意大利。是冬，已征服之潘诺尼亚部族又叛，弗非乌斯至为危急，无法将确息传出，事关于屋大维，时屋大维正计划攻英，急往驰援，始解西斯其亚之危，让不列颠之计划落空，救弗非乌斯之后，转赴达尔马提亚，镇压其内陆部族。各部族立捐前嫌，协力抵抗，招集军队凡万二千余人，据普罗摩那(Promona，今Teplin，在Sebenico东北)天险，构筑防御工事固守之，其首领为维尔苏斯

---

① Möttling.

(Versus)。屋大维以巧计迫达尔马提亚人放弃其防御前线,退守城堡,又于城外建长达五哩①之城垣包围,欲饿困之。另一达尔马提亚大军于特斯提穆斯(Testimus)率领下驰救,为罗马歼灭。普罗摩那守军反击,亦遭逐退。若干罗马人且趁机渗入城中,数日后城降。普罗摩那之攻陷,一般认为达尔马提亚人发动之战争至此结束。各地尚有零星反抗或据城固守者,在围攻塞托维亚(Setovia)时,屋大维之膝受伤。公元前33年始返罗马,就第二任执政官,将征达尔马提亚之事付诸陶汝斯(Statilius Taurus)。陶汝斯于此战后获大批伊利里亚(Illyria)之战利品,为其巨大财富建立基础。但屋大维就执政官职之当日,即返达尔马提亚,以便受当地被征服者之降,达尔马提亚昔日所获加比尼乌斯军队之鹰旗交还,以七百男童为质。

伊利里亚之罗马化积极展开,沿海主要城市擢升至与意大利城市同样地位。萨罗奈(Salonae)、伊阿德尔(Iader)、波拉(Pola)、特尔格斯特(Tergeste)等处之历史开启新纪元,于后期欧洲历史留下标记。无疑此时萨罗奈、波拉及埃摩那(Emona)皆建殖民地。萨罗奈之正式名称乃为Colonia Martia Julia Salonae,埃摩那则为Colonia Julia Emona(即Carniola首府莱巴赫[Laibach]),波拉称Colonia Pietas Julia Pola,于伊利里库姆之地位,颇类高卢三省之卢格杜努姆,当奥古斯都在世时即建一罗马与奥古斯都庙。

伊利里亚之经营亦有变更,前此仅有达尔马提亚南方一小部分地区并入马其顿,其他皆由山南高卢统治。屋大维用兵之后,升为一独立行省,北起萨弗斯(Savus),南迄德里洛(Drilo)。公元前27年划分行省时,归元老院掌管。但就本质言,该省不能长期属于元老院。北疆不能不驻军队,乃授权总督兼管诺里库姆及默西亚。如此重任似非一名总督所能负担,雷提亚征服后,潘诺尼亚之乱似将爆发,公元前13年乃遣阿格里帕至此,授以"较意大利以外所有总督更大"之权。阿格里帕之威名使潘诺尼亚人不敢妄动,次年阿格里帕死,遂变。提比略受

---

① 哩,即"英里",为英美制长度单位。一英里合1.6093公里。——编者

命继其任,征服叛族,次年(前11年)复叛,被迫再度用兵,同时敉平达尔马提亚之乱事,此等事件导致将伊利里库姆由元老院移交皇帝管辖。达尔马提亚、潘诺尼亚二省皆须经常驻兵,北方省界亦由于提比略之三次用兵(前12—前10)自萨维河推进至特拉华河(Dravus)。诺里库姆边疆之波托沃代替西斯其亚成为军团新驻地。于是将伊利里库姆分为潘诺尼亚及达尔马提亚二省,并属皇帝。潘诺尼亚之政府尤为重要,盖总督之干预可自诺里库姆或默西亚召来也。伊利里库姆之名可有两种用法,狭义言之,包括潘诺尼亚及达尔马提亚,广义言之,特别在财政方面,因在伊利里库姆总督境内,更包括诺里库姆及默西亚。

(二) 默西亚(Moesia)及色雷斯(Thrace)

共和时代,马其顿之总督常为北及东方粗鲁且有敌意之伊利里亚人及色雷斯人所侵扰。上马尔古斯(Upper Margus)之鞑靼尼亚人(Dardanians)、史特里门(Strymon)之登特利特人(Dentheletae)、在提马库斯(Timacus)与埃库斯(Oecus)间之特里巴利人(Triballi)、罗多佩(Rhodope)以外之贝斯人(Bessi)等,皆常为患。多瑙河与哈伊莫斯(Haemus)山间(今保加利亚地),为默西亚人居住,多瑙河以外为罗马强敌达契亚人地区。南方之色雷斯人、中部之默西亚人、北方之达契亚人皆属同族,语言相同。三者联合极为难当,罗马必冲破此等阵线,将默西亚及色雷斯置于罗马直接或间接管辖之下,以伊斯特河(Ister)为帝国疆界。

征服默西亚之机为公元前29年或系日耳曼民族强而有力之巴斯塔纳人(Bastarnae)之入侵,此辈居于多瑙河与涅斯特河(Dniester)之间,前此常与默西亚人、鞑靼尼亚人及特里巴利人为敌,马其顿总督克拉苏(Marcus Licinis Crassus)——庞培与恺撒对手老克拉苏之孙——尚可不予过问,但当此辈进一步攻击罗马之联盟登特利特人,乃不得不加以干涉。巴斯塔纳人应命退却,但克拉苏跟踪追击,败之于奇布鲁斯(Cibrus)入多瑙河口。同时转向默西亚,经过苦战,征服其全境大部分部族。又征服居住于马其顿与默西亚间,斯科米乌斯(Scomius)山下,半岛中心之瑟迪人(Serdi),获其主要根据地瑟迪卡(Serdica),

即今保加利亚首都索非亚(Sofia)。又征服与罗马敌对之部族色雷斯,当地对酒神崇拜极为热烈,①有小丘为酒神圣地,或即系亚历山大大帝曾经致祭之地,圣地为贝斯人所有,另一强大部族欧德里萨人(Odrysae)不服。欧德里萨人与罗马较为友善,克拉苏夺取圣地予之,以其王为罗马于色雷斯之代表,君临其他部族,并为沿海希腊诸城邦之保护者。色雷斯从此成为罗马之附属王国。

默西亚于未成为正式行省以前,最初似亦为罗马之属邦,沿海之希腊城邦或于色雷斯王国保护之下。默西亚及特里巴利或于一土王之治下联合。② 公元前27年以后,有事时不再由马其顿总督,而移交伊利里库姆总督干预。

色雷斯人之征服并未持久,欧德里萨人不能胜任其职,贝斯人渴望夺回酒神圣地,公元前13年圣战爆发,欧德里萨王遭推翻,平乱之事应交伊利里库姆总督,但自顾不暇,马其顿总督又无军队,遂依赖驻防加拉太之总督皮索(Lucius Piso),应召赴欧平乱③。公元前11年已达色雷斯之凯索尼斯(Chersonese),扬言进军亚洲之色雷斯人,乱事旋平。不久,默西亚正式建省,色雷斯则仍于属邦欧德里萨王罗美塔奇斯(Rhoemetalces)治下,罗美塔奇斯及其子科提斯(Cotys)极为依附罗马,而不为色雷斯人所喜。

色雷斯虽非希腊之地,此时却被视为罗马世界之希腊部分。但因与默西亚之密切关系,当于此述之。默西亚本身半属希腊,半属拉丁。西部受罗马文化熏陶之城市属拉丁世界,其于黑海(Euxine)沿岸之城市则自成一体,属希腊。东部沿海诸城市泰半居民并非希腊人,而系加埃塔人(Gaetae)及萨尔马

---

① 贺拉斯于《歌集》(第1卷第27首第1行)提及:"以取乐之酒杯战斗,仅适合色雷斯人。"(Natis in usum laetitiae scyphis Pugnare Thracum est.)参见第2卷第7首第26行:"予将如任何色雷斯人一样狂怒。"(Non ego sanius bacchabor Edonis.)埃多尼人(Edonis)为色雷斯人之一部族。
② 或具有默西亚与特里巴利城市总督(Praefectus Civitatium Moesia et Trihalliae)之头衔,一如科提乌斯(Cottius)者。
③ 狄翁(Dion)曾谓皮索治理潘菲利亚(Pamphylia),应召至色雷斯,蒙森则以皮索为默西亚之总督,拒绝此说。

提亚人(Sarmatians),甚至其中真正之希腊人亦因与土著接触之故,相当野蛮①。诗人奥维德遭放逐至托米(Tomi),对当地之野蛮生活有生动之描写,谓其农夫武装犁地,招劫者之箭飞掠城墙,土人着兽皮,带弓矢,骑马穿过街衢,罗马征服默西亚之后颇久,土人仍操加埃塔语,一如伊利里库姆之伊利里语。奥维德谓居住托米者非讲此语不可。奥维德并尝以加埃塔语为诗,吾人极愿以其若干哀歌易其加埃塔语者,借觇此失传之语言。

自莱茵河上游至多瑙河口广大地区之征服,在军事上实属必要。每一行省当时为一时需要所征服者,亦为自北海至黑海间整个庞大防卫计划之一部。罗马人计划中潘诺尼亚之军队应与莱茵河畔者经常保持联络,彼此行动亦应配合执行。中欧及居住其地之日耳曼民族为罗马政府之迫切难题;但于叙述其试图解决之前,宜先完成对此主题及诸属地之考察。

卢格杜努姆之罗马祭坛及奥古斯都之钱币

---

① 贺拉斯《歌集》第3卷第24首第11行如此描述加埃塔人:"凶猛之加埃塔人,自未分配之地,生产其果实,共同收获黑麦,一年余未决定如何耕作。"(Rigidi Gaetae, Imme'ata quibus iugera liberas, Fruges et Cererem ferunt, Nec cultura placet lougior annua, &c.)

第七章 诸省行政(续):东方诸省及埃及

罗马人系西方被征服者之教师,本身却为东方之学生。其于高卢、西班牙、意大利北部、伊利里库姆开辟新地,传播文化,但于征服东方时却接受东方文化而加以保存改进,毫无创新。罗马深以继承亚历山大大帝及其后继者未竟之业自豪,非唯对希腊固有一切不加改变,且帮助希腊文化于东方尚未高度希腊化之地区推广。唯一例外为西西里,实乃地理位置使然。

提比略之凯旋

东方属地自然分为四类:(1)马其顿及希腊。(2)小亚细亚及陶里克半岛(Tauric penisula,今克里米亚)之地。(3)叙利亚及其邻近之附属王国。(4)埃及于地理位置上独立,因之严格地说,实非一行省。

第一节 马其顿、亚该亚及希腊自由邦

帝国之制度随着马其顿及希腊行政之改变而发生。马其顿及希腊在共和时代为一大省,奥古斯都将之分为马其顿及亚该亚二省,同属元老院治下。其疆界之划分与希腊及马其顿者并不完全相同。亚该亚省较希腊者为小,新马其顿省则较原有者为大。色萨利(Thessaly)、埃托利亚(Aetolia)、阿卡纳尼亚

（Acarnania）及伊庇鲁斯（Epirus）归马其顿省。① 马其顿与希腊并非以奥林匹斯山，而系以伊塔（Oeta）山为界。

马其顿于帝国时期较共和时期为小，军事重要性亦减。由于罗马领土之向北及东方扩张，马其顿之边疆地位亦消失。盛行于爱琴海两岸之希腊文化虽存在于马其顿沿海地带，却从未深入山地。阿波罗尼亚（Apollonia）及狄拉芎（Dyrrhachium）以东，色萨罗尼卡（Thessalonica）及卡尔基迪克（Chalcidice）半岛以北，极少成为文化中心之希腊城市。奥古斯都于旧有希腊城市建立许多罗马公民殖民地如亚得里亚海岸之比利斯（Byllis）、狄拉芎（古称埃皮丹诺斯[Epidamnos]）、色雷斯之菲利比（Philippi）、佩拉（Pella）、特尔迈（Thermaic）湾之迪乌姆（Dium）、巴加塞（Pagasae）湾之卡山德里亚（Cassandria）等。但其目的仅为安置退伍军人，并非使该省罗马化。一般言之，此等城市保持其马其顿制度及城邦执政官（politarchs），并组织一联盟，有一议会（diet）。马其顿省之首府为色萨罗尼卡，仅此一事显示其希腊色彩。

色萨利虽受治于马其顿省，但与奥林匹斯山以北其他地区迥异。色萨利为纯粹希腊地带，其城市自组联盟，与马其顿者不同。议会聚会于拉里萨（Larisa），该地肥沃之平原极为著名②。恺撒将自由自治之权授予所有色萨利人，但奥古斯都由于其若干错误行动，取消其特权，色萨利人除法尔萨路斯（Pharsalus）外，皆由盟邦地位降为臣属。

罗马不论共和或帝国时期对希腊城市皆存相当敬意及情感，为对其他被征服地带所无者。如对"未开发之帕拉斯"（virgin Pallas）、"耐心之拉克戴蒙"（patient Lacedaemon）、"神谕之德尔菲"（oracural Delphi）之敬意，不仅见于文学，且亦见之于政府。雅典保存其一部分领土及其独立，仍可自视为一具有主权之城邦。

希腊于政治上分为两部，即联盟希腊及属邦希腊两种。（1）自由盟邦首推

---

① 帝国初期伊庇鲁斯之地位颇难确定，其大部似属马其顿，塔西佗于公元17年论及尼可波利斯（Nicopolis）时，称其为亚该亚之城市（《编年史》第2卷第53章），但该城地位特殊。
② 贺拉斯《歌集》，第1卷第7首第11行："拉里萨苍翠繁茂之田野。"（Larisae campus opimae.）

雅典，保有整个阿提卡（Attica）及其他属地，在大陆上拥有贝奥提亚（Boeotia）之哈利阿托斯（Haliartos）及附近地区。但一如往日，其领土大部分皆为岛屿，于基克拉底群岛（Cyclades）中有凯奥斯（Ceos）及提洛（Delos），于爱琴海北部有雷姆诺斯（Lemnos）、因布罗斯（Imbros）及斯库罗斯（Scyros），奥古斯都之时萨拉米斯（Salamis）亦由富翁尼卡诺（Julius Nicanor）交还之。雅典人感激，称之为"新地米斯托克利"（the new Themistocles）。尽管雅典获有特权，却常予罗马政府以烦扰。史书曾记奥古斯都之时尝有叛变。雅典以外，希腊北部另有三贝奥提亚城市，特斯比埃（Thespiae）、塔纳格拉（Tanagra）及普拉泰亚（Plataea），福基思（Phocis）有德尔斐（Delphi）、埃拉特亚（Elatea）及阿拜（Abae），洛克里斯（Locris）有安菲萨（Amphissa）。在伯罗奔尼撒（Peloponnesus），斯巴达获准保留对拉科尼亚（Laconia）北部之统治权，南部拉科尼亚之居民形成18个"自由之拉科尼亚人"（Eleuthero-lacones）城市。亚该亚之狄梅（Dyme）亦为一自由城市，埃利斯（Elis）及奥林匹亚（Olympia）极可能亦为弗里敦市。罗马对此等自由城市之事务尽少干预。雅典自行铸造其德拉克马（drachmae）及奥波（obols），皇帝之像从未见于诸币上。但雅典人及其伙伴深知其特权随时可能取消，一如色萨利人之前例。

罗马之殖民地如帕特雷（Patrae）及科林斯，地位略有不同。科林斯一如迦太基，于恺撒支持下复兴，为"赞美尤利乌斯之殖民地科林斯"（Colonia Laus Iulia Corinthiensis），由于其地理地位，恢复繁荣极速。亚该亚之帕特雷为奥古斯都所建，安置大量意大利之退伍军人，并授予新城控制对岸之洛克里（Locri）港口瑙帕克图斯（Naupactus）之权。

（2）希腊其他部分组成亚该亚省。（西部较落后地区埃托利亚、阿卡纳尼亚、伊庇鲁斯除外）省长驻科林斯。奥古斯都鼓励此等属邦之民族团结，恢复亚该亚联盟（Achaean League），并扩大之为贝奥提亚人、优比亚人、洛克里人、福基斯人与多利安人联盟（League of Boeotians, Euboeans, Locrians, Phocians and Dorians），简称亚该亚人联盟（League of the Achaeans）。其后采用更为自负之名，称"泛希腊人联盟"（League of the Panhellenes）。联盟议会常聚于阿戈斯

(Argos),以补偿其被摈于自由城市之外。

奥古斯都于安布拉基亚(Ambracia)湾口北岸,接近其获得决定君临罗马世界战争场景之处建一新城,尼可波利斯"胜利城"(Nicopolis)即建于其主要军队扎营之旧地,但非罗马殖民地,而为联合附近小邦如同色萨罗尼卡之希腊城市。尼可波利斯亦为自由自主之城市,一如雅典及斯巴达。阿卡纳尼亚、路卡斯(Leucas)岛、伊庇鲁斯附近地区、埃托利亚之一部,皆在其控制之下。对岸之亚克兴新建一阿波罗神庙,仿奥林匹亚之例,每四年一次大祭,举行竞技以崇拜之,称"亚克兴赛会"(Actiads)。

尼可波利斯及其所属地区政治上不属于马其顿或亚该亚,但与南方亚该亚之联系较北方马其顿省为多,在罗马统治下,欧洲希腊人之大联结为德尔菲近邻联盟(Delphic Amphictyony),其会议经奥古斯都重组之后,尼可波利斯居于重要地位。奥古斯都之主要改革为扩充其组织至马其顿及尼可波利斯,其中尼可波利斯之选票与马其顿省者相等。① 近邻联盟之功能纯为宗教性,决定宗教节日祭祀,及管理德尔菲神庙之巨额收入。自政治方面观之,与在里昂奥古斯都祭坛召开之高卢三省集会相似,有助于维持联合感情及民族意识。

第二节　小亚细亚、黑海诸王国、诸岛屿

(一) 亚细亚与比提尼亚

罗马对亚历山大大帝及其继承者帝国之征服,以小亚细亚最为容易。亚细亚省及比提尼亚省皆自动归附。亚细亚省为柏加曼之阿塔路斯王国,由阿塔路斯三世(Attalus III)遗赠罗马人民。比提尼亚亦由尼可米德斯(Nicomedes)王以

---

① 总票数为30,尼可波利斯有其6,雅典1,德尔菲2,伯罗奔尼撒之多利安人仅有其1,由科林斯、迈加拉(Megara)、西基翁(Sicyon)、阿戈斯(Argos)轮流担任。

同样方式遗赠。二省皆归元老院,由省长统治。亚细亚省由普罗彭提斯(Propontis,今马尔马拉海)至昌基亚边界,东向包括弗里吉亚(Phrygia),西向包括沿海岛屿。比提尼亚省较原有王国为大,东方自庞培推翻密特拉达提斯(Mithradates)帝国后,加入本都(Pontus),西方则逾博斯普鲁斯海峡,包括拜占庭在内。

阿塔路斯王国希腊化已深,王国内部希腊化城市极夥,城市生活不必再学之于罗马。奥古斯都于巴里乌姆(Parium)及特罗阿斯(Troas)之亚历山大城所建殖民地,盖为安置退伍军人之用。尼可米德斯王国则不然,比提尼亚之希腊化程度不深,且不广,文化水平不及亚细亚省,罗马乃于此继续加强希腊化。比提尼亚省长治下之本都更为落后。如同比提尼亚之普鲁萨(Prusa,今 Brusa)及尼西亚(Nicaea)等希腊文化中心,在本都尚未之曾见,故其希腊化之工作于帝国时期方开始。本都沿海最重要之两大城市,一为罗马殖民地之西诺普(Sinope),一为黑海舰队根据地特拉佩组斯(Trapezus,今特拉布宗[Trabzon])。

奥古斯都于小亚细亚促进行省议会制度,一如其于帝国其他部分。各城市代表每年于某地聚会一次,传达省民愿望于省长,此制度经由对皇帝崇拜之关联,而更具特色。公元前 29 年,屋大维尚未接受奥古斯都称号时,即已授权亚细亚、比提尼亚议会于帕加曼及尼可美底亚(Nicomedia)为其修庙,此后于其生时即奉之为神明之风遍及诸省。意大利及罗马则于其死后,始奉之为神。此种崇拜包括大祭司之设置,大祭司于亚洲诸省为非常重要之人物,且以其名纪年。欧洲之希腊城邦,尚保持旧有之公共节庆,如奥林匹亚、皮提亚、伊斯米亚、尼美亚等,及新增崇拜阿波罗之亚克兴大祭,在亚细亚则有与皇帝崇拜相关之公共节庆。行省议会主席,亚细亚省者称 Asiarch,比提尼亚省者称 Bithyniarch,主持所有祭典,并支付其经费,故仅可由富人任之。亚细亚省号称"五百城市"之省,富人极多,惟常受海盗侵扰,益以密特拉达提斯战争(Mithradatic war),损失极大,奥古斯都乃取消旧债,以恢复其繁荣。罗得岛为唯一未受此许可之利者。但亚细亚省迅即恢复,各城市于帝国统治下共享安定繁荣。①

(二) 加拉太及潘菲利亚

当公元前27年划分省属时,小亚细亚仅一小部分为行省,亚细亚、比提尼亚之外,仅西利西亚(Cilicia)东部属罗马省长,其余地区包括属邦,其与罗马之关系与西方之"毛里塔尼亚"(Mauretania)同。属邦中最重要者为加拉太王国,由阿敏塔斯(Amyntas)统治。此建于希腊化地区之小凯尔特王国,尚保存其故俗相当长之时间,犹如马西利亚(Massilia)此小型希腊置身于凯尔特村镇之中。加拉太即高卢之希腊称法。旅客至此,自西徂东,于佩西努斯(Pessinus)及安克拉(Ancyra)街头,所聆之语言与卢格杜努姆(今里昂)街头者相似。一如新高卢,每一城市皆有旧高卢时之二名,一为地名,一为部落名。如高卢之美迪奥拉努姆(Mediolanum)为桑托尼人(Santones, Saintes)、卢特提亚(Lutetia)为巴黎人(Parisii)、安克拉亦名特克托萨吉人(Tectosages)、佩西努斯又名托利斯托波吉人(Tolistobogii)。但于亚洲之凯尔特人并不能保持其纯粹血统,高卢人与希腊人混合后,称高卢希腊人(Gallo-Greeks),正如此地之高卢人成为高卢罗马人(Gallo-Romans)。加拉太诸王颇有帝国之志,而为密特拉达提斯(Mithridates)之对手。密特拉达提斯之战时,希腊人助罗马,其王戴奥塔鲁斯(Deiotarus)②当时颇居重要地位,公元前40年去世,前36年安东尼将王国交旧王部将阿敏塔斯(Amyntas)统治,并授以征服皮西底亚(Pisidia)之任。阿敏塔斯之领土扩充至加拉太以南落后之山间地带如皮西底亚、吕考尼亚(Lycaonia)、以扫里亚(Isauria)及西西利西亚等。安东尼失败,屋大维仍许阿敏塔斯统治其国。公元前25年,阿敏塔斯死,加拉太改为罗马之行省,由皇帝派遣总督统治,一如公元前27年后所有新置省份。

---

① 贺拉斯《书札》第2卷第3首第5行:"亚细亚省富庶与肥沃之平原及丘陵?"(an pingues Asiae campi collesque morantur?)

② 绰号 Philoromaios,意为罗马人之友。——译者

阿敏塔斯统辖下之潘菲利亚（Pamphylia）自加拉太分出，自成一省，皮西底亚、吕考尼亚仍属加拉太。山区诸希腊化国王对其地之开化甚少成就，可建新城之地正多。安提阿（Antioch）、塞琉西亚（Seleucia）、北部皮西底亚之阿波罗尼亚（Apollonia）、吕考尼亚之以哥念（Iconium，今 Konya）及劳迪塞亚（Laodicea Catacecaumene）虽颇可观，却仅为此项工作之开始。奥古斯都于吕考尼亚之吕斯特拉（Lystra）及巴尔莱斯（Parlais）、皮西底亚之克雷姆纳（Cremna）建罗马殖民地，以后诸帝亦继续建置新城。今此诸地所留剧场、引水道等遗迹犹可见帝国初期之繁荣，但即使帝国最盛之时，陶汝斯（Taurus）山仍为野蛮之山民所居，于一软弱政府统治之下，从事抢掠交易。

（三）小亚细亚及黑海沿岸之属邦

小亚细亚其他部分直至奥古斯都死后始成为行省。奥古斯都统治之时，罗得岛所属而于第三次马其顿战后独立之吕基亚联盟（Lycian Confederacy）获准保留其自治权。卡帕多奇亚王国由其王阿尔克劳斯（Archelaus）统治。波勒摩（Polemon，或 Polemo）统治一包括凯拉苏斯（Cerasus）及特拉佩组斯间地及科尔基思（Colchis）地区之本都王国。西利西亚有三属邦，帕夫拉戈尼亚（Paphlagonia）有若干小国，由戴奥塔鲁斯之子孙统治，公元前7年告终，并于加拉太。加拉太以东，卡帕多奇亚以北，为小亚美尼亚王国。大亚美尼亚王国先后依附罗马帝国及帕提亚帝国。

此时一、二邦为罗马属邦，仍未融入行省制度，值得注意。即陶里克半岛之二城市，东为帕鲁斯麦奥提斯（Palus Maeotis）入口处之博斯普鲁斯（Bosporus）或潘提卡派乌姆（Panticapaeum），西为克尔松尼斯（Chersonesus）或赫拉克利亚（Heraclea）①。博斯普鲁斯由其王（原称 archon）并领有对岸大陆上之发纳格里亚（Phanagoria）及半岛上之城市条多西亚（Theudosia）。克尔松尼斯为一共和

---

① 博斯普鲁斯及克尔松尼斯，即今 Kertsch 及 Sebastopol，简写为克尔松（Cherson）。

国,二邦皆为密特拉达提斯征服,形成博斯普鲁斯王国。密特拉达提斯遭推翻后,博斯普鲁斯经过一番斗争,最后由阿山德罗斯(Asandros)掌握,直至其逝世(约公元前16年),王国由其后狄纳米斯(Dynamis)继续统治。本都王波勒摩与之结婚,并获奥古斯都许可有其国,且传其子。但西方城市共和国却不得为其东邻所管,仅视博斯普鲁斯王为一需要时之保护者。此等远在斯基提亚边疆之城市于商业上占重要地位。黑海北岸之希腊殖民地,提拉斯(Tyras)河上之提拉斯,希帕尼斯(Hypanis)河口附近之奥尔比亚(Olbia),虽或接受罗马保护,于帝国却无永久之地位。在野蛮民族环伺之中,寂寞独处,尽可能自求多福。

(四)塞普鲁斯(Cyprus)、克里特与昔兰尼

西部地中海有两岛屿行省西西里与萨丁尼亚,东方亦有塞普鲁斯与克里特。克里特并非一完全行省,由其征服者麦特路斯(Metellus)将之与昔兰尼五市(Cyrenaic pentapolis)联合,称"克里特与昔兰尼"省,属元老院管辖。昔兰尼以气候宜人著名,其为罗马行省期间,亦得免于政治纠纷。公元前96年由其末代国王托勒密·阿皮翁(Ptolemy Apion)遗嘱赠予罗马共和国。塞普鲁斯最初属皇帝,公元前22年奥古斯都将其与纳博讷高卢同时移归元老院。此岛早期常为腓尼基人与希腊人竞争之所,在罗马统治下却享受平静,仅拥有大量人口之犹太人偶尔叛变。甚至一向和平之昔兰尼卡(Cyrenaica)或亦为犹太人叛变所骚扰。一度为海盗巢穴之克里特,于地中海为罗马内湖期间,却与世无争。

第三节 附近属邦王国及叙利亚

皇帝所属省份中,叙利亚为东方最重要者,犹如高卢之于西方。叙利亚总督受命保卫幼发拉底河边疆以防安息人侵袭,统率四军团,与莱茵河驻军数目相同。叙利亚驻军不仅负责边防,且兼保城市、乡村之安全,以免其受出没山间盗

匪之劫掠。此后,军团即驻于城市,不似莱茵河军队之驻于边疆之特别军事根据地,此种情况为叙利亚军队道德低落,纪律缺乏之根源。但尽管有山贼之骚扰,叙利亚仍为最繁荣之行省。塞琉古历代君主对该地之希腊化及殖民事业皆有极高成就,罗马已无可增进。奥古斯都建立贝里图斯(Berytus,今贝鲁特[Beirut])以安置退伍军人,该城遂为希腊化亚洲地区中间之唯一意大利城市,一如希腊之科林斯及特洛阿德(Troad)之亚历山大城,叙利亚城市之希腊名称,令人忆及马其顿,一如西西里及大希腊之使人追忆旧希腊,或美国地名令人追忆母国。但更早之阿拉米(Aramaic)名称亦与希腊新名同时并存,其中一部分且较希腊名称使用之时间更久,如赫利奥波利斯(Heliopolis)今日仍称巴尔贝克(Baalbek)。人名亦常与地名二者并用,如新约中托马斯(Thomas)称迪都马(Didymus),塔比沙(Tabitha)亦名多尔卡斯(Dorcas),即为熟悉之例。阿拉米语及希腊语并用,一如高卢之凯尔特语及拉丁语,边远地区尤甚。由于希腊及叙利亚生活方式之混合,兴起一种新型混合文化,有时称为叙利亚希腊式(Syrohellenic),以科马吉尼(Commagene)王安提阿库斯(Antiochus)于幼发拉底河附近一丘所建巨大陵寝最可表现其特色。其墓志铭上曾记该王祈祷波斯(Persis)及马其顿(Maketis)诸神共佑其子孙。

110

叙利亚之大城如老底嘉(Laodicea,今 Latakia,拉塔奇亚)、阿帕米亚(Apamea)、提尔(Tyre)、贝里图斯、毕布鲁斯(Byblus)等工业发达,所产麻布、丝织品等远近驰名。但其首府安提阿却以享乐著名,安提阿地位于发展商业上不如亚历山大城之便利,但富庶华丽,有丰富水源,城开不夜,华厦连云,城中及其号称达芙妮花园(Gardens of Daphne)之郊区,或为帝国中寻乐者最佳去处。

叙利亚南部,东方与属邦纳巴特(Nabat)相邻,纳巴特王国版图自大马士革而下,东及南方环抱巴勒斯坦(Palestine),包括阿拉伯半岛北部、大马士革及博斯特拉(Bostra)间之特拉科尼提斯(Trachonitis)地区,本由阿比拉(Abila)王芝诺多鲁斯(Zenodorus)统治。奥古斯都因芝诺多鲁斯非唯不抵抗侵扰特拉科尼提斯之盗匪,反与之勾结,将之改属犹太王。大马士革由纳巴泰诸王(Nabatean kings)统治,其首都即著名之商业城市佩特拉(Petra),为载运印度商品之驼队自阿拉伯之路奇科姆(Leucê Cômê)至加萨(Gaza)道路之中途站。此等君主为阿拉伯人,其宫廷仅表面上希腊化,官员称行政长官(Eparchoi)及将军(Strategoi)。其领土之北部,大马士革为希腊者,沙漠边缘地带因紧邻叙利亚而接触希腊文化。佩特拉诸王经常与其邻邦犹太诸王敌对,奥波达斯(Obodas)以不诉诸奥古斯都而对希律(Herod)用兵,几失其王位。纳巴特王国之开化此时并未真正开始,直至一百余年后,成为罗马行省始逐渐文明。

恺撒恢复犹太王国,以伊都米亚之安提帕特(Antipater of Idumea)统治之,对之特别优待,豁免其贡赋及兵役。安提帕特死后,经过多次争斗后,卒归其子希律统治。第二次内战之初,希律为安东尼及埃及女王之臣属,战争末期则改投屋大维,为之完成若干任务。屋大维非但维持其于犹太王国之统治权,更扩大其疆土,增加萨马里亚及自加萨至斯特拉顿塔(Tower of Straton)沿海。后于希律统治时,成为恺撒里亚城,为叙利亚南部之主要港口。在希律长期统治之下,热心推行希腊化,为其犹太人民所不能接受。其政策为将宗教与政府完全分开,将犹太之神权政治完全排除,因之君主与大祭司不断敌对。希律之希腊化可由其于耶路撒冷(Jerusalem)所建之剧场显示,并仿效希腊竞技会,规定一节庆,每四年年终举行,会中有音乐、体育及骑术竞赛,每一民族皆受邀参加。又仿罗马人在城下平地建一圆形剧场,展示野兽及罪犯之角斗。凡此一切皆大违犹太传统。希律建两新城,皆用皇帝之名,一即恺撒里亚,以之为耶路撒冷之海港,一为塞巴斯特(Sebaste),在萨马里亚(Samaria)旧址。二城皆希腊化,无复犹太特色。

希律在位时发生可怕之悲剧,使其家庭生活充满阴郁。彼于公元前4年逝世以前,将其王国扩张至约旦河以外之地,整个王国分予三子:阿尔克劳斯得犹太、萨马里亚及伊都米亚(Idumea);腓力(Philip)得巴塔尼亚(Batanea)及附近地区,获四王之一之"分封王"(tetarch)头衔;安提帕斯(Herod Antipas)得加利利(Galilee)及约旦河以外之地,亦为"分封王"。但此王国命运注定并不长久,犹太人希望直属罗马皇帝,由其本族之人为王,代表由耶路撒冷赴罗马觐见奥古斯都,请求废除此王国。皇帝最初妥协,仍以阿尔克劳斯统治犹太,但废其王衔,更减其萨马里亚之地。数年后,由于阿尔克劳斯之无能,乃成全犹太人之愿望。公元6年,犹太成为罗马行省,由一代行财政官统治,受叙利亚之总督节制,一如诺里库姆受制于潘诺尼亚总督。于代行财政官统治之下,允许各城市自治,一如亚细亚或亚该亚省。耶路撒冷有塞琉古王朝(Seleucids)所创立之议会(Synhedrion),相当于市议会,及由代行财政官指定之大祭司,相当于最高行政官员。在新制之下,尽量尊重犹太人之习俗及成见,甚至由于犹太人反对偶像,所铸钱币亦不用皇帝之像。罗马兵士至耶路撒冷时,须将其军旗留于恺撒里亚。西方犹太人之待遇则迥然不同。同一皇帝在西方迫害犹太人,在其故土则小心谨慎尊重其习俗,但犹太人并不满足,抱怨交税为违反宗教,不因其压迫,而以不虔诚为由,终于在韦伯芗时爆发大规模之犹太战争。

若干小属邦存在一相当时期。北方之科马吉尼王国直至公元72年始纳入行省系统,大马士革西北之哈尔基思公国(principality of Chalcis)则更迟至公元92年。哈尔基思与大马士革间之阿比拉(Abila)约于公元49年合并。亚克兴战前不久,埃美萨之扬布利库斯(Iamblicus of Emesa)为安东尼处死,其国土先由奥古斯都并入叙利亚省,公元前20年又复其国,由当地之三埔西格拉姆斯(Sampsigeramus)王朝统治。公元81年以前,终于夷为行省。叙利亚另一小城邦帕米拉(Palmyra),叙语称塔德莫(Tadmor),何时成为罗马属邦不详,或于奥古斯都统治时。此位于沙漠绿洲之城市,地当幼发拉底河至地中海商路要冲,极为兴旺。在罗马控制下,由其本城之市政官员治理,直至三世纪时为奥里略皇帝所毁。

第四节　埃及

拉基德王室(Lagidae,亦称托勒密王朝)最后一主克里奥帕特拉死后,埃及由罗马属邦夷为行省,虽属皇帝管辖,却与其他省份不同①。埃及为皇帝私人所有,奥古斯都非以总督,而以名义上托勒密王朝之继承者身份统治②,埃及祭司视皇帝为神祇而崇拜之,一如托勒密朝时。埃及既为皇帝私人所有,其统治方式亦与他省有别,省长不以元老充任。埃及总督仅为一行政长官(praefectus)而非代表(legatus)级,指挥三个军团,为由骑士阶级领兵之唯一特例。元老非唯不能任此地总督,甚且非得皇帝许可,不能入境。显著之骑士(equites illustres)亦同受此限,实为奥古斯都自卫而发。盖如一著名元老欲于埃及煽动叛变,则凭借埃及之巨大资源及地理位置,必成大患,内战期间已充分证明此地于军事上之重要性。如能控制埃及港口,阻止罗马及意大利所仰赖之谷物供给,不必离亚历山大城,即可迫使罗马及意大利投降。埃及地方又易守难攻,并非岛屿而具有岛屿地位之优点。埃及首任总督诗人加卢斯(Cornelius Gallus)曾将其名及事迹刻于金字塔,此等轻率被认为谋叛,由元老院加以审讯,免其职,加卢斯羞愤自杀,可见奥古斯都对埃及严密注视,防范无微不至。据云加卢斯死后,奥古斯都曾抱怨其为唯一非先视友为敌,即无法对其发怒之公民。行政长官之外,又有一司法官(iuridicus)掌司法,财政官(idiologus)掌财政。

埃及之组织亦与他省有别,仍用托勒密旧制,无自治城市,且不鼓励一如帝国他地之城市生活。全境分为若干州(nomes),官员由政府指定。无代表人民政见之议会。托勒密朝时,埃及土著为下层阶级之人,无政治权利,罗马人统治

---

① 见上第一章第三节及第六章第一节。
② 塔西佗常用"为其掌握"(domi retinere)一词形容皇帝对埃及之统治。

时其情况依旧。

上埃及由尼罗河流域直至象岛(Elephantine),沿海至于特洛格洛迪之贝勒尼斯(Troglodytic Berenice,在同一纬度)。此贝勒尼斯与远在南方与亚丁(Aden)相对之金贝勒尼斯(Golden Berenice)不同,后者不属于罗马帝国之地,与祖拉(Zula)、特伦(Ptolemais Theron)相同。

尼罗河流域土地肥沃,为帝国带来大量税收。奥古斯都并未减少前此希腊统治者在此所课重税,但由于其贤明之改进,使埃及能胜任其负担,重开并疏浚尼禄运河为其最重要者。克里奥帕特拉时所招致之贫困,迅即恢复。埃及主要生产为谷类,可供罗马之需,麻布之生产可与叙利亚相比拟,玻璃工业于世界上首屈一指,并以纸草供给世界。亚历山大城地当东西交通孔道,为帝国第二大城,在商业地位上,可称为世界最重要之城市。市内车毂交错,港中帆樯林立。希腊哲学与东方宗教于其学校内混合。建筑宏伟,塞拉皮斯(Serapis)神庙、博物馆、皇宫尤称美轮美奂。四方学者荟萃,商人旅客云集,希腊图书馆藏书之丰富,及博物馆中学者之博学,皆为帝国之最。诚如希腊作者所谓"财富、安静、景物、哲学家、黄金、博物馆、美酒等等凡人所欲之物,皆备于埃及"。① 亚历山大城内犹太人颇多,自成一区,由其族人长官(ethnarch)统治,市内时有暴动骚乱,与犹太人在其他地区之殖民地相同。

屋大维占领亚历山大城,建一郊区曰尼可波利斯以纪其功,为监视亚历山大城之要塞,驻兵一军团。时安东尼庙正在兴建,乃完成之,献于屋大维。后奥古斯都又于亚历山大城建方尖碑(obelisk),至今尚存,惟已不在本地②,称"克里奥帕特拉之针"(Cleopatra's needle)。

托勒密朝代以当时之君主纪年,奥古斯都以后,此制继续存在,但非以其征服日(公元前30年8月1日)开始,而始于8月29日,以与埃及人以为元旦之托

---

① 见于1920年代所发现希罗达斯(Herodas)之笑剧或哑剧(mimes),此人虽或为公元前3世纪人,但所述情况仍可适用于罗马帝国时之亚历山大城。

② 1881年移于纽约中央公园。

115 特(Thoth)月之首日相应,克里奥帕特拉死于八月过半,此种情形或许决定埃及人选择新纪元之开始也。

表四 奥古斯都去世时之行省表

| 1. 属元老院者
a. 为执政官级代行执政官管辖者
　　亚细亚
　　阿非利加
b. 为司法官级代行执政官管辖者
　　西西里
　　贝提卡
　　纳博讷
　　马其顿
　　亚该亚
　　比提尼亚与本都
　　塞普鲁斯
　　克里特与昔兰尼
2. 属皇帝者
a. 为皇帝任命之代行司法官总督管辖者
(1) 为执政官总督管辖者
　　塔拉哥纳
　　潘诺尼亚
　　达尔马提亚
　　默西亚
　　叙利亚 | (2) 为司法官总督管辖者
　　路西塔尼亚
　　阿奎丹尼亚
　　卢格杜南西斯
　　比尔吉卡
　　加拉太
b. 为长官或代行财政官管辖者
　　埃及(长官)
　　萨丁尼亚与科西嘉
　　雷提亚(长官)
　　诺里库姆
　　海岸阿尔卑斯(长官)
　　科提阿尔卑斯(长官)
　　犹太(代行财政官)

奥古斯都去世时,此等行省之总督受日耳曼军队统帅日耳曼尼库斯控制。 |

奥古斯都之胜利纪念碑

第八章 罗马与安息、阿拉伯、埃塞俄比亚

第一节 罗马与安息之关系

希腊塞琉古王朝被推翻后,阿尔萨奇德(Arsacid)王朝统治幼发拉底河以东至于印度间之伊朗地区。阿尔萨奇德王朝源出安息,在里海东南米底亚(Media)与巴克特里亚之间,其帝国即以安息为名,以别于波斯前此之阿赫美尼德(Achaemenids)王朝及以后之萨珊(Sassanids)王朝。安息诸王皆为伊朗血统,用伊朗语,仍信拜火教,宫廷之特色仍为波斯者。安息王国由若干附属王国或总督(satrapies)组成,仅美索不达米亚之希腊城邦为例外,著名之商业城市塞琉西亚已取古代

庆祝自安息人收复鹰旗之钱币

巴比伦之地位而代之。于安息王国中,附属王国为常规,城市为例外,罗马则反之。

密特拉达提斯未遭推翻前,安息与罗马颇为友善。但于庞培获胜后,共同敌人已除,罗马与安息壤地相接,针锋相对,乃成敌手。时叙利亚已为罗马行省,双方订约以幼发拉底河为界,但双方冲突之处仍在。亚美尼亚一如卡帕多奇亚成为罗马属邦,即为双方决裂之主因。该地就军事观点言之,对双方均极重要,双

方皆加以力争。亚美尼亚之语言、社会及民族成分皆与安息接近,其与罗马之政治联系多少总嫌牵强。双方争执之另一焦点为亚美尼亚以南之阿特罗帕泰尼(Atropatene,今亚塞拜疆),本为安息臣属,其王欲脱离安息统治,常求助于罗马,愿为罗马属邦。实际违背条约之举出自罗马人,罗马当时为美索不达米亚城邦埃德萨(Edessa)之宗主,欲扩充亚美尼亚之领土至安息国境。安息与亚美尼亚宣战,大败克拉苏于卡雷,亚美尼亚遂成为安息属邦。

安息人得寸进尺,要求割让叙利亚,罗马亦视卡雷之败为奇耻大辱,欲图湔雪,收复克拉苏所失之军旗。适内战发生,此事暂寝。公元前38年,安息侵叙利亚,为罗马将军巴苏斯(Ventidius Bassus)大败于金达罗斯(Gindaros),安息王子帕可鲁斯(Pacorus)阵亡。安东尼有志于东方,欲建立一东方大帝国,尽服诸小邦,其远征无功而还。当时安息王为弗拉特斯(Phraates),不得人心,安东尼乃支持觊觎者莫奈塞斯(Monaeses)。亚美尼亚王为阿塔瓦斯德(Artavasdes),欲并阿特罗帕泰尼以扩张其领土,极力支持安东尼。另一阿特罗帕泰尼王亦名阿塔瓦斯德。安东尼以其失败归咎于亚美尼亚王,公元前34年赴亚美尼亚逮之至埃及,由克里奥帕特拉将之处死。其子阿塔克西斯(Artaxes)逃至安息。同时,安东尼与阿特罗帕泰尼之阿塔瓦斯德言和,以阿塔瓦斯德女为其子媳,立其子为亚美尼亚王。是时,与屋大维之大战方兴,弗拉特斯趁机废此二王,将二国并归亚美尼亚之阿塔瓦斯德之子阿塔克西斯管辖之下。适波斯内战①与罗马两雄决赛同时发生。弗拉特斯被废,改立提里达提斯(Tiridates)。

---

① 贺拉斯《歌集》第3卷第8首第19行谓"凶狠之米底亚人正在彼此艰苦战斗"(Medus infestus sibi luctuosis dissident armis)。

第二节　亚美尼亚问题

奥古斯都战胜安东尼后，并未立即处理东方事务，颇受指责。说者多云此时如能迅速控制亚美尼亚，使其永属罗马，同时对居住于亚美尼亚与高加索（Caucasus）、黑海与里海间之科尔基思人（Colchians）、伊比利人、阿尔巴尼亚人等建立其公认之权威，则以后罗马东疆可安，全力应付西方之日耳曼民族，当不至有帝国晚期之失。此外夺回卡雷所失军旗，亦责无旁贷。是时，即位未久之提里达提斯①及阿特罗帕泰尼之阿塔瓦斯德二流亡君主亦向之求助，罗马人渴望其能威服安息之情，可于贺拉斯早期诗歌中见之。如称奥古斯都为"威吓安息之青年"（juvenis Parthis horrendus）②及"如能并不列颠及危险之波斯于帝国，则可被视为地上之真神"③。罗马人皆寄望于一次安息之战。但奥古斯都于征服埃及后，对东方问题迟迟未加解决。或鉴于安东尼之无功，或亦由于其军队渴望获得休息及酬劳，不愿从事亚美尼亚艰苦之战争，奥古斯都本身亦非良将之才，欲趁安息内部不和，以外交获得于罗马东部边疆有利之解决，乃将小亚美尼亚王国予阿塔瓦斯德，而许提里达提斯以叙利亚避难之所。公元前23年，雪卡雷之耻时机已至，弗拉提斯遣使索提里达提斯及为提里达提斯所掳之幼子，罗马送还其子，而以交换卡雷所俘罗马人及军旗为条件。阿格里帕被派往东方授以代行执政官之权即与此事有关。弗拉提斯并未立即实现其交换条件，公元前20年奥古斯都亲至东方，安息王始屈服。奥古斯都颇以其成功自豪，自述其功时曾记："予迫使安息归还三支罗马军队失去之军旗及战利品，并恳求罗马人之友谊，予

---

① 贺拉斯《歌集》第2卷第2首第17行："弗拉特斯虽回居鲁士（亚美尼亚）之王位宝座。"（Redditum Cyri solio Phraaten.）

② 《讽刺诗集》第2卷第5首第62行。

③ 《歌集》第3卷第5首第4行："Praesens divus habebitur, Agustus adiectis Britannis, Imperio gravibusque Persis"。

已安置此旗于复仇者战神之庙(Mars Ultor)。"诗人颂其事,直如罗马军队之最大胜利,维吉尔歌云"跟从曙光女神奥罗拉(Aurora),由安息取回军旗",幻想"幼发拉底河水此时变得和缓"①。贺拉斯则谓如此以和平方式收回之军旗,直如自敌人手中"夺"回。②

同年,收复亚美尼亚,更获具体胜利。亚美尼亚内部有人谋叛其王阿塔克西斯,遣使请罗马送还当时在罗马接受教育之王弟提格拉尼斯(Tigranes)代之为王。奥古斯都遂命提比略往废阿塔克西斯,改立提格拉尼斯。阿塔克西斯为叛党所杀,提格拉尼斯即位。亚美尼亚再度成为罗马属邦。阿特罗帕泰内由其中分出,由前王阿塔瓦斯德之子阿留巴札尼斯(Ariobarzanes)统治,但似仍在安息治下。阿留巴札尼斯亦如提格拉尼斯,曾于罗马接受教育。

但亚美尼亚新乱又起,提格拉尼斯死,国内亲安息与亲罗马两派互争。奥古斯都又派提比略赴东方处理,提比略以对奥古斯都不满,拒绝受命(公元前6年)。其后四年,罗马方面未有任何举动,四年后改以此托付皇太孙盖乌斯(Gaius Caesar)以为未来践祚之基础。小王子满怀希望,欲往东方一展怀抱,媲美亚历山大。其热心似受其长辈影响。一宫廷诗人高呼:"现在,遥远之东方,将属于我等所有!"③毛里塔尼亞 富有文采之王朱巴为盖乌斯之欲征服阿拉伯特加描写,预见征服此地,亚美尼亚问题轻易获得和平解决。盖乌斯与弗拉提斯之子弗拉塔且斯(Phraataces)会于幼发拉底河中岛屿,此安息人同意放弃其对亚美尼亚之要求,但此决定仍须加强亚美尼亚内部之服从。盖乌斯乃赴亚美尼亚扶植阿塔瓦斯德斯之子阿留巴札尼斯即位。盖乌斯于阿尔塔吉拉(Artagira)要塞城墙之前,遭遇背叛受伤,数月后(公元4年)于吕基亚之利米拉(Limyra)因伤致死。此后于奥古斯都统治时期,对亚美尼亚未采积极措施,亚美尼亚内部分裂

---

① 《埃涅阿斯纪》第7卷第606行"Auroramque sequi Parthoque reposcere signa";第8卷第726行"Euphrates ibat iam mollior undis"。

② 《歌集》第4卷第15首第7行:Derepta Parthorum superbis postibus。

③ 奥维德《爱之艺术》第1卷第178行:Nunc, oriens ultime, noster eris。

为亲安息与亲罗马两派。

第三节 对阿拉伯与埃塞俄比亚之用兵

盖乌斯之不幸死亡,使征服阿拉伯之计划宣告终止。较早时期,罗马政府曾郑重计划此事。盖拥有阿拉伯南部将对罗马商业大有帮助,不似亚美尼亚及默西亚乃为军事目的。自印度至欧洲之主要贸易路线经红海,亚丁(Adane, Aden)为其重要港口,一如今日,天赋擅长经商之阿拉伯人拥有其地,印度货物或于阿拉伯半岛西岸之路奇科姆(Leuce Come)起岸,再由陆路转佩特拉运至叙利亚其他港口;或于对面埃及沿岸之米奥斯荷尔莫斯(Myos Hormos)登陆,由骆驼运往科普托斯(Coptos,近忒拜[Thebes]),再由船只运往亚历山大城。罗马既已征服埃及,自然进而希望拥有高获益之红海所有商路,将其贸易掌握于罗马属民之手。奥古斯都建立大权不久,即筹划此事。当时态度颇为积极,曾计划远征阿拉伯半岛西南部之也门(Yemen)。罗马人称也门为"福地阿拉伯"(Arabia Felix),其居民西木亚里特人(Himyarites)如同萨拜人(Sabaei),地颇富饶,易招征服,但由于僻远,从未受外人压制。① 罗马自也门输入香料及香水、肉桂、沉香、没药、乳香等,而易以贵金属。公元前25年末,远征开始,以埃及高级官员埃利乌斯·加卢斯(Aelius Gallus)率领,② 军队万人为埃及驻军之半数,另有纳巴泰(Nabatea)王及犹太王贡献之辅助军。纳巴泰人与也门常有往来,纳巴泰王奥波达(Obodas)之大臣叙来乌斯(Syllaeus)为之向导。出师无功,责任谁属,不能确知,加卢斯之友,地理学家斯特拉波诿过于叙来乌斯之有意破坏。实则纳巴泰人不欲远征成功,诚意中事,盖如远征成功,则此后商路将不再经其国土。

---

① 《歌集》第1卷第29首第3行:Non ante devictis Sabaeae regibus。
② 蒙森以为加卢斯此时已为埃及总督,但证据显示似在征也门之役以后始为埃及总督。

军队乘战舰于苏伊士地峡之阿尔西诺伊（Arsinoe）出发，实则海上并无敌人，战船已非必要，于路奇科姆登陆并过冬，当时路奇科姆或臣服于罗马。开春，军队南下，道路迂回难行，终抵萨拜人之首都萨贝乌斯（Sabaeaus）。土人虽少抵抗，罗马军队却苦于疾病饥饿，最后抵达树木覆盖之萨拜王居处马里巴（Mariba）时，将士均人困马乏，意气沮丧，无力攻城。屯兵六日，加卢斯即放弃攻城计划，迅速返师。虽对该地知之较详，却仍未征服萨拜人。奥古斯都并不以为远征失败，言及此事犹洋洋自得，且擢升加卢斯为埃及总督。

当埃及半数军队出师远征阿拉伯时，另一半军队却需防卫南方强邻之侵略。上埃及直至尼罗河上游之象岛（Elephantine），其外为埃塞俄比亚，当时由独目女王坎达斯（Candace）统治，女王劫掠上埃及南端之塞耶尼（Syene，即 Aswan）及象岛，埃及总督佩特罗尼乌斯（C. Petronius）抗议无效，不得已出兵（公元前 24 年），率步兵一万，骑兵八百，大败敌师，占尼罗河畔之塞基思（Pselchis）城，直至埃塞俄比亚首都美若埃（Meroe）附近女王宫殿所在之纳帕达（Napata），将纳帕达城夷为平地。佩特罗尼乌斯并无意占领该国，仅以其要塞普雷姆尼斯（Premnis，或 Premis）为其前哨兵站。次年埃塞俄比亚人攻普雷姆尼斯，佩特罗尼乌斯再度出师解其围。公元前 22 年又大败敌兵，女王被迫遣使向奥古斯都求和，当此之时，奥古斯都方在萨摩斯（Samos），许其和议，命总督撤出所占领地，于塞耶尼划定边界。

奥古斯都及阿特瓦斯德斯之钱币

第九章　日耳曼之得与失、奥古斯都之死

第一节　日耳曼之征服

恺撒对高卢之征服,指向国境以外更进一步之征服,北方渡海至对岸海岛,东越莱茵至中欧之森林。恺撒曾为征英之先驱,亦曾渡过莱茵河。奥古斯都并未继续其征英之举,此事业保留于其继承人之一进行。但对日耳曼则被说服从事。自军事观点而言,将罗马边疆自莱茵河推至易北河(Albis,Elbe)以及其间蛮族之

阿匹亚大道上所谓之德鲁苏斯拱门

征服,实为善策。盖如此则边疆防线可以缩短,多瑙河上游,自莱茵河畔之文多尼萨至劳里阿库姆(Lauriacum)之防卫不再需要,易北河将代替莱茵河之地位。此等将罗马边疆伸张至易北河之计划,一向谨慎之奥古斯都即使无罗马政府于背后鼓动,亦可能为其爱子德鲁苏斯之热情所说服。

恺撒于其《高卢战记》(*Commentarii de Bello Gallico*)中对一般日耳曼人之政治及社会生活有简短之描写,而对苏维人(Suevians)之叙述更详。此种描写虽

相当模糊,且无疑主要来自高卢之报道,但为对日耳曼人最早之材料,且出之于一伟大政治家之手,更为珍贵。恺撒描述日耳曼人为一刻苦耐劳有节制之民族,全力从事狩猎及战争,极少从事农耕,以肉、乳及奶酪为主食。土地由酋长每年分配一次,分之于现成一市(civitas)之若干小区(communities),每年更换,人亦无永久固定之地。每年年终,即放弃其地,整个小区另行他迁。此种习惯之形成,原因有数种,其最重要者厥为唯恐变为农业民族而放弃武事,且强者不能夺取弱者之所有,及大多数人可获得满足。每一部落之领土周围有荒地与邻近部落隔开,以防其突然袭击。战时选举统帅,平时国中则无中央政府或最高长官,仅有不同地区(pagi)之酋长,或以部落为单位以执行法律维持秩序。苏维人有一百区,每一区贡献千人组织军队,其余则留于家中,为战士准备食物。次年,战士返家种田,与前此居家之人互换。

由以上描写可推论,日耳曼部落当时正处于"由游牧生活至定居农耕之过渡时期",若干部落或更为进步,此种演变当于奥古斯都时期进行,但无迹可寻。

亚克兴之役后,高卢首次骚乱为格索里阿库姆(Gesoriacum [Boulogne])附近之凯尔特族摩里尼人(Morini)之叛,或与同年(公元前29年)莱茵河外日耳曼族苏维人之侵扰有关。苏维人遭逐退,摩里尼人为卡里纳斯(Gaius Carrinas)所征服,同时,加卢斯(Nonius Gallus)亦于摩塞尔河(Mosella)平定特雷维里人(Treveri)之叛变。次年,乃重组高卢(已见第六章)。赋税似太重,省民颇为不满。公元前25年,莱茵河外之日耳曼人又来犯,遭维尼丘斯(Marcus Vinicius)逐退,是否为罗马属民所邀请,不得而知。九年后之入侵更为惊人。莱茵河下游右岸之苏甘布里(Sugambri)、乌西佩特(Usipetes)、特内特里(Teneteri)等部族渡河劫掠,败总督洛利乌斯(M. Lollius),掳获第五军团之鹰旗。此次损失并不甚大,但罗马颜面尽失①。奥古斯都亲自匆往高卢驰援,偕提比略与俱,北边防御愈益

---

① 贺拉斯于《歌集》第4卷第9首第36行中称颂洛利乌斯时曾暗讽之,"于不确定之时" (temporibus dubiisque rectus)。

紧急,派提比略负责指挥高卢军队,并诺里库姆,征服雷提亚及文德利奇亚(Vindelicia)以防御之①。

德鲁苏斯第一次战役

公元前12年,德鲁苏斯继其兄统率莱茵河军队,是时德鲁苏斯未满25岁,仪表出众,深得军士爱戴,为一英武明智之领袖人才。到任之后,立即筹划征服莱茵对岸日耳曼人之策。是时苏甘布里人及其盟邦正与罗马为敌,卢格杜努姆之奥古斯都祭坛建立,激起高卢之效忠热忱,德鲁苏斯乃驰赴莱茵河下游,架桥渡河,至已开始为敌之乌西佩特人之地区。此一部落居于莱茵河支流路皮亚(Luppia)北岸(今名利伯[Lippe]),河以南地属苏甘布里,更南之劳根纳(Laugonna,今简称拉恩[Lahn])为藤克特里人(Tencteri)所居。德鲁苏斯平定乌西佩特人后,向南追逐苏甘布里人,时其酋长美洛(Melo)已开始与罗马为敌。

德鲁苏斯之计划为先降服日耳曼北部,决定此举必与航行北岸之海道结合,自莱茵至易北有三阶段:征服者第一步先进至阿米西亚(Amisia),继至维苏尔吉斯(Visurgis, Weser),最后至易北。此等河流之拉丁名称至今仍存,为埃姆斯(Ems)、威塞尔(Weser)、易北等。德鲁苏斯令军队于莱茵河与弗勒伏湖(Lake Flevo,当时对须德海[Zuyder Zee]附近水面之称)间筑运河,即名之曰德鲁苏斯运河(Fossa Drusiana),莱茵河舰队可由此穿湖而过,直驶北海②沿海,进抵阿米西亚(今Ems)河口。巴塔维人(Batavians)未加抵抗即承认罗马之宗主权,并助罗马军队开凿运河,弗勒伏湖东北所住之弗里西亚人(Frisians)亦无抵抗降附。自莱茵至阿米西亚沿海皆已获得,进占阿米西亚河口之布尔卡尼斯(Burchanis岛,即今博尔库姆[Borkum]),溯河而上,一次海战中击败布鲁克特里人

---

① 见上第六章第五节。贺拉斯《歌集》第4卷第2首第34行,公元前13年预言对苏甘布里人之胜利:"当彼爬上神圣之山坡,逼近野蛮之苏甘布里人。"(Quandoque trahet feroces, Per sacrum clivum merita decorus, Fronde Sugambros.)

② German Ocean,罗马人称日耳曼海,即北海。

(Bructeri)。返抵北海,击维苏尔吉斯河口两岸沿海地区居住之考其人(Chauci),但罗马舰队似未驶抵维苏尔吉斯河口,亦不知德鲁苏斯是否自阿米西亚进抵考其人之地带。返航之时,船只几乎搁浅于险滩,幸赖友好之弗里西亚人徒步随行解救之。

  德鲁苏斯于统军之第一年已绥服下日耳曼之沿海地区,直至维苏尔吉斯,次年(公元前11年)拟继续向内陆推进,必须另选他道。当时莱茵河下游之主要军事根据地为距路皮亚河口不远之维特拉堡(Castra Vetera)①。春日由此出发,逾莱茵,再次征服桀骜不驯之乌西佩特人,架桥渡路皮亚至苏甘布里人所居地。既欲东进必须先安定后方时常为乱之部族。德鲁苏斯沿路皮亚河至切鲁西人(Cherusci)所居地(今西发里亚,Westphalia),直至维苏尔吉斯河岸。德鲁苏斯本以为苏甘布里人必从中阻挠,但其时苏甘布里人正与其南邻居于陶努斯(Taunus)山之卡提人(Chatti)交战,无暇顾及。时冬季将届,且乏补给,罗马军队乃未逾维苏尔吉斯河。归途遇伏,苟非将才卓越,军纪严明,将不堪设想。于阿尔巴洛(Arbalo)之狭窄山道,为敌人犯击。日耳曼人方以为占尽优势,稳操胜算,不意罗马人反攻,冲出重围,安抵路皮亚。于路皮亚河畔阿利索(Aliso)入口处,德鲁苏斯建一要塞,为尚待彻底征服之该地军队之前哨站。要塞亦名阿利索,或系今埃尔森(Elsen),河即今阿尔美(Alme)河。约同时,又于陶努斯山卡提人领地建堡,时卡提人已为罗马人逐出其本土,至苏甘布里之地。次年(公元前10年)似忙于卡提人之征服,卡提人欲夺回劳根纳(Laugonna)及莫努斯(Moenus,美因[Main])间之故土。是年德鲁苏斯获前一年已被选定之代行执政官权力,为属于皇帝之下之第二大权(secondary imperium)。不久(或于次年),与其兄提比略同获统帅(imperator)头衔。

公元前9年德鲁苏斯之死

  德鲁苏斯虽极力从事对日耳曼之征服,却未疏于莱茵河流域之防务。河之

---

① Birten,近Xanten。

左岸自海至文多尼萨由一连串五十堡垒防守。莱茵河下游之主要军站为维特拉堡,上游则为摩根提阿库姆(Moguntiacum, Mainz),后者或为德鲁苏斯所建。当时及以后不久所建最重要之要塞有阿根托拉图姆(Argentoratum)①、南诺维欧马格努斯(Noviomagnus,即 Speyer)、波柏托马古斯(Borbetomagus,即 Worms)、宾吉乌姆(Bingium,即 Bingen)、波纳(Bonna,即 Bonn)等。北诺维欧马格努斯仍为奈梅亨(Nimeguen),莱茵河沿岸之北卢格杜努姆成为莱登(Leyden),隆河沿岸之南卢格杜努姆则为较温和之里昂(Lyons)。

次年,获得"日耳曼之征服者"(subduer of Germany)头衔之胜利小将,首次出任执政官。不顾是年年初罗马之恶兆,德鲁苏斯仍于春季出发,继续致力莱茵河对岸之征服工作,前此从未逾维苏尔吉斯河,今则以为时机已至,进至易北河,或自摩根提阿库姆开始,通过已服属之卡提地,进入苏维人边境,更北进抵切鲁西及维苏尔吉斯河岸,渡河趋易北,或抵今马德堡(Magdeburg)附近。关于此次用兵,并无确切记载,仅有罗马人蹂躏土地,经过若干血战之记录。德鲁苏斯于易北河畔建胜利纪念碑,标示罗马军队所至最远处。传说德鲁苏斯于此处有所遭遇使其回师。有一身材高大之妇人拦路,令其回师。谓:"贪心之德鲁苏斯,将赴何处?此等事务非汝之分,其归!汝之事业及生命已至尽头!"

德鲁苏斯大限已到,于易北支流萨拉(Sala)及维苏尔吉斯河间堕马伤腿,军中无良医,三十日后,因伤致死。时奥古斯都于高卢某处,闻耗立遣于提其努姆(Ticinum)之提比略赶往探视,尚及与德鲁苏斯作最后晤面。邦失良将,举国同悲,皇帝与兵士伤悼尤甚。德鲁苏斯时尚未满三十,功业彪炳,前途无量,如天假以年,使竟其志,则将改变中欧之历史。

德鲁苏斯之遗体运抵莱茵河畔之冬季营盘,再转罗马火葬,骨灰置于奥古斯都皇陵。提比略于广场,奥古斯都于弗拉米尼竞技场(Flaminian Circus)先后发表悼词。除此等庄严仪式外,俾此去世之英雄更多哀荣,颁予日耳曼之征服者德

---

① 即今 Strassburg。

鲁苏斯及其子以"日耳曼尼库斯"(Germanicus)之名,于摩根提阿库姆建纪念碑(cenotaph),更建凯旋门,以纪念其建立新省之功。摩根提阿库姆与德鲁苏斯有特别关联。此等纪念建筑今已不存,但有献于其母后利维娅之劝慰辞(Consolatio ad Liviam),显其功业,永垂不朽。

第二节 提比略之经营日耳曼、潘诺尼亚之叛变

提比略既拥有总督权力及统帅之头衔,继续其弟之工作,乃责无旁贷。提比略继德鲁苏斯为高卢三省总督及莱茵河军队之统帅,继续维持罗马于莱茵及易北河间半征服之日耳曼部落之宗主地位,终以强硬手段,平定苏甘布里人,安置于莱茵河左岸地区。每年夏季罗马军队必出现于新省之不同地区,罗马将军掌理司法,罗马支持者出现于莱茵河对岸。欲使日耳曼赶上其他省份水平,仍有多事待处理,如欲日耳曼人纳税或参加辅助军,仍不安全。提比略颇为军队信任,但不似德鲁苏斯之得帝心。公元前7年,提比略第二度为执政官,举行凯旋礼,但未再返日耳曼境,次年即退居罗得岛。提比略离日耳曼后,何人继任不详,但此辈并非无所事事,亦非无能,惟宫廷史官仅注意出身皇族之提比略弟兄之功绩,对其他将领未予记载而已。此后,对德鲁苏斯所征服地区加强控制则在叛乱时起之情况下,继续进行,如公元前1年,维尼丘斯即曾平定叛变。另一总督阿赫诺巴布斯(L. Domitius Ahenobarbus)曾建一路称长桥(pontes longi),联络阿米西亚及莱茵河。此等将领皆未授以治理高卢三省之权,非若德鲁苏斯、提比略弟兄然。

盖乌斯及路奇乌斯死后,提比略与其继父和好,再度统率莱茵河军队,军团乐于得此熟悉可靠,能力卓著,且为皇帝继承者为统帅,是时乱象已著,急需一强有力之人主持,提比略之就任,实为得人。公元4年首次出征,渡维苏尔吉斯河,敉平切鲁西人之叛,于路皮亚河畔之阿利索堡过冬,是为罗马军队首次于莱茵河

以外过冬。次年(公元5年)抵易北河下游,平考其人之叛,在此地区居住之伦巴底人(Langobardi)之叛亦旋平。伦巴底人即后之伦巴人(Lombards),其名是时初见于史册。此役水陆并进,较十八年前德鲁苏斯规模尤大。前次德鲁苏斯已达维苏尔吉斯河口,绝未逾之,此次提比略则抵易北河,甚至直抵辛布里(Cimbric)半岛之北角。易北以东若干族群如塞姆诺内斯人(Semnones)、卡里德斯人(Charydes)、辛布里人(Cimbri,在丹麦)等,皆遣使寻求与皇帝及罗马人民结好。

罗马之统治越过莱茵,于焉已定。次年(公元6年),提比略又授以新使命。当德鲁苏斯最后一次出征,溯莫努斯河,至马科曼尼人(Marcomanni)之地,马科曼尼人于其首领马若波杜斯(Maroboduus)率领下,先期退至中欧群山环绕之菱形地带,该地以当时居住之凯尔特波依人(Boii)为名,称波伊赫曼(Boiohaemum),即波希米亚(Bohemia)。马科曼尼人逐出凯尔特人,马洛波杜斯占其地,建一强大之统一国家,东、北邻近之日耳曼部落悉属之。马洛波杜斯眼光远大,逾其族人,羡慕罗马文化,欲仿效其政治组织。乃仿照罗马训练方式,组织步兵七万,骑兵四千,但主要为和平政策,仅为保本国之安全,希望避免与罗马战争,但亦显示其强大足以自保,愿为罗马友好之盟邦,但非其臣属。然而地理形势使双方冲突不能避免。罗马北有日耳曼,南有诺里库姆及潘诺尼亚,不容其间尚有独立之日耳曼国家永远楔于诸省之间。特拉华河(Dravus)及多瑙河间地区之占领仅属时间问题。罗马显然需要自易北河至多瑙河间连续不断之边疆线,马洛波杜斯领土之并吞实为罗马政策所必需,由此进至马汝斯(Marus)河①,边疆始得安。

莱茵河军团在经验丰富之将领萨图尔尼努斯(Cn. Sentius Saturninus)率领下自莫努斯河谷出发,披荆斩棘,穿越从未到过之赫西尼(Hercynian)森林,与提比略所率自卡农图姆(Carnuntum)逾多瑙河之伊利里库姆军团会合。两军共十

---

① 即今March,于Pressburg以下,流入多瑙河。

二军团,将近马洛波杜斯军队之两倍。由谨慎而经验丰富之提比略统军,胜利似可确保。但实际则不然。两军尚未遭遇,即有惊人之意外消息使提比略回师。达尔马提亚及潘诺尼亚因不堪重税叛变,情况严重。伊利里库姆军团之外,默西亚,甚至海外(或为叙利亚)者,皆应召驰援。是时,马洛波杜斯本可趁机反攻,但仍坚守中立,接受提比略所提和议。萨图尔尼努姆则急归莱茵河,阻止同时于其地爆发之叛变。

公元6—8年潘诺尼亚叛变

潘诺尼亚叛变持续三年,达尔马提亚者更多一年。达尔马提亚叛变首领为巴托(Bato),欲图攻占萨洛奈(Salonae),但重伤退回,仅对马其顿海岸南至阿波罗尼亚(Apollonia)一带加以劫掠。伊利里库姆总督演说家美萨拉(Messala)之子美萨利努斯(M. Valerius Messalinus)对之获得若干胜利。潘诺尼亚—布鲁奇(Breuci)酋长亦名巴托(Bato)者为最著名领袖。达尔马提亚之巴托攻萨洛奈不下,潘诺尼亚之巴托亦未夺获西尔米乌姆(Sirmium),于城墙下为赶赴当地之默西亚总督塞维鲁(Aulus Caecina Severus)所败。此后,两巴托似联合据西尔米乌姆附近之阿马斯(Almas)山。提比略在西斯其亚(Siscia)过冬,以之为于潘诺尼亚军事行动之大本营。在其指挥之下,共有十五个军团,色雷斯对罗马忠心耿耿之酋长亦赶来相救。此次战事中,竟有九万辅助军参加。不仅马其顿惊怖,意大利及罗马亦为之震动。奥古斯都亲自赶往阿里米努姆(Ariminum),以便就近指挥军事。意大利征发军队由德鲁苏斯之子,时年21岁之日耳曼尼库斯率领。公元7年,双方有零星接触,叛众尽量避免在广阔战场作战。日耳曼尼库斯自西斯其亚沿温纳(Unna)河至达尔马提亚西部,征服居住于今之波斯尼亚(Bosnia)极西地带之迈扎伊(Maezaei)部落。此后(公元7—8年),攻占三重要据点,似位于利伯尼亚(Liburnia)及亚匹底亚(Iapydia)沿边。① 继之为长期围攻达尔马提亚

---

① Splonum、Raetinum 及 Swretium,前二者似无误,第三则不可知。

东南之阿尔都巴(Arduba)①。城下之日,英勇不屈之妇女抱子女投火自焚。次年秋,潘诺尼亚之巴托被诱出卖己方,于巴提努斯(Bathinus)溪一役投降(8月3日)②,将其伙伴及对手之平内斯(Pinnes)交予提比略,提比略承认其为布鲁奇人之酋长以酬之。潘诺尼亚之巴托继为达尔马提亚之巴托所获,处死。日耳曼尼库斯急赴阿里米努姆,向奥古斯都报告巴提努斯之捷讯,奥古斯都返罗马,为之举行感谢祭(thank-offerings)。战争虽因此次胜利结束,提比略则于次年被迫复与达尔马提亚人作战,巴托受困于其最后据点安德特里乌姆(Andetrium,近萨洛奈),终于放弃绝望之事业,被俘并送至拉文纳(Ravenna)狱,死于其地。当解之于提比略之前,询以何故叛变时,曾云:"汝之过也。不遣犬及牧人保护羊群,却遣狼噬之。"

日耳曼尼库斯既参加此次自汉尼巴战后最艰险之战争,表现杰出,一如其父,受到普遍喜爱,获凯旋饰物(triumphal ornaments),晋升为元老院中司法官(praetorian)阶级之首。元老院下令为提比略举行凯旋礼,但未及举行军团于多瑙河之胜利,又传出莱茵军队遭遇大难之讯息。

第三节 日耳曼之叛变及瓦鲁斯之败

奥古斯都对日耳曼境叛变似不顾虑,故派其能力薄弱缺乏作战经验之近亲瓦鲁斯(Publius Quinctilius Varus)统领莱茵军队。瓦鲁斯任叙利亚总督时曾大事搜刮,据云方其到任时,彼贫而地方富,方其去职时,彼富而地方贫。瓦鲁斯至日耳曼,完全误解其形势,以为于叙利亚之成功同样可用于日耳曼。其忽略二地之差别,表现为罗马对莱茵与易北间地区控制力之软弱。自以为于罗马声望庇

---

① 或于由纳诺那(Nanona)至斯科德拉(Scodra)途中。
② 巴提努斯即今贝德尼亚(Bednya)注入瓦拉日丁(Warasdin)东南之特拉华河(Drave),日期系根据一铭文决定(《拉丁铭文总集》[第9卷第6637号];TI. AVG. IN LYRICO VIC)。

护之下,在日耳曼野蛮地带绝对安全,遂于日耳曼境向土人征税,一切决定不虞其后果。

公元 9 年阿尔米尼乌斯之叛

但一场风暴迫在眉睫。日耳曼境爱国志士不甘受外人统治,以为争取自由之时机已至。参加者有切鲁西、卡提(Chatti)、马尔西(Marsi)及布鲁克特里四族,亦即前此反抗德鲁苏斯者,承认马洛波杜斯为其宗主之弗里西亚人(Frisians)、考其人、苏维人(Suevi)等皆未参与。叛变之筹划者及首领为西吉梅尔(Sigimer)之子切鲁西王子,当时年方 26 岁之阿尔米尼乌斯,与其弟弗拉弗斯(Flavus)曾获奥古斯都授予罗马公民权。阿尔米尼乌斯已跻于骑士阶级,在罗马军中曾经服役,体格雄健,智力过人。罗马人信任其忠诚,虽对其知之较深之塞格斯特斯(Segestes)曾加暗示,罗马人亦未注意。

塞格斯特斯之弟西吉梅尔及子塞吉门德(Segimund)皆加入阿尔米尼乌斯起事,塞格斯特斯之女图斯内尔达(Thusnelda)且不顾父命,嫁阿尔米尼乌斯为妻。

谋叛之人事先严守秘密,且故使瓦鲁斯以之为完全可靠,不加提防。日耳曼境五军团中二军团于摩根提阿库姆过冬,其他三军团则于莱茵河下游之维特拉堡或于路皮亚之阿里索堡。夏季,诸军常深入日耳曼境内部。公元 9 年,瓦鲁斯率三军团于维苏尔吉斯之夏季营地民登(Minden)与威斯特发利卡(Westfalica)门,所属诸酋长多在其处,谋叛者得有机常近总督,时与共餐。秋日雨季届临,瓦鲁斯预备西返。夏营与阿里索间必有联络线,如瓦鲁斯遵来时之路西返,阿尔米尼乌斯之计划必难成功。但远方一部落叛乱讯息至,瓦鲁斯欲绕道平之。此讯对叛者实为可能之巧合。罗马军须经为密林覆盖之山地,天雨路滑,辎重随从更为难行。日耳曼志士遂利用此机,争取独立。塞格斯特斯曾对瓦鲁斯示警,此昏聩糊涂之总督却对阿尔米尼乌斯深信不疑。当军队通过条托堡森林(Saltus Teutoburgiensis)时遂为叛军所狙击。条托堡(Teutoburg)森林之确处不详,约在阿里索东北,阿米西亚河及路皮亚河之间。吾人不易确定案件情况及无能将军影响随后灾难之程度。

公元9年瓦鲁斯之败

事起三日,罗马军队犹一面抵抗,一面继续前进,瓦鲁斯如能得军队信任且知如何团结军心,危机似可平安渡过。但在瓦鲁斯领导之下,将士道德低落,军纪荡然,骑兵将领尽率所部,擅离职守,仅留步兵继续作战。瓦鲁斯受伤,绝望自杀,若干人继之,余众投降。俘虏尽遭杀戮,或被活埋,或遭钉死,或为祭坛之牺牲。瓦鲁斯所统军队,包括三军团(17、18、19)、六大队及三队骑兵。瓦鲁斯曾应叛者请,派遣支队维持境内各地秩序,兵力已减。此等队伍多系辅助军,叛乱一起,悉被消灭。条托堡森林被陷军队约二万人,仅骑兵及少数零星步兵逃脱,三军团之鹰旗皆为叛军所获。卡雷战后,罗马从未遭如此大败。

自莱茵河至维苏尔吉斯间,日耳曼境中部诸族悉获独立,自由已经胜利,对罗马帝国极具危险之二大影响似将发生。(1)胜利之日耳曼人可能渡莱茵河,于左岸激起另一叛变,甚或动摇高卢之忠心。(2)马科曼尼人(Marcommanni)之领袖及苏维联盟(Suevic confederacy)之盟主马洛波杜斯见叛者胜利,或亦加入。但两者皆未实现。叛众渡河之危机为阿里索驻军统领凯迪秋斯(Luciuc Caedicius)英勇抵抗,率二军团驻摩根提阿库姆之阿斯普雷那斯(Lucius Nonius Asprenas)亦及时赶至,将之击退。叛军胜利后,立即进击阿里索,凯迪秋斯英勇抵抗而不能下,围之,罗马军粮将尽,援兵未至,乃趁夜潜出,突围逃至维特拉堡,当地之阿斯普雷那斯闻讯,率两军团疾往阻止叛军渡莱茵河。

另一危机则为马洛波杜斯本人奇特之性情所解除。瓦鲁斯死后,阿尔米尼乌斯曾函其首送马洛波杜斯处以夸耀其惊人之胜利,希望其加入联盟共抗罗马,但马洛波杜斯坚守中立,加以拒绝。

败讯抵罗马,奥古斯都振作精神应付之。一般公民对此危机似不关心,众人拒绝应征入伍,皇帝乃不得不对逃避兵役者课以罚金,并威胁要加重刑罚。自退伍军人及获释奴中匆匆募集军队,疾赴莱茵河驰援,充任皇帝卫队之日耳曼人则被缴械,逐离罗马。次年(公元 10 年),提比略接掌莱茵河军队,增加兵力为八军团。四团驻摩根提阿库姆,四团驻维特拉,事平后又将日耳曼军队分属两将领统率,或出于奥古斯都之意。提比略抵任之第一年,似忙于建立莱茵之防御,恢复旧军团之信心,及建立新军团之纪律。公元 11 年,逾河于日耳曼境度夏,但未敢深入,亦未作攻击打算。日耳曼尼库斯亦随之前往,是时亦获授代行执政官之权。公元 12 年,其侄日耳曼尼库斯因任执政官,须留罗马。公元 13 年,继提比略单独统率莱茵河之军。此数年间,与日耳曼人虽仍处敌对状态,并无实际举动,但日耳曼尼库斯急于继承父志,收复失地,并再次达到易北河,其事将述于后。

第四节　奥古斯都之死

瓦鲁斯军团于日耳曼之败使罗马军队蒙羞,亦为奥古斯都之暮年蒙上阴影,后者不胜其打击,不修须发,更以头撞其房间墙壁,哀呼"瓦鲁斯,瓦鲁斯,还我军团!"每年此日,哀悼纪念。奥古斯都知大限将届,开始安排家事。公元 12 年,致函元老院,信中将日耳曼尼库斯托付元老院保护,并建议元老院对提比略警戒。次年继续接受代行执政官之权,任期十年。同时,提比略之地位亦升至几与奥古斯都相等。提比略之子德鲁苏斯获得特权连任三年执政官,不必先经司法官过程。

公元 14 年,举行人口调查(census)。事毕,提比略赴伊利里库姆,重为该地最高统帅。奥古斯都伴之至贝内文图姆(Beneventum),返抵坎帕尼亚海岸时,患赤痢,8 月 19 日死于诺拉(Nola)。提比略闻讯赶往,或可闻其最后遗言。谣传利维娅曾予下毒以致其死,盖不可信。其子之皇位已确定,奥古斯都既老且衰,实不必犯此罪行。

第九章 日耳曼之得与失、奥古斯都之死

奥古斯都同时及后世之人皆感其所给予和平之恩。罗马人亦视之为幸运者（felix），其佳运且为众所周知，但须注意者，其失败亦属不幸。两者皆有理由。就一方面视之，奥古斯都异常幸运，当其初入政坛参加竞争之时，其动机与其对手同样卑俗，并无崇高之政治理想。于内战期间之行动，显示其精明、冷静及镇定之心智，毫无宽广之视野，未具伟大之希望。"但其智慧与幸运并进，灵魂亦随智慧而超升。"①当其成为罗马最高统治者时，能扩大眼光，颇与罗马世界主人之位相称，且对完成历史交付任务之热忱乃与生俱来，亦知如何以尊严之态度接受其幸运。但当幸运大部确立时，不幸却亦降临。奥古斯都并无骨肉至亲可继其位，所有安排继承者之计划亦先后落空，且招致家庭纠纷。帝国北方诸省亦无安全疆界，其于此方面之努力亦不幸功败垂成。但大体言之，奥古斯都所获之幸运，实非常人所能及。

奥古斯都逝世以前所写之功业回忆录，在安克拉（Ancyra）奥古斯都庙前殿上之拉丁刻文中尚部分存在。由于此一意外事件，一般称之为《安克拉铭文》（*Monumentum Ancyranum*），但其正式名称则为《神圣奥古斯都功业录》（*Res gestae divi Augusti*）。同书之希腊文本残篇亦曾于皮西底亚（Pisidia）发现，且可补拉丁文义之不足。于此文献中，奥古斯都简述其自19岁至77岁间之所为，态度极为尊严，保守而谦逊，其历史价值之巨，盖无庸费词。

奥古斯都于所作编年史中一段摘录，予人对此伟大政治家得出一种想法，曾云："予开拓诸省疆土，尽服边疆化外之民，平服自加地斯至易北河口间高卢、西班牙、日耳曼诸省之地。予平定亚得里亚海最近处至托斯坎海间阿尔卑斯地区，而未对任何民族加以无理侵略。予之舰队航行于自莱茵河口以东海面，直至辛布里边疆。罗马人足迹前所未至之处，辛布里人、卡里德斯人、森诺内斯人及同地其他之日耳曼民族皆与予及罗马人交好。在予之统帅及支持之下，几在同时派遣两支军队至埃塞俄比亚及幸运（Eudaemon[Felix]）之阿拉伯，击溃两地之大

---

① 梅里韦尔，第38章最后。

量敌军,获取多城。征埃塞俄比亚之军队进至莫若伊(Moroe)附近之拿巴他(Nabata)城。征阿拉伯者深入萨拜境内,直至马里巴城。"

奥古斯都另著《帝国财政摘要》(*Breviarium Imperii*),包括对罗马政府所有财政来源之简短叙述,其中有罗马公民、臣民、盟邦之人数,实为罗马帝国统计数字之手册。书末载有对继任者之郑重建议,勿再试图扩充帝国疆土。

附录

A 达尔马提亚军团(公元6—9年)

叛变时,第七、第八、第十一、第十五阿波罗军团、第二十胜利英勇军团在达尔马提亚(Dalmatia),第七及第十一军团于战后仍留其处,其他四军团撤回。第十五及第二十军团特别为此次战争组成。第七军团总部在德米尼乌姆(Delminium),在萨洛奈(Salonae)东北。第十一军团总部在布尔努姆(Burnum),近基思坦埃(Kistanje),位于利伯尼亚之南部边界,后来或于萨洛奈。第二十军团亦在布尔努姆,第八军团总部或在布尔努姆以西之阿塞里亚(Asseria),在赴札拉(Zara)途中,近今之波德格拉杰(Podgradje)。

B 瓦鲁斯失败之战场

对于瓦鲁斯失败之战场及条托堡(Teutoburgensis saltus)之所在,学者多方探讨皆难确定。其地当在利柏(Lippe)河以北,埃姆斯及威塞尔河之间。所云其地多山及为沼泽皆甚少帮助,盖当时之沼泽,今日或已干涸。奥斯纳布鲁克(Osnabruck)数哩外之沼泽地区文内(Venne)附近发现许多奥古斯都时期之金、银、铜币,但奥古斯都以后之钱币则几无之。蒙森遂以其地为当时战场,说法极为有理。其丘盖即威亨山(Wiehengebirge)。战事发生之年代则为公元9年,无疑。布兰德斯(Brandes)所谓公元10年实非。日期当在夏末。

德鲁苏斯之钱币

第十章　奥古斯都统治下之罗马及其建筑

奥古斯都时期为罗马城历史开一新页。奥古斯都自夸来时城为砖造，行时则已为大理石者，实非虚词。大批建筑在当时兴修，路纳（Luna）新发现未久之白色大理石矿，用之于若干公共建筑，贵族亦仿效奥古斯都，以光亮之石灰华（travertine）点缀其私邸之正面。奥古斯都时期罗马市容之显著变迁为广场之改建，及其附属部分之开辟。恺撒就此曾加筹划，以其早逝而未及实现。其他若干建筑，恺撒亦曾计及。

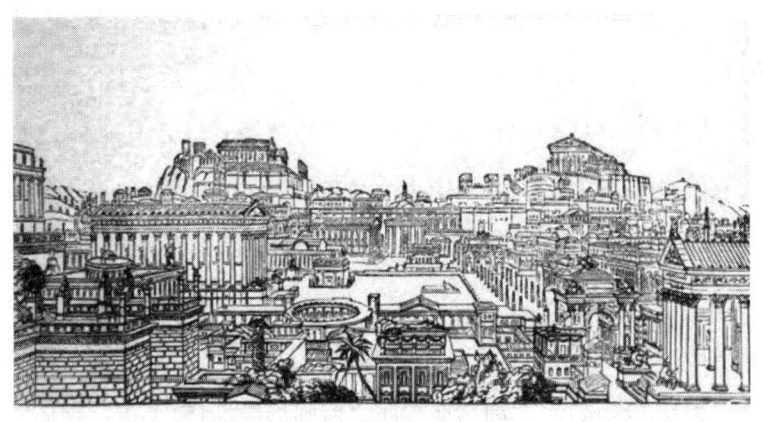

古代之罗马

罗马广场

罗马广场，自卡庇托（Capitol）山下延伸至帕拉廷（Palatine）之西北角。北面与之相联，却以讲坛（rostrum）与之隔开者如民会（comitium），有一圈围之小广场，为元老院（Curia）所在。广场改建之第一步即拆除讲坛（公元前42年），使广场与会场连成一片。元老院于十年前曾遭焚毁,恺撒始建新者,奥古斯都完成之,称尤利乌斯元老院(Curia Julia,今为 San Adriano 教堂)。但此仅为罗马生活重要中心新辉煌之开始。简述于奥古斯都去世时装饰罗马之主要建筑,将显示在此位元首主持下罗马改变之多。

卡庇托林山下,西北角上通堡垒(Arx)开始之处为和谐(Concord)神庙,公元 10 年由提比略重建,以其本人及弟德鲁苏斯之名呈献。因地形关系有特别狭窄之感,前殿仅有内殿之半。南边与之相连者为农神(Saturn)庙,在卡庇托利努斯坡道(Clivus Capitolinus)及尤加里乌斯街(Vicus Jugarius)之间,公元前 42 年,由普兰库斯(Munatius Plancus)之慷慨重新建造。今日所存八根爱奥尼式柱成于稍后时期,此庙用作国家宝库,故称为国库(aerarium Saturni)。

在尤加里乌斯街及托斯库斯街(Vicus Tuscus)间,占据广场南方大部分之地者为尤利乌斯会堂(Basilica Julia),亦始建于恺撒而完成于奥古斯都之时。公元前 54 年始建,46 年完成,但数年后被焚。继又大规模兴建,于奥古斯都死前数月始完工,以其孙盖乌斯及路奇乌斯之名呈献。会堂之东,托斯库斯街之另一方,为卡斯托(Castor)神庙,今其三根科林斯式柱及一华丽之希腊式柱顶线盘仍存。此庙本为纪念传说中雷吉鲁斯(Regillus)湖之役,两孪生兄弟所予罗马人之助而建,提比略时重建,由奥古斯都赞助,亦以提比略兄弟之名呈献。

尤利乌斯神庙建于奥古斯都火葬其遗体处,在广场东端,面对其西侧和谐神庙前新建之讲坛(rostra)。尤利乌斯神庙之后圆形维斯塔(Vesta)神庙北边为雷吉亚(Regia),为努玛所建之古老建筑,共和时代为大祭司长之公署。数毁于火,公元前 36 年由卡尔维努斯(Cn. Domitius Calvinus)重建,形式华丽,雷必达于此处理其祭司事务。公元前 12 年,奥古斯都任大祭司长,将雷吉亚让与服侍维斯塔之贞女(vestal virgins)。北方,元老院以东,为公元前 179 年由监察官伏尔维乌斯(Fulvius)与埃米琉斯(Aemilius)最初设计,而于公元前 54 年由埃米琉斯·保路斯重建,其后即名埃米利亚会堂(Basilica Aemilia)。四十年后被焚,奥古斯都又予重建,以弗里吉亚(Phrygia)大理石为柱。奥古斯都曾三次关闭之亚努斯神庙,建于阿尔吉列图姆街(Argiletum)进入广场处附近,在元老院及埃米利亚会堂之间,其确址不详。

阿尔吉列图姆

阿尔吉列图姆为以书商著名之街道,穿越广场以北,人烟稠密,房屋鳞次栉比,街道狭窄。恺撒欲开拓其地,于广场与罗马大郊区马尔斯广场之间修筑大道。为达此目的,兴建新市场,约于公元前54年开始建筑尤利乌斯元老院(Curia Julia)较旧元老院更近广场,或即此故,被称为尤利乌斯广场者,在元老院以北,公元前46年尚未完工时呈献,恺撒死后始完成,与元老院之情况相同。此间最主要建筑为女始祖维纳斯神庙(Temple of Venus Genetrix),为尤利乌斯家族之母,恺撒于法尔萨路斯战役之前,曾以之为誓。

恺撒既曾于法尔萨路斯之役时立誓,奥古斯都亦于菲利比许愿,许愿对象为战神复仇者马尔斯(Mars Ultor),后如愿以偿。战神之家亦成为新广场之中心。战神庙建于公元前2年,其第一个八月,以之存放以外交手段自安息取回之军旗。奥古斯都广场(Forum Augustum)之东北方与恺撒广场相连,为长方形,东西侧各有半圆形空地,围以柱廊,罗马将军着胜利袍服之像罗列其间。皇室之人于此举行冠礼(toga virilis),为得胜将领所铸铜像亦立于此处。恺撒父子所建诸广场为重建此区之开始。一世纪后,涅尔瓦(Nerva)及图拉真(Trajan)又继其遗绪,并于广场与战神广场之间,建一大道。前此则须绕道卡庇托林西南,穿过卡曼塔门(Porta Carmentalis)。

罗马史：从奥古斯都建立至奥里略去世

罗马平面图

1. 剧场与庞培柱廊
2. 万神殿
3. 马尔凯路斯剧场
4. 维纳斯与罗马神庙
5. 和平女神庙
6. 涅尔瓦广场
7. 奥古斯都广场
8. 尤利乌斯广场
9. 图拉真广场
10. 尤利乌斯会堂
11. 卡斯托庙
12. 农神庙
13. 韦帕芗庙
14. 和谐庙
15. 埃米利亚会堂
16. 卡庇托朱庇特神庙
17. 山顶

实线：皇帝之墙 虚线：色尔维乌斯（Servius）之墙

第十章 奥古斯都统治下之罗马及其建筑

马尔斯广场

不论在广义或狭义方面,马尔斯广场在恺撒父子赞助之下,面目一新。狭义之场地,包括南至弗拉米尼乌斯竞技场(Circus Flaminius),东至拉塔大道(Via Lata)①。正是恺撒之劲敌竖立建筑之榜样,公元前55年庞培首建其"大理石剧场"于其地。恺撒始建大理石之会场(Saepta),为百人团投票之所,阿格里帕完成之。阿格里帕之名实较恺撒或庞培更宜与马尔斯广场相联,今日犹存之万神殿即其所建。万神殿为圆形上有圆顶,最初由镀金铜瓦覆盖,圆顶为"罗马人所用技巧最精之混凝土建筑,铸为一体,免于侧推力,宛如由一大块巨石刻出。虽为拱形,却非依拱形原理而建"。② 整个建筑光线来自上方。"内部直径132英尺③,高亦如之。墙有七壁龛,其三为半圆形,三为长方者,稍后又增加华丽之大理石圆柱及柱顶线盘,在此之上为一有半露之挨墙柱之顶楼,其旧有部分无疑已经变更,盖确知狄奥根尼斯(Diogenes)装饰之女像柱(Caryatids)曾一度于柱顶线盘之上将壁龛之孔分开也。在顶楼之上,呈半圆形,巨大之天窗有直径26英尺之开口,光线由此射下。其简单之规律,各部分之美,使用材料之宏伟,照明方式所表现之静谧和谐,给予内部以严肃高贵之气,其后虽有不调和之改变,亦无伤其大体。顶部饰以铜饰并渐减之镶板,尤显其美。华丽之黄色大理石圆柱,柱头、柱础为白色大理石,墙下方之大理石装饰等等皆表示此建筑早期之华美。门廊饰以十六根科林斯式柱。"④

阿格里帕又建附近之浴场,名阿格里帕浴场(Thermae Agrippae,公元前27年、前25年)及一呈献于海神涅普顿(Neptune)之会堂,用以纪念其海战之胜利。周围环以柱廊,以其所饰图画称阿尔戈英雄画之柱廊(Portico of the Argonauts)。

---

① 意为宽道,此处指在奥里略城墙内弗拉米尼亚大道(Via Flaminia)之部分。
② Middleton, *Remains of Ancient Rome*, 第2卷,第131页。
③ 1英尺=0.3084米。——编者
④ 吕布克(Lübke),《艺术史》(*History of Art*)英译本。

145 另一富有贵族陶汝斯曾建罗马第一座石造剧场,其址亦在马尔斯广场内。奥古斯都似将此地之装饰留待其次要之公民捐献。但在以上所述所有建筑更北,于至台伯河之弗拉米尼亚大道(Via Flaminia)已趋狭窄处,为其尤利乌斯家族建一圆形巨陵,上面矗立其本人之像。

在弗拉米尼亚竞技场南面之弗拉米尼亚草地(Prata Flaminia),广义亦可包括于场地内之地区,奥古斯都以其姊之名,建立屋大维娅柱廊(Porticus Octaviae),附以艺术品之收藏及图书馆。该地靠近赫丘力斯神殿(Templum Herculis Musarum),馆为曾赞助诗人恩尼乌斯(Ennius)之诺比利耳(Fulvius Nobilior)所建,奥古斯都时更新,环以柱廊,呈献于皇帝继父菲利浦斯(Marcius Philippus),名曰菲利浦柱廊(Porticus Philippi)。屋大维娅柱廊附近为巴尔布斯(Balbus)与马尔凯路斯二剧场,皆于公元前11年呈献。前者为富人巴尔布斯受奥古斯都影响,效法其所为而建;后者由恺撒开始,由奥古斯都完成,以其甥马尔凯路斯之名呈献。屋大维柱廊(Porticus Octavii)由屋大维(Cn. Octavius)于对马其顿王柏修斯(Perseus)胜利后呈献,后焚于火,奥古斯都加以重建,以为罗马科林斯式方柱之最早模范而著名。

自卡庇托坡道之广场经农神庙至罗马诸山最小之卡庇托山,自此而上至南方山峰,特别命名为卡庇托林(Capitolium)者,为塞尔维乌斯时代(Servian)罗马之城堡,系保存罗马与外国订约及呈献战利品之处。另一山道通北面山顶,于帝国时期并无改变。但南面山上,有奥古斯都时兴建之若干新建筑。山之最高处为最伟大之朱庇特神庙(Temple of Jupiter Optimus Maximus),元老院于某些重要节日在此集会。公元前83年焚毁,又加重建,奥古斯都花巨赀修复。山下有若干小庙,其中有罗慕路斯呈献其至上荣誉之战利品于誓约朱庇特(Jupiter Feretrius)神庙,及努玛建造之诚信(Fides)神庙,颇值一提。奥古斯都又增建若

146 干,公元前20年献复仇者战神(Mars Ultor)圆形之庙,公元前22年献雷神朱庇特(Jupiter Tonans)神庙,纪念其于坎塔布里亚(Cantabria)战争中几被雷击之事。此庙华丽非常,吸引众多游客及善男信女,其于坡道至卡庇托区之位置似暗示雷

神朱庇特为山顶较大之守门者朱庇特之意。

帕拉廷(Palatine)山乃罗马向外发展之中心点。最初之罗马,方形罗马(Roma Quadrata)实为罗马肇建传说之所在。罗慕路斯之家(Casa Romuli,狼洞(the Lupercal)系罗慕路斯及雷慕斯(Remus)为狼喂养之地,建城时接受山茱萸树及世界(mundus)等物,埋之以保证此城之繁荣。共和时代帕拉廷为大贵族及公共人物居住地区,奥古斯都即生于其地,亦建宅于此。罗马最早名称帕拉廷(Palatium)成为其第一公民私邸之名。奥古斯都宫殿为一新近传入罗马之新型华丽建筑。奥维德想象中站立帕拉廷山下坡至圣道处之"支持者朱庇特"(Jupiter Stator)神庙旁,看见华丽之宫殿门面,认为此宫"配得上神祇"(worthy of a god)①。

奥古斯都用以改变帕拉廷外表之另一巨大建筑为阿波罗神庙,自公元前36年对庞培(S. Pompeius)之战结束时始建,八年后呈献,为一八柱式周围列柱之建筑,以鲁纳(Luna)之白色大理石建成,并点缀以大量艺术作品。最惹人注目处为巨大之青铜像以阿波罗之形象代表奥古斯都本人。圆柱之间,矗立50位达瑙斯(Danaus)女儿达奈德(Danaids)像,对面为其求婚者达瑙斯孪生兄弟埃及王埃吉普托斯(Aegyptus)之50子,骑于马上。神像之下藏于一穿窿中者为西比尔神谕书(Sibylline Books)。柱廊之中为拉丁及希腊两图书馆。

帕拉廷北坡,面向卡庇托者为奥古斯都庙,奥古斯都死后,提比略及利维娅所建。

帕拉廷南面俯视大竞技场(Circus Maximus),为奥古斯都所修复。其对面为阿文廷(Aventine),为一久无人居,其后主要为平民聚居处之小山,其上之主要神庙为狄安娜(Diana)庙,当地之山或称狄安娜丘(Collis Dianae)。奥古斯都时由科尼非丘斯(L. Cornificius)重建。奥古斯都则修复同一山上之密涅瓦

---

① 《哀怨集》第3卷第1首第53行: singula dum miror, video fulgentibus armis conspicuos postes tectaque digna deo.

（Minerva）、天后朱诺（Juno Regina）与自由朱庇特（Jupiter Libertas）神庙。李维（Livy）称奥古斯都为罗马"所有神庙之建立者及修复者"，实非过誉之词。①

　　凯旋门（archus triumphalis）为罗马及帝国其他城市外表上之主要特色。在此名称下，不仅包括纪念胜利之拱门，亦兼指庆祝其他公共成就者。凯旋门跨街搭建，或仅一拱门，或有一巨大中间拱门及两旁各有一拱，或高度相同之两拱并列。通常有柱墩，圆柱有支持一柱顶线盘，每一正面皆有低浮雕装饰。凯旋门上有一牌楼上有刻文，如为纪念胜利，其上即用以放置战利品。在阿里米努姆之奥古斯都拱门，为纪念弗拉米尼亚大道完工而建，其于阿奥斯塔（Augusta Praetoria [Aosta]）及苏萨之拱门至今尚存。拱门之一般外表类似城门，似源于庆祝罗马将军得胜，率军进入罗马之凯旋门（triumphal gate）。

麦凯纳斯头像

---

① 李维，第4卷第20章。

第十一章　奥古斯都时期之文学

第一节　拉丁诗歌

共和之衰落,帝国之建立,于许多方面影响拉丁文学极大。奥古斯都时期文学光辉灿烂,其后则迅速衰落。奥古斯都时期,大部分文学上著名人物之少年时间系在共和政府之下度过,其中若干人且为共和派效力,但不久即与新秩序妥协。皇帝所建立之和平安定①,使人心归向,对有文学天才之人尤为拉拢支持,利用之以支持其政策,结果非唯得到此辈之

维吉尔之墓

阿谀,且获对奥古斯都所创始新时代之同情。不仅赢得趋炎势者之合作,当时之俊彦皆为奥古斯都所用。奥古斯都时期之文学虽弥漫对宫廷阿谀之气息,缺少共和时代之独立性,但对新时代所表现于长期内战后之和平,及帝国之强大,皆竭诚欢迎。且自文学立场观之,奥古斯都时代于世界史上少有,虽不及伯里克利时期,甚至不及伊丽莎白时期,却优于路易十四时期。诚然由于共和时代之政治

---

① 塔西佗《编年史》第1卷第2章。

生活不再继续,促使演讲术之衰落,史家亦不能对当代历史作自由而独立之批评。旧拉丁散文之严肃风格开始衰落,诗歌亦失其大众性而更加趋向做作之特色。事实上,诗人不喜出风头,卑视群众,贺拉斯高呼"余不喜无知之群众,并且远离之"(Odi profanum vulgus et arceo),为此一时代之特色。但奥古斯都时代最佳之文学家对文学及艺术之完美,有明确之判断及优雅之品味。新时代之趋势不免趋于衰落,但维吉尔、贺拉斯、提布鲁斯(Tibullus)、李维等人亦足够补偿。

奥古斯都极力推动文学活动,赞助文学家。苏维托尼乌斯(Suetonius)尝谓其"多方赞助当时才俊之士"①。奥古斯都曾建两图书馆,一在屋大维娅门廊,一在帕拉廷之阿波罗神庙。其本人亦能文能诗,曾作《对哲学之劝告》(*Exhortations to Philosophy*)及一六步韵诗(hexameter),题为《西西里》(*Sicilia*),此外更有上述之《功业录》(*Monumentum Ancyranum*)及《帝国财政摘要》(*Breviarium totius imperii*)等作品②。

奥古斯都二得力大臣皆为文学家。阿格里帕曾写回忆录,并编世界地图。麦凯纳斯偶作轻松诗歌,亦为散文,但更以赞助诗人而著名。其文人圈包括贺拉斯、维吉尔、瓦略斯(Varius)、图卡(Tucca)、马尔苏斯(Domitius Marsus)及其他若干不太著名之文人。演说家美萨拉(M. Valerius Messalla,公元前64—公元9年)亦有一批文人环绕其侧,其中最著名者有提布路斯、卢弗斯(Valgius Rufus)、马凯尔(Aemilius Macer)等,奥维德或亦在内。此辈人士超然于政治之外,美萨拉之文学工作主要为希腊散文及诗歌之翻译。

波利奥(C. Asinius Pollio,公元前75—公元5年)之地位世罕其匹。波利奥曾支持安东尼,亚克兴战后退出政坛,远离宫廷,专心文事,对当时精神颇具独立甚至反对之态度。波利奥为一学识丰富,严厉之批评家,曾作悲剧,为维吉尔所

---

① 苏维托尼乌斯《奥古斯都传》。
② 见上第九章第四节。

赞誉①,又作内战史(Historiae),自公元前60—前42年。② 波利奥系维吉尔与贺拉斯之友。

维吉尔(Publius Vergillius Maro)③,公元前70年生于曼图亚(Mantua)附近之安德斯(Andes)。出身低微,父为工匠。在克雷莫那(Cremona)入学,继于美迪奥拉努姆(今米兰)读书,最后在罗马求学,为屋大维学习修辞学之同学。从伊壁鸠鲁派之西若(Epicurean Siro)习哲学。返家后,遭内战之祸。穆撒(Musa)受指定执行克雷莫那地带退伍军人之土地分配,超过地界侵及邻近之曼图亚地区(公元前41年)④,维吉尔之父即为受害者之一。当时山南高卢总督波利奥及诗人加卢斯有意为之代言。由于其建议,维吉尔返罗马,请屋大维归还其父田地。其第1首田园歌(Eclogue)即表示对屋大维保护之感谢"神给我等如此平静"(deus nobis haec otia fecit)。但维吉尔及其父未获允许长期拥有其所收回之家园。一或二年后,同样无理之事重演,甚至其生命亦有危险。维吉尔乃再赴罗马,以出示若干田园诗而识麦凯纳斯,幸赖其助,未获归还,而为补偿,或为一坎帕尼亚之农田,维吉尔之余年即消磨于此。

维吉尔之第一部作品《田园歌》(Bucolics,亦称Eclogue),包括10首诗,为公元前41—前39年所作。由于特奥克里图斯(Theocritus)之启发,亦用同样韵律,且大部皆模仿其田园诗,内容则大部与当时之人、事有关,尤以本身感受最深之山南高卢艰苦生活描写最多。屋大维、加卢斯、瓦鲁斯(Alfenus Varus,继波利奥为总督者)皆于《牧羊人之森林》(Woods of Tityrus)中,对波利奥所述尤多。第4首于波利奥为执政官时(公元前40年)所写,已超出田园诗范围以外。维吉尔认为必将其树林与执政官相配,赞美"农神王国"(Saturnian Kingdom)之恢复及

---

① 《田园歌》第8卷第10行:"值得与索福克勒斯之悲剧并列。"(Sophocleo Digna cothurno.)
② 见贺拉斯《歌集》第2卷第1首。
③ 此为正确拼法,一般作 Virgil,但毋须由熟悉之英文缩写 Virgil 改为 Vergil。
④ 因此《田园歌》第9卷第28行叹:"唉!曼图亚太邻近悲惨之克雷莫那!"(Mantua vae miserae nimium vicina Cremonae.)

黄金时代之来临①。此种赞美早熟十年,当和平终于来临时,波利奥不仅非其创造者,却为其反对者。但大大改善之观念已在酝酿。

《田园歌》于意大利北部写成(当时尚非"意大利"),次一作品为在南方写成,主要在那不勒斯。接着为写于意大利南部,主要在那不勒斯之《农事诗》(*Georgics*),麦凯纳斯建议其主题,为六步韵之说教诗,讨论农人工作之各方面。第1卷讨论农业,第2卷讨论树木之种植,第3卷为牲畜之照顾,第4卷谈蜜蜂。此种题材对维吉尔最为适合,如其自谓之"乡村之缪斯"(rustic Muse)。自若干观点言之,可视此诗为其最佳杰作。以说教方式写诗实为最难之事,维吉尔却完全达成任务。其艺术本能与对主题之真正爱好愉快结合,产生此一独特作品。在此诗中维吉尔较于《田园歌》或《埃涅阿斯纪》(*Aeneid*)中更见本色。此诗自公元前37—前30年写作并加修改,当屋大维自亚克兴归来,为之朗诵。第4卷后面部分本为颂扬其友加卢斯,但当加卢斯遭处死(公元前27年)后②,依帝意削去,代之以奥菲斯(Orpheus)之故事。

维吉尔于《农事诗》(*Georgics*)中,允诺不久将积极准备另一巨作,颂扬屋大维之功业。③ 其他作品中亦暗示维吉尔于完成《埃涅阿斯纪》后,将为诗歌颂亚克兴之胜利。但其诗系以史诗形式写成,主角并非屋大维,却为尤利乌斯氏族之创始者埃涅阿斯(Aeneas)。此诗约始作于公元前29年,其后十年皆致力于此,公元前19年逝于布伦杜西乌姆时,犹未完成,遗嘱将稿焚毁,奥古斯都认为如此巨作不应被毁,命维吉尔之友瓦略斯及图卡一字不易予以发表。诗中奥古斯都虽非主角,但当提及"拉丁民族及阿尔巴(Alba)父老,以及崇高之罗马城垣"④时,亦预示罗马之未来历史,颂扬此"创造黄金时代"人物之光荣⑤。《埃涅阿斯

---

① 第1卷第9行"黄金时代即将兴起"(Toto surget gens aurea mundo)。
② 见上第七章第四节。
③ 普罗佩提乌斯于公元前26或25年作品中,预告《埃涅阿斯纪》之将作,其《挽歌》第2卷第34首第65行云:"罗马作家让开,希腊人让开,比伊利亚特更伟大之作品即将诞生。"(Cedite Romani scriptores, cedite Grail; Nescio quid maius nascitur Iliade.)维吉尔于完成《埃涅阿斯纪》后拟庆祝亚克兴之胜利。
④ 《埃涅阿斯纪》第1卷第6行。
⑤ 《埃涅阿斯纪》第6卷第791行。

纪》由于维吉尔之早逝,未及完篇亦未加修改,但其美丽动人之处在个别之插话(episode)及文字韵律之美妙,而不在诗之整体。其于文学史上之地位,仅次于《伊里亚特》及《奥德赛》,为古代第三部伟大史诗。其主题所示之罗马尊严及伟大,在第2、4、6卷叙事之神奇力量使《埃涅阿斯纪》之后世评价远在《农事诗》之上。维吉尔与华兹华斯(Wordsworth)较与弥尔顿(Milton)或维吉尔之崇拜者但丁(Dante)更为相似。维吉尔之主调为"自然之虔敬"(natural piety),其友贺拉斯称其为"正直之灵魂"(anima candida),实为对其最佳之描写。

维吉尔葬于密迩那不勒斯之处,于赴普特奥利(Puteoli)路上,相传为其自撰之碑文谓:"曼图亚生予,卡拉布里亚带走予,帕尔特诺佩现在保有予,予歌颂过牧场、田园与领袖。"(Mantua me genuit, Calabri napuere, tenet nunc Parthenope, cecini pascua, rura, duces.)

与维吉尔同时而年事稍长之瓦略斯(L. Varius Rufus,公元前74—前14年),为维吉尔之友。以恺撒父子之史诗及悲剧《提埃斯特斯》(*Thyestes*)知名。①同时另一诗人维罗纳之马凯尔(Aemilius Macer of Verona),亦为维吉尔之友,即牧歌中化名为莫普苏斯(Mopsus)者。曾仿尼坎德(Nicander)之希腊诗,写论博物学之诗《论鸟》(*Ornithogonia*)与《论有害动物》(*Theriaca*),但前者之诗流传至今,马凯尔之诗则失传。不幸之加卢斯(公元前69—前27年)曾将亚历山大城之希腊恋爱悲歌移植罗马土壤,创立"欧福里昂派"(the school Euphorion),卡图路斯(Catullus)及秦纳(Cinna)皆属之,将希腊诗人欧福里昂(Euphorion)之作译成拉丁文,并为其情妇奇特里斯(Cytheris)作悲歌4卷,以吕科里斯(Lycoris)之名发表。②

罗马伟大之抒情诗人贺拉斯(Q. Horatius Flaccus)亦出身卑微,其父为一获释奴。贺拉斯公元前65年生于威努西亚(Venusia),在阿普利亚(Apulia)及路

---

① 本拟写一颂扬阿格里帕之诗,贺拉斯《歌集》第1首第6行。
② 维吉尔于《田园歌》中所提另一诗人之友,名为科德鲁斯(Codrus),第7首第22行:"(科德鲁斯)所作之诗最像太阳神之诗。"(Proxima Phoebi versibus ille facit.)

卡尼亚(Lucania)边境。① 公元前44年恺撒去世后,加入布鲁图斯一方,于亚细亚省及马其顿追随布鲁图斯,直至公元前42年菲利比之役,事既败,随众逃走,②后返罗马,为财政官之秘书。此后十年,致力于《讽刺诗集》(Satires)及《抒情诗集》(Epodes)之写作,声名大起。与维吉尔及瓦略斯皆为至友,二人将之介绍于麦凯纳斯。公元前37年随麦凯纳斯赴布伦杜西乌姆,留下对此行愉快之描写。③ 二人对人生同具伊壁鸠鲁派之看法,友情弥笃。贺拉斯对乡村生活极有兴趣,公元前33年麦凯纳斯以萨宾(Sabine)地区一农庄相赠,贺拉斯以为大胜"皇家罗马"。贺拉斯一主要特色为其独立性,常觉在乡间较之密迩宫廷更不受拘束。

《讽刺诗集》第1卷约于公元前35年发表,次卷约于5年以后。贺拉斯之前,路奇利乌斯(Lucilius)亦曾用此体裁④,但路奇利乌斯对人物、政治任意批评,贺拉斯则以时移势变,仅限于对一般之社会及文学加以批评。路奇利乌斯模仿希腊旧式喜剧作家如克拉提努斯(Cratinus)及阿里斯多芬(Aristophanes)等,贺拉斯与路奇利乌斯之关系则略如新喜剧之与旧喜剧。此等"闲谈"(talks),贺拉斯自称其《书札》(epistles)为说教(sermons)⑤,sermo指口语体(the colloquial style),一如路奇利乌斯以六步韵及白话写成,由此可对贺拉斯及其友人之个性知之甚多。与《讽刺诗集》第2卷约同时发表之《抒情诗集》中,贺拉斯仿阿基洛克斯(Archilochus)以粗俗语言对人攻击。所有此等诗歌除最后者外,皆以包括一长一短之对句写成,一般为一短长格之三音格(iambic trimeter),继之以短长

---

① 《讽刺诗集》第2卷第1首第34行"生于阿普利亚及路卡尼亚边境"(Lucanus an Appulus anceps)。其早年生活记载见《讽刺诗集》第1卷第6首。
② 《歌集》第2卷第7首。
③ 《讽刺诗集》第1卷第5首。
④ 贺拉斯于《讽刺诗集》第1卷第4首中曾论及路奇利乌斯及其与希腊喜剧之关系。第1卷第56行又谓路奇利乌斯为其先驱:his ego quae nunc, olim quae seripsit Lucilius。
⑤ 《书札》第1卷第4首第1行:"阿比,对余谈话之公正批评。"(Albi, nostrum sermonum candide index)。此乃抄本中之标题。但贺拉斯亦称其《书札》为说教,故《讽刺诗集》乃一便于区分之名。说教表示口语之风格。

格之二韵脚(iambic dimeter)。此等诗为贺拉斯最不感兴趣之作品,但对处理韵律,及模仿希腊作品为最佳之练习,为《歌集》(*Odes*)铺路。①

贺拉斯留给后世诗歌最伟大之功业②,为汇成4卷之抒情诗《歌集》(*Odes*)。前3卷于公元前24年发表,第4卷则于11年之后。在抒情诗作品中,贺拉斯并不自创,仅"将埃奥利斯语(Aeolian)诗歌改为意大利音调",但取得优先权,为除卡图鲁斯外,作此企图之第一人。贺拉斯为此曾请缪斯赐以德尔斐桂冠,虽模仿希腊抒情诗人,尤喜莎孚(Sappho)及阿尔凯乌斯(Alcaeus),故舍当时流行之阿尔凯乌斯诗人,而取更早者,实为贺拉斯之创见。至为成功地以其绝高之天赋及绝妙之艺术天才,将一种文字谱入另一文字之音调中。于《歌集》中,除少数例外,其诗之判断实无瑕疵。用字极为自然,罗马批评家对其用字之巧妙适当,极为颂扬。集中若干或为译自希腊者,但有关当时人、事者极多,有论罗马历史及奥古斯都所获胜利者。第4卷据云为应皇帝之请而作。

贺拉斯在其早期及晚期抒情诗间,曾作《书札》(*Epistles*),第1卷约成于公元前20年,在《歌集》严格技巧束缚之后,从事容易而熟悉之口语体形式,实为一种松弛作用。但文雅之《书札》虽亦为白话,却较讽刺文更为成熟而少辩论,具有早期作品所无之沉着平静之美。如谓维吉尔之天才在《农事诗》中最能表现,则贺拉斯之天才亦最可见之于《书札》,此种作品之形式,罗马无出其右者。《书札》之第2卷,贺拉斯于晚年写成,包括一篇《诗艺》(*Ars Poetica*),仍以书信体于致其友皮索等人信中见之。

贺拉斯于公元前8年逝世,较麦凯纳斯仅迟数月,即葬于麦凯纳斯之侧。贺拉斯对帝国初期采淡漠态度,时间一久,亦渐事妥协,与奥古斯都颇为友善,极尽奥古斯都时期诗人之责。贺拉斯虽具独立性,但对大人物之友谊则为其显著之弱点。麦凯纳斯之影响或对贺拉斯写作极具推动力,盖贺拉斯并非喜欢表现者,

---

① 贺拉斯本人不用抒情诗或歌集,称抒情诗为短长格(iambi),歌集为诗歌(carmina)。
② 《歌集》第3卷第30首第1行"较青铜持久之纪念碑"(Monumentum aere perennius)。

亦非富于灵感,其诗以明晰及具有判断著称。

贺拉斯诗中提及若干有名于当时而作品今已失传之诗人,其友瓦尔吉乌斯(Valgius)曾作讽刺短诗(*Epigrams*)及挽歌(*Elegies*),实可比荷马。① 弗斯库斯(Aristius Fuscus)及丰达尼乌斯(Fundanius)为戏剧作家,普皮乌斯(Pupius)为悲剧作者。梅利索斯(C. Melissus)曾作一诙谐书(jest-book),并创始骑士故事之喜剧形式(fabula trabeata),马尔苏斯(Domitius Marsus)以讽刺诗(Epigrams)著名②,为马尔提阿利斯(Martial)之先驱及师长。

此期之悲歌作者,作品流传至今者中,其最有魅力者为提布路斯(Albius Tibullus,约公元前54—前19年)。提布路斯接受亚历山大里亚挽歌(Alexandrine elegy)而注入意大利乡村生活之新鲜精神。其对黛里亚(Delia,真名为普拉尼亚[Plania])③爱情诗中之哀婉气息,为其他古典文学中所无者。其对哀歌五步句(pentameter)之灵活使用,为拉丁悲歌中技术上之重要进步。在其死后,若干诗篇以其名与其作品一起发表,实非其人,而为一名吕格达姆斯(Lygdamus,或为假名)所作。其悲歌中又有苏尔匹其娅(Sulpicia)之作品,苏尔匹其娅为其赞助人美萨拉(Messalla)之侄女。

温布里亚(Umbria)诗人普罗佩提乌斯(Sextus Propertius,约公元前49—前15年,生于阿西西乌姆[Asisium])则并未脱其所仿效之亚历山大里亚派诗人卡利马库斯(Callimachus)及费勒塔斯(Philetas)之影响,反以亚历山大里亚风格(Alexandrinism)为荣,自称"罗马之卡利马库斯"。普罗佩提乌斯极为博洽,其悲歌中充满冷僻神话之典故。但其诗热情洋溢,深中人心,当时无出其右者。其诗之灵感源于对赫斯提娅(Hostia)之爱,赫斯提娅为一才貌双全之名妓,诗中化名为辛西娅(Cynthia)。《哀歌集》第1卷使普罗佩提乌斯成名,或因此进入麦凯纳斯之左右。普罗佩提乌斯之想象力极为古怪,忧郁成性,对一切事物皆自其阴

---

① 提布路斯,第4卷第1首第179行:aeterno propior non alter Homero。
② 其书名《毒芹》(*Cicuta*)。
③ δηλος = planus。

暗面观之。其特别引人处在于特具技巧地暗示痛苦或恐怖之模糊可能性,于思想及表现方面皆喜模糊,其隐喻中,常将幻象(image)与幻象之物(the thing imaged)混淆,意义不明。诗中颇可反映其意志薄弱,常喜用可能语气表达感觉,而非表示真实感觉,其思想自然倾向于可能之状况。普罗佩提乌斯与辛西娅之关系维持约五年,破裂后极少写作。其为诗人,实辛西娅之力也。①

第三位罗马伟大之悲歌诗人为奥维德(P. Ovidius Naso),出身骑士家庭,公元前43年生于佩利尼人(Paelignians)地区之苏尔摩(Sulmo),曾受修辞学及法律训练,在政府任职,由于奥古斯都之宠幸,获得宽紫带(latus clavus),担任若干低级骑士职位,如二十人团及十人团等。后以专心作诗,放弃政府工作,曾于诗中谓其作诗出于天赋。

奥维德为奥古斯都时代之诗人中唯一完全属于该时代者。其作品可分三期:(1) 早期:皆为悲歌,以爱情为主题,《恋歌》(*Amores*)3卷颂扬科林娜(Corinna),《爱之艺术》(*Ars Amatoria*)3卷,教男女爱人如何恋爱,《爱之医疗》(*Remedia Amoris*)为烦扰之热情开具治疗之方②。此期最佳作品《列女志》(*Heroides*),为传说中女主角之幻想致其爱人书札,如佩尼洛普(Penelope)、狄多(Dido)、菲德拉(Phaedra)等,表现其最佳之诗才。

(2) 第二期:最重要之作品为《变形记》(*Metamorphoses*)及《岁时记》(*Fasti*),分别论述希腊与罗马神话,《变形记》以六步韵诗写成,奥维德之材料主要来自亚历山大里亚派诗人尼坎德及帕尔特尼乌斯(Parthenius)。《岁时记》为对罗马历法之说明,为悲歌韵律,每月1卷,应有12卷,但仅完成6卷(3月至8月)。

(3) 第三期:始自公元9年奥维德被放逐于斯基提亚之托米,其被放逐原因为历史之谜,永难确知。奥维德本人仅予暗示,尝谓"一诗及一过"(Carmen et

---

① "辛西娅令玩乐之普罗佩提乌斯成为一诗人"(Cynthia te vatem fecit, lascive Properti)。
② 短诗《论容饰》(*Medicamina faciei*)暗示妇女之梳妆打扮(toilette)亦在此时期。

Error）为影响其命运之二因，亦提及应归咎其眼光。所谓"诗"，或系指其狂放之《爱之艺术》（*Ars Amatoria*）违背统治者制定尤利乌斯法（Julian Law）所期望之社会改革精神，但其真正原因当为其神秘之"过"。据推测，奥维德或曾见皇室一成员之不当行动而未予制止，因而获罪。此或与小朱利娅及西拉努斯（D. Silanus）之事有关，奥维德或为其替罪羊。在其放逐于黑海沿岸期间①，写成4卷之《黑海零简》（*Epistulae Ex Ponto*）及5卷之《哀歌》（*Tristia*）等信札，称其命运之苦，祈求赦免，《伊比斯》（*Ibis*）则为对一隐名敌人之严厉攻击，仿卡利马库斯攻击阿波罗尼乌斯（Apollonius of Rhodes）之诗。另有未完成之诗《论捕鱼》（*Ars Heleutica*）谈垂钓。又为奥古斯都作一盖特语诗（Getic Poem），但奥古斯都及提比略对之皆未加宽赦，公元17年，奥维德死于托米。

奥维德对悲歌韵之使用，较其前辈诗人尤为严守规律。其诗法极为巧妙，但其修辞之学实更胜于为诗。修辞方面，在《列女志》中表现最为成功。奥维德生活舒适奢侈，自庆生于奥古斯都升平之世。其爱情诗以淫荡著名，与提布路斯及普罗佩提乌斯者相反。早期所作悲剧《美狄亚》（*Media*）今已失传，此剧与瓦略斯之《提埃斯特斯》为当时最著名之二大悲剧。另有两诗及一悲歌《胡桃树》（*Nux*）及《致利维娅劝慰辞》（*Consolatio ad Livium*）皆误以为奥维德所作②，或为同时才调稍低之诗人作品。

奥维德之诗人朋友中，值得一述者有曾写对《列女志》覆函之萨比努斯（Sabinus）、《忒拜纪》（*Thebaid*）之作者朋替库斯（Ponticus）、将对庞培（S. Pompeius）之西西里战争写成诗篇之塞维鲁斯（Cornelius Severus）等。讽刺诗人佩多（Albinovanus Pedo）曾写一《提塞德》（*Theseid*）及一论当时历史之史诗。③

维吉尔之《田园诗》及奥维德之《论捕鱼》皆属于所谓说教诗（didactic）。其

---

① 奥维德于托米生活之叙述，见上第六章第六节。
② 见上第九章第一节。
③ 西德鲁斯克·佩多（Sidereusque Pedo，见于奥维德《黑海零简》第4卷第16首第6行："星光闪亮之佩多"［Sidereusque Pedo］），不可与贺拉斯提及之另一当代诗人艾伯塔诺凡努斯·凯尔苏斯（Albinovanus Celsus）相混。

他此类诗歌有论狩猎术之《论打猎》(*Cynegetica*),为格拉提乌斯(Grattius)所作,及马尼琉斯(Manilius)之《论天文》(*Astronomica*),凡5卷。吾人对此天文诗作者之事迹一无所知,甚至不确定其名,仅知其具有高水平之巧妙诗才及相当之创造性。

其他收入《普里阿匹亚》(*Priapea*)中内容轻松幽默之零星短诗,大部分为奥古斯都时期所作,其中多数为杰出诗人。

第二节 拉丁散文作家

李维(Titus Livius,公元前59—公元17年)之《罗马史》为奥古斯都时期最伟大之散文作品。李维生于帕塔维乌姆(Patavium),其词句中尚可显示若干此地之特色。但其大部分生活则消磨于罗马,曾于罗马学习修辞学,写哲学对话,并享受奥古斯都之友谊。其史始于帝国之建立,终于公元前9年德鲁苏斯之死。共142卷,最初每5卷及10卷完成各为一部,今仅存35卷,即第1—10卷及第21—45卷,但有散失部分,若干卷只传下一些片段。

李维为人温和可亲,思想不走极端,喜爱调和及妥协,憎恨暴力及骚乱,对各派人士皆可宽容。此种公正平等之性格可于其所著史书中见之。李维认为最不可原谅之事乃为粗糙之狂热。其理想境界为古代罗马,认为当时道德堕落,而单纯、质朴、虔诚则使古罗马伟大。其心目中之英雄为辛辛纳图斯(Cincinnatus)、卡米路斯(Camillus)、拖延者法比乌斯(Fabius Delayer)。此等观点于其罗马史序言中曾以有力词句明示。李维使读者明了罗马帝国对内对外由于何人及何种政策成功及增加版图,然后叙述纪律及道德之逐渐低落,且日趋明显,最后急转直下,至于其本人则当时已届"罪恶不能忍受亦无法补救"之时。其言皆出至诚,但如此治史观点下之陈述,读者须小心接受。盖李维虽欲翔实记载,但对文章之形式较诸事实更为注意。李维对史学方法及研究极少观念,对于可疑之处并不力求实情。对于早期历史,仅将波利比乌斯(Polybius)及过去之罗马编年史家如瓦勒里乌斯(Valerius of Antium)之描写,作成艺术化之形式,并不参考所有可用,甚至最好之资料。其对宪法之知识并不健全,对于军事史亦不内行。其书修辞重于研史,以文学标准观之,其书可列入世界伟大史书。其形式嫌冗长,古代批评家认为颇多赘词,其"丰富"(lactea ubertas)与萨路斯特(Sallust)之简明成对比。

特罗古斯(Pompeius Trogus)曾著通史,凡44卷,始自亚述王尼努斯(Assyrian Ninus),终于其当时,名《腓力史》(*Historiae Philippicae*),原书失传。稍迟尤斯提努斯(Justinus)为之作摘要,其书至今仍存。奥古斯都时期其他史家有阿伦提乌斯(L. Arruntius)曾仿萨路斯特形式作《布匿战争史》。费尼斯特拉(Fenestella,公元前52—公元19年)为一好古者,于其《编年史》(*Annales*)中,特别注重社会及宪法史。

希吉努斯(C. Julius Hyginus)为奥古斯都时期之获释奴,及帕拉廷图书馆之馆员,为当时文学史中之重要人物。其于好古及博学上,可为瓦罗(Varro)之继承者,对意大利城市、罗马名人、农业及对维吉尔之报道,皆有撰述。凡此诸书皆已失传,仅一神话(Fabulae)及一天文作品流传至今,或即为其著作。

其他知名之好古者中,有弗拉库斯(M. Verrius Flaccus)曾著一关于历法之书(*Fasti*)及一重要之辞典编辑称《论字之意义》(*de verborum significatu*)者①,最具价值及此类作品唯一至今尚存者为维特鲁威(Vitruvius Pollio)之《建筑十书》(*De Architectura*),凡10卷,献于奥古斯都,公元前13年以前写成。

当时若干哲学家、修辞家、演说家之表现则与后代无关,哲学家中必须一提者为尼格尔(Q. Sextius Niger),其子亦同名。修辞学家有波修斯(M. Porcius Latro),演说家有口若悬河之哈特里乌斯(Haterius)、爱好攻击之拉比埃努斯②,

---

① 今已不存,但部分存于菲斯图斯(Festus)内容丰富之摘要中。
② Labienus,绰号狂犬(rabies),因其对各种情况之人皆加以盲目攻击。

及批判尖锐之卡西乌斯·塞维鲁斯(Cassius Severus)。奥古斯都时期两大法学家为拉贝奥(M. Antistius Labeo,公元前59—公元12年)及较年轻之对手卡皮托(C. Ateius Capito,公元前34—公元22年),二人分别建立普罗库路斯派(Proculian school)及萨比努斯派(Sabinian school)。

第三节　希腊文学

公元前146年以后,希腊文学于罗马史上随罗马人对希腊世界之征服开始占一席地。奥古斯都时,几乎所有欧、亚、埃及之希腊人皆罗马之直属或联盟之人民。若干希腊文学家亦多致力于罗马历史或考古之研究,产生无数以罗马为题之希腊书籍。波利比乌斯即最早并最有名之以希腊文撰写罗马史之例。

哈利卡尔纳苏斯之狄奥尼修斯(Dionysius of Halicarnassus)于亚克兴战后不久至罗马,一住二十余年,研究拉丁文学及以希腊文论罗马事物。当狄奥尼修斯在罗马时,与元老阶级人士结交,其作品颇含共和情感,继续波利比乌斯之工作,以缓和希腊人反罗马之情绪。波利比乌斯解释罗马于历史上注定扮演之角色,狄奥尼修斯则着重解释罗马有资格扮演此角色。其于公元前8年完成之《罗马考古学》(Roman Archaeology)中,追寻神话上罗马与希腊之关系,从而证明罗马人并非"野蛮人"。文中显示其于罗马经历所受善待之感激,本书共20卷,仅前11卷完整保存。风格重辞句之雕凿,与波利比乌斯者迥异。狄奥尼修斯所用史料极佳,但不强调历史之意义及方法,甚至以长而修辞精致之演说置诸传说人物之口。狄奥尼修斯以历史为"哲学之举例",但对文学批评却极内行。其若干论文学之作,对古代大师极端推崇,颇有价值。①

---

① 如《修辞学手册》分11部分,论文学之写作、关于美之效果、对古代作品之批评(节录自一较大著作《论模仿》,论德摩斯提尼、修昔底德风格等文)。

若干方面较狄奥尼修斯论文学之作更为重要者为一名隆吉努斯(Longinus)者,其本人之事一无所知,其《论形式之崇高》(On the Loftness of Style)①,似为一世纪初年所作,包含大量开明及建议性之批评,作者对希伯来经典颇为熟知。

大马士革之尼古劳斯(Nicolaus of Damascus)约生于公元前64年,为希律王至友,支持尼古劳斯希腊文化之作品。尼古劳斯任安东尼及克里奥帕特拉子女之教师,系一多产作家,作品广涉哲学、修辞学、历史主题。其最伟大作品为一部通史,规模宏大,为希律所促成,今仅可见其片段。其颂扬奥古斯都生平之作,实为一演说式体裁,而非历史作品,完整流传至今。

斯特拉波(Strabo,公元前63—公元23)凡17卷之《地理学》(Geographica),对于奥古斯都时期帝国若干属地之描写,具有重大之历史意义。斯特拉波为亚玛塞亚(Amasea)土著,出身卡帕多奇亚好家庭,住于亚历山大城,约与狄奥尼修斯同时至罗马,但旋即离去。斯特拉波描述整个已知世界,大部分抄自旧有记载,不能代表当时之实际情况。第1、2卷叙述地形,第3至10卷叙述欧洲,第11至16卷亚洲,第17卷非洲。其对小亚细亚及埃及之叙述特别有价值,盖为其亲

贺拉斯迪根提亚河畔之萨宾农庄

---

① 作者之名及其时代皆不确知。

身所知,曾提及本人诸多经历。其描写西班牙,亦极有价值。斯特拉波虽未至西班牙,但显然拥有关于西班牙最近情况,或得之于罗马。自斯特拉波书中,吾人可对奥古斯都时期之和平,及旅客于海陆行时之安全,获一清晰印象。斯特拉波又作《历史回忆录》(*Historical Memoirs*)凡四十余卷,但已失传。

第十二章　提比略时期之元首制

第一节　提比略之即位

提比略之继承奥古斯都一般认为仅属程序而已。罗马世界并不梦想革命,提比略与奥古斯都之关系一如奥古斯都之与恺撒,其能继承皇位,实意中事。罗马人普遍承认其为先皇之继承人,养子即其亲选之同僚。但一般人虽如此感觉,就法理言之,帝国却系选举制,而非父子相承。元老院及人民于不破坏宪法之情况下,可将元首国赋予与尤利乌斯家族无关之人。奥古斯都曾亲自指出可能与提比略竞争之贵族有三:(1)雷必达"可称其位,却鄙视之"。(2)加卢斯"可能垂涎,却不能称其位"。(3)阿伦提乌斯"可配其位,如有机会,亦敢于追求"。但提比略即使对阿伦提乌斯亦无所惧,其唯一可能对手则为其侄,时在高卢之日耳曼尼库斯,及当时尚被其外祖父放逐于岛上之小阿格里帕。奥古斯都死后,不幸之小阿格里帕立即为其狱卒杀害。其为提比略或利维娅主使,无可置疑。

提比略

当奥古斯都之死讯宣布后,提比略由于其前一年所接受之无限期保民官职位,召集元老院会议。时提比略已向禁卫军颁布口令,并向军团发送紧急公文,俨然以正式皇帝自居。此举不知于形式上是否为僭越,或认为提比略于奥古斯都生前所具有之代行执政官之权(proconsular imperium)不仅得自元首,且更得之于元老院之敕令,故并不因奥古斯都之死而停止。无论如何,此举似为其对当选元首之预支,以后提比略曾为此对元老院作变相之道歉。但元老院及人民、执政官及长官皆毫不犹豫宣示对其效忠。重新赋予或再加承认其代行执政官之权,其他奥古斯都分次以不同法规赋予之各种权力,无疑由单一广泛之法律皇权法一次授予。提比略更效奥古斯都故技,伴装不敢接受大帝国之重任,建议将政府职权分交数人管理,但极易看出其并非认真建议。此后每逢新帝登基,元老院与皇帝间辄如此做作一番。奥古斯都当时所采用之有限期接受帝国大权之举已为提比略所放弃,但提比略亦未接受终身任期,当时任期并未确定,仅暗示如国家不需要时即将辞职。此语亦无人以为其真意如此。

  提比略即位后所处理之第一件大事,即奥古斯都之葬礼及其神化。奥古斯都遗体由元老界往马尔斯广场焚化后,骨灰置于皇陵。提比略及其子德鲁苏斯皆致哀悼词,元老院下令为之立庙并设祭司,以之为神圣之奥古斯都(divus Augustus),与其养父神圣之尤利乌斯(divus Julius)跻于同等地位。由服事维斯塔之贞女收藏之奥古斯都遗嘱于元老院宣读,并公布于全国。遗嘱以其财产之 2/3 予提比略,其余予利维娅,利维娅获准加入尤利乌斯家族并享奥古斯塔(Augusta)之尊称。如二人不在,则以财产之 1/3 予提比略之子德鲁苏斯,其余给日耳曼尼库斯及其三子。但奥古斯都财产经大量分赠公民、禁卫军及军团士兵后,已相当减少。财产分配之外,奥古斯都于其《帝国财政摘要》中,又对政府留赠若干忠告,如反对授行省人民以罗马公民之特权地位,及帝国疆土之扩张,建议公共行政方面尽量多用有才干人士。其第二点忠告似专为对逾莱茵河日耳曼地区之征服而发。

第二节　日耳曼尼库斯对莱茵河流域之经营

提比略甫登大宝,莱茵河、多瑙河军队即告叛变。当地军队之不满,积怨已久,仅因对奥古斯都之尊敬未曾爆发。防守日耳曼边疆之军队远戍寒苦之地,与禁卫军相较,任重酬薄,服役期限更长,退伍后亦不能如禁卫军之可于意大利授田归耕。奥古斯都死讯一至,莱茵、多瑙河流域军队即同时叛变。由布莱苏斯(Julius Blaesus)统率之潘诺尼亚军队,凡三军团,推翻其将领,要求增加薪饷,服役期限由20年减至16年,退伍军人可获现金养老等。布莱苏斯被迫遣其子至罗马,向新皇转达此项要求,同时军队将郁积已久之怨气发泄至最厌恶之百夫长身上,拒绝执行其军事任务。提比略派其子德鲁苏斯率若干禁卫大队处理此事,但无确切让步之消息。军队发现德鲁苏斯受指示逃避而非答应其要求,大怒,德鲁苏斯几遭不测,获救幸免。是时适有月食,军士迷信惧悔,听信德鲁苏斯不确定之许诺,恢复对提比略效忠,献出并处死为首者。

莱茵河军队叛变情况更为严重,拥立高卢总督,于日耳曼境边疆统率八军团之日耳曼尼库斯·恺撒(Germanicus Caesar)为其继父提比略之继承人,下日耳曼之军队更拟促其实现。不仅要求缩短服役期限,提高待遇,减轻工作,并重命日耳曼尼库斯返罗马就任皇帝。时日耳曼尼库斯方忙于高卢之人口调查,不在卢格杜努姆,下日耳曼省军队由经验丰富之将领凯奇纳(Aulus Caecina)指挥,上日耳曼省则由西留斯(C. Silius)负责。日耳曼尼库斯闻讯,急返莱茵河下游乌比(Ubii)地区之军营,出现于叛军之前。军士向之示其创伤,请求为之伸冤,劝其返罗马夺取政权,日耳曼尼库斯力赞提比略之盛德,军队激动达于极点,日耳曼尼库斯不得不撤出。是时叛军计议毁乌比城,劫掠高卢城市,莱茵河对岸之日耳曼敌人亦趁火打劫。日耳曼尼库斯被迫以提比略之名义对之让步,允许缩短服役年限,分配大量赏金,军队退回其冬季营盘,日耳曼尼库斯率二军团至乌比堡,另二军团由总督凯奇纳带至维特拉堡。是时罗马使者至,调查军队不满之原因,军士见日耳曼尼库斯所允条件可能无效,乱事再起,情况较前尤烈。日耳曼尼库斯遣其妻小离营,但并不隐瞒其事,不虞有何严重危险。其妻小于白昼出发,众目睽睽,全营共睹,阿格里匹娜(Agrippina)抱其营中所生幼子盖乌斯(Gaius),绰号卡里古拉(Caligula,来自 caligae,意为军靴,游戏时,兵士为其所著),仓皇出走,军士怆然有悔意,念及其父阿格里帕、外祖奥古斯都、其公公德鲁苏斯等之旧日光荣,袍泽之情,不能或已,及悉阿格里匹娜等将往特雷维里城,又生忌妒,乃与日耳曼尼库斯言和。日耳曼尼库斯趁势软化之,提醒其应尽之职责。军士跪求日耳曼尼库斯饶恕,急献首谋者接受惩戒。阿格里匹娜母子出亡之情景或为日耳曼尼库斯无计可施时之故意安排,以激起叛众高贵之同情心。

乌比营地威胁既除,维特拉堡者由于凯奇纳之巧妙应付,亦恢复纪律。在摩根提阿库姆谋叛者企图煽动上日耳曼省军队叛乱,似已完全失败。

对提比略继任之唯一威胁之解除,实为忠心耿耿之侄日耳曼尼库斯之功。日耳曼尼库斯拒绝听从叛军之意而不忠,拒绝推波助澜或可带来之幸运。若日耳曼尼库斯率领军团进军罗马,内战必将重演,而日耳曼尼库斯未必幸存。日耳曼尼库斯有相当才具,谦恭有礼,所到之处,皆对其敬爱有加。在军中与士兵亲切相处,兵士视之如偶像。但日耳曼尼库斯虽有其父得人心之天赋,却无其父之天才。日耳曼尼库斯常欲继父之志,再次将罗马疆土扩充至易北河。

叛变平后,日耳曼尼库斯急欲转移不满兵士之视线,积极经营边疆。罗马人对日耳曼民族之敌意虽已停顿数年,但自瓦鲁斯败后,双方并未订约,故突然对其进攻,并无不当之处。或谓日耳曼尼库斯未奉明令,贸然进军为逾越职权,其实奥古斯都生前已付以大量军队,授权指挥战事,捍卫边疆,对其何时当进何时当退,显然授以全权也。

公元 14 年日耳曼尼库斯第一次战役

公元 14 年晚秋,下日耳曼省之军队渡莱茵河,穿越凯西亚森林(Silva

Caesia),经瓦鲁斯败后提比略所建成边之堡垒,抵路皮亚河(古称 Lupia,今 Lippe)及鲁尔河(Ruhr)间之马尔西人之地。凯奇纳率轻装军队前导,探察敌情并清理道路,发现马尔西人当晚正举行严肃祭典,日落后,罗马军接近村落,土人居然不觉且多酩酊大醉,遂为罗马军所乘。罗马军团分 4 楔形队(wedges),深入 50 哩大肆烧杀,老弱妇孺无一幸免。将其坦法纳(Tamfana)神之圣地夷为平地。

马尔西人既遭惨酷杀戮,其邻近部落为居于其北之布鲁克特里人、居于鲁尔河(Rura,即 Ruhr)流域之图班特人(Tubantes)、居于路皮亚及莫努斯间之乌西佩特人(Usipetes)等,皆奋起抵抗,埋伏于罗马军队归途必经之林中,幸赖罗马军团热忱及将领机智,击退敌军,安返冬季营地。

下莱茵省之叛变使罗马大为震动,提比略尤为焦虑潘诺尼亚,盖潘诺尼亚军队密迩意大利,而日耳曼境军队数目则远较潘诺尼亚为多,提比略为免顾此失彼,只好坐守罗马,以待进一步发展。比闻日耳曼尼库斯敉平当地之乱,愁怀顿释。但日耳曼尼库斯短期出征之胜利,疑使提比略不悦。即使如此,提比略极力掩饰妒意,于元老院中盛赞其侄日耳曼尼库斯之功劳,为之举行凯旋礼。

翌年,曾两次进军日耳曼境,时间极为接近,实为一次计划之两部分。日耳曼民族中,以阿尔米尼乌斯所属之切鲁西人最为可怕,敌意最深。瓦鲁斯失败以前,切鲁西人为争取自由而战之领导者。日耳曼尼库斯亟谋报复,拟先断其外援,然后进击之。两族邻居中最强者为卡提人,故为首次出征之目标。(1)春,莱茵河下游之四军团由凯奇纳率领,自维特拉堡渡河,阻止该地居民,尤如马尔西人及切鲁西人等援助卡提人。凯奇纳之军力因莱茵河西岸日耳曼部族如巴塔维人、乌比人及苏甘布里人等之参与而大为增强。同时,日耳曼尼库斯亲率上莱茵省之四军团进至陶努斯山境,猝然攻击,卡提人无法作坚强抵抗,毁其城堡马提乌姆(Mattium),卡提人遂无法与切鲁西人联络。是时切鲁西人亦有内乱,塞格斯特斯方与其婿条托堡森林英雄阿尔米尼乌斯作战被围,请罗马相助。日耳曼尼库斯返莱茵河时遇塞格斯特斯所遣使者,请解其主之围。罗马军队回师,至切鲁西人境内,救出塞格斯特斯,收回若干瓦鲁斯败时所失之物,并获若干重要人质,其中包括塞格斯特斯之女、阿尔米尼乌斯之妻图斯内尔达(Thusnelda)。阿尔米尼乌斯痛其妻被俘,极力煽动族人反罗马,一向亲罗马之有力贵族因哥美尔(Inguiomer)即为所动,加入叛变。

公元 15 年日耳曼尼库斯第二次战役

(2)日耳曼尼库斯及凯奇纳败马尔西人后,返抵莱茵河,准备大举出击,其用兵计划与德鲁苏斯前此获得胜利者相同。军队分三部分:凯奇纳领军过布鲁克特里人之境抵阿米西亚(今 Ems)上游河岸、日耳曼尼库斯及上莱茵省四军团乘船出发,沿北海海岸抵河口、骑兵在诗人佩多(Pedo Albinovanus)率领下,经弗里西亚人(Frisii)境向同一目标出发。三军相会,将阿米西亚及路皮亚间之地蹂躏殆遍。军队已近条托堡森林,瓦鲁斯及其将士遗骸犹未埋葬,日耳曼尼库斯往访其地,建冢于白骨之上,以礼安葬。当地孤寂凄凉之景象对罗马将士印象至为深刻,但不久本身亦同样中伏。阿尔米尼乌斯率众伏于林中,罗马军猝不及备,但日耳曼尼库斯与凯奇纳之将才远较瓦鲁斯为高,虽未击败敌人,却能力战脱险,返抵阿米西亚。由阿米西亚返莱茵路程备极艰苦,佩多所率骑兵返抵营地,尚无灾难,但凯奇纳所经路程则崎岖多沼泽,而阿尔米尼乌斯及因哥美尔所率族人企图将之围困,一如当年之于瓦鲁斯。凯奇纳经验丰富,头脑冷静,纪律严明,驭军有方,但如非敌人之一步错误举动,亦难全军而退。日耳曼人先对罗马骑兵及辎重攻击颇为得手,不听阿尔米尼乌斯之忠告,径攻罗马军营。凯奇纳俟其已抵堡垒,猝然开城,全力出击,日耳曼人大败,因哥美尔重伤,罗马军队始得安全上道。维特拉堡先得误传噩耗,军中建议毁莱茵河上桥梁,由于阿格里匹娜之仁慈及勇敢,返营之军队始得保全。阿格里匹娜站立桥头,非俟余众抵达不肯移动,四军团之人始得全体安返。

日耳曼尼库斯本人所率军队运气不佳,损失严重。当军队返航经弗里西亚沿岸浅滩时,需减轻船只所载重量,乃令两军团登陆,沿岸步行,春分潮水卷走大量士兵及辎重。但大体言之,此次出征不能视为成功,归途行军之危险及损失,

171 使提比略对此代价巨大而收获极微之出征啧有烦言。日耳曼尼库斯之军队大事蹂躏日耳曼人所居地,却不能长久占领,所获有利之影响仅属暂时性。日耳曼尼库斯此次出征甚至亦未建一堡,未修一路,即对瓦鲁斯战场之凭吊亦大可不必。生性猜疑之提比略对其侄心存妒忌,罗马亦有与日耳曼尼库斯敌对者推波助澜,但提比略是时对日耳曼尼库斯征日耳曼计划仍未加以干涉,甚至表示当行凯旋礼以纪其功。提比略对日耳曼境之征服是否真正需要,或其永久占领是否可能,似尚未能十分决定。

公元16年伊迪斯塔维索之战

公元16年为日耳曼尼库斯最后一次用兵计划,规模极大,拟远至易北河,摧毁切鲁西人之最后抵抗。即于莱茵河下游注入瓦哈利斯(Vahalis)较宽阔处集结船只千艘,全军登舟,沿德鲁苏斯运河而下,以其父当年事迹激励士气。出发之前,先遣其副帅西留斯向卡提人示威,本人统率六军团,进军路皮亚谷地以争取据点,并为军队归途预作准备。罗马人之船只安抵阿马西亚河口,弃舟登陆,东南至维苏尔吉斯河岸。日耳曼人知其将至,已于不屈不挠之阿尔米尼乌斯领导下,集中兵力俟之,罗马之入侵者与日耳曼自由之捍卫者于此决战。

172 罗马史家塔西佗记此决定日耳曼命运及其英雄日耳曼尼库斯幸运之事时,尝夸张日耳曼尼库斯之功而故神其说,实非日耳曼尼库斯所当受。阿尔米尼乌斯及其叛徒之弟弗拉弗斯隔维苏尔吉斯河岸之对话,苟非真实,亦属近似之想象。弗拉弗斯于罗马军中时曾损一目,阿尔米尼乌斯询其故,知悉后曾云:"汝获何酬?"弗拉弗斯谓:"加薪、金炼金冠,及其他军中荣誉。"其兄嗤之曰:"奴役之鄙俗徽章",弗拉弗斯更赞罗马及罗马皇帝之伟大,阿尔米尼乌斯则诉诸祖先之自由及日耳曼之民族神祇。最后双方愈谈愈僵,怒不可遏,方拟跃入水中一决生死,罗马人加以劝阻,将弗拉弗斯拽至河岸。日耳曼尼库斯之夜晚冒险,其史诗气息亦正如上述兄弟之谈话。罗马人当敌人之面渡维苏尔吉斯河,敌人则避入圣林中。听说阿尔米尼乌斯将夜袭罗马军营,塔西佗描述日耳曼尼库斯欲考验罗马军队士气(一如英王亨利五世),乃肩披兽皮乔装,偕一随从至营帐附近窃听,闻军士对之高歌颂扬,亟欲严惩此"背信弃义"之敌人。是时有日耳曼骑士乘马至堡下,以拉丁语劝兵士潜降,用阿尔米尼乌斯名义许予田地、妻室及每日付以金钱,罗马人詈谓:"曙光速临,战事一启,吾等将亲擒汝之妻室及田地!"

战事于伊迪斯塔维索(Idistaviso)平原进行,该地当在维苏尔吉斯河右岸,威斯特发利卡门(Porta Westfalica)以南。日耳曼人占据山之下坡,有林木保护,且不受矮林遮蔽,便于撤退。切鲁西人于较高山上,准备战争进行中俯冲而下,当罗马军团及辅助军进至山前空地开始攻击,日耳曼尼库斯遣骑兵一支侧面包抄攻其后背。此举完全成功,日耳曼人被逼出林,在空旷平地作战,阵式甫列,即遭大败,切鲁西人亦遭骑兵自后面攻击,不得不下山加入战争,混乱加剧。阿尔米尼乌斯奋勇支撑,但受罗马军包围,厄运似乎确定。阿尔米尼乌斯与因哥美尔或因若干日耳曼辅助军叛徒之助,设法逃脱,余众皆遭屠戮。

罗马军队大获全胜,而己方损失甚少,军队向提比略统帅致敬,以敌人军器竖一纪念碑,上刻被征服民族之名。据云失败后沮丧之日耳曼人初拟渡易北河,放弃旧地,但为纪念碑所激怒,决定作最后挣扎,决一死战,乃再度集结大军,据一为森林深泽保护之地,一边为一古堡,拟伏击罗马军。日耳曼尼库斯发现其所在,未入陷阱,自土墙边进击,攻入其聚集之狭小地区,日耳曼人至是陷入绝境,如果撤退,必将陷入沼泽,与罗马军队过于接近,所用长剑又施展不开。据云日耳曼尼库斯于乱军之中高呼必须歼灭日耳曼人。但蛮族奋勇抵抗,阿尔米尼乌斯逃脱,骑兵之胜负尚未决定。入夜,罗马军返营,虽已胜利,但敌人尚未尽歼,亦未屈服,仅安格里瓦里人(Angrivarii)求和。日耳曼尼库斯另建一纪念碑,纪提比略军队征服自莱茵河至易北河间所有民族之经过,献之于战神、天神及奥古斯都。

公元17年日耳曼尼库斯之召还

时为仲夏,日耳曼尼库斯虽已获胜,仍决定旋军。部分军团由陆路,其余至阿米西亚河口登船遵海而返。途遇北海秋季之暴风,将舰队吹散,日耳曼尼库斯之座船亦在考其海岸沉没。损失并不如始料之巨,返抵莱茵河,对马尔西人及卡提人又获胜利,士气稍复,瓦鲁斯所失之最后一面鹰旗亦告夺回。

日耳曼尼库斯眼见再有一次用兵,日耳曼全境即可完全征服,但提比略却不认为如此。最后一次征伐显然不如塔西佗所认为之重要及完全胜利,其效果仅为暂时性,皇帝以为日耳曼尼库斯不可能获得永久性之结果。盖较之出师规模之巨大,所得收获实嫌微小,对之失望,良有以也。提比略乃授日耳曼尼库斯以执政官之职,俨然召返之表示。提比略此举,其中对日耳曼尼库斯之忌妒,及以日耳曼尼库斯与莱茵河军队之密切关系为不便,究至若何程度,不得而知。平心而论,日耳曼尼库斯之召还可全由政治方面解释,不必将任何私人动机计算在内也。提比略盖以为每年在日耳曼境出击,即使确知最后必将成功,然为时亦太迟,费用亦太巨,得不偿失,不如利用蛮族内讧。如罗马人自战场撤退,则萨克森与苏维部落必将彼此生死相拼,俟其精疲力竭之时,罗马再趁机占领其地。提比略盖深以此计为然,或亦认为进军易北河之举纯属妄想,难以实现。如莱茵河军队改驻易北河岸,必将另派军队监视高卢,政府是否有此财力?凡此一切,帝国元首皆须顾及,提比略或与奥古斯都同样以莱茵河为大体适当之疆界。无论如何,日耳曼尼库斯梦想之破灭,或与财政上之考虑有关。

公元 17 年以后,不再有人兼具高卢政府及日耳曼境军队统帅之权。此后高卢三省由三司法官省长治理。上、下日耳曼则严格分属两执政官总督(consular legati),二人直至哈德良时为止,皆严格限于军事统帅,而非行省总督(legati provinciae)。虽然一般说法二者常混为一谈,此等军事地区之财政初与比尔吉卡合并管理,一如努米底亚之与阿非利加。若干年后下日耳曼省犹包括莱茵河以外直至阿米西亚河下游处。

公元 17 年 5 月 26 日,此少年将军为对莱茵及易北河间诸族之征服举行盛大之凯旋礼。阿尔米尼乌斯之妻图斯内尔达及其于被俘期间所生婴儿图梅利库斯(Thumelicus),皆随俘虏行列参加游行,以壮声势。

传说在庆典进行中,罗马人已感日耳曼尼库斯与其父德鲁苏斯及表舅马尔凯路斯颇有相同之处,年少英俊,受人爱戴,却不幸早逝。众谓:"罗马人所爱者何其不幸而短命!"

凯旋礼举行后,日耳曼尼库斯受派赴东方。同时其堂弟德鲁苏斯则获派至伊利里库姆,监督北欧事务之进行。阿尔米尼乌斯及其切鲁西族人,与萨克森(Saxon)盟友既已不再抵抗罗马人之侵入,遂急谋解决与南方苏维人间之纠纷,时苏维人由具有王号之马若波杜斯统治。瓦鲁斯败后,马若波杜斯曾拒绝与阿尔米尼乌斯联合攻罗马。马若波杜斯深慕罗马文明,少年时于罗马求学,拟介绍罗马习俗及政府予其国人。在日耳曼人争取自由之战争中,马若波杜斯始终坚守中立。其基本根据地及王宫所在为波攸海蒙(Boio-haemum),被公认为大而松懈之苏维人联盟之盟主。于切鲁西人第一次攻击时,联盟诸部落中之森诺内人、伦巴底人即行叛。但切鲁西人之因哥美尔却倒向马若波杜斯方。其后于决定性战争中,苏维人大败,或有更多部落叛变,马若波杜斯乃向罗马求援。提比略立派德鲁苏斯坚定和约,但或真正影响马若波杜斯之垮台。此王不幸终被推翻,并为居于维斯杜拉河下游之哥特人(Gotones)酋长卡图阿尔达(Catualda)逐出其国境。哥特人侵扰马科曼尼地带,洗劫马若波杜斯之市镇及城堡,马若波杜斯被迫逃入罗马帝国,请求皇帝保护。皇帝指定马若波杜斯住于拉文纳,图斯内尔达母子亦住其处。此一沼泽之城市,被选为马若波杜斯之居住地,500年后为伟大之日耳曼英雄、东哥特王狄奥多里克(Theodoric)之首都,乃奇妙之历史巧合。狄奥多里克亦致力于罗马化,与马若波杜斯先后志趣相同。马若波杜斯居拉文纳凡18年,复位无望,但尚及亲见卡图阿尔达亦失败,寻求罗马人庇护,与之同运,又欣见其年轻时对手阿尔米尼乌斯公元21年亦为其内部敌人使计所败。苏维人败后,阿尔米尼乌斯自以为已获自由,欲建一专制王国。塔西佗曾谓其"无疑为日耳曼人之解放者,并非攻击于罗马人势力初起时,而系于其如日方中之时。阿尔米尼乌斯曾败于若干战役,但整个战争未被征服,死时年方37,为当权之第12年。日耳曼人至今传唱其英勇事迹,惟不为希腊编年史者所知,于罗马人中亦无人称颂其应得之荣誉"。①

第三节　日耳曼尼库斯在东方及其去世，与皮索之审判

在东方，若干事务待政府处理，但并不需要特别派遣如甫行凯旋后之日耳曼尼库斯前往。卡帕多奇亚、科马吉尼及西利西亚阿斯培拉（Cilicia Aspera）等属邦须改建行省，盖卡帕多奇亚之阿尔克劳斯曾被召至罗马，告以不再有统治权。科马吉尼与西利西亚人于其王死后，亦请求罗马直接统治。犹太及叙利亚之居民对重税啧有烦言，要求减少。对安息王国亦有新困难。弗拉特斯四世（Phraates IV）之子沃诺尼斯（Vonones）曾为奥古斯都留质，于罗马长大，其王死后，为安息人选为新主。不久，沃诺尼斯之罗马生活方式引起国人反感，被迫让位于米底之阿尔塔巴努斯（Artabanus），遁往塞琉西亚。时亚美尼亚王位空悬，亚美尼亚人接受沃诺尼斯为王，但阿尔塔巴努斯不愿其政敌为邻邦之君，令亚美尼亚人交出沃诺尼斯。同时，叙利亚总督西拉努斯获沃诺尼斯，将之扣留于叙利亚。纠纷虽多，但派一普通省长即可解决，但提比略特派皇室近亲，授以特权代表皇帝，处理东方事务，必有其良好理由，盖东方习惯于高压统治，赫赫威仪常能产生特殊效果也。前此盖乌斯亦曾自奥古斯都接受类似使命，顺利完成。

日耳曼尼库斯所辖地区为赫勒斯滂以外所有省份。彼一路缓行，沿途访问尼可波利斯、雅典及莱斯博斯（Lesbos），并于赫勒斯滂附近城市流连。亚美尼亚问题之解决毫无困难，并与安息王建立友好关系。亚美尼亚人倾向于前本都王波勒摩之子芝诺（Zeno），芝诺自幼长于亚美尼亚，精于狩猎及挖掘壕沟，颇为亚美尼亚人喜爱。日耳曼尼库斯访阿尔塔克萨塔（Artaxata）城，正式为芝诺加冕，赐以御名阿塔克西斯。阿尔塔巴努斯亦颇满意此举，视沃诺尼斯为罗马方之候

---

① 塔西佗《编年史》第 2 卷第 88 章。

选人,乃以其子奥洛德斯(Orodes)为安息方之候选人。阿塔克西斯之当选为一种令双方皆能满意之调和,阿尔塔巴努斯致一极有礼貌之函件予日耳曼尼库斯,请于幼发拉底河上一见,仅要求将沃诺尼斯迁离叙利亚,以阻其与波斯之叛乱分子互通消息。日耳曼尼库斯欣然同意,将沃诺尼斯迁至西利西亚之庞培城(Pompeiopolis)。如此罗马与安息两大国间建立良好关系,终阿塔克西斯之世继续不衰,直至提比略晚年。卡帕多奇亚及科马吉尼亦同时纳入行省系统,罗马直接统治之领土乃延伸至幼发拉底河。

公元 19 年日耳曼尼库斯之死

日耳曼尼库斯将其主要任务迅速得到圆满解决,但有其他困难需要应付。提比略不愿日耳曼尼库斯于东方拥有完全而不受限制之大权,一如其昔日于北方然。乃将与日耳曼尼库斯为至友之叙利亚总督西拉努斯调开,而代之以一骄傲、刚愎自用之贵族皮索(Cn. Calpurnius Piso),皮索常自以为是,不服其上司。其妻普兰其娜(Plancina)与帝母利维娅颇为亲近,皮索之地位乃愈益稳固,其独立之精神亦更得鼓励,而普兰其娜与阿格里匹娜之敌对,亦更增加日耳曼尼库斯与皮索间之嫌隙。皮索曾受命率领或派遣一部分叙利亚军队与时在亚美尼亚之日耳曼尼库斯会合,但未从命执行,二人恶感更深。日耳曼尼库斯何以不请提比略加以干涉,不得而知,但不往叙利亚执行大权,却转往埃及游览当地古迹。此举极为轻率,盖一方面使皮索无所顾忌,另一方面违反奥古斯都所订元老不得皇帝明白许可不得踏入埃及土地之禁令。日耳曼尼库斯返叙利亚后,发现皮索不遵规定,乃力图建立本身权威,皮索准备离叙利亚。不意日耳曼尼库斯于安提阿突然罹疾,皮索乃延期离开。日耳曼尼库斯随从疑皮索或其妻对日耳曼尼库斯下毒,并将此意传播,皮索时留塞琉西亚,遣使问安,日耳曼尼库斯疑其真心,致书皮索,与之绝交,或径命其离省。皮索乘船抵科斯岛(Cos),闻日耳曼尼库斯死讯(公元 19 年)。日耳曼尼库斯认为遭皮索毒手,临终嘱其友人控告皮索夫妇。其友决为之复仇,阿格里匹娜携子女及其夫骨灰,立即乘船返罗马。

日耳曼尼库斯之僚属推森提乌斯·萨图尔尼努斯于新任总督到达前，负责叙利亚事务。皮索企图复职，乃于西利西亚召集军队，双方交战，但森提乌斯获胜，围皮索于西利西亚之克伦德里斯（Celenderis）堡。皮索不得已投降，乘船返罗马，受到不友善对待。

罗马及各行省闻日耳曼尼库斯死讯，均表同情。城市为之竖立纪功碑，并立像以纪念之。碑上刻文谓其"为共和国而死"。另一方面，对一般认为有罪之皮索夫妇则极为愤慨，甚至暗示利维娅及提比略母子与皮索夫妇之阴谋暗中有关。一般认为提比略妒恨其侄，乐观其死，皮索乃先意承志，暗下毒手。日耳曼尼库斯下葬时，提比略对于葬礼之保留，利维娅母子皆未参加，更增众人之疑。提比略甚且公然表示对国人过分哀悼日耳曼尼库斯不悦，曾颁令罗马人节哀之敕，谓："王者有死，共和国永恒。其各复所业，欢乐如常。"时迈加拉赛会（Megalesian Games）将届，故作此语。提比略既不顾国人感受，遂"种日后长期与国人深切误会之因"。罗马人常以奥古斯都对德鲁苏斯之死与之相比，益觉其冷酷无情。

但提比略并无意袒护皮索，皮索于为其上司解职之后，试图恢复职权，已犯重罪。日耳曼尼库斯之友争相对之提出控诉，而无人愿意为之辩解。其友欲皇帝亲自审问，提比略不肯承担如此棘手案件之决定，将之发交元老院，开庭时，并以极公正之演说展开审判程序。结果证明其犯上之罪获得明证，而以毒药巫术害日耳曼尼库斯性命之控诉，则不能成立。一般元老皆同情日耳曼尼库斯，认为日耳曼尼库斯之死确有阴谋存在，而政治上之过犯则与提比略有密切关系。次日，审判将结束时，皮索见提比略面色不佳，其妻向利维娅求情知皮索不可免，但求一己脱身。皮索见事不可为，以剑自刺其喉而死。元老院将其名自历书（Fasti）中删除，将其长子放逐十年，但提比略减其罪，且以皮索之财产予之，普兰其娜则以利维娅故，未受起诉。

此一家庭悲剧就此结束。即使日耳曼尼库斯之死，确属出于阴谋，亦无任何理由疑提比略与之有关，皮索夫妇谋叛之事亦因无法证明而不能确信其有，更有谣言称皮索非自杀,而系提比略派人暗杀。

塔西佗以生花妙笔对日耳曼尼库斯之功业、优点加以渲染,后人不觉对之大有好感,成为英才早逝之偶像人物。苟能长寿,是否能成为伟人,尚难预料。其功业为其仰慕者热心夸张,塔西佗以之与提比略相对比,以重提比略之过,于其笔下,日耳曼尼库斯宽宏大量,品德高超,提比略则猜疑成性,为罪恶所玷污。伯为典型之暴君,侄为宽大高洁之王子。塔西佗之描写,实反映日耳曼尼库斯死后一般罗马人普遍之感觉。提比略实受误解及诽谤,而日耳曼尼库斯则受过分揄扬。

德鲁苏斯

公元16年,发现一阴谋,虽不可怕,却引起相当之注意。表现贵族对提比略之不满,并显示提比略之性格。一青年利波(Libo Drusus),出身斯克里波尼乌斯(Scribonius)家族,被控有革命计划。奥古斯都第二任夫人斯克里波尼娅为其祖姑母,利维娅为其姑母,庞培为其外祖父。自恃与皇室亲密之关系,又受其亲密友人元老卡图斯(Firmius Catus)鼓动,遂生狂妄之想。卡图斯诱其与诸占卜星象者来往,且涉及巫术仪式等当时认为图谋不轨之危险行为;又诱利波浪费并负债。及至获有足够犯罪证据,卡图斯乃遣人至皇帝处告发,请予审判。提比略拒其请,且谓以后再若如此,亦将同样处理。同时予其表弟利波以司法官职位,常与共餐,以示不为所动,却暗中遣人侦察其每日动静。后有尤尼乌斯(Junius)者,将为利波用魔法之事,透露给著名线民特里奥(L. Fulcinius Trio),线民立即向执政官告发,要求元老院加以审讯。利波知处境危险,乃着丧服由数名贵妇陪同遍访诸亲戚,请求干预。诸亲友皆托词拒绝。元老院开会时,提比略冷静宣读诉状及控诉者之名,既无减轻亦无加重其所控之罪之意。若干控诉荒唐可笑,如被控考虑是否有足够财富将阿匹亚(Appia)大道远至布伦杜西乌姆覆以金钱。但有一文件上书诸皇帝及元老之名,并出现附加可疑之神秘符号。利波不承认为其所写,自承能认识其笔迹之奴隶遭受酷刑考验。元老院昔曾制定法规,禁止奴隶参与影响其主人生命之案件为证,提比略为规避此法,乃命将诸奴个别售至检察官(actor publicus)或金库代理人(the agent of the aerarium),以便为利波之审判作证。被告请求庭上暂时退庭延至次日再开,返家后,自知官司无望乃自杀。提比略事后谓,利波虽属有罪,如其不死,当为之说项。其财产充公,由控诉者均分。若干元老且为此事提出建议回想对其记忆之法规,如此后斯克里波尼乌斯家族不得名德鲁苏斯等,以取悦提比略,又指定感恩纪念日,其中利波自杀之日亦定为节日。此后元老院向之谄媚之举,遂成当然之事。

第四节　行省与属邦之叛变

是时非洲之战争虽不重要,却极麻烦,帝国南疆之塔克发里纳斯(Tacfarinas)与北方更著名之阿尔米尼乌斯之角色颇为相似。塔克发里纳斯为努米底亚人,曾于罗马军中服役,对罗马之军队训练及作战方法等颇有所知。后逃走,带领一队土匪横行,最后为居住奥拉修斯(Aurasius)山南方之木苏拉姆人(Musulamii)推为领袖。叛乱不仅限于努米底亚,更西向扩展于毛里塔尼亚,及东向至加拉曼特。塔克发里纳斯对其军队组织训练之加强,使此次叛变至为可怕。其有组织之军队能决胜疆场,围攻城堡。元老院抽签选出之统帅不能应付,战事拖延七年之久(公元17—24年)。原来驻防非洲省之一军团,另由潘诺尼亚调一军团增援,且由于皇帝之干预,最后指定干练之布莱苏斯为省长。塔克发里纳斯向提比略要求予其本人及其叛军土地,提比略严厉拒绝,并指示布莱苏斯对支持塔克发里纳斯之其他酋长提出许诺,如放下武器投降,即可获得宽赦。众多叛军投降,布莱苏斯乃以与塔克发里纳斯相似之法迎战之,分军为三纵队,一队东向,由西庇阿(Cornelius Scipio)率领以对抗加拉曼特及保护勒普提斯(Leptis);一队西向,由布莱苏斯之子率领,保护锡尔塔地带;布莱苏斯自领中军建立若干堡垒,以阻碍敌人,而无论布莱苏斯在何处,其前后左右皆有罗马军队。

夏季既过，布莱苏斯继续敌对，由于堡垒及熟悉沙漠地区之精选飞骑之巧妙结合，一步步将塔克发里纳斯逐回。公元22年，更俘其弟，占领穆苏拉米人地区。提比略酬布莱苏斯以凯旋饰物，更许兵士以"统帅"之名向之欢呼，为此种荣誉授予皇帝之外普通人之最后一次。①

布莱苏斯虽胜，乱犹未平。罗马共有三座顶着桂冠之战胜穆苏拉米人酋长之将军像，是即卡米路斯、阿普罗尼乌斯（Apronius）及布莱苏斯，而此塔克发里纳斯依然扰遍非洲省，一方面由加拉曼特王，一方面由摩尔人支持。布莱苏斯获胜之后，第九军团被调离非洲省，塔克发里纳斯益无所惧。公元24年，围土布尔西库姆（Thubursicum，今Khamissa），该地位于奥拉修斯山稍北，为一努米底亚城镇。是年之省长多拉贝拉（Publius Dolabella）立即召集所有军队解其围。由过去出征经验得知，对此擅作出奇制胜之零星战斗之敌人，不能集中其大军，乃采布莱苏斯之策，分军为四纵队，又自毛里塔尼亚王托勒密处获得增援。忽得报告谓塔克发里纳斯于奥兹亚（Auzea, Aumale）附近盘踞，该地为一废堡，四周为广大森林，遂派遣轻甲步兵及骑兵立即赶往，并未告知其目的地。黎明，与睡意犹浓之蛮人遭遇，蛮人乘骑方系于近处，或在远处吃草，无法逃遁。罗马军布置周密，敌人全遭歼灭或虏获。多拉贝拉欲生擒塔克发里纳斯，塔克发里纳斯不甘就俘，扑向敌人武器而死，此一长期战争乃告终。

公元25—26年色雷斯战事

于此期间，高卢及色雷斯亦有严重骚动。在高卢，苛捐杂税之负担使省民债台高筑，债主追索甚亟，省民乃作绝望之计划。阴谋发动全境叛变，脱离罗马统治。首领为二罗马化之省民弗洛鲁斯（Julius Florus）及萨克罗维尔（Julius Sacrovir），弗洛鲁斯争取比尔吉人（Belgae）及特雷维里人，萨克罗维尔时或持有宗教职务，与埃杜伊人（Aedui）及其他部落密谋。事变之前，严守秘密，公元21

---

① 布莱苏斯乃禁卫军长塞亚努斯（Sejanus）之舅，见下章。

年提比略及德鲁苏斯为执政官时,高卢西部爆发叛变。但首次起事过于仓促,安得卡维人(Andecavi)及图若奈人(Turones)——其名仍见之于安茹及图尔——行动太快,为由卢格杜南西斯总督阿维奥拉(Acilius Aviola)所率领之卢格杜努姆驻军消灭。此一错误行动提高罗马人之警觉,其后之特雷维里人叛乱乃轻易为上、下日耳曼省总督所平,弗洛鲁斯自杀,以避免被捕。埃杜伊人夺重要城市奥古斯托杜努姆(Augustodunum,今 Autun),但亦轻易为驻于离城第 12 里程碑处之上日耳曼总督西留斯所败,萨克罗维尔自战场逃往邻近一别墅自杀。其忠实从者先火其居,再互相杀戮,全部殉难。于阿劳修(Arausio,今奥朗日[Orange])建一胜利拱门以纪萨克罗维尔之败。

属邦色雷斯在达尔马提亚叛变中,始终忠于罗马人之罗美塔奇斯(Rhoemetalces)死后,由其弟拉斯库波里斯(Rhascuporis)及其子科提斯分治。叔侄互相猜忌交恶,科提斯遭谋杀,导致罗马干预,将拉斯库波里斯处死(19年)。两年后,西方部落爆发激烈叛变,叛众围腓力普波利斯(Philippopolis),为默西亚总督维莱乌斯(P. Vellaeus)所败。公元 25 年又叛,此次事件吾人知之较详。

山民拒绝交税及将最勇敢之人供给罗马军队,谣传将逐山民离其本地,远流他省,与其他民族混合而失其民族性,乃遣使至亚该亚及马其顿省长萨比努斯(Poppaeus Sabinus)处,保证如不再加新负担,即继续效忠,否则不惜战争以争取自由。萨比努斯先以温言抚慰,而暗中准备。当萨比努斯集中兵力,默西亚军团及拉斯库波里斯之子罗美塔奇斯亦赶至增援,乃通向驻扎山中邻近一坚固堡垒为森林覆盖狭道之叛军处。萨比努斯扎营并建防御工事,遣精锐部队占据一直伸向敌人城堡之狭长山脊。于城堡前几度接触,萨比努斯移营更至近处,但留色雷斯盟友仍在以前壕沟。严令其夜晚留于营中保持清醒,白昼则可恣意掳掠。色雷斯军遵守一个时期后,即开始松懈其夜间监视,饮酒酣睡。叛军知悉,分军两支,一支突袭劫掠者,一支攻击罗马军营,以分散兵士之注意。此计成功,屠杀色雷斯之辅助军。

第十二章 提比略时期之元首制

然后,萨比努斯对城堡正式围攻,以壕沟及垒墙连结。被围者无水,牲畜亦乏饲料而死,空气充满因伤或口渴致死之尸体腐臭味。一名狄尼斯(Dinis)之老人首先率妻小向罗马人投降,多人从其劝,继之。但二年轻酋长塔尔萨(Tarsa)及图雷西斯(Turesis)决定宁死不屈。塔尔萨以剑刺胸而死,少数人亦殉难。但图雷西斯及其徒众决定继续作战,拟乘大雨之夜偷袭罗马营地。萨比努斯早有准备,击退勇敢之蛮人,迫之投降。公元26年,罗马政府颁予萨比努斯凯旋饰物。

罗马军队于北方边疆对抗属邦之叛变不若南方之成功。公元前12年,为德鲁苏斯所征服之弗里西亚人四十年来按期缴纳所规定之贡赋。贡品包括军队使用之牛皮,征收官吏从不计较其大小厚薄。公元28年,一百人团步兵第三分队长奥伦尼乌斯(Olennius)受派征收贡品,按照标准选择野牛皮。日耳曼之家畜体积较小,弗里西亚人发现难以应命新法,为合奥伦尼乌斯之要求,不得不以其牲畜、土地,甚至妻儿质押。当其申诉无效遂叛。征收贡品之兵士被绑上绞架,奥伦尼乌斯遁至罗马之海防军站弗勒翁(Flevum堡,近特瑟尔[Texel],即今弗利兰[Vlieland])。下日耳曼总督阿普罗尼乌斯(L. Apronius)闻悉,自上日耳曼省召集若干军团富有经验之老兵,及精选之辅助军,增援其原有之军团。沿莱茵河而下,解弗勒翁之围。继又修筑道路,并于毗邻之河口架桥,以渡其军团,深入弗里西亚境内;同时遣若干辅助军之骑、步兵,由一浅滩过河攻敌人后路。弗里西亚人将之逐退,罗马军遣更多骑步兵往援,亦不敌,所有辅助军皆投入。最后军团兵至,始及时救出人困马乏之步、骑兵。军官死亡极夥,但阿普罗尼乌斯并不企图报复,甚至亦不埋葬死者。此外罗马人又有两次灾难,九百兵士为敌人于巴杜亨纳(Baduhenna)林中歼灭,另有四百人占一村屋,为免入于敌人之手,乃互相屠戮,同归于尽。对于弗里西亚人似无进一步之对策。此等事件或益坚提比略以莱茵河为帝国疆界之决心,且以之为适当时机放弃其弟于莱茵河外征服地区之最后遗留。

提比略统治时,意大利南部几乎爆发奴隶战争。但由于意外之幸运,叛变甫经开始,即被平服(公元 24 年)。叛变首谋者为库尔提修斯(Titus Curtisius),曾任禁卫队军士,于布伦杜西乌姆及其附近其他城市秘密集会,张贴告示,煽动卡拉布里亚(Calabria)及阿普利亚之奴隶争取其自由。时适有三舰登陆,负责管理此部分地带树林、草地之财政官卢普斯(Curtius Lupus)遂获其中海军之助,敉平叛乱,俘送库尔提修斯及其主要同谋至罗马。据塔西佗云,"是时,罗马人方惊于奴隶人口不断增加,而自由人之人数则日渐减少"。最可惊异者为奴隶间之联络,未更常见,罗马人认为不必于意大利城市驻相当军队以应付此种危机。

布伦杜西乌姆之景

第十三章　提比略时期之元首制(续)

第一节　提比略时期之政府

提比略统治时期战争奇少,故能致全力于内政及国人之福利。其政策以保守著称,主要原则为遵循奥古斯都之遗规。惟奥古斯都之最高权力尚有时间限制,提比略则更加露骨专制。奥古斯都时期庆祝十年一任保民官职权之典礼(decennalia)仍照旧举行,已仅

图拉真柱上之安息战士

为一般节日庆祝之一种,毫无政治意义。另有两重要事件显示两头政治之加强,而将人民排除于政府以外,(1)提比略即位不久,即将奥古斯都留给民会选举长官之权移交元老院,民众仅于元老院选出长官后向之"欢呼",提比略仍保留于其父所定范围之内对长官候选人之提名权及推荐权。(2)名义上人民仍有立法之权,但自提比略开始,实际上即停止立法,皇帝及长官不再向民会提出法律,提比略在位期间仅有二法律,却有无数之元老院敕令。以后皇帝克劳狄及涅尔瓦时短时间恢复旧例,为仅有之例外。除二帝外,自提比略以后,所有立法仅包括元老院之决议及皇帝之敕令(rescripts)。民会仅有之立法作用为集会给予新

"元首"以保民官权力。

另一奥古斯都创始而提比略更进一步之重要措施为于罗马城建立永久性之市长职位(prefecture)。奥古斯都时期，此职为皇帝离京时临时代理性者，公元14年奥古斯都离罗马时，皮索(Lucius Calpurnius Piso)曾受指定为市长。提比略则以之为极崇高尊严之永久性职位，仅限于执政官阶级之元老充任。市长统率三城市武警部队(cohorts urbanae)，遂剥夺元老院对罗马之警卫权。市长有一刑事法庭，对奴隶及"暴徒"有立即裁判权。皮索居此职位几二十年，直至公元32年逝世为止。提比略于奥古斯都所设水利官(cura aquarum)外，又设新官曰台伯河督(cura riparum et alvei Tiberis)，监督台伯河两岸，以执政官阶级者为之。

提比略对内政(civil service)之改进极为关切，当时所行制度缺点之一为政府各部门充满缺乏经验短期任职之青年，提比略乃延长其任期，以资补救。但一般人又抱怨老于此位。提比略不欲将此新制用之于元老院指定之长官，显示其仍竭诚维持奥古斯都两头政治之旧制，尽量保存元老院处事之独立自由。公元22年，元老建议皇帝对元老院所属长官之资格加以考核，提比略亦加以拒绝。提比略对元老礼貌优隆，且常将更宜于由自己处理之事发交元老院。提比略与奥古斯都同样拥有一咨询会议(consilium)，包括其私人参谋及二十元老及骑士阶级之著名人物，但此种咨询会议似对政事并无实际影响。提比略极力避免以头衔及外在形式表示其统治大权，较奥古斯都伪装更甚，从不用"统帅"(Imperator)之名，自称"奥古斯都"亦仅用之于与外国君主交往时①，拒绝"国父"头衔，除其家奴外，禁止别人称其为"主人"(dominus)，不允许为其建庙或立像，并拒绝将利维娅·奥古斯塔(Livia Augusti)神化之建议。

提比略对军队保持严格纪律，拒绝实现在其即位后伊利里库姆及莱茵河军队叛变时所作加薪之诺言。非唯不缩短服役期限，反更加长之，显示其于军中威权之盛。除皇室外，得胜之将军皆不能再具使用"统帅"头衔之特权。其于禁卫

---

① 其常用之头衔为提比略·恺撒·神圣奥古斯都之子(Ti. Caesar divi Augusti f[ilius])。

军所作之改革,对罗马以后历史影响极大。奥古斯都仅允三大队驻罗马城内,其余六大队分驻罗马附近地区,提比略则于公元23年于维米纳利斯(Viminalis)门前建永久性军营,所有九大队悉驻其处。如此一来,禁卫军自觉人多势众,于若干危机中,居然废立皇帝。此种措施亦相当增加禁卫队长(praetorian prefect)之政治权力。事实上,此议似出于提比略最宠幸之顾问,曾任禁卫队队长之塞亚努斯(L. Sejanus),塞亚努斯以为在其统率之下,军队一旦集中,其本身地位必然大为加强。

公元33年财政危机

提比略之财政政策极为谨慎而成功,在位时,供给罗马平民廉价粮食之费用较奥古斯都时尤巨。尽管如此,提比略平时异常节省,遇有急需皆可无虞匮乏。提比略从不浪费国库于对神捐献或费用浩大之建筑,由其建造仅有之公共建筑为奥古斯都庙及庞培剧场。但当许多亚细亚省著名城市毁于地震时,却能捐献一千万塞斯特斯(8万镑),并使元老院减免其居民赋税五年。国库所亏之数,自行补足。公元33年,曾捐赠国库一亿塞斯特斯(80万镑)。36年,又以同等数目救济阿文廷丘大火之受灾民众。提比略在位时,从未提高税率。卡帕多奇亚设省后,由其所得财富加强财力,更将货物销售税由1%减至0.5%。①

行省有灾时,提比略之开明态度为罗马政治带来新原则,行省人民开始感觉一国之主之罗马对其属地具有责任,是为行省对罗马主要影响之一。当提比略行使其行省之职权时,清晰显示其为一睿智开明之政治家。如谓罗马人恨之,则行省人民实深爱之。诸多证据显示提比略在位时,行省人民异常幸福。军纪严明,对省长行事之监督严格而有效。多方防止压迫,保障公道,对省长及代行财政官勒索之控诉多于任何皇帝之时。人民之负担从未增加,使省长久于其任之新法,极为成功。马其顿及亚该亚省长萨比努斯自公元15年提比略将两省同属

---

① 公元31年又复增税。

一人治下之后，总督该地，几与提比略在位之期相终始。皇帝所辖行省之治理通常较元老院治下者更为公正，可由提比略时元老院属省省长因治理不良而获罪者人数之多可见。① 行省居民皆以由元老院治下转至皇帝治下为幸事。提比略曾表示其行省政策云："善牧者须修剪其羊毛，而非剥其皮。"特别规定省长须为其妻之贪婪行为负责，尤堪注意。

提比略一方面关切行省，一方面亦不忘协助导引元老院促进意大利之福利。驻军意大利境各地以保障公共安全，照应行旅，防止盗匪，所有骚乱皆被迅速扑灭。又致力于农业之复兴，过去一世纪来，由于自由劳工之消失，意大利农业逐渐衰落，半岛居民甚至仰赖外来粮食以维生存。

公元33年，发生严重之经济危机，皇帝不得不干预，以维护信用。职业之告密者（delatores）攻击放高利贷，有系统地违反恺撒两种法规之资本家。其一即禁止任何人持有六万塞斯特斯（480镑）以上之现款，其余部分须于意大利置田或房产。另一法规规定债权人与债务人间之关系及利息金额。案经司法官格拉古审理，格拉古认为所涉之人既多，应交之于元老院，但元老本身亦莫不违犯此法，遂诉诸皇帝。提比略限一年半内将财产依照法规处理。债权人立即收回放款，大批债务人遂不得不卖产还债，诚如一般人所预料，此举导致货币缺乏，为保持货币量之正常流通，元老院乃颁布符合恺撒精神之法规，令放债者至少须以2/3之资本于意大利置产，但此救济之法适足以增长罪恶，盖资本家藏其金钱，故抑市价，土地价值一落千丈，以致负债者仍不足偿债。许多家庭为之破产。最后，提比略加以救助，以一亿塞斯特斯供负债者借款，三年无息偿还，对政府之抵押倍其数。从此信用恢复，剩余债务人得以保其产业或以合理价格出售。

提比略对司法行政特别注意，建立新而极值称道之规定，即由元老院判罪之罪犯在判决与执行之间，必须相隔九日。当时，元老院为最高刑事法庭，但提比

---

① 亚细亚省长马尔凯路斯（Granius Marcellus）、亚细亚省长西拉努斯（C. Silanus）、克里特省长科杜斯（Caesius Cordus）、贝提卡省长塞雷努斯（Vibius Serenus）四案皆被定罪。

略每遇与其本身有关之事,常对其裁决行使最高控制,元老院仅依其意旨行事。立法方面,提比略亦同样活跃,公元 19 年之诺巴纳(Junia Norbana)法为保护严格说来尚未获完全解放,但已获其主人解放之奴隶而设。此法许以终身对其主人独立,予以经商权(commercium)而无通婚权(connubium),即所谓朱利亚拉丁法(Juniana Latinitas),此辈不能以遗嘱赠送财产,亦不能接受他人之遗赠。骑士阶级亦有元老院敕令限制,排除其祖父非生而自由之人,及财产不到四十万塞斯特斯(3.2 万镑)者。

提比略于致力革除在罗马及意大利之流弊及压制骚扰时,却增加并坚定众人对其憎恶。提比略限制竞技场角力者之人数,由于一次剧场之暴动,将表演者逐出城外。其企图放逐预言者于意大利以外,则未能实现。提比略试图压制此已植根于罗马之东方宗教仪式,尤其禁止伊西斯(Isis)之崇拜,将其雕像投诸河中。对意大利已获公民权之犹太人亦采用严厉措施,视此辈欲逃避兵役之犹太人为劣民,禁止其宗教仪式。将 4 千犹太获释奴运往萨丁尼亚,以抑制出没该岛之盗匪。对收容所之限制亦值一提,虽然此事主要影响于帝国东部,该地区为保护罪犯成立许多避难所,此等宗教性避难所获得对犯罪之豁免权,常妨碍公众之安宁。

提比略对制止当时上层社会流行之奢侈及浪费风气效果极少。提比略自奉甚俭,极不赞成当时贵族之生活豪奢,浪费大量金钱于家具及饮食上之风气。但明知节约令无效,却公开谓当时并非进行审查之适当时机。提比略对奥古斯都时恢复之国家宗教小心维持,其母利维娅于公共场所坐于服事维斯塔贞女之间;及新成立由重要元老组成维护神圣奥古斯都崇拜之奥古斯都祭司团(Sodales Augustales)。

叛逆法、告密者

提比略之政策中最不为当时及后人所喜者盖为对叛逆法(maiestas)之新解释。此罪本指对共和国抽象尊严之冒犯,扩而充之包括一切使国家蒙羞之事。

恺撒之尤利乌斯法（Lex Julia）曾对此法之不同形式明白规定，奥古斯都曾加扩充，但事实上极少引用。提比略却以之为保障其个人安全之法，提比略在位时，冒犯皇帝即为叛逆，皇帝乃视同国家，任何以言语或文字对皇帝不敬，即以叛逆法治罪。提比略认为本身颇不安全，乃求助于此法，但此法不免滥用，招致憎恶。提比略以此法控制元老院，使之不敢表示异议，否则即解释为叛逆。普里斯库斯（Lutorius Priscus）案件充分显示提比略此种保障所招致之愤慨。普里斯库斯为一骑士，日耳曼尼库斯死时，曾作诗哀悼，提比略且赠以礼品以为酬报。继而德鲁苏斯罹病，普里斯库斯又预为悼诗以备德鲁苏斯一旦不起之用，后德鲁苏斯病愈，普里斯库斯竟于若干听众面前加以诵读，事闻于外，被控于元老院。元老院以其希冀皇室死亡为有罪，仅二人以其出于无心，主张从轻量刑，结果判处死罪，并立即执行。事发时，提比略不在罗马，归后，颇以为憾，称赞主张从轻发落者之看法。此事使提比略另订前述之法规，即判决与执行之间须有九日间隔。

叛逆法范围之扩大，由于提比略对告密者之鼓励而更加严重。告密者原意本为对经管财政之官吏评定其对国家之债务，后扩充为对须处罚金之罪刑之告发。奥古斯都曾鼓励告发违反婚姻法者对之奖以酬金，检举告发迅即成为固定职业，当时并无正式之检察官，政府乃以私人之告发者提出控诉颇为方便。提比略即位，以之为行政、司法之有效工具，对之加以鼓励，及至发现国人对之深恶痛绝，乃思加以制止，盖提比略诚心诚意亟谋司法之公允也。由于告发者之滥告，罗马人日处危惧之中，提比略乃组织一由15元老组成之法庭以阻止此法之误用，后受禁卫队长塞亚努斯之影响，对告发者又暗加鼓励，更由于叛逆罪范围之扩大，告发者更为可怕。

第二节　塞亚努斯之兴起、德鲁苏斯之死

日耳曼尼库斯死后,皇位继承之困难已经消失。过去提比略曾尽力维持日耳曼尼库斯及其子德鲁苏斯间之平衡,如萨尔地斯(Sardis)钱币上之德鲁苏斯,在铭文里首先出现,但在图片中,日耳曼尼库斯坐于右边。德鲁苏斯在品德及智力上皆不如日耳曼尼库斯,但与日耳曼尼库斯极为亲密,日耳曼尼库斯死后,德鲁苏斯视其子女一如己出。提比略对日耳曼尼库斯之态度则颇似当年奥古斯都之于提比略。为国家着想,应以日耳曼尼库斯为嗣,但父子之情则拟将皇位畀诸德鲁苏斯,虽然父子二人并不时常和好。日耳曼尼库斯神秘死亡后,提比略决定舍日耳曼尼库斯诸子而以德鲁苏斯为嗣。日耳曼尼库斯及德鲁苏斯于亚美尼亚及伊利里库姆任务圆满达成后,获诏举行小凯旋礼(Ovation)。日耳曼尼库斯未及返罗马而死,但德鲁苏斯则于公元20年举行其小凯旋礼,次年第二度为执政官,22年其父将之擢升为同僚,又使元老院及人民授以保民官职权。

提比略对日耳曼尼库斯之死虽似以为幸,对其子之希望则注定落空。德鲁苏斯娶日耳曼尼库斯之妹小利维娅,常被称为利维拉(Livilla),以别于奥古斯都之妻利维娅。利维拉美丽,狂妄有野心,似有一位同名之盟友奥古斯塔。利维拉受英俊具有权力之禁卫队长塞亚努斯所诱;塞亚努斯伪装与利维拉恋爱,许以为之排除障碍后,一旦登上宝座,将与之结婚,以之为后。塞亚努斯为伊特鲁里亚之弗尔西尼(Vulsinii)土著①,属于骑士阶级,年轻时曾在盖乌斯·恺撒帐下,以谈吐机智获得提比略信任,最后成为不可缺少之参谋及半官方大臣。但塞亚努斯不以为其主人之得力助手而满足,渴望自居国家最高地位。提比略完全为其

---

① 是故尤维纳尔(Juvenalis)称之为托斯坎人,《讽刺诗集》第10首第74行"若诺尔提亚(伊特鲁里亚女神)厚爱伊特鲁里亚人"(Si Nortia Tusco favisset)。

有用而受奴役之手段所蒙蔽,居常打破内向之习惯,对之推心置腹,甚至在私人谈话及向元老院与民众面前称之为"予工作之同伴"(Socius Laborum),许其半身像置于剧场及广场,丝毫不防其出身不高而地位尊贵如此,易有危险。德鲁苏斯洞知塞亚努斯之个性,颇怨其父受此外族之影响远过于亲子,某次竟掴之以掌。塞亚努斯欲谋篡,先以其女配日耳曼尼库斯弟克劳狄之子,决定排除德鲁苏斯。

德鲁苏斯之死

公元23年,德鲁苏斯骤逝,似为意外疾病,八年后始发现为其妻利维拉及塞亚努斯阴谋毒害。德鲁苏斯之死对提比略打击至大,其孙尚幼,无法指定为继承人。只有以日耳曼尼库斯较长之子尼禄及德鲁苏斯为嗣,将之带至元老院,并推荐为国家未来之统治者。塞亚努斯与其妻阿匹卡塔(Apicata)离婚,拟娶利维拉,提比略以将又增加一皇位候选人而加以制止。塞亚努斯遂设计毁日耳曼尼库斯全家。

是时提比略之左右有四孀妇,使其家庭长期陷于忌妒及倾轧。四人即其母利维娅、其媳利维拉、弟媳安东尼娅(Antonia)及阿格里皮娜。奥古斯都之遗嘱曾许利维娅分享最高权力,利维娅欲加以运用,皇帝之诏书常以其名与其子者同列。提比略虽不许其干涉公众事务,却无法摆脱其影响。利维娅于元老院中拥有死党,曾建议称其为"国母"(mater patriae)。日耳曼尼库斯之死,使阿格里皮娜无法实现其野心。但此意志坚强之女性却寄希望于诸子。其贞节及多产使之成为罗马之模范母亲,但性情暴躁,言语激烈,视皇帝为其自然敌人,提比略对皮索之妻普兰其娜之宽大使其万分怨恨。甚至其二子尼禄及德鲁苏斯被擢为提比略之继承人亦不能令其满足,其野心梦想之实现似仍甚遥远。

德鲁苏斯死后,提比略对塞亚努斯倚畀更殷,此后罗马内政恶化。塞亚努斯伪装发现反对提比略之阴谋,以增加其恐惧,因而犯下许多残酷之案件,但此种不良之转变仅及于贵族及官员,对整个帝国一般之繁荣毫无影响。许多居高位

第十三章 提比略时期之元首制（续）

者受疑蓄谋不轨，惨遭屈死，但整个帝国却仍有良好治理。提比略统治后半期之暴虐主要由于其得悉阿格里皮娜于元老院中有大批同情者，德鲁苏斯死后，此辈弹冠相庆，欲见阿格里皮娜之诸子登基。提比略与塞亚努斯乃拟将此辈摧毁。塞亚努斯所攻击之第一对象为镇守北边，表现极佳之西留斯（S. Silius）。其妻为阿格里皮娜好友，塞亚努斯控之以对萨克罗维尔之叛变曾予默许及勒索之罪，追索甚亟，西留斯乃不待判决，先即自杀，其妻遭放逐，其财产据云为压榨高卢省民所得，悉被没收。内战期间斯多葛派哲学家及《编年史》（*Annals*）之作者科杜斯（Cremutius Cordus）是否亦为阿格里皮娜之同党，不得而知，但其书中称卡西乌斯为"最后之罗马人"（the last of the Romans），奥古斯都虽曾读此书，不以为过，此时（25 年）则成为受攻击之借口。据云其书企图煽动叛变，科杜斯认为其罪已经预先拟定，乃于元老院中发表极为不满之演说，返家不食而死。之后可做者，即焚其书。

次年（26 年），告密者又借控告阿格里皮娜之表姊普尔克拉（Claudia Pulchra）①淫乱并企图以毒药与巫术谋害皇帝之罪，以打击阿格里皮娜。阿格里皮娜往见提比略，见提比略正向其父之神致祭，阿格里皮娜乃痛呼："同一人也，不能一面向神圣之奥古斯都致其牺牲，一面迫害其后代。"提比略为阿格里皮娜痛责之后，引希腊诗句谓："吾女，予岂以汝非皇后而错待汝乎？"及普尔克拉遭处刑，阿格里皮娜大病，提比略往视，阿格里皮娜恳请准其再婚，提比略本可反对之，一如对利维拉及塞亚努斯，但以之为不智，而遽离其室，此事阿格里皮娜之女即尼禄之母曾于其回忆录中记之。凡此一切更足加深阿格里皮娜与提比略间之裂痕，又由于塞亚努斯之阴谋，将提比略对阿格里皮娜近亲之猜疑加以渲染，而深入阿格里皮娜之心，常幻想皇帝欲毒害之，当提比略请其共进晚餐时，断然拒吃任何食物，此种毫不掩饰之疑心，更加深其与皇帝之隔阂。

---

① 普尔克拉，屋大维娅之女马尔凯拉之女。此屋大维娅之外孙女，为奥古斯都孙女之表姊。

第三节　提比略在卡普里、塞亚努斯之影响及其失败

提比略自即位以来，一直居于罗马，勤于政事，虽常言及巡视行省之事，甚至已作旅行之安排，但每至将动身时，辄借词停止，多年来所至离罗马最远处不过安提乌姆（Antium）。但当年事渐长（公元 26 年时已届 67 岁），其深藏不露之个性，对他人之猜疑，及对官场铺张之厌恶，似与时俱增。提比略向不以肺腑示人，敏感而羞涩，因早年及最近多次之失望而脾气暴躁，深感罗马人对其厌恨之情，年纪愈长愈易为其激怒，家庭之中一方为利维娅及利维拉，一方为阿格里皮娜针锋相对，更使其充满烦恼。凡此一切皆足以构成其放弃罗马而永居他地之动机。动机既具，塞亚努斯又从而怂恿之，以便放手实行其阴谋。提比略之离家多半或为政治动机，盖欲予日耳曼尼库斯之长子尼禄以在政府中逐渐活动之机会，使之襄赞皇帝事务，一如其本人当年之协助奥古斯都。提比略之政敌乃散布谣言，谓其择地隐居以实现其放荡之生活，或隐藏其老态。

公元 26 年，提比略借口为卡普里（Capreae）之朱庇特神庙及诺拉新近落成奥古斯都之庙行奉献礼，偕元老科克乌斯·涅尔瓦（Cocceius Nerva）、塞亚努斯与另一骑士，以及若干熟谙科学及星象之人离家。行至坎帕尼亚，发生意外，对塞亚努斯更为信任。时皇帝一行正于斯伯伦卡（Spelunca）岩洞之乡村房屋进餐，该屋位于阿米克雷（Amyclae）湾及丰迪（Fundi）丘之间，由天然之岩窟构成，进口处之岩石突然崩塌，压毙数名仆役，宾客惊逃。塞亚努斯以身蔽皇帝，承其坠石，提比略益感其忠心不二，奋不顾身。

献庙既毕，提比略即进向卡普里岛，岛为奥古斯都当年以其气候宜人，由那不勒斯人手中买来，周围凡 11 哩，两端高起，沿岸石灰岩石壁立，难于攀登，但距大陆极近，为心力交瘁之提比略最佳休息之所。提比略于全岛建别墅 12 处，昼夜警戒，以免外人侵入。当国人认为其将国事悉交其禁卫队长，提比略却沉溺于

第十三章 提比略时期之元首制（续）

卑鄙放荡之行为或与其左右讨论天象之时，其于国事仍经常十分注意①，惟不再为压制元老院之奴性或告发者之流弊烦心。众多无辜者受告发者无休止之控告所害，元老经常生活于朝不保夕之恐怖中。

公元28年，罗马骑士萨比努斯（Titius Sabinus）遭判死刑，为塞亚努斯及阿格里皮娜党羽间争斗之一幕。萨比努斯为日耳曼尼库斯之友，日耳曼尼库斯死后，对其妻儿殷勤照顾。四名前司法官欲谋执政官之位，讨好塞亚努斯，设计毁坏萨比努斯以争得宠幸，乃设一阴谋。其中有名拉提阿里斯（Latinius Latiaris）与萨比努斯略有相识，一日谈话间赞其于日耳曼尼库斯家族不幸之时未予背弃，语气之中对阿格里皮娜至为同情。萨比努斯宅心仁厚，信以为真，对塞亚努斯之手段酷辣痛加詈骂，语且侵及提比略本人。又恐证据不足，伪作欲其揭发塞亚努斯阴谋，诱萨比努斯至拉提阿里斯家中，其他三人藏于顶棚之上，共听其说以为证。证据既足，提比略于28年1月1日致元老函中提及萨比努斯之谋叛计划，建议予以惩罚，元老院乃立判死刑，提比略致函称谢，暗示尚有他人阴谋对其不利，惟未道及姓名，或谓即指阿格里皮娜及尼禄母子。

公元29年，利维娅死，寿八十有六，葬礼时由阿格里皮娜之幼子17岁之盖乌斯致悼词。提比略对其母之死并不伤心，葬礼仪式简单，并不许元老院以之为神之荣誉，其遗嘱亦迟不执行。历史上对利维娅之记忆颇有不公，其为奥古斯都内助之功，迅即为其子提比略之为暴君所掩蔽，罗马人但知其处心积虑以致后者于帝位。实则利维娅对人宽大之处亦颇能制止塞亚努斯之暴行。值得注意者，塞亚努斯对阿格里皮娜之阴谋直至利维娅死后始获实现，甚至可谓利维娅之死为提比略统治期间之一转折点。其友人于其保障下，对提比略敢直言犯谏者，于其死后皆遭处刑，如提比略前妻维斯帕尼娅（Vispania）之夫加卢斯即于遭囚三年后处死。

---

① 尤维纳尔，《讽刺诗集》第10首第91行"此皇帝侍卫与聚集之预言者坐于卡普里之狭窄岩石上"（Tutor haberi, Principis augusta Caprearum in rupe sedentism, Cum grege Chaldaeo）。

利维娅之遗体安葬奥古斯都皇陵不久,元老院即获提比略函,控告阿格里皮娜及尼禄。尼禄之罪为过分放荡,阿格里皮娜则为傲慢冥顽,不听命令,其中并未暗示其不忠或叛逆,亦未明示欲元老院作何处置。人民群集元老院门外,高呼该信为伪造,暗示系塞亚努斯所为,并高举阿格里皮娜及尼禄之像。皇帝发自卡普里之次函旋至,责罗马人之叛逆行为,催促元老院对被告采取确切行动,奴性已成之元老判阿格里皮娜母子有罪,均遭放逐荒岛。阿格里皮娜至潘达特里亚,尼禄至彭提亚(Pontia)。阿格里皮娜之次子德鲁苏斯仍旧在位,不久亦为塞亚努斯谋害。塞亚努斯唆使小德鲁苏斯之妻列比妲(Lepida)于提比略前诬告其夫,德鲁苏斯及其幼弟盖乌斯时在卡普里,被送至罗马,作为耻辱之标记,元老院急忙宣布其为公敌。盖宣布个人为公敌及宣战之权,仍属元老院。元老院拘捕德鲁苏斯,囚禁于王宫之中。

塞亚努斯之权力至此已登峰造极,罗马人惧之更甚于惧提比略。塞亚努斯似为罗马之真正统治者,而提比略不过"一岛之主",于其雕像前安置祭坛并加礼拜,且为之举行竞技会,但是时其失败已在眼前。提比略对其已逐渐疑忌,但未正式发动攻击前,故意掩饰,予以各种荣誉,以其孙女朱利娅(Julia)许之。朱利娅先嫁尼禄,时尼禄已死于彭提亚放逐生活之中。提比略予塞亚努斯以与其同为执政官之荣誉,且借此使其离开卡普里,遣塞亚努斯往罗马代表提比略及其本人执行执政官任务,元老院与人民争相阿谀。元老院授提比略、塞亚努斯以五年之执政官任期,不意五个月后(公元31年)提比略坚持辞职,塞亚努斯颇为失望。

此后时常来自卡普里之信件态度极不稳定,令人困惑。提比略有意令塞亚努斯莫测高深,尝予以行省总督之职权,并予以祭司之尊,但同时又盛赞其侄孙盖乌斯·恺撒,亦予以祭司之位。塞亚努斯颇不自安,请求仍返卡普里,探视时在病中之未婚妻。提比略拒之,谓皇帝及其家人即将驾返罗马。继又致函元老院,信中仅称"塞亚努斯",而不书其头衔,并禁止给予一凡人神圣之荣誉。此外,又对塞亚努斯之敌人优礼有加。凡此一切皆预示耻辱,塞亚努斯乃决定先发制人,阴谋当提比略抵罗马时刺杀之,但同谋之一萨特留斯(Satrius Secundus)泄之于安东尼娅,安东尼娅急向其内兄提比略告发。

是时如公开塞亚努斯谋反之罪颇为危险,盖塞亚努斯有禁卫军在握,必须小心以计胜之。提比略选一可靠军官马克罗(Sertorius Macro)继塞亚努斯为禁卫队长,教以如何行事。10 月 17 日午夜,马克罗抵罗马,急赴执政官雷古鲁斯(Memmius Regulus)宅,告以来意,请其在清晨于帕拉廷之阿波罗神庙召开元老院会议。开会地点之选择或为准备万一发生骚扰,可快速提出囚于邻近王宫之德鲁苏斯。马克罗继访消防大队长之司令官拉可(Graecinus Laco),安排防守通往神庙之道路。晨,塞亚努斯由一队武装扈从保护赶赴元老院,途遇马克罗,马克罗伪称开会,俾塞亚努斯以保民官职权,以释其疑。保民官为塞亚努斯与提比略共治帝国唯一尚未获得之职位,塞亚努斯自以为夙愿得偿。及至塞亚努斯进庙门,马克罗即向禁卫军宣布,彼已为新派队长,将提比略致执政官函件递交后,即率禁军返营。

此一来自卡普里注定塞亚努斯命运之冗长书信①,开始谈论一般事务,继对塞亚努斯稍作责备,又改谈其他不相干事务,最后则要求惩罚塞亚努斯及其亲近友人。当此长信诵读时,听众皆不知结果为何,至为紧张。宣读已毕,向对塞亚努斯争相阿谀之元老皆离之而去。执政官命随员将之逮捕,立即送往监狱,罗马人素所痛恨之暴君既倒,欣喜若狂,群赴其立像推倒之。元老院见民意所归,又见禁卫军未加干预,同日稍迟于和谐神庙集会,宣判塞亚努斯死刑,在监狱中立即勒毙后,其遗体依提比略时一般习惯,由执刑者钩往"哀悼阶梯"(Scalae Gemoniae)。② 其家人及诸友皆遭处死。元老院通过于广场竖立自由之像,每年塞亚努斯处刑之日,郑重举行重获解放之纪念。

是时提比略于卡普里亦无限焦虑,集结舰队,准备万一马克罗失败,立即登

---

① 尤维纳尔,第 10 首第 71 行"自卡普里致一冗长且不逊之信"(Verbosa et grandis epistola venit, A Capreis)。

② 尤维纳尔,第 10 首第 66 行"塞亚努斯为钩所带领"(Sejanus ducitur unco Spectandus)。

舟东行,亲往岛上最高岩壁伫候预先约定成或败之讯号。塞亚努斯既败,提比略愁怀顿释,但另一可怕发现却接踵而至。塞亚努斯离婚之妻阿匹卡塔致函提比略,告以德鲁苏斯之死详情,显示塞亚努斯及利维拉同谋。秘密既经揭发,阿匹卡塔自杀。事经有关奴隶证实,利维拉遭处死刑。

塞亚努斯之失败,对放逐荒岛之阿格里皮娜及其狱中之子皆无帮助。提比略何以非杀德鲁苏斯不可,不得而知。或系过去伤之太深,一旦释放,恐遭报复,将德鲁苏斯饿死,然后致函元老院,详述其死状,甚至临终对提比略之诅咒亦不遗漏。此等令元老恐怖万分之怪异行动,目的何在,无法确知,或系证明德鲁苏斯确已逝世,盖一冒名德鲁苏斯者不久前曾于希腊及亚细亚省招致若干骚动。德鲁苏斯死后,阿格里皮娜自愿绝食而死,元老院依皇帝意旨通过议案,以阿格里皮娜之诞辰为恶兆之日,并指出其忌辰恰当塞亚努斯处刑周年纪念日(33年10月18日)。阿格里皮娜母子遗体皆不许葬于皇陵,至盖乌斯统治时,始允由被弃葬于低处之墓迁至皇陵。

因塞亚努斯案株连之人陆续处刑,牵延年余。公元33年,提比略更嫌手续过烦,将所有因此案牵连系狱之男女老幼一概处死。据载一名特伦提乌斯(Marcus Terentius)者,遭元老院控以与塞亚努斯为友之罪,曾作一大胆演说,其他牵连之人皆否认与塞亚努斯有友好关系,独特伦提乌斯坦承:"为塞亚努斯之友,前曾极力结交,成功之后,至为欣幸"。谓父老曰:"勿仅念及塞亚努斯最后时日,当念其十六年当权之时①。即使与其获释奴及仆役结交,皆视之为与众不同。叛逆及弑帝之阴谋固应受惩罚,然与塞亚努斯之友谊,则与皇帝及众人同样无罪。"特伦提乌斯因其大胆而获救,其控告者则依照其前犯罪行之性质分别判处放逐或死刑。但除此稀有之元老敢于直言外,其他元老皆以塞亚努斯之失败

---

① 尤维纳尔曾以塞亚努斯之权势及其失败为人类虚荣欲望之例,为讽刺诗以述之。参见第10首第62行:"如今火焰嘶嘶燃烧,如今且号叫,熔炉中曾经受人崇拜之头颅发出炙热之光,权势滔天之塞亚努斯碎裂,自最近世界第二(号人物)之脸面塑造出壶、盆、煎锅及便壶。"(Ardet adoratum populo caput et crepat ingens, Sejanus; deinde ex facie toto orbe secunda, Fiunt urceoli pelves sartago matellae.)以及至107行整段。

为谄媚之机。若干过分之建议且引起提比略之嘲笑及严厉之谴责。如加卢斯(Togonius Gallus)曾请皇帝由一些元老中,以抽签选出20人为其进入元老院时之卫士。盖提比略曾致函请对一执政官自卡普里至罗马时加以保护,此人信以为真。提比略庄谐并用,感谢元老好意,但提出数点疑问:将选何人?诸人是否每次相同?诸人是否为已任官者抑或青年?及于元老院门前执剑是否奇怪等等。提比略对愚者以愚者之言回答,对不知高低之辈亦知如何加以严责。加利奥(Junius Gallio)曾建议禁卫军服役期满后,应有权坐于剧场十四排之骑士席次中。提比略问以禁卫军仅从皇帝接受命令及赏赐,于彼何干?乃以加利奥为塞亚努斯党,欲贿赂士兵,将之摈于元老院,并逐出意大利,是为其献媚之结果。

提比略晚年之遭遇加强其猜疑之天性,臣下更难与之接近,尝颁若干严酷法规。据说曾伴其于卡普里之忠实顾问涅尔瓦(Cocceius Nerva)即因不愿见其主上之严酷,于恳求、谏诤无效后,自杀。帝国会议(Imperial consilium)二十人中,仅余二三,其他皆为告发者之牺牲品。公众报导认为提比略在不可接近之海岛上过着无人性之放纵生活,安息王甚且公开指责其放荡成性,请其自杀以谢国人。提比略与当时罗马大部分贵族同样生活放荡,无可置疑,但其放荡生活亦无疑遭恶意夸张,其能不靠药物之助而得寿近八十,即可想见所谓卡普里岛上狂妄生活传言之失真也。

第四节 安息及东方问题

传说提比略退隐岛上之时,不理政事,谣言似已传至安息朝廷,鼓励安息王阿尔塔巴努斯采敌对态度。罗马与安息之和平,直维持至约公元34年亚美尼亚王阿塔克西斯逝世之时。阿尔塔巴努斯得意于其长期成功之统治,以为提比略年迈,不能胜任东方战事,乃欲趁此机会将亚美尼亚置于安息控制之下,先诱使亚美尼亚人选其子阿尔萨西斯(Arsaces)为阿塔克西斯之继承人,更致罗马皇侮辱函，似将招致战争。信中要求继承其死于西利西亚之老对手沃诺尼斯，坚持维持马其顿及波斯之旧有疆界，威胁将收复前属居鲁士，后为亚历山大所有之地。提比略应付得宜，授予能力高强富有决断之维特利乌斯（Lucius Vitellius）以前曾赋予其侄日耳曼尼库斯同样大权，遣至东方，授命必要时可率叙利亚军团越幼发拉底河。同时立伊比利亚王法拉斯马尼斯（Pharasmanes）之弟密特拉达提斯为阿尔萨西斯之对手，鼓动伊比利亚人及阿尔巴尼亚人入侵亚美尼亚以支持其王位之要求。密特拉达提斯获亚美尼亚首都阿尔塔克萨塔，其对手阿尔萨西斯遭毒杀。安息王阿尔塔巴努斯遣其另一子奥洛德斯代替阿尔萨西斯，收复亚美尼亚，但安息骑兵不如支持法拉斯马尼斯及密特拉达提斯之高加索步兵及萨尔马提亚骑马之弓箭手。当时战争情况之生动描写曾流传至今。据云法拉斯马尼斯向奥洛德斯挑战，被拒，向之詈骂，骑马奔安息营，袭其正在喂粮之卒众。安息军不能忍，请其王率领出战，双方交接，用尽各种作战方法。安息习惯以同样技巧追击或逃跑，将其骑兵分散，以便留出空间发射投掷器。萨尔马提亚人将近处无用之弓放置一边，改以矛、剑冲锋。彼此互有进退，继而短兵相接，夜间刀枪叮当。阿尔巴尼亚人及伊比利亚人擒获安息骑士，将之抛掷马下。安息军一面为高处之骑兵所迫，一面为近处之步兵所逼。双方首领法拉斯马尼斯及奥洛德斯于战场皆显著，鼓励勇敢者，支持动摇者，最后双方互相认出，各持标枪策马冲入交手，法拉斯马尼斯之力较强，刺穿敌人头盔，但为其坐骑载之冲过，于未能作更有力之攻击前，奥洛德斯为其卫士保护。但安息人谣传其将军已被杀，乃降。①

阿尔塔巴努斯二子皆败后，亲自出马，维特利乌斯干涉时机已至。维特利乌斯催动军队，威胁将侵美索不达米亚。是为罗马于安息所煽动已久之内乱发动之信号。安息之贵族不满出身斯基提亚人之阿尔塔巴努斯统治，呼吁恢复真正之阿尔萨奇德王朝。弗拉特斯仍有一子在罗马，不满分子派一密使于提比略，请

---

① 以上有关战争之叙述，译自塔西佗《编年史》第6卷第34章、第35章。

求送还王子以争取安息王位。此正合提比略心意,许之。但王子死于叙利亚,提比略乃又选弗拉特斯之孙提里达提斯代之。维特利乌斯与提里达提斯于安息境内出现,最初完全成功。一名出身名门家财巨富之辛纳塞斯(Sinnaces)及其父阿布达格塞斯(Abdageses)为反对阿尔塔巴努斯派之领袖,此派于亚美尼亚灾难之后,势力大增。阿尔塔巴努斯发现自己除少数外国人外,已遭遗弃,为保全性命,被迫逃往斯基提亚人处。提里达提斯于维特利乌斯及罗马军团保护之下,经一浮桥渡幼发拉底河。安息人中首先至其军营者为奥尔诺斯帕德斯(Ornospades),前曾遭安息放逐,以于达尔马提亚战争中曾助提比略,获罗马公民之身份,后返安息,颇受宠遇,受派为美索不达米亚总督。辛纳塞斯及阿布达格塞斯旋即带来皇室宝物。维特利乌斯见提里达提斯已有良好开始,且罗马军队亦已扬威幼发拉底河之外,乃率军返叙利亚。尼斯弗里乌姆(Nicephorium)、安特穆西阿斯(Anthemusias)等有希腊基础之城镇皆竭诚欢迎新王,冀其以罗马之训练,得为明主。于安息统治下仍旧保持全部希腊特色之大城塞琉西亚,表现尤为热烈。但提里达提斯不直捣安息腹地,而攻打阿尔塔巴努斯藏匿财宝及妃嫔之城堡,坐失时机。同时,其随从者亦起内讧,其中一部分人忌妒阿布达格塞斯之得势,以提里达提斯为罗马之傀儡,决定迎还阿尔塔巴努斯。此辈于希尔卡尼亚(Hyrcania)见阿尔塔巴努斯遍身尘土,赖其弓维生。阿尔塔巴努斯初见此辈,以为将遭出卖,及确知欲迎其复位,乃亟于斯基提亚召集若干辅助军以巨大兵力进迫塞琉西亚。阿尔塔巴努斯仍衣逃亡时敝衣,以争取同情。提里达提斯之党羽退入美索不达米亚,旋即分散,本人返叙利亚(36年),除塞琉西亚以本身强大足以抗拒外,安息全境皆于阿尔塔巴努斯之治下。维特利乌斯再度威胁美索不达米亚,但阿尔塔巴努斯答应罗马之要求,双方订立和约。阿尔塔巴努斯承认密特拉达提斯为亚美尼亚王,罗马人不再支持提里达提斯之主张,安息王亦对罗马皇帝之像敬礼,并以其子大流士(Darius)为质。

第五节 提比略之晚年及逝世

提比略虽曾引希腊诗句:"当余死后,大地将为烈火包围"①,但对选择继承人却异常谨慎。是时皇室尚余三人可供选择,即其侄克劳狄(Tiberius Claudius Drusus)、侄孙盖乌斯及孙提比略·盖美路斯(Tiberius Gemellus)。克劳狄为德鲁苏斯幼子,以弱智而不予考虑。盖乌斯生于公元12年,为日耳曼尼库斯幼子。盖美路斯生于公元19年,为德鲁苏斯及利维拉之子。二者之间,可选其一。提比略一向以盖乌斯为阿格里匹娜之子而加以轻视,直至其19岁时始许其接受成年礼。但塞亚努斯势衰后,盖乌斯渐受宠爱。盖乌斯小心掩饰其母与兄死后之真正感受,罗马人民极望日耳曼尼库斯之子能登大位,而提比略内心或欲传其孙,公元35年曾立遗嘱,以盖乌斯及盖美路斯为其私人财产之共同继承人,即等于表达其希望此二人为帝国之共同继承人。但吾人有理由相信提比略视盖乌斯为帝国之继位者。日耳曼尼库斯之四女皆嫁著名人物,其中:阿格里匹娜嫁多米提乌斯(Cn. Domitius),德鲁希拉(Drusilla)嫁卡西乌斯(Cassius Longinus),朱利娅(Julia)嫁维尼丘斯(Vinicius),为史学家维雷乌斯之赞助人,第四女之名不详,嫁瓦鲁斯(Quintilius Varus)之子。提比略之孙女朱利娅先嫁尼禄(Nero),继许塞亚努斯,塞亚努斯死后,又嫁出身寒微之骑士布兰杜斯(Rubellius Blandus)。

禁卫队长马克罗继承塞亚努斯于卡普里时部分地位,见盖乌斯可能继任皇帝,阴思有以结纳。盖乌斯娶西拉努斯(M. Junius Silanus)之女,第三年断弦,马克罗以其妻恩尼娅(Ennia)之才艺及妩媚惑之。提比略洞察其谋,曾谓曰:"汝舍落日而迎朝阳。"提比略于78岁之年,公元37年前数月离卡普里岛,即未再返;缓行向罗马,沿阿匹亚大道至距城7哩处,最后一次注视远方建筑物之屋顶,

---

① 路易十五"余死后,哪怕洪水滔天"之说,与此相仿。

但为若干恶兆所惊,折返南行,体力迅速减退。于齐尔切伊(Circeii),为遮掩其衰弱,主持军事训练,劳累过甚,益感不支,提比略直至最后仍极力掩饰其病况,不欲左右窥知,御医卡里克利斯(Charicles)须用计以验其脉搏。公元37年3月16日,于米塞努姆之卢库路斯(Lucullus)别墅逝世。谣传最后提比略忽又复苏,马克罗将之闷死。

欲论提比略,必须顾及其生活之环境,及当时记其事者之性格。提比略出身贵族世家,父母双方皆为克劳狄家族,出自尼禄。尼禄家大有功于罗马,贺拉斯曾记以诗。提比略体魄雄健,仪容英俊,肤色白皙,克劳狄家族特有之长发堆于脑后,目大异于常人,表情严肃,少年老成,有"老叟"(the old man)之称,思想深刻,言语缓慢,有强烈之责任感,对一般群众深为鄙视。其女性祖先克劳狄娅(Claudia)曾发愿冀其兄再生,损失另一舰队,使罗马街头不复拥挤,其精神多少传于提比略。尼禄一字为萨宾人之名,意为勇敢有活力,提比略诚不愧为其一分子,具有此字一切含义,对领导事务有显著才能。但对己太过苛求,而无绝对信心①,且猜疑他人。其少年时期之遭遇,更加不自信。其沉默态度不若其弟德鲁苏斯之亲切和蔼,易得继父奥古斯都之喜爱。奥古斯都以提比略之奇特性格为其缺点,当其稍长可以发展野心之时,亦曾为奥古斯都所用,但从未得皇帝宠幸,被迫尽量居于次要地位,且常受挫折。被迫与维普萨尼娅(Vipsania)离婚,改娶为其带来羞辱之朱利娅。因此其生活环境,及与其继父之关系,皆加深其缄默,感情受伤害,产生虚伪之习惯,故以提比略冷僻、缺乏自信之天性,于55岁之年即帝位,绝难获得其不屑妥协之人民所爱戴,其经历皆倾向于发展出之冷酷精神(rigor animi),于其存在至今之巨大坐像上,清楚可见。另一方面,其缺乏自信之性格亦使其先依赖利维娅,后依赖证明其邪恶天赋之塞亚努斯。

关于提比略统治政策之黑暗面,吾人须忆其所作所为必然包含不一致性。

---

① 此于了解提比略之性格特色有重要性,塔西佗于《编年史》第1卷第80章表明其"虽才智敏锐,却优柔寡断"(Ut callidum eius ingenium, ita anxium iudicium)。

提比略继续保持奥古斯都假共和之名,行真专制之伪装。此种假面具非常适合其缄默及诡诈天性,但此种伪装之成功,主要依赖个人之特质,其程度远较提比略所了解者为高。奥古斯都行之非常成功,因其和蔼可亲,深得国人爱戴。提比略则不免失败,盖其个人条件与奥古斯都相反,提比略以后即抛弃伪装,用告发制度及叛逆法代替掩盖其前任阴谋之得人望。由于告发制之蔓延,使提比略之统治成为某种程度之恐怖统治。于此期间,几无任何重要文学作品产生,盖既不能自由写作,一般人即不愿再写。史家科杜斯(Cremutius Cordus)之命运前已言及,另二史家则由于谄媚而幸免于谴责。其一之恭维或出于至诚,维雷乌斯·帕特库鲁斯所作简短之《罗马史》两卷,公元30年发表。维雷乌斯·帕特库鲁斯于潘诺尼亚战争时曾服役提比略麾下,后擢升为财政官等级,又升至司法官等级,对其上司深为仰慕爱戴,文中对之极力赞美。塞亚努斯未倒前,帕特库鲁斯亦曾极力称誉之。瓦勒里乌斯(Valerius Maximus)属随波逐流者,其《言行录九书》(Nine Books of Memorable Deeds and Words)收集罗马历史轶事,以一种粗俗及虚伪之笔调写出,对皇帝奴颜婢膝,但此书成于塞亚努斯既倒之后,乃对之痛加攻击。二人之书皆流传至今。西班牙人塞涅卡(Annaeus Seneca of Corduba),勿与其更为著名之子混淆,于提比略时,与在奥古斯都时同样活跃,著书记自内战开始至其死前(约公元39年逝世)史事,惜已失传,但其论修辞之作尚部分存在。告发法之恐怖,并未影响法学家如萨比努斯(Masurius Sabinus)、科学家如凯尔苏斯(Celsus)或老饕如阿匹丘斯(Apicius)等因研究对象与政治无关者。对诗歌之影响如何,不易看出,但维吉尔及贺拉斯皆无立即之接棒人。提比略时唯一诗人为获释奴费德鲁斯(Phaedrus),自云曾遭迫害,为《伊索寓言五书》之作者,以抑扬格三音步(iambic trimeters)写成。彭波尼乌斯(Pomponius Secundus)曾作悲剧,或于提比略死后始行发表。皇帝本人深受文学熏陶,曾为路奇乌斯·恺撒(Lucius Caesar)之死作一抒情诗,并以亚历山大里亚派风格作希腊文诗歌,又撰自己生活之回忆录,文笔极为简洁,坚决拒用借自希腊之字。

文学作品所作之反证,显示告发法极为危险,提比略之统治于某些方面实属暴虐,但不如稍后之史家塔西佗及苏维托尼乌斯所描写之甚。与塔西佗描写相对者,有较次之艺术家维雷乌斯(Velleius),二者皆不免各有偏见。维雷乌斯曾见提比略最好之一面,曾于提比略于营中指挥战事时,获得提升,对之有所偏袒;尤有进者,其书成于提比略在世之时。塔西佗之作深受对帝制反动之影响,乃以为自涅尔瓦以前诸帝皆无一是处。提比略阴暗之性格,及环绕其行为及动机之某种神秘,遂使此深具技巧之史家将所有对卡普里隐居时期流行之谣言故事尽收其中。提比略除为自保所采用之措施,或受塞亚努斯嗾使,其中主要系对付其家族或与此辈有关之贵族,除罗马普遍感觉到之告发制度所产生之影响外,毫无问题,提比略之明智统治,保持帝国普遍之繁荣。当奥古斯都将其继子收归尤利乌斯家族时,曾谓:"余为公共福祉而出此",其言信不诬。另一方面,奥古斯都曾预言不幸之罗马人,将遭其继子缓慢吞噬之口所磨碎!①

日耳曼尼库斯之妻阿格里匹娜(来自卡庇托林博物馆之雕像)

---

① Miserum populum Romanum, qui sub tam lentis maxillis erit!

第十四章　盖乌斯之统治（37—41 年）

第一节　盖乌斯开始之甚得人望

提比略曾以盖乌斯及盖美路斯为其私人财产之共同继承人，亦向元老院及人民推荐其为元首国之合伙人，似欲以二人共治，一如当年奥古斯都对其孙盖乌斯及路奇乌斯·恺撒之安排。提比略可能不信此法可行，但将之委于命运决定。提比略死后，盖乌斯以七年之长，且已参加公务，自然获得领导权，民众及以马克罗为首之禁卫军皆极拥戴之，故其继承帝位已无问题。但自宪法观点而论，提比略死后，盖乌斯之地位却不及奥古斯都死后提比略之地位坚固。盖奥古斯都在世时，提比略已获保民官职权，及最重要之皇帝特权，自提比略子德鲁苏斯死后，提比略迄未授任何人以保民官之权，其已获行省总督职权之塞亚努斯又已死亡。自各方面观之，盖乌斯皆非一皇帝同僚（consors imperii），故提比略死后，元老院可任意选举新元首。宪法上虽不承认皇位可以继承，一般却认为皇帝之继承人于皇帝及其私人财产方面同样具有优先权。盖乌斯及一般罗马人皆以盖乌斯之当选为当然之事。

盖乌斯与德鲁希拉

（来自巴黎之国家图书馆浮雕饰品）

第十四章 盖乌斯之统治(37—41年)

皇帝之死讯由盖乌斯致函元老院正式宣布,函由马克罗致送,同时并附交提比略以盖乌斯及盖美路斯为共同继承人之遗嘱。盖乌斯要求元老通过予提比略以国葬,奉之为神,以及其他前曾赋予奥古斯都之荣誉,并承认提比略之一切法规,但同时却要求宣布提比略之遗嘱无效。盖提比略之遗嘱虽于法律上仅以盖美路斯与之同为私人财产之继承人,却可能用之于分享皇权之要求,对盖乌斯至为不便。元老院允其所请,并选之为帝,3月18日,予以保民官及皇帝之所有职权①。予提比略以国葬,但未奉以为神,并宣布其遗嘱无效。同时盖乌斯亦作适当让步,收养其堂弟提比略·盖美路斯,以之为首席青年(princeps iuventutis),并放弃请元老院批准提比略一切法规之要求。提比略未获加入诸神行列,如此表示对其记忆之谴责。

年轻皇帝盖乌斯登基时,万众欢腾,认为新时代已经来临。罗马人闻提比略之死讯,曾爆发多年积压之恨意。传说罗马人曾拟将其尸投诸河中,并高呼:"投提比略于台伯河!"(Tiberium in Tiberim)。国人于多年恐惧、忧郁、愁苦之中生活以后,皆渴望未来能恢复奥古斯都时代之欢乐。提比略之灵榇由盖乌斯自米塞努姆迎往罗马,丧礼行列所至,群众夹道迎接,于欢迎新君之愉快中,浑忘对已逝暴君之愤恨。民众让严肃之丧礼安然进行,盖乌斯致悼词后,提比略遗体于马尔斯广场火化,骨灰置于皇陵。

新君统治开始于罗马人对先帝政策之反动,放逐最令人憎恨之告发者于意大利境外,释放所有囚犯,召回所有被放逐者。取消口头上或文字上对叛逆法之引申。前被禁止之科杜斯等人著作,允许流传。皇帝宣布阅读或写作历史皆对明主有益,取消自罗马、意大利及元老院所属行省法庭向其本人上诉之权,将元老院及元首职权严格划分,效法受提比略忽略之奥古斯都旧制,公布政府账目。盖乌斯恢复民会选举长官之权,显示其保存共和形式之愿望。但此举旋即发现无效,盖候选人数常未超过需要递补之人数,不必投票表决,民会召开时,常感无

---

① 其正式头衔为 C. Caesar Augustus Germanicus。

事可做。两年后遂又恢复提比略旧制。盖乌斯感法庭现有陪审官人数不敷应用,乃创立第五个十人陪审团(fifth decuria),其资格与奥古斯都所创之第四个十人陪审团(fourth decuria)相同。又大量授予骑士,盖提比略统治时疏于补充新人,致骑士人数大减。

日耳曼尼库斯之子对其家族之虔敬不亚于对元老院之尊敬。当于元老面前发表谦恭有礼之演说以取得其好感后,急急赶往其母及兄所放逐之岛,将其骨灰迎往罗马归葬皇陵,并请元老院授予其祖母安东尼娅以前该院所授予利维娅之头衔及荣誉。改九月之名为"日耳曼尼库斯",以使其父于历法上与恺撒及奥古斯都同列;又访问其久为世人遗忘之叔克劳狄,当时虽已46岁,仅为骑士阶级,盖乌斯甫于37年7月1日就执政官职,即以克劳狄为其同僚。其姊妹利维拉(Julia Livilla)、阿格里匹娜(Agrippina)、德鲁希拉皆获"维斯塔贞女"之荣誉。盖乌斯本人则谦辞元老院所献"国父"之头衔。

罗马人对盖乌斯之爱戴可于用以谢神之牺牲达16万头之多一事见之。与节俭之提比略相比,罗马人民及军士皆对新君之慷慨至感欣慰。提比略遗嘱之其他部分虽已作废,其所遗赠及捐献之金钱却照付不误。前为提比略所忽略之利维娅遗嘱,亦付诸实行。此外,盖乌斯将其接受成年礼时所捐之款分赠平民。由于提比略之储蓄,国库所存巨款,使盖乌斯能支付此等费用并从事轻率之浪费,暴民对之极为欢迎。同时废除意大利境内0.5%之销售税。

盖乌斯为执政官后,曾在元老院演说,严厉批评提比略之法规,并承诺未来之政府必定公正处理。元老无限欣慰,唯恐盖乌斯改变其看法,乃每年宣读其演说辞。此后两月间,盖乌斯对国事异常勤奋,未来似无限光明。8月最后一日为其诞辰,盖乌斯暂停公务,举行多年未见之盛大宴会,并将甫行完工之奥古斯都庙奉献。此后,盖乌斯开始显露其以前极少人怀疑之另一面,奢侈浪费,无耻放荡。

第十四章 盖乌斯之统治(37—41年)

希律·阿格里帕之影响

当罗马人竭诚欢迎新主时,并不知其为人,盖乌斯之外表毫无吸引力,身躯各部不成比例,双目深陷,面色苍白,其瞪目怒视之表情,仍可见之于其半身像①。其身体羸弱,智力不高,且除修辞外,从未接受其他训练。其成年后之狂妄行为可能部分由于少年时之缺乏教养,但无疑其头脑曾受损害。盖乌斯患癫痫,常常失眠。童年于莱茵河军营度过,惨遭父丧后,为提比略留侍寂寞孤岛,学会伪装、谄媚及欺骗。据云提比略曾洞悉此狡狯少年之真正性格,曾谓盖乌斯:"尔为本人及所有人士之毁灭而生。"其所好粗俗卑劣,喜与格斗士及舞者为伴,以目击人受酷刑及死亡为乐。其神经似乎非正常,一旦掌握帝国无限大权,乃眩然不知所措。盖乌斯深受希律·阿格里帕(Herod Agrippa)之影响,阿格里帕将东方神权政治思想灌输,使其充满东方帝王荣幸威仪不可一世之梦想。此阿格里帕为亚里斯托布鲁斯(Aristobulus)之子,希律王(Herod the Great)之孙,与其母贝勒尼斯(Berenice)及姊希罗迪亚斯(Herodias)于其父死后,同赴罗马。罗马当时为逃避本国政敌之东方皇族收容所。安东尼娅之父为希律之友,成为希律之孙阿格里帕之保护者,小阿格里帕与年龄相若之克劳狄一起长大。其叔希律·安提帕斯(Herod Antipas, the Herod of Gospels,公元前4年—公元39年)娶希罗迪亚斯,获萨马里亚王国,授阿格里帕以提贝里亚斯(Tiberias)城之管理权。但阿格里帕不以为满足,于提比略之晚年返罗马,俟机升迁。以盖乌斯前途颇有希望,乃加以结纳,对之颇具影响。阿格里帕精明干练,阅历丰富,放荡无行,为人毫无原则,经常缺钱。其所描写之东方豪华,即使最小之君主亦拥有对其属民生杀予夺之权,其所灌输之亚洲式淫乐生活,或对未来皇帝之病态心理及好色天性产生深刻危险之影响。罗马曾受安东尼将东方理论传入之威胁,注定于其轻浮任性之外曾孙统治之时,实际体验。

---

① 现存卡庇托(Capitoline)博物馆。

盖乌斯生日过后,并未立即恢复治事,纵情享受,自此至死为止,其唯一工作即追求欢乐与刺激。疯狂纵欲之后,羸弱之身不能支持,一病几危,罗马及诸省皆无限忧虑。亚历山大城一犹太人斐洛(Philo)曾对盖乌斯统治初期帝国之繁荣及其罹疾时国人之焦虑云:"方盖乌斯即位之时,举国平静,秩序井然,地无分东西南北,人无分文野军民,无不精诚团结,共享安定繁荣,睹此情者,谁能不为之喜悦?到处金银堆积,货币充盈,兵强马壮,海陆称雄,财源似水,滚滚不尽。城市之中,惟见祭坛及牺牲,祭司着白袍,戴花冠,万众腾欢,庆典集会,音乐比赛,骑马竞技,城开不夜,纵情狂欢,百戏杂陈,极平日之娱。富不复骄贫,强不再凌弱,主不欺奴,债不强索,阶级悉平,诗人所谓之黄金时代,不复空中楼阁,于此幸福时期,盖已接近实现。"不图好景不常,行省仅仅欢乐七月,消息已至,皇帝纵情酒色,不理政务,重病缠身,危在旦夕。斐洛又记:"当不幸消息传播各地后,各种娱乐立刻停止,每个城市及家庭皆满布愁云及忧伤,其程度与最近之欢乐相等。世界各处所感内心之痛楚较盖乌斯身体之病痛尤烈。国人回忆过去之混乱、战争、饥饿、破坏等惨痛经验,莫不感以唯有皇帝康复始能获得保障,比闻帝疾稍瘥,又举国欣喜,日日渴望获得证实。无论陆地海岛,皆对皇帝之安危与本身者同样关切。整个国家从未对某一人之健康如此关切如同对盖乌斯者。"①

以上所引可见当时整个国家之安危系于皇帝一身。盖乌斯不久痊愈,但未改其生活方式。全国各地对盖乌斯之关怀,使彼益感其本身之重要。病愈后首先即排除政敌盖美路斯。约于37年11月,提比略软弱之孙盖美路斯被迫自杀②。助其获得帝位有大功之禁卫军队长马克罗,时而冒昧进言提醒其职责。同时恩尼娅亦迫其爱人履行前诺与之成婚,但盖乌斯已对恩尼娅生厌,对马克罗亦感不耐,乃决心毁此二人,下令马克罗自裁。约于同时,召回其原配之父当时

---

① 译自梅里韦尔,第47章。
② 其墓碑已于马尔斯广场之布斯图姆(Bustum)附近发现,铭文为"此为德鲁苏斯之子之所在地"(Ti. Caesar Drusi Caesaris f. hic situs est.)。文中既称其为德鲁苏斯之子,则为盖乌斯所收养之事显然已于其死后作废。

为非洲省省长之西拉努斯(M. Silanus),亦将之处死。此等举措可视为其统治之转折点。

第二节 盖乌斯之奢侈、独裁及被弑

盖乌斯自感处于法律及习俗之上,乃将其下流之趣味毫不犹豫地呈现于国人之前,致使皇帝威严滥用至奥古斯都或提比略难以想象之情况。盖乌斯最喜竞技运动及表演角力,传说曾于公众面前歌舞,亲自下场角力。强迫元老及骑士参加赛车。盖乌斯在位期间,御车成为政治制度,直至帝国末期,莫不如此。赛车场上竞技者分属绿蓝红白四队。盖乌斯偏爱绿队,为之建一特别练习场。皇帝所最喜爱者厥为角力表演,取消奥古斯都时格斗士人数之限制。马尔斯广场之陶汝斯圆形竞技场及塞普塔(Saepta),经常充满暴民。宫廷非唯观看格斗士成对之角力,且观赏武装军队作战之表演。盖乌斯强迫贵族、骑士与奴隶同样下场角斗,因盖乌斯视其所有臣民皆其奴隶也。人与野兽角斗亦为经常观赏之娱乐。或疑上流社会何以对其残暴无耻有损皇室尊严之行为如此忍受,然此辈实感较提比略时吝啬严肃之生活为佳,且视此等新风受暴民欢迎。

据称盖乌斯与其三名姊妹有乱伦关系,关于阿格里皮娜及朱利娅虽未可确知,与其最为喜爱之德鲁希拉则毫无疑问。① 盖乌斯将德鲁希拉与其夫分离,公开与之生活,仿效托勒密君王及其他东方统治者之方式。公元38年7月,德鲁希拉死,盖乌斯悲痛莫名。元老院授之以利维娅所有之荣誉,于元老院及维纳斯神庙为之立像,于泛神(Panthea)之名义下,奉之为神,通令帝国各城市崇拜之。盖乌斯在位时,共结婚三次,三人皆有夫之妇。最先为皮索之妻奥瑞斯提拉

---

① 盖乌斯虽规定军队宣誓时,以其诸姊妹与之同列,一执政官对此家属(relatio)之惯用语亦为:"愿此对盖乌斯恺撒美好且幸运!"(quod bonum felixque sit C. Caesari sororibusque eius.)

（Orestilla），旋废另娶梅米乌斯（Memmius Regulus）之妻罗利亚·保利娜（Lollia Paulina），梅米乌斯即助逮捕塞亚努斯之人。保利娜异常富有，盖乌斯或为其财娶之，后以不妊为词，与之离异。又娶米洛尼亚·凯索尼娅（Milonia Caesonia），相貌平常，但盖乌斯似与之真正相爱。

时间稍久，盖乌斯感国人对其君主之意志毫无反抗，全国臣民甘为其奴役，唯命之从，遂自以为具有以神格而强制神圣崇拜。前自阿格里帕所获之东方观念，及恺撒、奥古斯都之神化，皆助长此过度之言行。盖乌斯自信无所不能，极欲表示其远超法律之上，不受常人感情之支配拘束；以目击痛苦为乐，颇以在位期间未经若瓦鲁斯军团失败等巨灾为憾。盖乌斯常作巴库斯（Bacchus）、赫尔库勒斯（Hercules）或维纳斯（Venus）之装束，在欣赏群众之前，于庙内扮演诸神。在卡庇托林山上朱庇特神庙，伪装与天神交谈，且为快速接近诸神，于维拉布鲁姆（Velabrum）搭天桥，自帕拉廷新建之奥古斯都庙附近至卡庇托。于诸神之中，亦欲如众人之中特别杰出，自称为拉丁人之朱庇特（Latian Jupiter），以一荷马诗句挑战卡庇托之朱庇特（Jupiter Capitolinus）。

盖乌斯为表示其神性，设计奇异之巨大建筑，将宫室与广场之卡斯托（Castor）神庙相连，或由一条支撑一系列走廊之桥连接，而使庙成为皇宫之前厅，其建筑今已全毁，无迹可寻。其最有用之作品为建克劳狄引水道（Aqua Claudia）及新阿尼奥（Anio Novus）水道输送水至罗马，但未及完成即死。盖乌斯计划几经设计而未执行之工作即凿通科林斯地峡之运河。其最大胆之建筑为跨拜亚湾（Gulf of Baiae）修桥（公元39年），但显然并未打算作为永久设施。据称一预言家曾云盖乌斯永不能为帝，正如其不能驾车飞越拜亚湾，盖乌斯决定率军驾车通过，乃征集各港所有船只，一时正常商业为之停顿，招致严重不便，船只既集，乃自包利（Bauli）至普特奥利分为两行，连结为浮桥，铺以木板，板上敷土，铺成道路，于未坏以前表演从未闻见之奇观。自米塞努姆至普特奥利两岸挤满观众，盖乌斯着亚历山大曾御之甲胄，一马当先，率领军队以征服者姿态通过浮桥进入普特奥利，次晨，又着绿队御车者之服装驾胜利战车驶返，于桥中心处暂停，发表演说。继之以宴会,欢欣至深夜,桥上及岸边之火炬,照亮全场。观众兴奋欲狂,溺毙者众。

盖乌斯亟于建立自己声望,深忌他人得名。命将奥古斯都于马尔斯广场所建之共和时代名人立像毁坏,禁止庞培最后一代子孙之名用"大"字(Magnus)。以维吉尔并非天才,李维措辞亦不谨慎,将其作品自图书馆移出。其先祖阿格里帕之像亦不能列于奥古斯都像之旁,甚至否认其祖父,声言为奥古斯都及朱利娅之孙,一如诸神之乱伦。

财政困难

盖乌斯之挥霍终于使其陷入财政困难,提比略之巨额库存已消耗殆尽,乃控告贵族,充公富人财产,以辟财源。前此,曾力反提比略之作为,此时由于需要金钱,竟毫不犹豫恢复叛逆之律、告密之法,以搜刮其国人。

盖乌斯于元老院公开称赞提比略之政策,宣布恢复叛逆法。元老院感其许以活命之宽大,加奉特别荣誉。诸多富有元老为厌皇帝之贪心,而为之牺牲。塞涅卡(L. Annaeus Seneca)以年老,不必经由处刑,承诺其财富不久归于皇帝府库而获幸免,乃唯一逃脱者。放逐岛上之贵族遭处死刑,其财产充公。盖乌斯最后非但疏离元老院及人民,向意大利及罗马征收新税,并取消兵士之遗嘱。

盖乌斯于公元41年向罗马公民加税以前,已压榨高卢。公元39年9月,宣布由于日耳曼族之敌对行为,需亲赴莱茵地区,乃率舞者、格斗士,启程前往。塞亚努斯之婿盖图利库斯(Lentulus Caetulicus)已为上莱茵军团指挥官十年,提比略死之前,曾遭控松弛纪律以讨好军士,乃大胆反抗,拒绝离上日耳曼总督之职,提比略只得允其留任。盖乌斯之赴日耳曼或即对此独立总督重振干纲,恢复军纪。是时边界外之蛮人已蠢动,盖乌斯向元老院报告之胜利,或系经由击退企图侵犯高卢之日耳曼人一事证明。① 是时,有阴谋弑盖乌斯而立雷必达(M. Aemilius Lepidus)者,盖图利库斯亦牵涉在内。雷必达向受盖乌斯宠幸,为其一切欢乐之伙伴,盖乌斯曾将其最喜爱之姊德鲁希拉许之,并欲指定其为皇位继承人。盖乌斯之二姊阿格里皮娜及朱利娅素与雷必达勾结,亦参与此叛国阴谋。公元39年10月,阴谋泄露,盖图利库斯及雷必达遭处死,两女遭放逐。盖乌斯向元老院详细报告此辈通奸及谋反之经过,要求元老此后对其家人勿再予以任何荣誉,并以谋刺之三剑献于复仇者马尔斯,以为谢恩献礼。后来称帝之加尔巴(Lucius Galba)代替盖图利库斯职位,加尔巴不久即将前已松弛之军纪恢复。

盖乌斯于卢格杜努姆过冬,用尽方法压榨高卢居民,控告、处刑,几成每日常事。举行拍卖,强迫人民以过高价格购买,据云盖乌斯曾将皇宫家具自罗马运至隆河河畔,亲自担任拍卖者介绍物品,吁请喊价,如称"此为余父之物""此为余曾祖之物""此为奥古斯都之战利品""此为安东尼之埃及古董"等等。皇室府库因以充实。卢格杜努姆人目击奥古斯都之曾孙于其祭坛嘲弄代表高卢诸省合并而举行之祭典。为纪念奥古斯都而设之竞赛中有修辞及诗歌比赛,盖乌斯强迫失败之候选人以舌舔去其所写词句,否则将罚以投诸河中。

公元40年元旦,盖乌斯第三度任执政官,但第12日即行辞职。是时其内定之第一执政官未至年终即死,元老院不得皇帝许可,又不敢擅自另选他人,盖乌斯于短时间内遂为唯一之执政官。是年春,盖乌斯自卢格杜努姆北进至大海之岸,企图完成恺撒征服不列颠之遗志。此计划由该岛流亡王子阿德米尼乌斯(Adminius)建议,大军抵北方之波诺尼亚②亦称格索里阿库姆者,期待于此乘船,一日受命于岸边排成一行,严阵以待,盖乌斯自一三层桨船上检阅后,突然下令将武器放下,捡拾贝壳。兵士各将贝壳装满头盔,作为皇帝征服海洋及海岛象

---

① 佩尔西乌斯,第6首第43-47行:"皇帝遣汝,消灭日耳曼人及祭坛,冰冻甲胄之灰掉落,着长披风之诸王被俘,凯索尼娅皇后于莱茵河旁大车上。"(Missa est a Caesare laurus, Insignem ob cladem Germanae pubis et aris, Frigidus excutitur cinis ac iam positibus arma, Iam chlamydes regum, iam lutea gausapa captis, Essedaque ingentesque locat Caesonia Rhenos.)塔西佗称不列颠及日耳曼之远征为笑柄。

② 北波诺尼亚即今布洛涅(Boulogne),南波诺尼亚即今波隆那(Bologna)。

第十四章　盖乌斯之统治(37—41年)

征伟大胜利之战利品,派人送往罗马。此幕征英之举滑稽闹剧,出之于此古怪皇帝之实际行动,固属可信,但出之于对其一无所得之远征讽刺之笔,亦有可能。

盖乌斯返罗马之前,为庆祝其战绩而于罗马举行空前未有之盛大凯旋礼,特访莱茵河下游之维特拉堡及乌比奥鲁姆(Ubiorum)镇,据云盖乌斯曾萌可怕奇想,竟欲每十抽一杀死25年前当其尚为婴儿时曾经叛变而使其母逃走之军队。① 此说或因皇帝玩笑之语却被当真所致。公元40年8月31日返抵罗马,仅以小凯旋礼入城,而非盖乌斯所提出之凯旋礼。元老院未确知其真意何在,直至最后仍不敢为之举行大凯旋礼,盖乌斯大为不满,拒绝其迟来之提议,谓曰:"余之来,非为元老院,而系为骑士与人民,唯有此辈始配余之出现。对于元老院,余既非王者亦非公民,而为统帅及征服者。"

自从盖乌斯返罗马,乃尽弃仅余之专制伪装及自由之谎言。俨然以毫无掩饰之东方专制君主之面目出现。盖乌斯入城时着统帅服装,据云如非自以高于东方头戴王冠之君主之上,则将戴上王冠。此一新暴君空前未有之残暴及过度奢侈,必激起叛变。元老院发现凯里阿利斯(Anicius Cerealis)参与一阴谋,乃下令此后皇帝于元老院之座位将升高至谋反者无法达到之处。盖乌斯恐遭谋逆,更加倍残暴。贵族非唯不思设法争取自由,反向皇帝嬖幸及告密者屈膝以求自保。一获释奴普罗托吉尼斯(Protogenes)随身携带两牌,一书"剑",一书"匕首",上书以将受处决或暗杀者之名。元老院精神之低落至何种程度,可于普罗库路斯(Scribonius Proculus)一事见之。某日普罗托吉尼斯进入元老院,元老争相趋前与之握手,普罗托吉尼斯向其中之普罗库路斯呼曰:"奇哉!汝极大胆,乃皇帝之敌,竟敢来向余敬礼?"话犹未毕,元老已皆扑向其同事,以其尖笔刺之至死。由于此辈元老,暴君遂无所恐惧。

由于财政困难,盖乌斯最后不得不向意大利及罗马添加若干新税,如此一来,一向以其安排娱乐而对之仍存好感之平民亦对之失望愤恨。公元41年1

---

① 见上第十二章第二节。

月,于意大利港口及各城市城门,包括罗马在内,加征进口货物税。盖乌斯下令对在法庭诉讼之人索费2.5%,设立所得税,甚至包括妓女在内。盖乌斯似又拟贬低币值。① 人民对之日渐愤恨,据称盖乌斯为人民之厌恨烦恼,曾云:"愿罗马人民仅有一颈!"

人民并未长久苦于此等新税,禁卫军军官阴谋叛变,凯瑞亚(Cassius Chaerea)对盖乌斯有私仇,萨比努斯亦为禁卫军长官,二人最为热心,维尼奇阿努斯(L. Annius Vinicianus)及其他若干获释奴皆与之有关。41年1月24日,盖乌斯准备远征富裕之埃及以供其需索,凯瑞亚及其伙伴藏于联络皇宫及马克西姆斯竞技场之拱廊,盖乌斯经此往观赛马,刺客冲出杀之。日耳曼卫队急起抵抗,刺客竟自其剑下逃走。盖乌斯之尸体草草葬于拉米亚花园(Lamian Gardens)。后由遭其放逐之两姊起出,加以火葬。盖乌斯死时,年仅30。

第三节 行省之政府、犹太人

盖乌斯之对内政策如为对提比略所行政策之反动,对行省事务亦莫不如此。提比略曾废科马吉尼之安提阿库斯,以该地区为行省,盖乌斯将之恢复,立废王之子,光荣伟大之安提阿库斯四世(Antiochus IV, Epiphanes Magnus),增加西利西亚沿岸,并发还其父以前被充公之财产一亿塞斯特斯。提比略所囚禁之阿格里帕获得其伯父新近去世之腓力二世之四人共治省(tetrarchy)②,并益以阿比林(Abilene)之地。两年后,阿格里帕诱使皇帝废安提帕斯及其妻萨马里亚之统治者希罗迪亚斯(Herodias),以叛乱罪将之放逐,阿格里帕获得萨马里亚,遂统治希律大王建造之王国领土,但犹太省除外。色雷斯自公元19年以来即由一罗马

---

① 斯塔提乌斯《诗草集》第4卷第9首第22行:"以一个小钱买凄惨书贩袋中之书。"(Emptum plus minus asse Gaiano.)

② 见上第七章第三节。

第十四章 盖乌斯之统治(37—41年)

官员统治此科提斯之遗产,盖乌斯将之还于科提斯之子罗美塔尔其斯(Rhoemetalces),并增加色雷斯其余之地,前属拉斯库波里斯(Rhascuporis)之子另一罗美塔尔其斯者。复位之罗美塔尔其斯诸弟于意大利与盖乌斯一齐长大,并以其母安东尼娅·特里费纳(Antonia Tryphaina)与盖乌斯祖母安东尼娅之关系,与盖乌斯为亲戚,故盖乌斯亦各予以王国,予波勒摩以波勒摩尼亚库斯本都(Pontus Polemoniacus),予科提斯以小亚美尼亚。同时(38年)又予阿拉伯人索埃慕斯(Soaemus)以伊图瑞亚(Ituraea)之王位。

当盖乌斯于东方恢复诸附属王国之际,却于西方推翻一属邦。召毛里塔尼亚王托勒密至罗马处死,以将其财宝充裕皇帝府库。当时曾拟将毛里塔尼亚分为恺撒里恩西斯(Caesariensis)及廷吉塔纳(Tingitana)两省,后付诸实现。盖乌斯亦改变阿非利加及努米底亚二省之行政。阿非利加省为元老院属下仅有之配一军团兵力由省长率领之省份。盖乌斯将军团改交一皇帝之代表,此人又兼努米底亚民政,其省长职权则仅限于旧阿非利加省(Africa Vetus)之民政。

盖乌斯欲行省人民奉为神之要求,引起犹太省与亚历山大城犹太人之骚动。公元前38年,希律·阿格里帕(Herod Agrippa)于赴其新王国路上,曾访亚历山大城,当其以皇家行列在街上出现时,引起当地非犹太居民之反犹太示威,埃及省长弗拉库斯(Avillius Flaccus)趁机要求此辈所憎恶之犹太人应于其会堂(synagogue)立皇帝像。犹太人拒绝屈服于此种可憎之事,其他公民驱之于城之一隅,尽毁其余部分之犹太人居处,多人于骚乱中被杀。但弗拉库斯曾发布敕令禁止犹太人保持其安息日(sabbath),此时为其错误遭受惩罚,立即被废,并加以囚禁,由新继其位之巴苏斯(Bassus)解赴罗马。犹太人仅有短期喘息,当盖乌斯要求所有臣民对之作神圣崇拜时,将不容忍犹太人之拒绝。是时风闻将有敕令发表,规定所有犹太人之会堂皆须立皇帝像,亚历山大城之犹太人于公元40年遣使直接向皇帝请求避免此次灾难,大使中最有学问之哲学家斐洛曾记其事。同时亚历山大城亦派使阻挠犹太人。双方抵达坎帕尼亚海岸,消息传来,谓帝已下令犹太省长佩特罗尼乌斯(Petronius)于耶路撒冷圣殿之至圣所(Holy of

Holies)建一巨大帝像。是时盖乌斯方致力于将拉米阿斯（Lamias）之房屋及花园改为宫室，召亚历山大城诸使者至，使者见盖乌斯匆匆来往于各房之间，指挥建筑师及工匠，众人不得不跟随其行列。盖乌斯却步谓犹太使者曰："汝是否即不肯承认全世界俱已公认余之神性之恨神者？"亚历山大城使者立刻进言："主人，仅有此等犹太人拒绝向汝献祭"，犹太人谓："不然，主人，此实毁谤之辞，余等为陛下献祭三次，第一次在陛下即位时，第二次为陛下康复时，第三次为陛下战胜日耳曼人时"。盖乌斯谓："然，汝等'为'余献祭，而非'向'余献祭。"随即匆匆赴另一室，犹太人战栗无措，其对手窃笑曰："一如戏中所言。"盖乌斯又曰："请问，汝等为何不食猪肉？"最后令之离去，谓曰："不尊余为神者，其结果较有罪者更为不幸。"斐洛及其从者之使命失败。盖乌斯决心使犹太人向之崇拜，重申其对佩特罗尼乌斯之命。犹太人之叛变似已无可避免，幸此疯狂暴君死亡，耶路撒冷之圣殿神庙得免遭亵渎。

安东尼娅

第十五章 克劳狄之统治（41—54 年）

第一节 克劳狄之登基及其性格

盖乌斯为大批遭刺杀之罗马皇帝中第一人，其死亡产生一连串危机，盖谋刺者当时并未虑及后果如何，亦未选定继位者。奥古斯都曾正式选定提比略为其继承者，授以保民官职权，提比略亦于遗嘱中实际选定盖乌斯，而盖乌斯并未予任何人以部分之皇帝特权，亦未立遗嘱。因此元老院及罗马人民似可依照宪法理论，实行选举皇帝。

克劳狄半身像

当盖乌斯被弑之消息传出，执政官萨图尔尼努斯及彭波尼乌斯·塞昆杜斯（Pomponius Secundus）命令城市武警部队分守城中各地，维持秩序，并立即召开元老院会议，讨论如何处理。元老不像往常于尤利乌斯元老院（curia Julia）集会，似以其处将受尤利乌斯名称之影响，而于卡庇托朱庇特神庙集会。元老一致抨击盖乌斯之暴政，废除其众所共恶之赋税，许军士以犒赏。但对于有关国家前途更重要之问题则意见纷歧。若干人认为应趁机恢复共和，废除帝制，其他人则以为元首制应继续，另由其他家族担任，可当帝位者颇不乏人。众说纷纭，莫衷一是。散会之前，通过议案向凯瑞亚（Cassius Chaerea）及其他与谋者致敬，执政官对城市武警部队所发口令为"自由"

(Libertas)。凯瑞亚继又派一官员将皇后凯索尼娅(Caessonia)及其女婴处死。

但问题之解决并不在于元老院,禁卫军当时已经决定帝制仍不可废,并选定下任皇帝。于弑帝之后一阵大乱之中,若干军士冲入皇宫欲图劫掠,发现德鲁苏斯之子、日耳曼尼库斯之弟克劳狄,正藏于帷幔之后,惟恐被杀。军士向之欢呼称以统帅,将之畀往禁卫军营。盖共和制度之恢复,意味禁卫军之解散,此辈当然加以阻止。克劳狄从未梦想能获帝位,一旦黄袍加身,心中不免踌躇,但军士坚持,次晨民众集于元老院外,亦齐声力请,希律·阿格里帕来往于元老院与军营之间,更多方劝说,克劳狄乃不得不应允。当禁卫军正式宣誓向其效忠时,每人犒赏一万五千塞斯特斯(120磅),是为罗马皇帝中以赏金购买军士忠诚之第一人。元老院企图反对禁卫军之决定,即使城市武警部队继续对之支持,亦属无效,何况后者亦转向禁卫军。

禁卫军引导克劳狄返宫,克劳狄命元老入宫觐见。元老不敢或违,仅谋刺盖乌斯之凯瑞亚及萨比努斯等不愿前往,抗议以一白痴代替疯人。诸元老照例通过议案,授予克劳狄一切皇帝威权,是为罗马皇帝由禁卫军选定之第一人,但绝非最后者。

凯瑞亚及其他弑盖乌斯者立遭处决,萨比努斯获赦,但伏剑自杀,宣称不能忍受另一皇帝之登基。克劳狄又宣布于权力空白期之短时间内其他所有行为加以普遍赦免。但其侄之被刺,对克劳狄印象极深,从此护卫不离左右,虽进餐时亦不能免。所有获准进入皇宫者,皆须经过搜查。

新帝克劳狄①"提比略·克劳狄·尼禄·日耳曼尼库斯",公元前10年8月1日生于卢格杜努姆,是日即为其父将庙呈献奥古斯都及罗马之日,即位时已约50岁。克劳狄之家人一向以其为迟钝低能之人,但克劳狄仅躯体有残疾,心智似未受损。其身体羸弱,双手抖颤,一腿略跛,口齿不清,于此不利条件下工作,为其母所忽视,形容之为怪物,将之交予奴隶照顾。其祖母利维娅亦忽视之。奥

---

① 全名:Ti. Claudius Drusi f. Caesar Augustus Germanicus。

第十五章　克劳狄之统治(41—54年)

古斯都虽知其并不若外观之愚蠢,但仍轻视之,以为其不配为占卜官以上之地位,遗嘱中仅给以微小遗赠。提比略更公然轻视之,克劳狄自知参加公务无望,乃退居乡间,潜心文学,乐与平民交往。其侄盖乌斯曾擢升之为执政官,从此进入元老阶级。但盖乌斯对之却备加羞辱,于元老院中,克劳狄素遭轻视,于宫廷中且为盖乌斯玩伴之笑柄。元老院曾举其为代表团领袖,赴高卢见盖乌斯,却被按入隆河之中。又获任为奉盖乌斯如拉丁朱庇特之祭司一职,但因任该职之巨大消耗而破产。然因盖乌斯无子女,眼光较远之人如希律·阿格里帕等见克劳狄有朝一日或可为帝,遂与之结纳交往。

克劳狄曾著大部头史书三部:《伊特鲁里亚人史》(*History of the Etruscans*)20卷,《迦太基人史》(*History of the Carthaginians*)8卷,及《亚克兴之战以来之罗马史》(*A History of the Roman State since the Battle of Actium*)41卷。又撰《自传》8卷、代拟西塞罗对加卢斯(Asinius Gullus)责备之答辩、论骰戏,及一希腊喜剧。《伊特鲁里亚人史》及《迦太基人史》皆以希腊文写成。克劳狄对文法颇有研究,且为拉丁字母增加三新字,但其死后即不用①。克劳狄虽饱受古学浸润,对其应用却极少判别力,其早年生活之环境亦不能使之切于实际,却绝不能误想其为低能。即位后显示相当治事才能,对国家之福利极具热诚,颇令时人惊奇。克劳狄为意志薄弱之书痴,常受其妻及获释奴之影响,但绝非鲁钝。克劳狄与英王詹姆士一世同是历史上有名之书呆子,二人皆形容丑陋,举止粗鲁,缺乏个人威严。克劳狄之半身像显示面部俊美,却显痛苦或倦容,颇堪玩味。

严格说来,克劳狄并不属于恺撒家族,不似其伯提比略或兄日耳曼尼库斯之已为尤利乌斯(Julius)家族所收养,故当其使用恺撒之名时,恺撒已非指家族名,而系皇帝头衔。但克劳狄与恺撒家族关系极为密切,故当接受尤利乌斯姓氏时,几无创新。克劳狄与尤利乌斯二族自经奥古斯都与利维娅结婚后,关系至为密切,几被视为同一家族。克劳狄有意强调其与奥古斯都之关系,予其祖母以前此

---

① 最有用之创新为区别U及V,借倒转之F代替V之音,克劳狄在位时铭文中常见此符号。

提比略所拒绝之尊号利维娅·奥古斯塔。又与奥古斯都姊屋大维娅之后人美萨利娜(Valeria Messalina)联姻①,以加强本身之地位。二人所生之女屋大维娅(Octvia)拟嫁奥古斯都之玄孙西拉努斯(L. Junius Silanus),克劳狄前妻所生另一女安东尼娅亦许配大庞培(Cn. Pompeius Magnus),其父母皆系出名门。②

克劳狄之统治为对盖乌斯之反动,一如盖乌斯初即位时力反提比略之所为。新君宽大谦逊,盖乌斯所有法规一概作废,所没收之财产一律发还原主,在希腊及亚细亚省神庙所劫一律送还原地,以叛乱罪而遭放逐或囚禁者皆获赦免,如盖乌斯放逐之侄女阿格里匹娜及朱利娅亦获召还。盖乌斯曾向其臣民强索新年礼物,今后一律禁止,并拒绝接受尚有亲戚存在者之遗产。但贵族起初对此一向轻视者之统治并不满意,盖乌斯之遭遇显示推翻君主至为容易,觊觎至高权位者亦大有人在。曾有阴谋欲杀克劳狄,而立杰出之元老维尼奇阿努斯(L. Annius Vinicianus),达尔马提亚总督斯克里波尼亚努斯(Furius Camillus Scribonianus)亦予支持,拟率属下二军团进军意大利,致函克劳狄,对之极为无礼。克劳狄惧,拟逊位。但当斯克里波尼亚努斯宣布其意愿后,军士拒绝奉命,愤欲杀之,斯克里波尼亚努斯逃至海外岛上。元老院赏军团(第七、第十一)之忠,下令各赋予"克劳狄""虔敬""忠实"之称号,主谋者遭处死或自杀。

第二节　克劳狄之行政

克劳狄之行政,极力模仿奥古斯都,恢复元首与元老院间诚恳和好之关系,与之坦诚相处,严守双方权限,且由于其对古代之热爱,更欲保持元老院之尊严,于马克西姆斯竞技场为之保留特别席次。克劳狄之左右、皇后与获释奴互相争

---

① 见下第四节。
② 其父母与皮索(Calpurnii Pisones)、克拉苏(Licinii Crass)及庞培等家族,俱有亲谊。

权,各引元老以自重,益增元老院之影响力。自奥古斯都以来,元老名单迄未校正,克劳狄乃从事此不受欢迎之工作。克劳狄做事常显笨拙,贻人笑柄,此事亦不例外。克劳狄不直接担任监察官之职,而恢复之(公元47—48年)。此职为奥古斯都所极力避免者。47年克劳狄指定其同僚维特利乌斯任监察官①,举行一次人口普查。此一作法并无伤害,似为皇位沾上古代风味,但当此热心之监察官一日之内发布50道敕令时,即于罗马传为笑谈。但有用之工作终于完成,元老院加入许多新人,骑士阶级亦经校正。克劳狄显示其并未忘记出生之地,高卢三省省民已具无选举权之公民身份(civitas sine suffragio),克劳狄又为其获得任职权(jus honorum)铺路。高卢纳博讷省、西班牙及非洲之土著已有人充任元老及长官,克劳狄更将此特权扩充于埃杜伊人(Aedui)人中,后者为罗马最早之高卢盟友,被称为"罗马人之兄弟"。此项恩典出之于德鲁苏斯之子,日耳曼尼库斯之弟及不列颠之征服者,极为适宜。克劳狄为此事于元老院宣布时所作演说最能表现其性格,其中两段保存于铜版之上,已于里昂掘出,可见其演词冗长,炫耀其对罗马古史之知识,内容多与当时事件无关,并表现其缺乏比例感,使克劳狄所作最佳举动似亦可笑。于冗长之历史讨论之后,突然怪异地自言自语:"噢!提比略·恺撒·日耳曼尼库斯(O Tiberius Caesar Germanicus),现正为汝向诸元老说明汝谈话目的之时。"

一如奥古斯都,克劳狄亦由元老院(在其任监察官时)授权增加日渐减少之贵族家庭数目,以便维持宗教仪式,此种工作与古代君主之精神完全相同。又授权扩充城界(Pomoerium)以包括阿文廷丘在内,此丘直至当时尚在狭义之罗马城外。克劳狄既为奥古斯都之模仿者,又为伊特鲁里亚之考古学生,自然对宗教之保持特别注意,排除盖乌斯时宫廷使用之东方仪式,宽容在罗马之犹太人,直至其发生暴动使克劳狄对之再度驱逐,一如其曾为提比略所驱逐。公元47年为罗马建城之第八百年,克劳狄以大祭司身份庆祝百年大祭(Ludi Saeculares),虽

---

① 但此监察官职务是否是年或下年开始,不得而知,48年秋季以前卸任。

然奥古斯都于63年前已经举行。克劳狄建一60位肠卜师之团体,以正式保存伊特鲁里亚之占卜术。克劳狄对宗教虽极具热诚,却未忽略世俗智慧,限制假日数目,以免妨碍业务进程。

克劳狄亦仿奥古斯都热心致力于司法事务,于开放之广场或尤利乌斯会堂中常一坐数小时,耐心聆听冗长无谓之司法侦查。其用心虽佳,但君主亲自执法是否弊多利少,实属可疑。克劳狄取消叛逆法,压制告密者,并允诺罗马人不受刑求之苦;废除盖乌斯所制订奴隶可以作证不利其主人之新法。关于维持罗马公民尊严之有关措施,有对以虚伪借口要求取得公民权者严加惩罚等;又限制自由妇女与奴隶结婚,其所生子女于法律地位上仍为奴隶。

克劳狄时变更若干重要施政,将司法权交予执掌行省财政之省财政官。有关国库债务之诉讼自普通法庭分出,但如对皇帝省财政官(imperial procurator)之裁定不满时,可上诉于皇帝。又对国库之处置作新安排。奥古斯都曾将此事由城市财政官交二国库司法官(praetors aerarii),克劳狄又归还于财政官,但对旧法稍作改变。二司库由财政官选出,不由抽签,而由皇帝指定,任期三年,头衔为国库财政官(quaestores aerarii saturni,公元44年)。恢复旧制之趋势又表现于民会立法权之恢复。克劳狄时若干法律采公民投票(plebiscita)之形式,但此举颇不切实际,①其所有重要法规皆采元老院决议(senatus consulta)之形式。

克劳狄统治时,以从事公共事业著名,完成盖乌斯时开始兴建之水道,即名克劳狄水道。又建更大之公共工程罗马港(Portus Romanus)。当克劳狄即位时,公共谷仓已空,罗马有饥荒之险,乃开放谷物自由买卖,困境稍缓解,依然不能充裕,原因即为罗马附近缺乏良港。台伯河口为泥沙淤塞,由埃及运谷之船被迫停靠普特奥利,克劳狄乃于接近废弃之奥斯提亚(Ostia)港稍上之处,开辟新港,由一条运河与台伯河相连。新港由两巨大之防波堤伸入海中,进口处建一灯塔。此建设需庞大经费,但其利益亦巨大而永久。更大之工程为于马西(Marsi)

---

① 涅尔瓦又予尝试,见下文。

地区抽取弗奇内(Fucine)湖湖水,但其工作及费用却远非收获所能补偿。马西人之农业经常苦于湖水之泛滥,克劳狄乃修隧道①,通过萨尔维亚诺(Salviano)山,长3哩,以疏导湖水流入利里斯(Liris)河。前后历时11年(41—51年),动用3万人,但隧道并非永久有效,一如阿尔巴湖者然。隧道完成,克劳狄于湖上作模拟海战以庆祝之。较奥古斯都于罗马近郊逾台伯河(Transtiberine)之人工水塘所展览者,规模尤大。克劳狄装置三及四排桨之船,共一万九千人,将湖岸以木筏相连排满,以阻止摇船之奴隶逃走,但尚有足够空间举行海战,禁卫军及骑兵分队登筏上,前面有胸墙,可由其中放箭,向任何企图逃跑之海军格斗士发射。罗马及附近城镇大批民众赶往参观奇景,并向皇帝表示敬意,湖岸、山坡及小山顶上皆挤满观众,景象颇似一大剧场。皇帝着华丽军氅,其妻阿格里匹娜亦着军氅,二人共同主持大典。格斗士皆为已判刑之罪犯,但皆奋勇作战,直至流血甚多,始获准分开。据云当此辈向克劳狄敬礼时,口称:"皇帝,待死之人向陛下敬礼!"(Have, imperator, morituri te salutant.)。克劳狄答以:"或未必死"(aut non),诸犯以其语为赦免之意,乃拒绝战斗。克劳狄先欲将之全部杀死,后亲自巡行,以威胁或劝告使之再战。

第三节 克劳狄统治下之行省

帝国时期特点之一即行省地位逐渐提高,最后于政治上与意大利立于同等地位。上述将被选任公职之权扩充至高卢,即向此方向之重要一步。克劳狄统治之重要特色即将罗马公民权授予行省城市之倾向,哲学家塞涅卡于克劳狄死后所作幽默之讽刺文中,曾嘲弄克劳狄,谓其决心看见所有希腊人、高卢人、西班牙人及不列颠人等皆着罗马长袍(toga)。克劳狄于行省及属邦之统治较前有许

---

① 见地下排水渠(Emissarium)条,于史密斯之《古物辞典》。

多变化，在北方由于不列颠之征服获一新省，军队亦须增加两新军团，禁卫军亦由9大队增至12大队。帝国另一端之毛里塔尼亚须重新征服。当其王托勒密遭处死后，人民由其获释奴埃德蒙（Aedemon）领导起事。省长加比尼乌斯（Publius Gabinius）才不足以应变，继任之保利努斯（C. Suetonius Paulinus），后以征不列颠著名，逾阿特拉斯（Atlas）山，至南方之吉尔（Gir）河，战胜毛里塔尼亚部落（公元42年）。但此次出征并非决定性者，乱事直至公元45年加尔巴（Lucius Galba）后为皇帝）为阿非利加省省长、盖塔（Cn. Hosidius Geta）于努米底亚统军时始平。秩序之恢复，主要归功于盖塔。以后毛里塔尼亚分为二省，以马图亚（Mattua）河为界，西名廷吉塔纳（Tingitana），以廷吉（Tingi）城镇得名。东因恺撒里亚城镇（Jol Caesarea）名为恺撒里恩西斯，两省各以一代行财政官统治。但有必要时二省合而为一，由一总督统治。帝国西部另一变迁为将科提阿尔卑斯省扩大，其长官科提乌斯（Julius Cottius）升为君王阶级。

克劳狄征服不列颠，而并未重复其父兄所致力对日耳曼之征服，但在其统治时期，莱茵河外有若干战斗。保利努斯（Suetonius Paulinus）之对手能将科尔布洛（Domitius Corbulo）获派为下日耳曼之总督。克劳狄为盖乌斯妻凯索尼娅（Caesonia）之异母兄，盖乌斯在位时，科尔布洛曾受命视察意大利之道路状况。科尔布洛抵莱茵河，立即制止近年来骚扰北海沿岸之日耳曼海盗，又惩罚拒绝纳贡之弗里西亚人（Frisians），公元47年征伐敢于侵扰下日耳曼省之考奇人。但当准备于考奇人所居地建堡垒时，接克劳狄之令，命其停止经营，任考奇人自由。科尔布洛之敌人曾责其沽名钓誉，但当时政府之政策实宁以外交方法与日耳曼人保持和平而非用兵也。切鲁西人（Cherusci）自阿尔米尼乌斯以后势力衰退，请求皇帝为立一领袖，克劳狄遣弗拉乌斯（Flavus）之子、阿尔米尼乌斯之侄意大利库斯（Italicus）为之，此青年一时颇为族人所喜，但不久以其罗马作风为族人不满且加怀疑，极难保持其地位。罗马人见其内部不和，正中下怀，盖罗马人分化日耳曼人制造其内乱，固为传统政策也。

科尔布洛返其省内时，满怀失望及遗憾，据云接到皇帝命令时，曾喟然叹息称:"旧日之罗马将领何等幸福!"军士既无仗可打,乃下令凿一运河(称科尔布洛运河[Fossa Corbulonis]),联接摩萨河(Mosa, Maas)及莱茵河北部支流,与海岸平行,以代替道路之用,流贯鹿特丹与莱登,至今尚存。于莱茵地区历史上,克劳狄之著名措施即将乌比奥鲁姆(Ubiorum)镇升为军事殖民地(公元50年),以克劳狄第四任妻子小阿格里匹娜(Agrippina)生于其地,乃称之为 Colonia Claudia Agrippinensis,简称 Colonia,即今科隆(Cologne 或 Köln),成为罗马文明重要中心之一。另一著名之罗马殖民地特雷维尔(Augusta Treverorum,摩塞尔[Mosel]河畔之特里尔[Trier]),亦建于克劳狄之赞助下①。连结意大利及多瑙河上游之大道,经布雷纳阿尔卑斯山(Brenner Alps)者,称克劳狄大道(Via Claudia Augusta),则始建于日耳曼尼库斯,而成于克劳狄时,故名。

克劳狄时上日耳曼省仍有敌对行为,认为有征卡提人之必要。瓦鲁斯所失三鹰旗之最后一面,即于此时收回。公元50年,卡提盗匪侵扰该省,当时总督为彭波尼乌斯(Publius Pomponius Secundus),命驻莱茵河左岸波柏托马古斯(Borbetomagus,今 Worms)及诺维欧马古斯(Noviomagus,今 Speyer)附近之汪鸠尼人(Vangiones)及内美特人(Nemetes)等部落,会同辅助骑兵,截断入侵者之归路,俟其分散,攻之。军队分两纵队,一队于入侵者归途趁其狂饮大醉后熟睡时,向之袭击,并救还若干瓦鲁斯败时被俘者。另一纵队于正式作战中,予敌人以痛击,满载战利品而还陶努斯山,与彭波尼乌斯及其所率军团会合。彭波尼乌斯获凯旋饰物(triumphal ornaments,即小凯旋礼),但其诗名却远超过其军事成就。

潘诺尼亚边疆之苏维人又生事端,须克劳狄干预。马若波杜斯被推翻后,汪尼乌斯(Vannius)被推为苏维人王国之王,统治包括马科曼尼人所居之波希米亚与夸迪人(Quadi)所居,今之摩拉维亚(Moravia)。30 年来,于汪尼乌斯治下,国势兴旺,极得人心,属邦贡献及抢掠所得,颇裕民生。但享国既久,渐趋残暴,内部之恨恶及邻邦之敌对,使其毁灭。公元50年,其侄汪鸠(Vangio)与西多

---

① 或以为奥古斯都时所置,其他地区则迟至加尔巴时。

(Sido)兄弟,得居住波希米亚以西之邻邦赫门杜里(Hermunduri)王维比留斯(Vibilius)之助,阴谋推翻之。克劳狄拒绝派遣罗马军队保护其臣属,仅允万一汪尼乌斯被逐,可予安全之庇护。但命潘诺尼亚总督西斯特(Palpellius Hister)率其军团及精选之辅助军沿多瑙河岸驻扎(向例驻于德拉瓦河畔),一旦汪尼乌斯被征服,将予支持,且向其征服者示威。汪尼乌斯之敌人由一或居于今希利西亚(Silesia)之苏维部落卢吉人(Lugii)之大量兵力支持,汪尼乌斯乃自居住多瑙河及泰斯河(Theiss)间萨尔马提亚人之亚兹格部落(Iazyges)处,获得若干骑兵协助其本身之步兵抵抗。汪尼乌斯避居堡内,欲拖延战争。但亚兹格人不耐被围,与敌军接战,汪尼乌斯只得出堡,遭击败,逃往多瑙河之罗马舰队。罗马以潘诺尼亚之土地予汪尼乌斯及其随从。汪鸿及西多分其王国,仍对罗马效忠。

东方行省数目因色雷斯王国之建省而增加,新省由一省财政官统治(公元46年)。吕基亚城市之自由联盟亦遭取消,其地并入潘菲利亚省(43年),从此吕基亚完全希腊化。克劳狄将提比略曾以一总督兼任之马其顿及亚该亚省还于元老院治下,仍由代行执政官治理。默西亚既已分开统治,其周围皆为边疆行省环绕,可防外敌侵扰,安全无虑,乃亦划归元老院治理。

东方诸小附属王国亦重新整顿。盖乌斯所派旋又罢黜之科马吉尼王安提阿四世恢复王位,博斯普鲁斯王国及黑海东北岸亦须特别注意,此地区之历史以前鲜有所知,兹就所有材料略述之。公元41年,克劳狄将盖乌斯曾予波勒摩之博斯普鲁斯王国转交某密特拉达提斯者为王,此王自称为以前罗马对手密特拉达提斯之后裔。克劳狄另予波勒摩一部分西利西亚地区以为补偿。数年后(公元45年),密特拉达提斯遭废,原因不明,以其弟科提斯继任。初由是时或为默西亚总督之狄第乌斯·加卢斯(Aulus Didius Gallus)率相当数目之罗马军队予以支持。罗马大军离开后,仅留几个大队,由骑士阿奎拉(Julius Aquila)驻防。密特拉达提斯见有机可乘,乃征集流亡人士,组织军队,推翻居住希帕尼斯(Hypanis, the Kuban)附近之丹达里德(Dandaridae)君主,自为其王。科提斯与阿奎拉恐密特拉达提斯率丹达里德人入侵,且附近另一默默无闻之民族西拉奇人（Siraci）亦对之采敌对态度，乃与另一居住地不详之阿尔西（Aorsi）王尤诺尼斯（Eunones）联合，预备进攻丹达里德人，以先发制人。科提斯之军队包括罗马大队、博斯普鲁斯土著军队，及尤诺尼斯所供给之马队，密特拉达提斯无足够军队应战，被打败，侵略者占领丹达里德城市索萨（Soza）。胜利者向西拉奇人进军，围其城乌斯坏（Uspe），城建于高地，筑有防御工事，轻易攻下此城，居民虽降，皆遭屠杀。乌斯坏陷落后，西拉奇王弃密特拉达提斯，俯伏皇帝像前投降。罗马人颇以此次征伐为荣，又前进至约三日路程处之塔奈斯（Tanais）河岸，该地被认为已知世界边缘之一。归途时遵海线，部分船只沉没于陶里河（Tauri）沿岸，一长官及若干兵士为蛮人所杀。

密特拉达提斯只得寻求庇护，既不敢信任其弟科提斯，当地亦无有影响力之罗马官员。只得向阿尔西王尤诺尼斯投降，尤诺尼斯遣使见科提斯为密特拉达提斯请命。克劳狄经过一番踌躇，决定对之宽大。密特拉达提斯被带至罗马，传说曾于帝前大胆放言："余系以余之自由意志归向陛下，如不相信，请放余走，再来找余。"密特拉达提斯以后之命运不详，或被留于意大利某一城市，一如马若波杜斯。

但最重要之变迁为希律王国之恢复。自从希律死后，犹太即由一罗马之省财政官统治，希律之孙阿格里帕对克劳狄之登基，出力极多。克劳狄乃将犹太及萨马里亚一并予之，一方面为政治作用，一方面亦为酬其前功。为平复盖乌斯统治时所激起犹太人对罗马之反感，克劳狄发布两道敕令，一道予亚历山大城之犹太人，一道予全帝国之犹太人，许其信仰自由。阿格里帕极得犹太人爱戴，办颇得希腊人心，于耶路撒冷为一犹太人，于恺撒里亚为一异邦人。叙利亚总督马尔苏斯（Vibius Marsus）曾被迫干预其政策，公元42年阻止其于耶路撒冷新城建防御工事，次年制止可疑之诸王会议，当时科马吉尼之安提阿库斯、小亚美尼亚之科提斯、埃美萨（Emesa）之三浦西格拉姆（Sampsigeram）、本都之波勒摩四人正集会于提贝里亚斯，与阿格里帕相见。但刚恢复之犹太王国为时不久，公元44年，传说阿格里帕以不敬神而为虫所咬致死，其于罗马为质之子，被认为才能不足以继承其父。此后,又置犹太于一代行财政官统治之下,但为缓和犹太人不满并防止变乱,大祭司之任命及庙宇财产之管理,皆不归省财政官,而由阿格里帕之弟叙利亚哈尔基思之希律王作主。是时犹太正为盗匪及犹太人对异教徒之狂热仇恨而异常不安,需叙利亚总督经常干预。对犹太之统治为罗马人须面对最困难问题之一,罗马未能驻足够军队于其地,实为错误。

243　　公元53年,克劳狄免科斯岛之税,以为对其御医色诺芬(Xenophon)之恩惠。色诺芬为科斯岛人,出身医学祭司世家阿斯克勒皮底(Asclepiadae)。克劳狄于元老院作一表现其一贯特色之演讲,先叙述科斯人之古史,然后说明其建议之真正动机,提及其著名乡人色诺芬。约于同时,以拜占庭在博斯普鲁斯战争中损失极大,当色雷斯改省时亦曾发生不安,而对该地减税五年。

　　克劳狄统治时之一切措施,何者出于其本人意志,何者出于其左右之建议,未可确知。在其相当可笑之个性及有相当治绩之事实间,有奇异之对比。甚多归功于其得力之参谋者,但许多措施表现其个人特色。克劳狄虽意志薄弱,易为妇女及获释奴所左右,纵情酒色,爱好赌博,但勿忘其曾受良好教育。其获释奴对国事所表现卓越之成就,亦未可厚非。克劳狄时既无各部首长,亦无正式文官可为其所用,原则上秘书、财务一切自理,乃不得不将国事委诸获释奴也。奥古斯都本人于阿格里帕、麦凯纳斯死后,亦悉赖获释奴。提比略、盖乌斯委之以事,但不令其参与机密。因之家奴对脑筋迟钝之克劳狄深具影响,实为自然趋势。克劳狄需他人意见以为参考,获释奴近在咫尺,自然参赞机密。其最信任之参谋为纳尔奇苏斯(Tiberius Claudius Narcissus),为管理往来公文信件(ab epistulis)之秘书;帕拉斯(Pallas)为财政秘书(a rationibus),卡利斯图斯(Callistus)为处理所有对皇帝之请愿书(a libellis)。波利比乌斯帮助其主人之研究,本身亦将荷马史诗译为拉丁文,将维吉尔之作译为希腊文,于文学中占一席地。此等希腊人皆受良好教育,能力卓著,多才多艺,如嘲弄克劳狄之政府为由奴仆主导之团队,

244　　实属成见之误。此辈执行公务或参赞中枢,无疑远较骑士或元老阶级之官员为能干。但此辈由于地位关系,不免傲慢自大,且贪得无厌,既无社会地位,乃广积

财富以资补偿。其行政遂自然流于极端腐化,卖官鬻爵,贿赂公行。卖官择其出价最高者,常以虚假不实之罪没收贵族财产,以威胁索取贿赂。①

第四节　美萨利娜

克劳狄统治时,获释奴之恶行又得皇后美萨利娜之帮助及教唆。克劳狄少年时曾与小朱利娅之女列比妲(Aemilia Lepida)订婚,但由于其母之无行而破裂。次娶卡密拉(Livia Camilla),结婚之日,新娘即逝世,乃娶于伊利里库姆有卓越表现之西尔瓦努斯(Marcus Plautius Silvanus)之女普劳提娅(Plautia Urgulanilla),普劳提娅后以与获释奴私通为克劳狄所弃②;又娶埃莉娅·派提纳(Aelia Paetina),生一女后,与之以细故离异。约于公元38年娶第三任妻子,即前曾提及之美萨利娜(Valeria Messalina)。其父为著名演说家科尔维努斯(Messalla Corvinus)之后,其母多米提娅·列比妲(Domitia Lepida)则与恺撒家族有亲。克劳狄与列比妲皆为前三雄安东尼及奥古斯都姊屋大维娅之孙。美萨利娜荒淫无度,其名成为厚颜无耻极端纵欲之形容词。后世流传其荒淫放荡之行为不免夸张,但行为放纵则无疑,且对罗马妇女极具不良影响。据云美萨利娜与克劳狄之获释奴有犯罪阴谋,尤与纳尔奇苏斯为甚。美萨利娜与此辈联合蒙蔽克劳狄,此辈为美萨利娜掩饰淫行,美萨利娜则为此辈掩饰其侵吞盗用公款。美萨利娜沉溺肉欲时,纳尔奇苏斯、帕拉斯等则聚积大量财富。某次克劳狄抱怨缺钱时,有人告以如此两奴与之合伙,则可致富。

美萨利娜生子提比略·克劳狄·日耳曼尼库斯(Tiberius Claudius

---

① 帕拉斯之富有,使其名成为形容词(Pallante),尤维纳尔《讽刺诗集》第1首第108行:"予拥有之财产多于帕拉斯。"(Ego possideo plus Pallante.)

② 克劳狄与普劳提亚生一子一女,一子名德鲁苏斯,与塞亚努斯之女订婚,但襁褓即死。一女甫五月因其母恶行,为克劳狄抛弃于门口。

Germannicus),地位益固,其子后以纪念不列颠之征服,而获"不列坦尼库斯"(Britannicus)之名。皇子生于二月,克劳狄即位以后不久,是为罗马皇帝在位时期生子之第一人。但克劳狄拒绝予其子奥古斯都或皇后奥古斯塔之头衔①。美萨利娜虽未跻于以前利维娅所获之地位,但曾获敕令特许其乘有拱形遮盖之双轮马车(carpentum),此为祭祀等大典时直至当时仍仅限于祭司使用之特权,太后安东尼娅亦曾获此特许。

克劳狄前曾将其两侄女朱利娅与阿格里匹娜自放逐生活中召还。阿格里匹娜之夫多米提乌斯(Agrippa Cn. Domitius Ahenobarbus)已死,返家后不久再嫁克里普斯·帕西埃努斯(Crippus Passienus)。朱利娅则嫁维尼丘斯(Messalina Vinicius)。二女皆年轻貌美,且以叔侄至亲,对克劳狄颇具影响,常启朝廷之疑。阿格里匹娜对其周围环境之危险尚能避免,朱利娅对其叔特殊之关切则引起美萨利娜之忌妒,遂再遭放逐,且被饿死。以财富及著作闻名之哲学家塞涅卡以其为朱利娅情人,亦同时被放逐于科西嘉,但其财产并未没收,颇为奇特。次年(42年),美萨利娜为报复起见,又公然做出更明显不义之事。属于尤尼乌斯家族之著名贵族西拉努斯(Appius Silanus)曾拒绝美萨利娜之诱惑,为其所恨。西拉努斯虽甫与美萨利娜母列比妲结婚,美萨利娜亦决心毁之。因无适当罪名,美萨利娜乃与其同谋纳尔奇苏斯设一奇计。一日清晨,纳尔奇苏斯入皇帝寝宫,故作惊慌状,云前晚梦见克劳狄为西拉努斯所弑,美萨利娜乃云亦获同样梦兆。克劳狄意志既弱且迷信,乃为此惊人偶合恐惧,惊魂未定,西拉努斯依皇帝之约觐见,但克劳狄于惶惑之中,竟忘前约,骤见西拉努斯以为梦兆已验,美萨利娜及纳尔奇苏斯又从旁怂恿,克劳狄遂下令即刻处决西拉努斯。

如此说可信,则足见美萨利娜及其获释奴为达其目的所作行动如何不讲理,且可显示皇帝完全在此辈控制之下。于美萨利娜之忌妒贪婪之下,另有许多著名人物为之牺牲。科尼留斯·西庇阿(L. Cornelius Scipio)之妻波佩娅(Poppaea

---

① 美萨利娜于行省中则常以奥古斯塔称之。

第十五章 克劳狄之统治(41—54年)

Sabina)据云为当时最美丽之妇女,曾试图吸引与美萨利娜相恋之舞者麦尼斯特(Mnester),美萨利娜乃控以与当年(47年)执政官之一,富有而具影响力之贵族瓦勒里乌斯·亚细亚提库斯(Valerius Asiaticus)通奸。亚细亚提库斯曾继承于频奇亚丘(Pincian hill)上之卢库路斯花园,美萨利娜欲得之,除通奸罪外,又控以叛乱阴谋,且不予以在元老院辩护之机会。审判于宫中秘密进行,判决处死,但可自行选择就死方式。亚细亚提库斯采用当时流行之自杀方式,沐浴、晚餐以后,割断血管,流血而死,波佩娅则于审判未终结前即已自杀。

到此时为止,美萨利娜与获释奴彼此计划尚不冲突。美萨利娜阴结舞者麦尼斯特或没收瓦勒里乌斯·亚细亚提库斯之花园,皆不妨碍后者之利益。但当美萨利娜与一罗马贵族西留斯(Gaius Silius)勾结,情况却又不同。盖此种结合显系对皇位之威胁。以西留斯之地位,苟无野心,绝不愿与声名狼藉如美萨利娜之妇女为奸。但获释奴之利益则有赖于其主人之存在,苟克劳狄被推翻,则此辈势将毁灭,故决定不许西留斯接近皇位。美萨利娜拒绝接受其警告,此辈遂设法除之(48年)。

美萨利娜之垮台

皇后迷恋新欢,诱其与妻离异,以克劳狄羸弱之躯,死期不远,许于克劳狄死后嫁之。后西留斯担心其暧昧而危险之地位,或恐其情妇变心,乃促美萨利娜许其杀克劳狄,收养不列坦尼库斯,允以不列坦尼库斯之名统治,而自为其监护人。美萨利娜则不急于满足其愿望,恐西留斯一旦达到目的,将以其放荡而抛弃之。但美萨利娜以蔑视公众意见及违犯道德为乐,乃允与其情夫举行正式结婚。是时克劳狄方拟出发至奥斯提亚,行前卜者曾谓"美萨利娜之夫"将遭不幸。克劳狄为避免应谶,乃批准其妻另与他人假结婚,选西留斯为假新郎,于皇帝面前举行婚礼,克劳狄亲自签名于此婚约。事毕,克劳狄赴奥斯提亚,美萨利娜则以身体不适为辞留罗马,竟依一般习俗大事庆祝其与西留斯之婚姻。①

获释奴纳尔奇苏斯、帕拉斯、卡利斯图斯等至为焦灼,决定不顾一切,毁灭西留斯。其谋必须谨慎从事,不久以前,波利比乌斯企图干涉美萨利娜及其情夫,遭判死刑,显示美萨利娜之影响力仍大。纳尔奇苏斯乃设计于美萨利娜未与其夫谋面前,乘其不备除之。纳尔奇苏斯收买与克劳狄亲昵之二妇人,提醒克劳狄之奇特处境。并问:"帝是否已知被其妻离异?人民、元老,及军士皆亲见其与西留斯婚礼之举行?帝是否知道,除非立即采取行动,则罗马城已在美萨利娜之夫掌握之中?"克劳狄对此事难以相信,但其他家人皆证实其说,被促尽快赶回罗马,于禁卫军营获得保护。是时克劳狄已完全陷于迷惘惊骇,一任其左右所为。返罗马途中,频频自问:"余是否为皇帝?西留斯是否为一介公民?"纳尔奇苏斯以二禁卫队队长之一盖塔(Lucius Geta)为美萨利娜之友,不敢信任,乃劝克劳狄自领禁卫军一日。皇帝同意后,传令罗马,占领西留斯住宅,逮捕所有在场之人。纳尔奇苏斯恐与克劳狄为伴如维特利乌斯及拉尔古斯(Largus)动摇克劳狄之决定,乃与克劳狄同车。维特利乌斯于提比略时,曾在东方获得声望,又以不正当之谄媚获盖乌斯欢心,小心避免发表意见。克劳狄抱怨时,仅谓:"真可耻!真可怕!"使获释奴负担所有责任。

是时皇后方于西留斯宅中庆祝葡萄酒节(Vintage Festival),榨酒机中,葡萄汁如泉流出,妇女扮作酒神祭司,肩披兽皮,表演狂舞。美萨利娜舞酒神之杖,西留斯冠常春藤,着高底靴,于其旁昂首阔步。忽然一声变调破坏放荡景象,一名瓦林斯(Vettius Valens)之医生,方爬上高树,众询以何所见。瓦林斯或出于玩笑,或有预感,曰:"可怕之暴风雨将来自奥斯提亚"。消息旋至,克劳狄确自奥

---

① 尤维纳尔于其《讽刺诗集》中论及美貌为一危险之天赋时,曾以西留斯为例,谓其毁灭由于容貌俊美,乃对其婚礼加以描写。《讽刺诗集》第10首第331行及以下:"一位最美好贵族家之快乐青年,不幸被美萨利娜之眼神拖向毁灭。她早已就坐,备好婚礼面纱,提尔之结婚长椅公开布置于花园中,在占卜者及见证人在场下,百万塞斯特斯之嫁妆将依古代风尚给予。"(Optimus hic et formosissimus idem// Gentis patriciae rapitur miser extinguendus// Messalinae oculis; dudum sedet illa parato// Flammeolo Tyriusque palam genialis in// hortis// Sternitur, et ritu decies centena dabuntut// Antiquo, veniet cum signatoribus auspex.)

第十五章 克劳狄之统治(41—54年)

斯提亚返罗马报复,众人立作鸟兽散。西留斯急至广场假装办公,以掩其恐惧,美萨利娜遁入卢库路斯花园。二人方才离开,纳尔奇苏斯所派军官已至,若干逃走稍迟之客人皆遭逮捕。美萨利娜尚以为可驭其夫,不惧失败。安排其子女不列坦尼库斯及屋大维娅往迎其父,阴为其母请命。又恳请维斯塔贞女最长者维比迪娅(Vibidia)向大祭司祈求赦免,本人则步行穿过城市,出发往奥斯提亚,沿途仅有装载花园垃圾之马车可供乘载,但一切努力皆告失败。纳尔奇苏斯阻止克劳狄闻其哭号。维斯塔贞女于克劳狄车进城时遇之,亦仅保证皇后可有机亲自辩护,而令其退去。克劳狄至西留斯宅,于厅中见前此元老院下令推倒之西留斯父像,以及其他可增其怒之景象。继至禁卫军营,开庭审讯,西留斯无法自辩,但求速死,立遭处决。瓦林斯及其他数名从犯皆遭处死。舞者麦尼斯特以其与美萨利娜有私,亦被处死。另一年轻骑士名为蒙塔努斯(Sextus Montanus)者,仅为美萨利娜情夫一日,亦不能免。是时美萨利娜已返卢库路斯花园,仍未绝望,其母列比妲于其盛时超然事外,此时往劝其自杀,以免受刑。曾云:"生命已逝,除光荣结束外,一切俱已不存。"但美萨利娜贪生怕死,又熟知其夫性格,时克劳狄于一番报复之后已筋疲力竭,乃返回皇宫进餐。晚饭后,派人送信给此"可怜之妇人",命其次日来见,解释其罪行。但纳尔奇苏斯决定不予其辩护之机会,立刻开庭,并遣一司令官及若干百人团队长往杀之,云:"皇帝命令如此。"美萨利娜欲以剑自刺,不果,死于司令官之一击,尸体交其母。克劳狄时酒醉,浑忘适才发生之事,尚问美萨利娜何事稽迟,当左右告知皇后已死,克劳狄仅命左右再斟一杯,从此不再提其名。元老院下令除去所有纪念碑上美萨利娜之名,而纳尔奇苏斯获司法官之勋章,以酬其功。

  以上所述似为美萨利娜夸张无礼及其突然垮台此一奇事最可能之说法。① 至于其与西留斯之公开婚礼,如无新证据出现,将成令人困惑之谜。

---

  ① 此说据梅里韦尔,折衷塔西佗之说,及参以苏维托尼乌斯,克劳狄批准其妻婚礼,以图避免应卜者"美萨利娜之夫"谶言之记载。

第五节　阿格里匹娜、克劳狄之死

美萨利娜既倒,继任皇后人选,获释奴之意见颇不一致。纳尔奇苏斯劝其与第二任妻子埃莉娅破镜重圆,卡利斯图斯为盖乌斯离婚之妻罗利娅·保利纳(Lollia Paulina)奔走,帕拉斯则主张娶克劳狄之侄女阿格里匹娜。阿格里匹娜有其母之野心,而无其品德,久欲控制易受妇女诱惑之克劳狄,以为其子多米提乌斯(Lucius Domitius)攫取帝位,且使其本身获致利维娅前此所有之地位。其与导致美萨利娜失败之阴谋关系如何不得而知,但可能影响历史上对美萨利娜之判决。因阿格里匹娜曾发表其个人回忆录,揭发宫廷秘史,塔西佗之记载材料引自其书,几可确知。吾人极易相信阿格里匹娜对此事备加渲染,而歪曲其真相。其夫帕西埃努斯之死留下大量财富,并使其成为自由之身,乃决心改嫁其叔,不顾罗马人对此种结合之成见。阿格里匹娜之美貌及帕拉斯之怂恿使克劳狄就范,美萨利娜死后数周内,阿格里匹娜即对克劳狄具有妻子所有之影响力。公元48年底以前,阿格里匹娜即采取使其子为帝之第一步。是时其子仅11岁,阿格里匹娜即决定俟其成年即与克劳狄之女屋大维娅结婚,因此须先解除屋大维娅与奥古斯都之玄孙西拉努斯(Lucius Silanus)之婚约,更得与克劳狄同为监察官之维特利乌斯之助,维特利乌斯对西拉努斯有宿怨,欲毁之,遂与阿格里匹娜合作。维特利乌斯报告克劳狄,西拉努斯与其妹乱伦,克劳狄立将其与屋大维娅之婚约解除。西拉努斯是年方为司法官,受命离职,维特利乌斯虽亦不复为监察官,却利用最近任官之资格将西拉努斯之名自元老名单中剔除。

当多米提乌斯与屋大维娅未来婚姻之障碍既除,阿格里匹娜乃进行本身与克劳狄之结合。罗马史中尚无与亲侄女结婚之前例,视此种结合为乱伦,且举凡有关宗教之事,克劳狄皆小心遵守,异常拘泥。前曾认为乱伦之西拉努斯事件为可怖之监察官,此时却避开对相似之过犯提出控诉。维特利乌斯又于元老院中大声疾呼赞助此一婚姻。元老热烈鼓掌,克劳狄乃出现于元老院,通过法规,此后与侄女结婚为有效①。公元49年初,皇帝第四次大婚,大婚之日,屋大维娅之未婚夫西拉努斯自杀,似为此次婚姻带来诅咒。另一企图与克劳狄结婚之罗利娅·保利纳亦因与阿格里匹娜利害冲突,成为牺牲。保利纳遭控与加尔底亚(Chaldea)星相家讨论有关皇家婚姻,皇帝亲自于元老院指控之,将之放逐于意大利以外,据云阿格里匹娜又派法官追踪,将之处死。

美萨利娜之过尚仅限于纵欲,阿格里匹娜却贪图权势,不满足于仅为皇后,尚且欲为帝之同僚,此种地位之指定可由公元50年授以奥古斯塔头衔见之。阿格里匹娜为罗马帝国拥此头衔之第三位妇人,但非如安东尼娅仅为尊贵之头衔,而系如利维娅之与帝分享政权。阿格里匹娜更享有即使奥古斯都之同僚亦未曾具有之特别尊荣标帜。阿格里匹娜为元老院敕令于皇后生时即将其像铸于钱币上之第一人。当克劳狄接见其"朋友"或外国使节时,其妻坐于其旁之宝座上。乌比城市之退伍军人所建新殖民地,即以其名称为科洛尼亚·阿格里皮娜(Colonia Agrippinensis)。据云阿格里匹娜为确保其对获释奴帕拉斯之影响力,曾与之有私,但表面观之,于其管理之下,宫廷似乎谨守规矩,而且的确严守礼节。

尼禄之收养

阿格里匹娜为其子争夺帝位,对不列坦尼库斯备极残酷。公元50年2月25日,路奇乌斯·多米提乌斯入继克劳狄乌斯家族,更名尼禄·克劳狄乌斯·恺撒·德鲁苏斯·日耳曼尼库斯(Nero Claudius Caesar Drusus Germanicus),是为贵族克劳狄收养继子之首例。克劳狄为本身及不列坦尼库斯着想,极不情愿,但奥古斯都已开前例,亦勉强屈从。尼禄擢升极快,次年行成年礼,且由元老院颁布敕令以之为首席青年,指定其于20岁时为执政官,并接受代行执政官职权。

---

① 但甥女除外,说也奇怪,此种区别继续有效。

252 此等荣誉已足够显示其为克劳狄之皇位继承人。但阿格里匹娜更进而使其子当选为四个主要祭司团(大祭司、占卜官、十五人团、七人团)之首,此种头衔即使奥古斯都之二孙盖乌斯及路奇乌斯年轻时亦未尝具备。尼禄是时已与表妹屋大维娅订婚,虽入继克劳狄家族,谊为兄妹,仍照旧结婚(53年)。同时较尼禄稍幼之不列坦尼库斯则被视为儿童,父子之间乃渐生误会及嫌隙。某次二王子相遇,尼禄称不列坦尼库斯以名,不列坦尼库斯则称其为"多米提乌斯"。阿格里匹娜以之为轻视尼禄之入继及元老院敕令,诉之于克劳狄,克劳狄乃将不列坦尼库斯教师之一处死,其他放逐,改由其继母手下之人管教。由于阿格里匹娜之阴谋,效忠于美萨利娜而欲以其子为皇嗣之二禁卫队长,亦遭罢黜,代之以向其效忠之布鲁斯(Afranius Burrus),营中所有拥护不列坦尼库斯之军官皆遭撤职。但不列坦尼库斯非唯于元老院有强大党派,于皇室亦有一强力支持者,是即纳尔奇苏斯。纳尔奇苏斯竭尽全力,削弱阿格里匹娜之势力,阻止尼禄继位。尼禄与屋大维娅成婚以后,双方斗争更尖锐化,曾对阿格里匹娜效忠之维特利乌斯受到有罪控诉之威胁。塔尔奎提乌斯·普里斯库斯(Tarquitius Priscus)之判刑亦显示阿格里匹娜地位之不稳。阿格里匹娜垂涎曾为阿非利加省长,出身贵族富有赀财之陶汝斯之房屋、花园。普里斯库斯乃控陶汝斯于阿非利加省任内压榨及使用巫术,陶汝斯不屑答辩,宁愿自杀,但元老院却将此控告者逐出元老院外,阿格里匹娜虽极力保护,终告无效。此外更有其他迹象,使皇后惊惧。克劳狄显示其有意予不列坦尼库斯应有之地位,声言将许其接受成年礼。克劳狄曾预言其命中先受诸妻冒犯,然后惩罚之。纳尔奇苏斯之影响力似再占上风。

253 阿格里匹娜欲将治理福奇努斯(Fucinus)湖隧道之失败归咎于纳尔奇苏斯以毁之,不果,但不久却获得毁灭其最可怕之女对手列比妲之胜利。列比妲为老安东尼娅及多米提乌斯之女,奥古斯都之甥孙女,又为美萨利娜之母,不列坦尼库斯之外祖母,多米提乌斯之姊妹及阿格里匹娜之姑嫂,"无论容貌、年龄及财富皆与阿格里匹娜相若,二人皆放荡无行,声名狼藉,残暴不仁,其天赋及恶行皆

第十五章　克劳狄之统治(41—54 年)

彼此相当"①。阿格里匹娜遭放逐期间,列比妲曾收容尼禄,此后即以谄媚及宽大获得尼禄喜爱,与其母之冷酷急躁,恰成对比。列比妲遭控以巫术诅咒图害皇后生命,及于其卡拉布里亚庄园(Calabrian estates)蓄养粗野奴隶危害公共治安之罪。案似经克劳狄亲理,阿格里匹娜及纳尔奇苏斯各尽所能互争胜负,纳尔奇苏斯尽力救列比妲。结果阿格里匹娜胜利,列比妲被判死刑。尽管有此胜利,甚且克劳狄受怂恿草立于尼禄有利之遗嘱,阿格里匹娜仍感地位不稳,阴谋反动。

于此等情况下,阿格里匹娜之最大幸运莫过于克劳狄之死亡,克劳狄果于公元 54 年 10 月 13 日逝世。一般相信克劳狄为其妻毒杀,虽无实据,却极有可能。克劳狄是时 64 岁,健康状况衰退,死时适纳尔奇苏斯往西努埃萨(Sinuessa)取医疗用水,此种巧合极可支持克劳狄之死系有阴谋之说。纳尔奇苏斯疑为阿格里匹娜之设计,据一般接受之传说,阿格里匹娜雇一善于下毒之妇人洛库斯塔(Locusta),此人据塔西佗记载久被视为"君主专制工具之一"。② 洛库斯塔配有奇药不立时致命,却可使神经错乱,置之于蘑菇中,③进于克劳狄。不知何故,毒药失效,阿格里匹娜恐阴谋败露,乃召其心腹医生色诺芬以助其呕吐为辞,以染毒之羽毛探其喉中致死。

克劳狄死时,尼禄之地位远较提比略死时盖乌斯者为优。尼禄须畏惧有利于不列坦尼库斯之宣布,盖乌斯亦须顾忌其对手德鲁苏斯之子,但尼禄拥有代行执政官职权及其他荣誉,盖乌斯当时却无之。尼禄又有其母之支持,且禁卫军队长布鲁斯亦对之效忠。盖乌斯当时既顺利登基,尼禄继位似乎更无问题。但阿格里匹娜对争取胜利处处小心,将皇帝死讯隐瞒数小时,托词阻止其子女入宫,直至禁卫军宣布尼禄为帝。约当正午,宫门忽启,尼禄由布鲁斯伴随,出现于执行任务之禁卫队前,布鲁斯作一讯号,军士齐声欢呼。据云若干人曾犹豫,请立

---

① 塔西佗《编年史》第 12 卷第 64 章。
② 塔西佗《编年史》第 12 卷第 66 章:"于工具之中。"(Inter instrumenta regni.)
③ 尤维纳尔于第 5 首第 147 及 148 行提及此事:"吃克劳狄以前所吃之蘑菇,那种其妻所服侍者,之后他只吃一点。"(Boletus domino, sed quales Claudius edit, Ante illum uxoris, posy quem nil amplius edit.)

不列坦尼库斯,但此种抗议片刻即逝。军士旋置尼禄于轿舆,抬往禁卫军营,略致适当词句,即被拥之为统帅。是为禁卫军拥立之第二次。尼禄亦仿其"父"克劳狄之例,许以赏赐。元老院对禁卫军之决心亦立刻接受,同日(10月13日)颁令授以更高无限形式之代行执政官权威、皇权法所列一切特权,及奥古斯都之尊号。12月4日民会又予以保民官权威,以完成元首之特权,行省军团接获新元首登基之消息,亦毫无异议。

依照习惯,元老院须集会考虑克劳狄一切法规是否有效,克劳狄有幸接受奥古斯都所有而提比略、盖乌斯俱无之一切荣誉,被认为足以列入神位,指定祭司以崇奉之。其所有法规皆为有效,其葬礼仿效奥古斯都者之先例,阿格里匹娜与其曾祖母利维娅竞相荣耀。但克劳狄之遗嘱却未当众宣读,盖恐对继子优于亲子不列坦尼库斯,而引起物议也。

尼禄发表悼词,由塞涅卡起草。阿格里匹娜与克劳狄结婚后,第一件事即自科西嘉将塞涅卡召回,付以教导其子之责。塞涅卡放逐期间,曾以谄媚手段,冀获赦免,曾为文致获释奴波利比乌斯,文中对皇帝备极赞誉,但克劳狄未加注意。塞涅卡思谋报复,于克劳狄死后,作《变瓜记》(*Apocolocyntosis*,全称为《神圣之克劳狄乌斯变瓜记》或《克劳狄之死之剧》[*ludus de morte Claudii Caesaris*])以讽刺之,描述克劳狄抵达天空,诸神见其奇怪抖颤之形态及其唠叨不清之言词,为之惊异不置,考虑是否许其进入。方拟许之,神圣之奥古斯都至,告以克劳狄在位时所有罪恶不法之行为,众神乃同意拒绝其加入奥林匹斯。墨丘利立刻捉住其颈,将之拖至无人再能回来之处。途经圣路,目击自己之葬礼,见罗马人来往似获解放于暴君之统治①,行至阴间较低地区,忽闻欢呼之声,云:"克劳狄将来此",立受一大群为其在位时所杀之人所包围,其中有元老、骑士、获释奴及其亲族。克劳狄曰:"余到处皆遇见友人!汝何以来此?"答曰:"汝为最残酷之人,除汝尽杀其友之人外,尚有何人送我等至此?"克劳狄遂被带至埃阿科斯(Aeacus,

---

① "罗马人民甚至自由行走"(Populus Romanus ambulabat tanquam liber)。

以公正著称)之法庭,以科尔内里亚暗杀与毒杀法(Lex Cornelia de sicariis et veneficis)起诉,被判不停地玩一无底之骰盒。

　　塞涅卡此一讽刺诗,反映一般对克劳狄封神之嘲笑。奥古斯都寻求赋予元首制之神圣光环,因克劳狄此一荒谬人物之加入众天神而驱散。

日耳曼尼库斯之女阿格里匹娜半身像

(来自卡庇托之半身像)

第十六章　不列颠之征服

第一节　普劳提乌斯之征服不列颠南部

不列颠之征服为恺撒留予后人完成之工作之一，与日耳曼之征服同为征服高卢后之自然趋势。早期诸帝虽逾莱茵而未渡英法海峡，对北方之岛屿却绝未忘怀。奥古斯都曾两次准备出征不列颠，俱未能实现。公元前34年方拟出发时，以达尔马提亚叛变，自高卢旋师。其后之诗歌中显示"最北地区"（Ultima Thule）之征服为内战后罗马有信心必须完成之事。① 贺拉斯惋惜罗马人自相残杀，而不将"被缚之不列顿人"（chained Briton）带下圣路（Via Sacra）。② 公元前27年奥古斯都即位后，一般相信奥古斯都将实现罗马人多年来之希望，为帝国增一新省。贺拉斯祈求幸运之神保全奥古斯都，使得征服此远在大地末端之不列顿人③。奥古斯

美萨利娜
（来自卡庇托之半身像）

---

① 维吉尔《农事诗》第1卷第30行："让最远地方之人为汝服务。"（Tibi serviat ultima Thule.）此为公元前30年发表。

② 《抒情诗》第7卷第7首："不列顿人自圣路而下。"（Brintannus ut descenderet, Sacra catenatus via.）

③ 《歌集》第1卷第35首29行"保佑恺撒至不列颠世界"（Serves iturum Caesarem in ultimos, Orbis Britannos）。

都之计划何以未能实现,未可确知。当时之坎塔布里亚战争及萨拉西人之敌对或为其原因,其后即未再作此想。提比略曾表示不列颠之征服有其必要,但由于奥古斯都所嘱不再开疆拓土之教训,未能见诸实施。盖乌斯亦曾注意此事,但于高卢海岸大捡贝壳之荒谬演出后,亦行作罢。恺撒曾两度征英而未完成,奥古斯都认为太难之事,提比略畏葸不前者,克劳狄居然完成之,诚属奇事。吾人亦可信此事出于克劳狄之本意,而非其左右之建议。当克劳狄于高卢敉平德鲁伊教之乱时,或即认清征英之重要性。高卢北岸与对面岛屿常有之交通,一日不列颠尚居化外,一日此种野蛮宗教之消灭即归无望,且克劳狄处处模仿奥古斯都,奥古斯都曾计划征英,克劳狄亦不觉欲步后尘也。克劳狄或亦为其获释奴所激励,此辈常夸大岛上之财富,欲从中取利。

奥古斯都与提比略皆对不列颠诸王维持友好关系。逃亡之王子托庇于奥古斯都及盖乌斯。据云克劳狄出兵之直接动机为贝里库斯(Bericus)向之求助,贝里库斯自本国逃出求克劳狄之助,一如阿德米尼乌斯求盖乌斯之助。贝里库斯或为居住塞文河(Severn)与泰晤士河(Thames)间之阿特雷巴特人(Atrebates)之王子,但克劳狄送贝里库斯复位,盖仅为实现多年志在必行之事之借口而已。

克劳狄决定亲自赴不列颠,以赢取亲征获胜之荣誉,并为帝国增一新省。但须先为其铺路,以便及时目击最后决战。远征军共四军团,来自日耳曼省者三(第二奥古斯都、第十四合组、第二十瓦列留斯胜利军团),来自潘诺尼亚者一(第九西班牙军团)。此外尚有辅助军之常规队伍、步兵团及骑兵队。全军统帅为普劳提乌斯(Plautius)。普劳提乌斯为克劳狄离婚妻子普劳提娅(Plautia Urgulamilla)之亲戚,时人誉为"声望最高之元老",是时无疑为远征军所自出之诸行省如上、下日耳曼,或比尔吉卡军队之统帅。远征军中所选将官亦均一时俊彦,可见对此次远征之重视,加尔巴即其中之一,时为上日耳曼省总督;第二军团之统帅为韦伯芗(Flavius Vespasianus),二人后皆为皇帝。另一军团之统帅或为继保利努斯完成征服毛里塔尼亚之侯斯迪乌斯·盖塔(Gn. Hosidius Geta)、为美萨利娜所害之瓦勒里乌斯及萨图尔尼努斯亦在此次远征军中。

普劳提乌斯之远征

据估计全部军队约六万人以上①,需要大批船只运送至不列颠,乃自意大利之拉文纳及米塞努姆海军基地调至格索里阿库姆(布洛涅)。公元43年初,大军集于百年前恺撒出发处附近②,当普劳提乌斯宣布目的地后,军士记得前此数度筹划俱未能实现,颇多怨言,一时大有哗变之势。普劳提乌斯飞报罗马,克劳狄遣纳尔奇苏斯以恢复秩序。此获释奴一番演说将骚动之军队镇压,军人于卑视其为奴隶加以嘲弄,获得满足后,亦屈从皇帝之旨意。

大军沿途虽以天气恶劣经历风浪之险,终于安抵不列颠海岸,分三处港口停泊,均未遭遇抵抗。三处港口似在苏塞克斯(Sussex)及肯特(Kent)海岸,或有认为于更西之朴兹茅斯(Portsmouth)登陆。罗马进军之路线不能确知,但其第一目标显系居于泰晤士以北,今埃塞克斯郡(Essex)、赫特福德郡(Hertford)之特里诺凡特人(Trinovantes)。但其统治地则直延伸至不列颠东南部。恺撒时,首领卡西维劳努斯(Cassivellaunus)曾组一联盟以御罗马人,当时其首都为维鲁拉纽姆(Verulanium,今 St. Albans),但库诺贝里努斯(Cunobellinus,莎士比亚戏剧辛比林[Cymbeline]一字之来源)时,迁都卡马洛杜努姆(Camalodunum,今科尔切斯特[Colchester])。库诺贝里努斯之子卡拉克塔库斯(Caractacus)③及托格杜姆努斯(Togodumnus)率领特里诺凡特人抵抗普劳提乌斯,欲诱敌人深林沼泽之地,但于两次战役中均告失败。其所统治部落之一波杜尼人(Boduni)投降,接受一支罗马军队驻扎。不久,罗马军团为蛮人诱出,或由友善之阿特雷巴特人引导,抵一河流,或为美得威(Medway)。不列颠人顽强抵抗,大战两日后,罗马人始得强渡。是役之中,韦伯芗及盖塔战绩特著,敌人退归泰晤士河彼岸。巴塔维人辅助军继之游泳渡河,及其他罗马军亦经较高之桥梁渡过,皆遭击退,普劳提

---

① 蒙森以为约四万人。虚卜讷(Hübner)以为七万人。
② 恺撒自伊提乌斯港(Portus Itius)或维桑(Wissant)启舰。
③ 此名较正确之形式似为 Caratacus。

乌斯决定候克劳狄及增援军队来到,再行渡河作决战。是时普劳提乌斯控制已获之地,曾为雷格尼人(Regni)君主之科吉杜布努斯(Cogidubnus)王似于此时倒向罗马人,其首都已鉴定为奇切斯特(Chichester)。科吉杜布努斯此后为罗马忠实之友人,克劳狄酬以罗马公民之身份、皇帝代表之头衔,予以其原有领地。于良木园(Goodwood Park)之纪念碑仍可见其采用提比略·克劳狄·科吉杜布努斯(Tiberius Claudius Cogidubnus)之名,以克劳狄为其名。①

克劳狄将罗马事务交维特利乌斯,本人率领大批军队约于7月乘船至马西利亚(今马赛),穿越高卢,于行军季节结束以前抵达伦迪尼乌姆(Londinium,今伦敦[London])附近之罗马军营。于皇帝主持之下,发生剧烈战斗,不列颠人大败,特里诺凡特人之首都卡马洛杜努姆为罗马攻陷。军士一再向克劳狄致敬为统帅,尽管习惯上每次出征只能获此头衔一次。克劳狄亲至卡马洛杜努姆,并选之为不列颠罗马化之中心。

克劳狄于岛上仅停留16日即返,将加强控制及继续扩张之工作交其将军。公元43年克劳狄在高卢过冬,44年春,返抵罗马。遣其随行之婿庞培乌斯,与西拉努斯先行宣布捷报。元老院决议为之举行凯旋礼,上"不列坦尼库斯"之称号。克劳狄逊谢,但为其襁褓中之幼子接受。元老院又议决建二凯旋门,一在马尔斯广场,一在格索里阿库姆。于罗马凯旋门部分犹存之铭文中,克劳狄自诩征服十一君主。② 于马尔斯广场表演模仿围攻不列颠城镇及降服不列颠首长,具见欢忻之情。其后又于帕杜斯(Padus)河口举行海军演习,以庆祝舰队于远征军中之贡献。克劳狄以功越前面三帝,为帝国添加新省,新省且在海洋之外,至

---

① 铭文如下:"工匠行会及其成员,为保护神殿,自费提供此密涅瓦及海神庙,于普丹提努斯之子,伟大不列颠之王提比略·克劳狄·科吉杜布努斯授权之下,捐献土地。"([N]eptuno et Minervae templum [pr]o salute Do[mus] Divinae [ex] auctoritate [Ti.] Claud. [Co]gidubni R. Lega[ti] Aug. in Brit. [Colle]gium fabror. et qui in eo d. s. d. de suo dant donante aream [Clem]ente Pudentini fil.)

② "跨海征服蛮族,接受不列颠十一君王之降,未折损罗马人民。"(Quod reges Britanniai xi. devictos sine ulla iactura in deditionem acceperit gentesque barbaras trans oceanum primus in dicionem populi Romani redegerit.)另一凯旋门建于基奇库斯(Cyzicus)。

为自豪。①

元老院通过凡克劳狄或其代表所订条约皆为有效,一如由元老院或罗马人民所订结者然,是为克劳狄征服不列颠之重要结果。此举实为便利远地岛国之征服。

第二节 普劳提乌斯、奥斯托留斯及 狄第乌斯统治下之行省及其扩张

不列颠之真正征服者为普劳提乌斯,为新省之总督,停留其地直至公元47年。于此期间,继续征服西方与南方。韦伯芗及其兄萨比努斯(Flavius Sabinus)摧毁土人之抵抗,战绩卓著。据云韦伯芗于不列颠指挥军队时,曾作战30次,攻陷20处。其主要成就之一为怀特岛(Isle of Wight)之征服。是时罗马人当已攻入萨默塞特郡(Somersetshire)边境,因于门迪普丘(Mendip Hills)曾发现二只铅猪,上有克劳狄及其子之名,时间为公元49年。于东部,降服据有征服后英人所谓东英吉利(East Anglia)之强大部落伊凯尼人(Iceni)。大体言之,自苏利斯泉(Aquae Sulis,今巴斯[Bath])至伦迪尼乌姆(今伦敦),中经卡列瓦(Calleva,今希尔切斯特[Silchester]),更进而包括卡马洛杜努姆(今科尔切斯特)之地,为召还普劳提乌斯时罗马治下不列颠之大致界限,普劳提乌斯获小凯旋礼之酬,乃非皇族者稀有之殊荣。

普劳提乌斯之后任为奥斯托留斯·斯卡普拉(P. Ostorius Scapula),初到任时,于季节快结束前,即受命压制伊凯尼人之叛变。伊凯尼人之实力因未经战争

---

① 凯旋时之铭文说明此点。例如:"战神父亲,及奎里努斯保护神,赐幸运予胜利之罗马,您与诸伟大恺撒皆光荣之星。您所见之法律远及不列颠,您之领域,日永不落。世界之极限屈服于吾人之武力,广阔大洋成为罗马之海。"(Mars pater, et nostrae gentis tutela Quirine, Et magno positus Caesar uterque polo, Cernitis ignotos Latia sub lege Britannos? Sol citra nostrum flectitur oceanum. Ultima cesserunt adaperto claustra profundo, Et iam Romano cingimur Oceano.)

损伤,而更为可怕,煽动周围部落起事,选择之战场周围环以粗篱,仅有狭路相通,骑兵不能进入。① 军团适调往他处,奥斯托留斯仅率辅助军迎战拟破之,以骑兵当步兵之用,成功冲破藩篱,叛众见逃走无望,力作困兽之斗,将军之子马尔库斯·奥斯托留斯(Marcus Ostorius)以拯救一公民性命获公民王冠(civic crown)。伊凯尼人败后,其他和战未决之部落不敢复叛。

但奥斯托留斯之主要工作在于西部。韦尔斯(Wales)山区人民顽强抵抗向该处扩张之罗马军队,更由自特里诺凡特人撤退至西方之卡拉克塔库斯加以组织,极力争取不列颠之独立。今日韦尔斯边境壕沟之遗迹,犹可窥见当时作战之情况。当时第二军团之司令部似于格雷弗姆(Glevum,今格洛斯特[Gloucester]),奥斯托留斯或自此处始筑一连串堡垒直至卡马洛杜努姆②。奥斯托留斯先攻一或居住于德瓦(Deva,今切斯特[Chester])附近不著名之部落德坎吉人(Decangi),再向志留人(Silures)山陵地带前进,其居地于赫里福德(Hereford)、蒙冒特(Mommouth)与南韦尔斯。占领维洛科尼乌姆(Viroconium,今 Wroxeter)为对付奥多维西人(Ordovices)之要塞,且有一段时间为第十四军团之司令部所在。

卡拉克塔库斯

不列颠人之军力远较罗马军队为弱,但卡拉克塔库斯善于利用当地地势之掩护,苦战三年,战场自志留人地区北移至奥多维西人领地,使罗马军队难于追踪(公元51年),决心结束战事。卡拉克塔库斯择一有利战场,使罗马军队进退两难,凡山坡较缓、罗马军队可接近之处皆在高山上堆积石垒③,其前有河,决战以前,卡拉克塔库斯召集族人防御,鼓励群众重获其自由,每一战士皆凭其部落

---

① 此战确址无资料可资决定,斯卡特(Scarth)以为即达文特里(Daventry)附近之巴洛丘(Burrough Hill)。今恶魔谷(Devil's Dyke)仍可考见伊凯尼人登岸之处,其地当自剑桥(Cambridge)至新市(New Market)途中。

② 此道防御线亦可能于更北之塞文河、阿文河(Avon)及特棱特(Trent)防线,见本章末附录B。

③ 战场确址不详,或于棱特沃丁(Leintwardine)附近之科克萨尔诺尔河(Coxall Knoll,即 Teme)。

神祇发誓不避刀剑，不畏剑伤。奥斯托留斯惊于其敌人士气之旺盛，及前有河，后有山之地形，颇为踌躇，但兵士坚持作战。奥斯托留斯于观察敌人地位觅定可以进攻地点后，率军渡河攻其围篱，起初不列颠人万箭齐发，罗马人极为不利。不久，罗马人形成龟盾阵（testudo），兵士将盾牌联结，成排前进，土人粗篱遂被推倒而退守高地。罗马人追赶，土人无防身甲胄，队伍旋为罗马人冲破。当土人转向抵抗轻甲之辅助军时，罗马军团自其后以剑及标枪杀之，当土人转身抵抗军团时，又为辅助军之矛及刀攻击。此战获决定性大胜，俘卡拉克塔库斯之妻女，降其弟，卡拉克塔库斯本人旋亦由其所逃亡托庇之布里甘图斯（Brigantus）女王卡尔提曼杜娅（Cartimandua）出卖，为罗马人所获，解送罗马。

意大利早闻卡拉克塔库斯之名，皆亟于瞻仰此一抗拒罗马人九年之英雄。罗马人民群出观看，如观奇景，禁卫军齐集营前，此不列颠王子之从者于皇帝之法庭前排列成队，卡拉克塔库斯之装饰、锁链以及其与其他部落作战所获战利品，皆予展示。其弟及其妻女继之，最后为其本人。其他人皆惧而屈服，独卡拉克塔库斯坚强不屈，辞色之间，绝不求饶。克劳狄免其本人及其亲族之罪，俘虏获释后，向皇帝及阿格里匹娜致敬。阿格里匹娜是时亦于皇帝之法庭上与克劳狄并坐，周围环以军旗。妇女出现于皇帝之法庭，实乃前所未闻之事。庄重之仪式后，元老院集会，对卡拉克塔库斯之捕获发表赞美之词，将之与西庇阿之于叙法克斯（Syphax）或保路斯（Aemilius Paullus）之于珀尔苏斯（Persus）相比拟。卡拉克塔库斯被软禁于罗马至死，与苏维人马若波杜斯相同。奥斯托留斯获凯旋饰物。

此次胜利虽为决定性，但绝不等于不列颠西部之征服。第二军团总部设于更西之伊斯卡·西路鲁姆（Isca Silurum）（今乌斯克河上之凯尔雷翁［Caerleon on the Usk］，与埃克塞特尔［Exeter］之伊斯卡·杜姆诺尼奥鲁姆［Isca Dumnoniorum］不同），处境极险，曾数度严重受挫。是时北方大部落布里甘特人掌握所有特棱特以北，至少至于泰因河（Tyne）之地，对罗马人有敌对迹象。奥斯托留斯胜利后不久即死（公元52年），据云系由于对志留人苦战筋疲力尽所致。以后六年于狄第乌斯·加卢斯(Aulus Didius Gallus,52至57年)及维拉尼乌斯(Veranius,57至58年)统治之下,未再扩充该省疆土。

奥斯托留斯总督任内开始军事殖民。库诺贝里努斯所选之古都卡马洛杜努姆(今科尔切斯特),其地位相当于高卢之卢格杜努姆。舍弃是时商业上较大之城如伦迪尼乌姆,而取卡马洛杜努姆,颇堪注意。于库诺贝里努斯统治之下,卡马洛杜努姆虽然类似一般同为面积数平方哩之城市,但其重要性远过不列颠其他诸城,其东、北、南三方有科尔内(Colne)沼泽地及其小支流(今仍称罗马河[Roman River])之保障,西边为可攻击之地,在河与河之间有坚强之土墙以资防御,至今部分尚有迹可寻①。新殖民地正式名称为维克特里克斯殖民地(Colonia Victrix),为克劳狄建庙,以建立行省信仰,一如于高卢为奥古斯都所建立者。不久涌现剧场及其他建筑,但与伦迪尼乌姆及维鲁拉米乌姆(Verulamium)相同,无城墙,亦无足够防卫。

当狄第乌斯抵不列颠省时,发现瓦林斯(Manlius Valens)所率军团之一曾为扰遍全境之志留人所败,狄第乌斯将其驱散后,转击布里甘特人(Brigantes)。布里甘特部落中有能征善战之酋长名维努提乌斯(Venutius),为卡拉克塔库斯被擒后,争取不列颠独立最重要之勇士与最有力之领袖。多年以来,维努提乌斯曾忠于罗马,与卡尔提曼杜阿女王结婚,但后来反目离异,双方发生内战。女王仍效忠罗马,维努提乌斯则改变对罗马人之态度。卡尔提曼杜阿以狡计控制维努提乌斯之兄弟及族人,导致维努提乌斯以不列颠青年之精英入侵女王之国。罗马遣军助女王,败来犯之军。以后数年双方仍有零星战事,但终狄第乌斯之任,无重要事件发生。公元58年,维努提乌斯之继承者维拉尼乌斯小规模侵扰志留人,但不久逝世,战事乃停。

---

① 弗诺编之塔西佗《编年史》,第2卷第142页。

第三节　苏维托尼乌斯·保利努斯之统治

公元59年,曾于毛里塔尼亚立功之保利努斯受命为不列颠总督。保利努斯能干而具野心,罗马势力再度扩张。德瓦之占领可能即为其力,并以之为第二十军团之驻在地,即称其地为"营地"(the Camp, Castra 或 Chester)。德瓦一面可抗北韦尔斯,一边可抵御布里甘特人。保利努斯最初二年任期或用于征服韦尔斯北部,公元61年,率第十四军团前进消灭德鲁伊教之崇拜。是时不列颠之祭司已退至莫那岛(Mona),于韦尔斯西北之岛,今安格勒塞(Anglesey)。此辈希望一海之隔,罗马军队不再追逐。但保利努斯并不放弃,准备木筏,载运步兵渡河,于岛上登陆后,不列颠人已严阵以待,后方之妇女披发黑衣,舞动火炬,祭司对来犯之敌人作咒语,罗马人一时颇为惊惧,但旋即镇定,强登岸上,将敌人全部征服,砍倒或烧毁当地之圣林。塞拱提乌姆(Segontium,今仍名 Caer Seiont)之建立,或与此役有关。

当苏维托尼乌斯·保利努斯忙于征伐西方之时,东方爆发巨大之叛变。首要部落为伊凯尼人。该部落以前虽曾叛变,于其王普拉苏塔古斯(Prasutagus)统治之下,却始终为罗马称臣纳贡之属邦。罗马赋税之重,及代行财政官之残暴蛮横,引起普遍不满。不列颠之城市为应无厌之需索,不得不自罗马高利贷者举债,据云塞涅卡之骤然收回债款,实为促成此次叛变之直接原因。普拉苏塔古斯死后,伊凯尼人之土地即被并入不列颠省。普拉苏塔古斯临死时曾以罗马皇帝与其二女同为继承人,希望如此可保其家人及王国不受罗马人伤害,却适得其反。皇帝之代行财政官以索取遗产为词,大掠故王宫室,对王室之暴行,令人发指;鞭打普拉苏塔古斯之妻鲍狄卡(Boadicea)[①],并奸污其二女,奴役其亲戚,剥

---

① 适当写法为 Boudicca。

夺部落重要人物之财产。伊凯尼人既愤罗马人所为,又恐将来有更甚者,乃与苦于卡马洛杜努姆残暴殖民者之特里诺凡特人联合。卡马洛杜努姆之殖民者亦将土著逐出其房舍农田,主持克劳狄神庙之祭司征收重税,以维持此外来之崇拜。

伊凯尼人之反叛

叛众选择所有罗马军团皆远离之时,向卡马洛杜努姆进发,居民向省财政官德奇阿努斯(Catus Decianus)求救,德奇阿努斯遣两百无正规武器之人往援。卡马洛杜努姆既无壕沟,亦无城垒,内部与叛众秘密同谋者又阻止其预作防备,甚至老弱妇孺亦未事先离开,只好避于克劳狄庙中,盼望援军到达。大批不列颠人围攻其地,两日后,庙宇陷落,所有防卫者皆遭极残酷处死。驻防附近①之第九军团统帅凯里阿利斯(Petillius Cerealis)首先闻警,急往攻击叛众,一番大战之后,步兵全被击溃,仅骑兵得以逃亡。凯里阿利斯只好固守其所掘壕沟,直至保利努斯率其第十四军团,自莫那兼程东返,并由德瓦带来第二十军团之老兵增援。全部正规及辅助军共约一万人,曾望驻扎伊斯卡西路鲁姆之第二军团亦东进会师,但该军统帅以志留人不安为词,不肯应命。

保利努斯为防浪费军力,不得不离开人口众多之重要城镇如伦迪尼乌姆及维鲁拉米乌姆,愤怒而贪婪之叛众于焚烧克劳狄之殖民地后,长途行军,致力于破坏。保利努斯当时之行动今已无法确知,但决战场所似在卡马洛杜努姆附近②。战场系保利努斯自行选定,一端有树林屏障,一面有狭窄通路,前面为广阔平原,无中伏危险,亦不致遭受最可怕之敌人挟众多之势自两翼或后面包围。军团密集排列,其外为轻甲大队,骑兵置于两翼。拥有骑步兵之不列颠人,抱必胜之心,以马车载其妻子亲临观战。精力旺盛而有决断之鲍狄卡对其族人大肆宣扬其所受遭遇,与二女乘战车来往诸部落间,呼吁其国人推翻外人统治。但不

---

① 确址不详,或认为系林杜姆(Lindum),但是时林杜姆是否已属罗马,颇为可疑。
② 或认为科尔切斯特附近之渥明弗德(Wormingford)曾发现一土丘,内有大量骨灰坛,为不列颠人战败之处。

列颠人尽管人多士气旺盛，却遭受惨败。罗马军团最初在狭道防守，但当抵御来敌最有效之长标枪消耗殆尽之时，乃冲出以楔形纵队突破不列颠阵势中心。辅助军及骑兵助之，完成胜利，不列颠人逃窜时又为马车所阻，损失近八万人，鲍狄卡仰药自尽，不服命令之第二军团统帅因其军队未能分享第十四军团之光荣而自杀。

此次叛变中，罗马公民及盟邦被杀者约七万人，东部地区开化之工作须从头做起。自高卢调来相当数目之军队增援，第九军团重新整编，又将全部集结扑灭叛变残余之势力。保利努斯之报复极为酷烈，刀剑之余，继以火焚，所到之处，尽为废墟，益以饥馑，伊凯尼人不胜其苦。是时建立伊凯尼镇（Venta Icenorum）①要塞，或即为控制卡马洛杜努姆以北地区之用。

保利努斯为严厉之统治者，从无宽大处置。一财政官控其压迫，皇帝派一获释奴波里克里图斯（Polycletus）至岛上查明真相，不以保利努斯为然，将之召还（公元61年），以一较能妥协之佩特罗尼乌斯·图尔皮利阿努斯（Petronius Turpilianus）继任。于图尔皮利阿努斯统治之下，南不列颠似渐安于罗马之统治。重建前为伊凯尼人劫据之城市，旋即恢复旧有繁荣，以卡马洛杜努姆为罗马统治之中心，伦狄尼乌姆（伦敦）为不列颠之商业中心。是时省中所有重要据点均有罗马大道相通，两条最重要者，向西之瓦特灵街（Watling Street）及向北之貂皮街（Ermine Street，经卡马洛杜努姆），会于伦狄尼乌姆。主要海港为鲁图皮埃（Rutupiae, Richborough）及勒马尼斯港（Portus Lemanis），后者至今仍用旧名曰利姆尼（Lymne）。以上各地及内陆中心如卡列瓦（Silchester，近雷丁[Reading]）及科里尼乌姆（Corinium[Cirencester]）等，皆已开始成为罗马文化之中心。

---

① 今诺维奇（Norwich）或凯斯托（Caistor）。

附录

A 普劳提乌斯之征伐

普劳提乌斯征英之唯一记载为狄翁·卡西乌斯（Dion Cassius）者，但卡西乌斯对地理之指示极少，虽有亦颇含混，难得其确址，研究此方面之学者意见相差极巨，上述系据蒙森《罗马史》第5卷第5章及弗诺编之塔西佗《编年史》第2卷第126页及以下。虚卜讷之《罗马在西欧之统治》(*Römische Herrschaft in Westeuropa* 第10页及以下)者即迥然不同。虚卜讷认为罗马军队在德瓦及南罕普顿（Southampton）间之一处或一处以上登陆，首先扎营之地在奇切斯特附近王国之古都，于当地获科吉杜布努斯之支持。南罕普顿附近之克劳森图姆（Clausentum）或为纪念克劳狄在不列颠之胜利而建，其地即在罗马舰队登陆处附近。怀特岛之占领为征服初期之事。据此则罗马自奇切斯特西北进至文塔（Venta，比尔吉人之主要城市），其名犹可见之于温切斯特（Winchester），继至卡列瓦，卡列瓦与东西海面距离相等，可同时发动对两面之攻击。狄翁所提及之波杜尼人即在塞文河沿岸格洛斯特附近居住之多布尼人（Dobuni）。格雷弗姆由罗马一军营占领。罗马军队既于西部建立据点，全军之主要部分乃向东进对抗特里诺凡特人。狄翁·卡西乌斯未提名字之河流，或为阿文河。

与虚卜讷及其他以为罗马登陆后即刻西进学者相反之意见，狄翁书中并无能证明此种看法之处，此种假设于前提上已为不可能之事。罗马第一攻击目标显系特里诺凡特人，普劳提乌斯何以经由卡列瓦及格雷弗姆攻击卡马洛杜努姆，实为费解。仅有之可能论证认为狄翁曾提及 Bodium，与 Dobuni 仅二字母倒置。自地理学家托勒密得知多布尼人居住于格洛斯特及希润斯特（Cirencester）附近。但亦无理由一定认为其非波杜尼人居住于不列颠另一部分，与多布尼人迥然不同。对专门名词之猜测极难确定。

盖斯特博士（Dr. Guest）亦认为有相似之西向转进，弗诺曾加以简明之摘要叙述。盖斯特认为"登陆处或于利奇堡（Richborough）、多佛（Dover）及海斯（Hythe）。但不列颠人未经抵抗即放弃肯特，其最先之据点，亦即卡拉克塔库斯失败之处，为希尔切斯特附近，第二据点亦即托格杜姆努斯失败之处为希润斯特附近。不列颠人败退及主要战争发生处之未记名河流即泰晤士河,渡河之处为沃灵福德(Wallingford)。不列颠人以后渡过及罗马军队前进停止之处所谓泰晤士河,实即史特拉福(Stratford)附近利亚(Lea)河之河口。普劳提乌斯等待之处为伦敦,其军营即形成最早之永久性城池,盖斯特不认为此处以前曾有不列颠人居住。盖斯特引阿弗雷德(Alfred)据不太清晰之韦尔斯编年史谓恺撒曾由此进军,以证实其说法。(所谓恺撒之路线系经由沃灵福德至希润斯特),但困难之处甚多。"如对此有限事实一旦发生怀疑,如狄翁之泰米西斯(Thamesis)即泰晤士等,则无法叙述此战役。

艾里(G. B. Airy)于《雅典娜学报》(*Athenaeum* June 28, 1860)之意见迥然不同,弗诺为之摘要叙述如下:"狄翁所谓之西进路线实系自北福兰(North Foreland)至埃塞克斯沿海即罗马登陆处,或为绍森德(Southend)或其附近。不列颠人系向西南撤退,主要战场所在之不知名河流为利亚潮汐区。不列颠人自彼处撤退逾泰晤士河至其南岸,罗马人自后追击,占据点(或于克斯屯[Keston])与克劳狄再渡泰晤士河攻击卡马洛杜努姆。此种看法似乎包括极不可能之假设,即不列颠人不回其卡马洛杜努姆要塞,而故意离去,任由罗马攻击。罗马人不击卡马洛杜努姆而穷追不列颠人不舍,甚至预料不列颠人渡泰晤士河而渡河以俟之。"

1888年斯普勒尔(F. C. J. Spurrell)于考古学研究所(Archaeological Institute)宣读论文,提出新意见,部分赞成盖斯特,部分同意艾里。"将登陆处置于罕普郡(Hampshire)海岸,以罗马人进军至格洛斯特,由此向东,直抵利亚(Lea,即未命名之利奥河);自利亚追击不列颠人南逾泰晤士河(或于提尔布里[Tilbury]附近,假定当时处于潮汐线之上),等候克劳狄。"

关于此一疑难问题,弗诺所作一最有用之论文,本注至为感激。

B 奥斯托留斯统治时不列颠省之范围

不列颠省北向扩张之年代极难确定,资料极少,塔西佗文中曾有一重要词句或对此事甚有帮助,但文义极难确定。前文所云虚卜讷以为不列颠省于普劳提乌斯及奥斯托留斯统治时以卡马洛杜姆及格洛斯特为界,其说已获接受。又认为德瓦之永久性建置为苏维托尼乌斯所为,林杜姆之占领则更在以后。其他学者认为林杜姆为保利努斯统治时之罗马据点,或更迟于奥斯托留斯时者,事实上凯里阿利斯及第九军团当公元61年叛变发生时驻于其地,此点似极可能。塔西佗于《编年史》(第12卷,第31章)中叙述奥斯托留斯所为,谓于两河(特棱特河及塞文河之间)修筑堡垒([Cunctaque castris Antonam et Sabrinam fluvios cohibere parat.])。曾提出许多改正,其一为内阿文河(inter Avonam,以其为 Antonam),极不可能。蒙森认为 castris 为维洛科尼乌姆上之军事驻地,而名字错误之河乃特尔恩(Tern)。(故哈维尔菲尔德[Haverfield]先生建议特里桑托纳姆军营[castris ad Trisantonam]。)但上下文显示奥斯托留斯之界限以某种方式影响到伊凯尼人,是故维洛科尼乌姆似不可能。赫莱乌斯(Heraeus)之推测于古文字学及历史上皆较可能。其建议 cis Trisantonam,(而非 castris Antonam),意为"特棱特河以及塞文河之南"。若以特棱特河为限,则是时林杜姆之占领极为可能。

请注意若 castris 为正确,则必为军营,而非一系列堡垒,后者乃 castellis。

日耳曼尼库斯之尊为神

第十七章 尼禄之元首制(54—68年)

第一节 塞涅卡及布鲁斯之得势

新元首尼禄(Nero)①属于显赫世家之一之图密善之红胡子家族(house of the Brazen-beards)。其父多米提乌斯(Gnaeus Domitius Ahenobarbus)恶名昭彰。据云其子生时曾谓有父如彼,有母如阿格里匹娜,则其子必不吉利,且为国家之祸。此子于三岁失怙,其财产继承权又为皇帝盖乌斯剥夺,其母遭放逐,教养之责一时之间落于其姑母列比妲。克劳狄登基,归还尼禄其母及其财产,于阿格里匹娜眼中,以为其前途无量。阿格里匹娜召

尼禄

还放逐中之塞涅卡,委以教育其子。塞涅卡于尼禄统治前半期,对帝国之行政扮演重要角色,以斯多葛派哲学家自居,理应超然于人类一般欲望及野心以外,却积财巨万,且不惜谄媚君王。塞涅卡并非以哲学自娱之政客,亦非超逾本身范围,提供政治意见之纯粹哲学家。相反地,其理论为哲学应当用于政府,思想应与行动联合。塞涅卡或未严守其道德律,但不论其有何缺点,"无疑远在当时一般贵介子弟所付托之一般教养儿童之家奴、阿谀奉承之奴隶或谄媚之获释奴之

---

① 正式名称为 Nero Claudius divi Claud. f. Germanici Caesaris。

上。其教育原则无疑为诱导或哄骗其学生,而非强迫其进于道德。塞涅卡于诸多方面迁就,以换取对别人之影响,降低身份,纵容尼禄对若干无价值娱乐之爱好,以博取此少年对严肃课程之注意"。① 此少年君主受当时罗马贵族少年之引诱,习惯沉溺于放纵身心。其最喜爱之课程为艺术,尤以音乐与歌唱为最,演说则非其所长,曾请塞涅卡代拟致其叔之悼词。

尼禄之继位顺利为罗马人民、军士及元老院所默认,或为克劳狄之亲子不列坦尼库斯抱屈,克劳狄之遗嘱亦未公开宣读,但无人肯出面为不列坦尼库斯争取,或受其母淫乱行为之影响,元老院亦宁可皇帝继承权有问题,借以对帝国行政有较大影响。吾人须谨记,自严格之宪法观点言之,不列坦尼库斯并未较尼禄有更多之继承权,而尼禄自其母亲关系言之,亦为奥古斯都直系之后裔。由塞涅卡口述之新帝于元老院第一次之演说,留下良好印象,尼禄允诺不干预元老院职权之行使,本身活动仅限于军事方面。元老抓住机会,立即取消克劳狄时所立准许律师为人辩护可接受报酬之法,并免除克劳狄加诸财政官须筹办角力表演之负担。

尼禄统治之最初数年,其母与塞涅卡及布鲁斯争权甚烈。阿格里匹娜为夺取大权,不顾一切,即使其子为帝,亦不愿交出大权,一切皆欲自己做主。尼禄对之颇孝,所发之第一次口令即"母亲中之最贤者"。最初数月中,阿格里匹娜俨然帝国之摄政,母子之像并列于钱币上,阿格里匹娜并亲自接见外国使节。阿格里匹娜大权在握,立将二大敌纳尔奇苏斯及亚细亚省长西拉努斯排除。阿格里匹娜恐西拉努斯之弟路奇乌斯(Lucius)与尼禄争位,杀之,惧西拉努斯报复。尼禄则终日寻欢作乐,不理政事,对其母之揽权,并不反对;而布鲁斯及塞涅卡则不承认一妇人之夺权,尤其似将残酷无道地行使。为对抗阿格里匹娜之影响力,遂怂恿尼禄与一希腊获释女奴阿克特(Acte)有私。阿格里匹娜震怒,痛加詈骂,使皇帝更接近纵容自己之塞涅卡。阿格里匹娜乃改变策略,与塞涅卡竞相纵容以

---

① 梅里韦尔,第6卷第270页。

争取尼禄之欢心,但尼禄已洞悉其野心。塞涅卡等对手第一回合之胜利即排除与阿格里匹娜同谋之获释奴帕拉斯。尼禄一向不喜其人,不愿接受其参谋,乃罢免其职,将之排出宫廷(公元55年2月13日以前)。

阿格里匹娜经此严重打击,力图挣扎,乃转而支持不列坦尼库斯,宣布其为克劳狄之真正继承人,声言欲与之同赴军营,请军士就日耳曼尼库斯之女及布鲁斯与塞涅卡之间作一选择。阿格里匹娜更谓不管其本身有何过犯,至少曾经保存不列坦尼库斯之生命。阿格里匹娜此举遂对不幸之不列坦尼库斯实为致命。尼禄见不列坦尼库斯一日在世,一日其皇位不安,决心除去之,乃命洛库斯塔设法。洛库斯塔以热酒杯送不列坦尼库斯,请饮。不列坦尼库斯见酒杯太热,乃掺以冷水,冷水中预置剧毒一滴,不列坦尼库斯饮后立死。左右惊愕莫名,阿格里匹娜亦为之惊慌失措。当晚遗体于马尔斯广场火化,是时暴风雨大作,群以为神明震怒之象征。此次阴谋是否为尼禄单独设计,或有塞涅卡参与,无法确知。但不列坦尼库斯之死绝对可阻阿格里匹娜计划之实现。塞涅卡是否再进一步毒杀阿格里匹娜以求自保,则以证据缺乏,吾人须假定其无罪。不列坦尼库斯之死声称为自然,尼禄表示对痛失爱弟,极为哀悼。尼禄无惧来自元老院之好奇质询,因元老院对于塞涅卡引导下尼禄之政策颇为满意,故对杀弟及宫廷内其他罪行,不加干预。

尼禄政策之主要特色为争取元老院好感。皇帝拒绝为之立金、银之像;谦辞以其出生之月十二月为岁首;告密者控一骑士及一元老,亦未予受理。一般人皆以为诸此作法,颇合公道。

阿格里匹娜既失对尼禄之影响力,于不列坦尼库斯死后,乃以其媳一向为尼禄所轻忽之屋大维娅保护人自居,企图自结一党。尼禄颇为震惊,乃撤销一向保护其安全之卫士,并强迫其离宫,另居于前属其祖母安东尼娅所有之宅内。阿格里匹娜失势之后,亲友亦渐远离,美萨利娜情夫西留斯之孀妻西拉娜(Junia Silana)以私恨而诬告其谋叛,收买两告密者谓其阴谋推翻尼禄,另立普劳图斯

(Rubellius Plautus)①,普劳图斯与奥古斯都之关系与尼禄相同。但经调查后,诬告失败,西拉娜遭放逐。

此后三年,阿格里匹娜不复见于史籍,对尼禄之影响力虽已消失,但母子之间尚未公开决裂。是时,帝国政务一切委诸塞涅卡及布鲁斯,元老院亦获帝国以来前所未有之活动自由。尼禄乃纵情享乐,接受当时一般放荡贵族少年最为喜爱之消遣,常于夜晚在街头闲逛,着奴隶之服以掩蔽其身份,来往酒店及其他下流场所,亦常与其同伴强攫商人陈列出售之物品,如遭发现,即向其人攻击,尼禄脸上留有此等打斗中留下之伤痕。尼禄此种化装夜游之放荡行为渐为人知,众多著名男女人士曾遭其侮辱,乃有人假借其名,效其所为,一时罗马街头,聚集一群如18世纪常使伦敦夜晚危险之黑帮(Mohawks)。某次一元老蒙塔努斯(Julius Montanus)遇尼禄于黑暗之中,尼禄击之,蒙塔努斯奋力反击,继知其为帝,上书请赦,尼禄愤其真面目暴露,询曰:"彼既知已获犯上之罪,曷尚未自裁?"蒙塔努斯无奈,乃自杀。此后,尼禄更加谨慎,每出游,必由兵士及角斗士组成之卫队跟随,以备必要时出面干涉。

尼禄最亲近之伴侣为萨尔维乌斯·奥托(Salvius Otho)及克劳狄·塞内秋(Claudius Senecio),二人皆放荡无行之时髦少年。公元58年,又以与奥托之交往而与其妻波佩娅(Poppaea Sabina)有私。波佩娅与前夫离婚,再嫁奥托。以之为踏脚石,另谋高攀,悉心结纳尼禄。塔西佗对其如何卖弄风情诱惑,大胆无耻及邪恶,有生动描写,谓其"具有除高尚精神外之一切事物"②,与阿格里匹娜堪称无独有偶。尼禄为其所惑,将奥托调往路西塔尼亚为总督,以便与波佩娅接近。波佩娅为与尼禄结婚,必须使其与屋大维娅先行离异。但波佩娅清楚知道,其计划之最大障碍实为力图维持帝后二人名义上结合之阿格里匹娜,遂致力于挑拨皇帝母子。波佩娅得诸友及塞涅卡、布鲁斯之支持,乃决定牺牲阿格里匹娜

---

① 其母为提比略之子德鲁苏斯及利维拉之女朱利娅。
② 塔西佗《编年史》第13卷第45章:Cuncta alia praeter honestum animum。

婆媳，以进入宫廷。

公元 59 年阿格里匹娜之死

日耳曼尼库斯此女对禁卫军仍具有相当之影响力，如公然对之不利，实为危险之事。但尼禄为情妇波佩娅所怂恿，仍不顾一切欲谋暗杀。其旧日教师当时已升任米塞努姆舰队队长之阿尼凯图斯（Anicetus）筹造一可沉之船，不令人起疑，苟阿格里匹娜乘之，则可将其死归之于风浪。三月中有持续五天庆祝密涅瓦（Minerva）之节庆五日节（Quinquatrus），尼禄邀其母至其拜亚附近之别墅，阿格里匹娜于拜亚与米塞努姆角间之包利登陆，乘舆抵达。宴后入夜，劝使其登上预置之舟返包利，但舟之操作，未如预期，阿格里匹娜游泳抵岸，安返其于路克里尼（Lucrine）湖边之别墅。方舟沉之时，其侍女阿凯尔罗尼亚（Acerronia）为谋获救，高呼"余乃皇后"，为桨击沉溺死。阿格里匹娜洞察其侥幸脱逃之奸谋，但假装视之为意外事件，并遣其获释奴阿格里努斯（Agerinus）往报尼禄其侥幸脱险之消息。尼禄正迫切等待其死讯，不意图谋未成，恐惧万分，向布鲁斯及塞涅卡求援，二人似未参与此密谋。但阿尼凯图斯为竟全功，仍伪称自阿格里努斯处发现匕首，得悉阿格里匹娜将不利于其子，乃与一队长及一军官赶赴路克里尼别墅。时阿格里匹娜方卧于靠椅之上，仅一人随侍，其他人闻刺客将至，皆弃阿格里匹娜而去。刺客出现时，最后一奴隶亦逃走。阿格里匹娜伤痕累累，高呼："刺此怀尼禄之腹"。死后由奴隶为之安葬，其忠实之获释奴麦尼斯特自杀于其火葬柴堆上（公元 59 年）。

阿格里匹娜死后，各方争向尼禄道贺，庆其逃脱其母阴谋。尼禄弑母即使稍有悔意，亦为此等热情迅速减轻，致函元老院，解释其母死亡情况。由塞涅卡生花妙笔掩饰，再由布鲁斯证实此假说法，众人普遍相信。元老院实为元首向大众传播讯息之工具，真实故事或仅为少数发起人所知，而阿格里匹娜曾杀其亲夫，再杀其子绝非不可能，否则各方对尼禄所表示之同情，即难以理解。元老院颁布为皇帝之安然无恙举行谢神礼，在元老院中为密涅瓦及皇帝立金像，此后五日节以公开之表演庆祝,并视阿格里匹娜之生日为不吉之日,赦还所有因阿格里匹娜之影响被放逐之人。尼禄进入罗马时,如同凯旋,登卡庇托神庙为其平安向诸神致谢。

第二节 波佩娅及提格利努斯之得势

阿格里匹娜尽管野心勃勃,不讲道义,但对皇室尊严极为重视,尼禄却并此而无之。阿格里匹娜死后,尼禄随心所欲,肆无忌惮,沉溺于其戏剧与艺术之兴趣,无视一切罗马人之民族成见。尼禄渴望身着悲剧服装,且弹且唱,公开露面,或亲御战车驰骋竞技场中。当塞涅卡表示此种举止不合皇帝尊严,尼禄答以此系希腊人之高等文化,且有盖乌斯之前例可援。塞涅卡及布鲁斯既不能加以阻止,乃试图限制其观众,于梵蒂冈谷地(Vatican valley)建一竞技场,仅少数廷臣有权观赏皇帝御车之术。但尼禄不以此让步为满足,仅会刺激其参加更多公开表演,决心以歌手及演员姿态出现。当其第一次剪须之时,于宫中举行庆祝,称之为"成年节"(Juvenalia),散发无数请帖,悬赏征求罗马贵族子弟比赛歌唱及跳舞。尼禄手抱竖琴降临台上,一群号称"奥古斯提阿尼"(Augustiani)之少年受命为其优异歌唱鼓掌。布鲁斯被描述为"一面伤心,一面鼓掌"(公元59年)。次年,尼禄制定另一节日,以其名名之曰"尼禄节庆"(Neronia),完全模仿大型希腊竞技会,每五年举行一次。尼禄亲自参加音乐竞赛。此种表演远较可怕之角力竞赛安全,却激怒罗马人之民族成见。罗马史家言及,无不对之厌恶。尼禄所有理想皆为希腊式者,对于角力场表演则极少关心。盖其自幼受塞涅卡之斯多葛哲学熏陶,至少略具世界主义之精神,未受罗马政治传统之影响。

公元62年为尼禄统治期间之转折点,尼禄前此皆在布鲁斯及塞涅卡约束之下,二人虽纵容其放荡行为,却阻止其行使皇权伤害国家。故"尼禄在位前五年"(quinquennium Neronis),成为良好政府之形容词。62年初,布鲁斯死,为局面恶化之始。塞涅卡之影响失去其友布鲁斯之支持,立即开始减退。是时罗马政治如不得禁卫军队之同意,几无法对政事发生重大作用,而新任之队长提格利努斯(G. Sofonius Tigellinus)及卢弗斯(Faenius Rufus)皆不能如与塞涅卡及布鲁斯之合作无间。但塞涅卡与其前弟子之疏远,主要由于波佩娅之敌对。波佩娅妒其对尼禄之影响,且尼禄不能与屋大维娅离异而与波佩娅结婚,亦由于二人之作梗。当布鲁斯被询及离婚意见时,曾以其一贯之率直答曰:"如遗弃克劳狄之女,则至少须还其陪嫁而来之帝国。"布鲁斯已死,波佩娅乃处心积虑排除塞涅卡,一如前曾排除阿格里匹娜者然,以塞涅卡之富有为其罪恶,控其腐化民众企图谋反。据云塞涅卡曾自诩作诗及演说皆优于尼禄,尼禄既妒且惧,态度大变,塞涅卡见处境危险,乃放弃外表之排场,并考虑完全退出政坛。

继布鲁斯为禁卫军队长之二人中,卢弗斯仍无足轻重,但出身微贱毫无原则之提格利努斯渐以逢君之恶,并参与其邪行,迅获尼禄信任。提格利努斯如仅为帝之荒唐游伴,尚对一般事务无大损,但提格利努斯又鼓动其残酷行为。尼禄晚年之暴政即始自提格利努斯之出现。对普劳图斯及苏拉(Cornelius Sulla)之处刑,实揭暴政之序幕。公元60年彗星现,认为系元首败亡倾覆之象,而普劳图斯即谣传中之可能继任者。尼禄劝其退居其于亚细亚省之居处,此种劝告实同命令,普劳图斯此后即退居亚细亚省默默无闻。提格利努斯又表示普劳图斯之声望、财富及亚细亚省距叙利亚军队之密迩,仍为危险人物。尼禄遂派一百人团队长率士兵六十,自罗马出发,随带一宫中宦官,除此可憎之贵族。普劳图斯事先曾得友人警告,尚可逃往波斯,但仍留家中,静待恶运降临。苏拉为克劳狄与佩提纳(Paetina)之女安东尼娅之夫,四年前,曾有不忠嫌疑,受命居住马西利亚。苏拉并不富有,但其高贵之出身,及与克劳狄家族之关系,益以前此不忠之嫌疑,使其不免一死。二人死后,暴政已极显露,元老人人自危,对尼禄所表现之态度亦自卓然独立变为奴颜婢膝。提格利努斯及波佩娅大胜,塞涅卡黯然退场。

第十七章　尼禄之元首制（54—68 年）

公元 62 年屋大维娅之被迫离婚与死亡

波佩娅更进而欲完成其最大目标，即怂恿尼禄与屋大维娅离婚，提格利努斯助之，控以与一来自亚历山大城之吹笛手有不正当关系，禁卫队长主持调查，严刑逼迫之下，皇后之若干女奴承认皇后有罪，但多数仍加否认。证据如此，不能再以此罪将被告处死，如波佩娅所愿，尼禄只好以其无所出为名，与之离婚，将布鲁斯之宫室及普劳图斯之财产交屋大维娅为其生活费，命之隐居坎帕尼亚，但此无辜皇后之不幸遭遇所激起各阶层一致之普遍同情，促使其灭亡。忽谣传皇帝将召还其后，谣言实属空穴来风，盖尼禄已与波佩娅结婚，波佩娅之像已立于城中各公共场所。但民众极为兴奋，涌往卡庇托，感谢诸神保佑皇帝终于承认皇族真正女嗣之合法权利，并推倒波佩娅之像，代之以屋大维娅者，以示胜利。当群众齐集皇宫周围时，提格利努斯军队将之驱散。波佩娅见屋大维娅一日不死，其地位即不稳定，乃怂恿尼禄同意杀屋大维娅。当年致阿格里匹娜于死之米塞努姆舰队司令阿尼凯图斯，再度执行其杀害另一皇后之任务，向皇帝承认其与屋大维娅有私，遭判放逐萨丁尼亚，于岛上享受奢侈生活，直至寿终正寝。屋大维娅被放逐于潘达特里亚岛，公元 62 年 6 月 9 日遭处死，首级被割下，送至波佩娅处，波佩娅至是始得安枕。元老院下令向诸神献祭谢恩，塔西佗谓此后不必明言即可了解"每当皇帝下令放逐或处决某人，即向诸神谢恩，前此纪念兴旺事件之典礼，此后却为若干公众灾害之象征"。

次年（63 年），波佩娅生一女，元老院上波佩娅以奥古斯塔之尊号，以前屋大维娅未获此尊称，但自此以后，此一头衔亦不复具有与前此利维娅及阿格里匹娜者政治上相同之重要性。尼禄对其女之诞生，欣喜若狂，名之曰克劳狄娅（Claudia），但三个月后夭折，尼禄悲痛之情，亦逾常情之外，以之列于女神（divae）阶级，与盖乌斯之妹德鲁希拉同。两年后，波佩娅死于早产，据云为尼禄意外踢死，波佩娅死后，亦被封神，为利维娅以后皇后中获此尊荣之第一人。

自从波佩娅与提格利努斯取代塞涅卡及布鲁斯之地位后，局面一变。盖乌斯统治时之奢侈残暴以及克劳狄宫廷之贪食,一时皆复重现。尼禄之荒淫放荡与其演戏及御车皆公开表现,宴会于城中各公共场所举行,皇帝以整个城市为其私宅。提格利努斯所设计荒唐宴会之奢侈,极著恶名,公民皆获允许为皇帝放荡行为之观众。某次于一巨筏上设宴在阿格里帕内湾(Basin of Agrippa)①以船拖曳,船以黄金象牙为饰,由可供牺牲之人摇桨,湾之两岸为声名狼藉之房屋,其内充斥贵族出身之妇女。据云尼禄伤风败俗之恶行中,最荒唐者厥为与一名皮托多鲁斯(Pythodorus)之男子举行婚礼,面纱、嫁妆、火把、神卜等等一切俱备。虽然古代史家所述尼禄及其宫廷之放荡行为容或夸张,但其荒唐行为无疑曾作无耻之公开,近代读者似难相信。

财政困难

奢侈放荡与宫廷罪恶,同时并进,帝库空虚,带来财政危机,一切与盖乌斯时无异。尼禄统治之初,财政政策开明宽大,克劳狄曾留下充实之府库,犹如提比略所遗于盖乌斯者。尼禄曾认真企图减轻间接税负担极重之大众负担。公元58年,曾提议免除关税(vectigalia),建立"自由贸易"。此种措施非唯行之于罗马城或罗马公民,亦行之于全国。其目的为减轻人民负担,及取消伴随诸多欺诈不公之征税模式。尼禄补偿所减收入之建议,无疑系增加直接税,而直接税负担最多者为自取消关税获益最多之制造家及资本家,如是则小民负担减少,而富商巨贾获益仍旧,全国皆蒙其利。但尼禄之计划并未获得考验机会,其经验丰富之智囊团,告以此举将致国家于毁灭。反对意见无疑来自曾对包税投下大量资金之特权阶级,且如遗产税提高,此阶级将受重大损失。尼禄此一大胆计划虽未实现,却带来若干重要变化,以不同形式减轻赋税重负。命令公布政府所有税收确数之措施,可阻收税者征收过度,于法庭中建立处罚收税者压榨之判例,欠款索赔一年后不受理,外省输入意大利之谷物税亦获减轻。

---

① 或于马尔斯广场中。

帝库之费用极大,每年尼禄捐赠六千万塞斯特斯(48万镑)"予国家"。此款主要系用之于支付罗马城之穀物供给,但亦包括对国库之预支,后者无帝库之帮助,不能维持正规之行政系统及军费,亚美尼亚及不列颠之战事耗费亦大。结果,当在提格利努斯及其他尼禄之荒唐友人领导下,宫廷费用日益奢侈,财政乃日趋困难,尼禄不得不用盖乌斯同样办法以补其不足,再次使用告密法及没收财产。富者常遭虚词诬告,或以细故致罪,其财产为帝库充公。最初之牺牲者中有二富有之获释奴,即尼禄之秘书多里弗鲁斯(Doryphorus)及年迈之帕拉斯,多里弗鲁斯被诬以反对其主与波佩娅结婚之罪,帕拉斯则以被革职时,为保留其累积之巨大财富而受苦。帕拉斯于克劳狄时主管皇库,以诈欺致富,充公其财产实非显然之不公。塞涅卡曾将其财产献诸皇帝,但为所拒。

但财政困难最重要之影响为政府将金银币贬值之致命措施。公元61—62年已经开始,从一磅黄金中,打成45金币(aurei)当40之量,96银币(denarii)当80。从此货币质量迄未复原,经济破产亦自此始,至三世纪而臻极峯。每年自帝国输往东亚之巨量白银以换取东方之奢侈品,亦为银币贬值原因之一。尼禄更剥夺元老院铸造铜币之权,铜币铸造权之重要性已解释。①

第三节 罗马大火

尽管尼禄不择手段以充实府库,公元64年之罗马大火却使其金库之储藏一空。罗马失火原属常事,但是年7月18日者范围之广却属空前。火势起于大竞技场(Great Circus)之东南端若干储有易燃物品之店铺,一时风强火大,将竞技场之木凳及一切建筑燃烧,短时间内帕拉廷、维利亚(Velia)、埃斯奎林(Esquiline)等处皆受波及,至麦凯纳斯花园(Gardens of Maecenas)附近始行停

---

① 见上第三章第二节。

止,另一方向又延烧至阿文廷丘上、牛市广场(Forum Boarium)中及维拉布鲁姆等地之众多建筑物。前后燃烧六日七夜,及至火势渐弱,以为将告熄灭,余烬又在马尔斯广场复燃,焚毁属于提格利努斯之艾米里花园(Aemilian Gardens),更蔓延至卡庇托丘下及揆里纳尔(Quirinal)。据云罗马城十四区中,七整区及四部分地区皆成灰烬。其言虽有夸大之嫌,损失重大则无可疑。公共建筑被焚毁者有:罗慕路斯所建之朱庇特神庙、努玛圣殿(Regia of Numa),及维斯塔神庙、阿文廷丘上色尔维乌斯所献之狄安娜神庙,及归功于埃文德(Evander)所建之大祭坛(Ara Magna)其中所有据云溯自王政时期之古迹。自现实观点言之,更严重之损失厥为奥古斯都于帕拉廷丘上建之宫殿及阿波罗神庙,弗拉米尼亚竞技场附近马尔斯广场中之新建筑亦严重受损。众多希腊伟大雕刻家之珍贵作品,及罗马史上无数之纪念物及战利品皆永久消灭。

在此次危机中,尼禄表现最为灵活。火起时,尼禄方在安提乌姆,闻讯赶回,时火势已接近皇宫,乃尽一切力量企图扑灭,不带随从或卫士,满城奔跑,亲赴最危险处,延烧停止之时,又尽力帮助数千损失殆尽无家可归之人以减轻其痛苦,开放公共建筑及皇家花园收容难民,马尔斯广场中建立临时避难所,降低穀物价格至三塞斯特斯一蒲式耳(bushel),又为难民募捐。

大火之后,积极重建罗马,需大笔款项,尼禄决定采用更华丽更合理而有益健康之设计。旧建筑师之错误已经显露,新建筑必须避免重蹈覆辙。街道将更宽阔,房屋较矮,至少部分须用石造。新房之外须造拱廊,以遮日光及雨水。由塞维鲁斯及凯勒尔(Celer)二建筑师设计,号称"金屋"(Golden House)之新宫,实为新罗马之一惊人成就,不仅房屋瑰丽,诸凡田野池塘,树荫深处,花园美景,处处皆令人叹为观止。意大利及各省皆须贡献重建罗马所需之款,将装饰希腊世界各城市及庙宇之艺术珍品皆运至罗马,以代替罗马失去之珍宝。

罗马之大火实为意外发生,但群众怀疑有人纵火,谣言甚至谓皇帝有焚城嫌疑,归因此一怪异行为于诸多动机。或谓尼禄希望本身活得较罗马之毁灭为久,或谓其欲重建罗马城,以己名名之,或谓罗马旧建筑之丑陋冒犯尼禄之艺术感。

更有谣传其自麦凯纳斯皇宫欣赏火灾破坏之余之残迹,一面高歌其所作《夺取特洛伊》(Capture of Troy)中之一幕。此种传说或有若干事实根据,但纵火之嫌则纯属无稽,盖罗马城之毁灭于尼禄有百损而无一利。尼禄一向关心平民福利,在扑救帕拉廷火势时曾尽心竭力,皆与此种假设不符。且当时尼禄财政正感拮据,绝不会造此大灾更增罗马重建及救济灾黎之费用也。尼禄仇人多,对之常谋不利,此种谣言当为其所捏造或助长之也。

当时一般皆认为有人纵火,官方乃加以调查,因而逮捕并惩处若干民众称为"基督教徒"者,是为基督教派首次出现于异教历史上。塔西佗曾谓:"其名源于基督(Christus),基督于提比略时为省长彼拉托(Pontius Pilatus)处死。此种有毒之迷信,一时为所制止,但不久死灰复燃又事蔓延,非唯于其发源地之犹太,且传播于世界各地所有可怕而不道德之宗教集中地之罗马。"此种言词代表当时一般人对基督教之看法,以为于其秘密集会中从事所有可怕之事,诸如吃人、乱伦等等。被控为基督教徒而加以承认者,首次遭逮捕,其中若干于酷刑之下,供出许多其他秘密相信基督教而尚未为人所知者。罪犯未严格地以纵火之罪名受审,塔西佗似对其于此罪行之清白毫无疑问,但其主要罪名却为一般所指控之"对人类之憎恨"(hatred of the human race),此点彼等或者有之。相当多人获判有罪,名义上为纵火,实际以其为基督教徒,以嘲弄方式遭处死,若干人被卷以皮革,任群犬撕成碎片,或穿沾上易燃物质之长袍,夜间点火,以为火炬①。尼禄以其梵蒂冈花园为观看此等酷刑之所,同时并于其竞技场中举行表演,本人扮演御车者。基督教徒既遭牺牲,群众之怒渐息,皇帝之冷酷,反招致反感。

罗马之基督教徒成为牺牲,实因尼禄需要替罪之羊,但何以选择当时甚少人注意之基督教徒,当时记载显示犹太人乃一般憎恨及怀疑之对象,政府针对时人之心理,以犹太人为牺牲,实属自然之势,而犹太人移祸于此辈深恶痛绝之基督

---

① 尤维纳尔于《讽刺诗集》第1首第155行及以下描述此种惩罚:"提格利努斯,汝于那些柴火中焚烧,众人站立、燃烧及冒烟,紧抓其喉咙,尸体于竞技场之沙上拖出一条宽沟。"(Pone Tigellinum, taeda lucebis in illa, Qua stantes ardent qui fixo pectore fumant, Et latum media sulcum deducit harena.)

教徒,可能性极大,且犹太人利用倾向犹太人及犹太教波佩娅之力量,确凿有据,极易达此目的①。

第四节 皮索之谋反

提格利努斯不停揭发帝国之谋叛者,借以充实皇库并使皇帝对之更为倚重。公元 64 年,西拉努斯(D. Junius Torquatus Silanus)遭控谋反,不得已自杀。贵族深为不满,至 65 年春而达极峰,乃有谋立当时最著人望之皮索(C. Calpurnius Piso)者。皮索雄于赀财,生活豪华,常作造福贫民之演说,仪态甚佳,颇能得人好感,但生活之放荡则与尼禄及提格利努斯相若。阴谋者既以之为拥立对象,皮索虽有野心但并不欲有生命之危险也,勉强同意。由于对提格利努斯既妒且惧之禁卫队长卢弗斯之加入,其事有相当成功之希望,更有大批保民官及军官自提格利努斯随卢弗斯加入叛方,其中保民官弗拉维乌斯(tribune Subrius Flavius)尤其著者。其他尚有候任执政官之拉特拉努斯(consul designate Plautius Lateranus)、皮索之友纳塔利斯(Antonius Natalis)、以诗遭尼禄忌妒之诗人卢坎(Annaeus Lucanus),以及经常随侍尼禄左右之廷臣塞内秋,塞内秋随时将宫中消息传达同谋者。卢坎之母及一获释女奴埃皮卡里斯(Epicharis)亦参与此计划。埃皮卡里斯企图争取被以为对尼禄衔恨之海军军官普罗库路斯(Volusius Proculus),但普罗库路斯将此事告知尼禄,幸埃皮卡里斯未提任何人名,未发现阴谋者。

阴谋者决定于 4 月 12—19 日间之谷神(Ceres)节日于竞技场之表演中行刺尼禄,计划方式与当年行刺恺撒者相同,由拉特拉努斯向尼禄呈递请愿书,抱其双腿将之摔倒地上,其他诸人乱刀杀之,但自愿首先发难之斯凯维努斯(Flavius

---

① 波佩娅于其他场合为之调解。

Scaevinus)竟将一向严守之秘密泄露。斯凯维努斯于事前立妥遗嘱,将匕首交其获释奴米利库斯(Milichus)磨利,预备裹伤之用品,并飨其奴隶及获释奴以盛宴,凡此一切不寻常之行动引起米利库斯之怀疑。黎明,往见尼禄,告知所见。尼禄逮捕斯凯维努斯,但调查结果并无所获。米利库斯忽念及纳塔利斯常访其主人,乃又分别侦讯纳塔利斯。纳塔利斯之供词与斯凯维努斯者不符,至此米利库斯所指控之事,乃得证实凿有据。于威胁施刑及允许赦免引诱之下,纳塔利斯及斯凯维努斯争相揭发同谋者名字,懦弱无耻之情况与埃皮卡里斯受刑不屈最后自缢以保全秘密之勇敢忠实表现,大相径庭。军中同谋者名字未遭泄露,卢弗斯与提格利努斯并坐热心审问,以转移其注意。但当被告之一向之攻击时,卢弗斯面色立转苍白,无法自解。所有受害者之诉讼皆立决,但可自选死法。皮索于全部过程中犹豫不决,怯懦万分,拉特拉努斯未加抵抗被杀,皮索之遗嘱对尼禄奉承备至。

公元65—66年塞涅卡、佩特罗尼乌斯等人之死

于第一批被告发且被处死之名单中,有哲学家塞涅卡。不确定塞涅卡是否真参与其事,无论如何,军队之中似欲推之为帝,而不支持皮索。尼禄即使有赦免其师之意图,亦为波佩娅及提格利努斯所阻。塞涅卡是时甫与其妻保利纳自坎帕尼亚归来,住于距城四哩之一乡间别墅,处死命令抵达时,其妻决定与之同死,乃双双割断臂上动脉,塞涅卡年事已高,血流缓慢,痛苦延长,当其躺卧流血待死之时,尚口述一文,后经发表,又服毒药,欲速其死,亦告无效,最后以热水浴蒸之始死。但尼禄对保利纳并无所恨,不许其死,兵士命其将臂伤包扎,数年后始以寿终,但常念其夫,且由于曾经割腕相殉,皮肤常呈苍白。

此著名哲学家及其甥诗人卢坎之死,使此流产政变颇著声誉。卢坎于浴室中割开血管,当觉手足渐告无力时,乃背诵其描写一受伤兵士流血至死之旧作诗

篇①。—禁卫队中之长官弗拉维乌斯则以对尼禄慷慨陈词见称,当尼禄询以因何谋反,弗拉维乌斯答以:"因余恨汝,当汝值得我等敬爱时,所有军士皆忠心耿耿,但当汝弑母、杀妻,流为赛车手、演员及纵火者时,始恨汝矣!"执政官维斯提努斯(Vestinus)之罪虽未确知,亦于牺牲之列,据云尼禄垂涎其妻美萨利娜(Statilia Messalina)乃欲除去之,次年,尼禄与美萨利娜结婚。

纳塔利斯获赦免,米利库斯获厚酬及"保护者"(Preserver)之名。禁卫军每人获赏两千塞斯特斯,此后可获免费面包。予长官提格利努斯、涅尔瓦,及协助审讯之佩特罗尼乌斯(Petronius Turpilianus)以凯旋饰物,并为诸人于帕拉廷立像,予继卢弗斯为禁卫队长之宁菲迪乌斯·萨比努斯(Nymphidius Sabinus)以执政官徽章,建萨路斯(Salus)神庙,将斯凯维努斯之匕首献于复仇者朱庇特,以四月名为尼禄月(Neronianus)。甚且有人建议为尼禄立庙,但为所拒。值得注意者,由帝国会议(imperial Consilum)主持之全部审讯经过,予以公布。

公元65年底及次年,又处决于若干方面似与皮索谋反有关之人。塞涅卡之兄,卢坎之父美拉(Annaeus Mela),以伪造之卢坎信函控其参与皮索阴谋,被处死。美拉颇富有,尼禄觊觎其财产。约于同时,佩特罗尼乌斯(T. Petronius)被控与谋反者斯凯维努斯有可疑之友谊,实则由于提格利努斯之忌妒。佩特罗尼乌斯曾使罗马之邪恶享受成为艺术,其判断成为罗马所有奢侈事物之标准趣味,作为"时尚之镜"(the glass of fashion),其宴会高雅,放荡行为已趋美化,称之为"裁决人"(Arbiter),以其为皇帝享乐之裁决者及指导者。提格利努斯于此方面欲擅专宠,忌妒佩特罗尼乌斯之影响力,当尼禄于坎帕尼亚时(66年),提格利努斯设法使佩特罗尼乌斯留于库麦(Cumae)。此奢侈淫逸之人见命运已经注定,至此仍谨守其迷恋酒色之生活原则,割断腕脉后,仍令医师为之包扎,反复为之,于其最后时光仍举行宴会,作诗以娱亲友,又对皇帝不自然之放荡行为加以描述,密封送致尼禄。尼禄怀疑参与此等欢乐之妇女西利娅(Silia)将深宫春光外

---

① 或系《法尔萨利亚》第3卷第635—646行。

泄,乃放逐之。

"尼禄既杀众多著名人物后,又经由处死特拉塞亚(P. Claudius Thrasea Paetus)及索拉努斯(Barea Soranus),毁灭道德本身。"特拉塞亚为反对党之领袖,渴望恢复共和政治,以小加图(the younger Cato)为其理想。特拉塞亚实为此派优点与缺点之化身。彼生于帕塔维乌姆,衣着简朴,品德高超,不齿罗马之奢侈,娶妻阿里亚(Arria),岳父以克劳狄时涉及谋叛被杀,妻亦自杀。特拉塞亚常与其婿普里斯库斯(Helvidius Priscus)于布鲁图斯及卡西乌斯之诞辰着桂冠,以纪念之。特拉塞亚于元老院中坚守原则,卓尔不群,当院中提议贬抑阿格里匹娜之议案时,拂然退出,不肯投票,拒绝参加任何尼禄节之表演,甚至波佩娅之葬礼亦不出席。当一名安提斯提乌斯(Antistius)者以作诗嘲笑遭尼禄判死刑时,特拉塞亚致力减轻元老院对皇帝之诣媚。据云特拉塞亚从不为尼禄之平安祭祀,常与其党羽于不重要事件上向政府抗议,于日常琐事上表示其独立意见。其共和之理想为一时代错误,其修辞空洞无物。其活动大部分限于社会及文学方面。特拉塞亚为一斯多葛派,生活方面处处仿效加图。卢坎之《法尔萨利亚》可为此反对派具有特性之作品。于整个尤利乌斯及克劳狄朝代中保持其乌托邦之理想,反复其空洞词句。此辈具有坚持所见之勇气,对元首制破坏元老院之威权极致不满。此辈并不知对于罗马世界而言,专制皇帝尚较愈于共和时代末期之元老院政府也。

特拉塞亚之勇敢固执,导致其灭亡。所有蔑视皇帝尊严之种种细过,皆为提格利努斯之婿卡皮托(Capito Cossutianus)及另一告密者马尔凯路斯(Eprius Marcellus)所搜集,同时索拉努斯(Barea Soranus)亦遭控以若干罪名,其中如与普劳图斯有亲密交往等等,主要证人为斯多葛哲学家凯勒尔(P. Equatius Celer)。索拉努斯之女塞尔维利娅(Servilia)亦遭控有不利于尼禄之宗教行为。

案由元老院审理,三人皆获判有罪①。普里斯库斯以怠忽元老职守之罪遭放逐。特拉塞亚采取一般受处死刑贵族之死法,割断脉管,禁止其妻阿里亚学习其母榜样。当血液开始喷出,曾谓:"对拯救者天神之献酒!"(A libation to Jove the Deliverer!)

公元66—67年尼禄在希腊

是时尼禄方忙于追求其自以为具有天赋之兴趣。公元64年,尼禄曾于奈阿波利斯(Neapolis,那不勒斯)公开登台,企图于此具有希腊气息之城市深受欢迎,结果获得热烈喝彩,乃决定再赴希腊本土一展其技,从此虽作准备,事实上则两年后始获成行。65年再度举行尼禄节庆,向听众诵其诗篇,又以七弦琴手出现。于此节日中,如不在剧场出席,几被视为叛国。66年底,尼禄访希腊,出席所有公共表演,尽兴歌舞,毫无顾忌。若干举行音乐竞赛之城市皆向尼禄发出邀请,给以奖金,奥林匹亚、德尔斐、地峡(Isthmus),及内美亚逐年轮流举行之大竞技会为之集中于一年内举行,庶几可使其赢得四种大会之全胜者(periodonikos),②之光荣。又破例于奥林匹亚举行音乐竞赛,尼禄更参加赛车,据云虽马倒车翻,仍获胜利。群众欢呼:"尼禄皇帝胜利,罗马人民及世界之王冠皆属之。"尼禄之希腊行携带大批侍从及禁卫军,其放荡之行为似乎较前更无顾忌。尼禄对希腊及希腊人皆异常景仰,不能容忍仅以省民视之,决定对希腊人所予之欢迎及对其艺术天才之欣赏,加以酬报。乃于科林斯演出250年前由弗拉米尼努斯(Flamininus)所扮演之景象,于当地市场宣布希腊人之自由,取消亚该亚省,但实际影响却与弗拉米尼努斯所宣布者迥异。此次并非表示内战,仅系

---

① 审判于66年约与提里达提斯(Tiridates)赴罗马自尼禄处接受亚美尼亚王冠同时,或于年中。据尤维纳尔《讽刺诗集》第3首第116行:"此老斯多葛派变为告密者,导致其友及其徒巴里亚之死。"(Stoicus occidit Bareum delator, amicum Discipulumque senex.).

② 尤维纳尔对此种大损皇帝尊严之事曾有若干著名诗句纪之,《讽刺诗集》第10卷第224行及以下:"如是乃吾人高贵皇帝之行为及成就,爱于外国舞台上唱卑劣之歌取悦观众,以其演出赢得希腊式芹叶之冠。"(Haec opera atque hae sunt generosi principis artes// Gaudentis foedo peregrina ad pulpita cantu// Prostitui Graiaeque apium meruisse coronae.)

减轻其所宠爱地方之赋税而已。尼禄此行又欲凿通科林斯地峡,实现其叔盖乌斯曾有之计划,亲自主持开工典礼,但离开希腊后,工作即告停顿。

尼禄希腊之行期间,又有其素所疑惧之三执政官总督之毁灭。其中最重要者为曾于莱茵河作战之科尔布洛,其他二人为卢弗斯(Scribonius Rufus)、普罗库路斯(Scribonius Proculus)兄弟,二人时为上、下日耳曼两省之总督,其所犯罪状及告发人皆不详。

尼禄外出之时,罗马由其获释奴赫利乌斯(Helius)代理一切,盖是时已无其他可资信任之人。公元68年初,诸省已露严重之不满,西方军队有叛变迹象,赫利乌斯赶赴希腊,劝尼禄返罗马以保其皇位。尼禄御奥古斯都举行凯旋礼之战车,头戴奥林匹亚花冠进城,群众欢呼,称之为尼禄·阿波罗及尼禄·赫尔库勒斯,以其弄笛之像铸于币上,虽然各方谄媚备至,尼禄不久离罗马赴坎帕尼亚,可更为放心。

第五节 文德克斯之叛变、尼禄之失败

招致尼禄覆亡之变乱开始于高卢凯尔特贵族出身而完全罗马化、已获加入皇帝氏族之文德克斯(Gaius Julius Vindex)为卢格杜南西斯省总督,公元68年初叛变,其最终意图不详,似欲建一高卢王国,自行统治,或于名义上为帝国属邦,一如前毛里塔尼亚王国,实际上企图摆脱罗马之统治。文德克斯可谓维尔钦格托里克斯(Vercingetorix)及萨克罗维尔之继承人。文德克斯自高卢各地征集军队约十万人,阿弗尼人(Arverni)及塞广尼人(Sequani)地区皆加入行动,隆河上之维恩纳(Vienna,今Vienne)镇为叛变之中心,但高卢三省之首府卢格杜努姆及日耳曼边境之林果尼人(Lingones)及特雷维里人,皆置身事外。文德克斯所征集之军队缺乏训练,装备不足,除非诱致西方军队加入,毫无成功之希望,结果莱茵河流域军队不为所动,近西班牙省则颇成功。文德克斯曾与该省总督加尔巴

会晤,加尔巴于莱茵河及阿非利加皆小有成就,年已 73 岁,幼年时曾谒奥古斯都,据云奥古斯都谓:"有朝一日汝将尝试我等之帝国。"文德克斯与之接触以前,加尔巴可能即有叛意,流行之神谕谓有帝将起于西班牙。文德克斯之叛变及加尔巴之副官维尼乌斯(T. Vinius)之压力,使此老人决定加入起事。加尔巴属于元老院派,起事之时宣称将为"元老院之仆人"。加尔巴作相当踌躇后,4 月 2 日,由其审理法庭(tribunal)发表演说,自称为"元老院及罗马人民之代表"(legatus senatus populique Romani),并积极备战。西班牙之路西塔尼亚总督奥托及贝提卡财政官凯奇纳皆支持之,但作用不大,如莱茵军团及阿非利加省长克洛狄乌斯·马凯尔(Clodius Macer)不参加,仍难成功。

是时文德克斯决定叛变,消息传来,尼禄返罗马,设法镇压,召还受命自日耳曼与不列颠往征萨尔马提亚人已在途中之军队,但镇变之功应归之于曾拒文德克斯多方拉拢之上日耳曼省总督维尔吉尼乌斯(Verginius Rufus)①,。维尔吉尼乌斯震于此次叛变之民族性,乃率领本身军队,及下日耳曼省增援之一支队至维松提奥(Vesontio),该处已为叛变之高卢军队所威胁,维松提奥即后之贝桑松(Besançon),为一非常重要地点,来自下日耳曼省、高卢西北、莱茵河及尤拉山(Jura)等各方之道路于此交会。此处发生大战,军团大获全胜,文德克斯就戮。日耳曼军队击退文德克斯之前进,实因其为高卢人叛变之故,并非真正忠于尼禄。胜利之后,即宣布其将军为"统帅",但维尔吉尼乌斯拒绝诱惑。维尔吉尼乌斯出身低微,自知或不为罗马贵族所拥戴也。于其生前自撰之碑文上曾云平生两大可值称道之事,一为勘平文德克斯之叛变,一为拒绝帝位②。

高卢叛变失败后,加尔巴陷于绝望,但由于尼禄之缺乏决断及大臣之背叛,

---

① 尤维纳尔曾将维尔吉尼乌斯与文德克斯及加尔巴并称,似以彼亦加入叛变,尤维纳尔曾谓尼禄除歌唱及胡乱涂鸦之外,又有何罪值得三人报复。第 8 首第 221 行:"加尔巴,维尔吉尼乌斯! 尚有何更不尊严之愤怒,能反对汝等鼓起勇气对抗尼禄? 此可恨之暴君,于长期血腥统治中,所为何事?" (Quid enim Verginius armis debuit ulcisci magis aut cum Vindice Galba, Quod Nero tam saeva crudaque tyrannide fecit?)

② Hic situs est Rufus pulso qui Vindice quondam, Imperium asseruit non sibi sed patriae.

使加尔巴得救。当西班牙叛变消息传至罗马,尼禄没收加尔巴之财产,自任执政官,准备对之用兵,以图尔皮利阿努斯(Petronius Turpilianus)为统帅,由海军中选拔军队组织一新军团称"海军军团"。但忠于尤利乌斯家族之禁卫军非唯不赴疆场,反而静处营中。

禁卫队长提格利努斯不见踪影,对其主上之难并未参与,尼禄之失败或因名义上拥护加尔巴,实际上欲自立为帝之另一禁卫队长宁菲迪乌斯·萨比努斯(Nymphidius Sabinus)。尼禄若非全然失措,即使禁卫队长有野心,仍可获得禁卫军士之效忠,但尼禄怯懦犹豫,遂失支持者之心。当时罗马普遍呈现暗中之不满,穀价昂贵,当有船自埃及运沙为皇帝铺设竞技场舞台,而未载粮食之消息传入,不满乃臻尖锐化。据云尼禄曾拟放弃罗马,采用安东尼昔日几乎实现之理想,乘船赴亚历山大城,以之为东部帝国之首都。元老院亟于推翻此憎恨元老院之暴君,拥护加尔巴,但直至禁卫军表明态度始敢发动。宁菲迪乌斯设计煽动军士,先说服惊慌失措之皇帝自皇宫迁往台伯河畔,赴奥斯提亚途中之塞尔维利亚花园(Servilian gardens),再至军中告以皇帝已离罗马弃之于不顾,军士不得已,乃支持加尔巴以求自保。宁菲迪乌斯代加尔巴许以每人三万塞斯特斯之赏金,明知加尔巴无法兑现,届时再由军队对加尔巴之不满,而遂一己私愿。是时,皇帝于塞尔维利亚花园筹划失败后之行动,其廷臣及大部分奴隶及获释奴逐渐离去,保卫皇宫之禁卫军士亦于夜半弃其职守,最后尼禄决定逃离罗马,但除少数获释奴外,无人可共患难,一军官责以维吉尔诗句:"诚乃千古艰难惟一死乎?"

一皇宫获释奴法翁(Phaon)愿以别墅供其避难,别墅于罗马东北约四哩处,连结盐路(Via Salaria)与诺门塔那大道(Via Nomentana)之帕提纳里亚大道(Via Patinaria)旁。入夜,尼禄由法翁、埃帕夫罗迪图斯(Epaphroditus)及其他二获释奴陪伴出发,史家不遗余力地以戏剧性色彩投入夜间骑行及尼禄生命中之最后一幕。诺门塔那大道接近禁卫军营,帝等经过时,营中欢呼拥护加尔巴之声阵阵可闻。是夜之中,雷电交加,益以地震。尼禄自后面窄门蹩入别墅,以免引起众奴隶之怀疑,躺于草上数小时,不能决定死意,自叹:"如此一艺术家竟然消灭!"

但当法翁之一奴隶带来消息谓元老院判其死刑,按照祖例,四出侦缉,尼禄始决心一死,以避酷刑。当尼禄以匕首自刺咽喉时,远处已闻马蹄声,自刺不深,难以致命,埃帕夫罗迪图斯助之,始死。临终,一百人团长进入,伪称赶来相助,尼禄临终遗言曰:"太迟矣,诚乃真正忠心!"时为68年6月9日,遗体焚化,骨灰以礼葬于频奇亚丘(Pincian Hill)之图密善氏族墓中。

尼禄死讯传出,一时举国狂欢,元老院当禁卫军态度表明之后,立即宣布对尼禄加以几已废置之处刑,追贬其记忆,并推倒其雕像。文学作品中最能明白表现元老院派对尼禄之深恶痛绝。但一般民众不久则产生反动,每年有人向其坟墓呈献花圈,许多人民疑其未死,冀其重现,于以后诸帝时曾有三次假尼禄出现,皆能获得徒众。安息王沃洛吉斯(Vologeses)遣使要求元老院及新元首尊重尼禄之记忆,基督徒则以之为反基督(Antichrist),以为其将重临。

尼禄为尤利乌斯家族最后一人,严格言之,由于收养当属克劳狄家族,但二家族自奥古斯都与利维娅结婚后,关系至为密切,在政治上无分轩轾。尼禄非仅克劳狄之养子,且于母系方面,为奥古斯都之玄孙,日耳曼尼库斯之孙,而日耳曼尼库斯由于收养,已加入尤利乌斯家族。故尼禄死后无嗣,一般以为恺撒一系已绝,新时代即将开始。

尼禄面貌俊美,表情却令人不喜,或因视力不良,面色阴沉,身材不佳,细腿凸肚。晚年由于纵欲,皮肤呈现斑点,但健康状况良好。常以职业歌手自居,注意保养其歌喉。其发型及于公共场所出现时腰带之松弛,均表现女性气息。其任性之暴虐,于若干方面颇类盖乌斯。其为一"热爱惊人之事者"(a lover of incredible)亦如盖乌斯,但盖乌斯对于设计大规模之荒唐事物几为天才,尼禄却仅限于奢侈享受之放纵。对所宠幸之人常大量赏赐,并于宏伟建筑方面企图远迈前人。尼禄曾设计自普特奥利至罗马建运河,并凿通科林斯地峡。不似盖乌斯以神自居,但于俗人中却欲卓越超群,受到赞美,虚荣心使然,而非骄傲。尼禄接受东方之迷信,并曾使用巫术。于其晚年,元老似与其朝廷极为疏离,尼禄对之由衷憎恨,尝有廷臣媚之曰:"尼禄,吾恨汝,因汝为一元老!"尼禄大悦。

第六节　尼禄之行政

尼禄统治下最奇特之事厥为坏皇帝下却有好政府。尼禄本人缺乏政治眼光,亦不关心行政,但其统治初期之一般政策及军队事务,即使无值得称道之处,却亦无可非议。此盖一部分归功于训练有素之大臣,尤以塞涅卡、布鲁斯为最,一部分归功于恺撒及奥古斯都所建良好之制度。而诸臣之政治眼光或严格限于奥古斯都所订制度之中,此辈并未引入任何新观念于政府中。更大之缺点为其活动主要限于首都之利益,对行省福利较少关怀,但边疆军队干练之将领则由此辈派任。

尼禄初年一度恢复元老院威权。公元56年,国库之管理由财政官移交由皇帝指派,任期三年,司法官阶级之二长官,庶几皇帝对帝库借予国库之款项能加强控制。同年,保民官之调解权及科罚金之权亦遭剥夺。皇帝具有推荐执政官之权亦可能始自尼禄统治之时,从此元老院之独立性更为减低。尼禄对元老院权力之最大侵占,厥为攘夺其铸造铜币之权[①]。尼禄更欲废除元老院掌握行省及军队之最高统率权,实欲连元老院一并废除,而以骑士及获释奴负责国家事务。于立法方面亦通过数种有用之措施,其中禁止行省格斗士及野兽之表演,颇值一提。

行省方面,尼禄统治之时于元老院及皇帝所属省份,皆有无数属民控告其总督压榨之案件。普罗库路斯(Cestius Proculus)为克里特人所控,获判无罪。亚细亚省省长凯勒尔于案未判决前逝世。塔尔奎提乌斯·普里斯库斯为比提尼亚所控,遭判刑。布莱苏斯(Pedius Blaesus)为昔兰尼所控,被元老院降级。于皇帝所属行省中,卡皮托(Cossutianus Capito)为西利西亚控告,遭判刑,但以其岳

---

① 见上第二节。

父提格利努斯关系,为尼禄赦免。莱纳斯(Vipsanius Laenas)为萨丁尼亚所控,受判刑,但为吕基亚控告之马尔凯路斯(Eprius Marcellus)则获判无罪。若干此类案件由元老院处理,其他则由皇帝。公元57年发布敕令,禁止省长及省财政官举行公共表演,诸多省长惯用此法以缓和民众对其不公平行政之反感。此等事实证明行省属民仍受省长不公平之统治,尼禄亦鼓励省民提出控诉。

尼禄又新建一代行财政官之省份,称波勒蒙本都(Pontus Polemoniacus),科提亚阿尔卑斯省(Alpes Cottiae)亦由代行财政官治理。科提亚及海岸阿尔卑斯(Maritime Alps)地区自奥古斯都时期平定以后,已经罗马化,尼禄时接受拉丁公民权。本宁阿尔卑斯或于尼禄时亦已成为代行财政官行省。政府对拉丁种族之保存严加注意,新血液自行省输入意大利,相当数量之城市被殖民,包括安提乌姆、贝内文图姆、卡普亚、塔伦图姆(Tarentum)、努切里亚(Nuceria)、普特奥利等。西班牙罗马化之进行可由奥古斯都所置三军团,至尼禄时减为两军团之事实见之。前文已述及尼禄给予希腊人自由,此举使元老院又少一省,乃将皇帝所属之萨丁尼亚及科西嘉移交元老院以补偿国库之损失。

尼禄统治之中期,一重要之殖民地于默西亚产生,默西亚常受北方蛮族侵扰,人口似趋减少,其总督艾里阿努斯(Tiberius Plautius Silvanus Aelianus)移十万居民于多瑙河对岸之默西亚地区。殖民须付一定之赋税,并于必要时服兵役。尼禄又合并提拉斯(Tyras)城,将罗马势力伸张于黑海北岸。不列颠之扩张已见上述,亚美尼亚战争及犹太之叛变将于下章叙述。

上日耳曼省总督维图斯(Lucius Vetus,55—56年)建议自地中海至北海建立水路连结,只需于阿拉尔至摩塞尔间凿一运河,船只即可溯隆河而上,于卢格杜努姆转阿拉尔,再经运河抵摩塞尔,然后沿河而下,直入莱茵河。但比尔吉卡总督格拉奇利斯(Gracilis)忌之,阻止其计划之实现,以免计划进行中日耳曼境军团必须进入比尔吉卡境内,乃威胁维图斯,谓皇帝对于一属民从事如此巨大之工作,必将不悦。

公元54—68年弗里西亚人

下日耳曼省之西弗里西亚人早纳贡赋,东弗里西亚人则尚属独立,经过长时间之和平后,将所有人民迁至旧莱茵河岸,居于罗马为供军队食用之牲口放牧而保留之空地。其首领(尚不能称之为王)为维里图斯(Verritus)及马洛里克斯(Malorix)。总督阿维图斯(Dubius Avitus)令其速返故居,或由皇帝指定地区居住,否则将遭攻击。当时弗里西亚人已建屋下种,将土地据为己有。维里图斯及马洛里克斯同意接受第二种方式,乃亲赴罗马请求皇帝划地予之,尼禄令其等候数日,并令其于罗马四处观光,示以庞培剧场,以见罗马人民之伟大。二人坐于一般民众席上,以视线不佳,询问为骑士保留之十四排席次及元老所坐之乐队席,见元老中有若干着异国服装之人,询问之后,得知为以勇敢及对罗马友善见称之外国使节,乃高呼日耳曼人之勇敢及忠诚不下于任何人,即坐于元老席间。观众以此和善之事件为旧式冲动之例,亦不以为意。此次交涉结果,此二首领获罗马公民权,但其族人须迁出擅占之地,弗里西亚人拒绝服从,罗马乃遣辅助军骑兵驱逐之。

弗里西亚人甫被罗马军逐出,另一原住阿米西亚附近,为考其人所逐出之强大民族安普希瓦里人(Ampsivarii)又占领其地。蛮族中一有地位亦效忠于罗马之耆老波伊奥卡路斯(Boiocalus),曾为此失去故土之民族请求新地。公元9年切鲁西人叛变时,波伊奥卡路斯曾为阿尔米尼乌斯囚禁,此后历经提比略、日耳曼尼库斯,皆在罗马军中。但阿维图斯拒其所请,安普希瓦里人乃号召布鲁克特里人、藤克特里人及其他部落相助,强行占领。阿维图斯致函继维图斯任上日耳曼总督之曼奇亚(Curtilius Mancia),请其向莱茵河对岸示威,本身立即入侵藤克特里人之领土,扬言此辈如与安普希瓦里人联合,则将尽杀其全族,布鲁克特里人亦遭同样威吓。安普希瓦里人陷于孤立,被迫撤退,从此流浪各地,或视为友,或视为敌,最后其少年全部被杀,无法战斗者则被分配为战利品。

波佩娅像之钱币

附录

A 尼禄时代对基督教徒之迫害

塔西佗对罗马大火后迫害基督教徒之记载（《编年史》第15卷第44章）非但为关于此事之最早详细记载，且无意间为古代作者对磔刑之最早记载及彼拉托（Pontius Pilate，审判耶稣之犹太总督）仅有之描述。但字句之解释颇有困难。原文英译当为："因此为平息谣言，尼禄嫁罪于众人因其可厌行为而加以憎恶，一般下层社会称之为基督教徒者，惩以严刑。其名称所由来之基督，于提比略时为代行财政官彼拉托处刑，一时其势稍戢，不久，此恶毒之宗教又于犹太传播，更蔓延至于罗马。其中'自首'者首先被捕，由于此辈之供言，逮捕大批人士，判其有罪。但并非纵火，而系'对人类之憎恨'。及见尼禄之残暴后，人民虽以此辈有罪，当处极刑，却不免对之怜悯，盖众人认为基督教徒之受刑，并非为顾及公众福利，而系满足尼禄之残酷"。由此记载，可明见数点：（1）因为若干原因，对基督教徒生疑，但塔西佗并未确指其原因，说明何以一般人认为基督教徒从未犯滔天大罪而仅系被选为替罪之羊。（2）塔西佗本人并不认为基督教徒对此特别控诉有罪，却与一般罗马人同样认为基督教徒并非善良之辈。（3）塔西佗为文时，基督教徒之名（此名自《使徒行传》[Acts of the Aposthes]所记，首见于安提阿）已传至罗马，为一般罗马人所采用，但尚未为基督教徒本身所用。（4）罗马有相当数量之基督教徒，塔西佗所谓"为数众多"（a large multitude）虽为修辞上夸张之言，究竟可见其人数不少。罗马之基督教徒大部分为希腊人。（5）基督教徒之中仅有少数为众所周知，其余则尚待此少数人之举发。

文中三大主要困难为：（1）Fatebantur

第十七章　尼禄之元首制(54—68年)

当指"公开承认其为基督教徒者",而非"承认其与大火有关者"。盖如此辈并未参加纵火绝不会承认其罪,塔西佗亦暗示其无辜,审判时,此辈不致"公开"(弗诺)承认其有罪。(2)"予憎恨人类(Odio humani generis)"取决于前面子句之 in。此为其遭判刑之真正罪名,盖纵火罪并不能真正成立。或解以"由于此辈对人类憎恨之结果"颇有不当。(3)或辩称塔西佗本身颇有矛盾,先称此辈为无辜,后又称其有罪(sontes),实为误解,盖"有罪"者指自怜悯此辈者之观点言之也。

如此解释,全文之意即可大明。仅余之问题当为尼禄何以以基督教徒抵罪?此等疑问曾使人根本怀疑此段非塔西佗所写,乃基督教徒之伪造。其言显无根据,但如谓塔西佗误以犹太人为基督教徒,或以其他教派之人为基督教徒亦同样无据。其非对犹太人之迫害可由波佩娅对其袒护明之。如谓根本无此迫害则可由约瑟夫斯(Josephus)之沉默证之。至今尚无与塔西佗之叙述相反之证据。尼禄选择当时默默无闻之基督教徒替罪,迄今所作尼禄迫害基督徒之解释,违反历史批评之最基本法则。其最可能之推测当为犹太人之控告,此为莱福(Lightfoot)祭司之意见,但仅系推测。

至于有关圣彼得及圣保罗于尼禄时殉教之说,则显然无据,且极不确定。关于罗马上流社会改信基督教事,仅有反面证据,圣保罗之作品中并未提及此事。庞波尼娅(Pomponia Graecina)之事常被引以为例,庞波尼娅为不列颠之征服者普劳提乌斯之妻,克享高寿却不幸福,为遭美萨利娜处死之德鲁苏斯之女朱莉娅之密友,悼失朱莉娅凡40年。尼禄在位时被控信奉外来宗教,案由其夫决定,其夫宣布其为无辜。塔西佗于《编年史》第13卷第32章中曾记其事,基督教常被认为乃"外来迷信"(superstitio externa),庞波尼娅为基督教徒。但此假设无法证明,即使属实,庞波尼亚之有罪,而由其夫判其无辜之事,亦属更进一步之假设。塔西佗并未表示其有罪,其为忧伤之妇人亦不能证明任何事物。庞波尼娅是否为基督教徒,就目前所有证据而论,无法确知。

B　尼禄于地峡之演说(67年)

最近于石刻上发现尼禄宣布希腊自由之演说词。铭文云:皇帝称曰:"为酬答大多数高贵之希腊人对予之忠诚,予命该省所有人民尽可能于十一月二十八日集于科林斯。"

当希腊人集于市民议会(Ecclesia)后,发表如下言词:"希腊人!余将予汝以汝所未有之恩惠,虽由予之宽大,而非汝之请求,皆非惊异之事。予告汝所有居住于亚该亚及向所称为伯罗奔尼撒之地之所有希腊人:

接受自由，蠲免赋税，享受汝辈全体即使最繁荣时期亦未获得之一切，盖汝等一向非受外人压迫即为彼此之间所奴役，余实愿能于希腊极盛时期俾汝此惠，以嘉惠更多大众！余有理由怨望时不我予，使余之恩惠不能更为巨大。今余惠汝之动机全出善意，并非怜悯。余今酬谢汝之神祇，佑余海陆平安，许余赋汝如此大惠。其他诸帝亦予城市自由，尼禄则解放全省。"

尼摩苏斯水道

第十八章　克劳狄及尼禄统治时期对亚美尼亚之战争

亚美尼亚问题；回顾

克劳狄统治时，罗马与安息对亚美尼亚之争又行恢复。此等争执时发时停，迄未根本解决。罗马人决心维持对亚美尼亚之控制，居优越地位，以此制彼；而安息君主则一有机会即图推翻罗马势力，将亚美尼亚置于己方保护之下。安息经常为其另外边疆之战争及内部不安所扰，每当罗马向之作战争性之示威，即足以使安息国王撤回其于亚美尼亚之要求，而对罗马皇帝恭顺。亚美尼亚问题每次之解决，皆不出此一公式。罗马与安息各自扶植亚美尼亚王位觊觎者，彼此对立。安息王国常为内战所扰，或对时君不满，当时有拥立流亡于罗马或为人质之阿尔萨奇德王室后裔之运动，由罗马军队支持，但由于亚美尼亚之反感迅被拒绝。战争结果，亚美尼亚承认罗马对其有相当形式之主权。公元前20年，提比略曾建罗马宗主权于亚美尼亚，公元2年盖乌斯再次确认此权，18年又一假定继承人出现时，安息亦对罗马屈服。最近维特利乌斯强有力之行动，曾经挫败阿尔塔巴努斯三世(Artabanus Ⅲ)之阴谋。

尼禄庆祝科尔布洛胜利钱币

阿尔塔巴努斯诸子间之争斗

但提比略之成就,却为其轻浮任性之继承者所消除。盖乌斯召亚美尼亚新王密特拉达提斯至罗马,废之,并将之放逐。同时又将维特利乌斯自叙利亚总督任内耻辱地召回。此实安息人之大好机会,乃立刻夺取此垂涎已久之地。克劳狄即位,其重要工作之一即收复亚美尼亚。克劳狄乃立即赦还密特拉达提斯,恢复其王室身份,更得其兄弟伊比利王法拉斯马尼斯之助,欲使其恢复王位。是时阿尔塔巴努斯三世已死,二子戈塔尔泽斯(Gotarzes)及瓦尔达尼斯(Vardanes)争位,安息发生内战。戈塔尔泽斯即位,但以残暴,为国人厌恨,其暴行之一即谋杀其兄阿尔塔巴努斯及其妻、子。亚美尼亚人乃迎时于距皇宫400哩外,野心勃勃之另一王子瓦尔达尼斯。据云瓦尔达尼斯于二日内到达,戈塔尔泽斯大出意外,措手不及,惊慌逃走。全国仅当年与其父为敌之塞琉西亚不承认瓦尔达尼斯之统治。新主不智,竟于此时对塞琉西亚报复,发兵围城,城防坚固,粮草充实,攻击不下。戈塔尔泽斯得以趁机自希尔卡尼亚人及达海人(Dahae,里海以东之斯基提亚民族)征集军队,瓦尔达尼斯不得已放弃围城,迎敌其兄。瓦尔达尼斯在位于乌浒河(Oxus)及帕罗帕米苏斯(Paropamisus,今兴都库什)间广阔之巴克特里亚(Bactria,大夏)平原扎营。是时,为密特拉达提斯恢复亚美尼亚王位之最好时机,亚美尼亚人毫无抵抗,其总督起而抗战,被杀。若干贵族倾向小亚美尼亚王科提斯,但克劳狄致函不许其干涉,乃止。若干亚美尼亚堡垒接受罗马驻军,是时安息王室二兄弟之军队相遇,战争将起,戈塔尔泽斯发现阴谋,告其弟,二人忽然达成协议,戈塔尔泽斯让位,且为避免敌对,退隐希尔卡尼亚荒野地区,瓦尔达尼斯乃得以强迫抗拒安息政府长达七年之塞琉西亚投降(43年)。此后,瓦尔达尼斯准备进侵亚美尼亚,但为叙利亚总督马尔苏斯(Vilius Marsus)之强硬态度吓阻。

瓦尔达尼斯与戈塔尔泽斯之冲突不久又起,戈塔尔泽斯悔弃王位,受对瓦尔达尼斯不满之贵族怂恿,再度起兵,于里海与赫拉特(Herat)之间地区交战,瓦尔达尼斯大胜,直迫达海边境。旋师以后,对臣民更为倨傲,乃有阴谋推翻者。瓦尔达尼斯正欲追逐,被刺(45年),死时犹为少年。塔西佗曾谓:"如其能使国人爱之一如敌人所畏,则可与若干长寿者并列最伟大君主之中。"

戈塔尔泽斯立即恢复王位,但数年后,残暴淫佚,国人不能堪,乃遣使至罗马,请迎前为日耳曼尼库斯于西利西亚处死之沃诺尼斯之子美赫尔达提斯(Meherdates)返国(49年),使者表示安息愿送其王诸子为质于罗马,以便国王无道时可得罗马皇帝及元老院之助,再获一接受罗马文化熏陶更佳之君王。克劳狄趁机强调罗马之主权使安息人臣服,更借此以为可与奥古斯都媲美(安息人曾向奥古斯都请还沃诺尼斯为王),但不提提比略曾遣两王至安息之事。克劳狄又训诰当时在旁之美赫尔达提斯劝其当以自由人之统治者自居,勿为奴隶中之专制君王。又谓"蛮人未惯宽大公道,对之宽大公道,将更为喜爱",又转向使者称道此罗马少年养子之品德,且谓:"即使其性格变更,臣民亦当忍受其王之任性,经常革命,总无益处。罗马今已达到如此强大境界,可使外邦人民亦享和平。"

维特利乌斯前曾护送提里达提斯至安息边境,此次亦遣叙利亚总督卡西乌斯(C. Cassius)护送美赫尔达提斯至幼发拉底河,河畔有安息数名有力人士相迎,其中有奥斯罗尼(Osroene)王阿布噶尔(Abgar)等。卡西乌斯予美赫尔达提斯以极有价值之忠告,谓机不可失,耽搁将致命,若不快速行动,则蛮人之热心旋将衰退。但美赫尔达提斯却受阿布噶尔怂恿于埃德萨逗留数日以自娱,其后又不借美索不达米亚总督卡勒尼斯(Carenes)之助,可确保其胜利攻占美索不达米亚,而绕道赴亚美尼亚,当地严冬已届,一无可为。与卡勒尼斯会合后,沿底格里斯河(Tigris)进抵阿狄亚波纳,其王伊札特斯(Izates)佯作支持,美赫尔达提斯占领尼努斯(Ninus)遗址,名之曰尼尼克劳狄殖民地(Colonia Nini Claudia)。前此提比略送还之王位觊觎者提里达提斯即为延搁所误,今美赫尔达提斯又蹈覆辙。其主要支持者,见其无能,倒向戈塔尔泽斯,尤以阿布噶尔及伊札特斯为甚,美赫尔达提斯乃决定孤注一掷,出于一战。战争似于底格里斯河及札格罗斯

(Zagros)山之间进行,双方皆抵死力拼,卡勒尼斯奋勇直前,但深入太过,后路受袭,为所败。美赫尔达提斯接受虚伪之承诺,被缚送胜利者,戈塔尔泽斯对之极端轻视,不屑处死,割其耳,以使其无法作祟。

拉达米斯图斯驱逐密特拉达提斯出亚美尼亚

戈塔尔泽斯胜利后不久即死①。王位由米底王沃诺尼斯二世(Vonones Ⅱ)继承(51年夏),在位数月后,由其子能干而成功之统治者沃洛吉斯一世(Vologeses I)继承(51—78年)。沃洛吉斯政策之主要目的为恢复亚美尼亚,旋因伊比利王之叛变获得良机。法拉斯马尼斯之子拉达米斯图斯(Radamistus)高大俊美,体力惊人,精于骑射及其他国人之所长,附近各族对之极为称道。此一野心勃勃之少年曾过于大胆表示不耐其父之长寿,使其置身于小王国之外。法拉斯马尼斯见其子亟于攫取权位,遂怂恿其往亚美尼亚夺其弟密特拉达提斯之王位,乃设计阴谋。拉达米斯图斯佯装与其父争吵,赴其叔之宫廷躲避,参与若干亚美尼亚贵族之阴谋反叛。一切准备停当,法拉斯马尼斯以琐事有求未遂,向其弟宣战,以军队供其子,侵占亚美尼亚(52年)。密特拉达提斯置身于戈尔涅亚斯堡(Gorneas)之罗马军营保护下,该营由大队长官波利奥(Caelius Pollio)②统帅。拉达米斯图斯封锁其地,不能下,乃图贿赂波利奥。副统帅百夫长卡斯培里乌斯(Casperius)抗议,乃安排和议,往见法拉斯马尼斯,劝其撤兵。法拉斯马尼斯以缓和调解之态度回答,但阴函拉达米斯图斯,命其加紧围攻,法拉斯马尼斯方致送大量贿赂予波利奥,波利奥似乎素行不良,贿赂兵士威胁与敌人议和,否则将放弃其地,不幸之密特拉达提斯乃不得不投降。

拉达米斯图斯起初冲向其叔,与之拥抱,以见父母之礼迎之,佯作对之深致崇敬,甚至发誓不以任何暴力相加,既不临之以剑,亦不进之以毒。然后,将之牵

---

① 此次胜利曾勒石于贝希斯敦(Behistun)以纪其功,但当时称戈塔尔泽斯为"总督之总督"(satrap of the satraps)颇费解,戈塔尔泽斯其非"万王之王"(king of kings)乎?

② 或持有一大队长官之等级。

往附近树丛之中,谓已准备祭祀以于神前坚定和议。此辈君主结盟时习惯携手共进,紧缚其拇指在一起,当指尖充血时,刺破出血,互相轮流吮吸,如此以血结盟,和约乃具神秘之神圣意义。是时负责为双方拇指打结之人佯装跌倒,抓住密特拉达提斯之膝而将之摔倒,众人一拥而上,以锁链缚之,曳之而行,对之多方侮辱,其妻及幼子等哭泣随之,然后将之藏于有篷马车上,直至法拉斯马尼斯告知其命运之意愿到达。塔西佗谓:"法拉斯马尼斯对王国之欲望远胜于对其弟及女,其心肠对罪恶已硬如铁石,但尚不欲亲见其弟之处刑,拉达米斯图斯亦坚守誓言,不用铁、毒,而将其叔若妹,摔倒地上,蒙以厚布,窒息致死,密特拉达提斯诸子亦因悲泣其父母遭谋杀而就戮。"①

佩利努斯之行动

叙利亚总督夸德拉图斯(Ummidius Quadratus)受命监视邻近属邦事件之进行,此次决定不加干预,以为亚美尼亚无论由叔或侄统治皆无关紧要,其属僚看法亦与之相同,夸德拉图斯等更抱对外邦幸灾乐祸之原则。罗马一贯政策为制造蛮族斗争,拉达米斯图斯以卑劣手段夺取王位,必将受国人憎恨,如能保持王位,必可容易控制,为对罗马有利之事。但同时却故作姿态,遣使至法拉斯马尼斯处,嘱其父子退出亚美尼亚。身体畸形,智力衰弱之卡帕多奇亚省财政官佩利努斯(Julius Paelignus)亦于同时表示干涉,佩利努斯为向克劳狄宫廷一小丑之人。是时卡帕多奇亚并无军队,佩利努斯召集若干地方民军出发,"收复亚美尼亚"。其军士背弃其无能之统帅,佩利努斯见无力自卫,乃至拉达米斯图斯处,拉达米斯图斯之重赂产生效果,佩利努斯竟转而劝其即王位,并亲自参加其加冕礼,篡位者遭驱逐。此种丢人之事招致巨大纠纷,夸德拉图斯为免其他罗马人亦受佩利努斯之行为连累,乃遣普里斯库斯率一叙利亚军团赶往恢复秩序,但此军队为避免与安息人冲突,乃迅速撤回。

---

① 塔西佗。

安息人入侵亚美尼亚，拉达米斯图斯之逃亡与芝诺比娅，提里达提斯为亚美尼亚王

是时沃洛吉斯见时机有利，认为罗马人不致费力支持拉达米斯图斯，乃以其弟提里达提斯为亚美尼亚王，以军队送其至亚美尼亚（53年）。伊比利人未及抵抗即遭逐出，其主要城市阿尔塔克萨塔及提格拉诺且尔塔（Tigranocerta）向安息投降。冬季严寒，补给缺乏，军中又流行瘟疫，迫使沃洛吉斯退兵，拉达米斯图斯迅速赶回，并向所有背叛之人报复，国人以其过于残暴而叛变，一群武装群众包围其于阿尔塔克萨塔之王宫，拉达米斯图斯及王后芝诺比娅（Zenobia）被迫逃走，其逃亡经过颇具传奇性。拉达米斯图斯夫妻之安全系于其马匹之快速，但芝诺比娅怀孕，最初尚极力忍受，不久实不胜颠簸之苦，乃下马求其夫予以体面之死，以免被俘受辱。拉达米斯图斯最后勉允所请，拔出短刀，刺之，将之拖至阿拉克塞斯（Araxes）河畔，投诸河中，以免其尸体为敌人所获，然后继续逃奔，终于安抵伊比利。但芝诺比娅伤势并未致命，河水平静，离岸不远，尚有呼吸，若干牧羊人见而救之，知为贵妇，乃裹其伤处，予以土法救治。及知其名，并问其事，乃将之送往阿尔塔克萨塔，带至实已为亚美尼亚王之提里达提斯处，遇之甚佳，以后礼待之（54年）。

公元54年，提里达提斯与拉达米斯图斯间尚有若干零星战事，安息人是时方为北方之叛乱牵制，罗马人亦忙于镇压西利西亚之克利泰（Clitae）叛变及犹太之不安。亚美尼亚人厌于罗马人对拉达米斯图斯篡窃之支持，对一位安息君主统治其国并无不满。

派科尔布洛至东方

提里达提斯之胜利似为奥古斯都之东方政策不可能获得永久性解决之又一明证。克劳狄之死及尼禄之即位，为试验新政策之大好机会。由塞涅卡及布鲁斯主持之尼禄政府决定采取积极措施，以收复亚美尼亚及维持由于沃洛吉斯兄

弟胜利而日趋低落之罗马威望。第一步即指定科尔布洛（Gnaeus Domitius Corbulo）为卡帕多奇亚省长，给以代行执政官阶级，以前仅为代行财政官。科尔布洛为39年之执政官，47年为下日耳曼省总督，以能力卓越军纪严明见称。夸德拉图斯仍留驻叙利亚，但受命将四军团之半移归卡帕多奇亚之新省长指挥。又命科马吉尼之安提阿库斯及卡尔基思之希律·阿格里帕二世（Herod Agrippa II of Chalcis）整军待命，随时进攻安息人。将亚美尼亚西疆之小亚美尼亚（Lesser Armenia）及索菲尼（Sophene）分别交由二叙利亚王子亚里斯托布路斯（Aristobulus）及索埃慕斯（Sohaemus）统治。但军团由于长期和平，士气低落，不愿变更防地，自叙利亚移向亚美尼亚山中。军中有从不站岗，以堡垒及战壕为新奇之老兵，有不御头盔或胸甲，一向于城市服役之圆滑商人。科尔布洛第一件事即开除大量能力不足之兵士及招募新兵。即使纪律恢复后，仍不得不向西方效率更高之军队中请求增调，自日耳曼开来一军团及辅助军。一切准备就绪，但罗马并未立即与安息动武，科尔布洛不向亚美尼亚进攻，而与沃洛吉斯谈判，订立条约，安息人送人质以保证和平，罗马人则听任提里达提斯为亚美尼亚王。此举或为缓冲之计以争取时间，或亦系罗马政府自知所立亚美尼亚王不数年即将被安息之对手推翻，既不拟将亚美尼亚并为行省，不如接受安息所立人选，而以其承认罗马皇帝，而非安息君王为宗主作交换条件。但条约签订后，提里达提斯迟迟不愿接受亚美尼亚为罗马之礼物，不肯向罗马皇帝宣誓效忠，科尔布洛乃于到任两年后（57年）率军约三万人，于亚美尼亚过冬。

　　亚美尼亚以冬季严寒著称，①军士颇不能耐，遍地冰雪，如非经常挖掘，无处可立帐篷。众多军士四肢冻伤，其他则于站岗时倒毙。尝有兵士抱柴一捆，寒风侵袭，手断柴落。科尔布洛不断轻装脱帽巡行各营，称赞勇者，鼓励弱者，激励士气，加强纪律，严惩逃亡，初犯即处死刑。

---

① 贺拉斯《歌集》第2卷第9首第4行："冰雪常年覆盖亚美尼亚诸山。"（Nec Armeniis in oris…stet glacies iners Menses per omnes.）

公元 58 年之战役

公元 58 年之战事或即于埃尔斯伦（Erzeroum）高原进行，起初罗马军稍有不利，科尔布洛将若干辅助军步兵置于某些防御位置，由一百夫长统率，严令其深藏战壕之中。但此军官见有机可乘，即冲出攻击，未遵所命，致遭失败。科尔布洛乃命此军将士一律于堡垒以外扎营，以惩罚之，直至全军为其求情，始行赦免。春季来临，科尔布洛乃尽全力逼迫提里达提斯作战。时提里达提斯方搜寻全国其认为与罗马友善者加以抢掠，科尔布洛跟随其后，疲于奔命，乃分军令部将于数处同时攻击。科马吉尼王安提阿自南，伊比利王法拉斯马尼斯自北，亦来相助。法拉斯马尼斯为赎前愆，已将其子拉达米斯图斯处死，并出兵表示诚意。居住发西斯（Phasis）河上源之莫斯基人（Moschi）亦助罗马，沃洛吉斯方为其本国希尔卡尼亚人之叛变牵制，提里达提斯知独力难抗罗马大军，乃与科尔布洛议和。科尔布洛劝其上书皇帝请求赦免，因见书信来往无法作最后解决，乃安排双方将领晤面。提里达提斯建议自行随带马队一千亲自出席，科尔布洛则只要军队"卸去盔甲以示和平"，数目可以随意。老将科尔布洛对明显之危险，不为所愚。盖提里达提斯拟以其训练精良之射手射杀科尔布洛随带之无甲战士，其数虽多亦无可为。科尔布洛佯装不解其阴谋，答以最好于全军面前谈判，指定之日，科尔布洛先至，军队安排停当，但提里达提斯直至下午始至，立于远处，"可望而不可闻"，无法交谈。提里达提斯旋离去，西北向而行，或欲阻断罗马军自特拉佩组斯运来之军需。

占领伏兰杜姆及阿尔塔克萨塔

科尔布洛不追击提里达提斯，而准备对亚美尼亚堡垒作一连串袭击。亲自率军攻其最坚强之伏兰杜姆（Volandum），以部将击其较弱者。伏兰杜姆位于阿尔塔克萨塔以西，阿拉克塞斯河以南，科尔布洛分军为四，各负一任务。部分将盾联结高举过顶，作龟盾阵排列，前进至堡垒最近处，以挖掘地道，部分以云梯缒城而上,部分掷标枪及以机器发射火炬,而投石者则自远处向驻军发射铅弹。约十余小时即拆除城墙,推倒城门栅栏,攀登占领堡垒,成人全遭屠杀,罗马士兵则未损一人。其他部将亦各自攻下诸堡,科尔布洛乘胜进攻其首都阿尔塔克萨塔。途中罗马人为提里达提斯之骑兵偷袭,欲攻其不备,但科尔布洛之军队队形可一面行军一面作战,右左两边为第三、第六两军团,第十军团之精选部队居中①。行李在队伍中间行走,借资保护,另由一千骑兵断后,受命如遭攻击仅作自卫之抵抗,但不追逐敌人。两翼配置步兵弓箭手及剩余之骑兵。左翼伸张,沿丘陵之山脚行走,以备敌人冲破中军,则其侧面将受延长之翼包围。提里达提斯骑马面对前进之军队,但保持距离在弓箭射程以外,准备以攻击姿态使罗马军分散,然后分别击其零星队伍。但其计划全部失败,罗马军队仅一骑兵军官冲上前去,为箭射穿,堕马而死,其他皆严守纪律,密集不散,入夜,提里达提斯撤退。科尔布洛欲在当夜进向阿尔塔克萨塔,并开始包围,但斥候报告,提里达提斯已领军远扬,或向米底亚,或向阿尔巴尼亚。乃候至天明,遣其轻装队伍前进,命其于远处开始攻击。结果不需围攻,居民立即开城迎降,兵不血刃,居民生命皆获保全。科尔布洛无足够军队驻防,该城地处要冲,城防坚固,无法占领,乃将城池放火烧为平地。

公元 59 年阿尔塔克萨塔之占领

罗马军似于阿尔塔克萨塔附近过冬,次年(59 年)进向提格拉诺且尔塔,秋天抵达。科尔布洛行军路线不详,似自阿尔塔克萨塔南行,绕小阿拉拉特(Little Ararat)山脚进入拜亚基德(Bayazid)平原。然后由巴里克(Balyk)河盆地,在巴里克及穆拉德(Murad)之分水界甲丁(Djadin)渡河,沿穆拉德,穿过阿里西格德(Arishgerd)平原。此路穿越穆希(Mush)平原,东南行逾比特利斯山隘(Bitlis

---

① 第三、第六军团为夸德拉图斯所派之叙利亚军团,第十军团精选部队亦为叙利亚者,该军团主要队伍仍留叙利亚。

Pass)及提格拉诺且尔塔①。行军途中,科尔布洛未作敌对之示威,但深知亚美尼亚人面对危险趑趄不前,惟伺机即叛,乃随时保持警戒,不敢稍忽。对投降者予以安置,对逃亡或藏于穴洞者则毫不怜悯,以树枝塞其进出口处,熏之使出。尼发特斯(Niphates)山之马尔迪人(Mardi)拒之,藏于深山之中,尤难应付。科尔布洛以伊比利人攻之,以避免罗马人生命之损失。此次行军夏日溽暑,冬季严寒,补给缺乏,仅赖乡间牲口为食,无其他食物,非常有害,水亦稀少,炎暑长征,辛苦备尝,终于在梅拉兹格德(Melazgerd)附近抵达已耕之地,始获蔬食。攻下亚美尼亚两堡垒,至陶洛尼特人(Tauronites)地区,或即为泛湖(Lake Van)以西之穆希地区。科尔布洛于此几有性命危险,一地位高之蛮人携匕首伺于科尔布洛帐幕附近,严刑询问后,供出同党名字,众人皆认罪受罚。此后不久,科尔布洛遣往提格拉诺且尔塔之使者返,谓城门大开迎接科尔布洛,居民请降,带来一顶金冠,表示该城友好之礼物。科尔布洛对提格拉诺且尔塔城秋毫无犯,继续进向其西之堡垒列格尔达(Legerda)。守军极为勇敢,苦战始下,结束科尔布洛此次出征。

提里达提斯于亚美尼亚曾作若干复辟之努力,迅即为科尔布洛制止。亚美尼亚全境皆在罗马势力控制之下。60 年,以父系出于希律大王(Herod the Great),母系出于卡帕多奇亚之阿尔克劳斯,在罗马长大之王子提格拉尼斯为新王,但尼禄所予提格拉尼斯之国土较以前诸王所有者小得多,因分其若干边疆地区予法拉斯马尼斯、安提阿库斯、亚里斯托布路斯及本都之波勒摩等邻近诸王而削减。

公元 61—62 年科尔布洛放弃亚美尼亚

提格拉尼斯企图自安息夺取阿狄亚波纳以扩张其国土,乃进攻该省,败其总督莫诺巴组斯(Monobazus)。此举使极力避免干预亚美尼亚最近战事之安息王

---

① 弗诺编之塔西佗《编年史》,第 2 卷第 114 页。

第十八章　克劳狄及尼禄统治时期对亚美尼亚之战争

决定采取措施,乃重申提里达提斯于亚美尼亚之统治权,于一庄严之会议上为之加冕,派其将军莫奈塞斯(Monaeses)逐出罗马所置僭越者,围攻提格拉诺且尔塔。是时叙利亚总督夸德拉图斯逝世,在继任者未指定前,科尔布洛兼管叙利亚及卡帕多奇亚。科尔布洛遣二军团至亚美尼亚,以支持遭安息人包围于提格拉诺且尔塔之提格拉尼斯,但不愿尽其全力结束战事,以免缩短本身任期。所派两军团,并非亲自训练,而系留守叙利亚之第六及第十二军团,战斗力较差。据云科尔布洛曾秘密指示受命指挥之二军团统帅"小心谨慎,勿尽速从事,宁可时有战争,勿使彻底进行"。科尔布洛本人准备渡幼发拉底河,与沃洛吉斯相会,但此安息王又如同以前,于最后时刻临阵退缩,其所遣将军围攻提格拉诺且尔塔之举亦完全失败。乃与罗马议和,愿履行 55 年提议条约之条件,以其弟为亚美尼亚王,为罗马皇帝之臣属。科尔布洛接受其请,自亚美尼亚撤兵,放弃对提格拉尼斯之支持(61 年),允许提里达提斯复有其地。或谓科尔布洛、沃洛吉斯之间曾有秘密默契,亦非不可能。无论如何,科尔布洛此举绝对不当,其人或以为两度与沃洛吉斯议定之条件为亚美尼亚问题最好之解决方法,但罗马政府一旦立提格拉尼斯为亚美尼亚王,科尔布洛即无权放弃其本人战胜之所得。何况科尔布洛此时仅为临时之统帅,新派之卡帕多奇亚总督佩图斯(Lucius Caesennius Paetus)已在途中。科尔布洛或忌妒其继任者,不欲其竟征亚美尼亚之全功。总之,科尔布洛之所为与罗马政府之看法绝非一致,当沃洛吉斯之使者至罗马时,条约未获批准。是时罗马有理由考虑夷亚美尼亚为行省,卡帕多奇亚新任总督即持此想法。

是故亚美尼亚须重新征服,驻于卡帕多奇亚之两军团,由来自默西亚之一军团增援①。佩图斯甫行抵任,即立刻出发,在梅利泰内(Melitene)逾幼发拉底河,越索菲尼,沿途攻陷堡垒,夺取战利品。其第一目标为收复提格拉诺且尔塔,但

---

① 第十二雷电军团为叙利亚两军团之一、第四斯基提亚军团本自默西亚调来。新自默西亚调来之军团为第五马其顿军团。

已届岁暮(62年),默西亚之军团亦尚未抵达,不得不延至次春。佩图斯于陶汝斯山脉附近阿尔撒尼亚斯河(Arsanias, Murad)北岸索菲尼边境之兰德亚(Randeia)扎营,为第四军团过冬之地。是时科尔布洛据幼发拉底河边组格马(Zeugma)附近以防沃洛吉斯之军队进犯叙利亚。安息王见佩图斯之二军团不在一处,兰德亚之军营又缺乏补给,佩图斯对请假军士,无分差别一概准许,乃突然决定不顾时届冬令,进侵亚美尼亚,庶几于罗马增援未至前,予以突袭。科尔布洛坐视安息军队入亚美尼亚而不加阻止,或系窃喜另一指挥官将陷于困境之故。佩图斯闻沃洛吉斯率大军接近,乃召第十二军团至其司令部所在,至是始完全了解其军队中之无数缺点。初以全军迎向敌人,及至负责侦查之百夫长及若干兵士与安息先头部队遭遇,被杀之后,军队即退入营盘。沃洛吉斯并未立即进逼,佩图斯以三千精选步兵置于陶汝斯山隘,乃安息人抵达兰德亚必经之山道,又于平原配置精锐骑兵以支持军团。但军力全然不足,安息大军一至,尽为所败,未受伤者逃往远处荒野,伤者返回营盘。佩图斯计划不周,军队精锐尽失,又将妻儿移往附近之阿尔撒摩萨塔(Arsamosata)堡垒,派一大队以保卫之,军力更弱。其唯一逃脱机会为派人疾赴科尔布洛处求救,但科尔布洛或因妒嫉,有意拖延,以增其危,且显救助之功。但命其三军团①各选一千人与骑兵八百,辅助军步兵约四千,随时待命出发。不久佩图斯派人以败讯至,并恳请其速来拯救军旗。科尔布洛始出发,留军一半防守幼发拉底河畔堡垒。科尔布洛采路程最短且最易得补给之途径,自组格马直北而行,穿越科马吉尼及卡帕多奇亚,军队有载以粮食之大量骆驼随行。途遇败军之落伍兵士,对其逃亡提出种种借口解释,科尔布洛劝其归队,请求佩图斯饶恕,并谓:"余除胜利者外,概不宽恕"。

公元62年兰德亚之灾难

是时沃洛吉斯同时进迫阿尔撒摩萨塔堡垒及兰德亚军营,企图诱罗马军出

---

① 第三高卢、第六铁甲及第十海峡军团。

其战壕作一决战,但罗马军士气已馁,无心作战,仅图逃命。据云此辈引述罗马史上著名之败绩如考丁山口(Caudine Forks)及曼奇努斯(Mancinus)于努曼提亚(Numantia)之投降以自解,谓罗马人既曾向萨姆尼特人(Samnites)屈服在前,今日向更强大之安息投降亦不可耻。将军见军士如此,只好与敌人谈判条件。如再坚持三日,援军即可抵达。投降条件为罗马军应离开亚美尼亚,堡垒及军需品皆移交安息人,并于阿尔撒尼亚斯河上架桥以便安息人运回战利品。罗马人须得屈服奇耻,于安息人及亚美尼亚人羞辱下仓皇逃走。佩图斯一日之内奔逃40哩,沿途留下伤者不顾,在幼发拉底河畔梅利泰内附近遇科尔布洛之军。"科尔布洛未作例行之举旗及武器之礼,以免使其更形狼狈,将士见友军惨状,不觉泪下。双方未及互相敬礼,即相对大哭。竞争光荣之欲望、成功之激情,皆告消灭,仅余怜悯,低级将士感受尤深。"①

科尔布洛与佩图斯曾作简短谈话,佩图斯以为大军若能立即进向亚美尼亚,则沃洛吉斯已离去,必可恢复旧有一切,科尔布洛则辞以皇帝所派之任务仅限于叙利亚境内,离叙利亚仅为拯救军团,万不得已,不能再作深入。佩图斯乃退至卡帕多奇亚,科尔布洛返叙利亚,与沃洛吉斯互以信函交涉,约定罗马放弃幼发拉底河东岸堡垒,另一方面,安息驻军撤出亚美尼亚。

本国政府拒绝佩图斯之投降条约,科尔布洛再次作战

当佩图斯初建兰德亚营地时,曾向罗马去函自夸,宛如拥有全境,罗马信以为真,为之建纪功碑及凯旋门于罗马。公元63年初,沃洛吉斯之使者抵达,始拆穿其谎言。安息王信函谦虚,但语气之间则不须降低身份谈判任何条件,表示其弟提里达提斯准备接受亚美尼亚王冕,为罗马臣属。提里达提斯为一祆教祭司(Magian priest),不愿渡海,否则将亲来罗马接受加冕,但愿亲赴附近之罗马军营向军旗及帝像表示效忠。尼禄左右拒其请,未予安息使者正式回信,拒绝接受科

---

① 塔西佗《编年史》第15卷第16章。

尔布洛与沃洛吉斯间所定之条件。但同时似有暗示如提里达提斯能亲来罗马，双方可成立默契。但目前将继续作战，并准备大规模进行。

此时已召还佩图斯，科尔布洛最近表现虽受物议，但仍为最有能力之将领，乃再度任命其为卡帕多奇亚之统帅。叙利亚任务则由加卢斯（C. Cestius Gallus）继任。科尔布洛此次获得较前更大之职权，或具代行执政官权位，所有东方总督及属邦君主须服从其命令，其地位与以前日耳曼尼库斯及维特利乌斯者相似。由潘诺尼亚增调第十五阿波罗军团，益以附近属邦队伍，科尔布洛之整个兵力约近五万人，为亚美尼亚战争以来参战兵力最大者。科尔布洛渡幼发拉底河，进入亚美尼亚南部，朝提格拉诺且尔塔前进，打开以前卢库路斯前往推翻提格拉尼斯之路。科尔布洛将领导反叛罗马之亚美尼亚贵族逐出其领土，占领其堡垒。沃洛吉斯遣使请和，提里达提斯要求与科尔布洛晤面，科尔布洛允之，对其选择佩图斯失败处之兰德亚会晤，亦不反对。科尔布洛使在其军中任军事指挥之佩图斯之子，带若干部队先至战场掩盖遗骸。提里达提斯及科尔布洛各带二十骑兵，于约定之日会晤。双方同意，先由此安息人将王冠自其头上取下，置于皇帝像前，直至提里达提斯亲至罗马，由罗马皇帝正式为之加冕，不得再行使用。此种仪式须于佩图斯投降处，在两军面前举行，以湔雪罗马军之前耻。会谈结束吻别。数日后举行庄严之典礼，一边为安息骑兵携其民族装饰物，一边为罗马军团，高举耀眼鹰旗、军旗及诸神之像，陈列如同庙宇。两军中间，有一法官扶一代表罗马帝国之宝座，上置尼禄之像。提里达提斯前进移步，依照惯例宰杀牺牲后，自头上脱掉王冠置于皇帝雕像脚下。礼成之后，科尔布洛宴提里达提斯以礼，提里达提斯往见其兄后即赴罗马。科尔布洛之计划成功，勋业彪炳，于罗马举足轻重，皇帝之虚荣亦因能为亚美尼亚王加冕，使安息君主为其谦卑之恳求者而满足。提里达提斯由三千安息骑兵陪同，公元66年抵罗马。受封礼于广场举行，提里达提斯跪于尼禄脚下，接受亚美尼亚王冠。此次东方问题之解决，持续多年。罗马既未丧失威望，亦未损及利益，成功解决属邦问题。

第十八章 克劳狄及尼禄统治时期对亚美尼亚之战争

预计远征阿兰人,科尔布洛之命运

尼禄又计划另一次东方远征,但不久帝位遭推翻,未获实现。目标为居住高加索山以北,不久前曾劫掠亚美尼亚及米底亚之阿兰人(Alans),罗马计划占领提弗里斯(Tiflis)及弗拉迪考卡斯(Vladikaukas)间所谓"高加索隘口"(Caucasian Gate,今名达里亚山隘[Daryal Pass]),长期驻兵其地。此举对安息及罗马同样有利。自不列颠召回之第十四军团及为此次远征新征集之第一意大利军团已向东方出发,比闻文德克斯叛变,始获召还。

科尔布洛位尊权重,功高震主,尼禄对之似起疑忌,67年召之至希腊,于肯克里亚(Cenchreae)登岸时接到信息,命其自杀,乃以剑刺胸,自称"予当得此报"!至于是否真有可疑之处,则不得而知。科尔布洛为能将,但史家于其功业或予夸大,至少塔西佗似以之与尼禄作对照,一如以日耳曼尼库斯衬托提比略,至于科尔布洛之智勇谋略与佩图斯之躁急无用,显然系为增加艺术效果。

附录

A 克劳狄及尼禄时期亚美尼亚战争之大事年表

据罗林森(Rawlinson)及埃格利(Egli),阿尔特巴努斯三世卒于公元42年,其他史家则以为卒于43年(包括Saint-Martin),但实际时间则为40年(Mr. Percy Gardner及Gutschmid皆以为然)。阿尔特巴努斯死后,其子戈塔尔泽斯于瓦尔达尼斯以前统治一短时期(40—41年),瓦尔达尼斯卒于45年(一般以为48年),主要系根据安息钱币。至于蒙森假定阿尔特巴努斯死后由塔西佗曾经提及与之同名之子继位之说则无证据。塞琉西亚之降,一般以为46年,但如瓦尔达尼斯卒于45年,则显然不确。

塔西佗书中谓塞琉西亚叛变延续七年,

尼培地(Nipperdey)(弗诺亦同意)则以为叛变开始于36年,43年投降,可能正确。

美赫尔达提斯于49年被派至东方,一时似颇有据,美赫尔达提斯于50年春进入阿狄亚波纳,同年失败。戈塔尔泽斯51年死,似颇明显(埃格利则认为诸事件皆于49年发生)。沃洛吉斯之即位,置于51,或52年。但前者为正确年代。拉达米斯图斯于伊比利之阴谋(Saint-Martin以为50年)始于51年,伊比利对亚美尼亚之侵略于次年发生,安息之干预于53年。(见弗诺,第106页)

科尔布洛之最初战役之年代,疑问甚多,(一)埃格利以为科尔布洛与提里达提斯于59年4月29日会晤。阿尔塔克萨塔之沦陷及提格拉诺且尔塔之降于同年。此说建立于错误之观念,实不可信。盖塔西佗于叙述科尔布洛及提里达提斯之会晤后,曾提及一奇迹,埃格利即以为59年4月30日之日食。如系指日食,塔西佗必不如此描写。蒙森已指出于当地气候下开始作战不会如此之早。(二)蒙森认为阿尔塔克萨塔于59年陷落,提格拉诺且尔塔则于次年。(三)弗诺认为科尔布洛于57年进入亚美尼亚,58年陷阿尔塔克萨塔,58—59年于此地过冬,59年进军提格拉诺且尔塔。大体言之,似无错误。其唯一纠纷所在为塔西佗并未提及于阿尔塔克萨塔过冬,文中似认为该地陷落后已遭夷为平地。

B 提格拉诺且尔塔之地点

据弗诺(氏编,塔西佗《编年史》第12卷第50章第8节注中)概述如下:塔西佗或许跟随科尔布洛确指提格拉诺且尔塔地点距尼西比斯(Nisibis)37哩处,于尼斯弗里乌斯(Nicephorius)河畔,尼斯弗里乌斯河据塔西佗描写为一相当大之河流,普林尼(Pliny)谓系底格里斯河上游之主要支流,但底格里斯所有支流皆自北方注入,距尼西比斯较书中所记距离更大。斯特拉波则以为于马修斯(Masius)山下与尼西比斯地位相似,与普林尼所谓"于一高地上"(in excelso, on a high eminence)者不符。(一)埃格利认为该城为控制比特利斯山隘而建,以之为"于比特利斯河之塞尔特"(Sert on the Bitlis-Su),完全不顾塔西佗及斯特拉波之叙述。(二)其他学者以之为于阿巴德丘(Tell-Abad)或于马修斯以北之底格里斯盆地内某地。此种判断与塔西佗所谓距尼西比斯一段路程之叙述相符。但当地之河流太小,与尼斯弗里乌斯不符。(三)1879—1880在当地旅行之萨乔(Sachau)教授,于埃尔曼丘(Tell-Ermen)发现甚多遗迹。埃尔曼丘于马尔丁(Mardin)稍偏西南,距尼西比斯37哩处之河上。与塔西佗及斯特拉波所述相符。但与普林尼所谓尼斯弗里乌斯与底格里斯有

第十八章　克劳狄及尼禄统治时期对亚美尼亚之战争

关之记载不合,目前仍以萨乔之说较是。

C　克劳狄与尼禄时代之军团

奥古斯都去世时有 25 军团,提比略及盖乌斯时仍然如旧。克劳狄为征不列颠增一新军团第二十二初创(Primigenis)军团,尼禄时又增三军团:第十五初创、第一意大利(Italica),及海军(Classica)军团。后者以后或即为第一援救者(Adjutrix)军团。尼禄去世时共有 29 军团,分配如下①:

西班牙:第六胜利(Victrix)军团。下日耳曼:第一日耳曼(Germanica)、第五云雀(Alaudae)、第十合组(Gemina)、第十六军团。上日耳曼:第四马其顿(Macedonica)、第二十一、第二十二初创(Primigenia)军团。不列颠:第二奥古斯都(Augusta)、第九、第二十胜利(Victrix)军团。潘诺尼亚:第十三合组(Gemina)军团。默西亚:第三高卢(Gallica)军团。叙利亚:第四斯基提亚(Scythica)、第六铁甲(Ferrata)、第十二雷电(Fulminata)军团。犹太:第五马其顿(Macedonica)、第十海峡(Fretensis)、第十五阿波罗(Apollinaris)军团。埃及:第三军团。昔兰尼:第二十二戴奥塔鲁斯(Dejotariana)军团。阿非利加:第三奥古斯都(Augusta)军团。高卢:第一意大利(Italica)军团。罗马:海军军团(Legio Classica)。北意大利:第七克劳狄(Claudia)、第八奥古斯都(Augusta)、第十一克劳狄(Claudia)、第十五初创(Primigenia)军团。自英赴东征途中者第十四合组(Gemina)军团。

阿萨克斯像之钱币

---

①　费茨内尔(Pfitzner),《罗马帝国军团史:自奥古斯都至哈德良》(*Geschichte Der Römischen Kaiserlegionen Von Augustus Bis Hadrianus*),1881,第 45 页。

第十九章 加尔巴之统治，四帝之年（68—69年）

第一节 加尔巴与皮索

每一元首死后，次一元首正式选出之前，元首制即暂时停止。尼禄死后，此一原则尤明白显露。中断竟达七日之久，为前此所无之事。前此事实上皇帝"为一家族世袭"①，

加尔巴之钱币

但尼禄既无所出，亦未收养，尤利乌斯及克劳狄家族已绝，僭位者纷起，甚至恢复共和制度之说，虽未认真讨论，亦颇有人念及。至少，人民常提及"元老院及罗马人民"，最后决定之权仍在军队。但军队意见不一，内战遂起，其间不到一年，四帝相继迭兴。

禁卫军拥护加尔巴（Galba），罗马及意大利大部分人亦对之仰望，加尔巴时在塔拉哥南西斯之克路尼亚（Clunia），奥托、提图斯·维尼乌斯（Titus Vinius）及拉可（Cornelius Laco）之顾问皆支持之。为其留驻罗马之获释奴伊凯路斯（Icelus）于尼禄死后七日，抵加尔巴处以尼禄死讯闻，加尔巴遂即帝位，是为行

---

① 塔西佗：quasi hereditas unius familiae。

省立帝之始。塔西佗有句名言:"帝国之秘密已经揭露,即罗马之外,他处亦可立帝。"

新帝虽立,但登基途中进展甚缓,且充满血腥。元老院对之加以承认,且派代表迎之于纳博讷(Narbo Martius,即 Narbonne),但竞争者纷起,有可怕者,亦不乏无足轻重者。兴起于西班牙及高卢者皆易应付,下日耳曼省总督卡皮托(Fonteius Capito)及阿非利加省长马凯尔(Clodius Macer)较为有力。马凯尔明白表示欲恢复共和制度,并依共和形式,于币上铸代行司法官(pro praetor)之铭文①。结果为加尔巴所指使之皇帝省财政官所杀。卡皮托为其部下拥护加尔巴之军官所杀,但无加尔巴之命令。上日耳曼省军队对西班牙所拥立之皇帝加以敌视,企图拥戴其本身之将军维尔吉尼乌斯·卢弗斯(Verginius Rufus),却为后者峻拒。加尔巴惧其极得军心,对之仍不放心,将之召至面前,强迫其同往罗马。

是时禁卫军队长宁菲迪乌斯·萨比努斯谋自立,伪称为皇帝盖乌斯之私生子,但禁卫军宣誓效忠加尔巴,将之乱刀剁死。宁菲迪乌斯之主要支持者为已指定之下任执政官瓦罗(Cingonius Varro),加尔巴命令将之处死。尼禄曾指定其带兵之图尔皮利阿努斯亦未经审判,即遭处死。10月,加尔巴抵罗马,于米尔维亚桥(Pons Milvius)遇尼禄招募之海军,以之为敌人,命令部下进攻,踏其尸体入城。新帝登基之路,实充满血腥。

加尔巴出身世家②,富有赀财,元老院对其回归宪法政府极具希望。证据显示加尔巴拟取法奥古斯都,但才调平庸,虽无恶行,亦从未以品德见称。淡泊名利,亦不贪婪,却过于吝啬,居常受友人及获释奴之影响,困难时常依赖别人意见而缺乏己见。其表面之智慧常仅由于懒惰,实不堪大任。塔西佗曾谓:"加尔巴

---

① 马凯尔如此做,或仅为宪法形式。
② 加尔巴为其继母利维娅(Livia Ocelina)所收养,以李维乌斯(Livius)为名,改姓,自称 Lucius Livius Sulpicius Galba,直至即帝位时。比登帝位,仍复原姓,其正式皇帝头衔有不同写法,已发现者有:Imp. Serv. Galba Caesar Augustus, Serv. Galba Imperator Caesar Augustus, Caesar Augustus Galba Imperator, Galba Imp. 等多种。

即使不为帝,但所有人仍皆认为其适合大位。"① 其短期统治,错误百出。首先,其高卢政策即不明智,以文德克斯之失败叛变为助己,赏赐参与其事之城市,而惩罚忠于尼禄之卢格杜努姆人、特雷维里人、林果尼人等,此举使日耳曼境军团离心。加尔巴于罗马之严厉措施,予人以恶劣印象,尤以对海军之待遇,激起反感最深。宁菲迪乌斯以其名义允许给予禁卫军之赏赐,加尔巴亦拒绝发放,更使禁卫军对之失望。

尼禄死时,府库已空,加尔巴之财政措施极不适当,一方面减税2.5%,其性质不详。另一方面企图迫使曾受惠于尼禄之宽大政策者退回其所得,派遣使者自曾受尼禄赠与之人索取其所得之9/10,但此辈得来容易之财富亦挥霍殆尽,使者皆劳而少功。继又令人对曾受尼禄赏赐者提出申请,招致无穷诉讼纠纷,不但毫无所得,且对加尔巴树敌无数。此外其吝啬亦近于苛刻,与其前任之挥霍,恰成不利之对照。且其左右如维尼乌斯、拉可及伊凯路斯之贪婪,更使其恶名昭彰。加尔巴以拉可为禁卫队长,擢升其获释奴伊凯路斯为骑士阶级,指定维尼乌斯为公元69年之同僚执政官。此三人对加尔巴施加影响力,时人称之为"三教仆"(three pedagogues)。此外,加尔巴对罗马人皆欲杀之提格利努斯竟加赦免,更增国人对其不满。尼禄亲信之获释奴皆处死刑,但维尼乌斯以提格利努斯与其孀居而富有之女订婚,遂为提格利努斯缓颊,救其一命。

69年元旦后不久,上日耳曼省军队叛变之消息抵达罗马,加尔巴曾以年纪老迈,不能维持军纪之弗拉库斯(Hordeonius Flaccus)代替维尔吉尼乌斯,加尔巴因无可信赖之军力反对此一运动,而陷入困境。是时禁卫军态度冷淡,加尔巴已派西班牙(第七加尔巴[Galbiana])军团往潘诺尼亚,且已解散尼禄之日耳曼卫队。暂驻罗马之若干日耳曼及伊利里亚军团支队人数不多,且不可靠。加尔巴乃从其左右之议,另立一帝国之共治者,此举可使喧嚷要求新统帅之日耳曼境军队满足。当时获得提名者共有二人,奥托获维尼乌斯支持,一向与维尼乌斯持相

---

① Omnium consensus capax imperii nisi imperasset.(《历史》第1卷第49章)

第十九章 加尔巴之统治,四帝之年(68—69 年)

反意见之拉可则与伊凯路斯推荐皮索(Piso Licinianus),最后帝国会议①决定选择皮索。皮索出身古老世家,品格高超,但人缘不佳,当加尔巴四面楚歌之时,实为错误选择。1 月 10 日加尔巴收养之,易名为 Ser. Sulpicius Galba Caesar,但丝毫未能安抚军队。当雷雨交加之下,年迈龙钟之皇帝向禁卫军宣布其选择,引奥古斯都以阿格里帕及提比略共治之前例时,军士木然沉默,作无言之抗议,仅军官及前排士兵欢呼以皮索为统帅。是时,加尔巴如补赐禁卫军赏金,尚可挽回军心,但其固执不予,再失良机。元老院则承认皮索之获选。

加尔巴既无法以立副帝之举挽回军心,又起奥托之妒,树立新敌。奥托一向支持加尔巴,忿其不以己为副帝,又以曾被尼禄放逐于路西塔尼亚多年,积怨极深,负债累累,准备不惜一切以争取皇位,又恐皮索见妒,乃信星相预言者之言,野心勃勃。由于一般对加尔巴政府之不满,自以为前途极有希望。若干怀念尼禄黄金时代统治之人,对豪奢之奥托颇存希望,禁卫军中虽仅二人拥护奥托,塔西佗云:"二操纵者从事转移罗马人民之帝国,竟转移成功。"

1 月 15 日晨,决定时刻来临。加尔巴方祭于帕拉廷之阿波罗神庙,征兆不佳,预示家有仇敌。时奥托正准备行动,等待其获释奴依照其策划者等候其预定信号,乃立即穿越帕拉廷西北面之提比略住处下山,至广场之黄金里程碑(golden milestone),在此遇 23 名士兵,欢呼其为统帅,界以轿上,疾赴营盘。当其进入军营之消息抵达时,加尔巴方为其"已不属于己之帝国前途祈祷",几经踌躇之后,决定皮索应于加尔巴之前,同赴军营,试图敉平叛变。不久谣传奥托被杀,加尔巴不再迟疑,随带军士一大队及大批宣布站于自己一边之群众,向军营出发。于离开帕拉廷之前,一兵士持染血之剑奔至,高呼已杀奥托,加尔巴尚询以:"何人所命?"是时禁卫军已拥立奥托为统帅,海军亦加入,奥托命全军武装,率军离营入罗马城,以压制反对之民众及元老。加尔巴及皮索于广场阻止,不确定继续前进或返回皇宫,从行兵士见奥托大军迫近,旗手将雕像撞倒在地,

---

① 塔西佗《历史》第 1 卷第 14 章"帝国会议"(Comitia imperii)。

表现士兵同情奥托,人民逃离广场。加尔巴之乘舆于库尔提乌斯池(Pool of Curtius)附近倾覆,皇帝遭剁成碎片。维尼乌斯继之被杀,皮索避于维斯塔神庙,被拖出杀死。元老院立即承认禁卫军所选择之统帅,授予奥古斯都尊号及保民官职权。

第二节　奥托与维特利乌斯

但奥托(Otho)①之对手已在战场,日耳曼境乱事已起,下日耳曼总督卡皮托被暗杀后,加尔巴选奥鲁斯·维特利乌斯(Aulus Vitellius)继任。其父路奇乌斯·维特利乌斯(Lucius Vitellius)曾于提比略麾下率军在东方作战,后又与克劳狄同为监察官。奥路斯·维特利乌斯曾获尼禄宠幸,为阿非利加省之代行执政官级总督,但对加尔巴所赋予之重任,不克担当。维特利乌斯无足轻重,但性情和易,好色而懒惰,平生无大志,环境竟将之致诸帝位。上、下日耳曼省军团皆不满加尔巴之统治,忌妒其为西班牙军团拥立,亦欲自立一帝。维尔吉尼乌斯之召回,尤使上日耳曼省军队愤怒。1月1日,摩根提阿库姆之第四及第二十二军团拒绝宣誓对加尔巴效忠,一如加尔巴昔日背叛尼禄时所为,请求交由元老院及罗马人民处理。总督霍尔德尼乌斯(Hordeonius)不敢干涉,下日耳曼省找到皇帝人选。是晚,维特利乌斯正在科隆(Colonia)晚餐,摩根提阿库姆讯息至,乃立派使者至其所辖省内各军团驻扎所在。是时第一日耳曼军团于波纳、第五云雀军团及第十五初创军团于维特拉、第十六高卢军团于诺维西乌姆(Novaesium)。次日,第一军团副帅瓦林斯(Fabius Valens)率若干骑兵自波纳抵达,以维特利乌斯为统帅。3日,尚未另立新帝之上日耳曼省军队放弃任由元老院及罗马人民处置之高调,承认维特利乌斯为帝。科隆之省民及特雷维里人、林果尼人(其城市

---

① Imp. M. Otho Caesar Augustus。

即今 Langres），亦皆效法军队，表示拥护。比尔吉卡总督瓦勒里乌斯（Valerius Asiaticus）及卢格杜南西斯省长布莱苏斯（Blaesus），与属上日耳曼省，当时驻于卢格杜努姆之第一意大利军团皆宣布拥护新帝。众人之中，或以维特利乌斯本人最不热心，对推翻加尔巴之准备并不积极参与，任由属下军官为之，尤以上日耳曼省之凯奇纳及下日耳曼省之瓦林斯为其主谋。凯奇纳为一年轻，强壮能干，野心勃勃而极得人缘之总督。

军队决定进向意大利及罗马，分三路进兵，凯奇纳率三万六千人跨越本宁阿尔卑斯山，瓦林斯率四万人穿过高卢，经由科提山隘（Cottian Pass），两军会师于克雷莫那。维特利乌斯率军队主力随后缓缓前进。实则军队兴奋万分，不需刺激，维特利乌斯出现与否并非必要。高卢境内反对文德克斯而受惩于加尔巴之地区皆倒向维特利乌斯。瓦林斯军队沿途抢劫，军纪极差，所经城市皆须贡献军队所需，对倾向加尔巴之奥古斯托杜努姆及维

奥托

恩纳等地尤为严酷。凯奇纳军队通过赫尔维提人（Helvetii）之高地，土著憎恶兵士之放纵，军队沿途杀戮，强悍之赫尔维提人最后被迫退回其城市阿文提库姆（Aventicum，今 Avenches），屈服于军队围攻之威胁。

但维特利乌斯军队抵意大利之前，加尔巴已被杀，奥托即位，情势骤变。奥托准备迎战对手，但首先向维特利乌斯提议，如由战场平静退兵，则将获重酬。维特利乌斯如能作主，或可接受，但决定之权在其军队，军队不愿退却，唯有武力解决。西方行省大多拥护维特利乌斯，如高卢三省、纳博讷、雷提亚、不列颠等是。西班牙、伊利里库姆则支持奥托。但西班牙旋即倒向维特利乌斯，整个西方皆为维特利乌斯之势力，奥托仅余禁卫军及潘诺尼亚、达尔马提亚及默西亚四军团。此外，东方诸省之埃及与阿非利加承认其帝位，却无实际帮助。奥托如立即采取行动，并授权能干将领指挥，当可获胜。奥托本身不善将兵，部下如苏维托

尼乌斯·保利努斯（Suetonius Paulinus）、凯尔苏斯（Marius Celsus）、斯普林纳（Vestricius Spurinna）皆属能将，但奥托皆不信任，仅听从毫无作战经验之禁卫队长普罗库路斯（Licinius Proculus）之意见，未于敌人抵意大利边境以前，尽速占领阿尔卑斯山道，却在罗马耽搁。

奥托无治人之才，处境颇感困难。元老对加尔巴最为满意，加尔巴既死，不得不接受奥托，不免暗藏敌意，乐见其倾覆。奥托虽极力拉拢，严守分际，不侵犯其特权，仍无济于事，而禁卫军与元老院之敌对，更增加事态之严重性。某次奥托宴请诸贵族，军士疑其阴谋不利于皇帝，几杀害之。由奥托统治时元老院未铸铜币一事观之，其部分原因或为3月9日以前奥托尚未为大祭司，元老院于其未获全部皇帝头衔之前，有意拖延。罗马民众欢迎奥托如尼禄一般，希望恢复尼禄之自由政策，不愿与元老妥协。奥托甚至于正式采用尼禄之名，旋因尊重元老院之感情而放弃，牺牲已获加尔巴赦免之提格利努斯，以平息公众之愤恨。禁卫军亦为难题之一，深知奥托之帝位得自此辈，且于未来之斗争中，非赖其支持不可，故奥托无法维持严格之军纪，一开始即准其自择队长，以至于处境难堪。

自奥托即位至离开罗马，两月之中，一般政策极少值得称述。盖奥托忙于准备战争，无暇治理国事，仅于西班牙加强西斯帕利斯（今塞维亚）及埃美里塔（今Mérida）之殖民地，扩充贝提卡省疆域，加入海峡彼岸之若干地区。阿非利加及卡帕多奇亚得到若干特权。是时有一萨尔马提亚部落罗克索拉尼人（Roxolani）侵犯默西亚，为守军逐退，奥托授得胜将领高位以酬报之。凡此措施皆可见奥托巩固其政治地位之目的。

3月，内战开始。自亚克兴战后，意大利即无内战骚扰，意大利人对恺撒去世后，忆及菲利比、穆提纳（Mutina）、佩鲁西亚等战事，余悸犹存。尤有进者，此次双方争战之首领，皆不值为之流血战斗，作为共和国政府之候选人，放荡之奥托及贪吃之维特利乌斯俱属可鄙。诚如塔西佗所谓："命运所选以毁灭帝国之工具。"但与迟钝之维特利乌斯比较，奥托至少尚属活跃，当需要行动之时，摒却

第十九章 加尔巴之统治，四帝之年（68—69 年）

浮华，"一反平日所为"①，衣冠不整，身先士卒，步行领军。3 月 14 日由罗马出发，由其弟提提阿努斯（Titianus）留守罗马，强迫若干不放心留于罗马之元老，与之同行。

维特利乌斯之目的为占领罗马，彼一日不为元老院及罗马人民承认，一日即为篡窃。奥托之目的为阻止其敌人渡过意大利第二道防线帕杜斯河（波河），时第一线阿尔卑斯山已为凯奇纳越过。奥托遣加卢斯（Annius Gallus）及斯普林纳率禁卫军五大队及第一海军军团中逃过加尔巴一劫之余众与二千角斗士先行，以阻敌军，期盼得潘诺尼亚及达尔马提亚四军团中之八千人增援，其余大军则缓缓后行。奥托与剩余之禁卫军及众多海军殿后。奥托之海军控制意大利西岸，科西嘉及萨丁尼亚亦保证加入。又派一支队步兵夺取海岸阿尔卑斯地区，并攻击纳博讷省。滨海地区之督察官企图反抗，军士怒而向阿尔宾提米利乌姆（Albintimilium, Ventimiglia）城市报复。纳博讷之城市，尤以佛如姆朱利（Forumjulii, 今 Frejus）遣人向正在前进拟与凯奇纳会合之瓦林斯求助。其后之战争中，维特利乌斯派失败，但奥托军队退至利古里亚（Liguria）之内陆城市阿尔宾高努姆（Albingaunum, Albenga）。战争初期，此地区战事对奥托有利。

当凯奇纳进入山南高卢获得驻扎该地区以"西利乌斯骑兵队"（ala Siliana）见称之一队骑兵归附，美迪奥拉努姆（Mediolanum, 今米兰）、埃波雷底亚（Eporedia, 今 Ivrea）、诺发里亚（Novaria, 今 Novara）及维尔凯莱（Vercellae, 今 Vercelli）亦随之投向维特利乌斯。帕杜亚至阿尔卑斯间大部分地区皆归维特利乌斯方所有，然自罗马至伊利里库姆间之交通仍未受干扰。先遣之潘诺尼亚大队为维特利乌斯军于克雷莫那所俘，其他奥托军若干支队于提奇努姆（Ticinum）附近战败，但第一次大战则于普拉森提亚（Placentia）发生，该处守将为斯普林

---

① 尤维纳尔形容其出兵时尚随带女性化象征之镜子，见《讽刺诗集》第 2 首第 99—103 行："另一人手中所持之镜，犹如女性化之奥托所携，埃涅阿斯纪剧中一演员之奖品，凝视其本人全副武装之形象，当彼正准备下令前进时，于吾人时代之年鉴中著名及新奇之事，乃镜子为内战时成套物件之一。"（Speculum pathici gestamen Othonis, Actoris Aurunci spolium, quo se ille videbat Armatum cum iam tolli vexilla iuberet Les memoranda novis annalibus atque recenti Historia speculum civilis sarcina belli.）

纳。凯奇纳亲自渡河督战,但攻击不下,进攻时城外之大圆形剧场为火烧毁。凯奇纳被迫退回克雷莫那附近营盘,是时加卢斯疾驰赴援普拉森提亚,比闻敌人已被击退,乃于克雷莫那及曼图亚之间距维洛纳(Verona)二日路程之贝特里亚库姆(Betriacum)扎营①。约于同时,奥托方面,由马凯尔(Marcius Macer)率领之角斗士团(Corps of Gladiators)渡河至克雷莫那附近之帕杜斯北岸,击败一队维特利乌斯之辅助军。一般以为此等胜利可继续,统帅加卢斯、苏维托尼乌斯、凯尔苏斯等受己方人士严厉指责,且查问其对奥托之忠诚。由于此等怀疑,皇帝乃召其弟提提阿努斯(Titianus)由罗马至前线为总指挥。

提提阿努斯尚未抵达,奥托方面又获另一胜利,苟非保利努斯判断错误或背叛奥托,将可获得决定性之胜利。保利努斯及凯尔苏斯曾于贝特利亚库姆与加卢斯会师。凯奇纳耻于普拉森提亚之败,亟欲于其同僚瓦林斯抵达之前获得胜利,决定有所行动,乃对距克雷莫那12哩处之卡斯托庙(Locus Castorum,以卡斯托及波路克斯神庙得名),以精选之辅助军于波斯图米亚大道(Via Postumia)上面林中埋伏,若干骑兵沿路前进诱敌。奥托诸将获得情报,洞悉其计,乃将计就计,巧妙应付。时加卢斯方堕马受伤,军队由凯尔苏斯及保利努斯分别指挥,保利努斯负责步兵,凯尔苏斯负责骑兵。以禁卫军三大队成纵队置于路上,为中间主力;左翼为来自潘诺尼亚第十三军团约二千余之先头步队,另有辅助军五大队,及五百骑兵;右翼为第一海军军团及辅助军二大队及五百骑兵,另有一千精选之骑兵断后。维特利乌斯军依原定计划,接战后佯装败退,诱敌入彀,凯尔苏斯约束军队不使前进太过,对方伏兵以为敌人中计,胜利在握,一齐冲出,凯尔苏斯乃逐渐退回,将之诱入预先布置之圈套。凯尔苏斯及其骑兵于敌人穷追之下,抵达波斯图米亚大道上禁卫军三大队所在,道路左右之军团兵士前进,于前面会合,形成连续阵线以对付敌方追逐之人。同时左右两方辅助军团向前推进,攻击

---

① 蒙森指出此为该名之正确拼音,通常为 Bedriacum,吾人于尤维纳尔之文本中发现另一形式 Bebriacum。《讽刺诗集》第2卷第105行:"需一最具勇气之公民于贝布里亚库姆战场上拙劣地模仿宫殿之气派。"(Summi constantia civis Bebriaci campo spolium affectare.)

维特利乌斯之两翼。最后断后之骑兵亦绕过敌军攻其后路,将敌军四面包围。但苏维托尼乌斯不知何故,行动不够迅速,浪费于事先准备之时间太多,未能及时发出命令步兵攻击之信号,许多维特利乌斯军乃得乘间避入路旁与之相连之葡萄园中,重长枪无法自由使用。但当苏维托尼乌斯最后下令步兵攻击时,一时大军齐集,凯奇纳将其大队逐个应战,每一大队皆感兵力薄弱,难当奥托军队之攻击。据云苏维托尼乌斯如不传令退兵,以阻止其军队直下克雷莫那敌营之企图,则凯奇纳及其全军或遭歼灭,是故或疑其反叛。

瓦林斯是时已抵提奇努姆,于此次失败后,不久即与凯奇纳会师于克雷莫那。同时,奥托亦亲抵贝特里亚库姆召开作战会议。苏维托尼乌斯、加卢斯及凯尔苏斯皆以为于军纪及士气皆可与莱茵河军团旗鼓相当之伊利里亚军团未抵达前,不应冒险全面交战。但奥托不能等待,急于决定其命运。提提阿努斯及普罗库路斯逢迎其意多于其利益,赞成立刻行动。会议之后,奥托退至布里克塞路姆(Brixellum, Bresello)。军队名义上由提提阿努斯,实际上却由普罗库路斯指挥,由贝特里亚库姆西进,于近克雷莫那4哩处扎营,最后战略目标似为于克雷莫那西方两小时路程处帕杜斯、阿杜阿(Addua)二河交会处,以截断克雷莫那及提奇努姆之联络。但通过克雷莫那敌军之侧翼行军,过于冒险,虽不善用兵如提提阿努斯者亦不致如此冒险,其策略似难令人置信。是时奥托日益不能忍耐,不顾经验丰富将领之谏阻,传信其弟,令其向敌方前进。

是时维特利乌斯军正忙于在阿杜阿河口附近跨帕杜斯架桥。马凯尔及其角斗士加以阻止,双方为争取河中岛屿,发生冲突,角斗士为巴塔维军队所击败。角斗士将此次失败归咎于马凯尔,向之报复,马凯尔极不容易始被救出,萨比努斯获指定代替马凯尔,且对河以南所有奥托军队皆有指挥权。

4月15日,正在忙于筑桥之凯奇纳返回克雷莫那,发现奥托军队已抵达距其地4哩处,一部分骑兵攻击军营,瓦林斯已发出信号开始作战。是役一般称为"贝特里亚库姆之战",实则应为"克雷莫那之战",就军事观点言之,远不如卡斯托庙之精彩,但结果却决定全部战争之胜负。是时谣传维特利乌斯军已不再对其主效忠,奥托军乃放下武器,以之为友人加以欢呼,不久醒悟,乃于大道及两旁树丛及葡萄园发生战斗。双方势均力敌,奥托方面之第一海军军团表现特殊英勇,但无全面行动,仅有一连串散漫之冲突,直至奥托之将领逃走,胜负始行决定。同时维特利乌斯方不久以前击败奥托角斗士之巴塔维大队亦来增援,其侧翼攻击获得决定性之胜利,败军沿大路逃回军营,次晨投降。

是时奥托仍在布里克塞路姆由若干禁卫军支队保卫,等候战争结果,克雷莫那之败本身对于整个战争并不能具有决定性,奥托仍可由即将抵达之伊利里库姆军团之助,挽回命运。但奥托已对茫茫前途倦于等待,败讯一至,即决定赴死,不顾对为其拼死作战之军队负责,或许感觉不能信任其将领。傍晚,命人呈两匕首,选其利者,置于枕下。睡醒一觉后,黎明时引刃自杀。家奴闻其临终呻吟之声,奔入,发现其主人已死(4月17日)。如谓其生活中女性化之处类似尼禄,然其临终所表现之决心,却与尼禄之畏葸相反。① 其遗体立即被置于一柴堆上,若干禁卫军当场自杀,骨灰葬于一简陋之墓碑下。

奥托死后,禁卫军于布里克塞路姆拥立随侍奥托之维尔吉尼乌斯·卢弗斯为帝,为卢弗斯所拒,一如前此拒绝日耳曼军团之请。军队无奈,只好向维特利乌斯投降。此胜利之军队大肆抢掠意大利诸城市,诸城市已遭奥托之军士劫掠一空,瓦林斯及凯奇纳未图阻止掠夺,而精疲力竭。罗马城中,一闻奥托死讯,欣喜若狂。4月19日,元老院开会,由一单独议案通过予维特利乌斯以皇帝所有头衔。正如当初以奥托为尼禄之传人,此时则视维特利乌斯为加尔巴之继承者,携带加尔巴之像,冠之以花,昇至广场当年其被推倒处,竭力安抚即将抵达罗马,令人恐惧之日耳曼军团。

---

① 奥托之死对罗马人印象极深,诗人马尔提阿利斯曾有诗赞之。《铭辞》第6卷第32首:"女战神(贝洛纳)至今对内战之结果未定,或许温和之奥托仍有胜算;奥托惊见血腥之战斗,以坚决之手插剑于胸。加图生时较恺撒伟大,其死亡较奥托伟大乎?"(Cum dubitaret adhuc belli civilis Enyo Forsitan et posset vincere mollis Otho, Damnavit multo staturum sanguine Martem et fodit certa pectora tota manu. Sit Cato, dum vivit, sane vel Caesare maior: Dum moritur, numquid maior Otho fuit?)

第十九章 加尔巴之统治，四帝之年(68—69年)

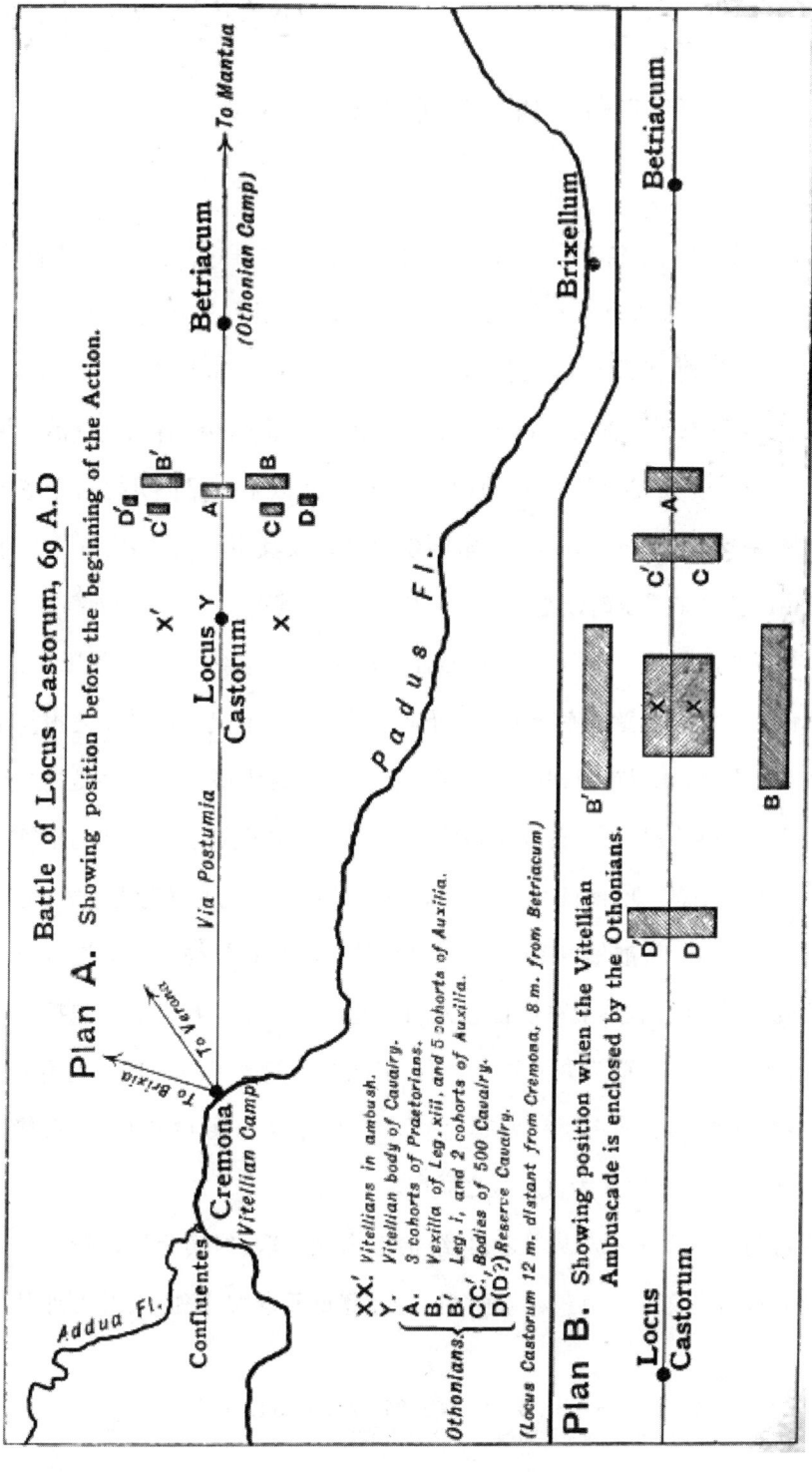

公元69年卡斯托庙之战地图

第三节 维特利乌斯与韦伯芗

当双方大战之时,维特利乌斯以其特有之迟钝,缓缓通过高卢,随带军队约六万人,包括日耳曼军队及不列颠派来之一部分队伍。胜利消息抵达时,毛里塔尼亚诸省亦宣布对其效忠。尼禄曾以路凯乌斯·阿尔比努斯(Lucceius Albinus)为恺撒里恩西斯省长,加尔巴又以廷吉塔尼(Tingitane)省归其统治。加尔巴死后,阿尔比努斯支持奥托,威胁西班牙,但受命以军力保护贝提卡之塔拉哥纳省总督卢弗斯(Cluvius Rufus)杀害阿尔比努斯及其主要支持者,据云阿尔比努斯曾企图恢复朱巴王时断绝之王家尊称,而自为其王。

皇帝乘巨艇沿阿拉尔河而下,于卢格杜努姆遇其胜利将军瓦林斯及凯奇纳,并于该地将本身之日耳曼尼库斯头衔给予其婴儿。维特利乌斯对敌军之报复主要落在次要之军官,尤以被遣回原防之伊利里亚军团者为最。其对手奥托之弟提提阿努斯及苏维托尼乌斯、普罗库路斯及凯尔苏斯皆获赦免,此举或为报答当年奥托赦其妻儿之恩。尼禄自不列颠调来之第十四军团,此时被遣返原处,海军军团被派往西班牙。解散禁卫军,自要求升任禁卫军之日耳曼兵士中选拔新卫士,以酬其功。从此打破禁卫军仅自意大利人选出之原则。新禁卫军包括十六大队,每大队一千人(以前为九大队)。四市卫队亦重新改组。罗马备受兵士蹂躏,新禁卫军以外,另有四军团①,四其他军团之分部②及骑兵12营队,所有诸军皆随此胜利者入城,视罗马为被征服之城市。

以维特利乌斯部下之放纵观之,其统治似全无可取,但实际情形较预料为佳。维特利乌斯之官员不用获释奴而用骑士,尊重元老院之独立,并参加其集

---

① 第一意大利军团、第五云雀军团、第二十一饕餮军团、第二十二初创军团。
② 第一日耳曼、第四马其顿、第十五初创、第十六高卢军团。

第十九章 加尔巴之统治,四帝之年(68—69年)

会。当其意见为元老院反对时,曾谓两元老意见不同,并不稀奇,其本人有时即与特拉塞亚意见相左。维特利乌斯禁止叛逆法之行使,并承认其以前诸帝所授予之特权,更制定法律禁止罗马骑士于竞技场参加表演以免有失体面,并放逐星相预言者于意大利以外。前此加尔巴及奥托皆以恺撒为其氏族名,以之为皇帝正式名称之部分,维特利乌斯则拒绝加入尤利乌斯朝①。维特利乌斯曾迟迟不肯接受奥古斯都之头衔,但当其抵达罗马时被迫采用,另一方面却允许给予终身任期之执政官职位。关于其对元老院之态度,可于其登基之日不始自被军队拥戴为统帅,而始于奥托死后,元老院正式通过之日见之,颇堪注意②。但维特利乌斯之时期,真正有权者实为瓦林斯及凯奇纳。二人怂恿皇帝任其本性,纵情声色,而自行卖官鬻爵,饱其私囊。

禁卫军数目增加之代价,及贪吃皇帝用于餐桌享乐之过度花费,府库迅即亏空,乃将钱币贬值,以应急需。

当西欧苦于内战,易君如弈棋之时,东方军团则仅以惊讶眼光视之,漠然无动于衷。叙利亚及犹太承认加尔巴及奥托,甚至短时间内对维特利乌斯亦加以承认,但当东方军团觉悟维特利乌斯乃日耳曼军队所拥立时,潜在之妒意蓦然惊觉,恰如当初日耳曼境军团对西班牙军队拥立加尔巴时之感觉然。统治者既可于意大利以外产生,何以不能起于东方及北方?莱茵河流域军队既拥立一帝,多瑙河者支持另一人,何以幼发拉底河者不能立其候选人? 此种意识一时传遍军官及士兵,东方军团遂亦决定参加"帝国会议"。唯一问题乃候选人为谁? 最自然人选当为叙利亚总督穆奇亚努斯(C. Licinius Mucianus)。穆奇亚努斯出身贵族,富外交长才,极得军心,但为其拒绝,或自以为无子,不图建一永久之帝制。其次之人选即为犹太总督韦伯芗(Titus Flavius Vespasianus)。韦伯芗出身低微,生于瓦罗城市近雷阿特(Reate)之法拉克里尼(Phalacrine),征不列颠时已卓著

---

① Vitellius Germanicus Imperator Augustus.
② 某罗马史权威学者谓维特利乌斯以统帅之头衔,亦即统治行省之权,授予其六岁之子。

战功,公元51年曾为执政官,但其支持者纳尔奇苏斯之失败,使其事业中断,直至阿格里匹娜死后,始再度参加政治,任阿非利加省长(63年),诚信治理。继随尼禄赴希腊,66年受命为犹太总督,敉平当地大规模叛变,执行任务,慢而确实,渐获胜利。比闻尼禄死讯,乃按兵不动,停止与犹太人之敌对行为。此举并非怀有私意,盖其统帅之权得自尼禄,旧主既死,须俟新帝之命也。

7月1日,韦伯芗于亚历山大城由埃及之奥古斯塔尔(Augustal)长官亚历山大(Tiberius Julius Alexander)宣布为统帅,韦伯芗之统治即自此日始。数日后,犹太军团亦于恺撒里亚热烈响应,渴望以"造王者"(kingmaker)自居之穆奇亚努斯取得安提阿军民之归附。一封或系假造奥托之信函,号召东方为其死复仇,穆奇亚努斯扬言维特利乌斯欲将其于叙利亚之士兵自其舒适营房召回,而代之以高卢及日耳曼军队,借以煽动军民。属邦君主如索菲尼之索埃慕斯(Sohaemus of Sophene)、科马吉尼之安提阿库斯及巴塔尼亚人、特拉科尼提斯人诸地之君主阿格里帕二世(Agrippa II, Lord of Batanea, Trachonitis and other districts)皆支持军队之选择。又与安息王获得协议,于军团离开期间保证东方各省之安全。安息王甚至提供一支骑兵供韦伯芗使用,遭拒。穆奇亚努斯及韦伯芗于贝里图斯之殖民地举行作战会议,议定对维特利乌斯之作战计划,决定穆奇亚努斯远征西方,韦伯芗则占领埃及,以争取进攻意大利之有利地位,盖罗马之粮食主要仰赖于埃及,韦伯芗之子提图斯(Titus)代其父留驻犹太。

穆奇亚努斯西向经卡帕多奇亚及弗里吉亚,所率军队不多,仅约二万或二万五千人,但寄望于伊利里亚诸省渴望为奥托之死复仇之军队加入。是时所铸钱币上有"齐心效力"(Consensus Exercituum)字样,可表现东方及伊利里亚军队之联合一致,默西亚有第三高卢、第八奥古斯都及第七克劳狄三军团驻扎。第三军团原驻叙利亚,尼禄将之调至默西亚,穆奇亚努斯指望其加入,果不负所望,其他两军团继之。潘诺尼亚之第十三合组,及第七加尔巴两军团热烈拥护韦伯芗。诸军团怀贝特利亚库姆失败之痛及不满维特利乌斯对其待遇,第十三军团曾为凯奇纳及瓦林斯征召于波诺尼亚及克雷莫那建筑圆形剧场,是时方被遣返波托沃(Poetovio)之冬季营地。一托洛萨(Tolosa)土著普里姆斯(Antonius Primus)曾为加尔巴在西班牙军团之副帅,热烈响应。达尔马提亚之第十一克劳狄军团亦随其他军团归附,但较不热心。韦伯芗之密使又赢得正在返不列颠途中之第十四军团之归附。

穆奇亚努斯军队进行缓慢,一如瓦林斯穿过高卢时然,一路收集金钱,基于"金钱为内战之血脉"之原则也。① 穆奇亚努斯深知此事之困难,对日耳曼军团之勇敢闻名已久,希望尽可能避免流血,经由封锁降服意大利,试图借阻止埃及粮食供应激起罗马之革命。但伊利里亚军团于普里姆斯影响之下,自行作主,不及等候东方军队之抵达。于波托沃作战会议中,普里姆斯认为应趁意大利尚无准备之时,发动攻击,使其迅雷不及掩耳。尽管穆奇亚努斯之信件及潘诺尼亚总督弗拉维阿努斯(Tampius Flavianus)反对,此议终为韦伯芗所接受。弗拉维阿努斯曾为军士疑其同情维特利乌斯,而影响甚微。韦伯芗致函默西亚总督萨图尔尼努斯促其急速带兵前进。居住于多瑙河及泰斯河间之亚兹格人于军团离开之时,方致力于防守多瑙河,而苏维比王西多及意大利库斯亦加入征意大利之举。雷提亚总督忠于维特利乌斯,为避免其干预,遣军至雷提亚及诺里库姆分界之欧努斯(Oenus)河。

普里姆斯率若干骑兵及步兵于大军之前先行,占领阿奎莱亚及尤利安阿尔卑斯山道,但不依穆奇亚努斯所望于意大利边疆等候,却向欧皮特吉乌姆(Opitergium, Oderzo)及阿尔提努姆(Altinum)前进,于某地获热烈欢迎。帕塔维乌姆宣布对之效忠,阿特斯特(Ateste)亦然。于该处闻悉维特利乌斯之若干军队在阿里埃尼广场(Forum Alieni,或即今 Adige 河畔之 Legnago),普里姆斯出其不意,下之,是故战争初期颇对韦伯芗党羽之弗拉维军(Flavians)有利。此等小规模胜利之消息抵达,潘诺尼亚两军团疾赴帕塔维乌姆,决定以维洛纳为未来行动之根据地。于赴维洛纳途中,攻下维琴查(Vicetia, Vicenza),准备进围维洛

---

① 塔西佗《历史》第2卷第84章:"Belli civilis nervos"。

纳。第三及第八军团自默西亚抵达。于维洛纳城外,潘诺尼亚总督弗拉维阿努斯及默西亚总督阿波尼乌斯(Aponius)受怀疑二人不忠之军队攻击,好不容易始获逃脱,此后军队指挥之权完全由普里姆斯掌握。

是时维特利乌斯对抵抗即将到达与之抢夺政权之军队准备并不充分。于此情形下,打散旧军团以重组禁卫军,实属致命之错误。非唯数目减少,实力减弱,且于意大利驻扎地纪律松弛,老兵与补充队伍之新兵彼此之间毫无联系。维特利乌斯自米塞努姆之舰队中组织新军团,希望行省军队增援,但日耳曼、不列颠、西班牙诸省总督皆借辞拖延。仅阿非利加省因维特利乌斯为省长时曾著声望,略表乐意。当敌军接近之消息传到,维特利乌斯遣凯奇纳防守意大利北部,瓦林斯则以卧病停留罗马。凯奇纳所率领抵御伊利里亚之军队,与当初冲下阿尔卑斯山时所表现者,前后迥殊。日耳曼军团热诚减低,锐气全失,气候不良,装备不足,乘骑懒散,毫不起劲。凯奇纳本人由于胜利后之得意,活力亦减,由于韦伯芗兄长罗马长官萨比努斯之影响,于离罗马前,或许已考虑背叛。

凯奇纳之计划为以阿特西斯河(Athesis)为防线,先遣骑兵占领于此战与前战中同样重要之克雷莫那。来自第五云雀、第二十二初创及其他四军团①之支队继之,第二十一饕餮与第一意大利军团,以及前此派来支持维特利乌斯对抗奥托之不列颠军团之支队断后,向北方前进。最后所记两军团被派往克雷莫那,其他军队至霍斯提利亚(Hostilia)。霍斯提利亚为一小村庄,于帕杜斯河下游,至今犹存,称奥斯提利亚(Ostiglia)。凯奇纳本人则往拉文纳,与对维特利乌斯叛离之舰队统帅巴苏斯(Lucilius Bassus)协商。巴苏斯以未获任命为禁卫队长,而对维特利乌斯不满。不久海军倒戈,消息传至罗马,为维特利乌斯之首次打击。凯奇纳之军队于霍斯提利亚及塔尔塔鲁斯(Tartarus)河沼泽地区之间扎营,塔尔塔鲁斯河在帕杜斯及阿特西斯河之间流入亚得里亚海。此间地位极佳,军营后面为河掩护,两翼则有沼泽。苟凯奇纳热心作战,应能于默西亚军队抵达前,将

---

① 见上第三节注。

第十九章 加尔巴之统治，四帝之年（68—69 年）

潘诺尼亚两军团摧毁。但凯奇纳以种种借口延迟行动，让弗拉维之五军团于维洛纳会合，最后劝说兵士归顺韦伯芗。但兵士不听，将凯奇纳及少数受骗军官所推倒之维特利乌斯像恢复，捆绑凯奇纳，选第五军团之副帅法布路斯（Fabius Fabullus）及军营之长官隆古斯（Cassius Longus）为其领导，然后返霍斯提利亚，与其他军团会合于克雷莫那。

普里姆斯闻讯，认为行动之有利时机已至，维特利乌斯之军事计划已因凯奇纳之叛变而无效，且于瓦林斯自罗马抵达以前，并无具有权威之统帅，普里姆斯提前抵达，率军于两日内自维洛纳至贝特利亚库姆以截击来自霍斯提利亚之军团。于贝特利亚库姆扎营后，亲率若干骑兵及辅助军之步兵进向克雷莫那，与若干维特利乌斯军遭遇，败之。驻扎克雷莫那之意大利及饕餮两军团赶至，为自贝特利亚库姆之弗拉维军所击退。此次冲突中，普里姆斯充分表现其智勇兼备。入暮时分，弗拉维全军赶至，兵士急欲赶至克雷莫那攻下其地。普里姆斯试图揭露此种尝试之愚蠢，但无法阻止，适消息传来，来自霍斯提利亚之六个军团已抵克雷莫那，逾帕杜斯河抵其右岸，并经帕尔马（Parma）至克雷莫那，当日虽已奔走30哩，但一闻败讯，愤激异常，当晚即向弗拉维军进攻。两军决战之处，亦即当初奥托与维特利乌斯决战之处。普里姆斯将第十三军团置于中央，波斯图米亚大道之上，其左方旷野为第七加尔巴军团，更外方为第七克劳狄军团，右方对应位置为第八及第三军团，其中第三军团为浓密之矮丛林掩蔽。维特利乌斯所解散之禁卫军已加入韦伯芗方，配置于第三军团附近。两翼及后军为骑兵，苏维人辅助军置于前方。约于晚九时，维特利乌斯军接近，陷入混乱，虽然长途行军，疲倦不堪，饥寒交迫，但对弗拉维军激烈攻击，鏖战通宵。第七加尔巴军团尤为吃紧，幸普里慕斯派禁卫军助之，始臻稳定。维特利乌斯军置于堤道上之弩箭机关对弗拉维军带来极大威胁，直至两英勇士兵牺牲性命割断发箭绳索，始行稍解。幸运开始转向弗拉维军。夜深月亮于其后方升起，使敌军之目标困难。普里姆斯重整旗鼓，振起士气，原驻叙利亚之第三军团礼拜朝日，消息传播认为穆奇亚努斯率东方军队至。弗拉维军认为已有援军，信心倍增，大败敌军，敌军逃回克雷莫那。

普里姆斯率领得胜军队，进向克雷莫那，军队以为不久可以大事抢掠，无比兴奋。日耳曼境军队与奥托作战时曾绕城扎营，营外环以堡垒。弗拉维军极力攻击敌军，始行投降。但兵士以其曾两度为维特利乌斯军总部所在，恨之入骨，且渴望劫掠此富庶之殖民地，并不尊重敌人之有条件投降。普里姆斯方以沐浴缓解疲劳，嫌水不够热，侍者云："不久即将更热！"闻者以为普里姆斯允许放火烧城，四万武装军队及大批军营随行者遂冲入城内，烧杀抢掠，居民经历其军无所不为之恐怖。"可怜之克雷莫那"（miserable Cremona）焚烧四日，城中建筑除沼泽之神梅菲提斯（Mefitis）庙外，无一幸存。

苟瓦林斯能迅速北行，或可及时抵达克雷莫那，改变历史之进程，但瓦林斯行动迟缓，遣随行之禁卫军三团赴阿里米努姆，本人则至伊特鲁里亚，比闻克雷莫那之败，登舟至高卢，欲唤起北方诸省军队挽回维特利乌斯方颓势。但纳博讷总督保利努斯（Valerius Paulinus）已投向其友韦伯芗，将瓦林斯擒获。西方诸省之西班牙、高卢、不列颠军团亦宣布拥护韦伯芗。是时温布里亚已为弗拉维军所占，阿里米努姆（今 Rimini）诸团海陆皆被封锁。意大利方面，韦伯芗及维特利乌斯双方隔亚平宁山相对，战争犹未停止。由日耳曼境军队挑选之禁卫军，迄未参与战争，尚须加以征服，维特利乌斯于亚平宁山仍有天然防卫。普里慕斯将其大部分军队留于维洛纳，自率包括辅助军及精选之军团，与来自达尔马提亚之第十一军团至法努姆（Fanum Fortunae），当地即今之法诺（Fano），于安科纳（Ancona）及阿里米努姆之间弗拉米尼亚大道抵达亚得里亚海处。普里姆斯于此等候，希望维特利乌斯军背弃其主。

公元 69 年焚毁卡庇托

是时维特利乌斯方纵情声色，对于克雷莫那传来消息，初难置信，一旦惊觉即派十四个大队于弗拉米尼亚大道弗尔吉纽姆（Fulginium）附近美瓦尼亚（Mevania, Bevagna）防守亚平宁山道。此等军力之外，更益以自米塞努姆舰队组成之新海军军团。其余各大队在于弟路奇乌斯·维特利乌斯指挥下保卫罗马。维特利乌斯亲赴美瓦尼亚军营,比闻米塞努姆舰队投向敌人,乃返罗马。次一打击为坎帕尼亚之背叛,萨姆尼特人、马尔西人(Marsians)及佩里尼安人(Pelignians)继之。维特利乌斯将军队分散一部分驻于纳尔尼亚(Narnia),以阻止弗拉维军之前进,其他则派往制止坎帕尼亚之行动。时值大雪封途,普里姆斯好不容易越过亚平宁山,驻兵纳尔尼亚北方之卡尔苏莱(Carsulae),军团旋即与之会合。维特利乌斯军士气低落,但当见以为尚在日耳曼境召集新军之瓦林斯首级,对其展示,遂不再迟疑,向胜利者投降,受到宽大待遇(12月)。

普里姆斯与维特利乌斯谈判条件,如维特利乌斯投降,可与其子女安全退往坎帕尼亚。穆奇亚努斯亦致函,内容大致相若,维特利乌斯遂同意。"其麻木不仁一至于此,若别人忘记其曾为皇帝,则其本人亦不复记忆!"帝国之移交于阿波罗神庙举行。维特利乌斯穿黑衣,由家人环绕,自皇宫出发至广场,将其匕首交与执政官凯基利乌斯(Caecilius),凯基利乌斯拒绝接受。维特利乌斯继转向和谐神庙,以存放帝国之旗帜,但为一群禁卫军阻止,并强迫其退回皇宫(12月17日),盖禁卫军不许其实现与敌方条件。是时元老、骑士、城市军队及消防队群集韦伯芗之兄作为居间人之萨比努斯之家。此辈促萨比努斯为其弟之利益,占领皇宫。当此辈将萨比努斯带往皇宫(12月18日),维特利乌斯于丰达尼乌斯池(Pool of Fundanius)袭击之。萨比努斯及少数人逃往卡庇托,藏于朱庇特神庙之中。维特利乌斯军防守敌人来路,但一阵暴雨使萨比努斯与其友人联络,与其子女及韦伯芗之子图密善皆被接往避难之所。次晨,维特利乌斯军攻击卡庇托①,自广场冲上斜坡,弗拉维军在农神庙通至卡庇托之柱廊顶上投掷石头和砖块。攻击者放火烧柱廊,萨比努斯将雕像及纪念碑等推倒,以阻止其进入。维特利乌斯军于此受阻,企图另寻登山途径,其中一条自山肩而上,另外一路近塔尔培岩(Tarperian Rock),有百阶(Hundred Stairs)之称。维特利乌斯军由前者沿屋

---

① 卡庇托之地势,参见第十章第五节。

顶借火势之助向上推进。最后，山顶亦着火，朱庇特神庙被焚。图密善逃走，藏于一门廊之小屋中，萨比努斯遭擒并被带往皇宫，维特利乌斯无力救之，萨比努斯乃被杀害，尸体拖至卡尔克尔（Carcer）以外之哀悼阶梯（Gemonian Stairs, 12月19日）。不旋踵，普里姆斯所派遣之凯里阿利斯率一千骑兵抵达，试图攻入罗马，但维特利乌斯军早已有备，将之击退。

普里姆斯本人亦在附近，当烧毁卡庇托及逐退凯里阿利斯之消息传到时，已抵撒克撒卢布拉（Saxa Rubra）。萨比努斯被杀，使和议破裂，维斯塔神庙恳求会议之代表亦被拒绝。弗拉维军即分三路进攻罗马，一路经科林门（Colline Gate），一路沿台伯河岸穿过田野，第三路于二者之间，沿弗拉米尼亚大道前进。维特利乌斯军武装暴民及奴隶迎击，为所击退，死伤枕藉。双方进入城内，发生巷战，攻击禁卫军营，据称罗马陷落时，被杀者凡五万人。维特利乌斯试图逃走，与把守塔拉奇那（Tarracina）之弟路奇乌斯（Lucius）会合，为敌军发觉，由藏身之地拖出，在兵士嘲弄中被曳往哀悼阶梯，备受侮辱而死（12月20或21日）。其最后言语为："余仍为汝等之统帅！"或为其一生唯一值得记载之言辞。其弟占据塔拉奇那，不久投降，被处死。

一年之中，罗马再次为战胜之军队占领，韦伯芗军大肆抢掠，普里姆斯亦不加阻止。韦伯芗之次子图密善被拥至皇宫，接受恺撒名号，但实权在韦伯芗无意界以高位之普里姆斯手中。普里姆斯享受权力之欢乐不久，穆奇亚努斯随即到达，入城时罗马人如释重负。穆奇亚努斯为韦伯芗之半官方代表身份行事，直至韦伯芗本人到达。穆奇亚努斯严禁军士有越轨行动，命伊利里亚军团退出罗马，教普里姆斯守其本分，将加尔巴同僚皮索之子加勒里阿努斯（Galerianus）及维特利乌斯之获释奴亚细亚提库斯（Asiaticus）处死。

元老院立即以此胜利之统帅为合法之皇帝，照例通过授予代行执政官之权、奥古斯都尊号，及其他特权，保民官职权似于相当时间以后始行授予；指定韦伯芗及其长子提图斯为公元70年之执政官，予图密善以司法官及执政官之职权。授予穆奇亚努斯凯旋饰物，以酬其途经默西亚时抗御达契亚人入侵之功。以普里姆斯及瓦鲁斯(Arrius Varus)为禁卫军长官,分别获得较小荣誉之执政官及禁卫军徽章。

著名之"四帝之年"(Year of the Four Emperors)就此结束。自尼禄之死至韦伯芗之胜利,其中经过对帝国情况颇多值得注意之处。(1)内战之主要动机为各军队间互相排斥与忌妒之集体荣誉感。日耳曼军队以加尔巴为西班牙军团拥立而加以敌视,东方及伊利里亚者则以日耳曼军之立维特利乌斯而与之对立。(2)加尔巴并不同于维特利乌斯及韦伯芗之真正为军队拥立,以元老院推定之人选自居。元老院立之为帝,亦非完全被迫如维特利乌斯及韦伯芗者然。(3)每一为帝者皆以代表为其政敌所推翻之一方

维特利乌斯

自居,韦伯芗自云为奥托复仇,奥托为尼禄复仇。维特利乌斯最初虽为加尔巴政敌,其后亦以其继承人自居。(4)军团虽窃夺立帝之权,但直至占有罗马并为元老院正式承认之前,对其所拥立之人仍以僭窃视之。(5)明白显示朝代继承之困境,如依世袭原则,则庸帝暴君如盖乌斯、尼禄者,必不能免。但如无血统关系者为元首,则内战又不能免,如尼禄死后之局面然。(6)两害相权取其轻,朝代之继承仍被认为流弊较少者。穆奇亚努斯即以无子女而不敢接受帝位,维尔吉尼乌斯或亦怀同样想法。奥托及维特利乌斯皆以其子为继承人,韦伯芗建立新朝代。加尔巴无子女,乃效奥古斯都用收养之法。(7)除维特利乌斯外,每一皇帝皆以接受恺撒之名与尤利乌斯及克劳狄家族发生联系,维特利乌斯亦于最后关头接受此名。

附录

第一次贝特里亚库姆之战

奥托军队进向克雷莫那,招致第一次贝特里亚库姆战败之动机,颇难了解。如谓其企图与驻扎该地之维特利乌斯军作迅速之决战,则其事即趋于简单。但塔西佗之《历史》(第 2 卷第 40 章)曾谓其出兵之意并非作战,其目的地亦非克雷莫那,而为克雷莫那以西阿达河(Adda)与帕杜斯(波河)会合处,时维特利乌斯军方于其附近架桥。奥托军将领拟经过克雷莫那而至该地,遂使行踪暴露,遭遇可怕之侧翼袭击。此说并非不可能,但似非当时实况,蒙森以之为不可置信,认为塔西佗误解当时情况。塔西佗于此方面的确错误。奥托军营于贝特里亚库姆西 4 哩处,距克雷莫那 16 哩,帕杜斯河与阿达河交会处距克雷莫那有二小时以上行程,但塔西佗以两河交流处距军营为 16 哩。学者对此曾有不同解释:(1) 奥托军队之最后目标或为阿达河口,第一天行军之目的地或为克雷莫那以西 4 哩某地。盖凯尔苏斯及保利努斯恐维特利乌斯军以逸待劳自军营冲出,即于其地发动攻击。二人或拟自此处北向抵达自克雷莫那至布里克夏(Brixia,今Brescia)路上某处,以切断维特利乌斯军与北方间之联络。伊利里库姆军团抵达后,或准备向阿达河口进发,于克雷莫那对敌军四面包围。(赫莱乌斯[Heraeus]亦持此说)(2) 或以为"阿达河与帕杜斯河交会处"当为"两河交会处"(profecti confluentes fluminum),其中诸河名为抄写者加入,塔西佗原意所指实为一小河卡内塔(Caneta)与帕杜斯河于克雷莫那东面之交会处(Nipperdey)。

塔西佗之叙述中至少有一点颇为明显,即不管奥托军队将领之最后目标何在,战争发生之日,其军非拟扎营,或拟于距克雷莫那 4 哩处离开波斯图米亚大道(Postumian Way)。

第二十章　日耳曼及犹太之叛变

第一节　叛变之第一阶段：奇维利斯（Civilis）

当军团为争夺立帝之权,意大利遭受内战蹂躏之时,帝国之东南及西北却为严重之省民叛乱所威胁,是为韦伯芗称帝后首当解决之事。吾人将先论如何镇压犹太叛变,韦伯芗仅完成此工作之一半。吾人须先追踪爆发于日耳曼境辅助军部队间之离奇而可怕之叛变,蔓延至莱茵河外自由之日耳曼人,招致建一短暂之"高卢帝国"（Gallic Empire）。

占据下日耳曼省——地在瓦哈利斯（即 Waal）及莱茵河流域本部之间——

提图斯拱门

莱茵河三角洲之巴塔维人,具有颇为奇特之地位。巴塔维人对罗马极为忠诚,未参加其族人反抗罗马,大败瓦鲁斯之战。巴塔维人对罗马并不纳贡,但须供给罗马军队大量兵士,对此种负担毫无怨言,勇敢善战,长于骑术游泳。八个巴塔维人大队与上日耳曼省之第十四军团被派参加征伐不列颠之军团,巴塔维人于战役中,以勇敢著称。尼禄晚年东征时,曾召第十四军团及巴塔维人大队协助,但高卢爆发之文德克斯叛变,使军团与大队间发生摩擦。当军团急赴意大利保卫其主上之时,八千巴塔维人拒绝跟从。此或由于两巴塔维军官奇维利斯(Julius Civilis)及保路斯(Claudius Paullus)遭诬告谋反,保路斯为下日耳曼省总督卡皮托处死,奇维利斯被送往尼禄处,入狱。尼禄垮台后,加尔巴释放奇维利斯,命巴塔维大队返不列颠。及抵林果尼人之城市,日耳曼军发生叛变,拥护维特利乌斯,巴塔维人经过长时间踌躇后亦行加入。于贝特里亚库姆战役中,与支持奥托之以前战友第十四军团交锋,表现优异。胜利后,巴塔维人受命随第十四军团赴不列颠,但军团与大队于陶里瑙鲁姆(Taurinorum, Turin)闹翻,分道扬镳,军团继续前往不列颠,巴塔维人则赴摩根提阿库姆。不久维特利乌斯受韦伯芗之威胁,召巴塔维人保卫。普里姆斯却遣使阻止其应召,不旋踵,日耳曼境爆发叛变,使北方军队参加意大利战争之事受阻。

此次叛变之主谋为奇维利斯。奇维利斯以出身高贵为其族人拥戴,塔西佗曾谓其较一般蛮人更聪明。奇维利斯眇一目,常以具有同样缺陷之汉尼巴及色托里乌斯(Sertorius)自况。叛意据云系受普里姆斯影响,借以牵制远处之日耳曼军团。叛变于短时间内使普里姆斯达其目的,但规模之大,却非普里姆斯始料所能及。罗马赋税之不公深为巴塔维人所苦,奇维利斯之叛变以助韦伯芗始,却以自助终。其反叛罗马之运动是否一开始即经充分考虑,无法得知。奇维利斯先激起其当地居民之叛变,于一圣林中召集巴塔维人诸酋长夜宴,宣布其叛变计划。次一步骤即争取北邻坎尼内发特人(Canninefates)之加入,弗里西亚人继之。更遣使至摩根提阿库姆获得巴塔维八大队归附,夺取并摧毁近莱茵河口某地有两大队罗马军之冬季军营,是为叛变之第一幕。不久又将境内其他驻军逐出其城堡,其中一大队之同格里人(Tungrian)辅助军倒戈,莱茵河舰队之一部分,船24艘,亦入其掌握。从此叛众武器船只皆已齐备,奇维利斯乃煽动日耳曼及高卢皆加入,以支持韦伯芗。

是时上、下日耳曼省皆由弗拉库斯一人统治,弗拉库斯年老无能,苦于痛风,已暗中倾向韦伯芗,其部下疑其出卖维特利乌斯。跟随维特利乌斯及其将领赴意大利诸军团中剩余兵士一部分加入新兵,但皆未超过平时之半数。下日耳曼省之第五及第十五军团于副帅卢培尔库斯(Munius Lupercus)统率下驻维特拉堡,第十六军团于卢弗斯(Nomisius Rufus)统率下驻于维特拉与科隆间之诺维西乌姆(Novaesium,Neuss),第一军团于赫伦尼乌斯·加卢斯(Herennius Gallus)统率下驻于下日耳曼省南端之波纳。上、下两日耳曼省以里哥马古斯(Rigomagus, Remagen)以南之阿布林卡(Abrinca)河为界。孔弗伦特斯(Confluentes,今科布棱次[Coblenz])属于上日耳曼省,省中有第四马其顿及第二十二军团,驻于摩根提阿库姆,第二十一军团之部分或亦留驻文多尼萨,但于叛变初期并未参与。

于弗拉库斯统率下,维特拉之两军团进向叛军,是时叛众已获莱茵河对岸之日耳曼部落承诺相助。两军团一共不超过五千人,但卢培尔库斯获得来自乌比人及来自特雷维里人骑兵之增援。军中另有一队巴塔维人,佯作忠诚,预备阵前倒戈。战争在维特拉以北进行,由于巴塔维骑兵骤然倒戈,猝攻罗马军队。乌比人及特雷维里人遁走,当日耳曼人追击时,军团退至维特拉。

是时奇维利斯所遣使者已煽动摩根提阿库姆之八个巴塔维大队叛变,八队巴塔维人向弗拉库斯提出要求,弗拉库斯方欲作适当让步,又提若干明知其无法接受之要求,即离营赴下日耳曼省,与奇维利斯会合。将军非唯不下令击杀叛者,竟准其安然离去,但旋即改变心意,致函波纳之加卢斯,令其阻止巴塔维人通过,许以立派己军于后方追击,继又改变心意,再函加卢斯,命其允许巴塔维人通过。弗拉库斯此种出尔反尔之举动,遂使人疑其有背叛之嫌。巴塔维人由沿莱茵河左岸之道路至波纳,致函加卢斯,要求和平通过,加卢斯方欲允其请,属下军士迫其出之一战。结果第一军团全部失败,被逐回营,胜利者不再穷追,继续北进,绕道避开阿格里皮娜殖民地(科隆),与起事军队会合。

是时奇维利斯统率正规军队,莱茵河对岸之日耳曼人如布鲁克特里人及藤克特里人等皆望风景从。奇维利斯试图说动战败退入维特拉之两军团倒向韦伯芗,两军团不从,仍固执地效忠维特利乌斯。奇维利斯决定封锁军营,陈兵莱茵河两岸。维特拉无论先天后天,皆非坚守之地。西边有平路通军营正门,奥古斯都曾以之为冬季军站,军团自此出发攻击日耳曼人,但非为固守以抗日耳曼人侵略之处。太平日久,防御工事多告损坏,卢培尔库斯及卢弗斯必须加以修整。日耳曼人试图攻陷其地未果,只得封锁之。是时弗拉库斯于高卢各处派人召集辅助军,比闻维特拉危急,乃派第二十二军团之副帅沃库拉(Vocula)率领精选战士兼程驰援,本人则由水路随后前往。军队闻奇维利斯之胜利,埋怨弗拉库斯欺骗,弗拉库斯为平众怒,乃高声诵读甫行抵达之韦伯芗来函,将带信人捆绑送维特利乌斯处。当弗拉库斯抵达波纳,立刻遭受第一军团之责备,以为由于其虚伪承诺,使军团败于巴塔维大队。弗拉库斯极力保证其忠诚,朗诵其送往高卢、不列颠及西班牙求援之函件副本。时来自高卢之辅助军已经抵达,军队经科隆至诺维西乌姆,与第十六军团会合,进向下游不远处之盖尔杜巴(Gelduba, Gelb)。负责指挥之将领沃库拉及加卢斯于其地扎营,操练兵士准备作战。显然由于士气低落,将领认为不先恢复纪律,不敢冒然于维特拉有所行动。盖尔杜巴之一次事故表明士兵之性情。是时适有运粮船只于河滩搁浅,右岸之日耳曼人试图夺之,加卢斯派一大队阻之,竟为其所败,兵士责其军官背叛,将之曳出帐篷殴打并捆绑,直至沃库拉抵达。沃库拉征讨居住乌比人以北之库格尔尼(Cugerni)部落,不在营中,返回后,处死为首者。

奇维利斯之攻击并不限于维特拉,遣军至摩萨河对岸,鼓动美纳皮人(Menapii)、摩里尼人及其他高卢东北部之部落。另有一支劫掠乌比人及特雷维里人地区,对于乌比人尤为愤恨,因乌比人自获新名阿格里皮嫩西斯(Agrippinensis),似已抛弃其日耳曼渊源,其大队败于马尔科杜鲁姆(Marcodurum, Düren)。第三支威胁摩根提阿库姆。是为69年10月杪维特利乌斯大败于克雷莫那消息传到时之情况。高卢辅助军立刻宣布拥护韦伯芗,诺维西乌姆及盖尔杜巴之军团向新帝作军事宣誓,但并不热心。

奇维利斯已届图穷匕见之时,其伪装拥韦伯芗已不能瞒过任何人。其真正动机显然为谋高卢北部日耳曼人之脱离罗马统治,乃遣包括八个巴塔维大队熟练老兵之军队对付盖尔杜巴之罗马军。自维特拉急行军途中,下阿斯布尔吉乌姆(Asciburgium, Asberg),于沃库拉未及展开阵势以前,突袭罗马军营。沃库拉将军团置于中军,辅助军作不规则状态四下环绕,战争结果几乎证明罗马人完全失败,骑兵前进,但在日耳曼人尚未认真攻打时,即转身逃窜,一时大队阵脚大乱,轻易为敌人所乘。聂耳维人(Nervii)辅助军逃离,当战局为一意外增援扭转颓势之时,军团已被打垮。比利牛斯山之瓦斯空人(Vascones,当即巴斯克人[Basques]之祖先)大队为加尔巴任塔拉哥纳总督时所招募,适于是时抵达,攻击敌军后路。日耳曼人以为该军队系来自诺维西乌姆或摩根提阿库姆,一时惊慌失措,为其全部毁灭。此次胜利之后,沃库拉终于往救维特拉,时维特拉补给缺乏,困难万分,沃库拉与包围之敌军激烈战斗之后,以山路已为敌人控制,乃进入城中,派遣驮运牲口及随营之人赴诺维西乌姆,由陆路运来补给品。第一批补给品平安抵达,但第二次运送时,奇维利斯攻击护送篷车之大队,迫之退至盖尔杜巴。沃库拉于自维特拉军团中选出一千人加入己军后,开往盖尔杜巴,以大队拒绝返维特拉,乃进向弗拉库斯总部所在之诺维西乌姆。

是时军队发生兵变,维特利乌斯对军队之赏金抵达,弗拉库斯以韦伯芽名义分发军士,军士于其后之饮宴中酒醉,再度激起对弗拉库斯之愤恨,乃将之曳出帐篷杀之。沃库拉化装逃出,得以幸免。维特利乌斯虽已死,军士仍宣布其为皇帝(此事似发生于12月最后数日)。但上日耳曼诸军团不久即与其他军团分离,自愿与第一军团同属沃库拉指挥,重新效忠韦伯芽,并开赴莱茵河畔解救为卡提人、乌西比人(Usipi)及马提阿奇人(Mattiaci)威胁之摩根提阿库姆。到达之时,敌人已经离去。是冬沃库拉即留摩根提阿库姆,奇维利斯重新封锁维特拉,占据罗马人已放弃之盖尔杜巴军营。

第二节 叛变之第二阶段:高卢帝国

维特利乌斯之死讯传出,奇维利斯之假面具拆穿,承认其作战对象实为罗马人。卡庇托之焚毁对迷信之高卢人产生深刻印象,以为此即罗马帝国即将覆亡之象征。残余之德鲁伊教徒解释其为上天震怒之兆,预言阿尔卑斯山以北民族不久将为世界之统治者。特雷维里著名之贵族,及瓦林斯对奥托之战中之骑兵队一长官克拉西库斯(Julius Classicus),阴谋叛变,重谋组织一高卢王国,前此萨克罗维尔尝试失败,稍后文德克斯或亦憧憬过。其主要同谋为其族人图托尔(Julius Tutor)及一自称为恺撒私生子之林果尼人萨比努斯(Julius Sabinus)。谋反者会于科隆,与奇维利斯暗通消息,其第一目标为去除沃库拉,效阿尔米尼乌斯当年对瓦鲁斯故智,达到目的。谋反者诱沃库拉离开摩根提阿库姆,沿莱茵河而下,解救遭受严重威胁之维特拉。自诺维西乌姆开往维特拉途中,克拉西库斯及图托尔之军队借口侦察,骑马前导,逐渐远离。沃库拉无法使其返回,不得不再返诺维西乌姆,高卢人于两哩外扎营。时维特拉已无力再守,陷落时,所有日耳曼人之军队将可放手攻击诺维西乌姆。于此情况下,军团决定背弃罗马,宣布支持克拉西库斯宣称之"高卢帝国"(The Imperium Galliarum)。沃库拉呼吁无效,及见军队皆决意加入克拉西库斯及奇维利斯方面,只有死之一途,但未及自杀,即为克拉西库斯间谍——一军团中之逃兵杀害。其他军团副帅加卢斯及努米西乌斯(Numisius)皆遭囚禁。

克拉西库斯采用罗马皇帝标帜,进入诺维西乌姆军营。克拉西库斯为人虽勇敢,此时却无辞自解,乃仅诵读宣誓效忠之辞。罗马军士发誓效忠于"高卢人之帝国"。萨克罗维尔及文德克斯之梦虽然昙花一现,却终于成真。克拉西库斯及图托尔分头从事将莱茵河流域两省置于新建之帝国之下。图托尔争取摩根提阿库姆之第四及第二十二军团之归附,军官皆被杀,兵士一如于诺维西乌姆之同志一样宣誓效忠高卢帝国。克拉西库斯本人赴维特拉,当地军营已无半点余粮,仅赖石缝所生之草维生,遣使至巴塔维首领处,请求许其生离其地,结果于宣誓效忠新帝国后,获准离开,但于距维特拉5哩处,竟为奇维利斯所派护送其离开之日耳曼人背信袭击,多人遭杀害。维特拉被拆毁、焚烧,除摩根提阿库姆及文多尼萨外,其他所有军团之冬季军站皆同样毁坏,包括波纳及诺维西乌姆在内。文多尼萨以距离过远,未受叛变影响。于诺维西乌姆投降之第十六军团及

第二十章 日耳曼及犹太之叛变

辅助军,与来自波纳之第一军团受命限期返回,修复克拉西库斯及图托尔预备定为新帝国首都之奥古斯塔特雷维尔(Augusta Treverorum,今特里尔)。途中备受所经地区居民之揶揄,一骑兵分队无法忍受羞辱,离开大队赴摩根提阿库姆,途中遇谋杀沃库拉者,杀之。

在长期封锁期间,负责维特拉军营之卢培尔库斯连同其他礼物送往魏勒妲(Vĕlĕda)。① 魏勒妲为一日耳曼预言者,曾经参加此次叛变,对其族人有极大影响。此女属布鲁克特里部落,离群索居,独自住于路皮亚河畔一孤塔之内,曾预言日耳曼人之胜利及罗马军团之毁灭。预言实现后,其权力更坚固,不久又受召,防其族人得胜而骄。

于此次叛变中,乌比人始终忠于罗马,但当军团投降后,只得屈服,日耳曼人对于是否毁坏科隆或继续保存,议论纷纷。莱茵东岸部落忌妒乌比人具有特权之地位,并企图劫掠,赞成将之毁坏,奇维利斯则主张宽大为怀。藤克特里人遣使至罗马殖民地,要求居民拆毁城墙,尽杀境内所有罗马人,恢复其日耳曼人之习俗制度。但阿格里皮嫩西斯人(Agrippinenses)向奇维利斯及预言家魏勒妲呼吁,使该地获得保全。是时居住于摩萨河畔乌比西边之苏努奇人(Sunuci)被征服,聂耳维人、同格里人(Tungri),及拜塔西人(Baetasii)等,于一巴塔维人,但与奇维利斯敌对之拉贝奥(Claudius Labeo)领导下,一直效忠罗马,此时亦被迫屈服。

新建之高卢帝国并无稳固基础,无法兴旺。该组织系兴起于巴塔维人之叛变,但奇维利斯及其巴塔维人于推翻罗马统治方面虽与克拉西库斯一致,却超然于高卢帝国以外。日耳曼人绝不愿于脱离罗马之后,再受凯尔特人统治。大部分高卢人亦不赞成特雷维里人及林果尼人之计划。萨比努斯推倒镌刻罗马与林果尼人条约之铜表,使用恺撒名号,率其族人所组织之乌合之众对抗塞广尼人。但塞广尼人忠于罗马,击退中途逃脱之伪帝,又将其避弃之房屋烧毁,众人遂疑

---

① 斯塔提乌斯《诗草集》第1卷第4首第90行:"一女俘恳求魏勒妲"(Captivaeque preces Veledae)。

其自尽于其中。实则萨比努斯躲于一地下室中达五年之久,由其妻埃波尼娜(Epponina)维持其生活,最后被人发现,韦伯芗下令将其夫妇一并处死。

塞广尼人反抗高卢叛徒以后,于此事变中首先倡乱之雷米人亦召集会议,议决支持其立场,会中由高卢各邦决定于"自由或和平"中何去何从。瓦伦提努斯(Julius Valentinus)代表特雷维尼人,但雷米贵族奥斯佩克斯(Julius Auspex)之议论却独擅胜场。会中以"高卢人之名义"(in the name of the Gauls)致函特雷维里人,呼吁其停止战争。高卢各邦倾向罗马之最强动机或为相互忌妒,若高卢人之帝国果真建立,其首都当在何地,如以特雷维里人或林果尼人之城市为之,则其他各邦绝不肯受其统治。高卢爱国志士尚未想到建立一如同亚该亚联盟之联盟组织。

是时穆奇亚努斯及韦伯芗之政府正准备压制北方所有日耳曼人及高卢人之叛徒。凯里阿利斯(Q. Petillius Cerealis)受任命为下日耳曼省之统帅,上日耳曼省则以奥托旧部加卢斯(Annius Gallus)为之。内战胜方之第八默西亚军团及第十一达尔马提亚军团与驻于文多尼萨之维特利乌斯军第二十一军团受命远征,经由本宁、科提及格拉提安(Gratian)阿尔卑斯开赴北方。又自不列颠召回第十四军团,自西班牙召回第六胜利及第十合组军团。但叛众尚不知危机已至,至少未作任何准备。奇维利斯正忙于在比尔吉卡荒野中追击其敌人拉贝奥,克拉西库斯正沉醉于其帝国元首地位之享受。图托尔曾谈及占领阿尔卑斯山道,但未付诸实行。图托尔确曾以汪鸿尼人及其他小部落加入,增加特雷维里人之力量,又以摩根提阿库姆之若干军团士兵加入其军队之中。韦伯芗之将领所派以监视雷提亚之军官塞克斯提利乌斯(Sextilius Felix)首先率领其辅助军抵达战场。先遣之一大队为图托尔军队击败,但其余辅助军抵达及第二十一军团开到文多尼萨后,图托尔方面之军团即行逃离,特雷维里之盟军亦相继引去。图托尔及其特雷维里族人退回宾吉乌姆(Bingium),拆毁桥梁,占领纳瓦(Nava, Nahe)河左岸一阵地。但塞克斯提利乌斯之大队由一浅滩渡河击败之。曾受迫驻于特雷维尔之诸军团闻特雷维里人败讯,宣誓效忠韦伯芗,开往梅狄奥马特里契城

(Mediomatrici,旧名迪渥杜鲁姆[Divodurum],稍后称 Mettis,今名美茨[Metz])。叛众首领图托尔及瓦伦提努斯再度鼓动特雷维里人奋起抵抗,并将所囚之军团副帅赫伦尼乌斯·加卢斯及努米西乌斯处死。

凯里阿利斯是时已抵摩根提阿库姆,其对敌人之轻视,及拒绝高卢之征兵,唤起军士信心,并坚定高卢人之归心。将摩根提阿库姆军团余众与己军联合,以每日9小时之行军,历时3日赶至里戈杜鲁姆(Rigodulum, Riol),该地距特雷维尔10哩,于摩塞尔河稍下游处,一面有河,另一面有险峻山峰保护。此地为瓦伦提努斯所率之特雷维里人占领,掘壕并筑石墙以资防守。凯里阿利斯军队英勇进攻,瓦伦提努斯被俘,罗马军进入特雷维尔,兵士将克拉西库斯及图托尔住处烧毁。此城据云较于维特利乌斯战争时牺牲极大之克雷莫那罪咎更深,但以后曾为比尔吉省之首府,甚至为罗马皇帝首都之城市,却因凯里阿利斯之宽大决定而得以保全。

当奇维利斯及克拉西库斯闻悉罗马人已占领特雷维尔,乃以拥立凯里阿利斯为高卢皇帝以诱之合作。凯里阿利斯不予置覆,即将原信遣人送达罗马,叛众遂准备一决定性之战役。奇维利斯主张暂时按兵不动,俟获逾莱茵河部落增援之后再行进攻,但图托尔则以为罗马自西班牙及不列颠军团一至,更难对付,主张速战。结果采用图托尔建议,叛军出其不意攻击罗马军营。特雷维尔位于摩塞尔河右岸,罗马军于左岸扎营,以防敌人自北方来犯。当晚凯里阿利斯适居城中,闻讯惊起,军队应战,变得更糟。敌军杀入营中,击败骑兵,占领联络城市及左岸之桥梁。由于凯里阿利斯之勇敢镇静,罗马军颓势始告挽回。凯里阿利斯赶至战场时,罗马军已被迫退向城中,凯里阿利斯身先士卒,收复桥梁,抵达营中,纠集败军,一切情况皆对敌人有利,罗马所获胜利实近乎奇迹。

公元70年维特拉之战

阿格里皮嫩西斯人欣然恢复对罗马之效忠,杀死城中之日耳曼人,摧毁驻于托尔比亚库姆(Tolbiacum[Zülpich])之一大队考其人与弗里西亚人,先使之大醉,于其睡眠中,纵火焚其居室。比尔吉卡之叛众为来自不列颠之第十四军团所敉平。另一方面,不列颠之舰队却为操舟技术较佳之坎尼内发特人所败,但无碍叛乱之敉平。奇维利斯于特雷维尔败后,退守维特拉。占据有利地位。凯里阿利斯之军队由于西班牙及不列颠军团之抵达,人数倍增,开往维特拉,但战争并未立即进行,盖当地多为沼泽,奇维利斯于右岸筑堤导入莱茵河,使河水泛滥,罗马军无法接近军营,拟即于深泽作战,泳技较佳之巴塔维人遂占优势。之后数日,凯里阿利斯布好阵势,以大队及骑兵置于前方,军团居中,后军由精选队伍充当,以防紧急情况。奇维利斯以其军士列为纵队,库格尔尼人及巴塔维人在右,逾莱茵河人(trans-Rhenanes)在左方近河处。日耳曼人起初以投掷物作战,但未能激罗马军进入沼泽。投掷物将尽,日耳曼人接近罗马军,以长矛刺杀罗马军前排士兵,罗马军方于沼泽边缘艰苦挣扎,泥泞之中无法以其较短兵器反击敌军,配置于河右岸之布鲁克特里一纵队自上述堤防处游泳渡河,扑向罗马军右翼。大队似乎全军皆处劣势,军团却仍能固守。胜负之决定系由于一巴塔维逃兵为罗马军带路,引导两队骑兵绕过沼泽边缘。该处系坚硬实地,由库格尔尼人把守,自以为罗马军无法来到,不免大意,遂为两队骑兵自后方攻击。前方之军团亦同时加强攻击,日耳曼人逃至河边,已入夜,地面状况阻止罗马军穷追。

奇维利斯此役之败以后,无法保持其于莱茵河之据点,无意防守"巴塔维人之镇"(town of the Batavians,或即今之 Cleves),退往岛上,破坏自德鲁苏斯开始建筑,尼禄时完成(55 年)之水坝,该坝系将河左支流之水引入右方或东方之水道。水坝既垮,河水涌入左方号称瓦哈利斯之水道,右方水道或即莱茵河本身,遂成浅滩。奇维利斯此举之结果,使"巴塔维人之岛"(Island of the Batavians)成为日耳曼之一部,即逾莱茵河之地(trans-Rhenane land),而非以前为高卢之一部。"高卢帝国"之残存人物如图托尔、克拉西库斯及百余特雷维里元老是时亦已于"莱茵河外"之奇维利斯家乡避难。凯里阿利斯率其部众沿河而下,占据若干据点。第十军团驻于阿莱纳库姆(Arenacum,近 Cleves 之 Ryndern 村庄),第二军团于巴塔沃杜鲁姆(Batavodurum,近 Nymwegen),辅助军之大队及骑兵被遣往瓦哈利斯河畔,彼此距离极近之格里尼斯(Grinnes)及瓦达(Vada)。凯里阿利斯或以"巴塔维人之镇"为其大本营。奇维利斯将其军队分为四部分,攻击罗马军诸基地,亲自率领攻瓦达一路,克拉西库斯负责攻格里尼斯,图托尔及奇维利斯之侄维拉克斯(Verax)进向阿莱纳库姆及巴塔沃杜鲁姆。攻阿莱纳库姆一路杀死军营之长官及若干军官、士兵。攻巴塔沃杜鲁姆者,以罗马军方跨河建桥,仅有一场无决定性之冲突。于瓦哈利斯河上之战斗较为剧烈,奇维利斯另一侄及死敌,一向忠于罗马之布里甘提库斯(Julius Briganticus)被杀。日耳曼人由于图托尔及维拉克斯之增援,颇为得手,当凯里阿利斯率领一支骑兵赶到,局势始对罗马人有利,将敌人赶入河中,奇维利斯及维拉克斯游泳逃生,图托尔及克拉西库斯为小舟所救,罗马舰队如能及时赶至,即可捕获之。

凯里阿利斯所指挥之战事缺乏谨慎,但运气奇佳。其计划并未成熟,但结果常获成功,当败不败,实属幸运。但于瓦达胜利之后不数日,其对纪律小节之疏忽,几乎使其致命。冬季将至,凯里阿利斯溯莱茵河视察诺维西乌姆及波纳新建之军营,一队步兵沿河护送,归途逾莱茵河之日耳曼人(藤克特里人及布鲁克特里人)见兵士队形散漫,且夜间宿营,防务疏忽,乃择一黑夜潜入营中,斩断若干帐篷之绳索,屠杀无法脱出之兵士。日耳曼人又拖走船只,其中包括统帅之座舰,将其沿路皮亚河拖上,呈献于魏勒妲以为礼物。此次不幸发生之原因,厥为守卫睡着,凯里阿利斯在附近温柔乡销魂,下令不许鸣号,以免打扰凯里阿利斯所致。

奇维利斯不久放弃瓦哈利斯之防守,退至莱茵河对岸之弗里西亚人地区。罗马军逾瓦哈利斯河,劫掠巴塔维人之岛,仅留奇维利斯私产以启其族人之疑,正如伯罗奔尼撒战争中阿尔基达姆斯(Archidamus)之于伯里克利(Pericles)之财产,或汉尼巴(Hannibal)之于法比乌斯(Fabius Maximus)者然。但巴塔维人已准备恢复对罗马之效忠,逾莱茵河人亦准备议和,奇维利斯见徒众俱已离心,遂考虑投降以保性命。奇维利斯约见凯里阿利斯。跨纳巴利亚(Nabalia)河上——或于Yssel或Vecht——之桥从中断裂,双方自断桥两端谈判条件。奇维利斯或其高卢盟友克拉西库斯及图托尔之最后命运,史书无征。巴塔维人恢复叛变以前之固有地位,不向罗马纳贡,但大量供应辅助军。参与此次战争之逾莱茵河之日耳曼人恰如魏勒妲之预言,被俘并解往罗马。吾人可认为与帝子图密善①同赴卢格杜努姆,以接近战场之穆奇亚努斯,对于最后之和议有决定性之发言。

若非尼禄死后罗马帝国之特殊情况,奇维利斯之叛变当可不致发生。此事实为日耳曼军团行动之直接影响,亦即意大利内战戏剧之另一幕,表现当时普遍对于军官之不相信及纪律之松弛。若军团于贝特里亚库姆固持其于帝国中之一席地位,则辅助军于奇维利斯运动中亦固持其成见。此事自始即为辅助军之叛变,但包含莱茵河外自由日耳曼人一连串之侵略及建立高卢帝国之企图。奇维利斯号称阿尔米尼乌斯之继承人,二人同样曾为罗马军队之军官。但其中凯鲁斯奇人仅为附庸国,而非如巴塔维人之需供给军队新兵。巴达维战争实为军队内部之叛变,仅意外地扩大其比例而已。

奇维利斯常被误认为文德克斯之继承者,奇维利斯诚然利用韦伯芝之名义,一如文德克斯之用加尔巴者然,但就各方面表现看来,文德克斯建立高卢王国之理想再度见之于克拉西库斯、图托尔及萨比努斯,而非奇维利斯。巴塔维人与高卢人于反罗马方面有共同利害,亦互相合作,但奇维利斯却与"高卢帝国"无关。当文德克斯建立高卢王国时,其领导之部族为特雷维里人及林果尼人,当年皆曾拒绝参与其事,尚站在卢弗斯方面反对之。另一方面,支持阿奎丹尼亚人之塞广尼人,当特雷维里人及林果尼人表现与阿奎丹尼亚人同样态度时,亦拒绝参与行动。叛变之经过明白显示,除少数不满之部落外,一般高卢人皆知其真正有利之途径为保持对罗马效忠。高卢人深知由莱茵河对岸日耳曼人之帮助而获得自由,结果将以暴易暴,带来一新阿里欧维斯图斯(Ariovistus)。另一值得注意之

---

① 诗人西利乌斯于第3卷第608行称图密善帝"为金发之巴塔维人所惧"(Iam puer auricomo praeformidate Batavo);尤维纳尔提及奇维利斯之叛,第8首第51行:"控制巴塔维人,守卫鹰旗"(domitique Batavi custodes aquilas)。

事，即自由日耳曼人于叛变之中关系极少，叛变仅影响到居住地区密迩罗马边疆之部落，并未激起日耳曼中部任何行动。再者，布鲁克特里人及藤克特里人倒向巴塔维人旗帜下之动机仅为眼前之劫掠，而非期望长期叛离罗马。

叛变平定以后，韦伯芴不究既往之政策，非常明智。对于日耳曼军团——曾宣誓效忠特里尔之尤利乌斯（Julius of Trier）之失职，却不能忽视，将下日耳曼省四军团（第一、第五、第十五、第十六）及上日耳曼省之第四马其顿军团打散，对于沃库拉之第二十二军团则加宽恕。韦伯芴懔于此次叛变，遂对辅助军之组织加以重大改变，大队及骑兵不再以同一民族之人自成单位，如巴塔维人及特雷维里人皆分散置于各辅助军中。辅助军指挥之责亦不再交予当地之人，如阿尔米尼乌斯及奇维利斯等，而改由原属意大利之人充任，此等军队亦不再于其家乡附近服役，从此与奇维利斯性质相同之叛变不再发生。

第三节　犹太之叛变及耶路撒冷之毁坏

克劳狄之犹太政策，遵照提比略者，于意大利禁止其宗教流传，但于其本土及东方地区却加以宽容。克劳狄更进一步将所有过去属于希律王国之领土予其友人希律·阿格里帕，如此即又恢复奥古斯都时期之状况，以阿格里帕为中间人，可避免罗马人与犹太人之直接冲突。但44年希律·阿格里帕死，其子阿格里帕甫17岁，罗马以其年幼，难当大任，犹太乃又改为行省。犹太人从此怀恨，叛意渐生。犹太人鉴于盖乌斯曾坚持以神自居，恐其他皇帝效尤，遂对所有罗马皇帝皆加以憎恨。民族意识与宗教固执于犹太人心中密不可分，狂热者遂不顾生死，渴望推翻罗马统治。

叛变经22年之酝酿，公元66年始行爆发。罗马人之最大错误为不图消灭其反对之原因，徒然妄冀对此固执之民族加以安抚，尽可能牵就犹太人之偏见及荒谬要求。一罗马兵士曾以撕毁一卷法律，被处死刑。罗马人之另一错误为省中所置军队太少,且兵士大部分皆就地招募。犹太人方面,此举亦带来自身之毁灭。大祭司等皆粗暴而无价值,常利用其统治者安抚之态度,作极无理之要求。于此22年中,罗马人不断压制犹太人称为奋锐派(Zealots)之山间盗匪,此辈劫掠之外,又有宗教狂热。克劳狄时之首任省长法杜斯(Cuspius Fadus)将之击败于堡垒之外,予以杀戮。但次任省长、哲学家斐洛之侄亚历山大(Tiberius Alexander)时,乱事又起。亚历山大擒其二著名首领雅各布(Jacobus)及西蒙(Simon),二人皆为亚历山大钉死之加利利人犹大(Judas the Galilean)之子。加利利及萨马里亚经常为敌,萨马里亚地区常为武装之加利利盗匪所扰,招致52年之严重冲突,叙利亚总督乌米迪乌斯·夸德拉图斯(Ummidius Quadratus)不得不加以干预。此次事变实由于加利利之库马努斯(Cumanus of Galilee)及犹太与萨马里亚之费利克斯(Felix of Judea & Samaria)两省长之敌对,夸德拉图斯调查后惩罚库马努斯,且为讨好犹太人,将耶路撒冷之保民官凯勒尔(Celer)处死。同样有过之费利克斯以为炙手可热之获释奴帕拉斯之弟及阿格里帕之妹德鲁希拉之夫而获免。费利克斯之继任者菲斯图斯(Festus)及艾伯塔努斯时冲突继续。街头公开说教反对罗马;奇迹及预言大为流行;山间之奋锐派暴乱依旧。但犹太人实无真正之痛苦,此事并非被压迫者起而反抗压迫者,或被奴役者争取自由,战争乃由于短视农民之狂热表现。

罗马将管理庙宇及其财产以及任命大祭司之权,于44年未授予省长,而授予哈尔基思之希律(Herod of Chalcis),48年希律死后,移交其继承人阿格里帕。53年,阿格里帕获得巴塔尼亚、奥拉尼提斯(Auranitis)、特拉科尼提斯、高罗尼提斯(Gaulonitis)及阿比林等地区,及王之头衔。两年后,自尼禄获得加利利之提贝里阿斯及塔里开亚(Tarichea)、佩来亚(Peraea)之尤利阿斯(Julias)。阿格里帕在整个犹太战争期间,始终效忠于罗马。

公元64—66年,省长弗洛鲁斯(Gessius Florus)任内,乱事爆发。恺撒里亚之居民包括希腊人及犹太人,以犹太人较多,但二者具有同样公民权利。尼禄时希腊人与犹太人争权,诉之于罗马政府,布鲁斯偏袒希腊人,宣布犹太人无公民权(62年),城中舆论哗然。最后犹太人离开恺撒里亚,但为总督强迫返回,于一次街头暴乱中遭屠杀(66年8月6日)。

是时耶路撒冷局势亦趋紧急,犹太人分为两派,一派较为温和,信赖上帝,准备毫无抵抗接受罗马统治,一派极为急进,决定以武力建立天国。前者称法利赛人(Pharisees),后者称奋锐派,其力量不断增长。大祭司亚拿尼亚(Ananias)之子以利亚撒(Eleazar)即属之①。以利亚撒为一赋性正直之青年,但据说其道德较其父之罪恶更为危险。以利亚撒为圣庙中之预言者,禁止不属于犹太教者在外庭之中向耶和华献祭品;尽管传统习惯上允许②。以利亚撒不顾较明智之犹太人谏诤。温和派决定压制狂热者,向罗马人及国王阿格里帕求助,阿格里帕派遣若干骑兵,但耶路撒冷之极端爱国者甚多,称"操刃者"(men of the dagger),准备扑灭对罗马统治之支持者。突袭城寨中之罗马军营,毁之。温和派中大部分与阿格里帕之军士以及若干罗马人占据锡安(Zion)之王宫,但在对方压倒人数之威胁下不能保有而投降。狂热者拒绝罗马人自由离开,但保证其生命安全,然一经缴械,即遭砍杀。大祭司亚拿尼亚及其他温和派之领袖皆被杀。胜利之后,以利亚撒似不满于其对附和者之背信及其父之被杀,与"操刃者"中最激烈之默纳恒(Manahem)发生争执,结果将默纳恒处死。

是故,在恺撒里亚,犹太人为其敌人所屠杀,在耶路撒冷,则犹太人屠杀其敌人,据云两地乱事于同一天发生。其他希腊城市皆步恺撒里亚之后尘,大马士革(Damascus)、加达拉(Gadara)、希索波利斯(Scythopolis)、阿斯卡隆(Ascalon)等地犹太人皆遭大规模屠杀。亚历山大城居民对犹太人之多年积怨亦行爆发,街头骚动需要罗马军队弹压。叙利亚总督加卢斯一旦闻悉耶路撒冷发生事变,立即率军出发镇乱,其军队包括罗马士兵两万,属邦之辅助军一万三千,以及叙利亚之民团,占领雅法(Joppa,Jaffa)并杀戮其居民后,进向耶路撒冷。9月,兵临城

---

① 亚拿尼亚即《使徒行传》中所谓之"撒谎者,伪君子"(粉饰的墙,whited wall)。
② 甚至亦允许对奥古斯都献祭。

下。耶路撒冷防御坚固,攻击不下,为所击退,损失甚重。尼禄时在希腊,闻加卢斯败讯,乃以穆奇亚努斯为叙利亚总督,命韦伯芗以独立之总督名义负责镇压犹太乱事。

以前自伊利里亚派往参加征安息战争之三军团,或已返抵其原驻地区,此时又被派来协助镇变。其中第五马其顿、第十五阿波罗与一叙利亚之第十海峡军团被派至韦伯芗麾下。另外之第四斯基提亚军团代替叙利亚之第十军团长期留驻该地。韦伯芗除其所属之三军团及辅助军之外,又有属邦科马吉尼、埃美萨,及纳巴泰等君主及阿格里帕所贡献之大量军队。全军在五万人以上,于公元67年春在托勒麦斯(Ptolemais)集中,进入巴勒斯坦。是时该地除希腊城市外,全境包括加利利、萨马里亚,及犹太等地区皆于叛乱者掌握之中。叛军已攻下并毁灭安塞东(Anthedon)及加萨,但于阿斯卡隆则失利,对罗马大军采取守势,不在旷野与之接触。韦伯芗之计划缓慢而有效,决定先收复耶路撒冷周围地区,再行攻城。首战征服加利利及其沿海,直抵阿斯卡隆地区。史家约瑟夫斯于此次战役中扮演相当重要之角色,其所防守之约塔帕塔(Jotapata)凡45日始破。约瑟夫斯为温和派之一分子,但被任命为加利利之指挥官,城破时逃出,投向韦伯芗,成为其门客(client),易名为提图斯·弗拉维乌斯(Titus Flavius)。冬季,韦伯芗以两军团驻恺撒里亚,另一军团驻希索波利斯,以切断犹太与加利利间之联络。68年春,进占约旦河(Jordan)外地区,包括加达拉及杰拉什(Gerasa)两重要城市。被罗马军逐出无家可归之难民涌往耶路撒冷,耶路撒冷人数大增。韦伯芗时在耶律哥(Jericho)驻扎,北方占领萨马里亚,南方攻下伊都米亚,军队方拟进向耶路撒冷,尼禄死讯忽至,已无权继续为其总督,遂按兵不动,静待新帝命令。加尔巴授权其继续征服时,严冬已届。其后加尔巴失败,奥托及维特利乌斯内战不息,予犹太人以喘息机会。维特利乌斯称帝后,韦伯芗始重新采取行动,但不旋踵又黄袍加身,战事再度停顿。直至70年春,其子提图斯进兵耶路撒冷,结束此一不幸事件。

是时耶路撒冷紊乱不堪,温和派首领已遭杀戮,奋锐派独揽大权,内部意见又不一致,约分三派。一由西蒙之子以利亚撒领导,包括耶路撒冷居民,占领圣庙内庭,外庭则为吉斯卡拉之约翰(John of Giscala)及其加利利人盘踞,另一派由鸠拉斯(Gioras)之子杰拉什之西蒙(Simon of Gerasa)领导占领上城锡安山。但当罗马军队抵达,三派却能团结御敌,以利亚撒派自动归属约翰指挥,合并为两派,西蒙在城,约翰居庙中。

提图斯原可封锁耶路撒冷,使居民困于饥饿而降,但新朝初建,欲以赫赫战功炫耀国人,且为一己争取声望,乃奋力攻取。耶路撒冷四周皆巨石环绕,仅北面无天然屏障,以前亚述人及庞培皆自此攻入。希律·阿格里帕曾拟修筑防御工事,为罗马人所制止。叛乱期间,在最高评议会(Sanhedrim)指示之下,依照希律·阿格里帕原定计划匆匆筑墙防守,提图斯极难攻打。提图斯攻破外墙进入新城后,尚有内墙阻挡,必须越过,始能抵达下城之阿克拉(Acra)丘。提图斯又攻下内外两墙及其相连之安东尼堡(citadel Antonia)环绕之圣庙。建于上城之锡安山坚强防御以及希律王宫,则犹存。

来自叙利亚之第十二雷电军团又增加提图斯之兵力。第一道城墙用尽方法久攻不下,最后以撞车(battering-ram)攻陷。围城之内许多人为饥饿所迫愿意投降,提图斯遣约瑟夫斯至城下提出体面之条件,但犹太人诸首领不肯投降。提图斯乃绕城建壁垒围之,断绝一切外来补给,一面继续攻打第二道城墙。犹太人饥饿情况日趋严重,一妇女曾杀子而食。一名迟钝之狂热者约书亚(Joshua)乃哈南(Hanan)之子,于公众场所高呼:"毁灭之声来自东,来自西,来自南,来自北"及"耶路撒冷遭殃!"而无人敢加以阻止或惩罚。某日,约书亚又呼:"余亦将遭殃!"话声未了,竟为攻城者所发弩石击中毙命。据云各种预兆皆经发生,圣庙诸门忽然洞开,有一超人声音高呼:"让我等从此离开!"继闻离去之巨声。

历经三个月之围攻后,第二道城墙终被攻破,安东尼堡陷落。此一在密迩圣庙俯临其地之城堡除留一翼作瞭望塔外,皆为罗马人所毁。提图斯允许相当数目之居民离城,但奋锐派不听约瑟夫斯及在下城被俘之犹太人告诫,未能及时投降以保全圣庙,且不顾该地之神圣性质继续抵抗,甚且在神殿之至圣所(Holy of

Holies)作战,使之蒙尘。罗马人久攻不下,但圣庙外墙之防御渐告松弛,最后,罗马人所发火箭使北面门廊着火,吉斯卡拉之约翰及鸠拉斯之子西蒙二首领及若干徒众,自相连之通道逃至上城,随即将通道破坏。但一般民众及祭司仍于内庭坚决抵抗,罗马人好不容易通过外城,以火焚出一条通路,不久即延烧焚毁希律之宫廷门廊。许多犹太人遭火烧死,余众于最后挣扎中被杀。圣庙及其宝藏皆焚烧殆尽(8月)。犹太人诸首领仍据上城防御工事作绝望之挣扎,誓死不降。但彼此意见纷歧,激怒此最后据点之守军,大批犹太人向罗马人投降。其余饿死者甚多,最后诸首领决定放弃在堡垒之抵抗,避入山中挖凿之蜂巢形地道,并试图自地道到达前面山谷。罗马人进入城堡,烧杀抢掠(9月2日)。围城历时五月余,最后耶路撒冷一片瓦砾。西蒙及约翰无法自地道逃出,迫于饥饿,乃出洞投降。约翰获保全生命,西蒙则于凯旋礼举行后处死。逃走之起事者于死海附近马萨达(Massada)及马凯鲁斯(Machaerus)之岩石堡垒中支撑数年。俘虏遭处死或出售为奴,拒绝接受看守者给予之饮食而饿死者众。

韦伯芗及提图斯虽不愿自其鄙视之人民中获得"犹太库斯"(Judaicus)头衔,却为之举行凯旋礼。提图斯死后,元老院更为之建立拱门纪念,其上饰以自圣庙神殿救出之七枝金烛台之雕刻。另一拱门于提图斯生时建于竞技场(Circus),纪念耶路撒冷之攻陷,以为"前此所有诸王或各民族皆攻之不克或不敢妄想者"。文辞荒诞可笑,盖元老院不知前有亚述及安提阿库斯四世(Antiochus Epiphanes)之围攻,亦忽略庞培之先例也。

耶路撒冷之毁坏,犹如迦太基及科林斯之曾卧于废墟中,使犹太民族失其中心。大祭司及最高评议会皆被废黜,以色列人群龙无首。以前犹太人无论居住何地皆每年向圣庙奉献之贡赋,竟被讽刺性地送往卡庇托朱庇特神庙。究竟提图斯有意或无意将耶路撒冷圣庙毁坏,成为千古之谜。大体言之,圣庙之毁坏一部分当出于罗马政府之政治策略,以使力量虽小但桀骜难驯之犹太民族问题从此根本解决。与此同时,韦伯芗又将埃及犹太人之主要圣区孟斐斯(Memphis)附近之奥尼亚斯(Onias)神庙关闭,当与此有关。罗马诗人瓦勒里乌斯(Valerius

Flaccus)于其《阿尔戈船英雄纪》(Argonautica)中对提图斯于撒冷马(Solyma)散布火炬,曾加称颂:

> 汝子将述倾覆犹太之故事,
> 　其兄弟将耶路撒冷焚为灰烬,每个塔上燃烧着火炬与愤怒。①

犹太从此被夷为帝国之行省,第十军团驻防其地②,扎营于古城废墟之上。此后在犹太征募之军队皆派往他处服役。罗马退伍军人在以马午斯(Emmaus)建立殖民地,萨马里亚之首邑示剑(Sichem)在弗拉维亚奈阿波利斯(Flavia Neapolis)名称下,组织为一希腊城市。以前曾为希腊城市之恺撒里亚则成为罗马式之弗拉维亚殖民地(Flavian Colonia)。曾忠诚支持罗马之国王阿格里帕于其生年仍旧保其所有,但死后(约30年)其王国则并入叙利亚省。

附录

公元 71 年时行省军团之分配

韦伯芗于平定日耳曼及犹太变乱之后,军团分配如下(据费茨内尔,《罗马帝国军团史》):

西班牙:第七合组(Gemina)军团。不列颠:第二奥古斯都(Augusta)、第九、第二十胜利(Victrix)军团。下日耳曼:第二辅助(Adjutrix)、第六胜利(Victrix)、第十合组(Gemina)、第二十一饕餮(Rapax)军团。上日耳曼:第一辅助(Adjutrix)、第八奥古斯都(Augusta)、第十一克劳狄(Claudia)、第十四合组(Gemina)军团。潘诺尼亚:第十三合组(Gemina)、第十五阿波罗(Apollinaris)、第二

---

① Solymo nigrantem pulvere fratrem, spargentemque faces et in omni turre furentem.
② 遣第十二军团往卡帕多奇亚,分别遣第五及第十五军团返默西亚及潘诺尼亚。

十二初创（Primigenia）军团。默西亚：第一意大利（Italica）、第四弗拉维（Flavia）、第五云雀（Alaudia）、第五马其顿（Macedonica）、第七克劳狄（Claudia）军团。叙利亚：第三高卢（Gallica）、第四斯基提亚（Scythica）、第六铁甲（Ferrata）军团。卡帕多奇亚：第十二雷电（Fulminata）、第十六弗拉维（Flavia）军团。犹太：第十海峡（Fretensis）军团。埃及：第三昔兰尼（Cyrenaica）、第二十二戴奥塔鲁斯（Dejotariana）军团。阿非利加（Africa）：奥古斯都（Augusta）军团。

尼禄死时共29军团，加尔巴时增至30，益以第七加尔巴（Galbiana）。奇维利斯叛变，解散4军团，其后又新增3军团，韦伯芗时总数仍为29军团。

征服犹太之钱币

第二十一章 弗拉维朝诸帝:韦伯芗、提图斯及图密善(69—96年)

第一节 韦伯芗

韦伯芗(Vespasian, Titus Flavius Vespasianus)为弗拉维朝之创始人。奥古斯都曾以罗慕路斯第二自居,韦伯芗亦可谓奥古斯都第二,其所负拨乱反正之使命虽远较奥古斯都为小,性质则彼此相若。韦伯芗征服维特利乌斯后,须安定国家,重建秩序,情况与奥古斯都征服安东尼后相似。

大竞技场

尼禄死后,所生内战之重要性及延续时间皆较恺撒死后者为小,但其严重性仍足以使国家解体,韦伯芗重开新局,维持帝国安定繁荣达一世纪之久。韦伯芗并无创造天才,其成就亦了无新意,仅恢复奥古斯都之制而于若干细节加以改订而已。但此一工作需要坚强之性格,丰富之常识,小心谨慎,刚毅果断,韦伯芗实兼具众长。①

一出身寒微之萨宾人能跻身帝位,充分显示意大利之地位已逐渐与罗马相

---

① 为韦伯芗通过之皇权法,部分犹存,见上第二章附录D。

等。在此以前，苟非罗马上流社会出身，皆无法统治帝国。外表上，韦伯芗平易近人，亦与雍容华贵之奥古斯都不同。韦伯芗身体健硕，粗颈细目，形容粗犷，为一能干军人，但无卓越将才，曾受相当教育，通晓希腊文，不修边幅，不以出身低为耻，嘲笑阿谀之诗人力图为其市民家庭寻找英雄渊源。对人反应灵敏，和蔼可亲，弗洛鲁斯（Florus）尝讥其将两轮车（plaustrum）读作乡音 plostrum。韦伯芗乃于次日见弗洛鲁斯时称之为"哦，弗劳尔"（'O Flaure'）。韦伯芗天生不迷信，但于亚历山大城时，为东方之阿谀者所利用。尝有一盲者及一跛者宣称塞拉皮斯神曾向其保证新帝具有神力可愈其痼疾，说服韦伯芗以唾液涂于盲者之目，以其足置于跛者之足上，二人立愈。韦伯芗实为二人所骗，对塞拉皮斯之神谕充满敬意。韦伯芗娶弗拉维亚·多米提拉（Flavia Domitilla），生子女提图斯、图密善及多米提拉三人。多米提拉死后，韦伯芗迄未续弦，但与一婚前已经相恋之获释女奴科尼斯（Coenis）终身保持"同居"（contubernium）关系。

韦伯芗直至 70 年夏始返罗马，在此以前，由元老院负责罗马卡庇托之重建工作，盖罗马人认为卡庇托之朱庇特神庙一日不修复，帝国即一日不会兴旺。此等工作一向由元老院担任，此次则委任一声望卓著之骑士维斯提努斯（L. Vestinus）负责。旧神庙废墟由肠卜僧（haruspices）下令清除后，新神庙即于原址重建，以为"神祇不愿改变旧有形态"。6 月 21 日，天气晴和，由有吉祥名字如瓦勒里乌斯（Valerius）或萨尔维乌斯（Salvius）等之军士，头戴花冠进入竞技场（arena），维斯塔神庙贞女率双亲俱在之童男女以泉水或河水洒其地，然后由司法官普里斯库斯（Helvidius Priscus）以一公豕、一阉羊及一公牛之血净化其地，将诸牲内脏置于草地之祭坛上，于大祭司对朱庇特、朱诺、密涅瓦及罗马之保护诸神作祷告后反复行之，以保佑施工顺利，并由神助使神庙完成。然后以手触神庙基石周围之横饰线，再由祭司、元老、骑士及人民合力将基石拖至应置之地。从未作世俗用途使用之成堆金银币及金属块投于基础之上。新庙依照旧蓝图建筑，肠卜僧允许韦伯芗将高度较由卡图路斯（Catulus）所重建之庙增加。

重建卡庇托之工作及其隆重仪式象征新的繁荣安定时期之来临。公元71

第二十一章　弗拉维朝诸帝：韦伯芗、提图斯及图密善(69—96年)

年,于提图斯征犹太归来后,关闭亚努斯神庙。韦伯芗所带来之和平深为其同时之人激赏,诗人歌颂,并印于钱币上。

韦伯芗效奥古斯都及加尔巴,举一同僚共治,同时予其子提图斯以代行执政官之位及保民官之权。提图斯俨然具有奥古斯都晚年提比略所有之地位。韦伯芗此举并无意使提图斯分治国之劳,而系确保其子之皇位继承权。提图斯所获之皇家特权,实较前此所有共治之人为多。提图斯可戴桂冠,并以其名义奉献,亦采统帅之名,但韦伯芗系以之为名(praenomen),提图斯则以之为氏(cognomen, Titus Caesar Imperator Vespasianus)。另一方面,提图斯之地位亦无匹俦。禁卫军由于听命禁卫军长,对帝国之威胁已经非常明显,以往尝以两队长并列以制之,韦伯芗则交由其子及同僚更为有效之解决。

韦伯芗于制度方面并未变更奥古斯都旧法,但于实施方面却有若干革新。对保民官威权较前人更不重视,甚至欲图废止以保民官之职为其纪年。韦伯芗似图恢复公元前27—前23年奥古斯都初期之制度,将元首之地位主要建立于执政官之上。除公元73及78年外,每年皆自兼执政官,其子提图斯则为其同僚。但此种措施仅属暂时性,对元首制未来之发展并未影响。

韦伯芗对元老院颇为尊敬,但并未予以奥古斯都、提比略、克劳狄或尼禄初年元老院所享有之独立性。经由运用二法影响其结构,使其依靠皇帝。一方面由于其力能控制经常之执政官选举,增加有执政官头衔之人数。73年与提图斯同为监察官,运用监察官增选元老之权。同时,韦伯芗更封许多新贵族,以取代耗尽之旧世家,从此开始一新贵族阶级。韦伯芗废止叛逆法之审判,主要加惠于意大利及行省,但并未允许成立反告密之法,此种宽大颇使贵族不悦。韦伯芗统治时有反对派,由斯多葛派及犬儒派(Cynic)哲学家及满脑虚浮不切实际之不满意贵族组成。尼禄时,此辈之首领为特拉塞亚,韦伯芗时为特拉塞亚之婿赫尔维狄乌斯·普里斯库斯(Helvidius Priscus)①。普里斯库斯缺乏判断力,迷恋共和时代加图及布鲁图斯之梦想,曾写一书题目为《加图颂》,对尼禄之暴政及韦伯芗之良好政府未能予以分辨,非唯沉溺于对韦伯芗之统治不合时宜之反对,且参与谋反,终于如特拉塞亚,成为徒劳之烈士。韦伯芗先使其放逐命令通过,继将之处死,又将斯多葛派及犬儒派放逐于罗马以外,对于此事一般舆论或支持韦伯芗。此辈哲学家常发表论文攻击专制统治。斯多葛派穆索尼乌斯·卢弗斯(Musonius Rufus)于放逐哲学家之敕令中,单独获免,盖穆索尼乌斯知专制政体为时代所必需,未参与攻击。②普里斯库斯以外,唯一遭处死刑者为出卖维特利乌斯之将领凯奇纳,以涉及谋叛(79年),为提图斯下令处死。

大乱之后,府库空虚,行省及意大利急需大量费用,尼禄统治时之奢侈浪费,继之以连续一年之内战,使国家财政陷入破产。韦伯芗非唯需要正常之行政开支,且需对过去数年由于费用缺乏,当作而未作及急待修复之事,加以处理。诸如重修在巴塔维人叛变时被毁之莱茵河流域边疆之堡垒,及恢复罗马及意大利所遭战争之破坏。总计约需四百亿塞斯特斯(约3.2亿镑)。73年,重新举行户口调查,以整顿国库,调整赋税,此亦韦伯芗自兼监察官主要目的之一。际此情况,为政者必需开源节流始能度过难关,赋税既须加重,用度又须节省,各方对之皆不易有好感,以之为贪婪、吝啬。③韦伯芗将加尔巴豁免之税恢复,且另加新税。行省赋税提高,若干情况甚且加倍。严格控制过去习于中饱私囊之财政官吏。意大利若干公地预定分授退伍战士,对尚未分配而遭人非法占有者,韦伯芗将之收归国有。韦伯芗撙节宫廷费用,树立节俭榜样,克劳狄及尼禄时期宫廷流行之奢侈风气似已过时。

---

① 尤维纳尔诗中曾提及赫尔维狄乌斯及特拉塞亚于布鲁图斯及卡西乌斯生日时所饮之酒,第5首第36行:"特拉塞亚及赫尔维狄乌斯为反对尼禄及韦帕芗之元老领袖,于布鲁图斯及卡西乌斯生日时起事。"(Quale coronati Thrasea Helvidiusque bibebant Brutorum et Cassi natalibus.)

② 哲学家中,霍斯提路斯(Hostillus)及德米特里乌斯(Demetrius)攻击专制最为激烈,被放逐岛上,令下后仍恶骂不止,韦伯芗不肯判以更重刑罚,谓:"余不杀吠余之犬!"

③ 塔西佗:"若非其贪婪,可匹敌过往之领袖"(Si avaritia abesset, antiquis ducibus par)。

第二十一章 弗拉维朝诸帝：韦伯芗、提图斯及图密善(69—96 年)

韦伯芗所建巨大之公共建筑显示府库已经充实。尼禄时及维特利乌斯时之大火,廓清与弗拉维朝竖立新建筑之障碍,罗马于灰烬中再起,韦伯芗时钱币上所镌格言之一即"罗马复兴"(Roma resurgens)。除上述之朱庇特神庙外,又建其特别尊敬之和平女神庙(75 年)。此庙接连一露天广场,与恺撒及奥古斯都之广场相似,但不称广场,不作法庭或演说场所之用。庙在埃米利亚会堂后方,奥古斯都广场东面,以奥古斯都广场,与阿尔吉列图姆分开。图密善后以涅尔瓦广场(Forum transitorium)将奥古斯都广场与和平神庙连接。普林尼以之为世界最佳建筑之一。韦伯芗将提图斯自耶路撒冷神庙带回之黄金宝藏置于其中。于和平神庙东南方又建一圣城神庙(Templum Sacrae Urbis),用以收藏户口调查之档案。韦伯芗最令人记忆之伟大建筑,厥为于埃斯奎林及凯瑞安(Caelian)之间代替大火中被焚区之陶汝斯圆形剧场。此剧场现今通称为大竞技场(Colosseum),几与卡庇托高度相等,可容纳近九万观众①。

韦伯芗最重要顾虑之一为禁卫军之组织。维特利乌斯自日耳曼军团中挑选组成之大队无论如何皆须打破,韦伯芗须决定是否接受其前任之革新,由其本身之胜利军团中组成新卫队,并增加原有之九大队为十六大队。政治与财政之考虑皆导致韦伯芗恢复奥古斯都旧制。由于一般军团待遇不能提高,如自某些军团遴选禁卫军,则一方面将养成此等军团之骄横,一方面招致其他军团之忌妒,韦伯芗乃恢复九团之数,仍由意大利人中招募。军团方面,由于日耳曼境军团参加奇维利斯叛变,而遭解散,乃以第二辅助(Adjutrix)、第四幸运之弗拉维(Flavia Felix)、第十六坚定之弗拉维(Flavia Firma)三个新军团代之。此后意大利人似未被征召入军团,或为其特权之结果,而非由于任何法规排除。

行省方面,总督人选良好,有所改变。西班牙所有城外居住者皆获得拉丁公

---

① 关于此建筑之叙述,见下第三十一章第五节。

民权①新公民列入揆里纳部族（tribus Quirina, 74 年）。对于赫尔维提人（Helvitii）或亦授予同样特权。将尼禄出于爱希腊之热忱而予以自由之亚该亚，再次列入臣属，仍由元老院管理，而萨丁尼亚及科西嘉则收归皇帝统治。两西利西亚（崎岖及平坦）并为一省，由皇帝派遣总督统治（73—74 年），吕基亚及潘菲利亚亦然。原为属邦之科马吉尼由于叙利亚总督佩图斯（Caesennius Paetus）控其王安提奥库斯联合安息谋叛，并入叙利亚省（72 年）。此一转变对当地居民而言，缴纳一般赋税当较供养一个小朝廷负担为轻。安息王极力设法恢复安提奥库斯王位，但未成功，盖以罗马拒绝帮助安息抵御阿兰人一事，或即为双方交恶之因，招致公元 77 年图拉真（M. Ulpius Trajanus）为叙利亚总督时，双方爆发冲突。沃洛吉斯侵犯叙利亚，为图拉真所逐退，图拉真因此获得凯旋徽章，两年后获任亚细亚省总督。东方边疆不仅有叙利亚之四军团，更有新组织之加拉太及卡帕多奇亚省之一军团保护，新省由一总督统治。韦伯芗对多瑙河边疆之防卫措施及其任不列颠副官时之战争将于下章述之。

韦伯芗于 79 年 6 月 23 日逝世，享寿七十，病笃时犹照常处理政事，并谓统帅应站着而死。死后由元老院奉之为神，一若奥古斯都及克劳狄。

第二节　提图斯

提图斯已为统帅，具有保民官职权，无异议当选元首及奥古斯都。提图斯生于克劳狄统治之元年，与不列坦尼库斯一同接受教育。后随其父至犹太，被遣往宣布东方军队对加尔巴之归附。提图斯受过良好教育，吐属风雅，仪容俊美，耶路撒冷之征服使其于军中建立声望。性喜游乐奢侈，在东方时为阿格里帕妹贝

---

① 对不适于享受公民权之非公民社群（non-civic communities）或予稍经修改之权利形式。此种措施自 73 年开始，但直至图密善时始完全实现，今尚存有公元 82—84 年间为萨尔本萨（Salpensa）及马拉加（Malaca）所订之城市法规。

第二十一章 弗拉维朝诸帝：韦伯芗、提图斯及图密善(69—96年)

勒尼斯(Berenice)之情人。韦伯芗统治时，贝勒尼斯于罗马与之同居，为其情妇。就罗马人而言，对于希腊妾侍尚可容忍，但对皇帝共治者有公开关系之犹太情妇却无法忍受，提图斯不得已勉从罗马人之成见。贝勒尼斯返其故土，于韦伯芗死后又至罗马，但提图斯态度坚决，不为所动。提图斯曾两度结婚，继娶之妇弗尔尼拉(Marcia Furnilla)生一女朱利娅，提图斯效尼禄于克劳狄娅之例，予朱利娅以奥古斯塔头衔。

提图斯之最大目的为广得众心，于军中已赢得兵士爱戴，成为元首后，极力讨好贵族及民众。其短暂统治于若干方面适与其父之政策相反，惩罚告密者，于圆形剧场中加以鞭笞或将之放逐岛上，以讨好元老院。对政府官员不若其父之严加控制，亦不管束侵吞公款，赏赐无度，尝云："不使一人于离开元首时失望"。传说某日晚餐时，提图斯想起当日未曾对任何人加以赏赐，乃谓其友曰："此日予已虚度"！尝为民众建华丽之提图斯浴场。

提图斯(来自大英博物馆)

80年大竞技场落成奉献时，曾举行长达百日之表演，有格斗士角力，且有妇女参加，宰杀牲口凡五千头。将竞技场灌水，模仿修昔底德所记载之科林斯人及科基拉人(Corcyraeans)之海战，又于奥古斯都海战竞技场(Naumachia of Augustus)仿叙拉古(Syracuse)之围攻。表演结束时，向民众散发食品券，其父多年节俭之积蓄，为之挥霍殆尽，一如盖乌斯浪费提比略之国库。

提图斯统治时，罗马及坎帕尼亚曾有灾难。80年罗马火灾，将新建而尚未完成之卡庇托朱庇特庙焚毁，且延烧及于万神殿、阿格里帕浴场、庞培剧场、巴尔布斯剧场及屋大维娅柱廊。79年8月23、24日，维苏威火山大爆发，庞贝(Pompeii)、赫库拉内乌姆(Herculaneum)等城被毁。废墟掘出后，坎帕尼亚之希腊文明景象于火山灰下保存，竟能活生生呈现吾人眼前，亦为意外幸事。目击火山爆发之小普林尼对当时惨状曾有详细描写，其舅老普林尼则由于过分接近爆发之处而亡,抒情诗人巴苏斯(Caesius Bassus)亦同时罹难。

提图斯于登基以前,健康即已严重受损,无法医治,81年9月13日死于其父故乡雷阿特。在位时从未杀一元老,罗马人皆哀悼其去世。但提图斯如永年,亦不知变化如何也。提图斯死时已开始趋向与尼禄及盖乌斯相若,一旦府库空虚,恐亦将步二人后尘。塔西佗曾誉之为"世上可爱之人"(the darling of the world)①,但其所受爱戴基础实甚脆弱,死后府库将竭,如何充实,实为其继承者极其艰巨且惹人嫌恶之工作。其统治时间极短,确属幸运②,死后亦如其父之获封为神。

第三节　图密善

图密善(Domitian)③为提图斯之弟,提图斯逝世时,图密善年方三十,前曾述及其幸免于维特利乌斯攻卡庇托之难,弗拉维家族胜利后,被拥为恺撒。但穆奇亚努斯不许其行使政治权力。图密善亦亟于获得军事声望,一如其兄,欲参加巴塔维战事。穆奇亚努斯又以为凯里阿利斯即将结束战争,于卢格杜努姆炫耀帝国兵威已足,图密善不得已屈从,但内心不悦已极。返罗马后,拒绝于公众事务中担任傀儡,乃退隐阿尔巴山之别墅中,与情妇亚美尼亚战争英雄科尔布洛之女多米提娅(Domitia)同居。但于此数月代表其父期间,尝试权力滋味,其父归来后,退居幕后,至为痛苦。图密善与父同居,完全受其父支配,其兄被任为共治者后,深感忌妒,父兄皆高踞座椅(sella),图密善独须于活动躺椅(lectica)中,后面跟随。其父在世时,图密善曾六任执政官,但仅有一次自年初开始(公元73年),且系其兄退让。图密善迄欲建立军功,故当安息王受阿兰人侵袭,向罗马

---

① 此为塔西佗著名之语:delicioe humani generis。
② 奥索尼斯(Aosonius):"幸运短暂之统帅提图斯"(Titus imperii felix brevitate)。
③ Imperator Caesar divi Vespasiani f[ilius] Domitianus A.

第二十一章　弗拉维朝诸帝：韦伯芗、提图斯及图密善（69—96年）

求助时，图密善多方劝其父遣其出征，遭拒，又赂使其他东方君主作同样请求。外表上，图密善获有皇帝之子一切尊荣，获准戴桂冠，其像见于钱币之上，与父兄同题名于公共建筑之上，于所有神圣组织中，皆为其一员，却无政治影响力，无从建立军功，仅仅外表之虚荣，实不足厌其野心。据云其父死时，图密善曾以双倍酬赏，谋贿禁卫军以之为统帅。无论如何，图密善似欲于其兄统治时取得其父统治时提图斯之地位。但提图斯虽以非正式方式承认其为共治者及继承者，却未将代行执政官及保民官之权位予之。图密善再度痛苦失望之余，无疑兄弟之间，心怀疑忌。提图斯以无子，诚心以图密善为其继承人，且为避免继承权发生问题，甚至拟将其女嫁予图密善，克劳狄虽已使叔侄婚合法化，但罗马人之成见，对之却深具反感。

图密善（来自慕尼黑之雕像）

图密善坚信罗马固有宗教，又深爱其情妇多米提娅，娶之，提图斯之议乃寝。朱利娅嫁其堂兄萨比努斯（Flavius Sabinus），为韦伯芗之侄，死于维特利乌斯之战祸。

提图斯死后，图密善自其病榻之畔疾驰至罗马，为禁卫军拥为统帅，以9月13日为其登基之日（dies imperii），其任保民官之年亦始自是日，实则直至9月30日，始获保民官权位（tribunicia potestas）。图密善立即以大祭司自居，兼具"国父"头衔，而其以前诸帝，每于即位之后若干时日，始接受"国父"名号，故图密善之统治，自始即显其傲慢专制之特色。

图密善之统治为帝国趋向专制之新里程，此外对多瑙河边疆达契亚人及日耳曼人之重要战争，及罗马兵力于不列颠之进展方面亦值得称述。此等战事将于下章叙述，今先言其于莱茵河所获之小胜利，从而取得其想望已久之军中荣誉及适合统帅地位之事。

公元83年，帝赴高卢举行户口检查，实则欲逾莱茵河攻击卡提人地区。此次卡提人何以开罪罗马，史书无征。对于上日耳曼省虽有若干小规模之劫掠，皆不足以当御驾亲征。图密善亲临后胜利,举行盛大凯旋礼,获日耳曼尼库斯之名,其当代文学中常以此称之。其政敌嘲之为滑稽闹剧,窃窃私议谓其行凯旋礼时,充当卡提俘虏中之一部分为戴金色假发,着日耳曼人服装之奴隶。另一方面,其他阿谀之诗人则夸张其辞,颂扬功绩以争取图密善之欢心。但无论如何,此战具有若干重要性,且与边防新计划有关,当于下章述之。

公元 85—96 年图密善之监察官职位

图密善即位之初,对元老院颇为宽大,元老亦予承认。效法提图斯停止告密,惩罚告密者,以为告密者不予迫害即等于加以鼓励①。及至图密善帝位稳固,日耳曼境战争之后,自以为乃真统帅,让贵族自知若期望图密善坚持奥古斯都之制乃大错。图密善自认具有治理能力,充满专制精神,决心自己统治国家。图密善无法忍受奥古斯都温和架构之二元统治,而致力于减少元老院之权。其他皇帝虽亦逾越本身职权,使元老院感觉依附其下,但仅间歇为之,如提比略及尼禄曾于晚年专制,但未改变宪法上元老院与元首间之关系。图密善则朝向系统且冷血之政治歼灭元老院,遂为元老院对之如此强烈仇恨之因:

(一)以前诸帝可运用对元老院机构之影响力,有权推荐获准进入元老院之行政官员,但皇帝无权直接指定元老。此种所谓选任(adlection)之权,仅能由监察官行使,而依照奥古斯都旧法,元首并未具备监察官职权。其后克劳狄及韦伯芗皆曾兼监察官,皆于一年结束时再次放下。事实上,监察官之为独立官职,元首或任何适当之公民遇必要时皆可充任,为元首制一主要特色。图密善深知此点,认为监察官职权可以压制元老院之地位,一旦元首长期拥有此权,即可完全控制元老院,奥古斯都体制即遭破坏。图密善决心致力此事,先取得监察官职权(censoria potestas,84 年底或 85 年初),数月后,任终身监察官②。图密善以此职

---

① princeps qui delatores non castigat irritat.
② 马尔提阿利斯《铭辞》第 6 卷第 4 首称图密善为"大监察官及主要元首"(censor maximum principumque princeps)。

第二十一章 弗拉维朝诸帝:韦伯芗、提图斯及图密善(69—96年)

权,任意进退元老,完全控制元老院。元首制受到永久之震撼,以后诸帝虽未拥有监察官之头衔,却默默地保有其权力。元老院于名义上继续分享政府之大权,于宪法上表面地位不变,但元首制实际上已成露骨之君主专制。与此有关之另一改变即于元老院控制下之罗马人口调查机构,或亦改归皇帝治下,由一骑士主持。

(二)图密善在位时曾十任执政官,自82至88年连续兼任,90、92、95年又再兼三任。图密善从未于每年5月1日以后仍旧继续执政官旧有任期,甚且不过1月13日(Ides of January),但图密善似图将每年命名之权归诸元首。于此方面,图密善效法其父,韦伯芗在位时通常皆兼任执政官,但图密善更进一步,84年使其任期延至十年。此前,提比略与塞亚努斯任执政官时,曾以五年为期(29年),尼禄以十年为期(58年)。提比略及尼禄皆未任满,图密善亦未曾满十年,但自奥古斯都于公元前30—前23年连任执政官以后,图密善连续兼任执政官之时间实较任何一帝为长。

(三)元老院为求自保,急于建立皇帝不能将元老处死之原则,提图斯曾依此原则而行,但未正式承认。图密善极力主张提高元首之权,拒绝承认此法规,且图密善之顾问会议(consilium)包括骑士及元老,故元老于皇帝法庭受审时,骑士或为其法官之一。

(四)图密善实际上视元老院为无物,仅于无关重要之事向之征询意见,经常使用其首先投票之权,以迫使其他元老依其意志投票,元老完全遭恐吓。

(五)图密善于外表形式上,亦表现其专制作风,允许代行财政官称皇帝为"君主与神"(dominus ac deus),诗人亦以此相称,但不以之为正式头衔。公民经常称之为"君主",人民实视图密善为一远非"第一公民"之人。图密善又常着凯旋礼所穿之紫袍,即使出席元老院时亦然,将原有之12扈从增为24人,并规定为其立像时以金银为限。

如谓韦伯芗系模仿奥古斯都,图密善之为政则处处以经常研读之《提比略之回忆录》(Memoirs of Tiberius)为典范。图密善能力卓越,头脑清晰,一如提比略,对罗马及行省官员皆严加控制,所用之人皆对皇帝忠心不二者,甚至对元老院所辖行省亦然。凡图密善不能信任之候选人皆受示意自动退出,予以一百万塞斯特斯之代行执政官薪水以资补偿。但图密善不似提比略,其禁卫军于政治上无如塞亚努斯及提格利努斯之影响力。于此方面,图密善遵循其父之例。

公元 88 年萨图尔尼努斯之反叛

图密善深知皇帝对于元老院之独立地位必须建立于军队支持之上,弗拉维朝代本由军队拥立,韦伯芗及提图斯皆保持其军人风格,图密善更极力显示军团之重要,并强调其本身统帅之性质,及与元老院发生冲突以后,更倚赖军队之拥护。图密善于年度支出中增一大项目,即增加军团兵士 1/3 薪饷(自 9 金币 [aurei] 增至 12 金币),禁卫军薪饷亦等比例增加。

图密善及其父皆苦于财政困难,由于提图斯之挥霍,韦伯芗所遗留丰富之库藏已将用尽,图密善无意恢复其父吝啬之政策。相反地,其乃一手头最大方之君主,对其友人至为慷慨,对一般民众亦如其兄,常供给大规模之娱乐表演,且对较穷公民于娱乐时发放"赏赐"(congiaria),每人三百塞斯特斯,并试图减轻人民负担,取消五年以上之赋税欠款,放弃其父对意大利未分配土地要求收归国有之权。财政政策方面得曾为尼禄大臣之克劳狄乌斯·伊特鲁斯库斯(Claudius Etruscus)之建议,但此种政策不可能长久。不列颠及多瑙河之战争所费不赀,所有建筑及公共娱乐亦需大量金钱,加税及抑制人口增加皆与帝国传统违背,尤与图密善之原则相反。不得已乃与盖乌斯及尼禄同样,有系统地劫掠贵族。

财政问题之外,图密善在位晚期又有其他因素使其对贵族施行恐怖统治。其妻多米提拉曾生一子,幼年早夭,图密善感皇位乏嗣,极不安全,视每一显贵皆为可能之继承人及刺客。约于公元 88 年初,上日耳曼省总督萨图尔尼努斯(Antonius Saturninus)叛变之事更坚其疑惧。萨图尔尼努斯出身贵族,位列元老阶级,诱使其辖区驻防之第十一克劳狄、第二十一饕餮两军团拥立其为统帅,又结逾莱茵河之自由日耳曼人为助,当系卡提人。叛变立即为诺巴努斯(L. Appius

Maximus Norbanus)敉平。诺巴努斯率领第八军团抵达,击败萨图尔尼努斯军,时莱茵河上之冰突然解冻,阻止日耳曼人过河援助,萨图尔尼努斯陷于孤立,遂败。诺巴努斯及其军团来自何处,不详,似为驻于摩根提阿库姆军团之指挥官,属萨图尔尼努斯治下。萨图尔尼努斯是时驻于文多尼萨,战事或于巴塞尔(Basilia)附近发生。叛讯于罗马引起极度惊愕,图密善欲亲往征讨,闻诺巴努斯已先往,乃止。事平后,对萨图尔尼努斯同谋大事搜捕,诸多元老为其严刑拷问,多人遭处死,叛军军官几全处死刑。此后,图密善成为多疑之暴君,颇似提比略晚年。对贵族既恨且惧,贵族亦惧恨之。其侄女朱利娅虽未嫁之,但后为其所诱相通,对之尚有劝解之力。89 年,朱利娅死后,图密善咸无可信任之人,虽仍勤于政务,但孤独自处,不愿与人来往,难以接近。

图密善晚期,为继承之人预作准备。有堂兄弟二,一为朱利娅之夫萨比努斯(Flavius Sabinus),一为多米提拉之夫克雷门斯(Flavius Clemens)。图密善明白表示拟以克雷门斯之两男婴为其继承人,易其名为韦伯芗及图密善,并延著名学者昆体良(Quintilian)教之。

叛逆法与告密者

驱使图密善成为暴君之另一原因,为自尼禄至韦伯芗不断与皇室敌对顽固之斯多葛派之激怒。公元 93 年,若干此辈加图之崇拜者涉嫌,并受惩处。塞内秋(Herennius Senecio)曾对韦伯芗时为普里斯库斯作一颂辞,被告密者卡鲁斯(Metius Carus)控告叛逆,而遭处死刑。普里斯库斯之遗孀范尼娅(Fannia)为特拉塞亚之女,曾提供塞内秋此一作品之资料,因而遭流放,财产充公,颂辞于民会公开焚毁。卢斯提库斯(L. Junius Arulenus Rusticus)曾受敌对者称之为"斯多葛派之猿"(the ape of the Stoics),亦以发表对特拉塞亚及普里斯库斯赞美之文,遭处死刑。皇后多米提拉遭疑与名伶帕里斯（Paris）①有染，图密善乃与之离异，并使人刺帕里斯于街头，民众甚为悲悼，多人向其墓献香水与花。小普里斯库斯（Younger Helvidius Priscus）曾以帕里斯及其妻伊诺尼（Oenone）为题，作一闹剧，被控讥讽当今皇帝，于元老院会议厅中被捕，处死，同党之人包括范尼娅之母阿里娅、卢斯提库斯之妻格拉提拉（Gratilla），及卢斯提库斯之兄弟毛里库斯（Junius Mauricus）等皆遭放逐。同时，元老院并通过敕令将所有哲学家、星相家、预言家，皆逐出意大利以外，一如韦伯芗统治之时。此一放逐令亦使斯多葛派之爱比克泰德（Epictetus）及狄翁（Dion）遭受流放，狄翁有"金口"（Chrysostomus, golden-mouthed）之称，为普鲁萨土著，其修辞饶有趣味之论文至今尚存②。

图密善由于无子而生对贵族之疑惧，因叛变及普里斯库斯党之反对而加强，益以财政之窘迫，遂重蹈尼禄晚年之覆辙，屡兴冤狱，充公其财产。盖乌斯、尼禄及图密善三人即位之初皆曾禁绝告密，而晚年竟自毁前言，鼓励告密者，最著名之告密者有美萨利努斯（Catullus Messalinus）、卡鲁斯、雷古路斯（M. Aquilius Regulus）、贝比乌斯（Massa Baebius）等人。雷古路斯为一曾获普林尼艳羡之雄辩者，贝比乌斯曾为贝提卡省总督，为普林尼及塞内秋控以压榨，获判有罪。塞内秋于此次审判中所扮演之角色，或与其不久以后本身遭判罪有关联。③

图密善宫廷中另一宠幸为出身低微之埃及人克里斯匹努斯（Crispinus），抵罗马后，先以腌鱼为业，旋即擢升为禁卫队长。其服饰气度类纨绔子，似为人目

---

① 哑剧演员。尤维纳尔曾提及其演斯塔提乌斯（Statius）之《阿加维》（*Agave*）第7首第87行："若斯塔提乌斯未将其处女作《阿加维》售与帕里斯，则会饥饿。"（Esurit, intactam Paridi nisi vendit Agaven.）
② 见下第二十五章第四节。
③ M. Aquilius Regulus 或即尤维纳尔之《讽刺诗集》第1首第33行所称之为贝比乌斯及卡鲁斯所畏惧之告密者。"大告密者告诫其高贵之赞助人，很快清除吾等贵族残余，啃至骨头，让马萨畏惧，卡鲁斯向其行贿以息怒。"（Magni delator amici Et cito rapturus de nobilitate comesa Quod superest, quem Massa timet, quem munere palpat Carus.）

第二十一章 弗拉维朝诸帝:韦伯芗、提图斯及图密善(69—96年)

为骄横之暴发户。①

图密善知有不利于己之阴谋,既不能确查其人,遂常枉杀无辜。其堂兄弟萨比努斯即以谋叛嫌疑被杀,克雷门斯及埃帕夫洛迪图斯之死,尤为激起众怒。克雷门斯为其堂兄弟,亦为内定嗣君之父,与其妻多米提拉曾改信外来宗教,即以此遭控告,克雷门斯遭处死,多米提拉遭放逐。埃帕夫洛迪图斯为曾助尼禄自杀之获释奴,虽已相隔28年,图密善仍治以叛逆法之罪。此等残酷举动,使皇室之人震惊,祸起萧墙,对图密善报复之举,竟出自图密善自以为安全之深宫,而非素所疑惧之元老院。图密善所疑与优伶有染之多米提娅(Augusta Domitia)被放逐后不久,为图密善召回,多米提娅迄不自安,与宫中获释奴帕尔特尼乌斯(Parthenius)、尤特路斯(Eutellus)、斯特发努斯(Stephanus)等结党密谋不利于图密善,禁卫队长诺巴努斯(Norbanus)及佩特罗尼乌斯(Petronius Secundus)亦与之勾结,阴谋推涅尔瓦(M. Cocceius Nerva)为帝,以体力强健之斯特发努斯负责攻击。斯特发努斯佯装左臂受伤,数日前即以带吊其臂,预定行动之日(96年9月18日)于绷带中暗藏匕首,觐见图密善时,伪称有谋反消息,以有关文件进呈,当图密善匆匆阅览时,斯特发努斯突拔匕首刺其腰部。图密善扑向刺客,呼侍者拿剑,并召唤侍从。但藏于枕下之剑已为谋叛者所毁,不能用。图密善与斯特发努斯扭打之时,其他谋叛者齐出发难,侍从赶至,帝已被弑,及时诛斯特发努斯。

元老欣闻暴君之死,赶至元老院,尽情吐露其多年积怨,将图密善之立像及半身像一并摧毁,并决定毁坏任何纪念图密善之物。通过敕令,除去所有图密善之名之物,以致图密善在位时之碑铭流传于今者绝少,吾人可感受元老院对图密善之痛恨。又不许其有适当葬礼,仅以贫民所用尸架载出其尸体,但其乳母斐利斯(Phillis)力图将其骨灰置于图密善所建,以藏本朝诸帝骨灰之弗拉维氏族

---

① 尤维纳尔《讽刺诗集》第1首第26行及以下对之曾有描述:"克里斯皮努斯为一来自尼罗河之平民,及来自卡诺普斯之奴隶,其肩披提尔之披风,夏日流汗之手指戴金戒,仅因不堪宝石之重,令人很难不写讽刺诗。"(Cum pars Niliacae plebis, cum verna Canopi Crispinus. Tyrias umero revocante lacernas, Ventilet aestivum digitis sudantibus aurum, nec sufferre queat maioris pondera gemmae, difficile est saturam non scribere.)

(gens Flavia)神庙,与其所爱之侄女神圣之朱利娅(the Divine Julia)置于相同之坛中。兵士则深爱图密善,苟有能干领袖,必将以武力坚持将其统帅奉之为神。一般民众则无喜亦无悲,图密善生时对此辈极为慷慨,民众无理由怀恨,但其神态倨傲,拒人于千里之外,人民亦无从建立私人爱戴之心。

图密善年轻时以俊美知名,晚年则趋于肥胖,且髡其顶,其仇敌称之为"秃顶之尼禄"。① 其目大而无神,面部表情却极具热忱,其半身像中可见与父兄相似之处,不喜运动,但精于射术,虽设盛宴,饮食有节。图密善曾遭斥为荒淫无度,但当时贵族风气奢靡,图密善之所为并未较他人为过。图密善对罗马国家宗教极力拥护,由宗教角度,守护道德,效法奥古斯都,以宗教有利于国家之福祉,与前此诸帝对之漠不关心者有别。公元83年,曾以维斯塔神庙之三贞女不贞,将之判刑,许其自选死法,放逐其引诱者。但以后贞女首长科尔内利娅(chief Vestal Cornelia)遭控与一名凯勒尔之骑士勾结,获判有罪时,图密善以大祭司身份恢复一般认为过时之古刑,尽管科尔内利娅辩称清白,仍将之活埋于"罪恶之地"。② 值得注意者,普林尼述及此事时,对其判刑残酷之愤怒,尚不及对其为大祭司于其阿尔巴别墅,而不在王邸(Regia)审案为甚。③ 凯勒尔于民会遭鞭笞至死。

图密善为维护国家宗教,遂图制止东方宗教之传播,对犹太人虽严格征收对卡庇托朱庇特2德拉克马(drachmas)之捐献,尚无其他迫害。④ 公元85—86年犹太曾发生叛变,顺利扑灭。若干基督教徒则以拒绝向帝像礼拜被处死刑,但并无普遍迫害之证据。福音书作者圣约翰(St. John the Evangelist)殉难之说,已普遍承认为无稽之谈,或以为克雷门斯及多米提拉遭控"不虔敬"(impiety)之说,

---

① 尤维纳尔,第4首第38行:Calvus Nero。

② Campus Sceleratus。尤维纳尔,第4首10行诗中,念及科尔内利娅:"不守贞洁誓言之维斯塔贞女注定予以活埋。"(Sanguine adhuc vivo terram subitura sacerdos.)

③ 奥古斯都曾将圣殿指定给予灶神庙贞女(见上第十章第二节),但其后似又为大祭司所占。

④ 罗马允许犹太人于罗马犹太教会堂(synagogue)聚会,若对某人询之以"于何会中可寻汝"? 尤维纳尔《讽刺诗集》第3首第296行,即谓其乃一新皈依之犹太人,系侮辱之辞。尤维纳尔曾描写卡佩尼门(Capene)附近水蕴草树丛(Grove of Egeria)犹太乞丐群集,第3首第14行:"其家具为一篮子及一张干草床。"(quorum cophinus faenumque supellex.)

第二十一章　弗拉维朝诸帝：韦伯芗、提图斯及图密善(69—96 年)

或即指其信基督教,亦非不可能。①

图密善对东方宗教却鼓励埃及女神伊西斯之崇拜,并为伊西斯及塞拉皮斯建华丽之伊西斯庙及塞拉皮斯庙(Iseum et Serapeum)。公元 88 年举行奥古斯都庆祝世纪庆典(Ludi Seculares)以来之百年大祭②。图密善为大祭司,既以严厉著称,其为监察官亦然,强制执行惩罚同性恋(lex Scantinia)及淫乱罪(lex Iulia)之法,诸多元老、骑士皆以此致罪,增加对图密善之怀恨。凡为尤利乌斯法判决有罪之妇女,不得乘肩舆或接受遗产。又欲制止剧场之狂纵,禁止哑剧于公共场所上演,仅能于私人家中观赏。图密善制止东方传来阉割男童以为阉人出售,并降低其价格,以减少阉人买卖。

提图斯时罗马被焚之建筑,交由图密善修复,卡庇托之朱庇特神庙再度重建,在其支持下,较前更为壮丽,又于卡庇托山上建一庇护者朱庇特(Jupiter Custos)庙,以谢其早年幸免于维特利乌斯派之难。神圣之韦伯芗庙及神圣之提图斯庙建于广场极西端,介于卡庇托斜坡及和谐神庙之间,今此小建筑尚有科林斯式圆柱三根留存。又对图密善特别崇敬之密涅瓦女神修建数庙。娱乐方面,于马尔斯广场建一石造体育场(stadium)及一音乐场(Odeum),前者可容三万人,后者容一万人。尼禄时开始建筑之皇宫亦于此时落成,但仅限于帕拉廷部分。所有新建及重建之建筑,图密善皆刻名其上。

图密善所留史料极少,且几全出于当时对之有成见者,故对其行事及政策颇难得一清晰公正之看法。或为阿谀取容之诗人,或为元老院派如普林尼、塔西佗等于其死后,对其恶毒谩骂之作。马尔提阿利斯(Martial)与斯塔提乌斯(Statius)一般说来以之为神,所有属于图密善者皆属神圣。以朱庇特之名"卡庇托林"(Capitoline)用之于图密善,以图密善为"奥索尼亚之朱庇特"(Ausonian Jupiter),以多米提娅为"罗马之朱诺"③。对于塔西佗,图密善则为一无可取之

---

① 狄翁·卡西乌斯记此事时,曾谓"其他人以信犹太教遭判罪",见氏著第67卷第14章。
② 马尔提阿利斯,第4卷第1首第7行:"欢迎将至之世纪庆典。"(Hic colat ingenti redeuntia secula lustro.)
③ Roman Juno,斯塔提乌斯《诗草集》第3卷第4首第18行:Jupiter Ausonius partier Romanasque Juno.

暴君，一般贵族皆如此视之。讽刺诗人尤维纳尔对图密善于皇帝之咨询会议中所表现之蔑视元老，曾加以巧妙之揶揄，谓："85 年底参与会议者似有十一人，皇帝匆匆召往其阿尔巴城堡，作两、三倍之诗，以嘲讽式之诚实笔法，记其罪过。此辈先后通过我等之前，市长官佩嘉苏斯（Pegasus）曰：'罗马除了皇帝之农地，尚有何土地？市长仅为伙食官？'勇敢而纵欲之弗斯库斯（Fuscus），迅即留其肢体给达契亚之猛鹰；一和蔼可亲之老人克里斯普斯（Crispus）屈服现状，退缩于无用之独立主张；加拉布里欧父子（Galabrios），父亲鬼祟胆怯，儿子注定无辜地毁灭于斗兽场与兽格斗；最致命之告密者盲人卡图路斯（Catullus）以其隐蔽而无目标之武器，对准其预定之牺牲者；此外尚有狡猾之维恩托（Veiento）；胖老头蒙塔努斯（Montanus）乃诽谤者；克里斯匹努斯（Crispinus）让人联想其东方出生地之香水；卑鄙之奸细庞培乌斯（Pompeius）以流言割人之喉；鲁布里乌斯（Rubrius）甚至以当时特定之恶行与无耻丑闻等罪犯，加害于人。诸此小人现正摸黑忙于阿皮亚大道上，半夜会皇帝于别墅前厅，或见暴君于阿尔巴丘顶之堡垒。彼此焦急地互问：'有何消息？有何未预期召见之主旨？罗马攻破何敌——卡提人、希坎布里人（Sicambri）①、不列颠人或达契亚人君主之沉睡？'当此辈仍在等候准许觐见时，皇宫之仆人进入，高举一条大鱼。此辈于开门见皇帝前，面有羞愧。盖一卑微之渔夫尚且将于安科纳海滨维纳斯神殿底下发现之大鲀（turbot），极为珍稀，匆忙越过亚平宁山，作为献给皇帝餐桌之礼而获赏。觐见后，所论问题为新获大鱼应切成数块，或整个烹食。内阁无疑请勿耽搁，待菜上桌，对此佳肴咸表惊讶及羡慕，并转动陶轮。"②

---

① 于图密善在位时吾人唯一须提及之苏甘布里人（Sugambri），于卡提人之西。
② 尤维纳尔《讽刺诗集》第 4 首第 150 – 154 行。尤维纳尔于结论中愿此暴君于压迫民众时，一直致力于此等琐事。"噢，若其选择整个时期致力于暴行，或琐事；而非剥夺罗马伟大及杰出之精神，有罪不罚，且无人报复！当升斗小民开始惧怕他，即其灭亡之时，浸透于拉米亚家族之鲜血中。"（Atque utinam his potius nugis tota illa dedisset tempora saeuitiae, claras quibus abstulit urbi inlustresque animas inpune et uindice nullo. sed periit postquam cerdonibus esse timendus coeperat; hoc nocuit Lamiarum caede madenti.）"升斗小民"系指其低层之谋杀者斯特发努斯等。

第二十二章　弗拉维朝之不列颠及日耳曼、达契亚战争

第一节　阿格里可拉(Agricola)于不列颠

弗拉维朝诸帝统治之下,疆土并未有重要之增加,如同克劳狄之征服不列颠然,但有两处边疆略有推广,东方上日耳曼省之边疆推进至莱茵河以东地区,不列颠省则向北略事扩充。

不列颠总督佩特罗尼乌斯·图尔皮利阿努斯(Petronius Turpilianus,62—64年)之继任者为马克西姆斯(Trebellius Maximus,64—69年)及波拉努斯(Vettius Bolanus,69—70年),皆满足于管理诸人所据之省,无意扩充疆土。

韦伯芗雕像

波拉努斯似建筑堡垒以对付土人。其后任凯里阿利斯(Petillius Cerealis)于伊凯尼人大叛变中指挥战争,几乎消灭之第九军团于镇压奇维利斯叛变中曾建大功,对其诸前任之不思进取,颇为不满,与不列颠最强大之布里甘特人(Brigantes,此名常与Britons通用)作战。凯里阿利斯于日耳曼境作战时,自不列颠派去相助之第十四军团未曾返防,韦伯芗遣第二辅助(Adjutrix)军团以代替之。凯里阿利

斯与辖地自索尔韦湾(Solway)直至瓦许(Wash)之布里甘特人多次交锋后,获其部分土地,包括林杜姆(Lindum,即林肯[Lincoln])以第二辅助军团驻其地。图密善即位之初,将此军团调往潘诺尼亚,但于林肯发现之若干墓碑则显示其间之数年该军曾驻其地。是故凯里阿利斯作战之结果,将北方边疆由原来自格雷弗姆至卡马洛杜努姆以德瓦为前哨站之旧有防线,推进至自德瓦至林杜姆。但此边界以南之西方高地韦尔斯尚不能认为系不列颠省之一部分,山间部落之征服尚有待于其后两任总督。以善战知名之弗隆提努斯(Sextus Julius Frontinus)能运用其理论,征服南方之志留人,其继任者阿格里可拉(Gnaeus Julius Agricola, 78—85年)征服奥多维西人占据莫那岛,保利努斯充任总督之第一年曾被迫放弃此岛。阿格里可拉征服莫那岛时,一如保利努斯,曾得巴塔维人游泳技巧之助。

阿格里可拉被韦伯芗任命总督以前,即于不列颠为次级官职,曾于保利努斯之下任军团司令官(military tribune),在波拉努斯之下任第二十军团之副官。于指挥第二十军团任内(70年),以前任凯利乌斯(Roscius Caelius)与总督马克西姆斯不睦,军纪荡然,阿格里可拉极力恢复军纪,颇为不易。此后阿格里可拉受任命为阿奎丹尼亚总督,被召回罗马为执政官,然后被派往不列颠,继弗隆提努斯为总督。是时为不列颠总督者或内或外须从事其一或二者同时并进,所谓"密集之征服"(intensive conquest),即省内之开化与加强团结,或"广泛之征服"(extensive conquest),即将边疆向北扩张,征服新部落。阿格里可拉号称二者并进,实则牺牲内部之征服而专事外部之扩张。先后诸帝对之皆极为倚重,可自其任期特长见之。

阿格里可拉为总督之次年(公元79年),穿过森林及沼泽,修堡筑路,完成对新征服诸部落之统治(或系威尔士)。冬季,军队留于营地,阿格里可拉本人则致力于土著之拉丁化。第三年(80年)夏,北进征服新部落,直至塔瑙斯(Tanaus)河入海处,沿途烧杀,此不知名之地,据推测或为顿巴尔(Dunbar)之北泰因(North Tyne)。不列顿人无意反抗,军团尚有闲暇修建若干城堡,于其中过

第二十二章　弗拉维朝之不列颠及日耳曼、达契亚战争

冬。次年(81年)夏,完成所经过地区之占领,并将军队推进至克洛塔(Clota)及波多特里亚(Bodotria,克莱德[Clyde]与福斯[Forth]河)入海处。两河之间之狭窄地带由军队占领,并筑堡垒,退入北方高地之敌人似已"迁至另一海岛"。此次出征,阿格里可拉约带三万人,包括军团及辅助军,作战时或得来自东海岸之海军相助。是时驻不列颠军团已减为三。由于第二辅助军团被召还,林杜姆遂无驻军。林杜姆更北之新军站或已建立。吾人确知阿格里可拉于未获得亨伯尔(Humber)以北地带以前,绝不敢深入北方陌生地区,故可认为阿格里可拉已占领布里甘特人主要城市埃布拉库姆(Eburacum,今约克[York])。此地取代林杜姆,或即由第九军团驻扎。稍迟时期埃布拉库姆成为不列颠省之主要中心。①

次年,阿格里可拉逾克洛塔河口至卡利多尼亚(Caledonia)以西地区,或即阿染(Arran)及坎提尔(Cantire)。阿格里可拉曾筹划征服希伯尼亚(Hibernia),认为最好由此点出发。阿格里可拉认为以一军团及少数辅助军,即可顺利完成任务,并主张此举对不列颠之完全平服,极为重要。盖希伯尼亚与不列颠之关系,实如不列颠之于高卢。征服不列颠主要原因之一,即取消海峡外之自由地区,使不安分之高卢人无处逃亡避难,乃可死心塌地接受罗马统治。同样地,自由之希伯尼亚对于受罗马奴役之不列颠人,亦有激励其叛变之功。此外,对于地理之错误观念亦使阿格里可拉欲将希伯尼亚收归帝国之内,当时以为希伯尼亚于不列颠与西班牙之间,形成帝国西部诸省之自然联系。但阿格里可拉此举实须增加兵力,新地加入后,疆土辽阔,不列颠之三军团仅足以维持当地安全,乃向图密善请求更派一军团,为图密善拒绝,此富进取心之总督遂不得不放弃其计划。图密善遵循奥古斯都之谨慎作风,不欲再作新征伐。此后北进之举迄未实现,希伯尼亚始终不在帝国版图之内。②

阿格里可拉虽未获准攻击斯科特人(Scots)之岛,却决定进军卡利多尼亚。

---

① 虽无直接记载,但根据情况可大致确定推断。
② 尤维纳尔第2首第159行所谓"我辈现在确已向爱尔兰海岸线推进"(arma quidem ultra litora Iuvernae promovimus et modo captas Orcadas)之语,仅为藻饰文辞之用。

其在任之第六年(83年),不顾部将劝阻,以其海军之助,深入波多特里亚河口以北土地。卡利多尼亚人一见罗马军队,同仇敌忾,奋起抵抗。阿格里可拉将其军队分为三部分,一支由最弱之第九军团组成,夜袭土著部落时遭受严重损失,幸阿格里可拉及其他军队赶至,得以反败为胜。卡利多尼亚人于其酋卡尔加库斯(Calgacus)领导之下,利用即将来临之冬季组织大军,预备次春抵抗侵略者。84年,阿格里可拉再度进兵,于格劳皮丘(Graupian Hill)某地发生大战。① 阿格里可拉之军队约在二万五千至三万之间。以其八千辅助步兵置于中央,两翼有三千骑兵,军团殿后,列于军营堡垒之前。人数远逾罗马军之敌人,以部分军队列于平地,余众在后面山上。为土人计,最好利用压倒人数同时攻罗马中军及两翼,阿格里可拉最怕此种策略,但战事开始时,卡尔加库斯并未采用此战略。双方短兵相接之时,不列颠人盾短剑长,使用不灵,不如罗马人之长标枪及短剑。罗马方面之巴塔维及同格里辅助军将敌人迫退,虽有战车阻挡,但地面不平,土人队伍密集排列,转动不灵,亦无补于事,敌人之骑兵亦经消灭。至此为止,后面山上之土著并未参与战争,但当彼辈见战友受挫,乃开始下山拟攻罗马军后路。阿格里可拉先见及此,派保留之骑兵迎战。不列颠人队伍不整,人众分散,反为罗马骑兵转而攻其后路,胜负因而决定。据云卡利多尼亚人死伤万人,罗马人仅损失360人。是时又届冬季,无法再行作战,阿格里可拉率军至一陌生部族波瑞斯提人(Boresti)之海岸地区,接受人质,指示海军将领环不列颠,顺利完成航行。罗马诗人作歌称颂"俘获奥克尼群岛"②。阿格里可拉继返冬季营盘,或至埃布拉库姆,此后罗马军队更无北进如此远者。③

次年(85年),阿格里可拉被召还,接受凯旋饰物及一荣誉雕像以酬其功。其对未能竟北伐之功,甚为失望,此等荣誉皆不能补偿。但对图密善之决定,实

---

① 塔西佗《阿格里可拉传》第29章,"于格劳皮山"(ad montem graupium),与格劳皮人无关。
② Captured Orkneys,在苏格兰东北方。尤维纳尔第2首第160行"奥克尼人与不列颠人争斗"(Orcadas ac minima contentos nocte Britannos)。
③ 阿格里可拉究竟北进至何处,不得而知,盖无法辨别格劳皮山(Mons Graupius)或波瑞斯提人之地也。

无由抱怨。其总督任期较任何前任为长,且曾获准从事花费巨大之战争。就阿格里可拉于不列颠积极扩张之政策言之,仅经济上之考虑即足以使图密善不再继续支持。阿格里可拉于不列颠之所为的确得不偿失,且于其被召回之时,多瑙河上达契亚王国最严重之战争已经爆发,同时支持于不列颠及多瑙河之战争,其费用实超出当时国库之能力。图密善之仇敌固以阿格里可拉之召回归咎于图密善之忌功,阿格里可拉本人亦愤懑不已。观乎继任皇帝涅尔瓦、图拉真皆不肯恢复阿格里可拉之政策,可予图密善之所为最好之评价。图密善之召还阿格里可拉与提比略之召还日耳曼尼库斯情形相似,两事皆系将领之野心为皇帝之谨慎政策所牺牲,皇帝虑及结果将得不偿失,而其敌对者皆以其忌功目之。

于不列颠历史上,由于其婿为一卓越之史家,曾为其作传,阿格里可拉所获之地位遂远超过其应有者。塔西佗娶阿格里可拉之女,写其传记,《阿格里可拉传》(Concerning the Life and Character of Julius Agricola)对阿格里可拉于不列颠表面之记事有生动之描写,对战事有简短之叙述,最后以格劳皮乌斯山之役为其高潮,但对地形细节几乎全部忽略,作者对此事虽乏兴趣,但吾人却极为关心,因而大为降低其书之历史价值。① 塔西佗曾谓自阿格里可拉之面容观之:"一见即知其为好人,乐意相信其伟大",此言颇能道出实情。阿格里可拉绝非伟大之人,但为能干将领,野心勃勃,一有机缘,即能抓住,以获荣誉,其婿及同时诸人高估其价值,罗马之友人思虑不周,无疑称誉过甚,图密善适时将之自不列颠召回,并无遗憾。

阿格里可拉被召还后,拒绝出任他省总督(亚细亚或阿非利加),退隐数年后去世,曾有恶意流言谓系遭毒害。

阿格里可拉于不列颠所作之征服仅为暂时性者,所占之土地立即放弃,北方

---

① 塔西佗书中除卡尔加库斯外,亦未言及不列颠其他酋长个别之事。吾人仅于尤维纳尔《讽刺诗集》第 4 首第 126 行得知有一名阿尔维拉古斯(Arviragus)之王,见于尤维纳尔诗中讽刺帝国会议部分维恩特人(Veientes)对图密善所说言辞:"未来伟大光荣胜利之预兆:俘获一王,不然阿尔维拉古斯将自其不列颠战车掉下。"(Omen habes magni clarique triumphi: Regem aliquem capies, aut de temone Britanno, Excidet Arviragus.)

边界线几乎一仍凯里阿利斯之旧,以德瓦至林杜姆为界,其所仅存之成就当或为埃布拉库姆之占领,此后该地即为于东方之前哨站,颇类凯里阿利斯征伐以前西方德瓦之地位。埃布拉库姆与林杜姆之关系颇类前此德瓦与格雷弗姆者然。但阿格里可拉同时之人不能了解埃布拉库姆之重要,以致塔西佗书中竟略之未述。

第二节　日耳曼边墙

莱茵河左岸有若干日耳曼人,右岸有若干高卢人。原来拥有内克尔(Nicer, Neckar)河谷之日耳曼人已被清除,罗马人允许贫穷而有冒险心之高卢人逾莱茵河占有此常遭邻近日耳曼部落骚扰之地。此辈高卢人须付什一地税,其地后来即称为"德库马特"(什一税地[the Tithe-lands, Agri Decumani,或 Decumates]),但其他赋税一律豁免,亦无罗马军队驻扎其地,既非一行省,亦非任何行省之一部分,虽属罗马帝国,但彼此仅有松懈之关系。弗拉维朝诸帝将此地区予以更明确之地位,韦伯芽于此筑路,修筑有系统之防御工事,或亦于此时,东方边疆有土制之防御工事,前有壕沟,一如一般罗马军营,后面为城堡,每个相距 9、10 哩,城堡之间,有瞭望塔。自莫努斯河畔之塞奥普姆(Seiopum, Miltenberg)正南至劳里阿库姆(Lauriacum,洛尔希[Lorch])附近①,此一防线至今犹有迹可寻,若干城堡遗址尚可辨别。于此防线后面,有第二道防线,自上日耳曼省之主要军营文多尼萨起始,有路北向通至内克尔河畔今称洛特外尔(Rottweil)之地。此地获选为逾莱茵河地区之中心,一如卢格杜努姆及卡马洛杜努姆之于高卢及不列颠。有奉祀弗拉维家族之祭坛,其地即称"弗拉维祭坛"(Arae Flaviae)。自此北向,沿内克尔河有诸多城堡本身即为防御工事。自内克尔开始西转入莱茵河起,堡垒防

---

① 此处之劳里阿库姆不可与莱茵河之北劳里阿库姆(Lorch on the Rhine)或多瑙河之东劳里阿库姆(Lorch on the Danube)混淆。

线即离开河岸继续北向,通过欧登瓦尔德(Odenwald)抵莫努斯河畔塞欧普姆西北某处(约近今之渥特[Wörth])。此道连结莫努斯及内克尔之防线,即以穿过米姆林(Mümling)河谷而以内克尔-米姆林防线(Neckar-Mümling line)著名。至于此一防御系统若干部分成于韦伯芗,若干部分成于图密善,则无从知晓。自劳里阿库姆至塞欧普姆与此防线连接之堡垒或成于图密善以后诸帝。构筑此等防御工事之主要目的或系养成居民定居之习惯,并阻止游牧民族自由进入帝国,军事目的尚在其次。

若围绕"德库马特"之防御工事归功于韦伯芗,则美因河(Main)以北陶努斯地带之占领当系图密善之成就。此地为卡提人之一部落马提阿奇人所居,马提阿凯泉(Aquae Mattiacae, the springs of Wiesbaden)即以此族得名。德鲁苏斯曾于陶努斯山上建阿尔陶努姆堡(fort Artaunum),以建立罗马人于此地区之威权,日耳曼尼库斯又经恢复。从此以后,罗马人与卡提人即常有零星冲突,最后图密善决心将陶努斯山地区并入上日耳曼省,继续莫努斯及内克尔间之防线,以连结莫努斯河及莱茵河。83年,对卡提人之战争即与此一重要措施有关。不列颠总督弗隆提努斯曾予得力之协助。美因河自渥特至哈瑙(Hanau)系北向而行,于哈瑙附近之大克罗岑堡(Grosskrotzenburg),图密善所筑东部堡垒开始。此道防线并非直线,而系依照自然地形而建。于埃姆斯附近过拉恩(Lahn)河,于莱茵布罗尔(Rheinbrohl)处注入莱茵河,对岸之小河形成上、下日耳曼省之边界。防御工事附近距离不远处,间有堡垒,彼此之间有军用大道相连。① 大部分此等城堡附近皆发现有别墅(villa)遗址,内有浴室设备,为军官使用。

是故上日耳曼省之边墙为一土墙,自莱茵河畔该省极北端直至劳里阿库姆,中间仅除大克罗岑堡及米尔腾贝格(Miltenberg)之间以莫努斯河为防御之处。全部土墙皆以堡垒及瞭望塔保护,于莫努斯及内克尔之间,土墙后面更有一连串之堡垒(不由防御土墙连接)自莫努斯直抵内克尔河畔之弗拉维祭坛。据推测

---

① 此等堡垒中最著名者为霍姆堡(Homburg)附近之萨尔堡(Saalburg)。

于摩根提阿库姆处跨越莱茵河之第一座巨大永久性桥梁,亦为图密善所建。

日耳曼边墙(limes Germanicus)仅为庞大之防御计划之一部分,自莱茵河口至多瑙河口,此两河形成一天然防线,仅需于其沿岸筑堡垒即可。但离开河流之处,则须以土制或石砌之墙以代替河水。故苟无自西徂东另一防线将南端之劳里阿库姆与多瑙河畔之堡垒相连,则日耳曼边墙并不完全,是即雷提亚边墙(Limes Raeticus),构成雷提亚省北边疆界之一部分。该墙是否为弗拉维朝诸帝开始建造,不可确知,但直至哈德良或更后时期始具其最后形式则无异议,因与日耳曼边墙有密切关联,故于此处提及。该墙起自劳里阿库姆,东经符腾堡(Würtemberg)及巴伐利亚,抵多瑙河近凯尔海姆(Kehlheim)处,阿尔其摩那(Alcimona, Altmühl)河汇合。雷提亚边墙非如日耳曼者之为土墙,而系石墙,上有木栅,一如军营所用,前面有壕沟。弗拉维朝时,该防线似由一土墙保护,以后帝国受日耳曼人入侵威胁时,中世纪所谓之"魔鬼之墙"(Devil's wall)始行建立。

第三节　达契亚人与苏维人之战事

图密善征莱茵河之役后,注意力转移至伊斯特河畔更迫切可怕之危机。达契亚人进犯默西亚。达契亚人之地区自西而东,包括泰斯河及普鲁特河(Pruth)之间地,自北而南,包括喀尔巴阡(Carpathian)山脉及多瑙河之间地,与今罗马尼亚与西本布尔根(Siebenbürgen)与泰姆斯瓦之巴纳特(the Banat of Temesvar)领土相当。达契亚人之外,今穆尔达维亚(Moldavia)及比萨拉比亚(Bessarabia)地为一日耳曼部落巴斯塔纳人(Bastarnae),更在其外者,为萨尔马提亚部落罗克索拉尼人。多瑙河及泰斯河之间土地为亚兹格人(Jazyges)所占有。此等多瑙河之外之民族虽间或侵扰罗马帝国,但彼此之间既不统一,罗马人极易将之逐退。奥古斯都时即不止一次将之征服,晚年,曾由埃利乌斯·卡图斯(Aelius Catus)徙蛮族五万人至默西亚,于罗马帝国境内定居。尼禄时,普劳提乌斯

(Tiberius Plautius Aelianus)亦曾徙达契亚十万人及其妻儿于同一行省。普劳提乌斯又对萨尔马提亚人即将侵扰时加以制止,强迫许多陌生或敌对之酋长于罗马国土向罗马军旗敬礼。尤利乌斯及克劳狄朝诸帝虽对达契亚人及萨尔马提亚人有效制止,但多瑙河之防御却不够充分,尼禄死后内战时,此种情形尤为显著。默西亚所驻之两军团原为担任自辛吉杜努姆(Singidunum,今贝尔格莱德[Belgrade])至河口之防卫,但河水下游之防务几乎全由色雷斯人担任,色雷斯人既与达契亚人有亲,则其帮助本身即为一种危险。当默西亚之军团开往意大利推翻维特利乌斯时,该省即为罗克索拉尼人、达契亚人及亚兹格人先后侵扰。幸穆奇亚努斯率其叙利亚兵团及时赶至,驱退若干来犯者,但默西亚总督阿格里帕(Fonteius Agrippa)却于亚兹格人进犯时阵亡。

  韦伯芗并未增加伊利里库姆之军队,但针对多瑙河之防务曾作若干变动,似将原驻达尔马提亚之两军团移往默西亚,因而默西亚总督有四军团可资调遣。色雷斯设省后,其本地之酋长既经废黜,多瑙河部分仰赖之土著军队解散,此种兵力之增强更为必需。但罗马政府尤惧达契亚人与其邻近之日耳曼人联合。达契亚人与苏维人联合入侵非常可怕。苏维人之主要成分为马科曼尼人及夸迪人,是时苏维人仍如以前马若波杜斯王统治时盘踞今日波希米亚及摩拉维亚地,马若波杜斯死后,苏维人与罗马有类似从属关系,于对维特利乌斯战争时,曾派辅助军至韦伯芗军中相助。但其忠诚并不可靠,韦伯芗将潘诺尼亚两军团移往多瑙河边疆以防备之,将第十三合组军团置于文多波纳(Vindobona,今Vienna)、第十五阿波罗军团置于稍下之卡农图姆(Carnuntum)。韦伯芗又改组多瑙河舰队,此后称"弗拉维舰队"(Flavian Fleet)。

  达契亚情况若能维持过去一世纪之原状,此等防卫措施已足够应用,但此等地带之局面由于一特殊具有军事天才之领袖德切巴鲁斯(Decebalus)之出现,顿然改观。① 其杰出之天才为杜拉斯(Duras)王所赏识,乃慨然让以王位,俾能领

---

① 德切巴鲁斯亦称丢尔帕涅乌斯(Diurpaneus),后者或为其本名,德切巴鲁斯仅为其头衔。

导其王国复兴。德切巴鲁斯拟建一大军事国家,于罗马帝国北疆成为头等强国,一如罗马东方之安息。恺撒时,布雷比斯塔斯(Burebistas)即曾有此野心,恺撒被刺之时,布雷比斯塔斯正准备大举进攻罗马,不意忽于一次变乱中死亡,其后达契亚人衰弱分裂。马科曼尼王马若波杜斯企图建立一强大之日耳曼王国亦未达目的,前已述及①。德切巴鲁斯亦与马若波杜斯同样将希腊罗马文明带入其国,尤其为与罗马人作战,本人先学罗马作战之方式,自罗马逃兵习得挖掘壕沟及建造军事机械,曾与罗马东疆敌人安息谈判,可见其深谋远虑,眼光远大!对罗马战争,亦仰赖近邻之萨尔马提亚人之援助,一边为亚兹格人,一边为罗克索拉尼人,但主要力量仍为多瑙河以南诸省中之达契亚、加埃塔及色雷斯居民。德切巴鲁斯无疑欲征服默西亚,甚至包括色雷斯,从喀尔巴阡至亚洲之边疆,建一相同种族之达契亚王国。是时达契亚为多瑙河以南诸省顽抗不服者之避难所,一如不列颠在征服以前对于高卢之凯尔特人。

德切巴鲁斯训练精良之军队既已组成,乃沿伊斯特河而下,开始攻击(85年)。默西亚总督萨比努斯(Oppius Sabinus)兵力不足,勉强抵抗,为所杀,堡垒被占,土地备受蹂躏,默西亚省岌岌可危。噩耗传抵罗马,图密善派禁卫队长弗斯库斯②,负责指挥战事,本人亦赶赴前线。潘诺尼亚诸军团响应紧急召唤,马科曼尼人亦允相助。达契亚人似曾提和议,被拒,德切巴鲁斯乃傲然告罗马人,谓将以两驴易一兵士之头作代价,许予和平。弗斯库斯将敌人逐出默西亚,以船只为浮桥渡多瑙河,毅然深入达契亚。但马科曼尼人之盟邦却未践诺赴援,罗马军或因将领于陌生地区卤莽自信,遭受惨败。弗斯库斯于战场阵亡,一如萨比努斯。③ 罗马军难于找到归途,大批被俘,物资损失极巨,包括作战机械及一军团

---

① 见上第十二章第二节。
② Cornelius Fuscus,马尔提阿利斯(第6卷第76首)称弗斯库斯为:"那位神圣皇帝之卫护者弗斯库斯,于国内维护公民正义之战神之拥护者,所在之地即吾人信赖之总司令营地。"(Ille sacri lateris custos Martisque togati Credita cui summi castra fuere ducis.)
③ 尤维纳尔,第4首第111行:"谨慎之弗斯库斯,于其大理石别墅中沉思战争。"(Et qui vulturibus servabat viscera Dacis, Fuscus, marmorea meditates praelia villa.)见上第二十一章第三节。马尔提阿利斯对弗斯库斯有篇铭辞,第4首第76行,提及其葬于一达契亚之墓。

之鹰旗(公元86年)。继任将领尤利阿努斯(Julianus)湔雪前耻,侵略达契亚,于塔佩(Tapae)①大胜,杀戮蛮人极夥,地位仅次于德切巴鲁斯之首领维西纳斯(Vezinas)藏于死者之中逃走。尤利阿努斯继续推进至达契亚主要城镇萨尔米泽格图萨(Sarmizegethusa, Várhely),但不知何故,阻止其攻击,或因皇帝之手诏,盖图密善是时方决定议和也。但据一颇为奇特之传说,则以为尤利阿努斯于达契亚京城为其足智多谋之王所出奇计,而遭逐回。据云当时京城附近大量树木被锯断,所余树干仅高若人身,缚以武器,尤利阿努斯以为面临无数大军,遂急急退回。

促使图密善与达契亚人议和之动机,实为罗马人于另一地区遭遇之失败。当尤利阿努斯于达契亚作战时,皇帝本人正启程赴卡农图姆,与背信之马科曼尼人及夸迪人作战。此辈派两批使者至帝处解释何以不克驰援,图密善视之为叛徒而非敌人,将第二次派来之使者处死。此举激怒苏维人,皇帝麾下之潘诺尼亚军队遭遇失败。故当德切巴鲁斯遣一使节团至默西亚,由一达契亚贵族迪吉斯(Diegis)率领②,图密善接受其降服,以王冠置迪吉斯头上以代表德切巴鲁斯,象征达契亚为罗马之属邦,此罗马诗人乃有弗斯库斯之"胜利之荫"(victorious shade)覆盖其埋骨处之"属邦小树丛"(vassal grove)之词③。另一方面,皇帝予德切巴鲁斯以工匠、工程师,及金钱赏赐,罗马人对之不满者,以之为可耻之贡赋。此实为适时之让步,并非罗马之屈服,于尤利阿努斯胜利之后,此种罗马对德切巴鲁斯纳贡之关系已不在话下,且于所有皇帝之中,骄傲之图密善最不可能自居此等卑屈地位。图密善返罗马后,举行盛大凯旋礼(89年),于平安归来幸运女神(Fortuna Redux)庙附近,建一巨大之凯旋门,在广场中为图密善立一巨大

---

① 或即Tapia,见下第二十三章第三节。
② 马尔提阿利斯称之为德切巴鲁斯之"兄弟"(brother),但此未必指字面之意。马尔提阿利斯第5卷第3首曾对迪吉斯目睹皇帝威严之惊异,加以描写:"迪吉斯,哦,日耳曼尼库斯,如今住于吾人之河畔(台伯河),从其平静水域对汝身边。"(Accola iam nostrae Degis, Germanice, ripae, A famulis Histri qui tibi venit aquis.)观之,谈及达契亚"已为吾人所有"。
③ 马尔提阿利斯《铭辞》第6卷第76首6行"弗斯库斯胜利之影于其安息之树丛中休憩"(Et famulum victrix possidet umbra nemus)。

之骑马青铜像,城中充满以其名而立之拱门及雕像。又以盛筵招呼罗马贵族,强迫行省呈献贡赋以冕金(aurum coronarium)名义,支付罗马城庆祝费用。图密善并未正式采用"达契库斯"(Dacicus)头衔,阿谀者却常以此称之。默西亚于达契亚战后,行政上有重要改变,分为较小之上、下两省,每省由一总督统治,各统两军团。

是时苏维诸族(Suevic nations)及其萨尔马提亚联盟亚兹格人继续与罗马为敌,罗马人遭受严重挫折,非唯于其本土潘诺尼亚为敌人所败,整个军团完全覆灭①。92年5月,皇帝再赴战场停留八阅月,罗马人似获胜利,盖图密善曾依得胜将军惯例,以镶有桂环之信件(epistolae laureatae)致送元老院②。93年1月返罗马时,庆祝征服萨尔马提亚人,举行小凯旋礼。此次包括下多瑙河以外③之东萨尔马提亚人及亚兹格人之战争,号称"苏维人与萨尔马提亚人战争"(Suevian & Sarmatian War),直延续至涅尔瓦之时。至于达契亚之和平则维持十年之久,于此期间,德切巴鲁斯得以从容筹划,准备与较尤利亚朝或图密善更为强大之对手较量。

附录

日耳曼边墙及雷提亚边墙

前述关于莱茵河及多瑙河以外罗马之边墙(limes)材料,系采虚卜讷之看法,但并非定论。当时最明确之记载系弗隆提努斯(Frontinus,《谋略论》[Strategemes]第1卷第

---

① 或为第五云雀军团,战败之处似在亚兹格人地区。
② 公元92年12月,马尔提阿利斯曾作四文期盼图密善之返回,第7卷第5—8首。比较第5首第3行"罗马虽收到诸多桂环信件,但羡慕能留住图密善之敌人"(Invidet hosti Roma suo, veniat laurea multa licet),及第6首第5行"捷报确定民众之欢欣"(Publica victrices testantur gaudia chartae);同前引,第10行"予来向汝宣告战胜萨尔马提亚人之讯息"(Sarmaticae Laurus nuntius ipse veni)。
③ 马尔提阿利斯,第7卷第7首第1行,提及于伊斯特河口—"粗鲁无文之普克岛(Peuce)":et ungularum pulsibus calens Hister。

第二十二章 弗拉维朝之不列颠及日耳曼、达契亚战争

3章第10节)所谓"图密善曾建长达120哩之边墙"。学者多数同意此语系指自美因河至莱茵河间之部分,当与图密善与居住此一地带之卡提人之战争有关。但实际上自大克罗岑堡至赫宁根(Hönningen)与莱茵河相连处全墙共长140罗马哩,较弗隆提努斯所记载者长20罗马哩。哈杰肯先生(Mr. Hodgkin)(《边墙之论文》[Essay on "The Pfahlgraben"],由《考古文物期刊》[Archaeologia Aeliana]重印,1882)揣测图密善所筑之边墙为多瑙河以外之部分,其长112罗马哩。但(1)弗隆提努斯书中120可能为140或(2)图密善所筑之边墙或止于科布棱次(Coblenz)附近,以后更延长至赫宁根。

图拉真及哈德良对于边墙之完成厥功甚伟,但边墙之始建则确定于弗拉维朝诸帝之时。整个边墙自赫宁根至凯尔海姆之最后形态,极可能成于哈德良时。哈杰肯先生曾谓:"自涅尔瓦至奥里略诸帝,对于边墙之伟大工程,或多或少,皆有贡献"(页85)。

410

411

林肯之罗马拱门

第二十三章　涅尔瓦与图拉真、达契亚之征服

第一节　涅尔瓦

412　　图密善逝世,第二个朝代亦告结束,但并未发生若尼禄死后之变乱。公元96年10月1日登基之新帝涅尔瓦(M. Cocceius Nerva)并非如加尔巴由行省产生或经军队拥立,而系由元老院选出。涅尔瓦之家世及个人之条件皆无做元首之资格,仅为一明智之法学家,有造诣之作家,两度当选执政官,但其当选为帝,则得力于毫无色彩。元老中大部分皆与推翻弗拉维家族之阴谋有关,需一能予元老院适当程度之政权而同时能为军队接受之新帝。涅尔瓦不偏不倚,恰为适当人选。涅尔瓦

涅尔瓦

从未参与元老院之反对派,相反地,且曾参与压制皮索之叛乱,拥护弗拉维诸帝。涅尔瓦是时已年逾60,任性而宽容温和,元老院希望涅尔瓦服从其引导。贵族派对涅尔瓦之即位极为欢迎,以之为新时代之来临,钱币铸以"人民自由"(Libertas publica)及"罗马复兴"(Roma renascens)字样。最后似将成为君主政

治(Caesarism)之劲敌,将以前无法妥协之自由与元首制予以成功之混合。① 一讽刺诗作者曾谓:"如加图复生,将成一主张君主制者(Caesarian)"。② 涅尔瓦亦采"恺撒"之名,一如韦伯芗,是时此字已为皇帝命名本身必需之一部分。

元老院于涅尔瓦统治时得到在弗拉维朝代求之未得之保证,新元首郑重宣誓不将任一元老处死。涅尔瓦对每一事务皆向元老院咨询,元老院有充分理由满意其行政。

涅尔瓦个性谦和,故对助图密善为虐者之处置甚为温和,未满足一般强烈要求之报复。以前所有遭放逐之人,包括诸哲学家在内皆被召还,受害者及其友人皆急于惩处陷害彼等之告密者。小普林尼亦认为"打击有罪,为不幸者报复及提升自己"之良机已至,而于元老院中攻击图密善之大臣塞尔图斯(Certus)。塞尔图斯曾参与在元老院对普里斯库斯之攻击,普里斯库斯为普林尼之友,但涅尔瓦仅拒绝以塞尔图斯为执政官,及允除其司法官之职,而并未对之作其他伤害。后有一元老弗隆托(Fronto)提议对告密者发布赦免令,受害者对告密者之控诉始告一段落。据云其言辞中曾对涅尔瓦之弱点有著名词句:"元首制下如无一人能做任何事固属不良,但如每一人皆可做任何事则更坏"。

涅尔瓦不杀元老之誓,隐示叛逆法程序之废除。奴隶控其主人"不虔敬"(impiety)或"采用犹太人生活"等图密善时常常致罪之借口,皆加禁止。元老院虽以纪念图密善为有罪,而其所制法规,涅尔瓦并未完全废止。例如确认反对肉刑(mutilation)之法。图密善拒绝娶其侄女朱利娅时所认定之禁止叔侄通婚之原则,仍然使用。其所赠予之礼物(beneficia),亦受确认。

涅尔瓦时财政亦有困难,一如韦伯芗时,图密善晚年之暴政,部分由于财政不足之需。涅尔瓦不得不暂时停止罗马城之表演及粮食分配,指定元老会议考虑经济最好方法之问题,又牺牲大量皇帝产业,终于渡过经济危机。继之取消若

---

① 塔西佗,《阿格里可拉传》第3章:"吾人已将君主制与自由结合起来,此乃一度无法结合者。"(Res olim dissociabiles miscuerit, principatum ac libertatem.)

② 马尔提阿利斯,第11卷第5首第14行:Si Cato reddatur, Caesarianus erit。

干最不得人心之赋税,以纾民困,废除韦伯芗对犹太人所征,引起犹太人极端不满之赋税。将意大利支持境内帝国邮务(cursus publicus)之费用,改由帝库负担,此等赋税称差旅税(vehiculatio),行省仍须征收。更降低5%之继承税。①

自经济方面观之,涅尔瓦之短期统治为退化者,其特色为仅注重意大利之利益,实为元老院影响太大所致。元老院之理想为保持罗马与意大利之崇高地位,置行省于附属地位,与恺撒创始之提高行省地位之政策迥异。但意大利或为涅尔瓦以前诸帝过分忽略,此时应轮及意大利。意大利农业之衰落,为一严重灾难,图密善已注意及之,曾禁止以种谷物之地改为酿酒之用。涅尔瓦计划派遣农业殖民,但无足够金钱使此补救真正有效,曾购大批土地,指定四名元老处理分地之委员会(quatuorviri agro dividundo),负责分田,并由民会通过农业法(lex agraria)为真正之法律。涅尔瓦犹如克劳狄,恢复古老共和形式,系最后一次。

涅尔瓦又制定意大利之扶助机构(alimentary institutions),以帮助贫家儿童之教育。每一接受此一赠予之城市,立即设置一定数目之款项,借予地主,其每年利息,用以支持扶助机构。此一投资建立于土地之上,甚为安全,政府不将贷款收回,即可源源取用,此一慈善事业之控制权或交元老阶级城外道路官(curatores viarum)之手。继任诸帝对此政策更加彻底执行。

涅尔瓦在位期间甚短,极难执行公共建设工作,仅完成图密善开始之涅尔瓦广场(forum transitorium),连结和平神庙与奥古斯都广场,此一新广场以密涅瓦神庙为特点,即称涅尔瓦广场。

涅尔瓦统治之特色为其温和政策,甚至流于软弱,尝自谕不行有碍其退位后安全之法令,其宽大使元老院派不满。传说自流放中赦还之毛里库斯一夕与涅尔瓦共进晚餐,图密善时声名狼藉之"精明之维恩托"(the prudent Veiento)②亦坐于仅次于皇帝之贵宾席上,谈及最近逝世之瞎子告密者卡图路斯,涅尔瓦询

---

① 涅尔瓦亦将帝库与私人之诉讼交由司法官处理。
② 尤维纳尔《讽刺诗集》第4首第113行:Prudens Veiento。

以:"若彼仍在世,其命运将如何?",毛里库斯目视维恩托答以:"卡图路斯将与我等共进晚餐。"涅尔瓦虽温和,仍有反对之阴谋。三雄之克拉苏后人卡尔普尔尼乌斯·克拉苏(Calpurnius Crassus)之阴谋敉平后,未遭放逐于孤岛,而系至愉快之城塔伦图姆。图密善时禁卫队长之一埃利阿努斯(Casperius Aelianus),涅尔瓦时继续留任,煽动士兵要求对刺图密善之凶手处刑,获释奴帕尔特尼乌斯及另一队长佩特罗尼乌斯(Petronius Secundus)尤不能逍遥法外,尽管事件已逾一年以上。涅尔瓦自露其颈,要求代死,但仍受迫从埃利阿努斯之议(约于97年10月)。

此事以后,涅尔瓦体力不胜艰巨,管理兵士,乃效奥古斯都、加尔巴、韦伯芗之例,择一同僚,即准继承人。涅尔瓦自有其亲属,但略过其家人,为国选贤,经其顾问素拉(L. Licinius Sura)指导,政务择定上日耳曼省总督图拉真(M. Ulpius Trajanus),实为得人。图拉真为贝提卡省西斯帕里斯(Hispalis)紧邻城市意大利卡(Italica)之西班牙人。其父曾于犹太战争中立功,任亚细亚省长。生于公元52年①9月18日,自幼接受军事教育,任军事指挥官十年。习于战事,以后经由晋升体系(Cursus honorum),于85年获司法官职位。萨图尔尼努斯(Antonius Saturninus)叛变爆发时,受图密善之命,统率一西班牙第一辅助军团,赴上日耳曼省,未至而乱事已平。其应命之快速,获酬以91年之名年或常规之执政官(eponymous or ordinary consulship),实为殊荣,盖图密善常自任当年之第一执政官(first consul of the year)。以后受任命为上日耳曼总督。涅尔瓦致函邀其共治,解释本身困难,向折磨涅尔瓦者报复。图拉真或于文多尼萨,涅尔瓦信中曾有荷马诗句:"让达那奥斯人于汝之箭下偿还余之眼泪。"(May the Danai pay for my tears beneath thy shafts.)。涅尔瓦未及等候图拉真答复,立即完成认养仪式。是时潘诺尼亚军团方获对苏维人之胜利,罗马公民集于卡庇托山顶朱庇特神庙前庆祝。涅尔瓦当众宣布:"余收养图拉真,愿此证明对元老院、罗马人民及余

---

① 或53年,年份有疑问。

为幸运者。"图拉真自此成为涅尔瓦之养子,亦如涅尔瓦,成为恺撒。元老院继之以一诏令授图拉真以代行执政官权力。图拉真非仅成为统帅,亦如提图斯,同时获保民官权力,或系元老院同时提议保民官法,且于适当时间后提交民会。图拉真于97年10月27日升为副帝,其任保民官之年即自此日始。更因潘诺尼亚之胜利,涅尔瓦及图拉真皆获"日耳曼尼库斯"之名,预定于次年同为执政官。98年1月27日涅尔瓦逝世,其法令获确认,并列之于神祇;图拉真,"神圣之涅尔瓦之子",当然获选为元首与奥古斯都。

第二节　图拉真于莱茵河

图拉真即位后,罗马帝国历史又进入新页。此前,罗马皇帝皆为罗马人或意大利人,首位意大利之萨宾人韦伯芗高升为帝,已属新奇,与一省民升至罗马世界之首脑——罗马之主人相比,则仅为一小创新。图拉真以一西班牙人跻于帝位,全国并无异议,其出生地贝提卡之意大利卡甚至尚非一殖民地。吾人若记得奥古斯都曾对允许逾波河之意大利居民加入禁卫军而犹豫,则可见此一百余年中罗马人于行省之评价已大为提高。

图拉真为涅尔瓦认养时,并未返罗马,似继续担任上日耳曼总督,与其皇帝地位联合,一如提图斯之兼任禁卫军长,或因其代行执政官职权,或由涅尔瓦之特别命令,使其可超越本省,兼领下日耳曼省。其地位与当年之德鲁苏斯、提比略及日耳曼尼库斯有若干相似处,如此可解释涅尔瓦噩耗传来之时,图拉真不在上日耳曼省,而在下日耳曼省之科隆尼亚·阿格里皮嫩西斯(Colonia Agrippinensis,今科隆)。新帝并未立即返回罗马,若干时日以前布鲁克特里人内部不和,一酋长被逐,得邻近部落之助返乡,下日耳曼总督斯普林纳(Vestricius Spurinna)亦助其复位。此一布鲁克特里王胜利后,大批卡马维人(Chamavi)及安格里瓦里人居其境内,以保其地位安全。图拉真趁此辈内乱机会,加强莱茵河岸之防御工事,完成并改进弗拉维朝诸帝开始之工作。有将前述弗拉维朝所建"德库马特"防御工事与堡垒归功于图拉真者。① 无论如何,图拉真继续前人开始之工作。莱茵河右岸自摩根提阿库姆向南,越内克尔河(今海德堡附近)及阿块(Aquae,今 Baden)通向奥芬贝格(Offenberg)之道路,确为公元 100 年图拉真所建。阿块及同一地带之其他城市如内克尔河畔之苏美洛申纳(Sumelocenna,Rottenburg)及罗波杜努姆(Lopodunum,Ladenburg)等之繁荣亦自此时开始。② 又于莫努斯河畔,摩根提阿库姆不远处建一城堡,以图拉真为名,其址不详。于旧维特拉之低一哩处建一新堡垒,以后称之为"图拉真殖民地"(Colonia Trajana)③。图拉真于日耳曼省度过 98 年夏季后,于多瑙河过冬,为未来不可避免之达契亚战争预作准备,修筑多瑙河右岸提尔纳(Tierna,今奥尔索瓦[Orsova])附近之道路。塔西佗之《日耳曼尼亚志》(Germania)适时发表,使罗马人对条顿人之风俗习惯发生兴趣。塔西佗本人曾为日耳曼境一军团之副帅,或自 90—94 年为比尔吉卡总督,对日耳曼人有若干知识,对罗马未来在此方面将有大患之本能见识:"日耳曼人之自由较诸安息王国者更活跃。"(The liberty of the Germans is more active than the kingdom of the Arsacids.)鉴于过去罗马与条顿之关系,曾云:"日耳曼被征服之过程已结束。"(tam diu Germania vincitur.)。

《日耳曼尼亚志》包括对条顿人之一般叙述,并注意其特殊部落④。是时日耳曼人已较 120 年前恺撒所描述者文明大有进步,小区不复于境内迁徙不定,部落之每一小区皆有一永久性之村落及一部分耕地,其财富则主要仍为牲畜。地方组织亦有相当进步,一般皆以农为业,每一男子有一固定住宅,狩猎之爱好已减退,或因可猎野兽减少,战士和平时沉溺于饮酒及赌博。

---

① 通常称自洛尔希至米尔腾贝格间之防御工事为图拉真长城(Vallum Trajani)。
② 欧特罗皮乌斯(Eutropius)第 8 章第 2 节"修复"(Reparavit)。
③ 成为图拉真新成立第三十乌尔匹亚胜利军团之总部所在。
④ 以下塔西佗之解释,根据斯塔布斯主教《英格兰宪法史》第 2 章之说。

每一自由人自小区接受一块土地,每年更换。前此由小区或家庭所有,今由个别之自由人所有。由于废地甚多,耕地乃能每年更换,耕地仅种谷物。自由人无永久地产权,于小区土地上有永久共享权,对其住宅有完全所有权,对公有牧地亦有一部分权利。此等情况虽与恺撒及阿里奥维斯图斯(Ariovistus)时代有所不同,仍有许多社会形态保持不变,如仍无城市,建筑仍极简陋,注重贞操,衣着简单,对商业漠不关心。

社会阶级似有三种:(1)较富者,即拥有较多牲畜者,其牧地及耕地亦较大,每一块耕地虽大小相等,但一人或拥一块以上。(2)出身高贵者,如国王、受崇拜者或大酋长之后裔。凡属君主政体之部落,其王必选自贵族。"贵族"(nobiles)与"自由人"(ingenui)之特点或包含政治权利之平等。(3)包括贵族、自由人以外,如获释奴(freedmen)及奴隶(servi),皆无政治权利。奴隶有两种,一为因赌博失去自由者或为战俘,一为种田之人,与罗马之隶农(coloni)相似。种田者极为重要,或由该地被日耳曼部落征服之土著构成。此种隶农拥有自己之住宅,除不能背叛其主人或离弃其土地外,本人系属自由,如同中古之农奴(serf),须付一定数量之谷物、牲畜或布匹予其主人,平日生活并不甚苦,但主人可以杀之而不受处罚。

部落之行政操之于部落或城市(civitas)①,无论部落是否采用君主制。新月或满月时集会之人民会议(national assembly)行使其权力,所有自由人皆武装参加,座位并无差别。会议决定战和,选举法官,其本身亦为法庭,行政官(magistrates)②有权持一战友团(comitatus)。此种日耳曼人具有特色之制度为一勇士组织附属于一首领,首领供给其武装,并招待之。战时各战士为其作战,并须保卫其人,战功亦归之。其主要任务为作战,首领之地位及声望主要决定于其"伙伴"(companions)数目之多少。首领每人单独活动,平时各于其本人之地

---

① 塔西佗视部落城市(civitas of the tribe)为一政治结构。
② 塔西佗称之为首领(principes)。

区,但战时皆服从由一般会议(common council)选出之领导。拥有王族之部落,王权有限,其荣誉特权之意义超过政治权力。

部落军队包括骑兵及步兵。骑兵由首领之战友团组成,步兵有两种。每区(pagus)派一百名挑选之战士,作战时在前方,其旁为大量之自由人,以家庭为单位排列。

公元99年初,图拉真自多瑙河返罗马,罗马人由衷热烈欢迎,第三次任执政官,重申前此已由书面不处元老死刑之保证,对此誓言经常尊重。图拉真自元老获得"国父"头衔,处罚禁卫军之叛变者,以为涅尔瓦复仇,对其于军中威权极有信心,减军士赏金之半,而兵士毫无怨言。于交付禁卫军长匕首为其任职之标志时,曾有著名词句:"如予称职,用此赞助予;如不称职,用此反对予。"(Use this for me, if I do well; against me, if I do ill.)图拉真以谦逊态度协和诸元老,其妻普洛提娜(Plotina)亦谦和有礼,据云进入皇宫时曾转向民众云,若命运需其离去时,将如此时之完全平静泰然。图拉真处罚涅尔瓦所宽赦之告密者时,一般皆感满意,若干告密者遭处死刑,其他则遭放逐。

图拉真于罗马仅停留两年,即往处理图密善所未能解决之达契亚问题。其于此二年间之行政及立法工作,将于下章叙述。

第三节 第一次达契亚战争(101—102)

图拉真在与达契亚国王德切巴鲁斯作战时,并未想及扩张帝国之疆土,此区之自然疆界为多瑙河,正如东方之为幼发拉底河。图拉真之目的为阻止边疆以外强大敌对势力之巩固,欲将达契亚王国收为罗马属邦,如同亚美尼亚。当图密善将王冠置于迪吉斯之头上时,德切巴鲁斯形式上已承认图密善为其宗主,但图密善于一定时间所遗之丰富馈赠如同贡赋,对以世界主人自居之罗马形同侮辱,图拉真乃决定挫其骄气,使其就范。

101年3月25日,图拉真于罗马祭祀预祝远征胜利,同日或不久之后,即向多瑙河流域出发。除了伊利里亚驻防之八军团①,又率自下日耳曼省调来之第二十一饕餮军团②参加战争。全军总数约为六万人,日耳曼人及毛里塔尼亚人骑兵(后者由奎埃图斯[Lusius Quietus]统率)于此次征伐中扮演重要角色。禁卫军长李维阿努斯(Tiberius Claudius Livianus)及默西亚总督马克西姆斯(M. Laberius Maximus)为军官中之最杰出者。图拉真亲自指挥全局,其外孙甥女萨比娜(Julia Sabina)之夫哈德良亦为帝国会议(imperial comites)中一员。

罗马攻击目标为达契亚之主要城市萨尔米泽格图萨。达契亚以前之首都为西北方之波罗利苏姆(Porolissum),或于德切巴鲁斯时改为萨尔米泽格图萨。布雷比斯塔斯之政策③为西向,德切巴鲁斯则为南向。罗马人对潘诺尼亚之完全占领,或与达契亚之政策改变有关。德切巴鲁斯之选择极为适当,萨尔米泽格图萨(匈牙利今称之为Várhely,斯拉夫人称之为Gredistye)与达契亚其他部分交通便利,且易于防守。该地以斯特利吉(Sztrigy)河谷与马里苏斯(Marisus [Maros])河北方地区相连,西方之铁门关(pass of the Iron Gate)通向一河之河谷,其古名不详,今称比斯特拉(Bisztra)河与提比斯库斯(Tibiscus,即特美斯[Temes]),经过弗尔坎关(Vulkan Pass)或由红塔(Red Tower)山道,可达多瑙河下游平原。图拉真有三路可通:(1)于维米纳休姆(Viminacium)逾多瑙河,其对面之多瑙河左岸为达契亚勒德拉塔堡(Lederata),自勒德拉塔一路向北穿过巴尔萨瓦(Barsava)至提比斯库斯河谷,由此河谷而上,东向至其支流比斯特拉河谷而达铁门关。(2)沿河而下萨利阿提斯(Saliatis)之罗马堡垒,对岸达契亚方面为提尔纳,有路经美迪亚姆(Ad Mediam, Mehadia)至特美斯河与比斯特拉河交流处。(3)自德罗卑泰(Drobetae,埃格塔[Egeta]对岸,今土尔努塞维林

---

① 潘诺尼亚者为第十三合组、第十四合组、第十五阿波罗军团,默西亚者为第一意大利、第二辅助、第四弗拉维、第五马其顿、第七克劳狄军团。
② 下日耳曼省则由图拉真新组成之军团代替,军团总数已为三十,故名第三十乌尔匹亚军团。
③ 见上第二十二章第三节。

第二十三章 涅尔瓦与图拉真、达契亚之征服

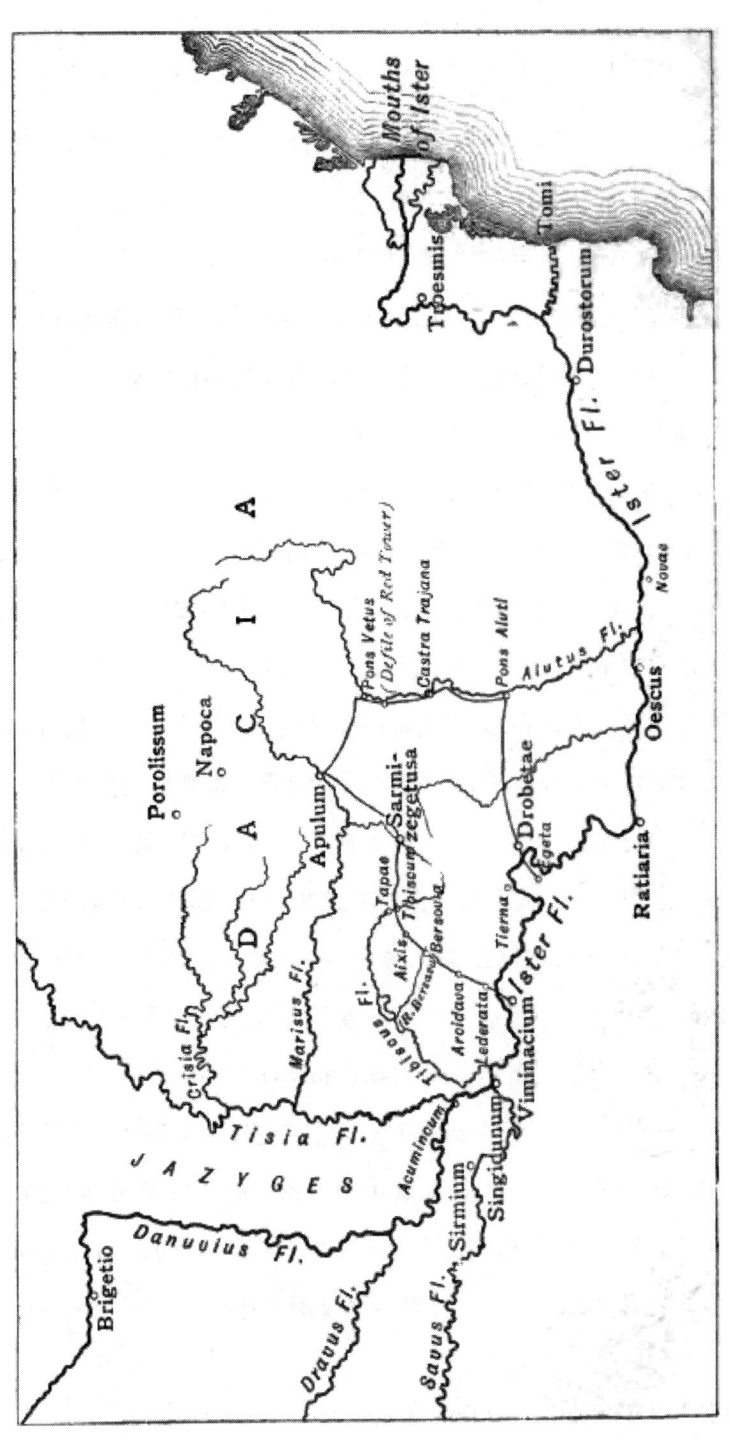

图拉真达契亚战争地图

[Turnu Severin]附近)经阿鲁图斯(Alutus)山谷及红塔关。图拉真选择第一路线,自威米纳休姆出发,有两优点。一为与潘诺尼亚及默西亚距离相等,便于军队会合,其强固之防御工事为前进部队之良好后方基地,一为较其他出发点距意大利为近。

运输船只来往频繁,载运谷物、酒、醋及其他供应物品至军队集中之地。来自默西亚之船只需通过多瑙河之铁门。此地之河流邻近奥尔索瓦,西边岩壁高耸,突出水面最窄处,河水几难流通,岩壁上有图拉真勒铭记载其如何克服山河险阻,凿出道路①。此二道路为拖拉供应船只之用。

图拉真于威米纳休姆以船只搭一浮桥运送军队,于河之对岸,举行祭神典礼。军队沿贝尔索维亚(Bersovia,于今贝尔萨瓦[Bersava]河畔)及更北方河畔之埃希斯(Aixis)。罗马军接近提比斯库斯河时,一苏维部落布里人(Buri)遣使来谒,此辈居住亚兹格人以北,夸迪人附近。于一巨大香蕈上刻其来书,劝图拉真放弃征伐,与达契亚人言和,此举实属傲慢无礼。布里人于德切巴鲁斯军中作战。图拉真行军时,事事小心,加强军营防御,派遣侦察哨探测前途情况。敌人退至后方,道路通行无阻,罗马军抵达提比斯库斯河畔之塔佩,该地据比斯特拉河谷入口,发现达契亚人于此河与布满林木之山间据地固守,此地13年前尤利安曾获大捷。是时雷雨大作,敌人阵容紊乱,第一次接战中双方步兵似为交战主角,罗马军团虽胜,但损失惨重。第二十一饕餮军团几乎全军覆没,图拉真以所御袍服为兵士裹伤,为阵亡者建一马内斯(Manes)②圣坛,每年祭祀以纪念之。

距塔佩不远处为提比斯库姆(Tibiscum)城,罗马夺获,纵火焚之。军队又沿比斯特拉河谷前进,德切巴鲁斯遣使求和,其中三人骑无鞍之马,民众步行随之,皆属下层阶级,并无贵族(罗马人称其贵族为 pileati 或 men of the cap)。图拉真拒其所请,但战事因冬季来临,不久停止,罗马军仅深入比斯特拉河谷之半。图拉真

---

① "穿山越河,铺设道路"(Montis et fluvius anfractibus superatis viam patefecit)。

② 阴间诸神。

第二十三章 涅尔瓦与图拉真、达契亚之征服

与其大部分军队返潘诺尼亚过冬,但所有占据之堡垒皆留驻军严加防守。

次年春(102 年),图拉真率军舟行至维米纳休姆,皇帝亲自摇桨或与水手共同操舟,循去年旧路前进,发现所有据点俱安然无恙。两次小接触,罗马军均获胜,达契亚一部落投降。继续往达契亚首都前进,道路多艰,军士挥斧于林中砍出道路,更常有深沟及断壁悬崖等险阻。罗马军渐入达契亚腹心地带,达契亚人之抵抗亦渐趋活跃。达契亚人相信灵魂永生,乃不惜一死,异常勇敢,萨尔马提亚骑马射箭手及骑兵前来增援,其人及马全身披甲,俱见于图拉真纪功柱上。由达契亚妇女以火烙罗马俘虏身体之折磨,可见战况之烈。于图拉真攻击之前,罗马军终于攻陷通往萨尔米泽格图萨之最后一堡垒,同时其部将马克西姆斯于另一城市俘获德切巴鲁斯之妹。罗马军攻陷某些高山要塞,亦收回图密善之将军弗斯库斯所失之鹰旗。德切巴鲁斯再度求和,其所遣使者为贵族,措辞亦更谦卑,向图拉真屈膝,请求饶恕,并请同意与其王会晤,宣称其王将以任何条件投降,如不获允,至少请派人至德切巴鲁斯处。图拉真派友人素拉及长官利维阿努斯前往,但谈判无结果,战事又起。罗马军与达契亚京城间仍有一带树林阻隔,奎埃图斯所率领之毛里塔尼亚骑兵攻击敌人数个支队,将之逐入林中深处,此辈以树为栅,如一般堡垒,猛攻始破。道路既开,罗马主力军乃穿林而至萨尔米泽格图萨城下。达契亚人不待围城即出战,遭罗马军征服,为保其首都免遭摧毁,德切巴鲁斯率两主要官员谒帝请求赦免,愿以任何条件投降。图拉真令其交出所有军事机械、罗马逋逃以及图密善供其使用之工匠,更交出所有堡垒。达契亚成为罗马属邦,其王不得罗马同意,不能任意宣战或议和。

图拉真于达契亚京城及若干堡垒留军驻防后返回罗马,向元老院正式投降之达契亚代表随行,直至元老院认可后,和议始克完成。此次战争期间,尊图拉真为统帅三次,一次于第一次征伐塔佩战役之后,两次于第二次征伐之中。元老院颁布其"达契库斯"(Dacicus)头衔,并为次年之预选执政官。自大量战利品中,分配赏赐(congiarium)予民众。

第四节　第二次达契亚战争(105—106)

德切巴鲁斯无意履行条约,仅以之作为准备下次战争之喘息机会,结果由"联盟"(federation)降为罗马之直接属地。图拉真闻悉德切巴鲁斯食言,仍然接受逋逃,建筑及修缮堡垒,收集作战工具,并与邻近部落进行可疑之商谈,乃决定推翻德切巴鲁斯,将达契亚改为行省,放弃前此不增加疆土之传统政策。或讥之为军事野心太大,实则情况所迫,只得如此,否则第一次战争时,即可将之改为行省。

公元104年,元老院诏告德切巴鲁斯为罗马人民之敌人,图拉真赴默西亚准备次年进攻达契亚。路线与前次出征时不同,自埃格塔出发,于该处建一永久性石桥于多瑙河上①,建筑师为阿波罗多鲁斯(Apollodorus of Damascus)。桥柱之砖台已发现,显示第十三军团兵士参与其工作。此一永久性桥梁之建筑即可见图拉真决心使达契亚成为帝国之一行省,集合之军队亦较第一次为多。伊利里亚八军团外,又自两日耳曼省调来四军团②。德切巴鲁斯方面亦充分准备,尤重堡垒之修建,堡垒于此次战争中似较前次更为重要。德切巴鲁斯似对己方抵抗力量不能充分信赖,又唆使二背叛者趁图拉真仍在默西亚时下毒谋害之。一叛徒因被疑而遭逮捕刑求,供出同谋,事机乃败露,为此一达契亚英雄添一污点。

图拉真自德罗卑泰可能由两路线之一赴达契亚京城,最短路线为经由弗尔坎关,但图拉真并不以快捷方式为最适宜,否则将如上次之自威米纳休姆往比斯特拉河谷。其目的似在切断敌人退往达契亚东部地区之路线,乃经由红塔,自德罗卑泰东行,于阿鲁提桥(Pons Aluti)抵阿鲁图斯河,但未渡河而沿其右岸之河

---

① 建桥处于今土尔努塞维林。
② 下日耳曼省第一密涅瓦、第十合组军团,上日耳曼省第一辅助、第十一克劳狄军团。

谷而上。行程中,达契亚及亚兹格人若干部落遣人求降。行军、达契亚人发生抵抗之地点,以及抵达契亚京城时所需时间等细节,皆难确知。红塔山道无疑坚守,仅知图拉真部下隆吉努斯(Cassius Longinus)之壮烈事迹。隆吉努斯为一营地长官,陷德切巴鲁斯手中,为其囚禁。德切巴鲁斯派人告图拉真以释放此人为条件请图拉真退兵,并补偿其战争费用。图拉真珍惜隆吉努斯生命,未直接拒绝,但隆吉努斯服毒自杀以解除其统帅之为难。

罗马军行动缓慢而确实,最后(或于 106 年)自东而抵达契亚京城,围之。接战后,达契亚败,德切巴鲁斯令其部下纵火焚城,达契亚若干贵族认为进一步抵抗无用,不愿被俘,乃集合饮宴,服下毒酒,大部分平民向罗马人投降。德切巴鲁斯率少数忠实部下逃走,罗马军追击,经搏斗后,德切巴鲁斯饮剑自刎,其首级被带给图拉真,送至罗马。其部下抵抗到底,罗马军焚其据守之堡垒,皆被俘。图拉真第六次获致敬为统帅。

107 年底,图拉真组织新省安排已毕,返罗马,庆功节庆持续 123 日,一万角斗士表演,人民接受赏赐,皇帝于开疆拓土之余,又扩充城界。

图拉真纪功柱为达契亚战争之大纪念碑,由元老院建于新图拉真广场,矗立至今。柱高百英尺,环以薄浮雕,纪两次战事,形同画册,但大部分图画并无文字说明。图拉真征服达契亚,如恺撒征服高卢,撰有战记,图拉真亦曾写《战记》(*Commentaries*)纪其事,惜已失传,实为历史上之重大损失。除较晚之简单摘要(epitome)①外,更无其他记载。图拉真纪功柱实为唯一具体之说明,更见其重要性,其价值一如拜约织毯(Bayeux Tapestry)有助史家了解诺曼人征服英格兰之故事。但年代、地理、战争全貌及一切细节均无所知,柱上图画仅记图拉真亲身参与者,其价值于人种学上实胜于历史上者。达契亚人蓄长发、着宽松裤及长袖短上衣,在其龙旗之下作战等情况,皆清晰可见。萨尔马提亚弓箭手全身披甲于马背上、行军、作战及围城等情况皆跃然石上。罗马兵士随其掌旗者于威米纳休

---

① 希费林之狄翁·卡西乌斯节本(Xiphilin's abridgment of Dion Cassius)。

姆通过浮桥,多瑙河河神自床上起身观看,图拉真于营前祭祀、砍树、建营、造桥、对军士训话,全都展现。达契亚间谍头发被揪,拖至皇帝之前,军士向皇帝呈献所斩敌人之血淋淋头颅、达契亚人负伤入林。建于湖上木桩之村落被焚、妇孺请求宽赦、蛮人之尖顶圆屋、对勇敢战士之颁奖、达契亚妇女对罗马俘虏施以酷刑,皆历历在目。于第二次战争中,有德切巴鲁斯入京城之景象,其宫殿及庙宇(或为札尔摩西斯[Zalmoxis]神殿)、达契亚诸首领面对焚城坐成圆圈,举碗服毒、德切巴鲁斯之首级置于盘中呈于图拉真之前等景象,栩栩如生。浮雕呈带状盘旋柱上,柱顶为图拉真之巨像。

第五节　达契亚之行省组织

达契亚于一重要方面与帝国其他行省有别。其三面皆为外族所居,犹如伸出于野蛮世界中之一文明半岛。多瑙河与泰斯河间地为亚兹格人所居,从未属于罗马帝国,达契亚因之与潘诺尼亚隔开。事实上,达契亚属于多瑙河自然边界以外之一"离心地位"(eccentric position)。一般认为图拉真占领达契亚为一政治上之错误,或许其过在于未能更进一步开疆扩土,为完成莱茵至普鲁特或涅斯特河间一连续边界,似须合并亚兹格。达契亚省东面并未达到普鲁特,仅包括特兰斯瓦尼亚(Transylvania)、巴纳特,及西瓦拉奇亚(West Wallachia)。东瓦拉奇亚及摩达维亚并无罗马文化遗迹,虽于罗马势力影响之内,却不属于该省。普鲁特及涅斯特间之堡垒遗迹已于今之比萨拉比亚发现,但并不意味达契亚省直延伸至此地。

达契亚土著于战争中伤亡惨重,存留之大多数为图拉真所驱逐,或至阿鲁图斯河以外之东部地区,纪功柱上有一自其家乡逃亡之景象。仅极少数获允留居特兰斯瓦尼亚,但受孤立,逐渐消失。其地为来自罗马世界各地之殖民者所居,尤以来自小亚细亚者为多,故达契亚省并非一个族群。长于开矿之达尔马提亚人于北方地区定居,以便开采高价值之金矿,采金或即为图拉真征服该地之重要动机。该省金矿收入,非唯可供省内之用,且可缴纳帝库。该省由一司法官级之总督统治,第一任为斯考里阿努斯(D. Terentius Scaurianus),为萨尔米泽格图萨殖民地之建立者(以[Ulpia Trajana]乌尔匹亚·图拉真为名)。但更北方之阿普路姆(Apulum)则较德切巴鲁斯之首都更为重要(即今 Karlsburg),阿普路姆为该省道路系统之中心。两城之外,北方之纳波卡(Napoca)及多瑙河畔之提尔纳皆获意大利公民权(ius Italicum)。

图拉真或留二军团于新建之达契亚省①。此后默西亚及潘诺尼亚共驻八军团,防卫力量较前更强。达契亚战争重要影响之一为欧洲防御中心由莱茵河移至多瑙河,自上、下日耳曼省调来之军队除第一密涅瓦军团外,均未遣返,留于伊利里亚诸省内。图拉真一如图密善将默西亚分为上、下两省,亦将潘诺尼亚分为上、下二省,各由一总督统治。图拉真于下潘诺尼亚泰斯河及多瑙河交流处之阿库民库姆(Acumincum)置一军事站,以控制亚兹格人。与图拉真重组此诸省有关者,为建立一些新城市,如马尔奇阿诺波利斯(Marcianopolis,以其姊马尔奇亚娜[Marciana]为名)及多瑙河畔之尼可波利斯等。诸多旧城亦加扩大或改进,如潘诺尼亚之波托沃、拉蒂亚里亚(Ratiaria, Widdin 附近)、瑟迪卡(Serdica,今 Sofia)、伊斯库斯(Oescus)等。下默西亚之军事站固定于诺维(Novae)及杜罗斯托鲁姆(Durostorum, Silistria)。多瑙河口之多布鲁加(Dobrudza)地带似为图拉真排除于省区之外,哈德良时始归入省内。自多瑙河向东自杜罗斯托鲁姆以下至托米附近海岸建造三层系统之土石防御工事遗迹,已被发现,有理由视之为图拉真所造。

达契亚征服以后,叛服无常之色雷斯人以无北方同族煽动而趋于安定。②

---

① 或三军团。第十三合组军团确驻于达契亚之阿普路姆。
② 或即马尔提阿利斯言及色雷斯族之奥德里西亚人(Odrysians),与92年图密善之萨尔马提亚战争有关。马尔提阿利斯,第7卷第8首第2行"战胜奥德里西亚人,吾人之神重返"(Victor ab Odrysio redditur orbs deus)。

此后,图拉真以色雷斯为属于默西亚之一代行财政官级之省(procuratorial province),默西亚则为第一等级由皇帝所派代行司法官级总督(legatus Augusti propraetor)统治之省。

第六节　阿拉伯省

图拉真将达契亚由属邦改为行省之时,叙利亚总督帕尔马(Cornelius Palma)亦将古老之纳巴泰人(Nabateans)属邦收归罗马直接统治。纳巴泰王马尔喀斯(Malchus)曾于犹太战争中支持韦伯芗,其子达贝尔(Dabel)继位。图拉真无疑基于商业上之原因而引进改变,执行成功但曾遭阿拉伯人反抗,故视帕尔马为"阿拉伯之征服者"。放弃前为纳巴泰王所有之附近地区,大马士革并入叙利亚省,其余前属王国之地改为一皇帝行省,由皇帝所派代行司法官级之总督统治,于波斯特拉驻一军团。该省常以重要城市佩特拉关系①,称为佩特拉阿拉伯(Arabia Petraea),境内有军事站防卫。自大马士革至帕米拉(Palmyra)之道路由一连串堡垒防卫,希腊文明于罗马直接统治及长期军事力量确保和平之下,开始渗入沙漠边缘地带。此前以犹太人反对之影响,拒绝希腊化,终于稍有作为;图拉真之创新开启一个新时代。

在纳巴泰王国境内,未发现在图拉真以前之希腊纪念性建筑,而于图拉真之后,亦无土著文字之铭刻。此新波斯特拉之商

图拉真纪功柱上之人物

---

① 见上第七章第三节。

第二十三章　涅尔瓦与图拉真、达契亚之征服

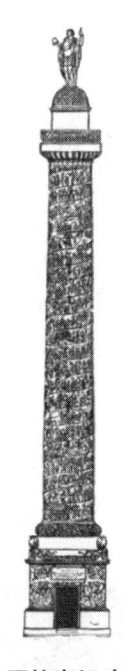

图拉真纪功柱

业重要性，始自图拉真时成为罗马行省之中心以后，其优良地位使之成为叙利亚沙漠、阿拉伯高原及波斯之巨大市场，大马士革之竞争对手。于罗马统治下，此地之建筑如雨后春笋，快速成长。新城市兴起，城内建筑有整齐之系统设计，王宫、神庙、剧场、浴场、水道及凯旋门等点缀其间。由于缺乏木材，建筑发展出若干特色，尤以对石拱及圆顶之处理，于帝国时期希腊建筑上自成一格。

　　此前数年，另一属邦亦不存在。公元100年，阿格里帕二世逝世，希律王国最后遗留部分并入叙利亚省。叙利亚由于此次扩大及以后大马士革之并入，其省之范围于图拉真时代臻于最大，其总督对次要之犹太省有控制权，统治范围甚大。

第二十四章　图拉真时期之元首制（续）、东方之征服与行政

第一节　图拉真之行政　罗马与意大利

图拉真为罗马最伟大皇帝之一，风格独具，大胆创始一新对外政策，但其继位者不再继续遵循，致无由发挥其效用，达契亚省于不到两世纪后已不复为罗马所有。图拉真主要为一军人，其积极进取之政策实由于此。其军事努力极为成功，但流传之资料不足以判断其战略是否独创。图拉真身心俱强健，了解事物清晰，彻底现实，对文学欣赏趣味不高，并不反对娱乐，但不沉溺其中，而贻害他人。态度和蔼，人缘极佳，

图拉真

待兵士如伙伴。其主要缺点为爱好虚荣，常喜以本人或家人之名名某地，并使其妻普洛提娜、姊马尔奇亚娜及女马提底娅（Matidia）皆获奥古斯塔头衔。图拉真仪表高贵不凡，身材魁梧，五官端正，弯鼻，额宽而低，发密而直。公元100年①，元老院赋予"最优"（Optimus）之名，是为皇帝获此特别称呼之第一人，但图

---

① 或许更早，至迟于100年9月以前。

第二十四章 图拉真时期之元首制(续)、东方之征服与行政

拉真直至114年始以之为头衔之一。

图拉真对元老之言谈态度皆极谦恭,尽量保持元老院独立自主之形象,仿佛于共和时期,宣称其本人仅为"元首"(princeps),而非如图密善之以"君主"(dominus)自居。普林尼曾谓:"尔欲我等自由,我等即将自由。"①对不杀害元老之誓言忠实遵守,其友素拉被秘密控以谋反罪时,图拉真以素拉之医生为其目涂油,并令其理发师为己剃须,次日谓:"吾友若谋吾命,昨日即可得计矣。"曾受涅尔瓦宽恕之克拉苏阴谋不利于图拉真,遭其元老院同僚处死,并非帝命。但对元老除表面恭敬,普获赞美并消融敌意之外,却极力避免恢复元老院任何实权,仍保持实质上之专制及名义上之与元老院共治。对于表现共和制度之感情并不反对,任由特拉塞亚(Thrasea)及赫尔维狄乌斯(Helvidius)之附和者沉醉于对布鲁图斯及卡西乌斯无伤之英雄崇拜。普林尼等人公开承认于一人独裁统治下,但此人之专制实为公共福利。

是故图拉真之政策与韦伯芗相似,而较之更为谦逊宽容,其专制原则有下列二点:(1)虽未如图密善终身兼任监察官,但其所为更不合宪法,图拉真任命新贵族,完全不用审查,等于以监察官之权为皇帝特权之一部分。(2)对意大利城市、皇帝行省之自由城市及元老院所属之城市,皆加以控制,此三类城市原不受皇帝干涉。图拉真指派一"国家督察官"(curator reipublicae)管理之②,实为进一步集中大权之表示。督察官属骑士或元老阶级,自邻近小区中择人任之。图拉真对一般市政加以管理,尤对公共建筑及市镇地租登记册(town rent-roll)加以控制。过去若干此等地区常有财政管理不善之事,尤以元老院所属省份之城市为最,故皇帝之干预实为改善之道,但影响所及,却提高皇权并促成全国各城市一致之趋势,对意大利之控制使帝国发祥地与其他属地地位相等,皇室官员之干预亦大大损失此等地区过去所享受之特权。

---

① 《颂辞》,第56篇:Jubes esse liberos;erimus。
② 管理城市小区者以此称之,对区(districts)或省(provinces)则通称之为"纠察官"(corrector)。

其他行政一仍旧贯,并无特别之趋向,仅针对各种问题之需要加以解决。其立法亦有若干优良改进,克劳狄常亲自于罗马法庭发表其一己之判断,并亲自审理上诉至皇室法庭之案件,其温和及公平之精神表现于"宁纵勿枉"。对于财政管理谨慎而有效,虽有若干战事及公共建设之巨大费用,却未加税。相反地,于若干案例中还减轻继承税(vicesima hereditatum)。图拉真发表公共支出预算之账目,为孚众望之措施,亦见政治动向,显示较以前诸帝之管理大为改善,又设特别法庭处理财政诉讼。

图拉真处理财务成功之秘诀,部分在于宫廷之节俭,大部分则为达契亚建省所增之赋税及其丰富矿产。其弊政曾受严厉谴责,其继续以前诸帝予罗马平民以赏赐(congiaria)之实施,至于奢侈程度。公元99年,第一次赏赐或与涅尔瓦时每人75狄纳尔(denarii,小银币,2磅10先令)相当。于每次达契亚战后,第二次及第三次赏赐高至每人650狄纳尔。此浪费慈善之例一开,成为后继诸帝之沉重负担。

帝国一般趋势为改善奴隶情况,图拉真则反其道而行,立法使奴隶之纪律加强。现行法律如一主人遭刺杀,所有奴隶皆须处死,图拉真之新规定,非唯主人身后释放之获释奴须受刑,即使主人在世时已获自由,拥有完全或部分公民权者,亦受拷问。又颁发诏令,曾自皇帝处获罗马公民权之获释奴或奴隶不为其保护人或主人所知者,拥有自由处分其财产之权,但死时则当视之为仅具拉丁公民权,其财产可归其保护人所有。

图拉真效法涅尔瓦,对意大利之利益特加注意。由于多瑙河外之蛮族随时可能入侵意大利,政治家觉悟意大利人口增加及农业振兴之重要性。图拉真采四种方法拯救意大利:(1)推广并改进涅尔瓦所建立之扶助机构。① 此政策直

---

① 图拉真时两碑刻对此有记载,一为101年之里古雷斯·贝比阿尼碑(tabula of the Ligures Baebiani),一为103年以后之维雷亚碑(tabula of the Veleia)。后者云以1 044 000塞斯特斯相当于8 300镑以上,为46笔不动产之押款,其总价值在13 000 000塞斯特斯以上,相当于104 000镑。利息为5%,以每一男孩每月16塞斯特斯,补助245人;每一女孩每月12塞斯特斯,补助31人;另有每月12及10塞斯特斯补助私生男女孩。

第二十四章 图拉真时期之元首制(续)、东方之征服与行政

接鼓励结婚生子。(2)国家以低利贷款进一步鼓励小地主。(3)恢复提比略之制,每一省民充任元老时,须将其财产之1/3投资于意大利之土地。(4)规定意大利人不得参与新殖民地之建立,以阻止意大利人口外流。此等对意大利政策,以行省须对维持发祥地有贡献为原则,此一原则当时虽未引起争论,却显然不公正,因保卫行省之战士不再征自意大利。但于另一方面,督察官之设置却又剥夺意大利之政治特权。

图拉真关心意大利水陆交通之改善,恢复奥斯提亚港口及西岸之肯图姆切拉(Centumcellae,今 Città Vecchia)港口,并扩大东岸之安科纳。于奥斯提亚开凿一极大之六角形盆地,由两小盆地与克劳狄港相连,今仍称之为图拉真湖。此新港环以码头及仓库建筑①。图拉真于拉提乌姆(Latium)沿海筑路通过朋廷沼泽地(Pomptine Marshes),将自贝内文图姆直接通至布伦杜西乌姆之骡道改为正规道路,称图拉真大道。于罗马城则修缮马尔奇亚水道(Aqua Marcia)及新阿尼奥水道(Anio Novus)以改进供水。在逾台伯河区(Transtiberine Quarter)建造图拉真水道以利当地居民,其水源为萨巴提努斯湖(Lacus Sabatinus,今 Bracciano 湖),至今犹能使用,称保拉水泉(Aqua Paola)。图拉真又建两公共浴场,一为提图斯浴场附近之图拉真浴场拟供妇女之用,一为素拉浴场(Thermae Surianae),以纪念其友素拉。又于意大利及罗马重新组织面包业公会,以较低价格供应面包。图拉真一向公开反对商社(Collegia)及协会(Corporations),此举显然为相当大之让步。重订接受谷物者之名单,将五千贫童列入。

图拉真所建之新广场为后人认为罗马最著名景点之一,位于卡庇托林及撲里纳尔丘之间狭窄山谷中,开凿一山岩突出处而成,连结其他广场及马尔斯广场,为奥古斯都广场之北面延伸,由修建土尔努塞维林多瑙河桥梁之著名建筑师

---

① 尤维纳尔《讽刺诗集》第12首第75行曾提及此新港:"船只终于经过托斯坎灯塔,进入奥古斯都港使海浪平静之防波堤,离开意大利海岸之军队,散开并相遇于海上。"(Tandem intrat positas inclusa per aequora moles, Tyrrhenamque pharon porrectaque brachia rursum, Quae pelago occurrunt medio longeque relinquunt Italiam.)

阿波罗多鲁斯设计。东西两端凿山而成半圆形,前有直线形柱廊环绕,空地中央为皇帝骑马之像,南端有华丽之入口,北端为乌尔匹亚会堂(Basilica Ulpiana)之巨大建筑,后面较小地方之中央为图拉真纪功柱。两面各有一图书馆,一藏拉丁文,一藏希腊文书籍。前面之空间为一庙宇,于图拉真去世后完成,由继任皇帝献之于图拉真。

第二节 行省之行政:普林尼与图拉真之通信

图拉真即位之初,发生之马里乌斯·普里斯库斯(Marius Priscus)及克拉西库斯(Caecilius Classicus)事件,充分反映元老院治下省长之腐化。马里乌斯为阿非利加省长,99年为省民控告,由普林尼及史家塔西佗起诉。次年,全案移送元老院,图拉真以执政官身份主持审判,证明马里乌斯确曾向省民榨取[①]。马里乌斯曾以受贿30万塞斯特斯,放逐一骑士,并处其友七人死刑;又以贿款70万塞斯特斯,将另一骑士鞭笞,送往矿场劳动,最后处以绞刑。法庭判决将70万塞斯特斯收归国库,放逐马里乌斯于意大利境外。尤维纳尔认为处罚太轻,不足补偿该省所受之痛苦[②]。此后不久,普林尼应当地居民之请,将贝提卡前任省长克拉西库斯起诉。其罪状属实,但于受审前死亡。

图拉真在位之时,除广建新路及设国家督察官干预自由城市事务,并派遣特使至元老院治下之行省外,对行省事务并无重大改变;派马克西姆斯(Sextus Quintilius Maximus)往亚该亚,或为监督希腊自由城市之事务。图拉真对此政策并无一贯目的,仅于情况需要之时加以干预。比提尼亚于元老院省长无能之统

[①] 尤维纳尔,第8首第120行"最近剥削非洲人"(Cum tenues nuper discinxerit Afros)。
[②] 尤维纳尔,第1首第49行:"被放逐之马里乌斯,由当日第八时起痛饮,陶醉于上天之愤怒中,而汝,可怜之行省,赢得汝之事业并哭泣。"(Exul ab octava Marius bibit et fruitur Dis Iratis, at tu victrix provincial, ploras.)

治下,曾暂时改归皇帝统治,痛苦情况得以减轻。图拉真或以潘菲利亚与之交换,弥补元老院之损失,派普林尼为代行司法官级之总督,恢复风纪败坏省份之秩序。省民控告贪污腐化之省长,审判程序进行缓慢,财政陷于紊乱,公共建筑停顿,不能竣工,社会生活完全瘫痪。普林尼对地方行政毫无经验,事事请示皇帝,其来往信札留存至今,显示图拉真并未采纳普林尼建议订定一通用规则,凡事视当地习俗分别使用不同方式处理,故对比提尼亚细小之事亲自过问,对其他省份未必如此。相反地,对于省长似乎畀予更大责任,比提尼亚仅为一特殊例外。当时情况证明皇帝治下省份远胜于元老院治下诸省。

图拉真时期留下史料不多,普林尼之信札因之弥足珍贵,信中显示图拉真之判断切合实际,普林尼极少能够便宜行事①,以下诸事可见之:

(1) 皇帝对公共工程之权威

普林尼:普鲁萨之公共浴场年久败坏,经费现成,可否新建?

图拉真:若负担不重,无需另加特别税,则可许之。

普林尼:西诺普缺水,已于16哩外寻获水质良好水量丰富之泉,但引水道需经过1哩土质松软不稳之地面,所需款项易筹,余仅需陛下许可。

图拉真:可建此水道,但须先勘察此可疑位置能否承受,以及费用是否超过该城所能负担。

普林尼:尼可美底亚曾费3百万塞斯特斯(2.4万镑)以上于一水道,另一水道费2百万(1.6万镑),并皆荒废。目前有办法建造第三条可用者,请派人察勘或派建筑师监造。

图拉真:应供尼可美底亚用水,但须查究何人应对此等金钱之浪费负责。

普林尼:尼西亚曾费1 000万塞斯特斯(8万镑)建剧场,目前濒于倾塌,另费巨赀修建体育馆已遭焚毁,目前正在重建。克劳狄城(Claudiopolis)②之人正

---

① 本摘要之标题及形式之选择,借自迪吕伊之《罗马史》,但作许多修改及更正。
② 马里安度尼人之地区,于比提尼亚之一内陆城镇。

于山脚以皇帝指派之市元老(decurions)所付加入市元老院之费挖掘一公共浴场。① 请派一建筑师对上述工程提出意见。

图拉真:汝既在当地,可自行决定,余将自罗马派建筑师赴希腊。汝请自行找人。

普林尼:阿玛斯特里斯(Amastris)受污秽水道传染疾病,应予遮盖,如获允许,所需款项已经具备。

图拉真:将此有传染性之水道遮盖。

普林尼:尼可美底亚边境有一大湖(城东约10哩之索封湖[Lake Sophon]),如开运河与海相连,极为有利,请派一工程师来。

图拉真:注意湖海相连时是否枯竭,余将派精通此等工程之人前往。

(2) 城市财政之监督

普林尼:应付省内城市之款已收齐,并未发现有利率12%之借款。应否降低利率,如因此无法吸引借款人,是否强迫市元老适当保证以同样份额借款?

图拉真:斟酌降低利率,但不可强迫任何人借款,此等措施与余等身处世纪之趋势不合。

普林尼:自由联盟城市阿米苏斯(Amisus)由于皇帝恩遇,以自己法律统治,向余提出有关互助社团(erani)之请求,请考虑可以容忍及必须禁止之限度。

图拉真:允许盟约所付予之社团,尤以帮助贫穷会员而不将会费用之于不法集会者为最,至于其他由余等直辖之城市②则不予许可。

普林尼:余之前任多予本都及比提尼亚之城市以向债务人索取其财产之优先权,最好对此等事务订定永久性之规则。

图拉真:当依每一城市特殊法律而定,如对其他债权人无此特权,则不能许可,以免损害他人。

---

① 皇帝于正规数量外,另行指派之市元老须付一或二千狄纳尔作为入场费。
② 属城市(包括外地人及拥有罗马公民权或拉丁公民权者)。

普林尼：具有自治权之阿帕米亚殖民城市之居民要求检查其账目,是否许之?

图拉真：阿帕米亚之居民既属自愿,可许之,向之保证系出余意,并不损害其特权。

普林尼：二十年前皮索(Julius Piso)接受阿米苏斯公共赠予4万狄纳尔,国家督察官(ecdicus)以其与皇帝所颁禁止捐赠之敕令相违背,要求交还。皮索以时日已久,若偿还,将为之破产。

图拉真：此等捐赠如在二十年以上,可任其不予收回。须顾及公款,亦须顾及私人之安全。

普林尼：附呈尼西亚人之请愿书。

图拉真：尼西亚人诡称自奥古斯都获得特权接收未立遗嘱公民之遗产,应于各当事人面前与督察官盖美里努斯(Gemellinus)及余之获释奴埃皮马库斯(Epimachus)共同查验此事,作适当处理。

普林尼：余曾查拜占庭人之开销,其中每年花费1万2千塞斯特斯(96镑)于一携带皇帝诏令之代表旅费及3千塞斯特斯(24镑)于派遣使者向默西亚总督致敬之旅费,余已将之删除,是否允当?

图拉真：可将对余之效忠书由汝转呈,默西亚总督亦将原谅其以较廉代价致敬之举。①

(3) 市元老(Decurions)

普林尼：省内若干城市之超额市元老(decurions supra numerum)加入市议会(curia)时须缴一或二千狄纳尔(约35镑或70镑),宜制为一般通用之法规。

图拉真：不可,当遵各城风俗,尤以若干并非自愿成为市元老者为最。

普林尼：依照庞培法,比提尼亚须年满30岁者始可任官及为元老,但奥古斯

---

① 此诏无疑取悦拜占庭,盖远赴罗马向帝国致敬非唯花费浩繁,亦且旅途危险。佩特罗尼乌斯及阿普雷乌斯(Apuleius)皆谓路途之上盗匪如毛,另有一大理石碑上刻多瑙河畔美哈迪亚(Mehadia)人民所遣使者向水神感谢安返故乡字句。迪吕伊。

都有一敕令允许年满 22 岁者充任低级长官,因此准许未满 30 岁者可加入市议会,但未足年龄且未获官职者如何处理?

图拉真:禁其进入市议会。

(4) 公民权

普林尼:依照庞培法,比提尼亚城市具有公民权者,不得于该省其他城市为公民。每一城市属此等状况之市元老者众,是否应摒之于市议会外?

图拉真:不必,但未来务遵庞培法。

(5) 保护市镇

普林尼:由于您之指示,下默西亚总督曾派一军团百夫长至拜占庭监督其特权,比提尼亚边境之尤利奥波利斯(Juliopolis)请求您之同样恩宠。

图拉真:拜占庭为一大城,众多外人于此登岸,其长官需若干军事援助。如尤利奥波利斯亦获同样帮助,其他小城亦将效法,汝可于治理其地时注意其他城市不受伤害。

(6) 宗教事务

普林尼:尼可美底亚之西伯勒(Cybele)神庙可否移至较方便地点。

图拉真:可。其过程不得违犯奉献法(lex dedicationis),依照罗马法,行省土地不得接受奉献仪式(consecrations)。

普林尼:有人请求迁葬,此事于罗马城须获祭司长许可,目前不知如何处理。

图拉真:省民如至罗马请求大祭司许可,太过困难,可视该事情形或许或拒。

普林尼:余于普鲁萨曾寻得一废宅,适合修建公共浴室,但房主于柱廊中建一克劳狄庙,但已一无所有,是否可行?

图拉真:可将浴室置于此屋内,除非此庙完全修复,盖庙虽不存,土地对于克劳狄仍属神圣。

普林尼:御像所在之处,据云有一妇人及其诸子曾葬同一地点,御像于一图书室内,葬处在一围以柱廊之大院中,请示如何决定。

图拉真:汝不应犹豫如此之问题,以汝深知余不欲以叛逆罪之恐怖及审判使

第二十四章　图拉真时期之元首制(续)、东方之征服与行政

余之名受尊敬。可撤销控诉。

(7) 军队纪律

普林尼：囚犯是否须以兵士守卫,或依习俗由官府奴隶守之？余已将两者并置。

图拉真：依旧习为宜,兵士不得调离其旗帜所在。

普林尼：征召兵士之中有二奴隶,如何处理？

图拉真：如已被征召,其过当由征召官员负责,如系代替某人,则须惩罚所代之人。如自知其情况,前来自首,则将之处死。

(8) 市民纪律

普林尼：许多城市遭判于矿场工作或任角斗士者,充当官奴(public slaves)接受工资,如何处理？

图拉真：判决在十年以下者执行其判决,十年以上者则罚以卑贱工作如清洗公共浴场及下水道等。

普林尼：某人曾经巴苏斯(Bassus,公元98年之比提尼亚省长)判处终身流放,仍留于省内,于巴苏斯之法案废止后,亦未使用元老院所赋予两年内请求更审之权。

图拉真：此人不守法,当缚送余之司法长官处,接受更严厉之处罚。

普林尼：一般成年礼、结婚、公共建筑开工或任官之时,常邀请市元老及平民,动辄千人,各予一或二狄纳尔。陛下虽允许特殊情况下可宴客,余深恐其人数过多。

图拉真：汝言甚是,端赖汝善体余意,以改良行省弊端。

普林尼：尼可美底亚曾遭大火,损失惨重,可否设立150人之消防队？

图拉真：否。任何名义之组织皆将变成政治团体。得供给其水桶等用具,提醒屋主注意防火,必要时可雇用平民。

第三节 基督徒

普林尼之信函及图拉真之回复最引起兴趣及讨论者,为关于基督徒之惩罚。直至图密善时,皆视基督徒为犹太教派,待遇一若犹太人。盖乌斯死后,从未迫犹太人参与对皇帝之神圣崇拜,国家既不承认基督徒与犹太人之区别,基督徒即同享此等宽待。但耶路撒冷沦陷后,基督教之地位改变,由于自巴勒斯坦解放,导致对非犹太人扩大宣传,一般人逐渐了解基督教徒与犹太教徒有别,信徒迅速增加,而犹太人之传教工作则效果有限。罗马政府对于犹太人之反对罗马国家宗教,于其不向其他民族扩张之前提下,可以容忍,过此即不能坐视。但究竟两派同时压制或仅处理基督徒,则须考虑。图密善于统治末期采用后者,对于基督教徒①拒绝向皇帝像崇拜,即视之为亵渎行为。帕加马(Pergamum)一名安提帕斯(Antipas)之基督教徒以此致死。克雷门斯(Flavius Clemens)于罗马遭处死刑,多米提拉亦以渎神之罪被放逐,二人似或皆为基督教皈依者。此类事件发生之年(95年),可视作基督教与罗马国家宗教开始冲突及受禁止之时。当基督徒归于"渎神"(sacrilegi)项下时,各省总督即须据其裁量权,不待皇帝特别命令,处置基督教徒。

涅尔瓦反对图密善之政策,并不鼓励控诉此等渎神之罪,但原则上禁令未变,基督徒仍受惩罚。普林尼总督比提尼亚时,该省基督教徒已广布,乃于112年发表图拉真禁止结社团体之敕令。反基督教者趁机指出基督教徒常行违法聚会,普林尼曾上书图拉真谓:"余从未参与有关基督教徒之决定,不知其何以成为惩罚之对象或受惩罚至如何程度。余曾犹豫不同年龄应否程序有别?退出该教者可否赦免?如无其他罪过,仅表白信仰是否加以惩罚?余乃先询问其是否

---

① 无疑亦对皈依犹太教之非犹太人。

基督教徒,如承认,则一而再,再而三询问,并以将加处罚相威吓,如仍坚持,则处以极刑。盖此等大胆行为及固执态度,无疑须加惩罚。其中若干虽同样狂妄,但系罗马公民,则解往罗马。"

"余曾接匿名报告,包括许多否认曾为基督教徒之名单,此辈跟从余一再祈求之形式,呼唤众神,向汝之像献香祭酒,诅骂基督。认为真正基督教徒皆不能为任何严刑所迫如此,余以为最佳,乃释放之。其他人最初承认系基督教徒,旋即加以否认,谓于数年前已完全脱离该教,所有此等人士皆向汝之像及众神之像敬礼,甚至诅骂基督。"

"此辈确认其所有错误,不过于某特定日期黎明之前集会,轮流唱诗颂赞基督,一若对神颂赞。宣誓不偷不抢,不犯奸淫,不背誓约,不否认被迫交还存放于其手中之物,仪式完成后通常离去,然后再行聚餐,食用之肉并无问题①,且混杂地吃。但自从奉行宣布禁止所有结社(hetaeriae)后,此辈已断绝此习。于此等情形下,余认为有必要知晓真相,乃询问据云曾主持崇拜仪式之二妇女,甚至用刑,余仅发现其为过分固执迷信,乃延迟自作决定,静候圣裁。余认为此等事件有关众多人民之危险,似值陛下考虑。盖众多不同阶级、年龄、性别之人皆已常受或将受此等控诉卷入危险,且此等迷信非唯限于城市传播,乡间亦经蔓延。"

此信显示普林尼认为基督教无疑受禁止,教徒须加惩罚,但事实上罗马诸总督并不欲主动寻找基督教徒,除非不得已,不拟过问。普林尼首次接获对基督教徒之指控时,自行负责以一般渎神之罪处置。但第二次当匿名信附一多人名单来时,加以仔细考察发现:(1)基督教徒数目极多。(2)此辈似未如一般认其为乱伦及食人肉之筵席,简言之,普林尼即如以前曾犹豫以"迷信"处理此事,乃呈报图拉真。

图拉真答复中未采任何一般性之措施,仅谓:"基督徒不必寻出②,如被带至

---

① 犹太人控诉基督教徒杀害儿童并食之。
② Conquirendi non sunt.

汝之面前,且经定罪,必受惩罚,但匿名讯息不应于任何指控中加以重视。"

是故图拉真认为基督教对神不敬,应予惩罚,但仅于有人控告且经证实,始处罚之,不必如盗匪或其他类之渎神者须搜寻或追捕。此立场并不一致。一幸灾乐祸者控诉基督徒属于受禁之教派,遇控诉之基督徒将处死刑,若云任其安然无恙,乃不合逻辑之事。图拉真诏令之重大意义为其明白确认罗马政府对基督教之态度,并立一原则,基督徒超出此法律之外,形成此后两百年间诸帝宗教政策之基础。值得观察者,据此敕令,对一名基督徒定罪处罚,不属于非法结社——违犯即属叛逆之罪,基督徒受罚乃因不参与皇帝或诸神之崇拜,当某人遭控为基督徒,法官得要求其对皇帝像行礼,如拒绝,即将因此渎神之拒绝而受罚。

第四节　图拉真于东方之战争及征服、图拉真之死

自从提里达提斯自尼禄手中接受亚美尼亚王冠以后,罗马安息间即保持和平。弗拉维诸帝与安息王朝几无片云之困扰,但图拉真时双方又生龃龉。安息王帕可鲁斯(Pacorus)并不拒绝与罗马敌人德切巴鲁斯谈判,谈判结果安息并无行动,与罗马亦未敌对。但其弟科斯罗埃斯(Chosroes)继位后,亚美尼亚问题再起。亚美尼亚王位空悬,图拉真授予帕可鲁斯之子阿西达勒斯(Axidares)。但科斯罗埃斯以其统治不善,逐之,立帕可鲁斯另一子帕托马西里斯(Parthomasiris)。科斯罗埃斯之行为,违反与罗马前约,图拉真立即与之宣战,公元113年底,离罗马东征。图拉真抵雅典时,科斯罗埃斯不及备战,遣使迎之于雅典,以转移其目的。是时安息内部不安,数王并立,帝国分裂。使者宣称帕托马西里斯准备承认臣属于罗马,自图拉真接受王冠,一如提里达提斯自尼禄接受王冠。但图拉真以当初帕托马西里斯违反其意攫夺王位,拒之,谓使者曰:"不听其言,但观其行。"其他皇帝或已满意于妥协,若图拉真有意遵循其前任之东方政策,则不致如此斥退使者。但图拉真决定将亚美尼亚转变为罗马之省,彻底

第二十四章 图拉真时期之元首制(续)、东方之征服与行政

解决亚美尼亚问题,使之不再受安息影响。此一决定与其达契亚及阿拉伯政策一致,即将属邦一概改为行省,甚至更进一步欲将安息屈服,一如其对德切巴鲁斯,实现恺撒之计划。此乃罗马诗人之抱负,贺拉斯梦想"罗马制定法律予被征服之米底亚人",斯塔提乌斯于图密善第十七次任执政官之演说中提醒图密善,巴克特拉及巴比伦仍有待新贡赋加以遏制。①

图拉真自雅典继续东行至安提阿,发现叙利亚军队因承平日久,纪律松弛,士气低落,乃先致力于军队作战力之恢复。除原驻叙利亚之四军团及犹太一军团、卡帕多奇亚二军团外,又自潘诺尼亚征调增援,至于全部军力如何配则难确知。是时罗马与安息之敌对局势已开始,安息占优势,取得萨摩萨他(Samosata)。115 年春图拉真作战以前,接获王位觊觎者帕托马西里斯信札,以其自称为"王",置之不理。用兵之初首先收复萨摩萨他,然后进军小亚美尼亚之萨他拉(Satala),以之为作战基地。高加索地区之伊比利人、阿尔巴尼亚人、阿普西利亚人(Apsilians)诸王皆赴萨他拉觐见,保证效忠。图拉真对赫纽基人(Heniochi)及马克隆人(Machelones)之王安奇阿鲁斯(Anchialus)特加优遇,此举使北方民族对图拉真之态度,对其未来行动之成败极为重要。图拉真于萨他拉时,又获帕托马西里斯来信,语气较前更为谦逊,请求谒见卡帕多奇亚总督尤尼乌斯(M. Junius)。图拉真遣尤尼乌斯之子与其相会,自率大军继续向阿尔塔克萨塔前进,于埃尔斯伦附近之艾勒盖亚(Elegeia)稍事停留。该地地位适中,颇宜集中其军力,并允帕托马西里斯进谒于军前。帕托马西里斯自头上摘下王冠,置于图拉真足下,以便图拉真为之加冕。但军士误以为帕托马西里斯退位,亚美尼亚不战而下,欢呼图拉真为统帅。帕托马西里斯为罗马军欢呼声惊吓,欲逃,但遭包围,无法逃脱,乃请求与皇帝私下相见,被带往帝帐之中。不久二人自帐中出,图拉真重返军前御座,命帕托马西里斯亲向军士宣布其要求。帕托马西

---

① 贺拉斯《歌集》第 3 卷第 3 首第 43 行"尚武之罗马能统治被征服之米底亚"(Triumphatisque Medis Roma ferox dare iura possit)。斯塔提乌斯《诗草集》第 1 卷第 1 首第 40 行"剩余之巴克特拉仍须保持巴比伦之税收"(Restat Bactra novis, restat Babylona tributis frenari)。

里斯于众军包围之中,镇静自持,简单宣布以自图拉真手中接获王冠,为亚美尼亚之合法统治者,此来全为此目的,并非战败者或俘虏,希望勿受伤害。皇帝简短答以亚美尼亚属于罗马,此后应由总督统治。帕托马西里斯及其安息随从,由罗马派骑兵护送至亚美尼亚边境,沿途不使与任何人接触,至于同来之亚美尼亚人则各自遣返其家乡。帕托马西里斯离军营不久,即为其护送者所杀,是为图拉真授意,或由于帕托马西里斯企图逃遁而然,不得而知。帕托马西里斯死后,亚美尼亚未经抵抗,即为罗马一省。高加索诸王国与罗马建立前此亚美尼亚与罗马相同之关系。

图拉真纪功柱上之浮雕

是时,于达契亚战役中表现杰出之摩尔人首领奎埃图斯率部分军队赶往东方,逾阿拉克塞斯(Araxes,今 Aras 河),占领米底亚之阿特罗帕泰尼。突袭并占有防御坚强之辛加拉(Singara)要塞,对进攻安息帮助甚大。图拉真占领亚美尼亚后,向美索不达米亚进军,沿途极少抵抗,轻易占领巴特奈(Batnae)、尼西比斯,以及尼西比斯与辛加拉间之特比塔(Thebitha)要塞,确保主力军及奎埃图斯支队间之联络路线。奥斯罗尼王阿布格(Abger)久欲脱离安息,臣属于罗马,于埃德萨公开向图拉真投降,其他部落首领(phylarchs)及总督效之。安息人之内战阻止其采取反对罗马征服幼发拉底河及底格里斯河间之地。一阿拉伯族之

第二十四章　图拉真时期之元首制(续)、东方之征服与行政

篡位者马尼萨勒斯(Manisares)推翻科斯罗埃斯,致函图拉真提议与罗马平分安息之战利品。图拉真拒其所请,亦不接见使者。马尼萨勒斯乃与另一阿拉伯王曼努斯(Mannus)准备阻罗马军前进。图拉真以时已入冬,不拟逾底格里斯,以美索不达米亚为一行省,退至安提阿过冬。是年(115年)12月13日大地震,死亡者众,安提阿大多遭震毁,图拉真仅以身免。

是冬,图拉真于幼发拉底河上建立舰队,准备次年水陆并进,元老院赐以"帕提库斯"(Parthicus)称号。116年春,向尼西比斯进发,至底格里斯上游科杜尼(Corduene)境内,于尼西比斯造船渡河,再沿陆路前进。附近山中蛮族卡杜阡人(Carduchians)于对岸列队,欲阻其前进,见罗马军众多,抵抗无望,乃退。阿狄亚波纳全境极少抵抗,即被占领,图拉真以之为亚述(Assyria)名下之第三罗马省。

图拉真重逾底格里斯河,与幼发拉底之舰队会合,在供应巴比伦人建筑混凝土沥青(bitumen-springs)附近之奥左加达纳(Ozogardana)检阅军队。时巴比伦方以内战几成废墟,为罗马军轻易取得,继续前进至安息首都泰西封(Ctesiphon),该地以王室运河(Nahar-Malcha)连结两河,图拉真经由此河将其舰队自幼发拉底转运至底格里斯河。军队于底格里斯河左岸登陆,距城尚远,乃于泰西封上方某处另掘运河,与王室运河相连。不久,泰西封攻下,科斯罗埃斯遁走,但其女被俘,其黄金宝座为图拉真所获,以为战利品。罗马军认为已征服安息,乃于钱币上铸以"征服安息"(Parthia capta)之字样。

图拉真率50舰沿底格里斯而下,至出海口附近之卡拉克斯·斯帕希努(Charax Spasinu),此处属美塞尼(Mesene)王阿塔姆贝洛斯(Attambelos)治下。阿塔姆贝洛斯降,其地成为罗马属邦。图拉真已年迈,其想象力为此一接近印度洋所激发,于卡拉克斯时,见一舟驶向印度,颇以年老不能亲见印度为憾。是为亚历山大大帝以后,东征最远之西方征服者,梦想逾越前人,但旋因悉巴比伦尼亚(Babylonia)及美索不达米亚叛而梦醒。马克西姆斯所率军团为反叛者摧毁。尼西比斯、塞琉西亚及埃德萨将其地之罗马驻军或杀或逐,关闭其城门。犹太人

于此次叛变中扮演重要角色,罗马军费大力始将叛乱平定。重要之反叛城市皆受严惩。克拉鲁斯(Erucius Clarus)及亚历山大(Julius Alexander)占领巴比伦尼亚及塞琉西亚后,将之焚毁殆尽。美索不达米亚以犹太人为首之变乱,交由勇敢之摩尔人奎埃图斯收复。奎埃图斯围攻尼西比斯及埃德萨,克之;阿布噶尔(Abgar)沦为叛军之受害者,遭到焚毁,一如塞琉西亚。

此次变乱,迫使图拉真东征到此为止。两次征伐,为罗马增添三省。安息亦酝酿反攻,煽动亚美尼亚脱离罗马,图拉真以外交击败之。图拉真虽仅占领安息之西疆,却认为已征服安息,于泰西封将王冠加诸科斯罗埃斯一子帕塔玛斯帕特斯(Parthamaspates),接受为罗马臣属,钱币上铸"赐予安息人之王"(rex Parthis datus)以志之。安息与罗马之关系,一如过去亚美尼亚者。

罗马军旋返叙利亚。于泰西封至辛加拉途中,拟攻占美索不达米亚沙漠中防御坚强之小城哈特拉(Hatra)。居民英勇抵抗,烈日高照,难以久攻,城墙虽破一裂缝,军队却难进入。图拉真亲率一小队骑兵进攻城下,白发萧萧,仪表非凡,成为守军箭射之显著目标。本人虽未受伤,身旁一骑士却被射死。雷雨骤下,罗马军不得不退。此后迫于酷热、昆虫恼人、缺乏水草,哈特拉免受再次进攻。117年约4月,图拉真返回安提阿。

美索不达米亚企图摆脱罗马控制,与帝国东方行省另一范围更广之反叛运动,关系密切。犹太人自耶路撒冷被毁近50年,选择皇帝在遥远东方之机再叛,希望驱逐塞浦路斯、昔兰尼卡、埃及、美索不达米亚及巴勒斯坦之希腊人及罗马人,于此等犹太人口颇众之地区,建立独立之犹太国。凡叛变成功之处,即愤怒地消灭敌人。塞浦路斯为犹太人长期自巴勒斯坦及叙利亚迁往避难之地,据云杀戮24万人。叛乱平后,禁止犹太人到达该岛。昔兰尼卡为元老院统治之省,无军队驻扎,犹太人口超过当地居民,一名首领安德鲁(Andrew)或路库阿斯(Lucuas)称王,进展迅速,该地居民22万人遭野蛮杀害。于埃及,总督鲁提利乌斯(Rutilius Lupus)不及准备,被迫于亚历山大城闭城自守。亚历山大城之犹太人虽多,尚属居民之少数,遭希腊人屠杀。图拉真派图尔波(Q. Marcius Turbo)

第二十四章　图拉真时期之元首制(续)、东方之征服与行政

率水陆两军往埃及与昔兰尼,乱事旋平,埃及之犹太人几遭消灭。奎埃图斯平定美索不达米亚之事,已见前述。

非唯犹太人趁图拉真在遥远东方之机,其他地区之罗马敌人亦趁此机或叛或侵。多瑙河诸省受萨尔马提亚人威胁,阿非利加受摩尔人骚扰,不列颠亦生叛变,西方亟需图拉真返回。元老院促归,认为东方战事已告结束,罗马准备为之举行凯旋礼。图拉真回师至西利西亚之塞利努斯(Selinus),为疾病所阻,①117年8月8日逝世②。去世后征服安息人之凯旋礼仍以其名举行,为去世皇帝唯一获此殊荣者。凯旋车载其像,获"神圣之图拉真·帕提库斯"(Divus Trajanus Parthicus)尊称,骨灰被放入金坛,置于其广场纪功柱之下,为皇帝遗体唯一获准安放于城内者。

图拉真将一王交付安息人

图拉真必然了解其于东方之胜利如此易得,实为安息内讧所至,若安息恢复统一,则其征服必殆。独立安息王国之制度仅为避免眼前困难之暂时计划;如欲长久保持,必将再次用兵,建立持久之霸权。亚历山大之征服缘自得胜于伊苏斯(Issus)及阿尔贝拉(Arbela),但图拉真之征服几乎兵不血刃。图拉真或拟于凯旋礼举行后,再返东方,竟其全功。以底格里斯取代幼发拉底河为帝国东界,更易防守。若指责帝国扩张系由于图拉真野心误导,并不公允,因其行动实有政治原因。亚美尼亚及美索不达米亚之合并,皆为水到渠成之结果。亚述省为帝国

---

① 另一根据欧特罗皮乌斯之记载,为于伊扫里亚(Isauria)之塞琉西亚,但有碑刻证明其于塞利努斯罹病。《拉丁铭文总集》第6卷第1884号。

② 确定日期不明,介于7日、8日及11日之间。

于底格里斯河以外之前哨据点,类似多瑙河以外之达契亚省。罗马掌握新获地区从叙利亚至波斯湾之交通线,获得重大商业利益。但因图拉真不巧去世,与继任者改变政策,以至图拉真经营之功,无由测试帝国东扩疆界之成果。

附录

伊纳爵(Ignatius)之殉教

图拉真之时,安提阿主教伊纳爵遭叙利亚总督解往罗马,于圆形竞技场中喂野兽。若干评论者对此故事存疑,关键在于号称圣伊纳爵(St. Ignatius)之《书札》是否真实。《书札》问题之外,故事中存在可能性之推理。若伊纳爵于罗马殉教,则遭遇坚持基督教信仰,而为普林尼预定送往罗马之比提尼亚罗马公民之命运。而最简单解释伊纳爵殉教传说起源之法似为接受其为真。(此问题一最佳记述可见《基督徒传记字典》[*Dictionary of Christian Biography*]。)

迎接哈德良入城礼之钱币

第二十五章　自提比略去世至图拉真时代之文学

第一节　克劳狄与尼禄时代之文学

提比略在位期间，文学活动暂停之后，至其继任者时又恢复，但已无奥古斯都时期之朝气勃勃。黄金时代已成过去，白银时代开始，无疑系受罗马之政治事件影响。提比略晚期之专制，盖乌斯之狂妄，克劳狄诸后与获释奴治下之兴衰变迁，尼禄之愚蠢，皆不利于文学，而未形成维吉尔、贺拉斯、李维等后继者发展之友善气氛。奥古斯都时代之人目击拨乱反正，回归秩序；对克劳狄与尼禄治下之罗马人而言，世界似乎疯狂。文人不再以其时代为荣，对未来失去信心，对

尼禄之七弦琴(来自卡庇托雕像)

政府不信任，前途一片茫然。此辈以为皇宫之中充满阴谋、欺诈及暴力，公共生活无法给予灵感，文学趋向于回忆、模仿或有关科学题目。以奥古斯都时代诗、史为模仿对象，而轻视更早时期之作者。各种作品皆着重修辞，结果为散文诗歌化，诗歌散文化。

克劳狄及尼禄自身能文，克劳狄为一历史家，尼禄为一诗人。克劳狄少年时受李维影响极深，其作品仅存公元48年于元老院演讲之部分，允许高卢贵族充

任罗马长官①。皇后阿格里匹娜之回忆录为当时宫廷秘史之重要资料,亦经散失。其他重要人物之记述,如与不列颠有关之保利努斯述其于毛里塔尼亚之政绩,科尔布洛叙其于亚美尼亚战争,安提斯提乌斯·维图斯(L. Antistius Vetus)记其于日耳曼司令官(58年)任内事迹等作品,并皆无传。如能保存,不论其文学价值,将有重大之历史趣味。此时代唯一尚存之史书为卢弗斯(Q. Curtius Rufus)所著《亚历山大大帝》10卷(前两卷失传),作者事迹毫无所知,取材于希腊人作品,无批评能力,体裁仿效李维,但无意间受当时风格影响,字句讲究对偶,有诗意,对亚历山大之政治成就未能欣赏,仅以其东征为杰出之冒险,着眼于明显事迹,对虽然重要而不甚显著者,却轻描淡写。

所有奥古斯都时代作者皆为罗马人或意大利人,而此一时期最有特色之文学人物塞涅卡,为哥多华之西班牙人,其父为一修辞学家。当时行省文学水平已于罗马文学中占重要地位,西班牙即为其例。塞涅卡之甥卢坎及加地斯之科路美拉(Columella)亦为西班牙人。塞涅卡之著作以多种方式反映当时之精神。塞涅卡描写对象为多方面者,但其最重要作品则属哲学及沉思者。其哲学于风格及内容皆受欢迎②。为文仅求当时人喝彩,不顾后人看法,充分反映当时以文学为虚荣表现之风气。塞涅卡学问渊博,善于心理观察,喜掉文袋,但其哲学既非创造性,亦不深入,为了文字对偶,常常牺牲思想。作品虽多,但"未充分勤于哲学",常反复以不同词句表达同一意思。一卓越之评论家昆体良责备其风格常为"宽厚之过"所损害,如同迷人之男孩。③ 塞涅卡以文学声望企达政治目的,但对哲学有真正兴趣,尤其于实用方面。尽管自较高观点视之,其哲学如西塞罗,仅为一知半解。其哲学著作汇集成书,曰《对话录》(*Dialogues*),12卷。讨论下列主题:(1)如有天意,何以好人遭遇困难?(5)论闲暇。此二者系于退休后写成。(3)论愤怒,3卷。(4)论幸福生活。(6)论内心平静。(7)论人生短

---

① 里昂发现之铜牌部分尚存,塔西佗于《编年史》第11卷第24章中录其大意。
② 对其哲学之若干叙述,见下第三十章第二节。
③ Quintilian,第10卷第1章第129节"诱人犯过之恶习"(Dulcibus vitiis)。

暂。(2)"智者拒受伤害与侮辱",另有劝慰辞3篇:(8)致一丧子之妇。(9)致波利比乌斯失一兄弟。(10)致其母赫尔维娅,慰自己被放逐。《对话录》之外,另有《论仁慈》(On Clemency)一文,于尼禄即位后写成,及《论善行》(De Beneficius),7卷。

塞涅卡另有讨论自然史问题之书7或8卷,献于其年轻友人西西里省长路奇利乌斯(Lucilius),与致其信札①,预备公开发表。此等信札并无属于西塞罗及普林尼者之趣味,至于对克劳狄之讽刺,已见前述②。

塞涅卡于散文之外,亦有诗歌写作,今尚留存。有关希腊神话之悲剧九种,皆据希腊原作写成,计《愤怒的赫尔库勒斯》(Hercules Furens)、《特洛伊妇女》(Troades, 或 Hecuba)、《腓尼基女子》(Phaenissae, 或 Thebais)、《美狄亚》(Medea)、《菲德拉》(Phaedra, 或希波吕托斯[Hippolytus])、《伊底帕斯》(Oedipus)、《阿加门农》(Agamemnon)、《提埃斯特斯》(Thyestes),及《埃特山上之赫尔库勒斯》(Hercules Oetaeus)。就此等戏剧而言,大部分希腊原文作品尚存,由塞涅卡有损大师作品的方式,忽略所有较精致之格调,以雄辩扼杀情节,即可判断尼禄时代可叹之品味。塞涅卡人物之目的在于辩论,行动及剧情皆属次要。此等悲剧是否于舞台上演出常为争论之问题,尽管不适合表演,但当时如果演出且获掌声,当属意料中事。但塞涅卡或于演出前先选几幕于特邀观众前,加以背诵。此等戏剧之诗法极严,遵循奥古斯都时代诗人之规律。除了抑扬格三音步、抑抑扬格外,亦引入莎弗、格莱坎(Glyconic)、阿斯克雷匹乌斯等诗体之节拍,但未顾及韵律之和谐及主题。

一部《屋大维娅》描写罗马人物之悲剧(fabula praetexta),相传亦为塞涅卡所作,常被列于其作品之中。剧中叙述尼禄之妻悲惨命运,塞涅卡亦为其中一角。剧中暗示尼禄之倾覆,故不可能为塞涅卡所作,或云一世纪末弗拉维朝代作

---

① 124函,分为20卷。
② 见上第十五章第五节。

品,亦无法确知。

与塞涅卡同时同乡之科路美拉(L. Junius Moderatus Columella of Gades)致力于农业题目之写作,希望引起读者务农之兴趣,一如约一个世纪前维吉尔所为。其伯博学且为贝提卡之大地主,故有机会实地研究。又作有关农业之散文专论两部,第二部较第一部更加详细。第一部仅存《树论》(On Trees)1卷,第二部《农业论》(De Re Rustica)12卷完全保存,第10卷全以优美之六步格诗写成,盖此卷主题"园艺"为维吉尔所遗漏,科路美拉作此变化,欲补足其所谓"恒星之吟游诗人"(sidereal bard)①《农事诗》(Georgics)之规范。此外有拉尔古斯(Scribonius Largus)对于医药之论文,及西班牙地理学家美拉(Pomponius Mela of Tingentera)之《论地方志》(De Chorographia)3卷等。佩狄阿努斯(Q. Asconius Pedianus)约于公元55年撰文评论西塞罗之演说,今尚存有其中片段,文笔清纯,评论正确。此人另有驳斥对维吉尔诽谤者之文,但已失传。文法研究之代表为贝里图斯之普罗布斯(M. Valerius Probus)撰文批评著名之拉丁作家,一如亚历山大城学者之于古典希腊作家。普罗布斯对维吉尔、贺拉斯、卢克雷提乌斯(Lucretius)之作品加以编辑注释,并用古拉丁文写作及讲授。后之此等学者对之极为推崇,以之为一杰出之文法学家及正确之批评家②。对于法学最重要之作者为普罗库路斯(Proculus)及卡西乌斯(Cassius Longinus),普罗库路斯派(Proculian School)即以前者为名。卡西乌斯以其财富为尼禄放逐于萨丁尼亚,韦伯芗时将之召还。③

塞涅卡某些悲剧或写于克劳狄之时,但仅诗作流传,为一不知名之年轻作家(或以之为卡尔普尔尼乌斯[Calpurnius])为执政官皮索所作六步韵之颂词。诗

---

① 第1首第434行:"恒星之吟游诗人主宰维吉尔"(Siderei vatis praecepta Maronis)。
② 或即马尔提阿利斯致诗人弗斯提努斯(Faustinus)书中所称之普罗布斯,《讽刺诗集》第3卷第2首第12行"甚至不惧普罗布斯"(Illo vindice nee Probum timeto)。
③ 尤维纳尔第10首第15行文中将之与塞涅卡及拉特拉努斯(Lateranus)并称:"如此说明尼禄于其危急时,下令囚困卡西乌斯;一如极富之塞涅卡花园,内有拉特拉努斯辉煌豪宅之遭困困。"(Temporibus diris igiyur iussuque Neronis Longinum et magnos Senecae praedivitis hortos Clausit et egregias Lateranorum obsidet aedes Tota cohors.)

中充满对奥古斯都时代知名诗人之怀念,词句典雅,用字谨严,全诗仅有两首省略。尼禄之大作仅有数行留存,似于其死后多时仍被传诵。其时两位最重要之诗人为佩尔西乌斯(Persius)及卢坎,二人皆宗斯多葛派,少年时即才气横溢,并皆早逝。

佩尔西乌斯·弗拉库斯(Aulus Persius Flaccus)于公元34年生于伊特鲁里亚之沃拉特雷(Volaterrae),62年逝世,年28。受教于罗马之斯多葛派哲学家科尔努图斯(Annaeus Cornutus),极受眷顾,诗中曾表示于读路奇利乌斯(Lucilius)后,激起对讽刺诗之兴趣。其人受贺拉斯影响亦多①。所作六篇讽刺篇皆留存至今,但以今人标准,仅第一篇堪称讽刺篇,篇中对当时诗人及流行趣味加以嘲讽,其他皆为对斯多葛学说之议论或说教,饰以诙谐之戏剧景象而已。诗中人物通常取自路奇利乌斯或贺拉斯,词句亦套用之,尤以贺拉斯者为多。但整个风格及精神却与二人迥异。奥古斯都时代诗人为一温和之伊壁鸠鲁派,幽默地讥笑人类之愚蠢;尼禄时代者则为一斯多葛派说教者,志在改善世界。少年之佩尔西乌斯以教导人类为己任,更为成熟之贺拉斯则以娱人自足。佩尔西乌斯与当时政治毫无关联,既不惋惜共和政治,亦不责备帝制。至于风格方面,佩尔西乌斯完全不能望贺拉斯之项背。对六步韵不能运用自如,思想贫乏,乃尽可能使之晦暗不易了解。其用意虽纯洁,但无原创性,亦无诗才,乃以形式及矫揉造作以掩饰之。其友人巴苏斯可为尼禄时代抒情诗人之主要代表,作品无一流传,但论韵律之文部分留存。

史诗极为流行,以维吉尔为模范,国家主题正时兴。尼禄曾拟撰写一部罗马史诗,卢坎(39—65)之《法尔萨利亚》(*Pharsalia*)10卷叙述内战史事,去世时尚

---

① 于其《讽刺诗集》第1首第114行中曾将路奇利乌斯之严厉讥刺与贺拉斯之温和嘲讽相对比:"路奇利乌斯抨击罗马,汝,路普斯,汝,穆其乌斯,对其磨牙。当其友人笑时,顽皮之贺拉斯感动其每一缺点,一旦进入,嬉戏作乐,巧妙安分地追逐公众。"(Secuit Lucilius urbem, Te Lupe, te Muci, et genuinum fregit in illis; Omne uafer uitium ridenti Flaccus amico Tangit et admissus circum praecordia ludit, Callidus excusso populum suspendere naso.)

未完成。① 卢坎出身书香世家,外祖父老塞涅卡为一修辞学者,舅父小塞涅卡为哲学家②。卢坎早年为尼禄之挚友,后尼禄忌其文学名声,禁其作诗。《法尔萨利亚》开始写于二人未决裂前,故引言诗句中有对尼禄之颂词。卢坎之史诗为其卓越之功绩,作者去世时,年方26,但无天才之火花。当时流行于私人聚会时诵诗,对史诗写作有不良影响,盖心念朗诵之诗人常牺牲其整体之统一性,而致力于可以朗诵特别场景之效果,以大声朗诵,获得听众赞赏。同样理由,诗歌亦太重修辞;朗诵者渴望宣读之材料。《法尔萨利亚》实为一诗歌化之演说,而非诗歌。昆体良一针见血谓卢坎常为演说家而非诗人所模仿,如特拉塞亚及赫尔维狄乌斯(Helvidius)气氛所浸染之斯多葛派诗人,常易对元老院满含敬意,选择此种题材,但就文学方面观之,则为不幸。庞培为英雄,但其于内战中扮演之角色却使其诗歌感到尴尬。加图为次要角色③,但真正之英雄既非庞培,亦非加图,而为元老院。诗中将恺撒贬为罪人,其胜利非但为对自由致命之打击,且为罗马伟大之毁灭。诗中充满斯多葛派思想、虚伪夸张之话语及平凡乏味之演说,语句由于其矫揉造作,常晦涩难懂,地理及神话知识错误,使其中若干部分令人厌恶,但某些部分显示相当有想象力,而不乏措辞巧妙之语,例如对加图之颂辞:"胜者之目标使诸神满意,但败者之理想让加图喜欢。"(Victrix causa deis placuit, sed victa Catoni.),及对庞培著名之道白:"彼立于一伟大名字之影子上"(Stat magni nominis umbra.)。

若维吉尔之史诗启发卢坎、农事诗(Georgica)启发科鲁美拉,则其牧歌(Bucolics)启发西库路斯(Calpurnius Siculus)。其"西库路斯"之称,是否即指其

---

① 卢坎之其他作品包括《伊利阿孔》(*Iliacon*)、《萨图尔纳利亚》(*Saturnalia*)、《诗草集》(*Silvae*,或 *Miscellanies*)10 卷,悲剧《美狄娅》(*Media*)等皆已失传。

② 马尔提阿利斯,第 1 首第 61 行:"雄辩家辈出之哥多华有两位塞涅卡,及独特且杰出之卢坎。"(Duosque Senecas unicumque Lucanum, Facunda loquitur Corduba.)马尔提阿利斯于卢坎生日有三首短讽诗(第 7 首第 21,22,23 行);尤维纳尔谓其富有(第 7 首第 79 行):"卢坎于其充满大理石之花园中,可满足其声名"(Contentus fama iaceat Lucanus in hortis Marmoreis)。自马尔提阿利斯另一讽刺短诗中得知《法尔萨利亚》极为畅销。

③ 梅里韦尔语。

故乡之地或以其与西西里诗人特奥克里图斯(Theocritus)之关系,不可确知。西库路斯家贫,请其保护人梅利博乌斯(Meliboeus,或为塞涅卡,或皮索)将其作品进呈御览。所作田园诗七首至今尚存,韵律纯正,但缺乏创意,一如同时代其他诗集,完全抄自维吉尔及其他希腊田园诗人。将尼禄依宫廷方式描写成为神祇,创始一自由宽大之新时代。第七首包括对尼禄所提供盛大表演之描绘①。

一篇"埃特纳"(Aetna)之说教诗,将最乏味之事描写成诗,反映当时倾向,讨论火山爆发原因,驳斥其他诗人一般看法,作者不详,极可能为路奇利乌斯所作。路奇利乌斯为塞涅卡之友,充任西西里省长相当时间,有机会研究火山。诗中反映受卢克雷提乌斯之影响,但无卢克雷提乌斯之文才,将枯燥题目加以诗意之引人描写,当将观察自然之乐与渺小人生对照时,即升至较高境界。篇末殿以火山爆发时两兄弟拯救双亲之故事。另一诗歌"拉丁荷马"(Homerus Latinus)为伊里亚特(Iliad)故事浓缩之拉丁版,或亦属于此一时期。诗中若干部分几乎完全译自荷马。为学校用书,除严守格律外,别无优点。

尼禄时代最重要之作品或为佩特罗尼乌斯(Petronius Arbiter)《讽刺诗集》(Satirae 或 Satiricon),20 卷,作者即为前章所述公元 66 年为尼禄所处死之人。其作品详述各种幻想之冒险,以讽刺当时之生活方式及弱点,现仅残存其一部分。其中最大一篇称《特立马乔之宴会》(Banquet of Trimalchio),描写坎帕尼亚某希腊城市(或为库麦)中一富而无礼之暴发户举行宴会,以一获释奴尤科尔皮乌斯(Eucolpius)之语气,叙述其偕另一获释奴阿斯基尔托斯(Ascyltos)及奴隶吉顿(Giton)于克劳狄末年或尼禄初年之旅行经验。文中充满机智幽默及巧妙之讽刺,展示其丰富之常识及高超之戏剧化能力,人物栩栩如生。文中各部或以普里阿普斯(Priapus)神之发怒贯串,一如奥德赛(Odyssey)中波赛顿(Poseidon)所扮演之滑稽角色。此作品避免任何道德说教,显示作者对希腊艺术极为欣赏,

---

① 另一尼禄同时代作者之两篇田园歌,亦于艾因西登(Einsiedeln)抄本中保存,其中之一为尼禄于公众场合出现,以七弦琴(Citharoedus)庆祝。

尖锐讽刺当时之文学趣味。其中一角色为虚荣之诗人名曰尤摩尔普斯（Eumolpus），朗诵颇长之两首诗，一为抑扬格三步韵之《占领特洛伊》（*Troiae Halosis*）；一为六步韵之《内战记》（*Bellum Civile*）。但无论何种音律，皆有散文叙述掺入，一如梅尼普斯讽刺体（Menippean Satire）之形式。前者明白讽刺尼禄相同主题之诗，后者或系嘲弄模仿《法尔萨利亚》之作。

第二节　弗拉维朝之文学

弗拉维朝诸帝均奖励文学，本人则不若克劳狄或尼禄之雅好此道。韦伯芗文笔颇佳，甚至希腊文辩才亦然，曾著回忆录。据传提图斯见彗星出现时曾赋一诗，图密善年轻时亦好诗歌①。但韦伯芗对有文学天才者极为鼓励，尝自国库提供拉丁及希腊修辞学家年金 10 万塞斯特斯，为皇帝中作此举之第一人。对杰出之诗人常加重赏，并对艺术亦同样奖励。图密善设卡庇托林及阿尔巴竞赛（Alban Contests）以推动诗歌活动，学者以为其专制统治对文学之不良影响，流于夸大。实际上，图密善在末年以前虽专制却不暴虐，所猜疑之对象亦仅少数野心勃勃之人。一般文人虽不能自由批评政府或撰长文抨击共和，但其他题目皆可自由写作，当代史写作为图密善统治下文学中唯一须压制之对象。

山南高卢之科莫姆（Comum，今 Como）人普林尼（C. Plinius Secundas, 23—79），一般称为老普林尼者，或为此一时期最有学问之人，死于维苏威火山爆发，已见前述。曾任若干省份行政长官，繁忙公务之余尚能从事不同题目之研究及写作。零碎作品之外，有《历史》20 卷，叙述罗马对日耳曼人所有之战事。介绍

---

① 传说图密善曾拟为其兄攻陷耶路撒冷时赋诗纪之，故瓦勒里乌斯·弗拉库斯（C. Valerius Flaccus）对韦伯芗演说，《阿尔戈船英雄纪》第 1 卷第 12 行："汝后裔应尽其所能叙述推翻伊杜美斯（Idumes）之故事，其兄沾满索利摩之黑色尘土。"（Versam proles tua pandet Idumen [namque potest], Solymo nigrantem pulvere fratrem. ）

修辞学并加举例之作品(Studiosi)、文法论文讨论有疑问之动词变化等问题。《当代史》31 卷,或自盖乌斯之死至 71 年。另有一书名《自然史》(Naturalis Historia,一译《博物志》)。小普林尼曾以生动之文笔叙述其舅如何分配时间,与蹉跎时光者判然有别。老普林尼黎明前即起,以皇室财政官(procurator Caesaris)身份朝见韦伯芗,然后处理公事。完毕以后,时间尚早,返家致力研究。饭后读书,作摘要及笔记,从无遗漏。浴时或口述,或令人朗读,旅行时秘书常以书籍或笔记随侍在侧。冬日戴手套护手。老普林尼以为"凡不读书之时皆为时间损失"。写作既多,难以顾及文章形式及风格,其作品以量多著称,而非文章质量或批评谨慎中肯。

老普林尼众多作品中,仅《自然史》一书流传。该书系于 77 年献之于提图斯者,凡 36 卷,有序文列出内容目录及所用资料源。序文系以后发表,或由其甥为之,作为第一卷,故今本共有 37 卷。全书对自然科学之研究结果作一百科全书式之叙述,包括物理学、地理学、动物学、人类学、植物学及矿物学等。① 普林尼自知其书枯燥,有时成为细节之列举,乃偶然加以当时流行之修辞式之描写,以增添趣味。介绍不同题目时,常以教训口吻发表一般性之意见,简单明了。普林尼一如塞涅卡及科路美拉,常叹世风日下,反对流行宗教,但并无任何特殊派别之哲学主张。认为宇宙有多神,相信太阳为"自然之主宰与神祇"。

韦伯芗时之主要史家为卢弗斯(M. Cluvius Rufus)及美萨拉(Vipstanus Messalla)。前者为执政官级之演说家,后者亦为演说家,少年时与塔西佗相友善。卢弗斯之作品包括尼禄统治及四帝之年事件,对塞涅卡极无好评,而另一史家法比乌斯·卢斯提库斯(Fabius Rusticus)则称赞塞涅卡之政治事业。美萨拉曾于 69 年任军事指挥官,以亲身经验写成回忆录。图密善时马克西姆斯

---

① 第二卷包括宇宙论(Cosmology),第三至六卷论地理,第七卷论人类学,第八卷论哺乳动物,第九卷论鱼类,第十卷论鸟类,第十一卷论昆虫,第十二至二十七卷论植物学,包括外邦移植进来之植物、果树、园艺、医药植物等,第二十八至三十二卷论医药动物学,第三十三至三十七卷论矿物,对艺术用石及金属,有特别叙述。

(Vibius Maximus)写一世界史。上述诸作皆已失传。演说家中,阿佩尔(M. Aper)为最杰出者之一。法学家则有萨比努斯派(Sabinian)之萨比努斯(C. Sabinus),于韦伯芗时代极具影响力,以及普罗库路斯派(Proculian)之佩嘉苏斯(Pegasus),为一位正直廉洁之法律解释者①。

较阿佩尔更杰出之辩论者,厥为修辞学之教师及科学之学生昆体良(M. Fabius Quintilianus),门下不少西班牙人杰出文学家。公元35年左右生于卡拉古里斯(Calagurris),随侍加尔巴至罗马,不久即以口才知名,成为"罗马公民之光荣"(the glory of the Roman toga)②。与其同乡塞涅卡曾任之职位相同,亦被任为皇室诸亲王——图密善侄孙之教师③。为韦伯芗于罗马设立之第一任修辞学专业讲座,教学极为成功,因以致富④。其巨著《演说术原理》(Institutio Oratoria),凡12卷,为学者自幼至长从事公职之详细指南,有演说家权利及责任之崇高理想⑤。其文未若西塞罗者于相同主题之肤浅,较其他修辞学之技术手册流传更广。昆体良具有严肃独立之判断,文学批评慧眼独具,不为声望及当时流行观念所惑。卑视塞涅卡之风格,反对当时之偏见,独排众议,崇拜西塞罗为模范,被当时低估为演说家。其于评论时倾向于宽大,而勿过严。

昆体良洞悉当时文学之兴趣缺点,形式主义,矫揉造作,及一切堕落现象,并予以宽大开明之责备。当时文人以来自自然界之灵感及对单纯感觉之自然表达为卑劣,"几乎吾人所有言词皆为隐喻。古老、遥远、出乎意外,为当时之风尚"。昆体良常以"放纵"(wantonness [lascivia])形容当时之写作风格,尽管昆体良反

---

① 尤维纳尔,第4首第78行"最神圣之法律解释"(Interpres legum sanctissimus)。
② 马尔提阿利斯,第2卷第90首第1行:"昆体良,罗马之光荣青年,散漫之培训师。"(Quintiliane, vagae moderator summe iuventae gloria Romanae, Quintiliane, togae.)
③ 见上,原书页390。
④ 尤维纳尔,第7首第188行:"何以昆体良有如此多之森林?"(Unde igitur tot Quintilianus habet saltus?)
⑤ 比较第1卷第9节:"但要训练一完美之演讲者,除非其为一好人,否则此人并不存在。"(Oratorem autem instituimus illum perfectum, qui esse nisi vir bonus non potest.)

对,若干人与之相同,当代风格获胜,人们不会回到简单"凌乱之古代",①甚至当第一次冲动反应之后,此辈想到欣赏其卓越。

曾于不列颠征服志留人,其后又为图密善于莱茵河以外建立要塞之弗隆提努斯,塔西佗以之为伟大人物,若非图密善妒其才,将可表现其伟大②,亦为一技术主题之作者。今尚存其二篇,另一篇有部分留存。《战略论》(Strategemata)三卷,说明战略之设计,主要取材于罗马历史,稍晚之作者为之增加第四卷。《论罗马市之供水》(De Aquis Urbis Romae)为97年任水道督造官时所作,于涅尔瓦去世后发表,详细叙述罗马水道之建造与管理。《测量术》(Gromatica)仅存一部分,叙述田地测量。不任公职时,隐居坎帕尼亚海岸③,约卒于公元103年。其功业彪炳,却极谦逊,禁止为其立碑纪念,曾谓"此项费用实无必要,盖若吾人一生值得记忆,则吾人将不朽矣!"

图密善时代另一位技术作家亦值一提,文法学家阿斯佩尔(Aemilius Asper)以其对维吉尔之评论著名,似为一有价值之作,惜仅摘要留存。

弗拉维朝对史诗作者极力培植,目前留存者有多于四篇之英雄诗,其中三篇相当长。瓦勒里乌斯·弗拉库斯于韦伯芗时代开始写作其《阿尔戈船英雄纪》(Argonautica),于篇首为韦伯芗祈福,直至公元90年弗拉库斯逝世之前,尚未终篇,共8卷。美狄娅(Medea)之弟阿普叙尔图斯(Apsyrtus)之死及阿尔戈英雄之返希腊未及写出。原意似欲效《埃涅阿斯纪》(Aeneid)完成12卷,全篇以亚历山大城诗人罗得岛之阿波罗尼乌斯(Apollonius of Rhodes)之《阿尔戈船英雄纪》为基础,而避免其乏味博学表现,着重人物之心理发展,冀收感情及悲哀效果。风格模仿维吉尔,一如佩尔西乌斯(Persius)之模仿贺拉斯,其矫揉造作以致语意晦涩之处亦如佩尔西乌斯,用字则严格如奥维德。

---

① 塔西佗《关于演说家之谈话》第20章"粗糙之古代"(impexam antiquitatem)。
② 见《阿格里可拉传》第17卷,此乃"对一位男士而言,尽量合法方为伟大"(vir magnus quantum licebat)之意义。
③ 马尔提阿利斯第10卷第58首提及与弗隆提努斯在其那不勒斯海湾之别墅中谈文学。

韦伯芗时另一史诗作家为巴苏斯（Saleius Bassus）①，作品无一留存。据云韦伯芗以其诗歌曾赏以厚赐，塔西佗称之为"一最完美之诗人"。同时期尚有马特尔努斯（Curiatius Maternus）写罗马题材之悲剧及希腊提埃斯特斯（Thyestes）之戏剧。

西留斯（Ti. Catius Silius Italicus, 25—101），②仿卢坎之例，以罗马史事为题，作一史诗名《布匿卡》（Punica），叙述第二次布匿战争，凡17卷，留存至今。西留斯循常轨任官，颇受尊敬，但并不杰出。于尼禄去世之年任执政官，其后为亚细亚省长。作为元老，受人尊敬，但对政治无影响力，亦无敌人。退休后，致力于文学，其友马尔提阿利斯谓"现在，赫利孔山（Helicon，诗之灵感源泉）为其论坛"③。西留斯罹恶疾，无药可治，遂于其那不勒斯别墅中绝食而死。

西留斯之《布匿卡》成于图密善时，以阿谀之声调讲："噢！日耳曼尼库斯，汝之功业将超越汝之族人（韦伯芗与提图斯）。"④誉之为较奥菲斯（Orpheus）更伟大之人。同时代之普林尼以其诗为功力多于天赋，此一判断可用于当代大多数作家，其友马尔提阿利斯则以之为"永恒"（eternal, perpetui）⑤。当时诗人类皆与西留斯相似，今日读之则觉索然乏味。内容、文字均刻意模仿维吉尔，毫无新意。西留斯极为仰慕维吉尔之《埃涅阿斯纪》，常以宗教仪式纪念维吉尔诞辰，于那不勒斯时则亲访其墓，以之为庙宇然。尝以维吉尔与荷马并称⑥。《布匿卡》以扎马（Zama）之战西庇阿（Scipio）之胜利结尾，充满爱国思想，然徒有《埃涅阿斯纪》之貌而遗其神。诗中汉尼巴扮演图尔努斯（Turnus）角色，与一幽灵

---

① 尤维纳尔以之为贫困，见第7首第80行"但无论塞拉努斯之光荣及萨利乌斯之挨饿，只要光荣，别无他物，一切皆会发生"（At Serrano tenuique Saleio Gloria quantalibet quid erit, si gloria tantum est）。
② 一般以之为西班牙之意大利卡人，但其友马尔提阿利斯从未以之为同乡，故不可能为该地人。
③ 第7卷第63首第12行。
④ 第3卷第607行：At tu transcendes, Germanice, facta tuorum。
⑤ 西留斯6卷第64行，吾人可推论其同时代人视之为伟大之知名人士。比较西留斯，第4卷第14首第1行："卡斯塔利娅姊妹之荣誉"（Castalidum decus sororum）。
⑥ 第8卷第593行："缪斯之家曼图亚，为不朽诗句飞升至天空，与荷马之七弦琴匹配。"（Mantua Musarum domus atque ad sidera cantu, Evecta Aonio et Smyrnaeis aemula plectris.）

作战,朱诺仍旧扮演反罗马角色。一般史诗之点缀物为表演盾牌训练、梦见神祇、河边作战等等,应有尽有。斯多葛思想之倾向亦显然可见,但与卢坎不同之处,厥为西留斯从不提及政治。谓"彼既不反思现在,亦不后悔过去。旧共和时代之战士不复为彼以前目睹广场与卡庇托之人。彼等已进入神话与半神祇之衰退期。对彼而言,西庇阿乃赫尔库勒斯第二,成就苦功,驯服猛兽,裁判快乐与美德诸神。汉尼巴为传奇故事中之怪物或巨人,似乎消失于烈焰或云端之暴风雨灾难中"。① 与卢坎之对比,反映第一世纪后四十年罗马一般精神之改变,即使斯多葛派圈子亦复如此。至于词句之组织,则如其同时代人同样严格。

图密善时,那不勒斯之斯塔提乌斯(P. Papinius Statius,45—96)亦写作史诗。斯塔提乌斯受其父影响,爱好诗歌,其父曾为诗赞扬69年卡庇托之焚毁,死前曾拟为诗纪维苏威火山之爆发。斯塔提乌斯曾于图密善时三次赢得图密善所设阿尔巴诗歌竞赛之橄榄叶冠,但败于卡庇托林竞赛。其经济状况颇佳,于阿尔巴有一乡间别墅,或为图密善所赐。一贵族凯勒尔(Metius Celer)对之极为赞助,图密善初即位时,斯塔提乌斯作一默剧曰《阿加维》(Agave)②。曾许诺为史诗诵扬图密善对日耳曼之征伐,③或已开始写作,但迄未完成。其作品至今留存三首:(1)最长且最具野心者为《忒拜战纪》(Thebaid),凡12年始成④。《忒拜战纪》叙述伊狄帕斯(Oedipus)二子厄忒俄克勒斯(Eteocles)及波吕尼刻斯(Polynices)互相战争之情形,内容分配极不平衡,前十卷叙述战争之准备,题外话及冗长之演说延长篇幅。而重要经过包括两兄弟之争斗及安提戈涅

---

① 梅里韦尔,第64章。
② 见上第二十一章第三节。
③ 《诗草集》第4卷第4首第95行:"但另一携弓而称之为父者,指示伟大之领导者奥索尼亚人。"(Sed vocat arcitenens alio pater armaque monstrat, Ausonii maiora ducis.)
④ 尤维纳尔《讽刺诗集》第7首第82行中描述其受欢迎之情形:"当斯塔提乌斯令罗马欢欣,订好日期,众人皆争相闻其悦耳之声,及其珍爱之《忒拜战纪》诗句,群众之心为其制造之甜蜜所俘虏,狂喜地听。然而,当其以诗句震惊观众时〔,即会饥饿,除非售其处女作《阿加维》予帕里斯〕。"(Curritur ad vocem iucundam et carmen amicae, Thebaidos, laetam cum fecit Statius urbem, Promistique diem, tanta dulcidine captos, Adficit ille animos tantaque libidine volgi, Auditur.)

(Antigone)之故事,挤塞于最后两卷。第五、六两卷叙述许普西皮勒(Hypsipyle)及阿切莫鲁斯(Archemorus)事。全诗细节描写颇佳,但缺乏对于人物心理之描述及诗之想象。与瓦勒里乌斯(Valerius)及西留斯(Silius)相同,斯塔提乌斯亦以维吉尔为模仿对象,其材料或取之于希腊诗人安提玛尔库斯(Antimarchus)。(2)另一史诗叙述阿基利斯(Achilles)之生平,仅写成小部分,留存至今。《阿基利斯纪》(*Achilleid*)之第一卷叙述特提斯(Thetis)将其子藏于居住斯库罗斯岛之吕科墨得斯(Lycomedes)诸女儿处,以及阿基利斯爱恋戴达米亚(Deidamia),为尤利西斯(Ulysses)所发现。第二卷仅存极短片段,其风格较《忒拜战纪》为明朗。(3)《诗草集》(*Silvae*,或译《森林》)为情境诗(occasional poems)之总集,凡5卷,为斯塔提乌斯作品中最重要者。每诗分别写成,每5—9首诗合成一卷,有一散文序言。其中大部分为六步韵诗,有些为十一音节及沙弗式者(Sapphic meters),几乎全部写于图密善统治之最后六年。第一卷呈献于诗人斯特拉(Stella),其中一首斯特拉及维欧棱提拉(Violentilla)结婚时之祝贺诗(*Epithalamium*)。其他诗篇描写其富友之死亡与诞生、漂亮别墅、豪华浴室及美丽雕像等。一首哀悼其父逝世,一首为对其妻克劳狄娅(Claudia)之田园诗(*Eclogue*),一首祝贺诗人卢坎之生日,对之热烈颂扬。其称颂加图①及以同情语气谈论卢坎诗歌精神之时,显示图密善对著作之检查未若传说中之严格,然其论卢坎纯自文学观点出发。斯塔提乌斯为一宫廷诗人,对于皇帝及其宠幸皆予奉承,颂扬图密善之第17任执政官时,谄媚之处尤其夸张。某次承召侍宴,特别赋诗感谢,对图密善宠幸之童子埃里努斯(Earinus)曾为诗纪其美发。

于斯塔提乌斯诗中可见讽刺诗式(epigrammatic)之倾向,极重词句之塑造,盖讽刺诗为当时风尚,马尔提阿利斯(M. Valerius Martialis,约40—102)其最著者,或谓其诗为弗拉维朝代诗歌之精华。马尔提阿利斯生于西班牙之比尔比利

---

① "加图对自由虔诚承诺,而庞培乃群众之最爱"(Libertate gravem pia Catonem, Et gratum popularitate Magnum),及第4首第7行"著名之歌曲宣扬,庞培及加图相伴"(Et te nobile carmen insonantem, Pompei comitantur et Catones)。

斯(Bilbilis)①,为第一世纪第四位于文学上有显著地位之西班牙人,在罗马居住34年,暮年始返故乡(公元98年)。家贫,似无固定职业,在罗马有一小屋,在萨宾地区之诺门图姆(Nomentum)有一小别墅。提图斯及图密善以其诗歌成就,予以有三子女之特权②。曾为军队指挥官,具骑士身份。马尔提阿利斯对图密善之谄媚尤过于斯塔提乌斯。其赞助人计有埃里努斯(Earinus)、克里斯匹努斯(Crispinus)及帕尔特尼乌斯(Parthenius)等。③尝谓:"勇武之罗马在何人领导下会更公正更伟大?吾人在何元首下可享如此大之自由?"④出其本人口中,即可见其为一趋炎附势随风倒之人。图密善死后,马尔提阿利斯曾谓"恐怖统治已结束"⑤,其言非出于信念,乃出于渴望讨好新政府。其讽刺诗集凡14卷,每卷约百首,多冠以诗歌或散文之序言(如斯塔提乌斯之《诗草集》)。第13及14卷分别以《好客》(*Xenia*)及《送宾礼》(*Apophoreta*)为题⑥,以对偶方式叙述适合农神节宴会主人送给客人带走之礼物(此讽刺短诗之原始字义),其他诸卷则以稍后之词义,短而有重点之隽语。此外又一未列卷数者名《奇观》(*Liber Spectaculorum*)叙述有关罗马之公共表演。马尔提阿利斯以卡图路斯(Catullus)及马尔苏斯(Domitius Marsus)为其讽刺诗之模仿对象。⑦

马尔提阿利斯大部分诗歌主题极为猥亵,尝自云"其作品虽淫荡,其生活则

---

① 见其诗第1卷第62首第12行:"予不沉默,比尔比利斯。"(Nec me tacebit Bilbilis.)
② 见马尔提阿利斯第3卷第95首第5行:"恺撒俩人皆受高度赞扬,奖赏余,并给以三子特权法,给他家族遗产。"(Praemia laudato tribuit mihi Caesar uterque, Natorumque dedit iura paterna trium.)第2首第91行,为向图密善请求确认由提图斯给予之权利。关于此军队指挥官一职,见第3卷第95首第9行"余见到罗马指挥官"(vidit me Roma tribunum)。
③ 马尔提阿利斯第7卷第99首。曾请克里斯匹努斯于图密善之前进读时为之美言(Carmina Parrhasia si nostra legentur in aula),第5卷第6首亦请帕尔特尼乌斯适时将其书进呈御览(Nosti tempora tu Iovis sereni)。
④ 第5卷19首第5行:Pulchrior et maior quo sub duce Martia Roma? Sub quo libertas principe tanta fuit?
⑤ 第12卷第6首第4行"其背脊屈服于恐惧"(Longi terga dedere Metus),比较第11行"艰苦之领导者"(sub principe duro)。
⑥ 见下第三十一章第三节。
⑦ 见第7卷第99首第7行:"不太持久及优雅之卡图路斯。"(Nec Marso nimium minor est doctoque Catullo.)

真诚"(Lasciva est nobis pagina, vita proba est)。其为人实属无行,玷污缪斯,以取悦大众,但天才横溢,其最佳诗歌实极优美。其作品反映当时罗马生活,极具价值,尤其描述其黑暗面。书中提及若干著名文人,如小普林尼、西留斯、斯特拉等,但对斯塔提乌斯及塔西佗全未提及。其讽刺诗中常用假名,如朋提库斯·图卡(Ponticus Tucca)、通吉利阿努斯(Tongilianus)等,仅于称赞某人或谈及无关紧要之事时始用真名。①

帕塔维乌姆(Patavium,今 Padua)之斯特拉(Arruntius Stella)②为斯塔提乌斯及马尔提阿利斯之友。所作爱情诗,灵感来自维欧棱提拉,后与之结为夫妻,化名阿斯特里斯(Asteris)颂扬之。在马尔提阿利斯诗中则名为颜提斯(Ianthis),乃其真名之希腊译文。其讽刺诗之一以颜提斯之宠鸽死亡为题。卡勒努斯(Calenus)之妻苏尔匹其娅(Sulpicia)亦为一情色诗作者,其诗以淫荡著名③。此外图尔努斯亦为一著名之讽刺诗人,值得提及。马尔提阿利斯、斯塔提乌斯及普林尼书中提及众诗人,各有风格,其作品皆已失传,仅留其名而已。

第三节 图拉真时代之文学

据图密善时代作者云,图密善死后文学复兴之说,或有夸大,但史学及演说确曾恢复自由。涅尔瓦无疑对文人极端支持,然在位时间太短,未影响文学。图

---

① 马尔提阿利斯之讽刺诗年代如下:《奇观》及第一、二卷成于图密善早期,87 年以前。第三卷约在 87 年,第四卷在 88 及 89 年,第五卷 90 年,第六卷 90 年底及 91 年初,第七及八卷 92—93 年,第九、十、十一卷 94—96 年。第十一卷在 96 年 12 月,发表时图密善已死。98 年发表第十卷第二次订正本,留存至今。第十二卷或于 101 年发表,第十三、十四卷当于 88—93 年间。
② 马尔提阿利斯第 1 卷第 61 首第 3 行:"阿波纳以出李维、斯特拉及弗拉库斯著称。"(Censetur Aponi Livio suo tellus Stellaque nec Flacco minus.)阿波纳系帕度亚地区,弗拉库斯为一穷诗人。
③ 马尔提阿利斯则称赞其诗之道德倾向,第 10 卷第 35 首:"凡欲取悦其丈夫之女子,应阅读索皮西娅,凡欲取悦其妻子者,应读索皮西娅。"(Omnes Sulpiciam legant puellae, Uni quae cupiunt viro placere; Omnes Sulpiciam legant mariti, Uni qui cupiunt placere nuptae.)

第二十五章　自提比略去世至图拉真时代之文学

拉真一生戎马,并不直接推动知识,但绝不妨碍其进行,对希腊修辞学家狄翁(Dion Chrysostom)尤为优遇。图拉真本人并著有回忆录纪其达契亚战争,其对普林尼信札之答复亦简洁中肯。至于图密善时代流行之私人朗诵文学作品之风,此时却较不显著,或以图拉真时演说家享有更大自由之故。

尤维纳尔(D. Junius Juvenalis),约公元55年生于阿奎努姆(Aquinum)[①]。少年致力于修辞学研究,并于军队服务。81年于不列颠阿格里可拉麾下,充任达尔马提亚军团大队司令官或长官。尤维纳尔生活至哈德良在位时期,似于哈德良时放逐于埃及(135年),是年逝世,享年80。但被流放之说疑问颇多,有若干证据显示民众于剧场当哈德良之面宣读其某些冒犯性诗篇:"看呀!一名演员赞助提供上升之途,较一位君主者更可靠。"[②]哈德良无法惩罚民众,乃以尤维纳尔代罪。

尤维纳尔著有《讽刺诗集》(*Satires*)16首,于不同时间分五卷发表,一如斯塔提乌斯之诗草集,确实出现时间不详。[③] 自云对罪恶与愚蠢之愤怒驱使其写作讽刺诗,"即使本性拒绝,愤怒令余写诗"。尤维纳尔以生动及暗沉色调,常为反抗之写实主义。描绘当时之社会罪恶,人物用假名或属于过去者,尤以尼禄及图密善之时者为多。其诗句尖锐有力,其所设定之道德标准极为近代人士所赞同。若干教士且以之为受基督教启发,实则源于修辞学校,表现得体而有力。吾人不能对其发起进攻当代人之朗读式恶言及尖刻讽刺诗,过于认真。尤维纳尔不在意真实描绘其时代,立即写出产生效果并满足其怒气之讽刺诗。其作品对吾人之价值在于画面之附属部分,使吾人比其他方式更生动理解自图密善以至哈德良时之罗马城市生活。

《讽刺诗集》第一首对当时之愚蠢与罪恶作一般性之描写,形成引言。诗人

[①] 《讽刺诗集》第3首第319行:"罗马你会精神焕发,赶紧去阿奎诺。"(Roma tuo refici perantem reddet Aquino.)其献于出生地之谷神(Ceres)庙碑刻至今尚存,见本章末之附录。

[②] 《讽刺诗集》第7首第90行及以下:Quod non dant proceres, dabit histrio。

[③] 第一卷讽刺诗第1—5首于公元100年以后,第二卷讽刺诗第6首于116年以后,第三卷讽刺诗第7—9首约于120年,第四卷讽刺诗第10—12首约于125年,第五卷讽刺诗第13—16首于127年以后。

以人类整个生活为题,讨论其情感、娱乐以及职业:

> Quidquid agunt homines, votum timor ira voluptas
> Gaudia discursus nostri farrago libelli est. ①

虽不敢直斥当代,却尽可能显示"骨灰已葬于弗拉米尼亚大道与拉丁大道"死者之罪恶:

> Experiar quid concedatur in illos
> Quorum Flaminia tegitur cinis atque Latina.

第二首描写道貌岸然,虚伪哲学家之重大罪恶。第三首描写罗马生活之危险及烦恼。第四首为对图密善之宫廷元老会议(Consilium)之嘲弄,并未讨论国家大事,而为如何烹调献给皇帝那条特大之鱼。第五首描写寄生虫之悲惨生活及其一顿晚餐所忍受之责骂。第六首对当时妇女之时尚、愚蠢及罪恶作夸张之描述,为诸篇中之最有力者。第七首描写文人之奋斗挣扎及穷苦状况。第八首讽刺世家望族以血统自傲,谓"作为特尔希特斯(Thersites)之子,向阿基利斯挥动武器,远胜特尔希特斯本人臣事阿基利斯"。第九首描写当时一般之罪恶。第十首主题为"人类愿望之虚空"(vanity of human wishes)②,看似最佳者却常为最坏者,人不知何者真正对其最佳③,若神祇信其言,则此辈将常被毁。第十一首邀一友享用简单之晚餐,嘲笑餐桌盛行之奢侈。第十二首庆祝朋友远航安返,叙述海上之危险,同时讽刺追求财富者向富而无嗣者献殷勤。第十三首为对卡

---

① 尤维纳尔《讽刺诗集》第1首第81—86行:"人类所做一切,希望、恐惧、愤怒、愉悦、行业,皆融入予之诗篇中。"
② 约翰生博士以此为标题模仿之。
③ "哦!尤维纳尔主人,真实为汝之判决,那首渴求之小民歌,在其想要之冒犯中。"乔叟(Chaucer)之《特洛勒斯及克瑞西德》(*Troilus and Creseide*)第4卷第25首。

尔维努斯（Calvinus）抗议被诈欺10塞斯特斯之事,充满斯多葛道理之告诫。当时此等罪行乃司空见惯,伪证普遍,为此小事而呐喊实属荒谬。此外,小心眼欲报复乃妇人之弱点,吩咐卡尔维努斯任其损友自生自灭。第十四首扩大主题及于儿童学恶习,尤以由其父母之例学得贪婪为最。第十五首篇叙述上埃及温比人（Ombi）与登德拉人（Tentyra）于一温比人举办之宗教宴会上争执,后者被打岔赶跑,其中一人遭温比人捕捉并吞食。① 第十六首概述士兵生活之好处。

第七首颇有趣,对文学史很重要,特别值得注意。大多写于图拉真时代,并增加哈德良时期之介绍,于其赞助下,诗及其他研究皆兴盛。"我等研读之希望与诱因,悉仰赖于陛下。"②然而其后之文人迫于生计,志趣不高。诗人无麦凯纳斯之助,富人故作风雅,借一肮脏又不便之房间给诗人朗诵,派其获释奴鼓掌。最佳之诗人如斯塔提乌斯,须预订舞台以谋生。史家境况较诗人更差,工作更辛劳,收入更少。"孰愿予朗读每日记事者（actuarius）相同之钱?"③修辞学者之收入亦惨,富有之昆体良却为例外。乐师行业获利更大。

图拉真甚少奖励诗文,为其时无杰出诗人之部分原因,尤维纳尔乃一例外。另有两位须提及,卡尼尼乌斯（Caninius）撰写图拉真之达契亚战争史诗;保路斯（Passennus Paullus）象征性地于"普罗佩提乌斯（Propertius）之屋"里④,写作哀歌。

塔西佗

塔西佗（Cornelius Tacitus）为图拉真时期最显著之文学家,世界上最伟大史家之一。其帝国早期史之著作特别受重视,留存至今,为主要权威之作。吾人须感谢塔西佗详细记载提比略、克劳狄、尼禄及其后之内战。如其作品能完整保

---

① 两地相距一百哩,此事未必可能。
② 尤维纳尔,第151行:Et spes, et ratio studiorum in Caesare tantum。
③ Quis dabit historico quantum daret acta legenti? 朗读每日记事者抄写每日记事,大声朗读以娱同伴。
④ 见于普林尼《书札》之表示,第9卷第22号。

存,将为获知自奥古斯都去世至图密善被弑期间之主要入门书。因大部分佚失,故对盖乌斯及弗拉维朝之史,知之甚少。

吾人于塔西佗之生平①,所知极少。塔西佗约生于公元54年,早年研读法律学及修辞学,经历一般之元老生涯,韦伯芗时为军事司令官,提图斯时为财政官,图密善时为市政官、司法官(88年)。任司法官时,亦为十五人祭司团之一,负责保管神谕书(Sibylline Books)。娶阿格里可拉之女,阿格里可拉返罗马后,塔西佗或于90年得行省职位,任下日耳曼省军团长官或比尔吉卡省长,离开罗马4年期间,其岳父去世。涅尔瓦时,公元98年,升为执政官。余生撰写其历史巨作,似卒于哈德良早期。

塔西佗流传迄今完整或部分之作品有五:

1. 最早作品《关于演说家之对话》(*Dialogus de oraturibus*)②,成于公元80年以后。对话发生于韦伯芗第6年(75年),说话者包括当时最有名之修辞学家及文人,包括马特尔努斯、美萨拉、阿佩尔、尤利乌斯·塞昆杜斯(Julius Secundus)等。旨在追溯并解释帝国时期演说术衰落之政治与社会原因,显露同情共和,反对帝制之偏见,亦显示心灵敏锐及言词锐利之技巧,为其历史著作之特点。就形式而言,系受西塞罗之影响。

2. 《阿格里可拉传》(*Life and Character of Julius Agricola*)③,记其岳父于不列颠之征服与统治。写于图拉真在位初年,历史叙述形式显然受萨路斯特(Sallust)于卡提林(Catiline)及尤古尔塔(Jugurtha)历史专著之影响。

3. 《日耳曼尼亚志》(*The Germania*),亦成书于公元98年,若干记述已提及④。同受萨路斯特影响,为经作者研究多年之历史巨著之部分,但此时以单独形式出版,恰巧与图拉真于莱茵河之功业同时。塔西佗叙述日耳曼尼亚地区之

---

① 其首名不确知,或为普布利乌斯(Publius)。无理由认为其出生于因特拉姆纳(Interamna)。
② 有否认其为塔西佗著作者,但今多承认之。
③ 见上第二十二章第一节。
④ 见上第二十三章第二节。

风俗习惯与社会制度,对比日耳曼蛮族简朴与罗马文明腐败,例如"此地良好风俗远较别处良好法律为有用""于彼地无人嘲笑恶习"等。① 但如假定本书所写某些人所为系抨击罗马,则属荒谬。

4.《历史》(*The Historiae*)约 12 或 14 卷,写于图拉真之时。涵盖由加尔巴即位至图密善去世,不幸仅存前 4 卷及第 5 卷之部分,记载公元 69 至 70 年之事件。由于其后诸卷遗失,吾人对弗拉维朝情形仅知片断。因作者系当代人写当代事,此损失殊为可惜。

5.《编年史》(*The Annals*)(标题"自神圣之奥古斯都去世")亦成书于图拉真之时,约公元 115—117 年间出版。包含奥古斯都至加尔巴之间事件(公元 14—68 年),资料按年代编排,每年所有不同事件(除少数例外)并置,作者自定义书名为《编年史》。第 1 卷至第 6 卷叙述提比略之统治,第 5 卷大部分遗失。第 7 卷至第 10 卷及第 11 卷之部分,包括盖乌斯及克劳狄前期全部遗失。第 12 卷至第 15 卷及第 16 卷之部分,叙述至公元 66 年,皆保存。后面遗失,故原作总卷数不确定。

塔西佗尚有更多历史著作计划,但未实现。若天假以年,将追溯《编年史》自奥古斯都元首制,并延续其《历史》至涅尔瓦及图拉真时期。此等设计如获实现,其著作将可涵盖整个帝国时期直至图拉真去世。

塔西佗于著作中表现其政治倾向,虽增加文学趣味,却有损其历史价值。塔西佗持贵族政治观点,同情共和时期之元老院,不喜帝制。尽管其常识令之承认帝国乃必需,仍厌恶亲眼所见图密善晚期之事。认为由于众神之怒而反对罗马帝国,是场灾难。其历史著作责难帝国,由最坏之角度看待每一事件,即使并非有意误解。吾人已见塔西佗如何以日耳曼尼库斯衬托提比略,以科尔布洛衬托尼禄。在其眼中,皇帝侵犯元老院之功能为犯罪,认为罗马世界仿佛处于奴役状

---

① 第 19 章 "Plus ibi boni mores valent quam alibi bonae leges" 及 "Nemo enim illic vitia ridet"。如此抨击罗马,几见于各章。

态。另一方面,塔西佗轻视普里斯库斯诸人空谈自由,追求殉道;视帝制为必须,制定吾人应"为好皇帝祈祷,并容忍既得各种皇帝"之原则。①

与塔西佗偏好元老院有关者,为其偏好罗马与意大利之成见。塔西佗容忍行省,但对之无兴趣,且于其在帝国应有其合理需求,毫无概念。著作中评价皇帝之工作,对其省政之特点,分量极少,视罗马之混乱影响全国,远较地方事件重要。以此狭隘并旧式之看法,无法见到并思考对帝国真正重要者,而作出敏锐之观察。影响其历史著作之另一方面,更令人不悦。塔西佗忽略地理细节,对不列颠、日耳曼、亚美尼亚或色雷斯等战事,其含糊叙述无法于地图上跟踪。塔西佗一如李维,很少注意历史研究,对著作形式之关注多于事件本身。其历史著作之军事部分,通常判定为不可靠。

尽管有诸多缺失,塔西佗常被认为最伟大史家之一。主要由于其卓越之艺术家风格,为加强影响,其写作牺牲事实,迁就艺术。其于提比略之描写即以牺牲史实为代价,以达于文学之大成就。其作品富于警句,以敏锐而犬儒式之观察,显示重大之心理洞识。其许多成语已广为征引,如"所有未知者皆神秘"(omne ignotum pro mirifico),"人离愈远,愈受敬重"(maior ex longinquo reverentia),等等。其形式简明,但常冷漠无热情或激辩,对其与同时代人之接触点,应予观察;其目击社会堕落苦难,为说教而作,类似尤维纳尔,其喜好讽刺警语,显示属于同时代宫廷诗人马尔提阿利斯之品味。②

小普林尼

小普林尼原属意大利波河以北科莫姆之凯基利乌斯(Caecilius)家族,父为 L. Caecilius Cilo,在被收养前,其本名或为 P. Caecilius Secundus③。18 岁时逢公

---

① 《历史》第 4 卷第 8 章。
② 塔西佗历史著作之主要来源为:每日纪事(Acta Diurna)及元老院记事录(Acta Senatus);阿格里皮娜及科尔布洛之回忆录;老普林尼、克路维乌斯(Cluvius)、法比乌斯·鲁斯提库斯(Fabius Rusticus)、西森纳(Sisenna)、梅萨利亚(Vipstanus Messalia)。
③ 较早时期应为 C. Plinius Secundus Caeclianus。

元79年维苏威火山爆发,故约生于公元61年。童年时科莫姆无学校,但受良好教导,14岁写一出希腊悲剧。其父去世后,由卢弗斯(Verginius Rufus)监护,随即被送至罗马完成教育,从昆体良习修辞学。其舅老普林尼(C. Plinius Secundus)对其学习与未来生涯影响甚大,79年卒于考察致命之维苏威火山爆发。时小普林尼与母住其舅于米塞努姆之家。依舅父遗嘱被收养,进入普林尼家族,用C. Plinius Caecilius Secundus之名①,通称小普林尼。80年,初次于尤利乌斯会堂百人厅前从事辩护。82—83年,受任命为奥古斯都规定于司法官控制下十人法庭之判案法官,之后担任第三高卢军团军事司令官,驻叙利亚。返罗马受任为罗马骑士之官员②,直至或于89年为财政官。91年12月10日为保民官,93年升任司法官,皇帝免除其受公职候选人最低年龄法(Lex Annalis)之时间间隔要求。在元老生涯快速升迁中,获前监护人卢弗斯支持。此时普林尼成功帮助起诉贝提卡省长,但此举似伤及其受图密善之关爱。此暴君之死对小普林尼而言为解脱。当时已获任命军库之长官,涅尔瓦时擢升国库之长官。小普林尼专注此类职务,退出法庭辩护,100年勉为其难地为阿非利加省民对省长马里乌斯·普里斯库斯(Marius Priscus)勒索案之控诉作辩护,控诉者成功,马里乌斯被判有罪。图拉真升小普林尼为该年9月与10月之执政官。就职首日,按例发表对皇帝之感谢《颂词》(Panegyric),仍然保存,尽管从文学观点并非重要,却有重大历史价值,因记载图拉真即位初期之措施。翌年,再次处理省民反对省长压迫之事,承担贝提卡反对省长克拉西库斯(Classicus)之案。之后,接受占卜官之荣誉,放弃财政工作,重返辩护人之职,并担任台伯河及市水道监督官(curator alvei Tiberis et riparum et cloacarum urbis)。成功处理104及106年发生于比提尼亚之两大案件,因而获任该省总督(或于111年)。卒年不详,或于115年之前。小普林尼结婚3次,但无子嗣,然而图拉真赐以"三子特权法"。

---

① 较早时期使用C. Plinius Secundus Caecilianus之名。
② 见上第三章第四节。

小普林尼生涯之重要在于显示一名意大利或行省公民如何晋身国家最高职位，其书札亦重要，说明一位开明又慷慨之罗马绅士之生活、意见与感情。但普林尼既非大作家，亦非大政治家。彼能善尽元老一般职责，为一热心之读者，细心而愉悦之作家，但无理念。普林尼富有而自由，资助昆体良及马尔提阿利斯；提供科莫姆一学校之需要，支付一名教师 1/3 薪水，以 100 万塞斯特斯（8000 镑）为其乡梓建一公共图书馆，供给贫童 50 余万塞斯特斯生活费用。其书札证明其为一热忱之朋友、钟情之丈夫、仁慈之主人，经常期望做正确之事。

小普林尼之《书札》包括：(1) 书信 9 卷，写于 97—109 年，(2) 与图拉真之通信（主要为比提尼亚时期），样本前已述及。关心各种主题，显示作者特性及与其友最有利之关系。普林尼颇为自负，但甚坦诚，为出版而作，故未若其自称以西塞罗为模范之书信清新与直接。普林尼怀有为后世记得之大欲，故《书札》中颇有自我意识。

塔西佗与小普林尼交情甚笃，普林尼信中记一故事。某次车赛中，塔西佗坐于某不知其名者之旁，与之交谈。某人问塔西佗："汝为意大利人或省民？"塔西佗曰："从汝之阅读，汝知予"。某人问："汝为塔西佗或普林尼乎？"

除了普林尼之《颂词》为当时流行之修辞式样范例外，另有一弗洛鲁斯（P. Annius Florus）对话之片断，题为《维吉尔为演说家或诗人？》（*Virgilius orator an poeta?*）。弗洛鲁斯生而为非洲人，于图密善时参与卡庇托林竞赛，据其自称不公平而未获冠，乃离罗马旅行，定居塔拉哥，为一生活于图拉真时代之文人。其后返回罗马，与哈德良皇帝交换诗句①。弗洛鲁斯亦为诗人，其名下有若干小片断诗作传世。

西吉努斯（Hyginus）关于土地丈量法律之作品，仅片断留传。弗拉库斯（Siculus Flaccus）《论土地之境况》（*De Condicionibus Agrorum*）、卡佩尔（Caper）与隆古斯（Velius Longus）论正字法（orthography）之书，亦属此一时代，一并提及。

---

① 通常认为弗洛鲁斯为此对话之作者，见下第二十九章第一节。

第四节　希腊文学

犹太人于希腊化世界之重要性渐增,由第一世纪两位著名最重要之希腊作家,属于希伯来人,其作品流传迄今可知,即史家约瑟夫斯(Flavius Josephus)及哲学家斐洛。

约瑟夫斯于前述尼禄及韦伯芗时代犹太人叛变之故事中,已经提及。公元37年,生于一显著之祭司家庭,母系家属马可比(Maccabees)王室,宗教方面倾向于法利赛派。63年,约瑟夫斯初访罗马,为其国人辩护,经由波佩娅之影响,成功达到目标。其与犹太人最后为独立而奋斗之关系,前已述及。受韦伯芗宠爱,从此住于罗马,写其史著,旨在使希腊人熟悉犹太人之历史与特点。1. 其最有名与最重要之著作为《犹太战争》7卷,具有当代人目击、参与当代事之价值。约瑟夫斯虽为犹太人,能见到罗马人与犹太人双方之问题。其书以希伯来文写成,后译为希腊文。2. 其《犹太古事记》(*Jewish Archaeology*)20卷,为从创世至尼禄时代之更大部头作品。较后部分因述罗马帝国早期诸帝史而极有价值,第18卷为最早提及基督教创立者之文学。3.《约瑟夫斯自传》(*Life of Flavius Josephus*)。4.《斥阿皮翁》(*Against Apion*)2卷,抨击反犹太人之亚历山大城之文法学家,于犹太使团见盖乌斯时曾攻击之。5. 论文《论理性之主权》(*On the Sovranty of Reason*)。

亚历山大城之斐洛,犹如约瑟夫斯,亦出现于政治史及文学史中。公元39年,任亚历山大城使团之一,觐见盖乌斯,并留下纪录。作为哲学家,斐洛为最早试图结合希腊与犹太哲学思想为一哲学体系者之一。一方面以摩西(Moses)之口,说苏格拉底(Socrates)之语,另一方面由摩西之资料得到柏拉图(Plato)、赫拉克里特(Heraclites)及其他希腊哲学家之观点,以隐喻解释《旧约》(*The Old Testament*),但其著作主要灵感得自柏拉图,由柏拉图著作中,发现更多柏拉图曾梦想所及者,为新柏拉图派之先驱。

普鲁塔克(Plutarch)约公元46年生于凯罗尼亚(Chaeronea),就读雅典大学。于韦伯芗时代任其出生地之代表赴罗马,于帝国宫廷有影响力。图拉真赐以执政官等级,指示亚该亚省长用之为咨询。尽管普鲁塔克于罗马甚受恩宠,并未诱使其离开过着快乐家庭生活之故乡,终享遐龄。① 普鲁塔克与贝奥提亚(Boeotia)之关联是其特点,贝奥提亚之两大诗人赫西俄德(Hesiod)及品达(Pindar)对普鲁塔克常有特殊魅力,全神贯注于教学、演说及撰写历史与哲学著作。

其历史著作包括《希腊罗马名人传》(*Parallel Lives*),46位伟大希腊罗马政治家成对并列之传记。② 除了《格拉古传》,每卷皆以一希腊人与一罗马人并列,如此将希腊史与罗马史并排,自然满足帝国下之希腊人,承认其征服者与自己民族之伟大。如此双人列传乃罗马传记家聂波(Cornelius Nepos)所订之例。某些情况如德摩斯提尼与西塞罗、亚历山大与恺撒,乃属明显之比较,其他如皮洛斯与马里乌斯之对比则较不显著。大多情况为普鲁塔克叙述传主生平后,增加说明二人同异之点。除了二人合传外,有4篇单独传记:阿尔塔薛西斯(Artaxerxes)、阿拉图斯(Aratus)、加尔巴与奥托。普鲁塔克于编纂此历史画廊里,较少发现并关联确实发生之事,更着重教化读者与提倡美德。普鲁塔克尚无历史批评之概念,而长于伦理探究,热爱有道德观点之轶事,结果使其传记或为至今最广为流传之古代史。

---

① 普鲁塔克于哈德良在位第3年时仍健在。
② 特修斯,罗慕路斯;吕库古(Lycurgus),努玛,梭伦(Solon),普布利可拉(Valerius Publicola);地米斯托克利,卡米路斯;伯里克利,法比乌斯;阿基比亚德斯(Alcibiades),科里奥拉努斯(Coriolanus);提莫雷翁,保路斯;裴洛皮达斯(Pelopidas),马尔凯路斯;阿里斯提德斯,加图(Cato Major);菲洛波门(Philopoemen),弗拉米尼努斯;皮洛斯(Pyrrhus),马里乌斯(Marius);吕桑德(Lysander),苏拉;客蒙,卢库路斯;尼西亚斯(Nicias),克拉苏;尤米尼斯(Eumenes),色托里乌斯,阿格西劳斯(Agesilaus),庞培(Pompey);亚历山大,恺撒;福吉翁(Phocion),小加图(Cato Minor);阿吉斯(Agis),克莱奥美尼(Cleomenes);提比略·格拉古(Tiberius Gracchus),盖约·格拉古(Gaius Gracchus);德摩斯提尼,西塞罗;波利尔塞特斯(Demetrius Poliorcetes),安东尼;狄翁,布鲁图斯。

普鲁塔克之其他作品包括许多探讨各种主题之论文,主要为伦理者,辑为《道德论集》(Moralia)。其中提及"柏拉图问题";反对斯多葛派、伊壁鸠鲁派、迷信之争论性小册子;企图解释伊西斯(Isis)及奥西里斯(Osiris)之神话;大量道德主题之教导,例如"美德可教""幸运""愉快"等;一篇研讨月球表面之物理学论文;一篇讨论"老人应否参与公共生活"之问题。文学问题,可于《希罗多德之蓄意》(The Malice of Herodotus)及《阿里斯多芬与米南德之比较》(A Comparison of Aristophanes and Menander)中见之。其论《音乐》(Music)之对话,对古代音乐及格律史颇为重要。普鲁塔克著作中最吸引人者或为《飨宴》(Symposiaca)9卷,包含讨论餐桌谈话形式之各种主题,场地常改,飨宴或于雅典,或于罗马,或于作者家中。讨论问题有缪斯之数目、树木之接枝、最适合餐桌娱乐之形式、犹太人禁食猪肉等。

另一与普鲁塔克同时之希腊散文家为比提尼亚普鲁萨之狄翁(Dion),绰号"金口"(Chrysostomos)者,以能言善道得名。狄翁于韦伯芗时至罗马,受图密善疑忌,逐离意大利,退休至黑海北岸,于遥远之古希腊殖民地鲍里斯提尼斯(Borysthenes)之奥尔比亚(Olbia),热情流传荷马之地,过旧式生活。此地希腊文明常受斯基提亚人威胁,狄翁于《论鲍里斯提尼斯》(Borysthenic Discourse)一文中,予以有趣之记载。涅尔瓦时被召回罗马,其后返故乡普鲁萨,曾得图拉真给予若干特权而有影响力。狄翁虽跻身诡辩家之林,实为一修辞家。① 不似一般诡辩者之牺牲思想以求表现,狄翁为较有深度之思想家,倾向于斯多葛派,间或抨击乏味之诡辩形式。其论著传世者有 79 篇,许多极有趣。《亚历山大城篇》(Alexandrina)攻击亚历山大城之奢靡生活、《奥林匹亚篇》(Olympica)借由菲迪亚斯(Phidias)之口,叙述并解释雕刻家于奥林匹亚之宙斯巨像。于其《论王政》四篇中,描绘图拉真之恩泽,为理想君主之统治。最愉悦论文之一为《优比

---

① 后世列举帝国时期十诡辩家,模拟阿提卡十演说家。狄翁为十人之一,阿里斯提德斯(Aristides)、赫罗德斯(Herodes)、菲罗斯特拉图斯(Philostratus)亦在其列。

亚篇》(*Euboica*)，叙述优比亚荒凉地方二农家之田园生活，与城市生活呈对比。狄翁志在以纯粹之阿提卡语写作，其主要模范为柏拉图及色诺芬。

附录及插图

尤维纳尔于阿奎努姆之铭文

尤维纳尔献于其出生地谷物女神庙祭坛之铭文如下：

[CERE]RI SACRVM

[D. IV]NIVS IVVENALIS

TRIB. COH. DELMATARVM

II. QVINQ. FLAMEN

DIVI VESPASIANI

VOVIT DEDICA[VITQ]VE

SVA. PEC.

（达尔马提亚军团第一大队指挥官尤维纳尔，神圣韦伯芗之祭司，以其赀财献祭。）

即：Ceceri sacrum De imus Junius Juvenalis Tribunus Cohortis Delmatarum, duumvir quinquennalis, flamen divi Vespasiani, vovit dedicavitque sua pecunia.

作为正规军团大队之长官，而非指挥官，吾等确实发现第一达尔马提亚步骑兵辅助军之大队，对铭文提及之指挥官是否为长官之误受到质疑。

尤维纳尔放逐至苏格兰之故事，似起于与一在不列颠军事服务之年轻人混淆。

（史称）塞涅卡
（来自那不勒斯博物馆之半身雕像）

第二十六章　哈德良之元首制(117—138年)

第一节　哈德良之即位与其统治之特色

哈德良之即位

图拉真虽于其晚年从事伟大之东征,却未曾为元首制之继承预作防范,而收一养子。但自多种青睐已明示其欲亲戚哈德良(P. Aelius Hadrianus)为继承者。或许自信来日仍多,图拉真欲尽量延迟收养之举,以免分最高权力于他人。或亦认为即使未有常见之收养措施,哈德良之继承应有充分把握,而任元老院无任何明显约束选一非奥古斯都或恺撒之子为元首。的确无甚理由假设图拉真自己未决定其继承人,而盼望于征安息时考验可能候选人之功绩。图拉真于哈德良已显示其

哈德良(来自大英博物馆半身像)

喜爱,如欲另择他人必引起内战,不可能未曾预见此种结果。无论如何,图拉真临终前不曾于此重要问题正式宣告其意。哈德良之热心支持者普洛提娜似诱使垂危之帝临终签署一"收养书",或至少显示其同意此举。但当时报导此一同意为普洛提娜设计之虚构故事。无论真假,书信于8月9日,图拉真死讯传抵前两日,抵达时在安提阿之哈德良,无疑表现图拉真之真正愿望。

哈德良家族原属皮凯努姆(Picenum)一自治市哈德里亚(Hadria),但已定居意大利卡之罗马殖民地。其父哈德里阿努斯·阿菲尔(Hadrianus Afer)乃图拉真之堂兄弟(见下页世系表)。哈德良于76年1月24日出生于罗马。早期开始一般公务生涯,服务二十人团之后,成为军团司令官。图拉真在位时,于101年晋升为财政官,105年为保民官。皇后普洛提娜对哈德良表示显著喜爱,经由其影响,哈德良得与图拉真之姊马尔奇亚纳之外孙女萨比娜(Julia Sabina)结褵。图拉真无子女,此联姻自有意义。第二次达契亚战争中,哈德良统率一军团,以其服务获帝赐得自涅尔瓦之钻石指环。哈德良于适当时间成为司法官,于108年获选为候补执政官。约于其时获派为下潘诺尼亚总督。素拉(Licinius Sura)逝世后,其对图拉真之影响力无疑增加。哈德良参与东征,于117年获任叙利亚总督,于皇帝不在时具特别之军事指挥权;同年为第二任执政官。

哈德良于接获图拉真死讯时,许军队以赠与平常双倍之金额,得此辈支持,宣誓效忠。继书一谦逊信函至元老院,以图拉真养子身份要求元老之认可,为于元老院选其为帝前已得军队承认之不合宪法之行动道歉。虽有许多元老反对哈德良,并无反对其要求之组织;其有礼信函产生良好印象;及时赋予属于元首之多种权力与头衔。①

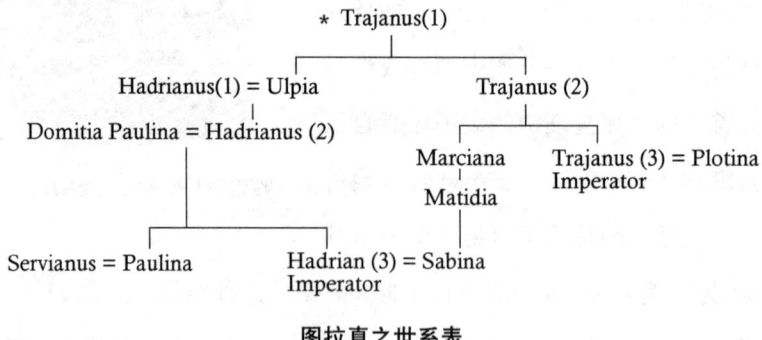

图拉真之世系表

---

① 其头衔为:Imperatori Caesar Divi Trajani filius Divi Nervae nepos Trajanus Hadrianus Augusto pontifice maximo tribunicia potestate consul。

第二十六章　哈德良之元首制(117—138 年)

哈德良之学养

哈德良幼时或于雅典学习希腊文学,显露倾心希腊生活及思想,且有"小希腊人"(Greekling)之谑称。但其对非罗马事物之兴趣有远逾于希腊者。其为东方古代遗物、神秘及浪漫事物所吸引,好奇地研习东方哲学与宗教。哈德良实为一世界主义者,喜置身于汇集各种种族、信条与制度之罗马帝国复合体内。其显然易受新思想影响,必不耐罗马贵族之狭隘偏见。可想而知,如此人物不可能赢得元老院之同情;贵族虽于其在世时必须掩饰其感觉,于其去世后即以毁谤显示其反感。其性格之特色为某种不息之好奇心,欲见所有想见者,知所有未知者,做所有能为者。其遍访帝国各行省,非仅为行政长官,更似游客。写诗作画,熟悉哲学中所有体系,格外爱好打猎之刺激。此种"搜奇"之性格,显示于其众多半身像之面部表情上。① 头部略弯,似捕捉每一声音;目与口暗示决意不放过任何事物之有才智者之迅捷与活泼。脸形非罗马式亦非希腊式。皇帝半身像陈列馆中,哈德良像为首先有须者。或曰蓄须以遮掩伤疤,或为"小希腊人"之特征,无论如何,成为皇帝外观之新式样。哈德良有其缺点与怪癖,以及引人注目之特质。作为政治家及思想家,虽采取广阔观点,仍未能免于小野心;虽显著宽容,对自身业余从事,但对有同样追求者之功绩,却不免嫉妒。哈德良猜疑而不信任周围之人;自然无法激发其信任及好感。修辞学家弗隆托云其视哈德良为需调解之神,而非可爱之人。

哈德良政治才能之特质

哈德良为一能干之政治家,但绝不具卓越天才,实则其时天才无用武之地。令哈德良之统治如此杰出及独特之原因,乃其自身具体表达之环境及其代表之

---

① "探索之好奇心"(Curiositatum omnium exploratory),特尔图良(Tertullian)语。"总在各种方面"(Semper in omnibus varius),斯巴提安(Spartian)语。梅里韦尔适当评论哈德良与其时其他伟大人物:"吾人怀念其能结合目标与统治思想之所有能力,以提升人才成为天才。"

当代趋势,此等趋势显露且发展于其政策中。一时代最典型之人,罕为命运选为君主,哈德良即为一例;其统治由此巧合产生之许多特殊重要性。哈德良非军事帝王;此与其时代有关。罗马世界需要和平与休养生息;人民不渴望征服;图拉真之军事政策无论自理论观点上看有多合理,无论真有几分需要,与其时代精神却不协调。于此方面,哈德良自始即明确表示立场。当政第一项重大作为即放弃图拉真兼并之三东方行省:亚美尼亚、美索不达米亚及亚述。新皇帝从而宣告其视图拉真之东征为一大错误,明确放弃向东扩展帝国疆土,且重现奥古斯都之政策。或可质疑放弃美索不达米亚及亚述时,保留亚美尼亚,较为明智。总体上反对图拉真之战争政策或令哈德良之反应太偏颇。甚至称哈德良企图放弃达契亚,果如是,起码明智地打消此念。达契亚中居住大量罗马殖民,远不同于幼发拉底之外尚未有罗马殖民地之兼并领土。放弃图拉真另一新省阿拉伯,则无异议。

标志哈德良统治之新思想

哈德良最初之作为定下其统治之基调,开创罗马世界空前绝后近半世纪享受和平幸福措施之非凡时期。人民大致有意识地渐觉人非为国而生,但国乃为人而造;哈德良之政策表达且实现此想法。图拉真曾企图以扩展帝国疆土以及军事之光荣为目的本身;哈德良则视防御边疆及维护军队为其人民繁荣之工具。哈德良充分认可必须维持强大之军力,于需要时有作战能力;并致力于革新军事服役。哈德良对行省之兴趣与对国家之看法紧密连结,同时具其世界性趋向之特色。行省福利之重要性已为恺撒所了解,且一直为帝国之政治原则。但哈德良较其任何前任皆更彻底同情省民,且真实认为行省非为罗马及意大利而存。哈德良于帝国任何非罗马之处均更自在,在位二十一年期间,身居意大利土地之时间不到三分之一。哈德良认为统治者自身熟悉各省事务为健全行政所必需;穿梭游历行省乃其统治独特且显著之特色。其另一伟大事业乃文官制度之创建。

为哈德良开创,其后两任继承者延续之和平繁荣时期中,实现一对帝国及世界之未来具深远影响之重大社会及精神之变迁。过程沉默,吾人几乎不察;但结果清晰。人道之原则广受认同,与罗马之排他性相反;世界主义之精神普及世界,已为基督教之传播作准备。此新精神于罗马之权力有损,但对欧洲未来之发展有利。它有助于帝国之倾颓,但亦为古代转型至近代世界之开端。哈德良为此新精神之首要代表。

第二节　哈德良之游历行省、军事改革

哈德良之整治东方及返罗马

哈德良于117年末之数月忙碌于整治东方事务。如前述让出图拉真征服之地,放弃帕塔玛斯帕特斯之事业,并承认科斯罗埃斯王,遂解决安息问题。欲保留新征服之地则须增兵,以帝国之财政情况则须加税。再者,于图拉真之军事统治下,对内部行政缺乏注意。仅此等考虑即可充分鼓励哈德良采纳与其前任迥异之政策。帝国边陲发生动乱之报告抵达,更使哈德良觉察扩展疆土之危险。极北之不列颠人、多瑙河上之萨尔马提亚人、西方之摩尔人均有反叛迹象;巴勒斯坦及利比亚之犹太人兴起,尚未完全镇压,足为东征之负面评论。哈德良或亲至巴勒斯坦及埃及,以加速其干将图尔波对犹太反叛之镇压;指派卡提利乌斯·塞维鲁(Catilius Severus)为叙利亚总督;哈德良为元首前曾任此职。哈德良免除路西乌斯·奎埃图斯(Lusius Quietus)犹太总督之职,遣其至故乡毛里塔尼亚平乱。但路西乌斯丝毫不倾向新帝,不喜政策之改变,不出力平乱,甚或鼓励之。无论如何,哈德良认为须遣已抑制犹太人之图尔波前往镇压摩尔人;吾人得知其"解除路西乌斯·奎埃图斯之武装"。

哈德良于118年初经伊利里库姆至罗马。受到元老院亲切迎接,亲自重申前以书信表达之敬意。元老院授以"国父"之衔,但哈德良以奥古斯都于在位晚

期始接受此衔而拒绝;至128年方受之。庆祝图拉真安息之胜利,凯旋车上载大行皇帝之像。

阴谋之发现与抑制

哈德良未留罗马多时,即赶赴多瑙河以迎萨尔马提亚人之入侵,离开期间,其帝位受到牵连四位要人阴谋之威胁。领导者为执政官阿维迪乌斯·尼格利努斯(Avidius Nigrinus),皇帝似特别偏爱之,甚或打算选为帝位继承人。除另一执政官普伯利利乌斯·凯尔苏斯(Publilius Celsus)外,军事名声崇高之二武官亦参与密谋,一为阿拉伯征服者帕尔马,一为于毛里塔尼亚已显示不忠之奎埃图斯。二将军之牵连暗示军界对新帝之和平政策不满。阴谋者之意图乃于哈德良狩猎或祭祀时杀之。但密谋遭发现,元老院下令处死四阴谋者,以示其热诚与忠心。消息传至哈德良,乃将多瑙河边疆事务委诸其信任之官员图尔波,赶返罗马(8月)。处死犯人之举不得民心,哈德良引以为憾;元老院行动虽未曾事前咨商,哈德良却受指责。为平息此事招致之惊惶,且显示恐怖主义非其统治政策,哈德良自动发誓将如同图拉真,绝不判元老死刑。

次年,哈德良似致力于罗马及意大利之内部改革。于119年为第三次且最后一任执政官,同年游经南意大利。121年4月21日为罗马及维纳斯神庙(Temple of Rome and Venus)奠基后,哈德良开始其第一次行省之大游历。打算离开相当时间,须将罗马之控制付予可信任者。城市之安全在禁卫军指挥官之手。哈德良对其继位时任职之两大队长阿提阿努斯(Attianus)及西米利斯(Similis)不完全信任。阿提阿努斯于哈德良继位之紧要关头受疑是否予以支持,由此可证其冒昧;而西米利斯则为自有主意之人。二人即遭黜,改委图尔波及克拉鲁斯(C. Septicius Clarus)。

哈德良之巡行行省

哈德良有两次行省大巡行。第一次始于121年春,终于126年底返罗马。

第二十六章 哈德良之元首制(117—138年)

第二次始于129年春,终于134年初返罗马。哈德良第一次之旅,几游历帝国东西部所有行省。第二次则仅访东方。此或由于犹太人叛变爆发,哈德良折返西方时(131—132年),重回犹太;其第二次长离罗马,此刻不再为行省之旅。除此二次大旅游外,哈德良于其间曾访非洲诸省作小旅游(128年)。

哈德良首次巡行之准确路线并不能全面确定,但似如下。于行经高卢东部且或访卢格杜努姆后,继至上日耳曼省,从此沿雷提亚及诺里库姆北疆进入潘诺尼亚。回程无疑经由不同路线,穿过诸此行省,再抵莱茵,继至下日耳曼,穿过巴塔维人之地,渡海至不列颠(122年)。滞留数月后返高卢,旅经该地之西方区域而至西班牙,访其地之塔拉哥。摩尔人之叛导致哈德良访毛里塔尼亚,虽或并非其计划之部分,从此处至非洲,或亦至利比亚。渡地中海至小亚细亚,初访沿岸城市,继而历经内陆至幼发拉底(123年)。自黑海沿岸而返,穿过本都及比提尼亚,横渡进入色雷斯,自此向前经马其顿,继抵伊庇鲁斯及色萨利。125年秋,哈德良抵雅典,于此地度过冬季与来春,夏访伯罗奔尼撒,由此处取道西西里返罗马(126年)。

哈德良以再度访雅典开始其第二次巡行,于其地过冬(129—130年)。继而航行至小亚细亚南岸,于卡里亚(Caria)或吕基亚登陆,行经皮西底亚及西利西亚,入叙利亚,于六月抵安提阿。是夏哈德良访帕米拉、犹太及阿拉伯,于秋季至埃及,停留大半年,131下半年返叙利亚,从此处向西方出发。此时为犹太人叛变所召回,征战两年。

皇帝巡行对省民不免烦累且耗费,但无疑有助属地之繁荣。皇帝亲见各省之情况与需要,及各地对于帝国他处关系确切之重要性。吾人无法回溯哈德良于所访之地所有改革弊端,或促进所至地区之经济利益。但知其如何努力确保和平发展不可或缺之条件,即帝国对抗侵略者之安全设施。哈德良从未忽视此目标。其作准备之关注显示于二者:(1)于军队及军事系统中引进若干至关重要之革新;(2)较前诸帝更持续发展以人工手段防御边疆之方法。

军事改革

哈德良之军事改革深入最微小之细节,可视其为后期帝国军事系统之创始者。其变革影响战术及纪律。

战术上最重要之改革乃方阵之引进,非全然马其顿之方阵,而为改进之形式。取代老式军团战阵之必要性,似于近期作战中证实。哈德良指示所有军官仔细研究野蛮人之战术及武装,包括东方之安息人及亚美尼亚人、多瑙河外之萨尔马提亚人、不列颠之凯尔特人,亦引进东方盔甲及重装备骑兵。其巴塔维军队训练精良,可全副武装游泳渡河。① 军事器械亦作改良,以利军队快速行动。

哈德良发现军营纪律退化,乃极力重建军纪,较以往更严格。增加百夫长数目,仅任命身体强健,品格优良者。未成年者不得为军团司令官。难得允准休假,除去营中任何对军士可能有削弱影响之事物。哈德良尽管严厉,但极为军士所喜,终其承平之治,从无兵变。皆因哈德良视察军营时与兵士一齐操练,同甘共苦,每至军营,从不要求其自身未准备承受之艰苦。其衣着极简单;其餐食为猪油、奶酪及酸酒,与军士者同样朴素。行军于卡利多尼亚雪中或埃及之烈日下,哈德良不着帽且全副甲胄或步行或骑马,从未乘车。哈德良关心军队生活之每一细节,尝每日视察军中医院,注意军需部,检视军士之武器、衣装及行李。钱币上每见其对军团演说之像。于非洲之拉姆白西斯(Lambaesis)所建新营之处,其中将军营帐(praetorium)犹存,发现一底座,上刻其对第三奥古斯都军团之演说辞。哈德良赞誉军士于最艰难操练之表现,其演习战及其他成就,可于一日内完成雇用他人需一周之工作。哈德良时之军队状况较任何皇帝时更有效率。

舰队方面,哈德良引进所有水兵皆应具拉丁公民权(ius Latinum)之规定。

---

① 史家狄翁曾提及此事,发现于下潘诺尼亚镌刻—巴塔维骑兵之质朴诗句证实之,《拉丁铭文总集》第 3 卷第 3676 号:"予深知潘诺尼亚人,于数千巴塔维勇士中,哈德良能判断多瑙河广阔水深,可全军渡河。"(Ille ego Pannoniis quondam notissimus oris, Inter mille viros fortis primusque Batavos, Hadriano potui qui iudice vasta profundi, Aequora Danuvii cunctis transnare sub armis, etc.)

故罗马公民无论意大利人或省民,皆不得入舰队。舰队服役仅供具拉丁公民权者,或罗马与拉丁公民权皆不具者;后者于入伍时获拉丁公民权。①

第三节 边疆之防御、西方行省

萨尔马提亚人之威胁,多瑙河统帅图尔波,默西亚及达契亚之防御措施

萨尔马提亚族为达契亚省分隔,罗克索拉尼人于东,亚兹格人于西,彼此保持联络,于哈德良即位后组成联盟,反抗帝国。据云战争之直接原因乃罗马政府拒绝继续支付图拉真同意给与罗克索拉尼王之津贴。蛮人或侵达契亚,如前所述,迫使哈德良抵罗马后,旋即离开,赶赴战场(118 年)。虽然战胜,哈德良允诺恢复罗克索拉尼王要求津贴之契约,其王获罗马公民权,成为罗马属民。哈德良为尼格里努斯之阴谋而返罗马,临行时指派仅具骑士阶级之图尔波任潘诺尼亚及达契亚二省之特殊军事统领,并予以埃及大队长所具同样之头衔及尊严。

但哈德良不以避开当下危险为满足,寻求防范未来亚兹格人侵潘诺尼亚,及罗克索拉尼人侵默西亚,以此观点,建造堡垒防线。多瑙河三角洲上之特罗埃斯米斯(Troesmis,即伊戈利扎[Iglitza])新堡垒控制经由比萨拉比亚入侵者之路线,为黑海沿岸若干据点之一:奥德苏斯(Odessus,即瓦尔那[Varna])、托米(Tomi,即奎斯腾杰[Küstendje])、特罗埃斯米斯、涅斯特河口之提拉斯、聂伯(Dnieper)河口之奥尔比亚、陶里克半岛中之潘提卡派乌姆,诸据点间由本都舰队维持固定之联系。潘提卡派乌姆此时为一萨尔马提亚王统治,此人对哈德良及帝国表示热诚友谊。

据云哈德良为防多瑙河以南之行省自达契亚被侵,毁去图拉真于土尔努塞维林建造之大桥上部。此说之真实性可疑;但或系多瑙河南北岸间之交通仍主

---

① 皇帝卫队(equites singulares Augusti)为图拉真或哈德良所创。此部队之军士具拉丁公民权。

要靠船舶,一座桥帮助不大,哈德良或决定牺牲之,或以吊桥替代。保护喀尔巴阡东部山谷及关口之众多堡垒或归功于哈德良。彼虽认为行省偏远且不安全,仍致力于开发其资源及罗马化。在位时开始退役军士之殖民,及有力经营采矿工作。类似潘诺尼亚及默西亚,改变达契亚之行政(129年),分为上、下达契亚两省,以总督统治。

潘诺尼亚之防御

哈德良同样忙碌于潘诺尼亚多瑙河中游之防御。于其最显著之地设立新原则,使最重要之边疆驻地具有城市之特色,结合平民生活及军事生活。此事易为。非唯众多商人定居于重要军营旁,且退役军士大多惯住原地;如此形成与军营分开之殖民城镇,称为"小镇"或"小亭"(Canabae 或[the Booths])。图拉真以维特拉堡(Castra Vetera)及乌尔匹亚·诺维欧马古斯(Ulpia Noviomagus)做试验,哈德良将下潘诺尼亚两军队总部转变为殖民地;一乃阿坤库姆(Aquincum),即今之匈牙利首都,另一则为特拉华注入多瑙河处之穆尔萨(Mursa,亦即埃斯则格[Eszeg])。上潘诺尼亚之三主要军团驻地为文多波纳(维恩纳)、卡农图姆(即佩特罗奈尔[Petronell]及布里格提奥(Brigetio,或奥宗尼[O-Szöny])。哈德良将此三地及其他较不著名者转变为罗马城市。① 上默西亚之威米纳休姆以及尼可波利斯,雷提亚之奥古斯塔温德利克如姆(Augusta Vindelicorum)亦同样处置。凡此转变或始于哈德良121年巡行此区时。哈德良亦将南潘诺尼亚之大半转移至意大利;并重新殖民萨维河上弗拉维亚建立之西斯其亚(Siscia)。因而哈德良为防御帝国作准备时,亦继续开展罗马化之工作。

多瑙河以外之边界

至于雷吉纳堡(Regina Castra,即里根斯堡[Regensburg])则仅需以一排堡垒

---

① 此等哈德良创建之地一般可于铭文中之埃利安(Aelian)称号识别之:例如埃利安卡农图姆市(Municipium Aelium Carnuntum)。

加强多瑙河天然屏障。哈德良有系统地努力执行之法,乃以人工墙补充天然之河水屏障。标志多瑙河外(trans-Danubianus)之边墙①,保护莱茵河与多瑙河间角落之罗马城墙之建设,极可能归诸哈德良。图拉真无疑已以一串堡垒保护暴露之地区,哈德良此时以墙连之,仍可自多瑙河(凯尔海姆稍上方处)追溯至雷纳努斯以外(trans-Rhenanus)之边界(近维兹海姆[Wetzheim]处)。自美因河南下临界德库马特之地,城墙亦应为哈德良,而非弗拉维皇帝所建。

日耳曼人似于哈德良时期未滋事端。某部落接受皇帝指派之王。哈德良行经下日耳曼时,于近巴塔维人卢格杜努姆一岛中创建哈德良广场(Forum Hadriani)。

日耳曼二行省之行政有改变。其总督夙为军事统帅,民事行政则操于比尔吉卡总督之手。此后,上下日耳曼各自有一具民事权之总督;但财政上仍与比尔吉卡相连,因比尔吉卡之代行财政官收取日耳曼行省之税。

不列颠,哈德良城墙之描述

哈德良于122年抵不列颠,此地诸事待举,且有导致严重忧虑之若干缘由。阿格里可拉曾试图征服泰因河以外之地,很难保有,即使泰因河南方绝非完全屈服之布里甘特人,仍于其要塞坚持不下。② 罗马人在与不列颠人持续战事中遭受非常严重之损失③,自克劳狄之征服后一直留驻岛上之第九军团被消灭。为总部于维特拉堡之第六胜利军团所取代,此时驻于埃布拉库姆,其地成为罗马于北方最重要之阵地。哈德良亲上战场以抗蛮人,但其巡行不列颠重要之成果,为其设计非唯有助防守,亦且延伸行省之精巧防御系统。哈德良放弃图拉真于幼发拉底外之兼并,但未放弃占领不列颠北部之计划;并不欲以泰因河及索尔韦湾

---

① 见上第二十二章第二节。
② 参考尤维纳尔第14首第196行:"击倒摩尔人之羊栏、布里甘特人之城镇。"(Dirue Maurorum attegias, castella Brigantum.)
③ 继阿格里可拉之总督中,包括演说家萨尔维乌斯·李贝拉利斯(Salvius Liberalis)及法理学家内拉提乌斯·马尔凯路斯(Neratius Marcellus)。

501 为行省边界。完成征服已征服一半之岛,与进入广大一洲之中心迥异。吾人无法确定可接受多少当代史家①自经济观点认为不列颠对罗马颇为无用之说法。但罗马政府显然视获取不列颠北部于政治上,若非经济上,为适当者。哈德良知晓唯有以缓慢而有序之推进始能达此目的。因此一大规模之防御工事线自泰因河至索尔韦湾横跨岛屿,其遗迹构成罗马于统治不列颠之最显著记录。

惯称为皮克特城墙(Pict's wall)之罗马城墙乃一墙垣、土木工事、壕沟以及堡垒之系统,以路连之。其东端起于塞格杜努姆(Segedunum),此地近代之名为"墙尾"(Walls-end),使人忆及此事;其西端终于索尔韦湾(Solway Firth)上近波内斯(Bowness)之格蓝尼班塔。其路直,全长约70哩。包括三部分:一石墙、一连串以路连接之驻地及一土墙。(1)北边之石墙,6至8英尺宽,几20英尺高。中有不等距之长方形塔楼②。约一罗马哩之较长间隔中有加固之门,通称为"哩堡"(mile-castles)。沿城墙北边有壕沟。(2)南边之土墙或垒墙(vallum),本身具三部分:一单独之土墩、一壕沟及一双重土墩。单独之土墩位于约30英尺宽之壕沟北边,双重土墩在南边。垒墙与石墙间之距离变化颇大,大致平均约120
502 码。(3)道路在石墙与垒墙之间,沿途不等距离有14座大营区(称为前卫[praetenturae])。属于此营区线,位于垒墙之南不远,有重要驻地之罗马城墙处另有三座营区,故防御系统中须算17营区。营区中保存最佳者乃今名豪斯戴德(Housesteads)之波尔科维奇乌姆(Borcovicium)及奇路尔努姆(Cilurnum),此处罗马遗址之记忆仍保留于"营地"(Chesters)之名中。于波尔科维奇乌姆可见一段长而连续之石墙。③

---

① 阿皮安(Appian)。
② 一处为圆形。
③ 无法确定整个防御系统是否全为哈德良所建。若干人认为哈德良只建垒墙,而石墙为80年后塞普提米乌斯·塞维鲁(Septimius Severus)所建,塞维鲁巡行不列颠时,逝于其地。城墙西边部分为塞维鲁所建很可信,未获更强证据前,吾人或可满足于将防御工事之一般设计归诸哈德良,无论如何,城墙之东边部分应属哈德良所建。营区之名见附录及插图B。

工程或始于哈德良122年巡行不列颠时,在总督奥鲁斯·普拉托利乌斯·聂波(Aulus Platorius Nepos)指导下,由三不列颠军团(第二、第六、第二十军团)之劳力执行,而其他军事服役暂时移交于来自西班牙及上日耳曼之分遣队。辅助军队亦协助之,大量刻文证明诸百人团、大队及骑兵队参与工程。哈德良与城墙之关联以东边第二驻地之名"庞斯埃利(新堡)"(Pons Aelii[Newcastle])为之纪念。无疑若干成为营区地点之较坚固阵地前为阿格里可拉与其他统帅占用为分开之堡垒。此认知有助于解释驻地间之不等距离。

须知布里甘特人尚未完全屈服,连续之防御工事充当屏障,阻碍南北两方敌人之有效通讯或合作,由此可见城墙之重要性。以城墙为行动基础,北方部落之镇压可逐渐完成,此工作为分隔之堡垒及营区继续从事,诸如城墙北边之布雷美尼乌姆(Bremenium,即高罗彻斯特[High Rochester])。城墙为北向之道路穿越。因而瓦特灵街于近奇路尔努姆(Cilurnum)处穿过。此种情况显示,

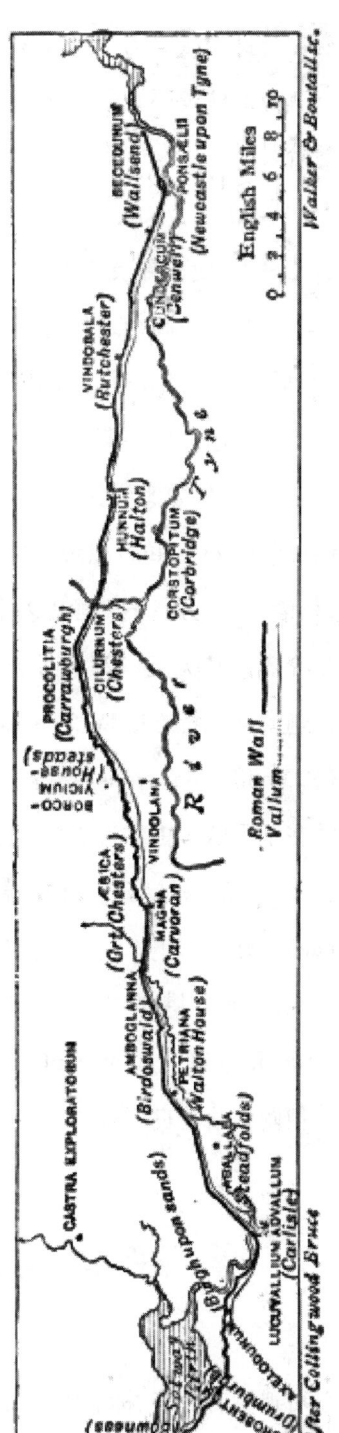

具主要驻地之罗马城墙图

不能视哈德良之城墙为不打算逾越、抗拒外敌之边疆障碍,而为建立于罗马决意据为己有之地区中巨大狭长之营区。于征服不列颠岛中,标志一阶段,但绝非指其最后阶段。

哈德良于高卢、西班牙及非洲

关于哈德良在高卢之作为,吾人仅知其于所有行省皆显得甚为宽大。除尼摩苏斯(尼姆)外,其出访之城市皆无记录,于其地建立会堂以纪念其养母普洛提娜。哈德良逾皮里牛斯山,在塔拉哥过冬(122—123 年),于其处举行西班牙城市代表会议,以熟悉省民之所需及所欲。关于哈德良西西里之行,仅知其攀登埃特纳山(Mount Aetna)以观日出。皇帝对此等高卢、西班牙及西西里内部行省繁荣,较诸潘诺尼亚、不列颠以及非洲等边界暴露于入侵者,关注较少。哈德良出访非洲诸省两次,于 123 年平息摩尔人之乱,于 128 年再访。其作为有微踪可寻。自迦太基至特维斯特(Theveste)建造新路;完工后于总督美提留斯·塞昆杜斯(P. Metilius Secundus)指导下,军团于拉姆白西斯建立永久之新营区。变更之目的在于军队应更靠近无军团之毛里塔尼亚。哈德良于非洲创建殖民地似与在潘诺尼亚者一样活跃:升乌提卡为殖民地等级、于迦太基南方沿岸之特奈(Thenae)创建"埃利安"殖民地、努米底亚中之扎马雷吉亚(Zama Regia)及拉瑞斯(Lares)、廷吉塔纳之巴拿萨(Banasa)。自切尔塔至海岸之如西卡德(Rusicade,即菲利佩威勒[Philippeville])建造新路。吾人完全自铭文中得知此等及其他阐明哈德良于帝国所有地区普遍活动之事实。

第四节 东方行省与安息之关系

就可追溯者而言,标志哈德良穿过帝国拉丁部分之巡行动机主要为边防之措施;于东方行省中则有较多空间显示并满足其个人喜好。东方边界上无忧患之虞。安息甚惧罗马。哈德良即位若干年后,宁静受到威胁,经由亲自与安息王会晤排除问题。哈德良第二次巡行东方时,与附属国之君王举行友善之聚会。其出访科斯罗埃斯,送返其为图拉真捕获之女,寻求与该君主维持充分之理解。约134年,当伊比利王法拉斯马尼斯入侵米底亚时,为难之事发生。科斯罗埃斯之继承者沃洛吉斯向哈德良控诉,但哈德良拒绝要求其属臣负责,甚至扩大其王国范围。沃洛吉斯之力量不够强,无法勉强此事。阿兰人威胁进侵亚美尼亚及卡帕多奇亚之时,新近改革后训练之罗马军队此时显现效率。亚美尼亚为济其钱财之安息王所救;卡帕多奇亚为其态度坚决之总督阿瑞安(Arrian)所救。阿瑞安为一能干统帅,但其为作家之声名更胜于其为将军者。哈德良对帝国在东方军队苛求之注意,显示于其环绕黑海之正式检阅之旅;阿瑞安奉命随行,于其《周航记》(Periplus)中有记载,吾人由此作品得知哈德良对其将军之期望。

哈德良于希腊之建树

希腊为哈德良最眷顾之地,曾巡行两次。几乎所有重要或古时显赫之城镇皆因新建筑或赠与而富足。于科林斯建引水道及浴场、于迈加拉建阿波罗神庙、以数座壮丽建筑装饰奥林匹亚,所有希腊人于此处竖立一皇帝雕像。哈德良于尼美亚竞技会中恢复已废止之赛马、于曼提尼亚(Mantinea)建海神庙、于埃帕米农达斯(Epaminondas)墓上镌刻亲自撰写之铭文、于特斯比埃之埃洛斯(Eros)庙以亲作希腊诗,献手猎之熊皮、于阿戈斯之赫拉(Hera)庙献金孔雀,此鸟乃女神之最爱,尾上宝石熠熠生光。但哈德良对雅典一方面以二次长期出访,一方面慷慨美化此城,显示其偏爱,希冀雅典再度成为希腊之首都,其赞助唤起几分希腊之文艺复兴。哈德良给予雅典人凯发列尼亚岛(Cephalenia)之税收;奥古斯都时为贺拉斯所称之雅典"空"城,旋即繁盛,旅客为其人口之众而讶异。哈德良居雅典时穿着希腊服饰;主持公众竞赛会;参与伊琉西斯之神秘祭典(Eleusinian mysteries);获选为执政官,且履行职责。哈德良费时与哲学家、诡辩家及艺术家交往,而且监督其在伊利苏斯(Ilissus)平原建筑工程之进展。此地兴起一称为

"哈德良城"(Hadrianopolis)之"新雅典"。此城早已消失,但卫城东南方一凯旋拱门仍标志其界限,一面上刻"雅典,特修斯(Theseus)之城",另一面刻"哈德良之城,而非特修斯之城"。哈德良完成奥林匹亚宙斯(Zeus Olympius)庙,名为"奥林匹亚庙"(Olympieum),此乃庇希特拉图(Pisistratus)之大规模设计,七百年来未曾竣工。奉献庙宇时,以口才著称之斯米尔纳(Smyrna)诡辩家波勒摩致开幕辞。此建筑之一百二十根圆柱至今犹存十五。

除了完成等待许久之建筑外,哈德良实现希腊人曾梦想并争取数世纪却未成功之理想。此理想即希腊之统一。此事终于已无任何政治意义时,为一陌生人之谦虚而完成。希腊所有自由以及属于亚该亚省之城邦代表组成泛希腊团体①,每年聚会于雅典。其特殊责任为于称泛希腊同盟(Panhellenion)集会地之新庙中崇拜泛希腊人之宙斯及哈德良;此庙建于哈德良城,有意用作希腊中类似于卢格杜努姆之罗马及奥古斯都庙。规定于近泛希腊同盟集会地每年举行竞赛会,并于(九、十月间)保德罗米翁月(Boedromion)之第四日在普拉泰亚献祭宙斯,以纪念阵亡其地之希腊人解救者。哈德良本身接受"奥林匹亚神"之神圣称号。

有成就且富裕之修辞学者赫罗德斯(Herodes Atticus)于纪念扩大雅典,承担显著部分。于新城中建跨越伊利苏斯河之桥,且筑铺满潘特利库斯(Pentelicus)大理石之运动场。于一俯瞰其处之山丘上建幸运女神(Fortune)庙。哈德良亦建一图书馆,周围绕以壮丽之廊柱。

哈德良之亚洲巡行

亚洲各省中可见哈德良巡行之诸多踪迹,到处为地震损伤之城纾困;到处以重建者之姿态出现。哈德良对其诡辩家友人波勒摩之家乡斯米尔纳,东希腊之

---

① 铭文中称为希腊联盟,及泛希腊集会。奥古斯都允准于阿戈斯举行之联盟仅代表臣属,而非自由之希腊城邦。

雅典,尤为亲切。由哈德良要求经捐献建立一新体育馆,捐献者名单犹存。于以弗所(Ephesus)为罗马幸运女神建庙。于库齐库斯为哈德良建一大型之庙宇,著名修辞学家阿里斯提德斯于奉献之日致演说辞①,讲稿犹存。图拉真暂时置比提尼亚于帝国总督之下;哈德良定为永久安排,转移潘菲利亚于元老院控制以补偿之。哈德良于比提尼亚从事其最爱之狩猎,于杀一大熊之处建新城"哈德良之猎场"(Hadrian's Chase 或 Hadrianotherae)。哈德良访特洛伊,见《伊利亚特》故事发生之处,对相信连结罗马与古代希腊故事之罗马人而言,此等地方或具特殊吸引力。哈德良于特拉佩组斯刻意于色诺芬之"万人"呼喊"大海,大海!"(Thalatta,Thalatta!)之处看海。

哈德良对奢侈之安提阿不满,而向来以傲慢著称之居民似有冒犯之举。据闻哈德良曾考虑将叙利亚分成二省,以减低安提阿之重要性。对近期成立之阿拉伯省之发展多所作为。出访沙漠边缘之帕米拉,赐予殖民地等级与意大利公民权之特权,并以新建筑物装饰之。此城及佩特拉皆冠以哈德良(Hadrianê)之衔。

埃及

哈德良于130年自阿拉伯由佩鲁西翁(Pelusium)入埃及。自此地至卡修斯山(Mount Kasios)考察;庞培之遗体埋于此,但无尊荣,哈德良即为恺撒之敌手竖立葬礼纪念碑。哈德良旅经上下埃及,访问主要古迹。游人一般往视奇观之一为门农(Memnon)之破损雕像,日出时音乐神奇地自其四肢发出。萨比娜皇后随行行列中之宫廷女诗人巴比拉(Balbilla)于雕像一腿上草书若干希腊挽歌诗句,皇室之巡行于此留下有趣之回忆。哈德良于埃及时遭遇个人不幸。其深恋之美貌少年安提努斯(Antinous)溺毙于尼罗河中。传言神谕要求皇帝自身性命或其最爱者之牺牲,安提努斯乃故意自溺。此事激起帝国各处之一般同情。哈

---

① 见第三十章第四节。

德良神化其所失爱宠,向之献一神庙,且建安提努斯城(Antinoopolis)以纪念之。以"英雄安提努斯"之头像铸币,于亚洲城市倍增其雕像。惟独亚历山大城,哈德良虽赐予此城众多特权及利益,其居民却嘲弄皇帝之哀伤。若吾人可信一据云为哈德良于数年后致色维阿努斯(Servianus)之不寻常信函,则哈德良不为埃及所吸引,反生排斥①,厌恶其首都;此信或表现哈德良真实之感想,但其形式不可能为真。②

犹太之叛

哈德良在位时之承平,仅为一严重战争打断,此乃犹太人之再度叛变。自耶路撒冷被毁后,于亚夫内(Jabneh)、提贝里亚斯及利达(Lydda)建立神学院后,延续法律知识及传统犹太信仰。其时最著名之神学家乃具奇异传说之阿吉巴(Akiba)。阿吉巴带领犹太教之复兴,维持其族人光复耶路撒冷,以及于期冀降临之弥赛亚(Messiah)领导下建立犹太王国之希望。只要此类希望受鼓励,犹太人即为帝国之危险元素,其于图拉真最后一年之叛乱给予哈德良教训。哈德良决定于耶路撒冷建立完全排除犹太人之军事殖民地,以消灭其希望。新城名为埃利亚·卡庇托利纳(Aelia Capitolina);建异教祭坛于耶和华(Jehovah)神庙原址。哈德良亦考虑禁止割礼之习俗,以根绝犹太教。如此手段驱使犹太人绝望,乃武装叛变。教士以利亚撒及一勇敢能干得"圣星之子"(Bar-Cocaba, son of the star)名号之狂热者为叛众首领(131年)。罗马人已开始建造新城之耶路撒冷似为犹太人所占领,而须夺回,犹太总督提内乌斯·卢弗斯(Tineius Rufus)及叙利亚总督普布里奇乌斯·马尔凯路斯(Publicius Marcellus)证实无力对抗叛众。甫离叙利亚西行之帝疾返行动现场,终将战事交付时任不列颠总督之干练统帅尤利乌斯·塞维鲁(Julius Severus)手中。主战场在萨马里亚及伊都米亚,拖延三

---

① 哈德良在位时,埃及人之狂热,为尤维纳尔讽刺描绘,见《讽刺诗集》第15首,见上第二十五章第三节。

② 见本章末附录与插图 D。

年;但塞维鲁连下要塞,距耶路撒冷不远之贝特尔(Bether)陷落及"圣星之子"亡故后,抗争结束。未见宽恕。叛乱之灵魂人物老神学家阿吉巴遭热钳扯成碎片。犹太几乎人口灭绝。① 敕令犹太人除每年一次外,不得踏足埃利亚·卡庇托利纳;自此行省不再称犹太,而为叙利亚巴勒斯坦省(Syria Palaestina)。尤利乌斯·塞维鲁获胜利勋章;乃授勋之最后一次。此后于图拉真广场竖立胜利将军之雕像以表扬之。哈德良允准军士呼其为统帅(Imperator),乃接受此军礼之唯一场合。

第五节 哈德良之行政改革

哈德良政府之政治趋势

哈德良之统治于若干重要方面标志元首制发展新时期之始。元首制历史过程中可见两大趋势:(1)元首侵犯元老院之功能,及因而走向纯君主政体之进展;(2)罗马与行省间区别之平等化。前此诸帝间歇地促进此趋势,或无意识地推动二者之一。图密善向专制制度采取重大且深思熟虑之步骤;西班牙人图拉真促进意大利与其他属地之平等化。但于哈德良时此等趋势则采有体系之形式,可观察其于此一方面之政策大部分来自其引进非常重要之行政改革。哈德良非唯关注行省福利,亦且创建至此一直有明显需要之行政机制,以促进上述之趋势。

意大利执政官级法官之制度. 行省之行政变革

哈德良置意大利于四执政官阶级之法官②之下,以推进意大利与行省之平

---

① 据云此战 985 处遭破坏,58 万人受戮。
② 通常以马尔库斯·奥里略(Marcus Aurelius)时之头衔(裁判官[iuridici])称之。但哈德良时期称之以法官较稳妥。参考《哈德良传》(Life of Hadrian)第 22 章"全意大利四执政官之任命"(Quattuor consulares per omnem Italiam iudices constituit)。

等化。此制乃图拉真创始指派国家督察官之更进一步。督察官仅于市政范围内有控制,法官则夺取至此属于地方行政长官且常执行极糟之重要司法功能。法官审理之主要事务为守卫之提名、信托财产(fidei commissa)案件①以及关联市元老之纠纷。此等官员行事之地区起初似非严格分离。此制非唯将意大利更直接地置于皇帝控制之下,影响其地位,亦影响元老院,原属元老院特殊领域之意大利事务,至此不得干预。

其时省民乐享极大繁荣,哈德良似图于行省中引进同样制度。吾人已见哈德良巡行时了解地方需要,不遗余力增进其福利。哈德良对总督严格控制,于其治下未闻勒索事件。帝雇用特派官员检查城镇财务,增加罗马城市乃其政策,尤其力行于潘诺尼亚,似纳其地之部分入意大利。

哈德良于行省不断且广泛之巡行,益以其组织才能,自然发展、扩充,于新立足点设置奥古斯都创建之国家邮政。图拉真曾加改善,但哈德良使之成为国库机构,因而纾解地方当局之开销。哈德良似亦开始制定明确之地区及首长。

行政部门之组织,骑士重要性之增加,禁卫队长之地位

罗马早期帝制下政治体系最明显之不足,或为缺一经常之行政部门以继续开展在罗马之中央政府工作。元老院有其官员;但实际上整个行政转移所至之皇帝,却无由其支配,并获认可之公务员组织。其往来信函及财务由无正式官职之私人侍从处理;一般为获释奴及奴隶。但自克劳狄以来,若干此等事务:书写信函(ab epistulis)及处理请愿(a libellis),偶尔交托骑士阶级者为之。哈德良采用此异常之举,而变之为永久性原则。从此所有重要行政职位排除获释奴,仅委任骑士。一正式行政人员之团体自此法组织而成,骑士得以进入一明确、具有规定等级晋升之文职事业;因之骑士不必自军事服务获得民事任命。其中最高代

---

① 当某人以信托遗赠,亦即有转移至第三者之责任时,是为 fidei commissa。遗赠之物或为全部遗产,或仅某物。义务可仅施之于继承者;若继承者拒绝接受遗产,则信托失效。因此韦伯芗之一法(S. C. Pegasianum),贝加苏元老院决议准许继承者于此情况下获得1/4之信托遗产(fidei commissa hereditas)。

行财政官职乃皇家之司库。

哈德良改革加强骑士之重要性，可溯自帝国肇始之趋势，其对元老院乃为更进一步之打击；值得一提者，哈德良授权属民唯一广泛之指令，略似尼禄时科尔布洛所持者，乃给予骑士，而非元老。将控制潘诺尼亚二省及达契亚之特权交付图尔波。

值得观察者，禁卫队长之权——该队长必然非为元老——于哈德良时获全新之认可方式，有与前述相同之关联。此关联之影响力已显现于数种情况；但影响力决定于队长以及皇帝之个性，而非此职位本身。因之提比略时之塞亚努斯、韦伯芗时之提图斯、尼禄时之提格利努斯，乃帝国中仅次于皇帝之最有权者。但其他队长则持较小之政治权力。哈德良时首先公开认可队长职位之重要性。队长如今以国家之第二把手出现，其与元首之关系可比骑兵长官与独裁者之关系。此官于今开始获得民事及刑事司法权之权限，导致其于下世纪中成为上诉之最高法官。

帝国会议之新组织，律师之地位，永久之敕令（The Perpetual Edict）

奥古斯都常于决定案件时，召集咨询团助之。但此团体并非正式；于宪法中无地位，元首亦无任何义务对其咨询。再者，其成员既无定额，亦无资格限定，乃由元首之友所组成。提比略、克劳狄、尼禄、韦伯芗、图密善及图拉真皆采此惯例，但无人给予咨询团明确之组织。此举保留给哈德良实施。正如哈德良采以骑士阶级任文官之浮动想法，实现为明确之体系，以召集经验丰富友人之通常习惯，提供法律建议，组成一常设机构。新顾问团以元老及骑士阶级组成，正式任命，且有薪资。成员称为皇帝之顾问（consiliarii Augusti），其任命须元老院同意，此乃哈德良对元老院之让步，但政治重要性甚微。皇帝顾问须时刻于宫中待命。顾问团大部分为具经验之法学家组成。哈德良对元老院成员似不甚重视，但尊重元老之特权，以致牵涉其审讯中，仅具元老阶级之顾问可参与审判。无证据显示顾问团具皇帝不在时有任何权力；反之，至少有时似于行省中伴同哈德良。

环绕哈德良周围之法学家,乃得对法律行使极大影响力。哈德良做二极重要之改变:(1) 以解答权(ius respondendi),或正式答复法律难题之质疑权,授予若干精研法理者(prudentes);若其意见相同,则赋予法律效力。此举大为鼓励法律研究。(2) 司法官之永久敕令遂成为最终形式。历任司法官之敕令逐渐成长为巨大之法律体系;哈德良委托萨尔维乌斯·尤利阿努斯(Salvius Julianus)以一致形式修订协调之工作。131 年之元老院法令(senatus-consultum)给与尤利阿努斯之敕令版本法律效力,可视为民法大全(Corpus juris civilis)之最早研究。自此法律不能由司法官所更改,而仅由元首或元老院之立法改之。所有司法官及行省总督有义务严格遵循敕令行事。

哈德良与元老院之关系

哈德良虽如独裁统治,且致力于政治上消灭元老院,但对待此团体及其个别成员则待之以极大尊重及礼貌。哈德良沿袭涅尔瓦及图拉真,不容许叛逆控诉。哈德良"屈尊并主动接纳最佳之元老于其私人交游圈①。拒绝赛车场以其名举行之竞赛会,仅于其生日接受之,且常公开声明其掌管之共和国属于人民而非其一己所有。既自任执政官三次,故提拔数名要人入第三次执政官职位;其于第二任执政官时期提拔为数颇多。哈德良之第三次执政官任期仅四阅月,期间经常参与审判。当身居罗马城或于附近时,总出席元老院例行会议。哈德良极为珍视元老阶级之尊严,且谨慎接纳新成员;以至于晋升已为禁卫队长且获凯旋饰物之阿提阿努斯时,表示对其显赫之提升无逾此者。对不如其尊重元老院之王公则表示憎恶。哈德良对其姊夫色维阿努斯礼敬非常,当其晨间出室时必迎之,不待其要求即三度授予执政官,回避与自己同时,故色维阿努斯辩论时不须居次席"。② 但纵使竭心尽力,哈德良仍无法赢得罗马贵族之信任。

---

① 或意指咨询团。
② 采自斯巴提安之《哈德良传》。借用梅里韦尔译文第 8 卷第 198 页,有若干修正。

第二十六章　哈德良之元首制(117—138年)

财政管理

哈德良在位时于帝国财政管理历史上非常重要。如吾人所见,财务大臣不复任获释奴,而为骑士,而财政部门已成行政部门明确之一支,雇用大量官员,皇帝自身谨慎监视其管理。帝国时期老式包税之体系逐渐遭取代,至此几完全废弃;所有税收,即使继承税,直接为皇帝之代行财政官征收。指派称为国库代诉人(advocati fisci)之特殊官员于诉讼中代表国库之利益。

哈德良即位时发现9亿塞斯特斯①之巨款为到期之欠税,应归于帝库。涵盖15年之款项无望重获,皇帝大胆且明智地免除之,自国家账户中消除欠债(118年)。于图拉真广场当众焚毁债券。为免呆账累积,且为公平故,哈德良规定须调查欠账,每15年修订一次课税,以顾及货币及财产价值之变动,从而调节税收。②

哈德良亦于意大利免除臣民对新帝需纳之加冕金,于行省中减低其金额。哈德良总拒绝接受有子女之公民之遗赠;且常为有利于获罪者之子而免除其部分甚至全部充公之财产。尝曰:"予宁以人而非以钱富国。"

哈德良偶尔为民众所爱之壮观场面斥巨资。曾一连六天展示角斗士格斗;亦一次杀戮千头野兽以庆祝其生辰。

关于奴隶之立法,次要之立法

哈德良已注意人道对待奴隶之发展。此为其立法之显著特征,且标志对图拉真政策之反对,后者于此方面倾向退步。哈德良复启主人不得杀其奴隶而须交诸法律制裁之旧法;并惩处虐待奴隶。曾判决一虐待其女仆之贵妇放逐五年。禁止为不道德之目的或竞技场之使用而出售男女奴隶;且禁止以人殉光明之神

---

① 约720万镑。
② 此种调度虽未执行,但重要;因其开312年君士坦丁大帝引进著名之定额增税法制度之先河。

密特拉(Mithras)及太阳神巴尔(Baal)。修改因主人遭谋杀而处死所有奴隶之残酷惯例;仅接近主人可施救主人者受罚。

哈德良亦引进若干意图改进其臣民举止及道德之小型改革。严格监管公共浴场。除自晚餐归来以外,强迫元老及骑士于公开场合须着袍服;皇帝本人于意大利时始终须穿着国服。哈德良在其他地方亦讲求礼节。某次见自家一奴于二元老之间随意行走,乃命掌掴奴隶之耳,命令若成为其人之奴,则不得行走其间。哈德良致力压制追随古代共和时期饮食奢侈之风;为使交通顺畅,禁止堵塞窄街之大车穿过罗马。

关于食物之公家机构,则继续始自涅尔瓦及图拉真之工作。预付更多钱,明确指示男子至18岁、女子至14岁应得到食物赡养。

建筑物,维纳斯与罗马神庙、陵墓

由哈德良主办赞助竖立于帝国各处之建筑物,论数量及华丽,其他皇帝无出其右者。虽无法细究其小型作品,证据显示首都中之建筑于其在位时最为活跃。哈德良对修复以及改进旧建筑多所致力,例如马尔斯广场中阿格里帕之万神殿、海神庙(Basilica Neptuni),及奥古斯都广场。哈德良义不容辞为其"父"图拉真建庙,此乃唯一镌刻其名之大建筑物。但其最伟大之二建筑乃维纳斯与罗马神庙,及其陵墓。

维纳斯与罗马神庙建于维利亚之东坡,恰于大竞技场上方。仍竖立于被毁皇宫原址之尼禄巨像,已为韦伯芗转换成太阳神像,为腾出空间,须移至近大竞技场之较低处。新庙按哈德良之建筑设计而成,为双庙,其两半圆后殿(apsides)背靠背,面向东与西。此乃罗马宗教建筑最大及最壮丽者;其遗迹犹存。神庙位于开阔之处,为廊柱环绕,故似帝国广场。再者,所有帝国广场皆献于与罗马之伟大有特殊关系之神祇——母神维纳斯、战神、和平女神(Pax);故哈德良之维纳斯与罗马神庙亦于此点而类似。故可视之为自马尔斯广场延伸至埃斯奎林一系列特殊建筑之部分。哈德良庙与韦伯芗庙其间间隔甚大,多年后为君士坦丁会堂所填补,此系列乃完成。

此庙献于128年(4月21日),其时哈德良或接受"国父"之称号,并允准萨比娜获奥古斯塔之衔。

台伯河以外之地区已渐失乡村外貌而成为罗马一重要郊区。城市与梵蒂冈区之间,以一哈德良所建跨河之桥联系,此处河流东折而环绕北方之马尔斯广场。于埃利乌斯桥(Pons Aelius)之远程,哈德良于图密善花园中建一巨大之陵墓,称"哈德良陵墓"(Moles Hadriani),以"圣天使堡"(St. Angelo)之名于近代史扮演之角色,仍为罗马一重要战略地点及显著目标。陵墓由下面方形结构及巨大半圆顶组成,上有哈德良雕像,于规模及壮丽上皆超越河对岸之奥古斯都陵墓。皇帝去世时建筑尚未竣工,其继承者完成之,成为第二世纪剩余时期甚至更久后诸帝埋骨之所。

第六节　哈德良之晚年

哈德良之晚年、维鲁斯(Verus)之认养、恺撒之新意义、维鲁斯之特性及其去世

哈德良于134年初返罗马,即未再离开意大利。其身体渐衰,大部分时间于提布尔(Tibur)之华丽别墅中度过。据云哈德良最后数年多妒贤嫉能且残酷,处死或贬谪并未犯过而受疑之名人。无法确定此等谴责何者为真,元老派衔怨诽谤至何程度。事实为哈德良明显未能安抚贵族;此不幸无疑多应责其自身。哈德良既无子嗣,又虑健康,为皇位继承做准备,于136年认养维鲁斯(L. Ceionius Commodus Verus),其人乃哈德良初即位时阴谋反对者尼格利努斯之婿。此一选择似极不受欢迎,哈德良被迫为其新养子对军士及民众作大量赠与以收买人心。公认有能力者如市长官卡提利乌斯·塞维鲁,或于不列颠有作为之聂波,或因哈德良支持之少年仅以美貌及生活奢侈著称,忽略自己而感到愤怒。但哈德良之姊夫色维阿努斯则感维鲁斯之收养为一伤害。色维阿努斯虽年已90,未冀望称帝,但无疑希望哈德良择其孙弗斯库斯(Fuscus)。二人显露之失望,必较仅出怨言更具决定性,而遭处死。除非有明确之反叛动作,哈德良不至杀戮高龄90之人而更失人望。约于此时皇后萨比娜逝世。萨比娜至少曾于出巡中随行,但哈德良疑其不贞,与其关系始终不睦。无论此等传说是否为实,萨比娜似衷心恨之。于其去世,谣传萨比娜以皇帝教唆而遭毒死,或因其虐待而自尽。

哈德良认养维鲁斯时,令其采恺撒之名,但未立即晋升其至同僚之位。遂予恺撒以新重要性,意谓可望为奥古斯都。特别委任此时称为埃利乌斯·维鲁斯·恺撒(L. Aelius Verus Caesar)者以潘诺尼亚诸省统治之位,维鲁斯于其处显示其能力。136年底前,维鲁斯获保民官之权,翌年第二度任执政官。吾人无法断言哈德良选择维鲁斯是否明智,以其染病而早逝也。维鲁斯似为享乐之人,但如奥托,或亦具活力。其奢侈逸乐之生活奇闻流传。据云其"发明馅饼成为皇帝餐桌上最喜之菜而自荐于帝。常与其妾于蚊帐围绕、实以玫瑰花瓣、铺满织以百合花床单之大床上午休,精读奥维德最淫荡之作品以自娱。将听差装饰成丘比特(Cupids),肩上有翼,命其以人类肌肉无法负荷之急速跑腿办差,直至倒下。当其配偶怨其不忠时,欣然令其了解'妻子'乃荣誉之词,而非满意之称。"①哈德良闻维鲁斯患病或将死时,深失所望,大声悲叹之前赠与所费不赀,而靠上朽墙。怨言传至维鲁斯,加重其病情,138年1月1日去世,葬于哈德良陵墓中。

提图斯·安东尼之认养

哈德良不可能将帝国立即移交维鲁斯时仅七岁之子路奇乌斯(Lucius),故选中具执政官阶级,时年52之安东尼(T. Aurelius Fulvus Boionius Antoninus),似为各方面皆稳妥之选择。哈德良于1月24日其生辰将其推荐安东尼之意向通知元老院。经一个月之考虑,安东尼同意接受向其提出之荣誉,适时受认养

---

① 梅里韦尔,第66章。

(2月25日),立即晋升至较维鲁斯为高之地位,获得代行执政官之权,具统帅之衔及保民官之权。因而安东尼为真正意义上之同僚,所缺仅奥古斯都之衔,及皇权法可能授予之特权。新恺撒①以无子嗣,哈德良要求其认养二子以确保继承。皇帝之选择为安东尼之18岁甥马尔库斯·安尼乌斯·维鲁斯(M. Annius Verus)以及自认养而成哈德良之孙之路奇乌斯·维鲁斯(Lucius Verus)。经由认养,马尔库斯得名马尔库斯·奥里略·安东尼(M. Aurelius Antoninus),路奇乌斯得名路奇乌斯·埃利乌斯·奥里略·康茂德(L. Aelius Aurelius Commodus)。二者皆不冠恺撒之名,只要哈德良仍在,其父提图斯本身仅为恺撒。安东尼之任命极不为市长官卡提利乌斯·塞维鲁所喜(乃马尔库斯之外曾祖)。其本身冀望元首之位,如今显示不满,以至于为哈德良免职。

哈德良之去世,其帝制之成果

哈德良之疾似为水肿,导致彼往拜亚之清爽空气中寻求减轻痛苦,安东尼留驻罗马管理政府。但空气之改变亦如医生建议之无效。哈德良求助于术士,甚至恳求其仆人杀之以得解脱。其姊夫②色维阿努斯对其应受求生不能求死不得之诅咒,已真正实现。138年7月10日,哈德良终获解脱。临终前有灵感之瞬间,写成致其灵魂之著名诗句:

> 吾之小灵魂轻快飞来,
> 吾身之过客与伴侣,
> 疾走至何方——
> 苍白、僵硬、而赤裸——

---

① 其名为 Imperator T. Aelius Caesar Antoninus,或 T. Aelius Hadrianus Antoninus Caesar。
② 原书谓其兄,有误。——译者

罗马史：从奥古斯都建立至奥里略去世

再不能嬉游，永不嬉游。①

很少元首制之成果能较哈德良持续近 21 年者更重要。正规文官制度之开创注定完全改变元首制之特征，与致力于推动相同方向之政策，即统治整个同质之帝国。此二趋势皆与维持元老院之权力相对立。哈德良对边疆防卫之作为与军队之改革亦标志其统治为一新纪元；将恺撒之名限于继承者虽仅形式，仍为具若干重要性之改变。

附录及插图

A 哈德良巡行之年表

迪尔（于《哈德良帝之出巡》[*Die Reisen des Kaisers Hadrian*]）重建哈德良行省巡行一般大纲，如今已为大多数学者接受，虽仍有多处不确定。本章采迪尔之安排，除 118 年迪尔置哈德良征萨尔马提亚于抵达罗马之前，但根据证据自罗马至多瑙河似较可能（赫尔佐克如是论）。下列哈德良行动表或有助于读者。

117 年　即位（8 月 11 日）后于东方两个半月。动身往罗马。

118 年　年初抵达罗马。继因萨尔马提亚战争前往达契亚及默西亚。8 月返罗马。

119 年　于罗马。访南意大利。

120 年　于罗马。

121 年　首次行省大出巡（4 月 21 日之后出发）。访（东）高卢、上日耳曼、雷提亚、

---

① 无法以现代译文表达指微小之辞及三短节音步韵脚。拜伦（Byron）爵士曾试译之；但梅里韦尔之版本虽不成功却较佳：
　　Soul of mine, pretty one, flitting one,
　　Guest and partner of my clay,
　　Whither wilt thou hie away-
　　Pallid one, rigid one, naked one-
　　Never to play again, never to play.
哈德良之句启示蒲柏（Pope）"天上火焰之生命火花"（Vital spark of heavenly flame）之句。

诺里库姆、北潘诺尼亚。

122 年　于归途中向下日耳曼进发，由此至不列颠；秋季返高卢；经西高卢至西班牙，岁末抵塔拉哥。

123 年　毛里塔尼亚、非洲或利比亚。夏季至小亚细亚，秋季抵幼发拉底河。

124 年　经由本都、比提尼亚及米西亚抵色雷斯。

125 年　穿过色雷斯及马其顿。伊庇鲁斯、色萨利、北希腊。8月或9月至雅典。

126 年　雅典。夏季穿过伯罗奔尼撒。返罗马。

127 年　于罗马。

128 年　出访非洲（于4月21之后出发）。返罗马。

129 年　于罗马。春季开始第二次行省大巡行。经伯罗奔尼撒至雅典。

130 年　雅典。春季进发小亚细亚；行经南方海岸各地。安提阿；经叙利亚抵犹太及阿拉伯、埃及。

131 年　埃及。返叙利亚。

132 年　因犹太叛变在犹太。

133 年　犹太。

134 年　返罗马。

135—138 年　罗马及其邻近处。

迪尔之研究如何改变哈德良统治之一般安排，值得观察。比如梅里韦尔采用之安排，自己亦承认年代不确定。根据梅里韦尔之说，哈德良于119年初自萨尔马提亚之役返罗马。同年由高卢以及莱茵河至不列颠，120年返高卢及访西班牙，121年至毛里塔尼亚。哈德良继而出现于安息边界，从此由小亚细亚进发雅典（122年，123年）；自此至西西里，自此抵非洲（123年），再返罗马。其第二次巡行始于125年，持续至134年（最后返罗马之时间不容非议），逗留于雅典自125年持续至130年。可观察此种安排（1）将首次出巡提早两年，（2）将第二度长期离开罗马之时间自五年变为九年，（3）对上多瑙河省之访一无所知，（4）以非洲之行为首次巡行之最后阶段，而非与两次巡行截然不同之事件。

B　不列颠哈德良城墙之十七驻地

驻地之名自东而西如下：

（1）塞格杜努姆，墙尾。（2）庞斯埃利，新堡。（3）康德尔库姆（Condercum）。班威尔（Benwell）。（4）文多巴拉（Vindobala）。鲁切斯特（Rutchester）。（5）洪努姆（Hunnum），哈尔通切斯特斯（Haltonchesters）。（6）西路尔努姆，营地。（7）普洛克里提亚（Procolitia），卡尔罗堡（Carrawburgh）。（8）波尔科维其乌姆，豪斯戴德。（9）文多拉纳（Vindolana），切斯特侯姆（Chesterholm）。（10）埃西卡（AEsica），大切斯特（Great Chesters）。（11）马格奈

（Magnae），卡尔沃兰（Carvoran）。（12）阿姆伯格兰那（Amboglanna），博德斯沃德（Birdoswald），近吉尔斯兰德温泉（Gilsland Spa）。（13）佩特里阿尼（Petriani），卡索斯戴兹（Castlesteads）（不确）。（14）康嘎瓦塔（Congavata），斯坦威克斯（Stanwix），（不确）。（15）鲁谷瓦利乌姆（Luguvallium），卡莱尔（Carlisle）。（16）嘎布罗三图姆（Gabrosentum），沙地之堡（Burgh-upon-Sands）。（17）格蓝尼班塔，波内斯（Glannibanta Bowness）。（见虚卜纳《拉丁铭文总集》（Corpus Inscriptionum Latinarum）第七卷）。吾人对此等名称之知识来自第五世纪初制定之行省行政手册《职官录》（Notitia Dignitatum）。

"营地皆相似，为知名之椭圆形。范围依地势而异，在三至六英亩间。约五英尺厚之墙、护堤及壕沟围绕之。四主要大门以及直角交差之干道几乎全部仍明显可见。如同较大殖民地周围，大型市郊建筑物丛集若干营地四周；包括浴场、小庙，甚至一处（波尔科维其乌姆）有一圆形剧场。"（见哈杰肯先生翻译之虚卜纳论文《罗马之兼并不列颠》第109页；原文发表于1878年5月8日之《德国评论报》（Deutsche Rundschau）。）此等营地为辅助军，而非军团驻防。

C　奥鲁斯·普拉托利乌斯·聂波

此官员之名出现在（据云发现于近波尔科维其乌姆之哩堡）一版上，刻文对城墙之来源具重要意义。

IMP CAES TRAIAN
HADRIAN AVG
LEG II AVG
A PLATORIO NEPOTE LEG PRPR.

即：Imperatoris Caesaris Traiani Hadriani Augusti legio ii. Augusta Aulo Platorio Nepote legato propraetore. "第二奥古斯都军团，授权自代行司法官奥鲁斯·普拉托利乌斯·聂波，为皇帝恺撒、图拉真、哈德良、奥古斯都（之安全竖立此版）。"若此版原本于哩堡中建立，则可明确证实其为哈德良时城墙之部分。

D　现存归于哈德良所写之一信

沃皮斯库斯（Vopiscus）于其《萨图尔尼努斯皇帝传》插入一信，谓乃哈德良所书。描述其对埃及之印象，其文如下：

"哈德良奥古斯都致意执政官色维阿努斯。吾已自此端至彼端认识汝所盛赞之埃及；发觉其浮躁、不稳且对每一看法摇摆不定。埃及中塞拉皮斯之崇拜者实乃基督徒，此辈自称基督之主教者乃塞拉皮斯之崇信者。每一犹太教堂之领袖，每一萨马里亚人（Samaritan）或基督教长老（presbyter）皆为占星家、肠卜师以及对角斗士施涂油礼者。哎，当汝提及之教长（patriarch）至埃及时，一派迫其崇拜塞拉皮斯,另一派迫其崇拜基督。亚历山大城之人乃极具煽动性、自负虚荣且无礼之民众。其城富有繁荣,且不接受任何无所事事者居住其中。或制玻璃,或造纸张,或作麻制品;皆各有所能。因痛风而跛足者亦有所为;盲者有职业;即使手为痛风所苦者亦不闲散。此辈有一神,即金钱,为基督徒、犹太人及所有民族崇拜。予但愿此城具较佳之风度及道德;其繁盛及规模使其有资格为埃及第一城。予对其所求皆准;予恢复其旧时特权,又加新者;予在其地时,此辈不得不对予表决感谢。但予一离开,此辈即对吾子维鲁斯多所(恶意)评论;相信其人对安提努斯之评汝已得闻。予只愿其以自己之鸡为食物,而不欲加诸更糟之命运;其孵鸡之法予羞于启齿。[埃及人于牲畜粪便中孵化鸡蛋。]送上神庙祭司致予之变色酒杯,乃特意献汝及吾姊之物。请于节庆日用于宴会中;但小心吾等之友阿弗里卡努斯(Africanus)不得过分使用。"

此信之真实性已受合理怀疑。维鲁斯直至136年始为哈德良收养,此年之前不可能呼其为子。此信之要意暗示信成于哈德良巡行埃及后不久,而必定于134年返罗马之前。但若执政官之题名正确,则书于134年,此年色维阿努斯任普通执政官(ordinary consul)。再者[基督徒、犹太人及所有民族(gentes)]之语不可能出自哈德良,且不可能出自基督徒外之任何人。此外信中缺乏联系更激起疑惑。作者始于谈论埃及,继则单独讨论亚历山大城,恍若前提为此者而非埃及。

故而此信有伪造之迹象,但信中大部分口气真实。难以怀疑沃皮斯库斯。其谓文件摘录于哈德良之获释奴弗雷贡(Phlegon)作品中;作品或为弗雷贡修订之哈德良自传。沃皮斯库斯写作于307年或之前,篡改有关基督徒文句之可能性正如哈德良写下之可能性。看似较晚之篡改。若如是,则如迪尔意见,吾人可视此文件为真实之哈德良信函,但曾遭更改添加。(席勒[Schiller]接受迪尔之观点。)但反之不易了解为何有人篡改或添加有关维鲁斯之语。

E 哈德良在位末年军团之分布

下表乃费茨内尔之调查结果《罗马帝国军团史》,第97页。

西班牙:第七合组军团

不列颠:第二奥古斯都、第六胜利、第二十胜利军团

下日耳曼:第一密涅瓦、第三十乌尔皮亚军团

上日耳曼:第八奥古斯都、第二十二初创军团

下潘诺尼亚:第二辅助军团

上潘诺尼亚:第一辅助、第十合组、第十

四合组军团

　　下默西亚：第一意大利军团

　　上默西亚：第四弗拉维、第七克劳狄军团

　　达契亚：第五马其顿、第十一克劳狄、第十三合组军团

　　叙利亚：第四斯基提亚、第十六弗拉维军团

　　犹太：第六铁甲、第十海峡军团

　　腓尼基：第三高卢军团

　　卡帕多奇亚：第十二闪电、第十五阿波罗军团

　　阿拉伯：第三昔兰尼军团

　　埃及：第二图拉真军团

　　非洲：第三奥古斯都军团

　　共计28军团，较图拉真时少二；第九军团于不列颠战争，以及第二十二戴奥塔鲁斯（XXII. Deiotar.）军团于犹太战役中损伤惨重，不复存在。但因乏直接证据，此二军团消失之明确时间极不确定。

萨比娜头像

第二十七章　安东尼·皮乌斯之元首制（138—161年）

第一节　安东尼之行政

安东尼之即位，哈德良之神化，安东尼之家庭及事业，小福斯提娜（Faustina）与马尔库斯·奥里略之婚姻，马尔库斯与路奇乌斯之地位。

罗马贵族认为哈德良可憎，乐见其逝，任命提图斯·安东尼为元首未有困难。元老院欲以谴责哈德良之记忆，以示对此过世皇帝之厌恶，但其怨恨为安东尼之影响力所克服，元老院或亦尤惧喜爱哈德良之军士。大行皇帝适时加入神祇行列。其遗体自拜亚移至罗马，安顿于其陵墓。或以为138年底前安东尼所具"皮乌斯"（一译庇护）名，乃得自其对义父之孝敬；但此说无法确定，或认为得自其普遍宽厚之特质。

安东尼·皮乌斯

安东尼之家族属于高卢纳博讷之尼摩苏斯。遗迹犹存之圆形剧场及嘉德水道桥（Pont-du-Gard）之引水道或为其所建。其父及外祖皆为执政官。其本身亦经历通常之公众荣誉晋升之途，曾任意大利四执政官之一，及亚细亚省代行执政官。与埃利乌斯·维鲁斯（Aelius Verus）之妹安妮娅·噶蕾利娅·福斯提娜（Annia Galeria Faustina）结褵，共育二子二女，二子早夭。哈德良曾欲二女之一亦名福斯提娜者嫁路奇乌斯·维鲁斯,而马尔库斯·奥里略则应娶维鲁斯之姊妹。但维鲁斯仅一孩童,安东尼乃推翻此安排而将小福斯提娜与马尔库斯·奥里略结合(或于 146 年)。旋(147 年)任命奥里略为其同僚,授与代行执政官统帅与保民官之权,及于元老院会议中一次提出五项法案之特权。奥里略具恺撒之衔,意即预定继承人;理论上居哈德良逝世前安东尼之同样地位。但其未积极参与行政,亦不具统帅之衔。安东尼另一养子路奇乌斯·维鲁斯则未获给予马尔库斯之尊严。其像确实出现于帝国钱币上,但未予恺撒之称号,仅为"奥古斯都之子"(Augusti filius)。安东尼亟不欲具平权之二帝。奥里略为其继承人;此后任凭奥里略本人选择是否提升其弟维鲁斯至恺撒之位。

安东尼作为政治家之特质,对哈德良政策之反动,财务政策

古代普遍同意安东尼为一最难能可贵之人。高尚凝重,谦逊可亲,赢得所有人之赞美。晋升至国家最高地位,亦未改变其性情或举止。私人生活异常简单有节制。

但无论其为人如何难能可贵,安东尼并非一伟大之政治家。在位时帝国所享者源自哈德良之功业,而非其本身之努力;另一方面,为其和平政策付出过多,以至于逝世后使国家蒙受灾难。安东尼非唯缺乏创意或主动力,亦无眼光或胆量推展哈德良规划之新路线。北不列颠之城墙乃唯一例外。在位时期仅有之行政变更皆为倒退者。其废除意大利之四法官,为对元老院之让步;而对元老院让步乃其政策标记之一,其统治以反对哈德良者而有别。若其为人依旧难能可贵,但为较强之统治者,且对元老院较少谦让,其非常不同特质之记载,流传至今。对行省除收税时阻止镇压外,不甚用心,在位时期或仅离开意大利一次。安东尼以对省民负担为由,不赞成皇帝前往行省,但无疑亦受哈德良长期不在罗马引起不满所致。吾人得闻各省修建道路,若干公共建设,诸如拉姆白西斯之海神庙。采用合理原则维持行省总督及其他官员长期在位。

安东尼财务政策之特色为谨慎及节俭。唯一对其不利之批评为"吝啬鬼"

(cheese parer)。其朝廷内不允许奢侈。虽然减税,安东尼去世时国库中留存27亿塞斯特斯(2160万镑)。但于公众赏赐则异常慷慨,在位时期至少赏赐九次,竞赛会之堂皇不少于其前任者。147年于罗马建城九百周年举行"世纪庆典"。安东尼为已奉为神之哈德良建庙,并完成哈德良之陵墓。

和平政策,与安息之关系

前已提及,安东尼在位时之特色为和平,此乃哈德良边疆良策之成果。唯一严重战争在不列颠。其他地区之轻微骚乱,不足以称之为战争。多瑙河行省总督须处理达契亚叛乱;希腊为(或系萨尔马提亚族之)科斯托伯克(Kostobōks)劫匪突袭,直抵福基思之埃拉特亚(Elatea)。抵抗陶里卡(Taurica)斯基提亚人之攻击,以保护奥尔比亚,不止一次将阿兰人自亚美尼亚边界击退。东方复有犹太骚动,及非洲之摩尔人动乱。埃及之叛变促使皇帝离开意大利,似为安东尼长期统治中唯一之行省出巡(约154年)。约此同时与沃洛吉斯四世关于亚美尼亚出现困难,此处安东尼或受对和平之向往引导而采弱势政策,为暂时之安宁而牺牲长远性解决之利益。于155年达成和约,但无法避免之战争于下任统治者之时爆发。邻近民族眼中罗马此时享受之声望,表现于科尔基思之拉兹人(Lazi)及夸迪人请求皇帝任命其国王之事实。

不列颠,安东尼之城墙

不列颠境内之活动与帝国他处之静止状态成对比。布里甘特人反叛,为总督洛利乌斯·乌尔比库斯(Q. Lollius Urbicus)击败,且彻底削灭(140年)。在其指令下于岛屿最狭处,克洛塔与波多特里亚峡湾(克莱德与福斯)之间建造一系列新防御工事。工程始于142年。不若哈德良者精细,由(约40英尺宽20英尺深之)壕沟及壕沟南边(今名格拉厄姆之堤[Graham's dyke])之土墙组成。不似哈德良者沿山而建,而穿过平坦乡间,自福斯之卡里登(Carridden)至克莱德之西科尔帕特里克(West Kilpatrick),长约37哩。壕沟南方有行军道路,沿途有十座围绕堤防及沟渠之营地。此等营地之北方与城墙重合,经常关闭。安东尼墙亦如哈德良墙,意图控制南方之地域,同时亦为继续北征行动之基地。罗马政府未曾放弃征服全岛之计划。安东尼墙之营地并非最北之罗马阵地,即为证明。于斯提尔灵(Stirling)以北之阿尔多克(Ardoch)犹可见罗马军营之遗迹。

安东尼于不列颠实行之积极政策确保其地之和平与繁荣60年。此一事实表明安东尼于多瑙河及东方边界若有同样魄力之行动,则对帝国或较有利,且防止发生于其继承者统治时之困扰。

法律史中其统治之重要性,其立法之特征,咨询团之法理学家,盖乌斯

安东尼统治之主要价值及功绩在法律界。令其于外交政策上稍显软弱之性情,使其于法理学及立法上坚强。其在位时期于罗马法律史之重要性并非因任何单一方面之改革——例如哈德良对永久法令之最终修订,而系引导其法律之精神。安东尼特别强调公正。然而,彼一方面非恣意篡改成文法之轻率革新者,另一方面亦不盲目尊崇表面之字义。其必然顾及公正及人道之意旨,于罗马法中引进诸多持此精神之重要新原则。亲自表示其对司法行政之观点:"传统形式虽不可轻易变更,但当需要明显之公正时,则须干预。"①

安东尼在位时之特色及为第三世纪初罗马法之黄金时代铺路之法理学活动,至少部分须归因于前章所述哈德良对皇帝咨询团之革新。哈德良咨询顾问之一萨尔维乌斯·尤利阿努斯曾编纂法令,于安东尼时期亦活跃,获升为执政官及市长官。协助皇帝之法学家主要有五:法律论述之作者阿布尔尼乌斯·瓦林斯(L. Fulvius Aburnius Valens)、获选进行马尔库斯·奥里略之法律研究,且为《遗嘱信托》(*Fidei Commissa*)巨著作者之麦基阿努斯(L. Volusius Maecianus)、多产作家马尔凯路斯(L. Ulpius Marcellus),及其他二人。其中若干法学家如马尔凯路斯属普罗库路斯派,其他如瓦林斯则属萨比努斯派;因此皇帝咨询团之决

---

① 《摘录》第4卷第1章第7节。

定介于两学派对立间而行。① 此阶段对法律研究之关注显示自约 161 年发表之初学者基本手册《盖乌斯法学阶梯》(Institutes of Gaius)。吾人对作者一无所知，甚至其名字亦不确定。

奴隶状况之改善，刑事立法之革新，低微者及高贵者于法律中认可之区分

已见帝国有改善奴隶状况之趋势；安东尼热心提倡此趋势。通过法案以促进解放。基于某案之决定可说明其精神。一女奴本当因遗嘱信托而获自由，但偶然受到延迟之释放。期间诞生孩童，问题即出现：孩童应为自由人抑或奴隶？安东尼决定此案之孩童当为自由人，若因意外事件延迟其母之释放而牵累孩童，系不公平。

安东尼于刑事法引进当时理论上普遍认可，但实践上并非普受尊重之重要原则，即审判前不以被告为有罪，亦坚持于犯罪地进行审判及处以刑罚之原则。以某些限制减轻审问奴隶时之刑求，因而不允对 14 岁以下之孩童用刑，尽管此规定有例外。若以不一并废除刑求而责难此人道之君主，则为荒谬，盖此将如责备其不废除奴隶制。安东尼尽力减轻此两种制度，值得大事赞扬，但废除任一项则远出当时任何人之想象范围。基督教国家直至近期仍普遍使用刑求，说明其使用时假设之必要性。

安东尼之刑事立法中最显著特点之一为对社会地位之考虑。帝国时期自由人之社会一向分两阶级：低微者(humiliores)及高贵者(honestiores)。区分之标准主要为财富。高贵者实际上为富人，低微者为穷人。安东尼时期此不成文之区分为法律认可；但无法得知其是否为最早正式认可者。毋庸置疑，安东尼之前如此区分即使非众所公认，亦实际上影响法律诉讼。但如今法律公开且正式地因阶级而异。对低微者与高贵者之司法有异。同样之罪根据犯者之贫富而定不同之惩处。"先看何人，再示法律"，非但为法官之常规，亦为立法者之原则，而

---

① 关于此等学派，见上第十一章第二节。

无人抱怨此原则。

安东尼时期之国教

安东尼有别于其前任,本身即为具有宗教信仰之人,真正致力于国家神祇之崇拜。宗教于奥古斯都主要为政策问题。图拉真对之冷漠;哈德良为持疑者。安东尼对身为大祭司及其他教团成员之责任极认真。于此方面,当代之人将其比作努玛。元老院基于其对公众宗教仪式之热忱为之竖立纪念碑①。于马尔库斯之拉丁修辞学教师弗隆托之信函,可见某种虔诚精神于皇室圈内盛行。与维护国教之热忱紧密相连者,乃皇帝对罗马历史文物之兴趣。于世纪庆典场合发行之钱币,代表埃涅阿斯登陆于拉维尼乌姆(Lavinium),罗慕路斯及雷慕斯之诞生,努玛之盾,占卜师奈维乌斯(Naevius)之神迹,科克雷斯(Horatius Cocles)之丰功伟迹,及其他古罗马故事中之大事。埃文德于阿尔卡迪亚(Arcadia)之家乡帕兰提乌姆(Pallantium)晋升为城市,赐予埃涅阿斯之城伊利乌姆(Ilium)之人民豁免权。授予拉维尼乌姆新特权。安东尼虽忠于拜偶像之异教及罗马之传统,但宽容其他信仰。的确不曾废除反基督徒之律法,但不鼓励迫害。②

第二节 安东尼之私生活及其去世

安东尼之私生活,大福斯提娜之个性,弗隆托之《信函》

安东尼在位时之重要性正在于显著缺乏引人注目之事。故吾人不为战争或重大行政改革所分散之注意力,自然转向皇帝本身之性格及其私生活。或于弗隆托《信函》中窥见皇室简单日常生活及其生活中之平静氛围,最能传达其在位

---

① "基于其为照顾公众仪式及宗教之爱。"(Ob insignem erga caerimonias publicas curam et religionem.)《拉丁铭文总集》第6卷第1001号。

② 见第三十章第三节。

时之宁静印象。其妻福斯提娜于 140 年(或 141 年)去世,乃对皇帝之重大打击,自其言词中可知皇帝深爱其妻。安东尼致函曾于元老院演说中赞扬福斯提娜之弗隆托时曰:"汝演说中有关(以奥古斯塔之衔)荣耀余之福斯提娜部分,于余显得真实更胜于雄辩。因此乃事实。与其独处皇宫,予宁与之居孤岛伊亚罗斯(Gyaros)。"福斯提娜为一美人,屡有谤词。谣言谓其不贞,但未有确凿证据。安东尼似未生疑。于其逝世后,安东尼对其记忆备予大量荣耀。予以神化;立庙纪念,设女祭司以供奉之。竞技场比赛时,公开陈列其像。(依据涅尔瓦及图拉真之政策)以同名为孤女设立新扶助捐款,称之为 Faustinianae。为避免家庭不和,安东尼未再婚。福斯提娜之获释女奴加莱里亚·利西斯特拉塔(Galeria Lysistrata)以侍妾身份与其同居;纳妾于罗马人中为具法律性之结合,次于婚姻,但包括某些权利。对皇帝而言,略相当于贵贱通婚。

宫廷哲学家,皇室别墅

安东尼认养之二子常与其同住。真感情与同情似已将安东尼与奥里略联系在一起。此情显露于弗隆托《信函》及奥里略之《沉思录》。皇室住于罗马居帕拉廷北面提比略之宅。皇帝于此保持未即位前与朋友之社交。安东尼不喜拘泥形式及严格之礼仪,接待宾客时常着束腰外衣(tunic)而非正式袍服。然不得不维持众多已视之为"皇宫"中不可或缺之内务僚属。虽衣饰极简,仍有数位司衣官。宫廷中有一专门报访客名之仆(nomenclator),一负责令奴隶静默者(silentiarius),一指挥听差者(paedagogus puerorum),及其他人。安东尼对哲学及文学不具系哈德良特征同样之个人兴趣。但赞助文人,于宫中聚之于周围,主要因其子真正欣赏此辈。弗隆托与皇帝及其弟子奥里略皆亲密。奥里略之希腊修辞学教师赫罗德斯亦极受青睐。于年轻恺撒之心智极具影响力之斯多葛派哲学家卢斯提库斯同属宫廷圈。

安东尼及其家庭最赏心悦目之画面,系在乡间别墅,而非城市之帕拉廷。安东尼生长于乡村,最爱田野生活。只要可能即离开罗马,而至位于奥里略道

(Aurelian Way)之宅洛里乌姆(Lorium),或至图拉真于肯图姆切拉俯瞰大海之别墅,或拉丁姆之西尼亚(Signia),或坎帕尼亚。距罗马不远之洛里乌姆别墅似为其最爱之居所,且卒于此。在乡间其消遣为狩猎及垂钓。奥里略致其爱师之函描述如何以简单消遣渡过时日,如骑马、阅读、写作、与(小)福斯提娜言不及义,称后者为"予之小母"(matercula mea)。有对西尼亚收获葡萄之愉悦描述。皇帝与全家人于榨葡萄机旁晚餐,并听农人之笑话。

安东尼与波勒摩

有一论及安东尼与诡辩家波勒摩之有趣轶事。当安东尼为亚细亚代行执政官时,未经邀约而入波勒摩在斯米尔纳之宅,以为必受欢迎。波勒摩适巧不在家,晚间主人回家,将总督连同行李一齐撵出门。安东尼一言未发,仅求庇于某一较好客之居民。但未忘此辱,其后有机会以诙谐之语报复。当其为帝时,波勒摩访罗马,安东尼欢迎之。曰:"给与波勒摩住房,且勿使任何人逐其出门。"一悲剧演员抱怨于波勒摩主持之表演中,方欲演出即遭驱逐。安东尼问:"汝当日何时被逐出舞台?""中午。""啊,波勒摩于午夜逐予出其家,而予无怨言。"

马尔库斯·奥里略所描绘之安东尼

安东尼个性最生动之态或来自其养子之描绘。奥里略于其《沉思录》记:"于吾父身上可见其举止温和,决心坚定,鄙视虚荣,勤奋及毅力之榜样。所有对公共事务有忠告者皆可接近,总予人以应得之体谅。彼知何时放松,何时努力;教予克制放纵;于同辈中平等自处;不令友人卑屈;不任性改变之,亦不热情结交任何人。予自其学会自给自足,称心如意。于公共事务中具远见,带感情检视最小之事;超越俚俗之赞誉;崇拜神祇但不迷信,服务人类而无野心;凡事清醒坚定,不为无益之新奇事物分心;易于满足,适度享受能力可及之舒适,但失去绝不抱怨。此外,自其学会不为诡辩家或腐儒;而为世上务实之人;但同时给与真正哲学家应得之光荣;举止有礼,为人整洁,注意健康,以远离药石与医生。对长于法律或其他知识者让步,不嫉其卓越,凡事依祖先惯例而行,但不迂腐……吾父总是谨慎温和;于私人住宅不放纵、对民众亦不过度慷慨或予奢华表演。仅留意其责任,而非其行动,所形成之评论。使用浴场有节制,衣着适度,不关心其奴隶之美貌。此即其生活及风度之整体特质:不严苛,不过度,不粗鲁,不夸张。如同论苏格拉底般,可谓其戒除常人难以全然戒除之事,且不过分享受。"①

安东尼之去世

吾人由安东尼之半身像,得见其面貌符合文字记载其性格及气质,显现其为庄重但温和,坚定但仁慈,强壮诚挚但不严峻或粗俗之人。161 年 3 月 7 日,以风寒逝于洛里乌姆别墅,时年 74。安东尼临终时谨慎明确显示其传位之意愿,召禁卫队长维克托里努斯(L. Furius [Fabius] Victorinus)及雷潘提努斯(Sextus Cornelius Repentinus)至榻前,于其面前推荐马尔库斯·奥里略为其继承人,未提维鲁斯。继命移长置皇帝寝室之命运女神金像至奥里略处,作为元首统治转移于指定继承人之象征。在场之禁卫队之指挥官继之进入,询问口令。皇帝答曰"平静",于其最后之发言表达其统治之精神。史家夸德拉图斯谓其去世极平和,宛似酣眠。

安东尼之神化

元老院刈下令为此敬爱之君主举行公开葬礼及奉之为神之建议,并无异议。状如金字塔之巨大火葬堆竖立于马尔斯广场,顶上有大行皇帝立于战车之像。火焰燃烧时,放生一鹰,为逝者神化之象征;奥里略及路奇乌斯继于广场发表祭文。弗拉维剧场中角斗士之壮观场面乃庄严肃穆中不可或缺之一部分。

安东尼为神化之福斯提娜于圣道上近广场处建一庙(140 年)。此庙如今转变为崇拜安东尼及福斯提娜二人之用。至今犹存,乃罗马古建筑保存最佳者之

---

① 第 1 卷第 16 章。此处意译,对梅里韦尔书中第 67 章内容稍作修改。

532 　一，正面刻文仍可辨读。

安东尼及福斯提娜之神化

第二十八章 马尔库斯·奥里略之元首统治(161—180年)

第一节 马尔库斯与维鲁斯.二位奥古斯都

奥里略之特质与哲学

马尔库斯·奥里略(121年生于罗马)继承安东尼而即位时年已40。其家族属西班牙近哥多华之市级城镇苏库波(Succubo);其祖为韦伯芗所封新贵族之一。早期即显示对斯多葛哲学研究及斯多葛简朴实践之偏好。12岁时,其母多米提娅·卢奇拉(Domitia Lucilla)很难劝诱其躺于铺以羊皮之床上。其一生之特色皆为类似之禁欲主义。因体弱不得不留意节省使用体力,且不断咨询名医盖伦(Galen)及其他人之医术;如此做乃为义务。其乐趣仅为沉思,结交哲学家及文人。

马尔库斯·奥里略

对贯彻道德完善之渴望,无人能出马尔库斯·奥里略之右,如其他斯多葛派,视人道服务为达成此等完善不可或缺之事。《沉思录》为其于忙碌生活中闲时记下之思绪总集,大部分书于马科曼尼战争时多瑙河上之军营中,贯穿《沉思录》之概念乃"自然合一",包含非唯人类,且有自然及神祇,其中每人皆有其一己独特之地位,并尽独特之责任。期望每人之行为至少非唯直接增进一己之利,亦为大整体之总利益,个人乃整体之部分,个人之福利依赖整体之福利。其实《沉思录》详细显示如何将泛神论之斯多葛理论详尽地运用至生活及道德。故马尔库斯·奥里略责成服务他人为吾人自然调适之特殊功能。尝问:"当汝为人服务后,尚有何求?已作适性之事,汝宁不满足乎?欲求偿乎?正如目以能视,足以能行而求偿乎?"奥里略视此社会原则为人性结构中之主要部分。其本人钟爱独处,严格要求自己遵守。尝曰:"人类为自身寻求隐退,乡野、海边及山间;汝亦至为渴求如此之事。但此全然为最寻常人之特色,盖汝有权力选择退隐之时。"继而建议持续之自省。其人生观质朴甚且忧伤。"生命中受重视之物皆空虚、腐朽及琐事。"但奥里略养成开朗之性情,告诉吾人,其师马克西姆斯教以于任何状况及患病时皆要开朗。奥里略总是思考众人如兄弟,宽恕伤害,及为职责牺牲一切之训诫。奥里略几乎实践一己之理想,鲜有人过之。

其政治才能

柏拉图曾预言人类之苦难永无休止,直至一哲学家成为帝王,或一帝王成为哲学家。此事终于应验。一哲学家如今统治远较柏拉图梦想更大之国、更多之人。世间终获之哲学家统治者并未企图建立柏拉图之理想共和国或其他先验之政体(a priori constitution);但奥里略珍视柏拉图之言,以减轻苦难,帮助人类为其目标。希望显示柏拉图之教诲为真。帮助人类及减轻负荷,为奥里略代表之新斯多葛哲学主导情操之一。但毕竟其仅于体制上实行安东尼已出自本能而行者。安东尼确实于一定程度上亦为斯多葛之理想所浸润。

对于奥里略之统治,看法有二:或者认为帝国有幸受如此具异教美德之高贵典范,如此无私高尚之君主统治;或者怜悯一位单纯哲学家之人民,其君主对诡辩家及修辞学家争论之兴趣,多于所治国家之事务。此挑剔之批评有某种程度真实性,但易流于夸张。奥里略之过在于思考尽其"职责"多于何事有益于国家。彼自个人伦理规范,而非政治智慧之观点看待每一问题。过度自觉,遇困难时不问"何为最佳之法?"而惯问"哲学家如何处置?"另一方面须归功其不若许多严肃哲学家——如柏拉图本身——企图运用演绎理论至政治,或以宪法结构做实验。吾人将见其唯一引进宪法实践之革新不甚恰当。总而言之,奥里略墨守帝国成规,遵循其前任规划之路线。不曾尝试以哲学家工作室中建造之模式革新世界。其为严守道德规范者,而非政治教条主义者。奥里略尊崇哲学家过于所有人,但不允其干涉国家之管理。

若奥里略决意以公正慈善之政府显示柏拉图为是,命运同样决定显示柏拉图为非。人类自奥里略之统治认知其幸福无法独立于外在环境,由党派政府保全,除非确实采用斯多葛学派之座右铭,不关心外在环境。此位皇帝哲学家处于邪恶时代。其元首制之特色为几无和平之一系列幼发拉底及多瑙河之可怕战争;而帝国因可怕之瘟疫哀鸿遍野——类似十四世纪时之黑死病——瘟疫于所到之处造成永久影响。奥里略须集所有斯多葛之坚忍与耐心,于风暴中坚定掌舵,而此等风暴乃帝国衰落开端之先驱。

路奇乌斯·维鲁斯,二位奥古斯都

元老院选奥里略为皇帝时,其首次举动极具特色,且显示其弱点。奥里略不了解人性。其继弟康茂德(L. Commodus)为安东尼置于幕后,除皇室成员可有之荣誉外,别无他者。其乃无甚特色或能力之年轻人,喜好享乐,尽管其放荡或遭夸大。根据哈德良及安东尼之榜样,奥里略本应立路奇乌斯为其同僚,具恺撒之衔及下属代行执政官之权。但奥里略不以此为满足。视路奇乌斯为与自身平等权力之至尊,且认为与其弟同享元首制乃一己之责。故坚持元老院将其本人之所有头衔及特权亦授予路奇乌斯。奥里略遂与(今后称为 L. 维鲁斯之)路奇乌斯为同僚,同等平权且各以自身权利统治全部帝国。一如奥里略,维鲁斯亦为奥古斯都及元首。元首制之理论对如此之共治并无矛盾,但于实践中则为一创新。盖从未有二奥古斯都同治帝国。奥里略肯定不曾展望未来或考虑引进此制之可能后果。但两平等皇帝之共治多数情况下显然必导致破裂分离,除非

(1) 一人置身幕后,或(2) 帝国领土分为两大省。在奥里略及维鲁斯之情况下,和谐得以保持,因维鲁斯温和、无关紧要、无野心且愿将一切创始交诸其兄。若其强而有活力,和谐亦鲜受威胁,因为此情况下,奥里略必欣然交付主导之权。奥里略引进之先例于自己情况下虽无甚差异,于后世却产生严重后果①,当第二选择发生时,由二奥古斯都统治之帝国即分裂为二不同之国。

第二节　奥里略之行政

奥里略与元老院之关系

马尔库斯·奥里略之内政需注意之要点为:(1) 元首制之贵族权力继续增长,加以公开对元老院细心之尊重;(2) 图拉真及哈德良中央集权路线之进一步增长;(3) 不智之财政;(4) 于安东尼·皮乌斯之路线上,人道及公平立法之显著进步。

奥里略对元老院之尊重受到重视及适当赞赏,于罗马时总出席元老院,于坎帕尼亚时常远道至罗马以提建议。直至执政官宣布散会之词"不再耽搁您们,各位元老"(Nihil vos moramur, Patres conscripti)后,始离席。奥里略常将外交事务提交元老院,陈述条约以获其认可。于此一切奥里略跟随图拉真之政策。同时非唯未放弃任何皇帝逐渐篡夺之特权或势力,反而更增之。安东尼·皮乌斯已为其铺路,因其升至恺撒时,已获得于元老院优先于其他人提出五项书面法案之权。皇帝于每次会议中书面引进一法案之权(relationem facere)已为奥古斯都建立并为其继承者实行,该法案须由一皇家财政官于所有其他人之前宣读;安东尼本身具四法案之权;但直至奥里略,无证据显示任何皇帝具有多至五法案之权。皇帝之法案以"致辞"或"书信"形式致元老院,而须皇帝亲自提议之说,似

---

① 下世纪末戴克里先(Diocletian)在位(285 年)时。

第二十八章 马尔库斯·奥里略之元首统治(161—180 年)

一直保持。

哈德良自觉须师法涅尔瓦,于元老院宣誓绝不处死任何元老。但无法打动奥里略采取此步骤,虽然终其统治力图实行,仿佛曾经宣誓。故奥里略拒绝认可元老免受朝廷审判,或不能为其同事判罪之原则。重用手中权力以确定元老院之结构,对此点之观察很重要。奥里略使用破格擢用之权晋升其"诸友"至法官级与市政官级之元老。

"最显赫者"(vir clarissimus,铭文中简写为 V. C.)之衔于第二世纪普遍用为元老之荣衔。奥里略或为定期给予官方批准之第一位。更确定者,其将骑士级公职人员分为三级:(1) 崇高者(viri eminentissimi),限于禁卫队长;(2) 完美者(viri perfectissimi),包括罗马部门首长;(3) 出类者(viri egregii),代行财政官及较不重要之下属官员。(于意大利)无任职之市骑士头衔为辉煌之罗马骑士(splendidus eques Romanus)。

中央集权之成长,司法督察官(Juridici Curatores)

奥里略对改善哈德良组织之新文官制度有贡献,于各部门中指派"副首长",以减轻首长之负担。并为皇帝咨询团成员订薪资。更重要者为禁卫队长职务之奇怪发展进入新阶段——始于纯粹军事性,最终成为纯粹文职。奥里略在位时禁卫队长之职偶由杰出法理学家充任,队长遂更明确地获任皇帝之代表。于意大利行政中,恢复哈德良设置而安东尼为取悦元老院废除之四法官,并更改之。此时(之前或已)称为司法人员者不复为执政官,而系司法官,故更高阶级可获任。选自元老或骑士阶级之国家官员(curatores reipublicae)制度似更为进展,且无疑出自财务动机。故奥里略促进中央集权化之进展,旋即令意大利市级城镇之公务为之瘫痪。另一方面,似予公众团体及受图拉真怀疑之行会(collegia)更多自由。奥里略给与其立遗嘱及解放奴隶之权;实际于某种程度上具法人之特权。但谨慎立规,不允任何人同时属于一个以上之行会。

财政

尽管从事众多营造,安东尼仍于国库留下巨款;但奥里略轻率及奢华之行政管理陷国库于严重财政困难。此事之过主要来自其善良之本性。即位时不当而确实有害之慷慨行为,给与禁卫队每一军士 20 000 塞斯特斯(约 160 镑)及其他军士成比例之数。屡次大量赏赐民众,且增加有权获得公共粮食者之数目。其统治末期赦免巨额欠款(178 年)。奢侈支出或多登记于维鲁斯账下,但不知二同僚间如何安排国库之控制。奥里略对所有财务皆宽容随和,符合其为君主责任之哲学理论。但其治下之帝国面临危险,需要一切力量且引起重大花费;故迫切需要更大之税收、收紧银根及更多之行政节约。奥里略于军费压力下,被迫典当其皇室珠宝,且贬值金币。在位末期,情况糟到完全停止发行金币,借助银币以贬值形式发行。奥里略于公共建筑甚少建树,即不足为奇。

立法

超乎一切联系安东尼与奥里略之统治时最重要之事,为以单一精神激发之时代面貌者,乃正义之立法及行政之政策。前已论及于此方面,安东尼者可运用至奥里略。扶助弱者、为奴隶纾困、促进解放、保护受监护者之状况,皆奥里略之目标,与其前任者相同。设立一特殊官员(司法监护官[praetor tutelarius])以管制受监护者与监护人间之纠纷。修改允许债主扣押债务人动产之法律。子女不再为其父之罪行而受辱。皇帝自身不惮审理案件,其判决特点为宽大。一如安东尼,奥里略急于在代行财政官之压迫下保护行省,且于公共灾害时帮助小区。

第二十八章 马尔库斯·奥里略之元首统治(161—180 年)

第三节 安息之战

安息之战,艾勒盖亚之役,维鲁斯至东方,罗马人收复亚美尼亚,素拉及组格马战役,战争之结果

马尔库斯·奥里略即位后几乎立即遭受东西两方面敌意之威胁。西方之危险轻易处理。皮克特人威胁不列颠,同时不列颠军团形成阴谋欲以总督斯塔提乌斯·普里斯库斯(M. Statius Priscus)取代马尔库斯之帝位。此等运动迅速为之压止,莱茵河行省中卡提人及考其人之攻击亦被逐退。但无法避免长期以来一直隐现东方之更大危机。哈德良及安东尼成功拖延此不幸之日,但奥里略即位后则不能再推迟。安息王沃洛吉斯为能干且具野心者,团结起分裂为若干王国之安息疆土,坚固确立统一之后,决意将亚美尼亚收归其权力之下。安东尼逝世后,一安息将军立即进侵亚美尼亚,立阿尔萨奇德家族之帕可鲁斯(Pacorus)为帝。① 卡帕多奇亚总督塞维里阿努斯·马克西姆斯(P. AElius Severianus Maximus)立刻率一军团逾幼发拉底河,在帕托马西里斯向图拉真屈膝之艾勒盖亚发生战争,罗马军团被消灭。塞维里阿努斯自尽。因胜利而得意之安息人进侵叙利亚,且击败其时阿提迪乌斯·科尔内利阿努斯(L. Attidius Cornelianus)麾下之罗马军队。诸此灾难证实东方军团一若百年前被科尔布洛攻取时一般士气低落效率不高,需转移西方军团以保卫东方行省。斯塔提乌斯·普里斯库斯被委派接续塞维里阿努斯于卡帕多奇亚之职,而尤利乌斯·维鲁斯(Julius Verus)成为叙利亚总督。战争中最高统帅则由既无军事天分又乏责任感之维鲁斯皇帝担任(162 年),大部分时间在安提阿游乐,将战争实际事务委诸其将军阿维迪乌斯·卡西乌斯(Avidius Cassius)、普里斯库斯以及马尔斯·维鲁斯(Martius

---

① 不知此时亚美尼亚王位是否虚悬或某不知名之罗马附庸在位。

540　Verus)。因马尔库斯·奥里略本欲避免战争,起初提议和解;但为安息王沃洛吉斯拒绝,罗马人别无选择。亚美尼亚旋即为普里斯库斯收复,攫取阿尔塔克萨塔,焚为平地(163 年)。于近处建"新城"(Kainêpolis)(亚美尼亚语为 Norkhalakh),成为首都。帕可鲁斯及其安息人被逐出,一阿尔萨奇德家族之王子索埃慕斯乃罗马元老且忠于罗马,被立为帝(163 年)。故战争于亚美尼亚之地位并未导致理论上之改变,仍继续为罗马附属,由安息血统之王统治。但事实上因索埃慕斯之个人利益关系,此时亚美尼亚与罗马关系较以前更密切。胜利后维鲁斯采用"亚美尼亚库斯"(Armeniacus)之名,但叙利亚及美索不达米亚乃战争最严重现场,战事由成为叙利亚总督之阿维迪乌斯·卡西乌斯主导(164 年)。吾人于细节知之甚少。罗马战胜于素拉,继之占幼发拉底河上美索不达米亚一边之尼斯弗里乌姆堡。安息人于组格马力拒罗马人渡河,但在尤罗普斯(Europus)之役败绩。由此开启进入美索不达米亚之路,军团猛攻道撒拉(Dausara),围埃德萨,占尼西比斯。总督背叛其王,得胜军队进向泰西封。希腊城邦塞琉西亚打开城门,但居民后来被控通敌,其城被焚为平地。安息首都泰西封被攻下并摧毁。罗马人亦侵入米底亚。战争实际上于 165 年结束,维鲁斯得返罗马与其兄一起庆祝辉煌胜利(166 年)。路奇乌斯领"亚美尼亚库斯·帕提库斯·马克西姆斯·米底亚库斯"(Armeniacus Parthicus Maximus et Medicus)之衔;马尔库斯则为"亚美尼亚库斯·帕提库斯"之衔。

　　罗马经此战后,不仅多年免于安息侵略,并增加其声望,且亦小幅扩张领土。美索不达米亚之奥斯罗尼地区成为罗马附庸,卡雷成为罗马保护下之自由城市。故马尔库斯非常小规模地承担图拉真非常大规模开启而哈德良曾反对之同样政策。鉴于马尔库斯绝非贪得无厌之统治者,此种情况表明图拉真之事业有政策之理由。

瘟疫

541　命运注定对东方之成功须付出可怕代价。阿维迪乌斯·卡西乌斯之军队于底格里斯地域感染瘟疫,将传染病带入罗马领土。瘟疫蔓延于东方行省,为随维鲁斯返国之军团传至西方。军队被此疠严重摧残。意大利为之荒废,许多地区空无人居。罗马死亡人数甚巨,马尔库斯下令亡者不分贫富,皆由公家出资埋葬。尝试举行所有国教仪式以救国,且进行城市净化。甚至企图安抚外国神祇。无疑四处播散致命之瘟疫对帝国人口造成深远影响。史家尼布尔(Niebuhr)甚至认为"古代世界从未自此打击中恢复"。但吾人除医师盖伦供给之若干细节外,对此事知之甚少。无类似修昔底德描述雅典瘟疫,或普洛寇皮乌斯(Procopius)记载查士丁尼(Justinian)在位时之大瘟疫,或如薄伽丘(Boccaccio)对十四世纪黑死病之叙述保留下来。①

第四节　马科曼尼之战

第一次马科曼尼之战,日耳曼部落对雷提亚及意大利之进侵

自图拉真征服达契亚以来,多瑙河地区享受长期和平。哈德良在位初期已幸运避免危险之威胁;此边界主要民族——东方之罗克索拉尼人、达契亚与潘诺尼亚间狭地之亚兹格人、波希米亚之马科曼尼人、摩拉维亚之夸迪人——几乎皆认可罗马之主权,未以敌意烦扰罗马。夸迪人曾要求皮乌斯批准新王之选立,但皮乌斯逝世后,情况改变,马尔库斯迅即发现自己卷入一场与此等边界民族之大战:通称马科曼尼之战。②

此战不应归罪罗马人。安东尼·皮乌斯之政策实为和平,而马尔库斯非挑衅敌人者。但亦非由于邻近蛮族一时冲动之贪婪或躁动不安。原因起自远逾罗马政治界限之异域。中欧及北欧易北河及维斯图拉河(Vistula)上之日耳曼民族

---

① 亦无类似第八世纪时提奥法尼斯(Theophanes)对瘟疫之描述。
② 最初称日耳曼之战(Bellum Germanicum);其后当亚兹格人成为参与主体,则称日耳曼萨尔马提亚之战(Bellum Germanicum Sarmaticum)。

542 间发生移动；此等迁徙运动引起对马科曼尼人、夸迪人、布里人及其他南方民族之压力，彼等转而进逼罗马领土。帝国抵制其压力，结果乃一为期十三年之严重战争，可视之为早于二、三百年后称为"民族大迁徙"（Wandering of the Nations）历史事件之早期序曲。

第一件宣告新危机，引起战争之事乃一大群日耳曼人出现于潘诺尼亚，于此地寻找新住所。群众包括首次出现于南方遥远易北河之伦巴底人或伦巴人、马科曼尼人与其他族群。但此辈迅即遭驱逐过多瑙河；继之遭特使马科曼尼人之王巴洛马（Ballomar）及代表十部落之十人往见潘诺尼亚总督埃利乌斯·巴苏斯，要求分配领土。但请求未获允准，只得返回。① 已提及之迁徙似已向西及向南造成若干压力。上日耳曼总督，弗隆托之岳父盖乌斯·奥菲迪乌斯·维克托里努斯（Gaius Aufidius Victorinus）被迫上战场，抵抗攻击行省之卡提人。

在东方爆发之战争阻止马尔库斯采取适当措施，以避免显而易见威胁多瑙河行省之危险。幸而首次大打击发生于罗马军队成功对抗安息人之后。约于马尔库斯及维鲁斯胜利之时（166年），大而松散之日耳曼部落联盟——马科曼尼人、夸迪人、赫门杜里人等——冲入帝国，肆虐达契亚、潘诺尼亚、雷提亚及诺里库姆。亚兹格人参与此次入侵，但达契亚以东之萨尔马提亚部落未涉入。达契亚之奥布尔努斯（Alburnus，即维雷斯帕塔克［Verespatak］）城被焚，萨尔米泽格图萨本身亦遭威胁。但危险更接近帝国心脏，令罗马战栗。自马里乌斯于维尔凯莱战场击退辛布里人及条顿人之日，再无蛮人携带武器进入意大利。但如今此辈自雷提亚俯冲而下摧毁欧皮特吉乌姆（今Oderzo），逾尤利安阿尔卑斯以围攻阿奎莱亚。关于现场统帅阻止入侵之措施，吾人仅知弗里乌斯·维克托里努斯（Furius Victorinus）战败被戮。

奥里略之难题，新军团

543 入侵发生于政府为难之时。安息之战已结束，但随军队带来之瘟疫于意大

---

① 日期不确定，但事件应发生于皮乌斯逝世后不久。

利造成可怕浩劫,而通常伴随瘟疫之饥馑亦到来。人民无法向国家缴税,而皇帝无钱支付战争费用。奥里略被迫拍卖皇室珠宝以供给紧急款项。须募新军,对位处侵略者之要路,或诱其前进之主要城市之防卫采取措施。修复达尔马提亚之萨罗奈城墙以及色雷斯之腓力波利斯城墙。建立两新军团——第二忠诚(Pia)及第三和谐(Concordia)——指定保卫雷提亚及诺里库姆,于劳里阿库姆(今 Lorch),近恩斯河(Enns)河口处建立前线新阵营及众多小堡垒。诺里库姆及潘诺尼亚之军队为多瑙河舰队所支持,舰队主要基地在劳里阿库姆以及卡农图姆。

奥里略与维鲁斯亲征且与若干蛮族订约

奥里略虽非军人,不得不承担令人厌烦之任务,亲自指挥战争行动。问题不能留给数省统帅;需一最高统帅全面控制;而此责不可安全地委托于轻浮无能之维鲁斯。两帝离开罗马而抵阿奎莱亚(168 年)。其前进使不知如何合作行动之入侵者惊恐,立即开始撤退。夸迪人投降求和;但马科曼尼人仍坚持到底。年轻之韦鲁斯急欲返罗马,冀幸危险已过。但除非蛮族得到教训,媾和明显过早。侵略者造成之灾害无法轻易弥补。此辈夺得大量罗马俘虏,据云夸迪人得 60 000 人,亚兹格人获 10 万人。奥里略明白教训蛮族之重要性,乃猛力作战。吾人惜无其行动之精确记录。最后以交还俘虏为条件与夸迪人媾和,确认选立之新王福尔提乌斯(Furtius)。奥里略继至潘诺尼亚边界,似以卡农图姆为总部。同时其婿提比略·克劳狄·庞培阿努斯(Tiberius Claudius Pompeianus)获指派为雷提亚及诺里库姆统帅,得其副手,即后为皇帝佩尔提纳克斯(P. Helvius Pertinax)之助,清除此地区之入侵者,至少于雷提亚,或系卡提人。值得注意者,若干蛮族为罗马薪资所诱,加入服役,对抗同族。

维鲁斯之逝,奥里略之征及胜利(169—175 年)

以此政策,大战旋即简化为与马科曼尼人以及亚兹格人之战。皇帝于 169

年返罗马,但维鲁斯途中逝于阿尔提努姆,奥里略须独自作战。同年返多瑙河,留驻战场,视情况需要,以卡农图姆、文多波纳或阿坤库姆为其总部。罗马人之行动长期不成功,遭遇严重失败。马尔库斯·克劳狄·弗隆托受委以达契亚以及上默西亚之特殊指挥权,但在与亚兹格人一役中阵亡。另一阵亡者乃禁卫队长文德克斯(Marcus Macrinius Vindex)。直至172年,始获首次决定性胜利。马科曼尼人遭受严重失败,皇帝接受"日耳曼尼库斯"称号。但同时夸迪人反叛,逐出其王罗马人之附庸福尔提乌斯,选举新王阿留盖苏斯(Ariogaesus),与马科曼尼王巴洛马结盟。奥里略悬赏阿里奥盖苏斯之头1 000枚金币;阿里奥盖苏斯旋向罗马人投降,被送至遥远之亚历山大城。

"雷电军团"(Thundering Legion)之奇妙传说出现,与大胜夸迪人有关。战役中大风暴突然发作,及时阵雨降落罗马人身上,但敌人却为雷鸣闪电而惊慌失措。该事件被视为奇迹,据云乃上天对基督徒组成之军团祷告之响应。奥里略纪功柱上一雕刻证实此事的确发生,但其时当然无基督徒军团之事;且雷电军团于奥古斯都之时已有。夸迪人之削减后不久,亚兹格人亦缩小(175年),皇帝采用"萨尔马提库斯"(Sarmaticus)之封号以为标记。

二新行省,萨尔马提亚以及马科曼尼亚(Marcomannia)之计划. 与敌人之条约

奥里略具真正政治家之见识,觉察到威胁帝国北方边界之持久性危险;预见最终注定分裂帝国之蛮族战争爆发。奥里略清楚认知为防止危难,赢得胜利尚不足,而须征服敌人。奥里略领会图拉真并吞达契亚乃正确之举。事实上此马科曼尼之战彻底证实图拉真之政策。因达契亚在罗马人手中之事实,防止罗克索拉尼人及其他东喀尔巴阡民族加入进侵。奥里略决定须照图拉真规划之路线更前进,并吞亚兹格人及马科曼尼人之土地以完成此边之疆界。兼并多瑙河与泰斯河间之狭地亚兹吉亚(Jazygia)确实明显有利。马科曼尼人占领之波希米亚为天然山脉丛林之屏障充分保护,可作防御蛮族有利之前沿阵地。故奥里略决定建立二新省:萨尔马提亚及马科曼尼亚。无论如何,应将立即驱逐亚兹格人,

以建萨尔马提亚,但因叙利亚爆发之叛乱不得不推迟计划之执行。同时加诸已征服蛮族之条件如下。此辈须对罗马军队供应分遣队;故亚兹格人须供应8 000骑兵。马科曼尼人及亚兹格人须沿多瑙河清除一宽10哩之狭地(后减为5哩)。夸迪人及马科曼尼人须于其境接受20 000人之罗马驻军。贸易条件严格规定,以避免冲突之机会。

约此同时,阿斯亭吉人(Astingi)之部落进入达契亚,以服军役为条件,要求准许殖民其地。但另一部落拉克林吉人(Lacringi)恐危及自身利益,为达契亚罗马总督所诱,攻击阿斯亭吉人,并毁灭之。此事值得注意,因煽动一部落以对抗另一部落之御敌法,其后形成罗马政府运用手法之例。

阿维迪乌斯·卡西乌斯之叛

威胁奥里略在东方皇权之叛乱,为成功结束安息战争主力之叙利亚干练总督阿维迪乌斯·卡西乌斯所发起。维鲁斯返罗马时,卡西乌斯获任为自其本身特殊行省扩充至所有毗邻东疆地区之军事指挥官,类似尼禄治下科尔布洛所持有者。

卡西乌斯生于帝国此区,乃居鲁斯(Cyrrhus)本地人,于此处极具影响力。其军纪虽严格甚至苛刻,但似得士卒之爱戴。于其特殊指挥官期间,进一步对政府效力,曾镇压阿拉伯叛乱及平定埃及"农民"(Bucolics)之宗教狂热分子之严重叛变。但卡西乌斯恼怒此哲学家皇帝之统治,此种对奥里略行政不满之情似盛行于东方军事界。军官蔑视军营中著作道德文章之"哲学老妇"(philosophical old woman)。维鲁斯曾以之警告奥里略,但此斯多葛派皇帝以宿命论精神答曰:"从无王者戮其继承人"。终于175年当奥里略正于多瑙河上对马科曼尼人发动战争时,卡西乌斯组织足够之追随党羽公开声明其反叛计划,为埃及长官弗拉维乌斯·卡尔维希乌斯(Flavius Calvisius)所支持。此运动之重要性,如觊觎者宣言所显示,在于军人与哲学家之对比。卡西乌斯愿意承认奥里略为极好之人,但抱怨其热衷于哲学,而忽略共和国。叛变之爆发因奥里略已逝之不实消息传播所促成。此事决定起事之失败。阿维迪乌斯相信皇帝已逝,被宣告为统帅;但消息证实为误时,众人不再承担篡位之事业,卡西乌斯乃被谋杀。奥里略得知叛变爆发时,立即东行,准备内战。为谨慎起见,先授予时年十五之子康茂德成年礼。当奥里略抵叙利亚得知觊觎者已亡时,表示对无机会赦免犯者,甚为悲伤。凡涉及反叛者皆获宽大处置;但不委本省之人任其家乡行省总督之原则自此建立。

福斯提娜,康茂德成为奥古斯都

皇后福斯提娜伴随其夫至马科曼尼之征,自军队获得"军营之母"(Mater Castrorum)之称,亦伴其东行。但途中卒于陶汝斯山脚下卡帕多奇亚之哈拉拉(Halala)。元老院颁与其神圣荣誉,于其逝世之地为其建庙。福斯提娜之美名,亦如其母,为诽谤所伤。据云公然对其夫不忠,甚至秘传康茂德乃一角斗士之子。加诸其名最恶劣之诬蔑为其参与且赞成卡西乌斯之反叛计划,且允成功时许婚。但绝无可认真考虑表明其人格之证据。

自路奇乌斯·维鲁斯死后,罗马世界再度为一人统治。皇帝二子奥里略·康茂德(L. Aurelius Commodus)(生于161年)以及文奇阿努斯·维鲁斯已于166年获恺撒之衔,若二人皆存活,奥里略或将帝国委诸两兄弟共治。但较幼之文奇阿努斯逝于170年,康茂德乃大家族中唯一传人。卡西乌斯之叛后,皇帝返罗马,康茂德获统帅头衔,分享其父之胜利,尽管极其年轻,获任命为次年之执政官。同时获保民官之权(176年12月10日之前),而于177年晋升至以前路奇乌斯·维鲁斯之同样地位,成为其父之同僚,具奥古斯都称号。康茂德其实并非本性恶劣,但全然软弱,缺乏判断力,且自我放纵。乃不可能成为贤君或可容忍之统治者。奥里略不可能对其子人格之缺点视而不见,其为父子情而牺牲国家利益,曾受严重批评。而娶其女维鲁斯孀妇卢其拉之婿克劳狄·庞培阿努斯,应为较佳选择。另一方面,若其搁置可能自然认为有权继位之康茂德于一旁,则有内战之虞。帝制之下无法避免偶尔出现两害相权取其轻之抉择;很难断言两害中奥里略未择其轻者。

第二次马科曼尼战争，帕特尔努斯之胜，奥里略之逝

其时多瑙河边界被征服之民族违反和约。奥里略方自转身，夸迪人及马科曼尼人于罗马驻军约束下不安，决意趁卡西乌斯起事之机而反叛。故奥里略东返时，被迫开始第二次马科曼尼战争，正如图拉真被迫从事第二次达契亚之战；若其天命绵长，此战必似图拉真者为歼灭战。此次奥里略由其子康茂德伴随至战场。据云离开罗马前，依旧俗于贝洛纳（Bellona）庙前掷带血标枪。此役（178—180 年）细节不详。得知将军帕特尔努斯（Paternus）获得大胜，因此奥里略第十度获宣称为统帅。马科曼尼人似被完全征服；而夸迪人损伤惨重，意欲北迁殖民于塞姆诺内人之地，但被迫留住原地为罗马驻军耕种土地。亚兹格人似易投降，得到有利条件。废除以往加诸其人最艰辛之负荷；承认通过达契亚以维持其与东方萨尔马提亚同胞罗克索拉尼人联系之重要权利。吾人可结论谓奥里略方欲组织亚兹吉亚为一罗马行省，而不久亦会同样处置马科曼尼亚。此为关键时刻。将中欧重要之一部分直接降于罗马统治之下——对此等地区之未来历史必有影响——为数月中即可成之事。帝国边界即将延展至易北河，为近两世纪前奥古斯都于完成前夕竟失败之计划。但 180 年 3 月 17 日马尔库斯·奥里略逝于文多波纳军营中。其年未及六十，但身体似为军旅生涯之疲累耗尽，而为热病夺去生命。其去世注定使其计划落空。其无用之子康茂德立即放弃自其父政治家之果断以及可敬毅力而实现之成果。此年轻皇帝急欲返罗马而摆脱战争，不求完成兼并之业，反许马科曼尼人及夸迪人以有利条件，故徒劳其父之长期征伐。

军事殖民制之始

此处须简短提及奥里略战争一非常重要之结果，虽然实属下一世纪之历史。日耳曼人及萨尔马提亚人大量殖民于罗马土地上之系统，开始有规律地成为军事殖民地。奥里略(172年)建立此等殖民地于潘诺尼亚、默西亚、达契亚、与日耳曼。甚至试图于近拉文纳处建一蛮族殖民地以纾缓意大利人口之减少,但殖民者尝试攫取拉文纳,乃放弃此想法。此辈获分配之土地,人身之自由;但其自由有限制,不得离开其土地。且亦须服兵役。故此等殖民地建立之处,边疆地区之耕种及军事防御二者皆赖同样之人。佃农制(colonatus)于第三世纪中发展至其最终形式。但须谨慎观察此制度非唯来自外国俘虏之殖民。军事佃农制仅为帝国本身经济条件所导致系统之一种形式。有合约之租户无法如期偿付沉重租金欠款,则陷入农奴状况,起初虽非法律上,但实际系强制性之束缚附属于其地主之地。亦有小地主失败后破产,自愿放弃所有权而接受农奴之桎梏,以为改善其情况之法。

路奇乌斯·维鲁斯

549　　军事殖民制(Military Colonate)之始,显示马尔库斯·奥里略时期罗马帝国开始衰落情况之一。帝国之分裂不仅因外来条顿民族之进侵,亦源自境内大量条顿元素之存在。条顿民族之外,另一大力量,即基督教,亦为瓦解帝国、转变欧
550　洲状况之工具,于奥里略时期首先显著出现,并在此时期首次与国家发生严重冲突。①

---

　　① 见下第三十章第三节。

第二十九章 哈德良及安东尼王朝之文学

此时期希腊及拉丁文学之特质,古风,民族性之衰落

哈德良时期开启拉丁文学之新纪元,亦以希腊文学之复兴著称。哈德良自身涉猎文学及科学,致力培育文人之社会。于罗马创立一种称为阿西娜庙(Athenaeum)之学园,修辞学家、哲学家及诗人可于此朗诵其作品。哈德良于诗歌及散文小有所成,但仅为业余爱好者之作,模仿老式拉丁作家之风格,喜加图胜于西塞罗,

哈德良陵墓

喜恩尼乌斯胜于维吉尔。哈德良顺从其时代趋势,事实上可谓第二世纪文学之特征即古风之矫揉造作。文人耗费时间自古代作家中寻找异于寻常之措辞及过时之字眼,继而引入自己之作品中。故深奥学问蔚为时尚;修辞学家及文法学家成为文学爱好之领导者。整个运动——早期民族文学兴趣之复兴,文体上对古风之爱好——与近代类似运动相同。仅少数受昆体良格式训练之作家躲过此流行趋势。

但另一方面,此时期罗马文学显然民族性较少,世界性较多。希腊文及拉丁文更紧密接触,许多作家,例如哈德良(如克劳狄)、弗隆托、苏维托尼乌斯、阿普雷乌斯,皆以双语著述。

安东尼王朝(Antonines)及哈德良赞助文学及学问。安东尼·皮乌斯师法

其前任之例,于帝国各城市中授予哲学及修辞学讲座;亦赐予大小城镇中一定数量之辩士、文法学家及医师免税之特权。哈德良在位时,拉丁文学代表弗隆托及希腊文学代表赫罗德斯·阿提库斯(Herodes Atticus)皆有任执政官之荣。马尔库斯·奥里略非但为学问之赞助者,本身亦为文人①,其《沉思录》之重要虽全在于内容,丝毫不在文学形式,仅能谓其形式绝不矫揉造作。

第一节　拉丁文学

诗,哈德良及弗洛鲁斯

哈德良在位时,尤维纳尔写成若干拉丁讽刺诗集,但无其他著名诗人。安尼阿努斯(Annianus)歌颂乡村生活之乐。弗洛鲁斯书写可爱之琐事,与皇帝诗文唱和。于下列短诗中打趣哈德良之出行。弗洛鲁斯曰:"吾宁不为恺撒,须常至巴塔维人之沼泽,潜伏于不列颠人之中,身受斯基提亚严霜之袭。"②哈德良答曰:"吾宁不为弗洛鲁斯,须常至罗马酒店,潜伏于饭馆中,身受浮雕碗之攻击。"③哈德良致其灵魂之诗句已被引述。此多才多艺之帝除数部希腊文作品外,撰写自传,为其获释奴弗雷贡(Phlegon)出版,但未流传至今。弗雷贡以希腊文著《奥林匹亚竞技会胜利者名录及编年史集》(*Olympiads kai khronikon synagoge*)之历史。

---

① 其《沉思录》——名为"致其自身"($ε\mathop{;}\varsigma\ εαυτόν$)——已于前章第一节提及。
② Ego nolo Caesar esse, Ambulare per[Batavos, Latitare per]Britannos, Scythicas pati pruinas. (I would rather not be Caesar, Have to haunt Batavian marshes, Lurk about among the Britons, Feel the Scythian frosts assai me.)
③ Ego nolo Florus esse, Ambulare per tabernas, Latitare per popinas, Calices pati rotundos. (I would rather not be Florus, Have to haunt the Roman taverns, Lurk about among the cookshops, Feel the bossy bowl assail me.)此为哈杰肯先生英译。

苏维托尼乌斯·特兰奎鲁斯

苏维托尼乌斯·特兰奎鲁斯(C. Suetonius Tranquillus)(约75—160年)于图拉真治下曾任数职,其后成为哈德良之私人秘书(magister epistularum)。其学识渊博,乃此时期之瓦罗;著述多类主题。其《杂记》(*Prata*,或 *Miscellanies*)乃叙述罗马制度及习俗、年表及服装之百科全书作品,特别注意词语之解释;亦涉及自然哲学,尤其留意自然与人类间最喜爱之相似处。其作品大部分失传。仅有《罗马十二帝王传》(*De vita Caesarum*),及《名人传》(*De viris illustribus*)之残篇。《罗马十二帝王传》分为八卷。始自尤利乌斯①,前六位皇帝各占一卷;第七卷专述加尔巴、奥托及维特利乌斯,第八卷为三位弗拉维皇帝。作品全系传记而非历史性,故以轶事及个人琐事为主。作者有充足资料任其处理,但据吾人判断并无批判性,无偏见地记录所知者及认为有趣者。其《名人传》局限于罗马文学中任何支派留下成绩者。吾人有特伦斯(Terence)传及贺拉斯传、卢坎传之部分,及老普林尼传之片断。

弗洛鲁斯曾著两卷《罗马战争史概略》②,下至奥古斯都为止,主要根据李维之著作。第一卷论及罗马最光辉时日,第二卷则为其衰颓之时,以格拉古时代为分界线。此书以修辞学及夸张风格书写。据云其目的非"记录罗马战争,而为赞美其帝国"。此弗洛鲁斯或即为同名之诗人。③

弗隆托

安东尼王朝时拉丁文学三大代表为弗隆托、奥鲁斯·格利乌斯(Aulus Gellius)及阿普雷乌斯。因弗隆托为锡尔塔人,而阿普雷乌斯为马道拉

---

① 《尤利乌斯传》之开端已佚。
② 标题为《李维700年战争史提要》二卷(Epitomae de Tito Livio bellorum omnium annorum DCC libri duo)。
③ 见上第二十五章第三节。

(Madaura)人,非洲开始于罗马文学中具西班牙在前一世纪中之同样地位。

前已提及弗隆托(约100—175年)为奥里略之教师,亦曾论及与其弟子之信函。其乃博学之修辞学家,就风格而言,可谓为其时代定调。培养其所谓之新式表达(elocutio novella),以古雅之措辞、生僻之字语、古风之形象著称,获得大群模仿者。事实上弗隆托领导反对塞涅卡代表风格之运动,某些方面令人思及十九世纪英国文学反对十八世纪文体之运动。弗隆托尝试至少部分回到西塞罗前之拉丁文。除信函外,弗隆托撰写有关辩才之论文,比较其与哲学之价值;为维鲁斯于东方战争之行为写名为《历史原理》(*Principia Historiae*)之颂辞,以及其他论述。信函非常有趣,虽然充满矫揉造作之风,且对当代史提供资料甚少。

维纳斯之夜

以弗隆托为主要代表之文学运动影响之下,作者不详之著名诗歌《维纳斯之夜》(*Pervigilium Veneris*)以扬抑七格(trochaic septenarian metre)作成。灵感源自春日,或许准备于春季庆典时歌唱,且赞美维纳斯于自然中之力量。诗歌叠句为:"愿不曾爱过者爱明日,曾爱过者亦爱明日。"(Cras amet qui numquam amavit,quique amavit cras amet.)

奥鲁斯·格利乌斯

奥鲁斯·格利乌斯于马尔库斯时期享有盛名,著作古代文学及语言细节之杂集二十卷,称为《阿提卡之夜》(*Noctes Atticae*)。其人才调甚平庸,但极为勤奋,作品包含许多有价值之讯息。对古风措辞之爱好则随势所趋,以其人之庸才乃典型之例。英雄崇拜于其为必然;如其同时代者,并无批判之才。

马道拉行政官之子阿普雷乌斯(约生于125年)之价值则属非常不同等级。以(喜剧作家)普劳图斯短句(Plautine phrase)称其就学处为"古雅之雅典"(Attic Athens),一段时期于罗马为辩护人。婚年长多岁之富孀埃米利亚·普登提拉(Aemilia Pudentilla),自马道拉至亚历山大城途中相遇于欧雅(OEa);埃米利亚族人控诉阿普雷乌斯以巫术赢得其感情。阿普雷乌斯著作传至今人之《辩解书》(*Apologia*)以自辩,其中似已轻易处置其控诉者。其后居于迦太基,有时旅经非洲城市发表公众演讲,一如希腊雄辩家之方式。

阿普雷乌斯具绝对之原创才能、生动之想象及重要之文学能力。但完全为已提及之其时矫揉造作风格所控制;缺乏足够判断力以引导其爱好、选定正当界限,于此界限中文人学士之作可影响古代之品味,或分辨古怪变为荒谬之点。

除《辩解书》外,以下作品保留至今。《弗洛里达》(*Florida*)为其各种主题之讲稿与演说选集。十一卷之《变形记》(*Metamorphoses*)乃其成名之作。主题或剽窃自同时期希腊作家琉善(Lucian)之《路奇乌斯》,后者反而起源于帕特雷之某琉善所著之《变形记》。故事叙述某人转变为驴之经验。阿普雷乌斯引进各种情节,其中最引人注目者为愉悦地陈述爱神(Amor)与灵魂(Psyche)之传奇。此等作品之外,表明信奉柏拉图哲学之阿普雷乌斯有若干哲学论文。《论苏格拉底之神》(*De deo Socratis*)阐述柏拉图之神与魔鬼之教条。《柏拉图与其教义》之论述涉及自然与道德科学,而《论世界》(*De Mundo*)乃模仿误以为亚里士多德(Aristotle)所著之《论宇宙》(*On the Kosmos*)。

特伦提乌斯·斯考鲁斯,苏尔皮奇乌斯·阿波利纳里斯

前已提及法理学家之活动、尤利安及盖乌斯之著作。此时文法为流行之研究。哈德良时期以特伦提乌斯·斯考鲁斯(Q. Terentius Scaurus)为代表,曾著拉丁文法及评论普劳图斯、维吉尔及贺拉斯。稍后迦太基之阿波利纳里斯(C. Sulpicius Apollinaris)著《信函书写之问题》(*Quaestiones Epistolicae*),涉及文法及文艺问题,且创作特伦斯之戏剧以及《埃涅阿斯纪》之格律争议。阿波利纳里斯曾为奥鲁斯·格利乌斯之师。

安佩利乌斯(L. Ampelius)之《世界史摘要》(*Liber Memorialis*)描述世界地理及人类之作为——附希腊、罗马及东方历史之摘要——或属此一时代。

最著名之哲学家为斯多葛派之尤尼乌斯·鲁斯提库斯(Junius Rusticus),乃

马尔库斯·奥里略尊敬之教师,马尔库斯提及鲁斯提库斯促使其放弃弗隆托影响下致力修辞之琐事,而研究爱比克泰德(Epictetus)之著作。

首部拉丁文基督教信仰之辩护为米努奇乌斯·费利克斯(Minucius Felix)于此时代所著。此不寻常而重要之作品将于下章提及。①

第二节　希腊文学

希腊文学,阿瑞安

哈德良时期希腊文艺复兴最具特色人物之一为比提尼亚尼可美底亚之弗拉维乌斯·阿瑞安(Flavius Arrianus),如经常提及,其与色诺芬有多处相似。斯多葛派哲学家爱比克泰德对阿瑞安之影响,如同苏格拉底之于色诺芬者。类似色诺芬,阿瑞安年轻时为哲学吸引,亦如色诺芬选择实际之职业生涯。130 年曾为候补执政官,131 至 137 年任卡帕多奇亚总督;147 年为雅典执政官。又似色诺芬,于各种主题皆有著作。(1)其哲学作品致力于其师教诲之阐述。《手册》(Enchiridion)为爱比克泰德传授之斯多葛道德之简短手册;《爱比克泰德之论述》(Diatribae Epicteti)(共八卷,四卷犹存)对其教条提供更完整之叙述。(2)模仿色诺芬之七卷《居鲁士远征记》(Anabasis of Cyrus),阿瑞安著七卷《亚历山大远征记》(Anabasis of Alexander)。此乃其历史著作中最重要者,幸得留存。作者不自限于其英雄之东征,而提供完整传记。师法色诺芬,简单陈述故事,不藻饰言辞。与此作有关,阿瑞安亦以爱奥尼亚方言著主要为地理之《印度叙述》(The Indica)②。其他历史著作已佚。包括马其顿诸将(The Diadochi)史;比提尼亚史、提莫雷翁(Timoleon)及狄翁传、图拉真之安息战争史;以及有关阿

---

① 第三十章第三节。
② 仿效希罗多德对陌生地域之描述而选择此方言。

兰人之作品(其中重要部分尚存)。(3)阿瑞安描述环游黑海之《周航记》前已提及。① 亦著(4)《战术》(*Tactics*)论文,以及(5)延续色诺芬同主题连唱咏(tract)之《论狩猎》(*Cynegeticus*)。此等作品皆留存。

阿瑞安于希腊文学史中之重要性为其属于以琉善为主要代表之阿提卡式学派。回归柏拉图以及色诺芬之风格涉及对波利比乌斯所代表之风格之反动——亦即对希腊语自然发展之反动——不可能长久。阿瑞安虽小心书写纯雅典文,仍常有误。

阿皮安,波利埃努斯

亚历山大城之阿皮安约于160年著《罗马史》(Ῥωμαϊκά),于哈德良在位时抵罗马,经弗隆托之影响,获代行财政官之职。阿皮安之史著最值得注意处为其安排,放弃其时大多数史家采用之编年法则,而以主题群编排其作品。故其史作由许多特殊历史组成。一卷完全论述西班牙战争,名为《伊比利战史》(*Iberikê*),另一卷为《伊利里库姆战史》(*Illyrikê*);五卷专写《内战史》(*Emphylia*)。② 阿皮安下笔不顾风格,字里行间充满拉丁语风。

马其顿之波利埃努斯(Polyaenus)著八卷《战略论》(*Strategemata*),呈献于马尔库斯·奥里略及维鲁斯二帝。此作几乎完全留存,乃希腊史进程中将军实际使用作战谋略之总集。作者对选择或使用之材料未有差别待遇。

地理学家托勒密,旅游者保萨尼亚斯

亚历山大城之伟大天文及地理学家托勒密享名于马尔库斯·奥里略时期。其主要作品为《天文学大系统》(*Great System of Astronomy*)以及《地理指南》(*The*

---

① 见上第二十六章第四节。
② 此等书籍:《伊比利战史》(Ἰβηρική)第六卷、《伊利里库姆战史》(Ἰλλυρική)第九卷部分、《内战史》(Ἐμφύλια)第十三至第十八卷,以及《汉尼巴战争》(Ἀννιβαϊκή)第七卷、《迦太基战争》(Λιβυκή)第八卷、《叙利亚战史》(Συριακή)第十一卷、《密特拉达提斯之战》(Μιθριδάτειος)第十二卷,以及第九卷部分之《马其顿战争》(Μακεδονική),至今犹存。以主题编排其史书之法得自史家伊弗鲁斯(Ephorus)。

Guide to Geography），除正文外，包括许多依据数学估算之地图。两者皆可称为划时代之作。托勒密之短篇音乐理论亦留存。此处亦应提及《地理指南》（Periegete）之作者狄奥尼修斯（Dionysius）之六步诗描述世界，其后为学校之教科书。①

吾人对撰著《希腊志》（Περιήγησι ςτῆς Ἑλλάδος）之保萨尼亚斯（Pausanias）本人，仅知其生于或居住小亚细亚之西皮路斯山（Mount Sipylus）附近，著述于马尔库斯·奥里略时期。其十卷著作描述经过大部分希腊之旅游。自称描述旅游中见到之所有建筑、雕像及具历史或艺术重要性之文物，且经常进入冗长离题之历史或神话。② 无疑保萨尼亚斯曾造访所有描述之地区，但似返家后凭记忆书写，或未保存极仔细之笔记。因其全然未提诸多其时确知存在之重要纪念性建筑物。尽管有诸多省略，其书对今日考古学生仍为无价之宝。徐利曼（Schliemann）自保萨尼亚斯之记载得以于迈锡尼（Mycenae）之集市发掘皇家陵墓。保萨尼亚斯之第四卷乃美塞尼亚战争之主要原始资料。

埃利乌斯·阿里斯提德斯

伟大诡辩家埃利乌斯·阿里斯提德斯（Aelius Aristides）乃米西亚（Mysia）人氏（生于117年）。曾拜最有名诡辩术大师雅典之赫罗德斯、斯米尔纳之波勒摩等人为师。学成后周游埃及、小亚细亚及希腊，见识世界并做演说，亦访罗马。但其大本营在斯米尔纳。约于185年逝世。55卷演说留存至今；大部分为实际之演讲，若干采信函形式。其中许多以古代历史事件与形势为议题。其一讲述雅典之远征西西里，另一关于雅典与斯巴达之和约；专讲雅典于留克特拉（Leuctra）战后相对于斯巴达及忒拜之局面，则不止五处。其二演说讨论德摩斯

---

① 作品名为《世界之概观》（Περιήγησις τῆς οἰκονομίας）。
② 第一卷描写阿提卡；第二卷科林斯及阿尔戈利斯（Argolis）；第三卷拉科尼亚；第四卷美塞尼亚（Messenia）；第五及六卷埃利斯；第七卷亚该亚（Achaia）；第八卷阿尔卡迪亚；第九卷贝奥提亚；第十卷福基思。

提尼回复雷普提尼斯（Leptines）演说中之争议问题。《全雅典颂》（*The Panathenaikos*）乃模仿伊索克拉特斯（Isocrates）同名之雅典颂辞；雅典之荣耀为《四位代表》*Ὑπὲρ τῶντεττάρων*）演说之主旨，四位乃柏拉图于《高尔吉亚篇》（*Gorgias*）所攻击之雅典政治家地米斯托克利、米尔提阿德斯（Miltiades）、客蒙（Cimon）及伯里克利。《罗马颂》于160年发表。五篇《神圣论述》（*Sacred Discourses*, *Ιεροὶ λόγοι*）陈述作者之痼疾，与最终得以治愈之灵丹妙药，为当时迷信之有趣图像。此等荣耀神祇之演说显示其时流行以隐喻解释传说之趋势。《致波赛顿》之演说发表于地峡竞技（Isthmian games）庆典中，《致医神埃斯库拉皮乌斯》（*Aesculapius*）演说发表于呈献基奇库斯医神庙之场合。读者对阿里斯提德斯作品之一般印象为作者完全操弄文字，而不顾及理念。阿里斯提德斯本人承认，毋宁说夸耀，其视文字至上。阿里斯提德斯非敏捷之演说家，颇藐视即席演说。其字句推敲至极点，经由极度造作及纤巧而常晦涩。

琉善

萨摩萨他之琉善（约生于125年），非但为第二世纪希腊文学最伟大之人物，亦于世界文学中占杰出地位。琉善于其《梦》中叙述一意外事件如何阻其成为雕刻师而转为文人。其双亲无法决定是否令其从雕刻家伯父学艺，或提供其文学教育。文学研习过程所需金钱时间甚多，故偏向前者；况且男童已显示出做蜡像之技巧。但琉善初为学徒时，曾重力打击而砸碎一块大理石，因笨拙而挨师父打。此事件加上一梦，令其放弃雕刻师行业。技艺（techne，艺术）与学问（paideia，文化）女神至其梦中，邀请琉善追随；文化女神指向雄辩家之光荣事业，其允诺迫使其对手退却。琉善之父母允其回归学习。学成后游历四方，如阿里斯提德斯发表公开演说。若干演说留存，其一特别值得提及，因其显示琉善后来于其他种类作品中发展之文学天才。此即《字母之控诉》（*Lawsuit of Letters*），乃字母西格玛（Sigma）与陶（Tau）之间提告至元音法庭之控诉。西格玛埋怨阿提卡语言中于许多希腊字中让位给陶（例如thalassa变为thalatta）。

琉善虽为成功之诡辩家或修辞学家,具其能力者不可能满足于毕竟甚为空洞之艺,乃住于雅典而致力哲学。此新研究对其文学作品形式有影响,引导其发觉且采用最适合其天赋之风格。此时琉善创作对话(dialogues)而非演说,且放弃修辞学中认为最根本特色之精巧掉尾句(periods)。琉善乃讽刺对话体之首创者。于其晚年,其缪斯女神之新鲜感确已耗尽,乃重回演说之作品。并离开雅典,接受埃及一公职,逝于其地(或于康茂德在位时,肯定晚于 180 年)。

《众神之对话》(*Dialogues of the Gods*)为琉善最著名最新颖之作。① 最机智有趣者乃讽刺哲学家美尼普斯细述其至冥府之经验,以及描述装上伊卡鲁斯(Icarus)之翼至月球及奥林匹斯之游。卡隆上界游之主题为冥河(Styx)渡船夫至上界之游。帕尔纳苏斯山(Parnassus)被置于欧萨(Ossa)及奥林匹斯之上,卡隆自其绝顶凝望人类及其愚行。所有此等对话中,琉善以嘲讽为武器针对迷信,以可笑状况暴露异教神学之荒谬。其他作品中则更直接攻击众神。于《审查宙斯》(*Zeus under Examination*)②中,一伊壁鸠鲁派哲学家以命运之必要性与众神随心所欲之非兼容性审查宙斯,而迫其进退两难。名为《提蒙》(*Timon*,愤世嫉俗者)之对话亦甚机敏。嘲讽哲学骗局之对话中,最著者应为《何摩提姆斯》(*Hermotimus*),此作针对接受任何哲学系统之错误。《犬儒》(*Cynic*)对犬儒派学者非常讽刺,并显示拒绝大自然提供吾人美好事物之愚昧。《哲学家之拍卖》(*Philosopher's Auction*)与《寄生虫》(*Parasite*)亦应一提。《勒西芬》(*Lexiphanes*)乃对其时"用浮华辞句者"(euphuists)之攻击。

琉善亦曾以书信体写作。《亚历山大或假先知》(*Alexander or the False Prophet*)乃当时之卡琉斯特罗(Cagliostro)③之传记,一冒名顶替者伪称具神力,能造奇迹,而貌似提亚纳(Tyana)之阿波罗尼乌斯。《佩雷格里努斯》

---

① 于此总标题下可含括(1)众神之对话;(2)海洋之对话;(3)亡者之对话;(4)高加索上之普罗米修斯(Prometheus);(5)下界游(Cataplus);(6)卡隆上界游(Charon);(7)美尼普斯下降冥府(Menippus);(8)美尼普斯之空中探险(Icaromenippus)。

② Ζεὺς ἐλεγχόμενος(驳斥宙斯)。此伊壁鸠鲁派学者伪装犬儒派学者出现。

③ 卡琉斯特罗乃十八世纪时曾卷入法国皇室钻石项链案,身世迷离之人物。——原书编者

(Peregrinus)为攻击犬儒派之另一作品。《修辞学教师》(Professor of Rhetoric)① 为对一修辞学家或诡辩家之讽刺描述,或系针对某一特定人物。著名小册《应如何写历史》(How History Should Be Written, Πῶςδεῖ ἱστορίαν συγγράφειν)嘲笑以修昔底德或希罗多德风格描述165年当代安息战争之作者。

其他值得提及之作品有讽刺当代小说家之《真实故事》(True Stories);与前已提及有关阿普雷乌斯之《路奇乌斯或驴》(Lucius or Ass)之传奇。

琉善之优雅轻松风格很具魅力。其惊人地彻底精通阿提卡成语;为能够愉悦而有效地回归古典语言以及风格之少数案例之一。琉善于古典文学巨著异常博学,其著作中屡见荷马之词组、阿里斯多芬之回声或柏拉图之回忆,颇有吸引力。

希腊诗歌

希腊诗歌已完全没落。唯一仍成功实践之诗歌创作乃讽刺短诗。曾提及女诗人鲍比拉伴随皇后萨比娜至埃及。来自科里库斯(Corycus)之奥皮安(Oppian)于西利西亚著五卷名为《钓鱼》(Halieutica)之书。其六步韵甚为流畅,但无诗歌价值。奥皮安之父遭放逐,但自己赢得马尔库斯·奥里略之赏识(169年),取得其父之赦免。巴布里乌斯(Babrius)年代不详,但确定生于第一或第二世纪,著《伊索寓言集》(AEsopic fables)(计二卷)。韵律采不规则抑扬格(choliambic)。所有故事几皆取自古老来源;但少数似为作者创造。

安提努斯头像
(源自大英博物馆)

---

① Ῥητόρων διδάσκαλος(修辞学或雄辩教师)。

第三十章　帝国时期之罗马世界：政治、哲学、宗教及艺术

第一节　元首制之政治发展

元首制走向专制之趋势，元首制作为政府形式之缺点，走向军事君主政体之趋势

吾人于此已概括观察到，自奥古斯都开创至马尔库斯·奥里略去世，元首制政治发展之主要特色。

维纳斯与罗马神殿（今日景象）

（1）首先，皇帝与元老院共治下，彼此之关系逐渐转为对皇帝有利而牺牲元老院。奥古斯都创立之两头政治已设置之长远方向，至奥里略时成为纯粹帝制。大体而言，皇帝以其最高权力（imperium）于广大版图中拥有无限制之独裁权，对

第三十章　帝国时期之罗马世界：政治、哲学、宗教及艺术

在罗马及意大利之有限权力起反动之举。于海外为绝对专制君主之人难免在自家亦想方设法获得绝对权力；若致力行之，即可获胜。(1)元首之宪法地位特别为新特权加强，尤其是监察官之权，此权为图密善公开篡夺，其较圆滑之后继者则默默采用。(2)皇帝于意大利及罗马之权限范围扩张。(3)经由新省之获得，尤其不列颠及达契亚，皇帝之"行省"扩大。(4)皇帝凭其最高权力干涉元老院行省之权更明显获认可；亦更频繁行使。此等趋势无一于第二世纪末达最终之极致，但帝国倾向之目标已十分明显。两头政治遭颠覆，元首成为绝对之专制君主；意大利与行省间之差异消失；元老院与皇帝行省间之差异被清除。故当区别元首制与其他君主政体之特征原则被削弱后，元首制本身将走到尽头(285年)，为一赤裸裸之专制统治取而代之。

实际上，虽非理论上，第二世纪诸帝已甚接近绝对君主。奥维德将奥古斯都以"元首"(princeps)别于罗慕路斯之"君主"(dominus)；但百年后一般皆称"元首"为"君主"。第一世纪时两头政治之二成员间持续争斗，时或剧烈。第二世纪时争斗已结束。元老院无怨言地承认其主人；而诸帝发现对元老院极其缓和与体谅，于其与元老院之关系为便。

元首制作为一政治机器，无法称为成功。或难以公正地谓其建立于明显之虚伪上。的确其自称为共和政体，但事实上乃君主政体；将君主政体伪装于共和形式之下。缺少必要之坦率，无法合理地视之为缺点。若共和形式之维持能使上下满意，则无可谴责，真正缺点在于伪装不成功。元首制未能达成如此累赘机器应致之目标。其未能令恺撒独裁政治之前之后掌握政府之上层阶级满意。贵族统治如此糟糕以至于需要帝制；但当帝制建立时，不能忽视贵族之权益。故新帝制面临之问题，为架构一允许贵族于政府中有足够分量之宪法以满足之，并予意气相投之政治任用。奥古斯都解决此问题设计巧妙之实验，已为第一世纪之历史及塔西佗之著作证实失败。大而具影响力之阶级或此阶级中之大部分不默许，或仅于恐惧之下默许，如此之政府形式迄今为失败。吾人无法同情如特拉塞亚以及赫尔维狄乌斯之流恢复共和之欲望，但其反对显现元首制之弱点。贵族

制不再感到其本身"自由"。若奥古斯都具近代欧洲之经验,且知若干部门之运作,或可尝试建一较佳之帝制,以便较易协调贵族。

(2)帝国军事方面变得更加明显。克劳狄及尼禄之晋升皆恃罗马军队之态度。69年之事件进一步证明皇帝之产生仰赖军队,亦显示皇帝不必产生于罗马。图拉真为一军事帝王,其时开始普遍使用"统帅"之衔以指皇帝,而非"元首",未特别提及其总司令之地位。

行省之重要性增加,卡拉卡拉敕令,一致化之趋势,第二世纪中分裂之元素,财政错误

(3)另一经常注意到之趋势为行省之重要性日增。行省之行政管理乃致使帝国为必要之急务;而帝国于行省之行政上最为成功。行省家族晋升至帝位(始于图拉真),本身即为提升行省至意大利等级趋势之重要征兆。罗马元老院一自韦伯芗之监察权,皆招自行省以及意大利家族。罗马公民权之扩大注定于奥里略逝世后三十二年,当卡拉卡拉(Caracalla)之安东尼敕令(Constitutio Antoniniana)将其赋予帝国所有属民时,达于顶点(212年)。

(4)帝国各部分政治划一之趋势为:① 二世纪中所见众多倾向之一,注定削弱且分裂帝国。与此密切联结者为② 限制意大利以及行省地区之地方自治之政策,此乃最终导致彻底之中央集权及于整个罗马世界中城市生活瘫痪之政策。另一方面转化非自治市为自治市之政策广为采用。随之而来另一征兆可见之于③ 阿维迪乌斯·卡西乌斯之叛变,暗示帝国东半部及西半部间利益之不一致与对立①。④ 奥里略于多瑙河之战争为中欧蛮族威胁帝国之危机之预兆。百年前奇维利斯之役明白显现帝国力量;而马科曼尼之战则展示其弱点。⑤ 罗马境内之外国殖民体系及其重要性已于前章述及。⑥ 双奥古斯都之制亦为走向

---

① 此现象数年后见于塞普提米乌斯·塞维鲁皇帝以及佩斯肯尼乌斯·尼格尔(Pescennius Niger)间之斗争。

分裂之步骤。⑦ 注定有助于弱化帝国之基督教开始引起社会注意。但帝国最大之弱点乃其⑧ 财政管理。古人于经济之因果关系所知甚微；但仍难以明白其未能察觉罗马粮食之廉价分配必然导致之结果。每年花费巨大以"保持一城之面包廉价，尽管各种情况皆倾向涨价。此消灭资本而且毁坏农业及工业之异常系统深植于罗马行政，至使相似之免费粮食分配系统建立于安提阿与亚历山大城，以及其他城市"。① 尼禄之时已开始货币贬值，为第三世纪中若干皇帝大力推行此法而造成之公众诈欺铺路。此政策趋于减少且最终毁灭帝国中一大部分之贸易资本。"用以规范分配、积累及摧毁财富，与规范劳力需求及工业获利之法则，证实货币贬值乃第三世纪罗马帝国贫困及人口减少最大原因之一。"②

风俗对经济产生重大影响；财务困难诱使皇帝采用贬值货币之危险实验，而奢侈乃财政困难直接原因之一。罗马最奢华之物品进口自东方，而且每年为东方国家汲出之大量硬币，从未返回。老普林尼论及阿拉伯人为世界上最富者，"因罗马人及安息人之财富流向阿拉伯人"。同一作者提及罗马妇女之奢侈每年花费一亿塞斯特斯（约 80 万镑）钱财，流向阿拉伯、印度及中国。

第二世纪中之幸福，卓越之立法，人道精神

吾人虽可觉察第二世纪此等随后为罗马帝国致命之因始于微小，但其时无人可梦见如此结果。自图拉真至奥里略时期瘟疫爆发时乃帝国最辉煌时期。安东尼·皮乌斯时，繁荣从未如此广播，个人亦罕受如此尊重。世界上一大部分如此之总体幸福乃愉悦之前景，但思及紧随而来之困扰难免令人感到忧郁。第二世纪于世界史中具更高之意义。其时开始人类前所未见，亦无来者之立法时期。罗马对法制建设之天才进入其发展之最高状态。造就帕皮尼安（Papinian）及奥皮安（Ulpian）之运动为哈德良肇始，安东尼及奥里略培养。当时发展之法理原

---

① 芬利（Finlay），《希腊史》（*History of Greece*）第 1 卷第 43 页。
② 芬利，《希腊史》第 1 卷第 52 页。

则形成今日欧洲大陆大多数国家流行之法律基础。值得一提者,此时期激发罗马立法之人道精神,或为帝国疲软之一根源。此精神背离古代罗马之一般传统,非仅为基督教,亦系后期希腊哲学所指方向之同时运动。

审视帝国政治趋势后,即可概述当代哲学及宗教。

第二节 哲学及哲学家

哲学,罗马人中之传播

晚期希腊哲学主张理论附属于实践,以追求得到幸福之知识为主,已于公元前2世纪引进罗马。西塞罗特加研究,其大量论文主要促进拉丁世界通晓斯多葛派、伊壁鸠鲁派、柏拉图学派(Academicians)、逍遥学派(Peripatetics)及怀疑派(Sceptics)之教条。后三学派虽对哲学之特殊历史颇为关注,于帝国时期并不显著,对其时人类之精神发展即无多大影响力。三者中最重要之逍遥学派哲学家主要局限于亚里士多德著作之注释。而斯多葛及伊壁鸠鲁哲学则代表此时期精神生活之重要一面。

伊壁鸠鲁哲学

伊壁鸠鲁学派认为至善即幸福,而幸福在于快乐。此派认为品德除却只为享受乐趣之工具外,并无价值。但智者非仅为暂时,而为全部生命寻求愉悦。故拒绝许多事后会带来痛苦之瞬间享受;更关注有希望与记忆之愉悦,以及精神之欢乐,甚于感官之享乐。至善因之降低至无法动摇之宁静精神状态;根据伊壁鸠鲁,若无美德之实践,特别是节制,则不可能达于此种状态。首先人须学习不惧死亡,且不迷信。伊壁鸠鲁派采用宇宙之原子理论,不相信神祇或一引领之天意存在。其理论借反宗教诗人卢克雷提乌斯之宏伟诗篇而流布于罗马世界。帝国时代此派继续存在,吸引向往宁静生活者,而为斯多葛之苦行方法所逐退。贺拉斯自谓"伊壁鸠鲁畜群之一猪"①，竭力实现此令人愉快之宁静。

斯多葛哲学

斯多葛哲学由芝诺②所创、克律西普斯（Chrysippus）发展③基于其宇宙物理理论之道德体系。斯多葛派认为一切事物皆有形；并无别于物质本质之精神本质。故此派认为神与自然为一。神为自然之心灵，而自然为神之身体。宇宙为一整体，其中各部分以理性秩序之法则所连结。部分皆严格地服从于整体。无任何事物可自由地自我孤立。此派自世界理性秩序之原则，演绎出其伦理道德。个人之"至善"（summum bonum）乃和谐地处于本身为一部分之整体中——"与自然和谐相处"（vivere convenienter naturae）。此乃美德，而美德即至善。故斯多葛派拒绝无道德价值之享乐；以其仅为个人之自身目的，于至善无关。此派亦拒绝所有外在之善（external goods），以其为道德"冷漠"④。此般事物可予善用或滥用；无之则不影响个人之真幸福。唯一之善乃美德；唯一之恶乃恶行。再者，此派不承认善与恶之任何程度。其谓所有善行皆同样正确，所有恶行皆同样错误。其伦理道德于智者之矛盾观念达于极点。此完美之斯多葛哲学家无所不知。其乃真立法者、真医者、真诗人、真朋友；因其一人具所有人性及神性事物之真知识。终其一生或从未缝过鞋，却为好鞋匠。⑤ 此位斯多葛派哲学家仅对其一己之行为负责；故为自身之主及王。

---

① 《书札》第1卷第4首第16行：Epicuri de grege porcum。
② 尤维纳尔第15首第106行"芝诺之规则更好地告诫吾等人"（Melius nos Zenonis praecepta moment）。
③ 贺拉斯《讽刺诗集》第2卷第3首第44行"克律西普斯门廊及羊群"（Chrisippi porticus et grex）。
④ ἀδιάφορα。
⑤ 2贺拉斯《讽刺诗集》第1卷第3首第124行："若其人为一智者、富者、好鞋匠、唯一英俊者及王者，汝为何期望汝所有者？乃答以：'啊！汝不知余等伟大领者克律西普斯之意，此智者虽为鞋匠，却从未为自己制鞋。'"（Si dives qui sapiens est, et sutor bonus et solus formosus et est rex, Cur optas quod habes? "non nosti quid pater," inquit, "Chrysippus dicat: sapiens crepidas sibi numquam, Nec soleas fecit, sutor tamen est sapiens.）

塞涅卡

斯多葛派最纯粹及原始形态之道德理想使其孤高而极不受欢迎。盖以树立美德为唯一之善,认为其他一切皆无价值之哲学,不可能为普通人所接受。坚持理性之绝对统治系统,不可能广泛流传。故或认为须软化此等严峻之格言,于是基本上具妥协性之塞涅卡,遂提出较其希腊大师形式为温和之斯多葛派,甚至声称最不坏者即最善者。如同旧派斯多葛学者,塞涅卡认为神与自然之分别非最首要,但更强调神意之伦理重要性,较此派更进一步以道德为哲学之主要目的。吾人轻易可见时代环境影响斯多葛教义之精神。社会道德颓废,以及卡里古拉与尼禄诸帝之暴政,令人严肃思考于心灵之内寻得稳固之有利地位,自其挑战命运之重大问题。亦以新方式觉悟对人性弱点之感觉,产生同情与宽容,因而软化斯多葛自我满足之严酷原则。此等效果可自塞涅卡著述见之。塞涅卡较他人更具热忱地讲述哲学能给予外在事物之独立性。幸福之首要条件为轻视死亡。塞涅卡较任何古代哲学家更强力坚持博爱之重要性,即使奴隶亦不排斥,谓神同样存于奴隶之灵魂中,亦存在于骑士之灵魂中。

穆索尼乌斯·卢弗斯

与塞涅卡同时较年轻之穆索尼乌斯·卢弗斯于尼禄及韦伯芗时在罗马教授哲学,亦享盛名。穆索尼乌斯乃特拉塞亚之友及反对党斯多葛派之一员,于65年为尼禄放逐。前曾提及韦伯芗将哲学家逐出罗马,而穆索尼乌斯体面地获免。穆索尼乌斯似为一本性坚强者,对加强其学生品德之影响力极大。其一杰出学生①曰:"坐而听讲时,每人皆以为意味自己;吾师如此生动地令每人觉悟一己之邪恶特质。"穆索尼乌斯不曾引进新学说;其讲学之特质在于格外或许过度强调特殊之教义,其谓哲学为美德之唯一途径;哲学家与善人乃同义词。

---

① 爱比克泰德。

爱比克泰德

穆索尼乌斯为著名之爱比克泰德之师，后者乃弗里吉亚之希拉波利斯（Hierapolis）人，尼禄获释奴埃帕夫洛迪图斯之奴隶。爱比克泰德体弱且跛，得闻穆索尼乌斯讲学而致力哲学。其后获得自由。于图密善时期与其他哲学家遭逐出罗马，退隐至尼可波利斯，阿瑞安为其门徒之一。故现代诗人描述爱比克泰德为："当韦伯芗粗暴之子清除罗马最羞辱自己者时，那跛足之奴隶于尼可波利斯教导阿瑞安。"[①]如同塞涅卡与穆索尼乌斯，爱比克泰德置整个哲学重心于伦理。苏格拉底曾谓哲学之始乃对一己无知之痛苦自觉。爱比克泰德则谓哲学之始乃对一己弱点之痛苦自觉。若欲向善，必须确信自身为恶。实现幸福有二准则。其一为放弃承担所有外在情况；其二为抛弃对外在事物之欲望。可以二辞形容之，即维持（sustain）与戒绝（abstain）[②]。爱比克泰德强力坚持天意，即神对世界之父性关怀，以及宇宙之完美无缺，尝试调和民间信仰与其哲学泛神论，解释诸神服从而源自至高无上者。"所有事物皆充满神与魔。"爱比克泰德似信灵魂不朽，但对死后生命之理论采何种形式则不明。其视灵魂为躯体之陌路人，渴望离去。尝谓："人乃一时承载此行尸走肉之小灵魂。"[③]人类之兄弟情谊为其教学之突显特点。

马尔库斯·奥里略

马尔库斯·奥里略极为仰慕爱比克泰德，且密切追随。奥里略忽略物理及辩证法，否认过智者之生活需大量知识，建立其道德戒律之主要理论乃演绎自赫拉克利图斯［Heraclitus］）之斯多葛派教义，即所有事物皆持续变动，每一瞬间皆

[①] 马修·阿诺德（Matthew Arnold）。
[②] Ἀνέχου καὶ ἀπέχου。Sustine et abstine。
[③] Ψυχάριον εἶ, βαστάζον νεκρόν。Swinburne 译为"A little soul for a little bears up this corpse which is man"。

进入某种新形式,于此世界之巨流中,个人之生命毫无价值。另一方面,此"变动"之永恒过程为至上法则所控制,而符合至高理性之宗旨。如爱比克泰德,相信神祇,甚至谓无神祇之世界不值得生存,亦相信借梦境及预言对人类之特殊启示。奥里略与爱比克泰德精神上之主要区别,或系此位皇帝更强调个人对社会之责任。

犬儒哲学,德米特里乌斯,德莫纳克斯及佩雷格里努斯

公元前 1 世纪,似认为犬儒哲学实际上已过时。但于帝国时期复兴,尼禄时期有声望极高之犬儒学者德米特里乌斯,乃塞涅卡与特拉塞亚之挚友。其后为韦伯芗放逐至海岛。其原则与斯多葛派差别不多;仅更恣意且粗鲁地执行之。斯多葛派实际之一面与犬儒学说主要区别为斯多葛派承认无关紧要之事物中某些较为合意,而犬儒派则否认此差异。于此问题上爱比克泰德近似犬儒派。犬儒学者于衣着等事物简朴,不着及膝外衣;故尤维纳尔描述斯多葛教条为"与犬儒派仅由及膝外衣作区别"。① 第二世纪时,德莫纳克斯(Demonax)为雅典犬儒学派之首;以及尤其犬儒学者琉善,不喜哲学家,对德莫纳克斯之生活及学说提出有利之叙述。另一方面,琉善于冒险家佩雷格里努斯之叙述中讽刺犬儒派,佩雷格里努斯于青春放荡之后拥抱基督教,继成犬儒学者,最后为使自己众人皆知,于(165 年)奥林匹亚竞赛庆典中聚集之大批观众面前投入火葬堆。但真实之佩雷格里努斯似或为一道德诚挚者,欲加强其对自杀之可取性而作惊人之举。

诸此哲学大体相似之处

此等哲学无论其基本原则、系统及方法如何迥异,其格调与精神则雷同。斯多葛派及伊壁鸠鲁派哲学家皆相信此生之幸福可由一己之努力获得。当受哲学教诲者认清肉身之痛苦并不真实,而真实之自我独立于外在环境之时,达到顺

---

① 第 13 首第 120 行:Et qui nec Cynicos nec Stoica dogmata legit A Cynicis tunica distantia。

从;而此辈同意幸福包涵于顺从中。知识令人自由;因其使人独立于环境。爱比克泰德之箴言"维持与戒绝"打动所有此等后期之哲学家。严肃认真者受吸引至克律西普斯柱廊下;较温和柔弱者则至伊壁鸠鲁之花园。① 亦可看出当伊壁鸠鲁派哲学家专门坚持自己特殊教条时,斯多葛派及其他学派相互接近其观点。折衷主义(Eclecticism)——结合各种选自不同系统之教义——即变得容易。自称附着柏拉图者颇易采用斯多葛派之部分学说;而逍遥学派则急于同化亚里士多德于柏拉图。妥协精神为此时代之特色,普鲁塔克即为典型之例。"即使就非常广泛且非教条式之学派而言,其于哲学对学院之附着亦为松散。很难说为其拒绝之斯多葛教条之数目是否超过其赞同而引用者。"普鲁塔克"不采纳柏拉图之性别平等,或斯多葛派奴隶制之不公正,或毕达哥拉斯派(Pythagoreans)低等动物于人手中之正义权利,但成功采用三者:以实例及戒律推崇女管家之地位与尊严,到处谆谆教诲对奴隶仁慈与体谅,于若干早期论文中甚至采取素食主义"。②

罗马人对哲学之自然反感,第一及第二世纪政府态度之差异

希腊哲学虽传播于罗马人中,且对其领导者有相当影响,但于罗马特性中对之存在某种从未完全除去之潜在反感。伊壁鸠鲁派及斯多葛派皆教其学子超然于公众生活。两派皆认为独身较结婚为佳;穆索尼乌斯的确为例外。其学说有与社会利益直接冲突之论点,以致激起重实际之罗马人起厌恶及蔑视之见。塔西佗表示哲学最普通之功能乃为休闲之掩饰;③且揶揄斯多葛派"不合时宜之智慧",当弗拉维军队接近罗马时(69年),穆索尼乌斯·卢弗斯于步兵支队中忙

---

① 尤维纳尔第13首(原书误植为第三首。——整理者)第122行:"伊壁鸠鲁——于小花园中为植物而欣喜。"(Epicurum-exigui laetum plantaribus horti.)。第14首第319行:"伊壁鸠鲁,尽可能于汝之小花园。"(Quantum, Epicure, tibi parvis suffecit in hortis.)。
② 见马哈菲(Mahaffy)之《罗马统治下之希腊世界》(*Greek World under Roman Sway*)第300、301页。
③ 《历史》第4卷第5章:"无如此多人以堂皇之名掩饰休闲。"(Non ut plerique, ut nomine magnifico segne otium velaret.)塔西佗将赫尔维狄乌斯自一般规则中除外。

于向军士作哲学式说教,论和平之利益及战争之危险。昆体良反对实际之政治人物,而非单纯之哲学家。阿维迪乌斯·卡西乌斯嘲笑马尔库斯·奥里略之哲学研究。

但无论如何,第一与第二世纪间之帝国由政府(若非由受教育之民众)对哲学采取之态度,有明显差异。第一世纪时对哲学家持怀疑态度,不允许尼禄学习哲学,以此研习或有损统治者之特性。塞涅卡自觉受召唤企图消除当时之偏见,且显示哲学与公共职责之履行并不相悖。尼禄及弗拉维诸帝时期大多数主导之贵族乃帝国政府势不两立之敌,自称为斯多葛派,此事实或与诸帝对哲学所采不信任之态度大有关系。斯多葛哲学转为与不忠相关且等同。图密善后有反动,第二世纪诸帝自军人之图拉真至哲学家之奥里略,皆支持且鼓励哲学。奥里略时期甚至妇女学习哲学成为时尚;男子如斯多葛派之尤尼乌斯·鲁斯提库斯以及逍遥学派之克劳狄·塞维鲁(Claudius Severus)皆担任具影响力之高位。

哲学家不受欢迎

哲学家总不受民众欢迎。其自负之优越感、严格之道德戒律及严苛之道德判断皆不为人所喜。其缺点以及外貌——斯多葛派之长髯、跣足、粗糙斗篷①——受到毫不留情地嘲笑。再者,鄙视哲学为无收益且无用。佩尔西乌斯于其讽刺诗中引进百夫长嘲笑哲学为无用之术。"大乌尔菲尼乌斯(Vulfenius)发出沙哑笑声,以一损坏之钱币出价一百希腊人。"②另一人嘲笑沉思一病夫之梦想而日渐苍白,或不吃早餐之想法:"虚无生于虚无,而虚无回归虚无。"③更不必说,重商之世界与百夫长同调。于佩特罗尼乌斯之《讽刺诗集》中,富有之获释奴特立马乔下令其墓志铭须以"其人留下三千万塞斯特斯,而从未听闻一哲

---

① 斗篷(Abolla),参考尤维纳尔第3首第115行:"有魅力之大斗篷"(Facinus maioris abollae)。
② 第5首第184行:Continuo crassum ridet Vulfenius ingens, Et centum Graecos curto centusse licetur。第3首第74行:Aliquis de gente hircosa centurionum(百夫长之一)。
③ 同前引书,第3首第83行:AEgroti veteris meditantes somnia, gigni, De nihilo nihil, in nihilum nil posse reverti, Hoc est quod palles? Cur quis non prandeat hoc est? His populous ridet。

学家"结尾。①

哲学家与修辞学家之争论

修辞学家亦鄙视而不喜哲学。现代掀起之古典文学与科学各别之教育价值之争,类似帝国时期哲学与修辞学价值之激烈争辩。修辞学家轻视无实际用处之哲学,恰如现今世纪科学之信徒倾向于轻视"人文学科"。昆体良提及一雄辩之题目:"某人有三子,一演说家、一哲学家及一医师,将其财产分为四份,每子得到一份,第四份则属对国家最有用者。谁应得第四份?"老塞涅卡厌恶哲学。二世纪时阿里斯提德斯为修辞学对抗哲学之激烈辩护者,弗隆托对其皇家学生所喜之哲学研究有同样反感。琉善于其《何摩提姆斯》(*Hermotimus*)中对完全徒劳无功之哲学追求提出引人注目之例。

伪哲学家

哲学常为罪恶作掩护,此乃其招致恶名之另一情况。蓄长髯自称极度严谨,伪装斯多葛派或犬儒学者之人常过着最放荡之生活。② 此辈于公众前为规矩礼仪之模范,于家中却举行无耻之狂欢聚会。众多贪婪谄媚者伪装为哲学家;而真正之哲学教授亦常贪图金钱。阿里斯提德斯描述此辈为恶劣之类,无可救药。希腊城镇中充斥此辈。琉善云③街上到处可见其长髯、书卷、破旧之斗篷及大杖。穷鞋匠及木匠离开其店铺作为行乞犬儒学者流浪国中,而帝国时期得以重振活力之犬儒学派尤其令哲学声名狼藉。第二世纪时全国遍布携带纸条及手杖之行乞哲学家,宛如中世纪之托钵僧。逃逸之奴隶常行此道,而整个阶级以无耻及肮脏著称。

---

① 佩特罗尼乌斯,第 71 节:Nec unquam philosophum audivit。
② 尤维纳尔于《讽刺诗集》第 2 首中对此大加谴责。
③ 《渔夫》(*Piscator*),第 34 节。

世界主义

哲学家虽然不受欢迎且被无情地嘲弄,但仍具极大影响力;而大群假哲学家之存在证实真哲学家享有之声誉。罗马上流阶级聘用哲学家长住家中,并非罕见之事,咨询所有困难,略似近代听忏悔之神父。作为学派首脑,以及行游宣教者之身份,其地位对民意有重要影响。所有学派之学说皆倾向提倡世界主义之精神;伊壁鸠鲁学派反对民族感情及爱国心,犬儒学派否定所有家庭与国家之束缚,斯多葛学派积极教导众人皆兄弟。外在环境、帝国各种民族及其偏远行省间维持之大量交通与生动交流,皆有利于世界主义。塞涅卡谓:"吾人不曾局限于一城之墙内,而开启与整个世界之交流;吾人已声称为世界公民。"明显可见此等精神之成长为人类接受全人团契之基督教观念做准备。

自杀

帝国早期最惊人事实之一为罗马高阶级中之自杀率。未有哲学系统视自杀为犯罪,而古人普遍不以现代社会之眼光看待此事。早期诸帝时代强调宣扬,任其自便离开尘世乃个人不可剥夺之权利。斯多葛哲学家认为死亡非不幸①,视自杀权为无价之特权。于竞技场中血腥场面之熟稔减弱人对死亡之恐惧;另一方面,其英雄加图之例(加图高贵之死)〔Catonis nobile letum〕令贵族阶级流行自杀。故心怀不满之贵族轻易从事不顾一切,成功机会极少之阴谋,而当计谋被发现时,则自动了结生命。对佩图斯之妻阿里娅自绝之仰慕,显示第一世纪时自杀如何受尊崇。当其夫为与斯克里波尼亚努斯同谋被判刑时,决定与之赴死,先自击,继交其匕首与其夫云:"不痛。"②其亲人曾试图劝阻其决意,当其婿特拉塞亚询问是否愿意其女于类似情况下自绝时,阿里娅答曰:"然,若其与汝似予与

---

① 〔此辈谓〕无自然事物为邪恶,而死亡乃自然之事。尤维纳尔第10首第357行:"求一不惧死亡之勇者。"(Fortem posce animum, mortis terrore carentem.)

② Paete, non dole。见普林尼《书札》第3卷第16首。

佩图斯一般之生活长久且和谐。"当诸人一直注意其行动时,阿里娅曰:"汝等可令予痛苦死亡,但不能阻碍予死",即跳起以头撞墙。自撞击中恢复时曰:"予已告知汝等若不允予轻易而死,则无论多难,必将寻一死路。"小普林尼以无比景慕之心叙述此事。

第三节 宗教

宗教,罗马及希腊民族宗教之力量与永久性

若假设第一世纪时盛行于受教育阶级中对国家宗教之怀疑与不信仰影响到未受教育之大众,则为一大错误。帝国绝大部分民众如其祖先一般坚信神祇之存在。此一事实之证据须自直接反映民间信仰之铭文中寻求,而非代表受教育社会具误导性文学作品里之意见。除铭文之大量证据外,另有三事实显示古老信仰之力量。其活力可为以下诸事证明:(1) 同化来自东方教条元素之力量;(2) 新神祇之创造,诸如谷物市场女神安诺娜、生存及已逝皇帝之神化、保护神(genii)之增加;(3) 对基督教几近五百年之抗拒,以及早期基督徒从未想到不信异教神祇存在之值得注意之事实,认为异教诸神实为存在之黑暗力量。

第一、第二世纪对宗教之不同态度,迷信

第一与第二世纪间受教育者对宗教之态度有明显差异。

第一世纪时,读书且沉思但未拥抱任何明确哲学体系者,依违于多神论与一神论之间。塔西佗似乎信仰多神。昆体良偏向一神论,但似未绝对排斥多神论或下任何明确结论。老普林尼明确否认多神之存在,而将"神"与自然等同,特别坚持"神"非全能;因其无法杀死自己,或令朽者成为不朽,或消除过往,或将十之两倍变成二十以外之任何数字。如前所见,若干斯多葛哲学家试图系统化地以开明思想与已被接受之信仰调和。斯多葛派相信一至高之神;但于其下设置许多低阶诸神,称之为守护神(daemons),等同于民间神祇。但此等怀疑且不信仰之趋势并未影响群众。

　　第二世纪时,吾人察觉到大反动。受教育者普遍回归旧信仰。迷信流行,而奇迹散播成为时尚。此转变明显反映于当代之文学作品。即使哲学信念接近斯多葛派之小普林尼亦坚信梦境,曾建二庙。苏维托尼乌斯幼稚地迷信。福斯提娜一次生病时,弗隆托为其健康每晨祈祷众神。奥鲁斯·格利乌斯于宗教事物上极度保守。希腊文学作品中可见相同现象。轻信乃其显著特征之一。琉善与盖伦乃二例外。普鲁塔克笃信宗教;保萨尼亚斯荒谬迷信;修辞学家阿里斯提德斯之轻信上升至热爱。故须充分认识此广布之迷信,以理解琉善之机智讽刺。

　　迷信之盛行可为(三世纪初期)诡辩家菲罗斯特拉图斯(Philostratus)创作有关提亚纳奇迹制造者阿波罗尼乌斯之故事说明,其人旅游全世界,自印度之婆罗门学到智慧,自埃及之祭司习得神秘传说,忽于克劳狄在位时出现于希腊地区,制造神奇药物,起死回生,穿过关闭之门,随意使自己隐形,表演各种奇迹。不得视之为严肃之历史,仅为浪漫故事;但对普遍轻信之描绘,或系真实。高低阶级俱支持占星术。贵族之家常雇用私人占星师(mathematici)以咨询未来事件。此等预言者遭怀疑揭露元首之继承,亦于叛国阴谋中受咨询,诸帝皆对之怀疑,而一再颁发敕令,驱逐之离开意大利,但事实证明无法压制此辈。①

诸帝维护之宗教

　　诸帝不管于别处之政策分歧有多大,皆渴望维护罗马共和之宗教而成为大祭司长。奥古斯都已觉察元首制与宗教紧密之联系乃其政府之支持力,其继任者均以政治传统认可此原则。罗马之高等阶级,亦即元老院与骑士,均立即追随诸帝之例,乐意以墨守古罗马宗教之成规而别于获释奴及外国人。但国家信仰

---

① 塔西佗《历史》第1卷第22章论及此辈为:"于吾人城市中任何时候皆遭取缔,且羁留者。"(quod in civitate nostra et vetabitur semper et retinebitur.)

与外国异教并非不兼容,后者借由东西方日增之联络迅速进入罗马;特别是伊西斯之崇拜已稳固建立,甚至似于罗马奥林帕斯中亦具地位。尼禄时代一诗人曰:"吾人已接受伊西斯进入罗马之神庙。"

犹太教

除哲学之批判外,另有其他敌对异教之力量在运作。此乃竞争之二宗教:犹太教与基督教。二者均为一神论,同样反对多神论。犹太教主要教条经由东西两方散居之犹太人(diaspora)传播,博得注意。一般犹太人的确最受轻视。其贫穷、肮脏长袍、古怪风俗——例如割礼、戒食猪肉及遵守安息日(Sabbath)①——皆为常受嘲笑之主题。但犹太教具吸引力,尤其对妇女。犹太人准备"为一个新入教者而走遍海洋陆地",虽然其于此方向之努力从未有若基督教传道之结果,但并非全然失败。尼禄之妻波佩娅皈依犹太教。提比略时期,贵妇弗尔维娅采纳犹太信仰,且赠礼于耶路撒冷神庙。据云提比略自罗马驱逐犹太人乃其夫之埋怨所致。贺拉斯为摆脱打扰者,假装遵奉"第三十个安息日"。② 奥古斯都称赞其孙盖乌斯经犹太地区,但未于耶路撒冷参加礼拜。

基督教,其成功之原因

同时,基督教默默传播于东西两方。促进其快速扩散之主要原因为(1)其无所不包之特质:信徒团体对罪人及奴隶开放;(2)对妇女具吸引力,使其自觉与男子精神上处同等地位;(3)对来世之承诺;(4)当迫害开始,高贵殉道之范例产生其作用。为与流行之异端成功抗衡,尤其是诺斯替教(Gnosticism),正教大众被迫形成封闭组织,旋即被称为"普世教会"(Catholic Church)。此一"国"

---

① 尤维纳尔《讽刺诗集》第14首第96行及其后。贺拉斯之《讽刺诗集》第1卷第9首第70行:"犹太人居处"(Judaeis Curtis)。[Curtis 意为宫室或法庭,有学者以此为犹太人居住而前为法庭之处。有关其轻信,参看同上书第1卷第5首:"只有犹太之迷信者阿佩拉相信。"(Credat Judaeus Apella.)。佩尔西乌斯第5首第184行:"于(行)割礼之安息日变得苍白?"(Recutitaque sabbata palles.)——原书编者]

② 贺拉斯《讽刺诗集》第1卷第9首第69行。

中之国之组织，最终注定对帝国造成决定性之影响；但于第二世纪时未引起注意。因安东尼与马尔库斯·奥利略，一如图拉真与哈德良，皆认为基督教问题之重要性很小。

诸帝对基督教之态度，基督教之不得人心，马尔库斯·奥里略之诏书

前已见基督教为被禁之宗教。此原则或由图密善制定，而由图拉真致普林尼诏书中确认。但诸帝实际之执行有异。图拉真未阻止反对基督徒之讯息；但禁止其官员搜寻彼等。哈德良容忍此宗教，其时未有基督徒受难之证据。安东尼时期似遵循图拉真之同样做法。故对罗马市长洛利乌斯·乌尔比库斯坦承信仰之数位基督徒遭判罪。安东尼虽较其他任何皇帝对已成立之宗教更真诚投入，温和宽容且不喜迫害；至少其在位晚期，曾干预制止。其干预乃受亚洲及希腊城市中针对基督徒发生之骚乱所引起。因其时对基督徒之敌意非常剧烈。即使见闻广博如弗隆托者，亦从事可怕之暴行。对此辈普遍提出之控诉有三：亵渎、乱伦及食人。但惊人者乃政府似不重视第二及第三项控诉。对基督教流行偏见之证据见诸琉善以及修辞学家阿里斯提德斯之著作中。稍后凯尔苏斯于以《真言》(*True Word*)为题之论文，证明被禁宗教之荒谬。因此等敌意，民众骚乱经常爆发于热忱致力于皇帝崇拜之东方城市中。暴民呼吁对基督徒报复；许多基督徒本身急欲殉道，而官方机构无法保护自己供认犯亵渎罪者。故基督徒实际上暴露于非为当局组织或下令之迫害下，而当局若无皇帝特殊干预，为维护法律，无法阻止此等迫害。安东尼曾干预，下诏至色萨罗尼卡、雅典及其他城市，以制止此等迫害。尚存声称为其所书致亚细亚省议会之一函；虽为伪造文献，但伪造之事实证实其于基督徒中所享宽容即仁慈之名声。基督徒视安东尼非唯宽容，甚且赞成其教义。

奥里略在位时，民众骚乱频仍。斯米尔纳主教波利卡尔普(Polycarp)于此种暴乱中殉教。① 如同安东尼,马尔库斯·奥里略具宽容性情,但其严格之责任感导致支持迫害。认为基督徒拒绝参与诸神崇拜之坚决乃"纯粹之固执"。② 约于 177 年,下诏订定条文处罚传播"令心智失衡者兴奋"之教条引起民众骚乱之新教派。此非特别针对基督教,但导致卢格杜努姆之暴动,及若干基督徒之逮捕。卢格杜努姆总督不确定应如何应付其囚徒,尤其否认信教者;奥里略再度下诏,指令释放否认者,而打死认罪者。③ 显然第一道诏令置基督徒于较图拉真诏令下更不利之地位。因其授予总督权力追捕非法教派;反之图拉真特意保留如此之授权。

阿里斯提德斯、尤斯丁及米努奇乌斯·费利克斯之辩护

同时基督徒以反驳普遍对其控诉作某些尝试以保护自己,产生一种谋求铲除流行偏见之基督教辩护文学,为第二世纪之一特色。某阿里斯提德斯向安东尼提出基督教之辩护;而此被认为已佚之《辩护》(Apology)近期已重获。但最驰名之辩护乃生于弗拉维亚·奈阿波利斯之萨马里亚殉教者尤斯丁(Justin Martyr)所著之二篇。尤斯丁年幼时曾习希腊哲学,认为于柏拉图哲学中找到对存在问题之满意解答。但一日于以弗所时,于海边遇一老者,启示以基督教之教义。此事导致其皈依。或许为安东尼宽容精神所鼓励,(约 148 年)著《基督徒之辩护》(An Apology for the Christians)呈献与安东尼、奥里略(称之为"最真诚之哲学家")、路奇乌斯·维鲁斯、"神圣之元老院与所有罗马人民"。尤斯丁着手辩护"为全人类憎恨辱骂之人",呼吁皇帝及其二子若欲维护其"虔诚、冷静、守护正义者、热爱教育者"之声誉,则须倾听其辩解而作公正之裁判。论文分三部分。第一部分,辩护者指出基督徒不应未经审讯即被定罪,并显示其行为清白无害。基督徒为好公民;交付恺撒属于恺撒之物,且按时缴其税金。第二部分,

---

① 或于 166 年;几确定为奥里略时期。155 年之说仅瓦丁同(Waddington)之猜测,曾被仓促接受。
② Ψιλὴ παράταξις,此为《沉思录》中唯一提及基督教处。
③ 此令当然不适用于罗马公民,总督对之无生杀之权。

尤斯丁声言证明仅基督徒教诲真理，"上帝之子"确实道成肉身；而异教神话乃恶灵所捏造，致使基督（Christ）之降临反而受排斥为荒唐无稽。第三部分，尤斯丁解释一直为异教徒以怀疑态度看待洗礼及圣餐之神秘。若干年后出现之第二次辩护，为前者之某种附录，乃由已提及市长洛利乌斯·乌尔比库斯处死若干基督徒之事件引出。或认为尤斯丁之宣言导致安东尼下诏东方城市阻止迫害。尤斯丁本人注定殉教，163年于罗马遭一哲学家克雷森斯（Crescens）告发，为斯多葛派之市长尤尼乌斯·鲁斯提库斯判处死刑。

最早之拉丁文基督教辩护为米努奇乌斯·费利克斯（Minucius Felix）之《奥克塔维乌斯》（Octavius），或出现于奥里略之时。米努奇乌斯似非真正意义上之基督徒。其人几乎不能相信基督之神性，但承认许多基督教教义为真实且可接受，试图以稍微合理化之形式对其异教朋友提供此种宗教。米努奇乌斯乃某种基督徒之塞涅卡，其作品为西塞罗之对话形式，乃攻击基督徒著作及信仰之凯基利乌斯与维护基督徒之奥克塔维乌斯间之对话。对话场景置于近奥斯提亚之海滨。

基督教之异端

基督徒非惟须抗衡外在敌人，亦有内在异端。三大诺斯替异端巴西利德斯（Basilides）、卡尔珀克拉特斯（Carpocrates）及瓦伦提努斯起源于哈德良及安东尼之时。此三位皆源自东方，提出不同理论解释世界之创造、罪恶之根源及神祇之本质。此等理论乃结合取自各种哲学与东方信仰教条之混合体；说明对已成当代特点之折衷主义倾向。最有力之诺斯替宗派以及对教会最具危险性者，为锡诺普之马吉安（Marcion）所创，于安东尼时抵罗马。此派即称马吉安主义（Marcionism），以专门信奉圣保罗（St. Paul）著作，及非常严格之禁欲主义著称。此等异端之作用为强迫教会定义其学说及以书面解释其教义。故迫害及异端造成教会文学，一方面辩护，另一方面争论。

第四节　艺术

艺术，建筑

　　建筑。自奥古斯都至哈德良诸帝之主要建筑作品已于其在位时期提及。于此尚须论及安东尼王朝者。建筑师虽仍技术巧妙，但此时之品味显著退步，特别明白显示于借巨大体积以求新颖之效果。此风尚最著名之例为比提尼亚中位于基奇库斯之哈德良大庙。其建造经历整个安东尼时期，直至奥里略初年始完成。修辞学家阿里斯提德斯于落成献礼时致辞，对其规模巨大之赞佩简直难以言喻。"尔等城市乃此时唯一不需灯塔或高塔引导水手至其港口者。因此庙占满视野，并标志城市之位置。每一大理石块皆大如一整座神庙。"但尺寸乃其唯一可赞叹者。似乎不美，且其雕像拙劣。

　　若基奇库斯以及其他行省地方之品味如此可叹，罗马却尚未遗忘美好事物。第二世纪最有意思建筑物之一乃圣道上之安东尼与福斯提娜庙——于罗马科林斯式中最完美之样本。此神庙之起源已引起甚多讨论。最可能为安东尼于其妻封神（140 年）后所建之庙，于安东尼逝世后整个或部分拆毁，而为一献给安东尼与福斯提娜之新建筑物所取代。① 十根圆柱之每一根皆为华美之卡里斯图斯（Carystus）大理石，立于白色大理石柱基上，支撑同样白色大理石之柱头。整个大厦皆以石材与大理石建造，不采通常以砖或廉价材料建造隐蔽处之方法。其适度尺寸之好品味乃对如基奇库斯庙等建筑物之异议。

　　意大利之精美建筑物并不限于罗马。于维洛纳之辉煌遗迹可形成对帝国时期公共建筑物之概念；装点如此般大小之建筑物装饰大部分意大利城市，但今几

---

① 根据资料，此说较一般假设福斯提娜之庙完全未动而仅加上安东尼之名更有可能。见第二十七章第二节。

无痕迹。殖民地及自治市镇仿效首都建立圆形剧场、浴场、神庙及长方形会堂。① 整个帝国皆用罗马采纳之建筑原则。建筑物无地方派别或行省风格。

除庞贝外,吾人对普通私人住宅之建筑物所知甚少。风格为希腊式,但装饰品为粗劣之仿希腊者;采用灰泥所塑而非石材之装饰乃最大特色。某柱廊之例,"自多利克式以灰泥柱头环绕加诸原有之钟形圆饰而转变为科林斯式者。"② 庞贝屋宇以及近日发掘可能年代相同之提洛私人住宅之间,形成有趣之比较。其差异为"提洛屋主满足于其墙上无装饰之朴素嵌板,亦较少绘画装饰,其柱子及一般建造皆远胜庞贝之粗劣建筑"。③

雕塑

罗马雕塑史实乃希腊雕塑史之延续。因其并非罗马才能之编年史,而系展现于罗马影响力下、在罗马环境中,希腊才能之编年史。希腊式自由消失,形成希腊最佳艺术形式之灵感亦不复见。但被征服者希腊之艺术征服其罗马征服者,而其需求引出希腊艺术天才之新发展。罗马人对雕塑之喜好源自其热爱奢华;故不能期望为供给如此需求而产生之雕塑家为任何新创造力所激励。罗马雕塑家满足于复制古老杰作之题材;以非常惊人之工艺技巧及准确之精细度制作,以致若无菲迪亚斯、普拉克西特雷斯(Praxiteles)及其他大师之作品相比,吾人应认为其几不可能被超越。罗马之艺术派别以力求效果著称,此乃前代作品所无。作品之设计为满足罗马人之爱好炫耀;艺术家为其作品预定之目的所影响,而作品本身显示自我意识。帝国初期主要派别为新阿提卡(New Attic)及亚洲派(Asiatic)。"新阿提卡"派最受赞美作品之一乃(于那不勒斯之)《法尔内塞之赫尔库勒斯》(Farnese Hercules)。赫尔库勒斯倚其棒上,其极美之头前倾;予

---

① 对模仿之喜爱延伸至本地名称。贝内文图姆有一埃斯奎林、阿里米努姆有一阿文廷。此风尚甚至越过意大利。里昂有一梵蒂冈。
② 见马哈菲《罗马统治下之希腊世界》第216页。
③ 见马哈菲《罗马统治下之希腊世界》第217页。

人以自觉其肌肉力量之印象。《美第奇之维纳斯》(*the Medicean Venus*)与《卡庇托之维纳斯》(*Venus of the Capitol*)以同样方式表达其对裸体之意识。罗浮宫(Louvre)之《波格赛之角斗士》(*Borghese Gladiator*)为亚洲派大胆精彩之作品,"表现最有力及最艺术化地将所有力量拉紧至极限,但以运动之弹性及速度而突出,似乎无视大理石之坚硬"①,其特征或亦为败笔在于予人以预谋效果之印象。尽管有此特色,此等老艺术之仿制品仍有巨大魅力。未有比梵蒂冈之《沉睡之阿里阿德涅》(*Sleeping Ariadne*)更美者,处理华丽垂衣之皱褶,手法异常精致。

哈德良时代以多种文化之文艺复兴著称,雕塑家发明新理想:皇帝之宠幸安提努斯,无数雕像于其离奇死亡后竖立。以多种方式表现安提努斯其人,但所有形象皆为同样型式——卷发遮眉,感性之口有某种悲伤,头部下垂似在忧鬱沉思中。

安东尼王朝时,卡里亚之阿弗罗迪西亚斯(Aphrodisias)三位著名雕塑家为芝诺、阿里斯特亚斯(Aristeas)及帕皮亚斯(Papias)。发现于哈德良别墅,现存罗马卡庇托林博物馆之二深灰色大理石半人半马(Centaur)雕像为最后提及之二艺术家所作。结构完美,显示处理非常坚硬大理石之惊人技巧。但此等作品中未展现天才或创作力;雕塑家早已放弃别出心裁之尝试。最多只可期待品味之纯粹结合执行之技巧,于如同此类半人半马或马尔库斯·奥里略骑马之铜像中可见。

第二世纪艺术之衰退见诸二粗野之风格:使用昂贵与显眼之材料及制作巨大之肖像。雕像采用金银。哈德良引进对埃及式雕像之喜好,若干为其提布尔别墅所采用。

除希腊特性之雕塑外,亦有一种具罗马特色、因罗马人习俗而产生者,即为肖像雕塑。罗马人欲保留其祖先之原貌,放置家中蜡制之殡葬面具(imagines)

---

① 吕布克《艺术史》第1卷第305页。

旨在酷似,而非艺术作品。经与希腊人之接触,以大理石及青铜取代蜡。"希腊化艺术理想化个人之形式,仅使用垂衣,即使随意安排之人物,亦似作为对特性诠释之需要。罗马人自始即欲以最大之正确性表现个人之形貌,不论于和平时期穿着宽大服装、长袍或战时之全副装备中:故肖像雕塑分为着长袍者(togatae)与着胸甲者(thoracitae)。"于梵蒂冈之奥古斯都大理石雕像为后者之一例。故罗马肖像雕塑表现罗马精神之务实与现实性格。当日常生活中希腊服饰开始取代罗马本土衣着时,肖像变得更加理想,但仍未放弃表现个人逼真之描写。于诸多留存之皇帝与皇后之雕像及胸像中,可见由理想主义触动之写实,乃肖像技法之完美。德勒斯登(Dresden)博物馆中《赫库拉内乌姆之妇女》坐像为此典型之佳例。许多皇帝之熟悉胸像具个人特征,显然传神而逼真;可公正地称"严格检查例如卡庇托博物馆中收集之大量胸像,自心理学观点而言具高度重要性;于此对罗马历史保存最全套之造型图说"。

皇帝及其家人之雕像大量制作并传播于全帝国。故弗隆托致函马尔库斯·奥里略(140年)云:"汝明白于所有银行、商店、酒馆、门廊及窗牖中,汝之肖像如何到处可见,实多系拙劣绘画及粗糙雕刻。"

于历史场景之塑造表现中(例如于提图斯拱门或图拉真纪功柱上者)仍可见罗马人对现实主义更明显倾向之例证。罗马人愿见实际发生事件之重现——行军、战役或胜利之细节。"大多数情况下,于有限空间中与大量人物之事实一致,导致浮雕之安排必须分组,即除去希腊艺术精细优美之处理手法。当采取较深之背景时,雕塑于表现领域中失去自我,以造型层次安排人物于不同之平面,前景人物经常完全突出于表面,因而保留罗马人概念中最重要之实质形式,而其余聚集之人物则逐渐退入背景。"①前章已述及图拉真纪功柱上之浮雕。由马尔库斯·奥里略于弗拉米尼亚大道上建立之凯旋门上二浮雕仍保存,其一描绘小福斯提娜之封神,其人为胜利女神自火葬堆高举而起。皮乌斯逝世后为其竖立

---

① 吕布克《艺术史》第1卷第312页。

之纪功柱基座正面有类似之皇帝与老福斯提娜神化之描绘。不朽之保护神自大地升起,皇帝及皇后为其巨大羽翼所支撑。二鹰伴之向上飞行。地上有二人物:代表罗马之亚马逊女战士,及一象征马尔斯广场之年轻男子。同一基座之其他面有驰骋之骑兵队伍之勾画,为骑兵典礼(decursio),围绕大行皇帝之火葬堆举行一系列军演。马尔库斯·奥里略纪功柱上表现之马科曼尼及夸迪战争不能与之比拟,但与图拉真纪功柱上之浮雕非常相近。

于此须提及帝国早期臻于完美之切割宝石之艺术。奥古斯都时期,迪奥斯克里德斯(Dioscorides)为此技艺之大师。于维也纳有一华丽之大珠宝浮雕,九吋①宽八吋高,其上有如同朱庇特之奥古斯都及代表拟人化之罗马。

绘画

吾人对罗马绘画之知识几乎完全限于壁画,大量且极为重要之壁画遗迹犹存。于罗马及坎帕尼亚诸城市庞贝与赫库拉内乌姆发现之壁画,宜分别讨论。但须记此等绘画之目的为房间之装饰品,其图画特征附属于此目的。

壁画之形式经历数阶段。第一阶段为希腊艺术家经常模仿大理石之表面装饰;第二阶段为模仿建筑物、列柱及山墙之描绘。开放之房间以背景、走廊以风景装饰;而图画总为真实存在事物之摹本。之后开始引进模仿幻想至现实之风尚,继而怪诞之设计渐居墙壁装饰之首要地位。奥古斯都时期建筑师维特鲁威猛烈抨击如此恶化之风格,描述如何"于设计中,列柱为芦苇取代,山墙为具有卷曲树叶以及螺旋卷须之带状与彩带饰品所替代;小型神庙为大烛台支撑;由山墙顶上冒出蔬菜形状,发出大量有卷须缠绕之精致茎干,一些人物毫无意义地坐在其中:非也,实乃茎柄支撑之花朵长出半人半兽之物,或作人首,或为兽头"。②

---

① "吋"即英寸,1 吋 = 2.54 厘米。——编者
② 此译文取自沃特曼(Woltmann)与沃尔曼(Woermann)之《绘画史》(*The History of Painting*,英译本)第 1 卷第 111 页,此处对罗马绘画之描述主要得自此书。

除一位奥古斯都时享盛名之鲁迪乌斯（Ludius）①外,吾人对壁画艺术家个人无所知。老普林尼热情描述鲁迪乌斯带入时尚之一种壁画:"别墅、柱廊、花园景观之例、树林及圣林、蓄水池、海峡、河流、海岸——皆随心所欲;而其中各种旅人或步行或乘舟或驱车或骑驴出访其乡间产业;且有渔人、捕鸟人、猎人、采葡萄者;再者画家或展示经由沼泽而至之宏伟别墅,男子肩荷买来受惊吓之女子,于重压下蹒跚而行;以及许多其他同样优异而具娱乐性之设计。同一画家亦开创大白天海边城镇风景画(极为廉价)之时尚。"②驰名之罗马利维娅别墅绘画或系此位鲁迪乌斯作品之样本,一室四壁显示花园设计之蓝图,坐于室中者可想象身置园中。此作品乃前已提及之绘画阶段之重要一例,此阶段引进奇幻之装饰,但未驱除古老较严肃之形式。

维特鲁威赞成之古老严肃形式之一卓越例子,乃本世纪中期发现于埃斯奎林挖掘中描绘奥德赛之大风景画。六图完整,第七图有半。描绘食人族巨人莱斯特吕格涅斯（Laestrygones）之情节、女妖瑟西（Circe）之故事及问卜亡魂（Nekuia）或奥德修斯（Odysseus）访冥府之事。诸图围绕一室,有如横饰带或墙裙,嵌板为亮红之壁柱分隔。图画中之色彩主要为黄褐与蓝绿。但此等作品尤为重要之点为古代风景画之例证。"莱斯特吕格涅斯之国以突出之黄岩与宽广之蓝色海湾为界,巨人自悬垂之山猛烈掷石以毁灭希腊船只;瑟西之宫廷;号称冥府入口之海岸岩石巨大裂口,具生动之绘图效果,让大幅光线射入黑暗拥挤之冥府王国——所有此等提供完整风景画之例,直至其发掘,吾人不应为之断代。"其年代为共和之末或帝国之始;但无疑为较早作品之摹本。

罗马保存一著名壁画,所谓"阿尔多布兰迪尼（Aldobrandini）婚礼"者,显示成婚日之新郎、新娘及其他八人。更有趣者乃留存梵蒂冈画廊之传说中,以奇异爱情故事著称之美女——例如帕西菲（Pasiphaë）及菲德拉（Phaedera）——之图

---

① 其名不确,尚有其他司徒迪乌斯（Studius）以及塔迪乌斯（Tadius）之名。
② 普林尼《自然史》第35章第116节。译文取自沃特曼与沃尔曼《绘画史》之英译本第1卷第67页。

画,有如其他许多壁画,自原作墙上连同灰泥基底一起移下。令人注目之绘画发现于帕拉廷之挖掘中,尤其于利维娅之宅,特须提及描绘波利菲姆斯(Polyphemus)与噶拉特亚(Galatea)故事之风景画,可正确观察到壁画家选择神话题材时,常为画风景之机会所引导。

兹转向坎帕尼亚装饰者之绘画,见诸赫库拉内乌姆私人住宅以及特别于庞贝;必先注意墙壁常被横向二分成暗淡着色之墙裙及浅色之上墙,以鲜明横带分开,并以描绘之条纹,而非奥德赛风景画中所见之老式壁柱,垂直分开。中间横带如此用作分隔板,通常以红、黄、黑或白着色。此种建筑设计为维特鲁威所谴责之幻想式。

图画本身按照于装饰之房间或墙之一般设计中扮演之角色而分为五类。(1)覆盖一整面墙或一室四墙之风景画,不用通常之嵌板分隔。(2)同一墙上,以壁柱分隔,不止一幅之大型图画。此等通常为打猎或山景之画。(3)看似嵌入墙中之嵌板画。通常为旧画之复制品。(4)形成装饰部分之小型配件壁画。常用静物画为主题。(5)无框架或背景,尤其是人物画,不为任何场景之一部分,仅作为装饰。此等于任何闲置空间中飘浮之人物或为寓意画,常为半人半兽之萨提尔(Satyr)、酒神祭司(Bacchant)或美惠三女神(Graces)。

神话图画总为轻松类型。或许唯一严肃庄重者乃于庞贝"诗人之宅"(the house of the Poet)之绘画,显示宙斯之婚礼、伊菲戈尼亚(Iphigenia)之牺牲、克律塞斯(Chryseis)之释放及布里塞斯(Briseis)之掠夺。喜爱之题材为维纳斯与马尔斯之爱情、帕里斯之裁判、巴库斯与阿里阿德涅、纳西索斯见其水中倒影。着色鲜明欢快,整个效果令人愉悦;同样精神见诸取材日常生活之画(genre pictures)。此等壁画可分两类[①]:希腊化式(Hellenistic)及罗马—坎帕尼亚式(Romano-Campanian)。前者具后者缺乏之某种理想主义,描绘日常生活中妇女及年轻人之理想画面。"一坐着之女子沉醉于爱情美梦,爱神埃洛斯斜倚其畔;

---

① 赫尔比希(Helbig)所分。

或二女子作友善对谈；或一女童坐于其图画或乐谱之前，亦不忘梳洗之画面。然后有少男与少女于节日聚会，或不隐讳有轻浮之欢爱场景；以及诗人与演员群，偶有实际之舞台场面，尤其是一表现希腊艺术最纯粹精神之欢乐演奏会。"①其他之罗马—坎帕尼亚式，技巧甚差，以荷兰画家曾达到最粗糙之写实主义著称，而无出色作品加以补救。酒馆及妓院之情景、市场中之事故、角斗士生活之残酷画面，皆为最爱之题材。

表现之各种静物如同现代画家一般多：水果及花卉、死鱼及活鱼、死禽及活禽、各种器皿及用具。亦有漫画。埃涅阿斯执其子之手，肩负其父逃离特洛伊者，值得一提。

吾人不知装饰艺术家为何人。或为受希腊传统鼓舞之希腊人，而制作现实之风俗画者乃意大利本土之人。壁画最引人注目之一事为其耐久性；有关采用之材料及方法之问题仍无满意之答案。

关于镶嵌图（mosaic）——即以彩色石材或玻璃之小方块拼成之图画，亦须一提。据云苏拉为首先引进此艺术于罗马者。首先以镶嵌装饰地板，帝国时期非唯如此，且亦装饰墙壁，蔚为风尚。具镶嵌图案之人行道当然普遍。最著名且制作出色之镶嵌图之一乃"伊苏斯之役"，(1831年)发现于庞贝"牧神之宅"(House of the Faun)中，表现大流士为马其顿人追逐，跃上为其提供之马而自救之瞬间。艺术家极为适当而有效地以很少之材料描绘复杂之战争场面。

马尔库斯·奥里略凯旋浅浮雕

"据吾人所知，至今其头部——尤其是大流士者，面部虽呈痛苦状，仍充满男子

---

① 沃特曼与沃尔曼《绘画史》之英译本第1卷第132页。

气概——于情绪表现上,古代绘画无出其右者。"①帕雷斯特里纳(Palestrina)描绘埃及风景之大型尼罗河(Nile)镶嵌画,亦须提及。哈德良之蒂沃利(Tivoli)别墅镶嵌路面上,仍保存许多风景画。

---

① 沃特曼与沃尔曼《绘画史》之英译本第 1 卷第 97 页。

第三十一章　罗马之生活及习俗

第一节　罗马之生活

罗马之外国人

帝国时期之罗马与其在共和时期之外观迥异。吾人已见奥古斯都之元首制开启其建筑史之新纪元。无数辉煌之建筑物为帝国时期罗马之特征。奥维德及马尔提阿利斯称之为"黄金罗马"①。不仅为其外在之尊严,亦为其居民之结构,罗马已坚定地发展世界首都之特质。其城门内有数百种族;街道上讲多种语言。广场中可遇见东方王公与纹身之不列颠人、粗鲁之达契亚人与冷酷之苏甘布里人、阿拉伯人与埃塞俄比亚(Ethiopia)人、色雷斯人与萨尔马提亚人。哈德良之友诡辩家波勒摩称此城市为"一世界之概略"。外国人口中

庞贝之浴场

---

① 奥维德《爱之艺术》(*Ars Amatoria*)第3卷第113行。马尔提阿利斯第9卷第59首第2行:"此地,罗马夸张地展示其黄金财富。"(Hic, ubi Roma suas aurea vexat opes.)

主要部分为希腊人。尤维纳尔讽刺诗中一演说家谓"余无法忍受此希腊城市"①,但随即承认希腊人或非城市最糟之特点。亦有众多叙利亚人:"叙利亚之奥隆特斯河(Orontes)早已倾入台伯河中"②。

此等外国人中绝大部分为以机敏生存之冒险家。希腊人之多才多艺乃众所周知,自亚该亚及马其顿、小亚细亚及岛屿成群而至罗马者,随时准备承担任何需要之工作,为居住罗马"西端"埃斯奎林之富者家中服役。③"饥饿之希腊人无所不知。其乃一语法学者、修辞学者或工程师、画家或教练、占卜师或绳舞者、医师或魔术师、任何汝所欲者。若汝吩咐,彼亦会上天。"④此类希腊冒险者为奉承讨好之行家,于赢得主人欢心之竞赛中超过贫困之罗马竞争者。罗马乃冒险者及追求财富者之大猎场。

奴隶

在外国人口中大部分为奴隶,构成罗马总人口半数以上。⑤ 帝国所有大城中奴隶人口庞大,价格便宜,可以二十镑购得一品格良好之年轻男奴,六岁之女孩约八镑。第二世纪时人道感部分虽因斯多葛教条于此主题之传播而遍及社会,奴隶之情况往往非常可悲。尤其于工业及制造业中投机商人雇用之极大团伙。阿普雷乌斯对工场中之奴隶有悲惨之叙述。此等苍白而几乎全裸之可怜人,脚上戴环;皮肤变色且因黑色鞭痕发皱;眼睛几为烟雾及蒸气所盲。私人家中奴隶之情况,即使于私人处罚关锁奴隶之地下工作场所及住处(ergastula)中,相对无此严酷。⑥

---

① 《讽刺诗集》第3首第60行:"公民们,予无法忍受此希腊城市。"(Non possum ferre, Quirites, Graecam urbem.)
② 同上,第62行:Iam pridem Syrus in Tiberim defluxit Orontes。
③ 同上,第71行。麦凯纳斯之宅位于埃斯奎林上。
④ 同上,第76行:Grammaticus, rhetor, geometres, pictor, aliptes, Augur, schoenobates, medicus, magus; omnia novit Graeculus esuriens; in caelum iusseris ibit。
⑤ 根据马尔夸尔特(Marquardt)之计算,为160万中之90万。
⑥ 但见以下"女人之愚行及罪恶"。

罗马生活中之缺点：瘟疫，火灾，昂贵物价，街道噪音，夜间之危险

拉丁作者往往夸大罗马生活之缺点与危险。贺拉斯及小普林尼皆以乡村生活之优点对照首都之苦痛与艰辛。尤维纳尔于其讽刺诗第三首中描述温布里奇乌斯（Umbricius）动身至库麦而讲述被迫离开罗马之因。

首先，疫情爆发为罗马经常发生之事。严重瘟疫爆发于公元前23及前22年、公元65年大火之后、79年紧随维苏威（Vesuvius）火山爆发之后。最后一次情况，约1万人同日丧生。最致命者为马尔库斯·奥里略时之瘟疫。火灾为更经常之祸害。① 其次与意大利自治城市相较，罗马之生活非常昂贵。罗马公寓顶层阁楼一年租金可购索拉（Sora）或弗鲁西诺（Frusino）之一宅及花园。② 城市因之充满处于困境却企图装阔之穷人（humiles）。摆大场面者往往破产。③

除高物价之大缺点外，收入微薄者发现于罗马不得事事舒心及宁静。日间平常交通使街道很吵，④而夜间则有白日不得通过街道之交通工具之辘辘声。睡眠为富者之奢侈。⑤ 即使行走于狭窄拥挤之街道，对无法支付可安适乘轿（lectica）者而言，亦为不愉快且危险之事。其人冒侧身为木板击中，或为军士带平头钉之靴踩踏，或为满载石头之货车碾死之险。夜间街上穷人暴露于各种危险。或被高窗抛下之物砸中头，或为小偷攻击，或受争执之暴徒，⑥或一伙因尼禄开先例而流行之放荡青年罚站。落入此辈手中者遭无情打击，有时被包于毯

---

① 见下"房屋：高级华宅与低等民宅，罗马房屋之描述"。
② 尤维纳尔第3首第222行："若汝舍得离开竞技场之表演，以现在于罗马租赁一年黑暗阁楼之租金，即可于索拉、发布拉特里亚或弗鲁西诺购一极佳之别墅。"（Si potes avelli Circensibus optima Sorae aut Fabrateriae domus aut Frusinone paratur, quanti nunc tenebras unum conducis in annum.）其中 tenebras 意为黑暗阁楼。
③ 马尔提阿利斯（第2卷第57首）提及一花花公子沿塞普塔（Septa）闲逛，身后跟随一长列门客，其人方典当戒指得八塞斯特斯（[1先令4便士]，乃晚餐之价）。
④ 见马尔提阿利斯第12卷第57首。
⑤ 尤维纳尔第3首第235行："巨富睡于城市中。"（Magnis opibus dormitur in urbe.）
⑥ 尤维纳尔第3首第289行："汝打击，余仅挨打。"（Tu pulsas, ego vapulo tantum.）

中抛掷。①

即使有钱人亦乐于离开其于埃斯奎林或凯瑞安②之宅,而至其位于坎帕尼亚海边或托斯坎山中之别墅。文人从未疲于以乡村之乐对比城镇生活之乏味。贺拉斯呼曰:"乡村,何时可见汝?而重回余之书本、睡眠及愉悦之闲散?"③普林尼与尤维纳尔亦同声相应。

故帝国之罗马与现代大型首都具诸多可比之处。财富于其处有相同优势;其分配同样极不平等,以及一样之贫困与奢华之显著对比。塞涅卡"极富有",④据云四年内攒下3亿塞斯特斯(240万镑)。获释奴纳尔奇苏斯之财富为4亿塞斯特斯(320万镑)。非唯富人,即使中等收入者最喜之奢华之一为于不同地方拥有多座住宅及别墅。例如西塞罗及小普林尼即保有数座乡村住宅。有关奢侈生活,宫廷所立之风尚无疑具相当影响力,塔西佗明确说明尼禄亡后发生较好之大变化。为描述早期之奢侈,须提及塞涅卡拥有500百张象牙脚座之桌,为尼禄而开之一冬宴中,玫瑰之花费超过400万塞斯特斯(3.2万镑)。奥古斯都及提比略时期之美食家阿匹丘斯(Apicius)者,以宴席享乐而闻名。虽然韦伯芗之适度榜样似引起反应,而第二世纪诸帝生活简单,但尤维纳尔时代似不乏阿匹丘斯之对手。⑤ 尤维纳尔致函朋友佩尔希库斯(Persicus),邀其赴简单晚宴——或由贺拉斯建议邀至托尔夸图斯(Torquatus)处⑥——尤维纳尔讽刺富人之奢华晚宴⑦,较贺拉斯者更激烈⑧。

---

① 此事称为 sagatio。
② [亡于皮索反抗尼禄阴谋之]富人拉特拉努斯之宅位于凯瑞安。比较马尔提阿利斯第12卷第18首第4行:"同样令人流汗之长袍亦可用来搧凉,疲于大小二凯瑞安。"(Dum per limina te potentiorum, Sudatrix toga ventilat vagumque, Maior Caelius et minor fatigant.)
③ 《讽刺诗集》第2卷第6首第60行。
④ 尤维纳尔,第10首第17行:praedivitis。
⑤ 尤维纳尔,第4首第22行:Multa videmus, Quae miser et frugi non fecit Apicius。
⑥ 《书札》第1卷第5首:"开始:若汝能躺在简单之床。"(Si potes Archiacis conviva recumbere lectis.)
⑦ 《讽刺诗集》第11首。
⑧ 《讽刺诗集》第2首第2行。

门客,欢迎辞(Salutatio),赈济品,权利晚餐

帝国时期赞助人(patron)与门客(Clients)之关系在罗马生活中仍发挥作用,但门客对赞助人之政治重要性已不如共和时代,因而其晨间造访不太受欢迎。富人仍保持接受门客之习;但赞助人不再偶尔邀请门客进所谓之"权利晚餐"(Cena recta),而于晨间接待①时赠与施舍之食物,门客以小篮载之而去,小篮称 sportula,故赈济品②亦称 sportula。下一步则转换实物之礼品为金钱;按习俗而定之金额为 100 枚铜钱(quadrantes)。图密善试图恢复权利晚餐之旧习,③但未成功地长久引进。若讽刺作家尤维纳尔可信,诸多身份低者全靠赞助人之赈济为生,甚至高阶层者对接受赈济亦不蔑视。

寄生虫之生活

穷门客乐于以各种奉承谄媚取得其赞助人之款待;但扮寄生虫角色之罗马人,一般不如多才多艺之希腊人成功。尤维纳尔提供生动,且无疑渲染之穷困寄生虫生活之描绘,此乃帝国时期罗马之一特色,类似共和雅典之米南德时期。特雷比乌斯(Trebius)为能偶尔于其富有赞助人韦罗(Virro)晚宴中填补一席,须拂晓起身暴露于寒冷夜风中,以便出席清晨之接待,于其对手未至时出现于赞助人面前。或许一连两月皆未获邀;终于得到一次。于付出良多始获之晚宴中饮最差之酒,而其主人享受上选之塞提尼(Setine)。④ 韦罗之盏饰以宝石,特雷比乌

---

① 尤维纳尔,第 1 首第 128 行:"赈济品,继至广场。"(Sportula, deinde forum.)
② 同上第 1 首第 95 行:"如今赈济为第一,一群着长袍者抢着进小门坎。"(Nunc sportula primo, Limine parva sedet turbae rapienda togatae.)接待中皆着盛装——长袍。
③ 马尔提阿利斯,第 3 卷第 7 首第 1 行:"告别了,一百枚悲惨之铜钱。"(Centum miselli iam valete quadrantes.)第 5 行:"高傲赞助人之赈济已消失。"(regis superbi sportulae recesserunt.)第 3 卷第 30 首第 1 行:"不再有赈济,门客之服务无报偿。"(Sportula nulla datur; gratis conviva recumbis.)马尔提阿利斯将出席晚餐说成门客服务之一部分,为门客应得之报酬。
④ 参见马尔提阿利斯,第 3 卷第 60 首第 9 行:"庞提凯,当余与汝共餐时,缘何并未同餐?赈济已不存,应有利;且让吾等所食皆同。"(Cur sine te ceno, cum tecum, Pontice, cenen? Sportula quod non est prosit; edamus idem.)

斯者则为破裂之玻璃;若其面前亦有镶宝石之杯,则有一奴隶于近旁监视,防其偷取。赞助者及其依附者连饮水亦不同。特雷比乌斯须吃一片发霉黑面包,若冒险取得韦罗之面包,奴隶则会使其归还。韦罗食用以维纳弗鲁姆(Venafrum)之油煨之龙虾、上选之松露(truffle)及水果;特雷比乌斯则吃拌以灯油烹调之普通螃蟹、低劣蘑菇及烂苹果。但韦罗如此对待此寄生虫,并非出于小气,乃欲屈辱之。①"汝自以为乃自由之宾客;彼知汝乃其厨房滋味之奴隶。"②

但此讽刺家亦抱怨赞助者不若往常慷慨。于众韦罗之时代,无慷慨赠物予寒微朋友如尼禄时期之塞涅卡或皮索者。多年后,琉善描绘寄生虫尼格里努斯(Nigrinus)之类似画面。

女人之愚行及罪恶

若自古代作家描述例如盖乌斯或尼禄等皇帝之放荡或美萨利娜之淫荡而得罗马社会道德之结论,则为错误。此种高位者偶尔之邪恶或与众元老、骑士及民众之平均道德水平相合。吾人对尤维纳尔渲染之描绘亦须小心,不可太望文生义或以偏概全。尤维纳尔以其最长之讽刺诗描写其时女子之堕落;但其攻击之大部分愚行所有时代皆常见。尤维纳尔描写女人爱上演员及角斗士、弹竖琴者及吹笛者;喜爱希腊文而声称对拉丁文相当无知者③;欺压软弱丈夫者,及五年内有八任丈夫者。尤维纳尔讽刺其喜美丽衣饰、好流言蜚语及以出身为傲。④尤维纳尔嘲笑文学老妇外出用餐时,比较维吉尔与荷马;所有语言学家及修辞学家皆在其如同盆及铃声之噪音下静默。⑤ 美萨利娜为女子淫荡之典型;而维恩

---

① 尤维纳尔,第5首第157行:"此举令人受罪,有何闹剧及哑剧演员较乞食之喉更好笑?"(Hoc agit ut doleas; nam quae comoedia, mimus quis melior plorante gula?)
② 同上第161行。
③ 尤维纳尔第6首第187行:"凡事全用希腊文。"(Omnia Graece.)
④ 尤维纳尔第6首第167行:"予宁愿要维努西那姆(少女),而非汝,格拉古之母科尔内里亚,若汝随德行亦带来傲慢,若胜利为于汝嫁妆之中。"(Malo Venusinam quam te, Cornelia mater Grac、chorum, si cum magnis virtutibus affers, grande supercilium et numeras in dote triumphos.)
⑤ 尤维纳尔第6首第441行:"许多盆、铃发声。"(Tot pariter pelves, tot tintinnabula dicas pulsari.)

托之妻希皮娅(Hippia),与丑陋角斗士塞尔吉乌斯(Sergius)私奔至埃及,成为贵妇对从事卑贱行业男人低俗热情之例。关于所有罗马贵妇之愚行,最无法理解者为从事角斗士之行业。最低阶级之女子常出现于竞技场,众人不以为意;但尼禄及图密善时期高级家族之贵妇打扮成角斗士,戴头盔及护腿,于竞技场中决斗。尤维纳尔丑化之,但马尔提阿利斯以赞成之微笑论及之。

尤维纳尔嘲笑妇女之迷信,形容此辈随时可为东方骗子所影响。请教且相信伊西斯之祭司、犹太女巫、加尔底亚占星者、来自东方之肠卜师。生动描绘贵妇对待其奴隶之残酷。若此辈起床时发脾气,则鞭打女仆及跟班(cosmetae)。尤维纳尔谓若干人一年付公共施刑人大量钱,以处罚其奴隶。①

尤维纳尔寻求道德退化之原因有三②:(1)长期和平导致懒散及奢侈之罪恶;(2)财富之大量增加产生同样效果;(3)外国民族之注入,带来其柔弱与放荡。尤维纳尔谓"自罗马脱贫以来,每种欲望存于吾人之中"。无疑此乃导致罗马于公元前第三世纪与公元第一世纪不同之主要原因。三种原因之间有明显之密切关联。

学校:教师,语法教师,修辞教师

学校及教育在罗马,教育并非强制性,但甚为普及。小学学费低,一年不超过 15 先令。帝国时期最高级之人送子女入公立学校;但皇家成员皆在家受教。教师(litterator 或 ludi magister)之小学须与高等语法及修辞学校区分。学校似

---

① 尤维纳尔描述少女塞卡斯(Psecas)衣裳为主母撕裂,遭牛皮鞭抽打,只因其主梳发时有一发卷未如其意[第 6 首第 491 行]之故事,为马尔提阿利斯著名之有关拉拉吉(Lalage)之讽刺短诗(第 2 首第 66 行)证实,拉拉吉为同样原因——未被发夹锁紧之一发卷垂下——残酷鞭打女仆普雷库撒(Plecusa):"普雷库撒于残酷处置下。"(Et cecidit saevis icta Plecusa modis.)帕尔默(Palmer),粗俗喜剧(vulg. Comis.)。

② 第 6 首第 292 行:"长期和平之罪恶折磨吾等,较战争更恐怖之奢侈为吾人征服之世界复仇。罗马自脱贫后,犯罪或欲望接踵而至。继而吾人之七丘充斥戴花环、烂醉、厚颜之希巴利斯人、罗得岛人、米利都人,及塔伦图姆人。首先由此辈外国人带来腐败之钱。"(Nunc patimur longae pacis mala; saevior armis Luxuria incubuit victumque ulciscitur orbem. Nullum crimen abest facinusque libidinis, ex quo Paupertas Romana perit; hinc fluxit ad istos Et Sybaris colles, hinc et Rhodos et Miletos Atque coronatum et petulans madidumque Tarentum. Prima peregrinos obscena pecunia mores intulit.)

于面街之门廊中举办,①课堂之噪音常碍邻居。马尔提阿利斯以其住宅邻近学校之喧嚣②,为其于诺门塔那别墅寻求安歇之一原因。孩童约七岁时开始入学,男女一同受教。③ 学年始自三月二十四日,于密涅瓦五日节庆(Quinquatrus)④之后,其时新学子付首次费用,称为密涅瓦学费(Minervale)。三月中此五日以及十二月之萨图尔纳利亚(Saturnalia)周为学校仅有之假期;但集市之日(Nundinae)一定放假。学校于黎明前开始;男孩通常自备灯火。⑤ 有进膳(prandium)时间。孩童由唤作家庭教师(paedagogus)之仆人⑥陪伴至校,其人可控制学童或亦监督其功课之准备。另一背书袋之奴隶(capsarius)则携带课本。⑦ 教师及文法教师之规律极严;吾人常听闻校长之戒尺(ferule)。⑧ 教导贺拉斯之校长奥比留(Orbilius)以严厉著称。⑨

离开教师后,注定可得高等教育之孩童可至教授朗诵及诠释希腊与拉丁诗人之语法教师处。幼年开始认识希腊文,吾人读到有希腊女仆训练孩童讲希腊语,正如英国孩童有法国及德国之幼儿家教。⑩ 极注重朗诵法。师傅大声念读

---

① 教室称为凉棚(pergula)或柱廊(porticus)。
② 第12卷第57首第4行:"晨间教师不得安生。"(Negant vitam Ludi magistri mane.)
③ 马尔提阿利斯第9首第68行:"恶教师为男女童憎恨。"(Ludi scelerate magister, Invisum pueris virginibusque caput.)参见第8卷第3首第15行。
④ 尤维纳尔第10首第114行:"德摩斯提尼或西塞罗之演说及名声,始于密涅瓦节庆之祝愿与希望。"(Eloquium ac famam Demosthenis aut Ciceronis, Incipit optare et totis quinquatribus optat, etc.)
⑤ 尤维纳尔第7首第222行:"自凌晨时分。"(Mediae quod noctis ab hora sedisti.)第225行:"觉察到许多灯火。"(Totidem olfecisse lucernas.)马尔提阿利斯第9卷第68首第3行:"于鸡啼之前,汝即开始咆哮野蛮之打骂。"(Nondum cristati rupere silentia galli; Murmure iam saevo verberibusque tonas.)
⑥ 常呼之为"看守人"(custos)。贺拉斯讽刺诗第1卷第6首第86行:"给予一收买不动无所不在之家庭教师。"(Ipse mihi custos incorruptissimus omnes circum doctors aderat.)尤维纳尔第7首第218行:"学生之看守人。"(Discipuli custos.)
⑦ 尤维纳尔,第10首第117行:"看守人保管学童之书包。"(Custos angustae uernula capsae.)
⑧ 1 尤维纳尔,第1首第15行:"吾等之手自戒尺缩回。"(Et nos ergo manum ferulae subduximus.)马尔提阿利斯第10卷第62首第10行:"可悲之戒尺,教师之杖"。(Ferulaeque tristes sceptra paedagogorum.)此二处提及教师使用戒尺。
⑨ 贺拉斯《书札》第2卷第1首第70行"鞭笞"(plagosum)。
⑩ 塔西佗之《关于演说家之对话》(dialog de oratoribus)第29章。

章节,学生随之复诵,练习正确之强调。① 详细解释意义。希腊诗人中,荷马②及米南德最受喜爱。斯塔提乌斯列举其父于那不勒斯学校之阅读名单。③ 包括赫西俄德及品达、阿尔克曼(Alcman)、斯特西克鲁斯(Stesichorus)及莎孚、索弗龙·卡利马库斯(Sophron Callimachus)及吕哥弗隆(Lycophron)。后期诗人维吉尔、贺拉斯④及卢坎为第一世纪最受欢迎者。似乎斯塔提乌斯在世时学校中即阅读其作品。⑤

学校之鞭笞

第二世纪时,学校课程受品味反应之影响,引进早期作家,如恩尼乌斯以及普劳图斯。音乐与几何学亦进入研习修辞学前之初步"全面(encyclic)教育"。⑥ 于修辞学校中,学习散文作家而非诗人,练习散文创作与演说之技艺。"汝教演

---

① 昆体良第1卷第5首第11行:"作者吟诵。"(Auctores quos praelegunt.)贺拉斯《书札》第1卷第18首第13行:"男童重复严厉师傅之口述。"(Ut puerum saevo credas dictate magistro Reddere.)

② 贺拉斯学习荷马。《书札》第2卷第2首第42行:"罗马教导予甚多,教予阿基利斯之怒带给希腊何等悲伤。"(Romae nutriri mihi contigit atque doceri, Iratus Graiis quantum nocuisset Achilles.)

③ 于其父之《哀歌》中。《诗草集》第5卷第3首第150行及其后。

④ 尤维纳尔,第7首第226行:"学童阅读为灯烟染黑变色之贺拉斯以及维吉尔作品。"(Cum totus decolor esset, Flaccus et haereret nigro fuligo Maroni.)贺拉斯自己期待如此之命运。《书札》第1卷第20首第17行:"汝须于年老结巴时,充任教导市郊男童之较卑微职务。"(Hoc quoque te manet ut pueros elementa docentem, Occupet extremis in vicis balba senectus.)

⑤ 《忒拜纪》第12卷815行:"意大利青少年热切学习并记住汝。"(Itala iam studio discit memoratque iuventus.)

⑥ 昆体良于其《训练》(Institutio)开端时叙述必要之初步研习。

说乎？"成为询问"汝乃修辞教师乎"之一法。① 班级甚大。② 教师坐高椅（cathedra），学生坐长凳（subsellia）或站立。演说之题材往往转向历史问题，例如"汉尼巴于坎奈（Cannae）大捷后是否应进军罗马？"或"劝苏拉退位"。③ 此等演说称为"劝说型演讲"（suasoriae），与讨论法律问题之"争议型演讲"（controversiae）有别。尤维纳尔讽刺此等论文中讨论题材之烦琐雷同。④ 家长常于特殊日子到校听其子演讲。⑤

第二节 住房

房舍：住宅及公寓，罗马房舍之描述

罗马之住房有两种，住宅（Domus）及公寓（Insulae）。住宅乃私家房屋，通常为一家人居住，最多两层。公寓则为三或四层之建筑，⑥出租公寓或房间给收入不多者。公寓之拉丁文意为"岛"，因其独立而四周被街道包围。底楼一般出租给店铺。第四层之顶楼称之为阁楼（cenacula）。⑦ 高楼层有窗，⑧或有阳台，人们隔着狭窄街道可于其上握手，高楼层时而伸出低层之上。此等房屋常为投机商

---

① 尤维纳尔，第7首第150行："汝教演说乎？"（Declamare doces?）
② 同上，第151行：Classis numerosa。
③ 同上，第160行，以及第10首第166行："傻瓜，且去攀越嵯峨之阿尔卑斯山，以取悦男童并作为演说题材。"（I demens et saevas curre per Alpes, Ut pueris placeas et declamation fias.）第1首第16行："余亦曾劝苏拉退休并深眠。"（Consilium dedimus Sullae, privatus ut altum, Dormiret.）
④ 尤维纳尔第7首第152行及其后。第154行："重复加热之白菜摧残不幸之教师。"（Occidit miseros crambe repetita magistros.）
⑤ 同上，第166行："其父可如余一般常听到其子演讲。"（Ut totiens illum pater audiat.）
⑥ 尤维纳尔《讽刺诗集》第3首第199行："第三层已着火。"（Tabulata tibi iam tertia fumant.）马尔提阿利斯第1卷第117首第7行："居于第三层楼，而且高。"（Scalis habito tribus, sed altis.）
⑦ 贺拉斯《书札》第1卷第1首第191行："穷人怎么办？笑曰：换阁楼。"（Quid pauper? ride; mutat cenacula.）尤维纳尔，第10首第18行："军士甚少进入阁楼。"（Rarus venit in cenacula miles.）第3首第201行："仅靠屋瓦遮雨者最后被烧到。"（Ultimus ardebit quem tegula sola tuetur a pluvia.）
⑧ 罗马夜间街上危险之一乃遭掷出窗外之物击中。尤维纳尔，第3首第275行："命运几何，夜间经过打开之窗。"（Adeo tot fata quot illa, Nocte patent vigils te praetereunte fenestrae.）

人廉价而劣质建造,一般为木造,经常倒塌①或遭焚毁。② 奥古斯都曾尝试纠正弊端,限定房屋之高度;但尼禄乃大改革家,下令外墙应以碎晶凝灰岩(peperino stone)建造,并引进其他改良措施。甚或暗指尼禄引起大火以利执行其改革。

富人所住之住宅中,大部分房间在底楼。最重要两处为房舍原本核心之中庭(atrium)及柱廊(peristylium),皆露天。中庭内有炉灶,供奉家神,亦置祖先遗像(imagines)③。中庭中心接露天雨水之空间称蓄水池(impluvium),其中有一大理石喷水池。列柱廊之中心亦有一喷泉;中间露天处种植灌木及花,四周列柱围绕。作为私人庭院之列柱廊开向餐厅、起居室、客厅、卧室及厨房,而中庭乃用为接待室。

底楼地板一般为石材或"铺砌",④亦即击打碎石或砖以成平滑表面;高层地板则为木制或混凝土。墙通常饰以于准备好之白底上之图画;但罗马之富有及时髦者常以大理石板铺墙,或饰以色彩鲜艳之镶嵌。天花板饰以图画或灰泥浮雕。或分之为小型类似湖泊之下沉嵌板(故名花格顶板[lacunar])。⑤ 高楼层有窗面向街道及内庭;但底楼房间主要由中庭与柱廊采光。无疑窗户以玻璃或其他透明物质制成。房间以火盆或热气管加热。

---

① 同上,第 3 首第 193 行:"吾人城市大部分由细长之道具所支撑,管家撑起摇摇欲坠之屋,修补墙上裂缝,使居民得于将垮之屋顶下安心入睡。"(Nos urbem colimus tenui tibicine fultam, Magna parte sui: nam sic labentibus obstat, Vilicus et, veteris rimae cum texit hiatum, Securos pendent iubet dormire ruina.)

② 同上,第 197 行及以下。

③ 尤维纳尔,第 8 首第 19 行:"尽管全中庭各边陈列老腊像。"(Tota licet veteres exornent undique cerae atria.)马尔提阿利斯,第 4 卷第 40 首第 1 行:"皮索之中庭放置所有祖先像。"(Atria Pisonum stabant cum stemmate toto.)

④ 尤维纳尔,第 14 首第 60 行:"扫地,光亮列柱。"(Verre pavimentum, nitidas ostende columnas.)地板称为世界(orbis)。同上,第 11 首第 175 行:"以吐出之酒,润滑拉克戴蒙大理石之地板。"(Qui Lacedaemonium pytismate lubricat orbem.)拉克戴蒙地板系由来自泰纳鲁斯山(Mt. Taenarus)之大理石制成。参考提布鲁斯,第 3 卷第 3 首第 16 行"稀有之大理石"(Marmoreumque solum)。

⑤ 贺拉斯,《歌集》第 2 卷第 18 首第 1 行:"吾家之花格顶板既非镶以象牙,亦非覆以黄金。"(Non ebur neque aureum, Mea renidet in domo lacunar.)尤维纳尔,第 1 首第 56 行:"学会看花格顶板。"(Doctus spectare lacunar.)或可欣赏装饰。

皇宫

皇宫之中，吾人对图密善之弗拉维宫所知最多，帕拉廷上有其相当多之遗迹。此处不若奥古斯都住宅之相对节制，而由许多作公众用途之堂皇房间组成。"一端为华丽之金銮殿，旁有皇家家庙或神龛(lararium)，另一旁有处理司法事务之法庭。柱廊另一端为国宴之餐厅(triclinium)；其后有一系列堂皇大厅，或系图书馆，及一作为朗诵与其他文学用途之学园(Academia)。餐厅一旁或两旁为置有喷泉、花卉、植物及泉水女神与河神雕像之仙女庙(nymphaeum)，以便淙淙水声、凉气、与花香可令酒酣耳热之宾客提神。整个壮丽皇宫之设计与材料皆不惜巨资，以地板、墙板、和东方大理石、雪花石膏及红绿紫斑岩之圆柱装饰之。甚至装点金銮殿内之成排巨像皆以来自埃及采石场之耐火玄武岩及紫斑岩制成，所费人力难以计算。上世纪①初发现此等遗迹。弗拉维宫之位置非常值得注意：建于庞大人工平台之上，跨越帕拉廷顶点之深谷或洼地。"②

乡间别墅

罗马别墅或富人乡间住房为求凉爽，一般位于海边或山中。普林尼之罗伦廷(Laurentine)别墅俯瞰第勒尼海(Tyrrhenian Sea)。"有众多各种形式及规模之室，为各种用途而设计，以开放式回廊连结。可推断大部分房室有海景且几乎完全朝南。或为圆形，可看所有方向；其他有半圆形者，仅北面被遮住；其他不面海，几无浪潮声音。若干面西，若干面东，用于不同季节，甚或一日内之不同时间。于此长排建筑之后，(根据普林尼叙述)并未提及其外观，但似无高出底楼之处；花园、阳台、步行或骑马之廊道；亦于其间建置比如可称为夏屋之独立套房；更远处拉丁海岸出现原始松林，供应浴室燃料，且构成主要之推荐地点。"普

---

① 十九世纪。——译者
② 《希腊罗马古物辞典》，艺术，"住宅"条。

林尼位于托斯坎山中之别墅,似乎更为广阔。其于信中描述"此地森林之美,前面伸展至台伯河之广大平地及草地,位于四周绿树成荫之山坡,其后为巨大之亚平宁(Apennines)圆形剧场"。"由长门廊接近,带入中庭或如城镇住宅核心之中心大厅;但相似处即止于此,因罗马房屋中所有起居室开向中庭,且紧凑地安置于四面外墙之内,别墅中几乎各套房皆基本各自独立,仅以开放回廊之套房稍加连接。托斯坎别墅似亦充满花园及种植园,其位置较海边别墅更适于此等奢华。但在此情形下亦未提及建筑外观,或暗示读者可自其描述中得到乐趣。当尼禄在罗马炫耀其皇宫中之皇宫时,明显可见建筑设计未入其思想,而海边或山上贵族别墅之优雅主人亦然。"[1]

哈德良别墅位于提布尔,布局成微型世界。包括冥界之描绘,以及许多与雅典之学园(Lyceum)、学院(Academy)、公共会堂(Prytaneum)、彩绘柱廊(Poecile Stoa)同名之建筑。谭佩(Tempe)山谷以人造山仿之。有数处图书馆、神庙及一小剧场。此别墅充满艺术品,若干已于近代挖掘中发现。

第三节 餐食

餐食:时间、食物

罗马人每日第一餐为早餐(ientaculum),通常于第三时进用。非常清淡,一般为以盐或蜜调味,或沾酒之面包。学童某些情况下于鸡啼时进一种烙饼早餐。下一餐对应吾人之午膳(prandium),或更近似法国之午餐(déjeuner)。于第六时(约11点)进食,可能简单如一片面包,或为有若干道鱼、肉及禽类之菜色。[2] 一

---

[1] 此等描述取自梅里韦尔,第64章。
[2] 若省去午餐,则以午后简餐(merenda)取代。

日中最重要之一餐为主餐(cena),正规在第九时①取用,但经常更晚。时尚应酬以时间之早为特点,视较早进餐为奢侈之象征。② 晚膳总持续很久:三小时为适中之长度。收入微薄之一般罗马人与妻子儿女于中庭进餐,但富人有分离之餐厅(Triclinia)。男人斜卧于床(lectus)或躺椅上,女人坐立。一顿精致晚膳有三部分:前菜(gustatio),颇似北欧之冷盘(Zakusta),包括甲壳类、橄榄、蛋及其他刺激食欲之小菜;继为有数道各种菜之正餐,③其后向家神献祭,继之为晚膳之第三部分,称为"第二道"(mensae secundae),包括糕点与水果,对应吾人之甜食与点心。奥古斯都曾供应三道(fercula)菜肴,外出则六道。尤维纳尔以七道菜为奢侈。④ 因奢华之进展,托盘上菜肴之排列以及大块肉之切割成为特殊技艺。⑤一托盘中经常包含许多菜肴。佩特罗尼乌斯描述之特立马乔晚宴,一盘中排列十二道之鱼、肉、禽、蔬菜、水果代表黄道十二宫;当宾客好似失望时,撤除上面部分,露出其下更昂贵之菜肴例如野兔、阉鸡。罗马人以手指进食,故于每一道菜之后洗手,以面包片擦手,之后即扔向狗。⑥

---

① 冬日一时半,夏季二时半。马尔提阿利斯,第4卷第8首第6行:"第九时命令余等弄乱堆放靠垫之长榻。"(Imperat extructos frangere nona toros.)贺拉斯,《书札》第1卷第7首第70行:"第九时以后汝可来。"(Post nonam venies.)

② 贺拉斯《歌集》第1卷第1首第20行:"不会因虚掷光阴而羞愧。"(Nec partem solido demere de die.)

③ 马尔提阿利斯第10卷第48首,提及简单晚膳之食物,"无需切割之小羊肉块或香肠、豆类、嫩白菜、鸡及火腿"。尤维纳尔邀请佩尔希库斯之餐食相仿(第11首第65—76行):"嫩小羊、山芦笋、鸡、蛋、苹果、梨及葡萄。"

④ 《讽刺诗集》第1首94行:"是何老者有七道菜之私人晚膳?"(Quis fercula septem secreto cenavit avus?)

⑤ 排列菜肴者称为"建造者"(structor);切割时亦多方挥舞作态,在此方面称为"切割者"(carptor)。尤维纳尔,第5首第120行:"建造者……注视切肉者飞舞切刀,等等。"(Structorem…. saltantem spectes et chironomunta volante cultello, etc.)参见《讽刺诗集》第11首第136行:"亦无建造者……苏布拉区充满晚餐时榆木砧板之切剁声。"(Sed non structor erit… Sonat ulmea cena Subura.)又见特里菲鲁斯(Trypherus)教授之切割学校描述:"苏布拉全区充满晚餐时榆木砧板之切剁声。"(tota sonat ulmea cena Subura.)奥古斯都时期罗马烹饪艺术之发展可自贺拉斯借卡提乌斯(Catius)之口之演讲而判断。(《讽刺诗集》第2首第4行)

⑥ 希腊文称面包两端硬块为 ἀπομαγδαλίαι。参考马尔提阿利斯,第10卷第5首第5行:"一乞者乞求一口狗食之劣质面包。"(caninas panis improbi buccas.)

娱乐，切割之艺

晚宴时，九为常见之数字。三躺椅安置于一方形之三边，每椅容纳三人。受邀客人通常携带未被邀请，称为"影子"（umbrae）者以组成团体；或主人邀请门客补一空位。① 故于贺拉斯②描述之纳希迭努斯（Nasidienus）晚宴中，有九人在座，当晚主客麦凯纳斯有二"影子"。罗马人进晚餐穿着整齐，服装包含彩色长袍（vestis cenatoria）。当靠于躺椅上时，脱下其凉鞋，交由带去专为此用之奴隶保管。拉丁文之"自桌上起身"即"招呼取其凉鞋"。餐宴中，客人欣赏诵读或音乐（acroama）。文学主持人常以诵读自己作品而使伙伴厌烦。时髦娱乐中常有舞姬或歌姬以放荡之表演娱众。来自加地斯之舞者特别受邀。尤维纳尔邀约其友佩尔希库斯至有节制之晚餐，告以彼不愿见歌姬在响板声中演唱加地斯之淫荡歌曲，但愿听维吉尔或荷马诗篇之朗诵。

娱乐结束时，惯常赠客礼物带回家。此等礼物称"送宾礼"（apophoreta）。③

时尚人士对侍宴奴隶之仪态非常注重。非洲人以及小亚细亚之英俊希腊人最受欢迎。此辈或穿艳丽丝绸或身无寸缕。④ 客人惯以希腊文对奴隶讲话。⑤

餐桌礼仪

三流社会之进餐仪态往往粗鄙狂暴。贺拉斯谓"以杯打架"应为保留给色雷斯人之习俗；⑥但似亦常见于文明世界。佩特罗尼乌斯讽刺诗中，粗俗之获释

---

① 尤维纳尔，第5首第16行："邀请受忽略之门客，勿令躺椅第三坐垫空置。"（Neglectum adhibere clientem, Tertia ne vacuo cessaret culcita lecto.）
② 《讽刺诗集》第2首第8行。
③ 见上第二十五章第二节。
④ 尤维纳尔，第11首第146行，谓其仆非高价买来之弗里吉亚或吕基亚人，而系穿着免受冻寒（a frigore tutus）之乡童。
⑤ 尤维纳尔要求佩尔希库斯，第11首第148行："凡事以拉丁文要求之。"（Cum posces, posces Latine.）
⑥ 《歌集》第1卷第27首第1行："在杯盏间打架乃色雷斯人之习俗。"（Natis in usum laetitiae scyphis, Pugnare Thracum est.）

奴特立马乔于其妻芙尔图纳塔(Fortunata)呼其为"狗"之后,以杯掷其妻之面。尤维纳尔暗示龃龉及受伤流血之脸为赞助人给予获释奴娱乐之一特色。① 琉善于其《拉庇泰人》(Lapithae)中描述哲学者于婚宴中打斗。迪菲路斯(Diphilus)为一禽与奴隶开打。芝诺特米斯(Zenothemis)见赫尔蒙(Hermon)面前之禽较己者为大,遂夺之;以禽鸟互掷且撕扯胡须。芝诺特米斯向对手掷一杯,失手误中新郎。继而妇女加入二者之间,犬儒派之阿尔基达玛斯(Alcidamas)则有效使用其棍。一场混战随之展开,杯盏乱飞。此描述或有夸张,却为有时发生之情景。

公众宴会,图密善之黑色宴会

须简短提及皇帝为其"朋友"举行之公众宴会(convivia publica)。最高阶级之元老视受邀为极大荣耀。斯塔提乌斯为图密善之邀而得意洋洋,特撰诗文。元老妻子或亦出席,例如奥托之一次宴会。克劳狄经常举行约600宾客之大宴。据云某次疑一客窃取金杯,次日则置一陶杯于其前。奥古斯都提供之招待至为简单;据云提比略者几乎粗陋。之后三帝皆奢侈。韦伯芗之晚宴昂贵但不奢华。金盘自公元16年起即为皇帝之特权。所有宾客着长袍赴宴,且不论阶级享受同样菜色。皇帝于国宴中招待宾客之法各异。奥古斯都以其真正元首身份,待人友善。图拉真亦擅长交际,安东尼朝无疑令其客人宾至如归。仰慕图密善之斯塔提乌斯谓其居高临下,普林尼之不利证词则谓其傲慢,称图密善独自于日中之前进餐,继而于公众宴会上仅为旁观者。有一奇怪故事讲述图密善对挑中之一些贵客进行残忍之恶作剧。图密善以葬礼用之黑色装饰一室,墙壁、天花板及地板皆为黑色,排列整齐之石椅亦为黑色。于夜间带入摒除侍从之客人,每人座前皆可见一似墓碑之柱,碑上镌刻己名,一墓灯悬挂其上。一群赤裸涂黑之男童继而进入,绕室以丑陋姿态作舞,供给宾客献与亡者食物之碎片。宾客大骇;随时期待死亡,而图密善则谈论葬礼题材。不旋踵,当皇帝对此辈之恐怖充分满意之

---

① 第5首第26行。

后,下令赠予每位客人其所用银杯及盛食物之盘,作为礼物,连同伺候之奴隶。

第四节　引水道、浴场

引水道:罗马引水道之名单及叙述

　　共和之最后三世纪以及帝国时期,罗马自周围山丘以引水道取水,前已提及若干引水道。弗隆提努斯撰写《关于罗马城之引水道》论文时,①有九条引水道,其中四条建于共和时期:(1) 公元前312年监察官阿皮乌斯·克劳狄(Appius Claudius)始建之阿匹亚引水道;(2) 公元前272年监察官丹塔图斯(M. Curius Dentatus)始建引阿尼欧河水之阿尼欧维图斯引水道;(3) 公元前144年司法官马尔奇乌斯·雷克斯(Q. Marcius Rex)建造之马尔奇亚引水道(Aqua Marcia);(4) 公元前127年二监察官凯皮奥(Servilius Caepio)及隆吉努斯(Cassius Longinus)建造之特普拉(Tepula)引水道,因水温稍暖而得名。阿匹亚、阿尼欧维图斯及马尔奇亚三渠之水道几乎完全在地下。马尔奇亚引水道始自距罗马36哩之瓦勒里亚大道(Via Valeria)南方,供应最冷洌最纯净之水。蒂沃利附近仍可见其遗迹。阿格里帕曾重修,奥古斯都由一新泉增其水量,二者以奥古斯都引水道相连。②

　　阿格里帕之二新引水道(公元前33年),(5) 朱利亚引水道及(6) 维尔果引水道,前已提及。朱利亚引水道来自拉丁大道上第十二里程碑右边二哩处之水源;与特普拉引水道相接,其后再接马尔奇亚引水道,故此三引水道在同样底层基础上,一条在另一条之上流过一段距离,自奥古斯都于公元前5年竖立之拱

---

① 见上第二十五章第二节。
② 马尔奇亚引水道分支流经卡佩纳门(Porta Capena)。马尔提阿利斯,第3卷第47首第1行:"卡佩纳门下着水滴。"(Capena grandi porta qua pluit gutta.)

门（今为圣罗伦佐门[Porta San Lorenzo]）进入罗马。维尔果引水道①如同马尔奇亚以水质纯净著名，为供应阿格里帕浴场而设计。（7）阿尔希提纳（Alsietina）引水道，源自阿尔希提纳湖，位于台伯河另一边；水质异常差，或为奥古斯都模拟水战所造盆地，亦即海战竞技场而供水。（8）克劳狄引水道，及（9）新阿尼欧引水道皆始自盖乌斯而为克劳狄竣工（52年）。前者始于近苏布拉坎希斯（Sublacensis）大道第38里程碑处，长度在40与50哩之间，约1/3在地面上，托在拱门或底层基础上。新阿尼欧引水道始于同一道路前几哩处，更长（几乎60哩）更高，但露出地面部分较少。此二引水道于近城市处相接，一条在另一条之上入城。克劳狄引水道拱门仍留存坎帕尼亚（Campagna），老普林尼如此写道："若任何人仔细计算供应浴场、蓄水池、住家、沟渠、花园及郊外别墅之水量，以及渠道通过之距离、建造之拱门、凿穿之山陵、推平之山谷，必定承认全世界从未有更神奇之物。"

估计此九条引水道供应之水"等于一30英尺宽6英尺深，流速每秒30吋之河流携带之水"，若罗马人口为一百万，则每日每人供水332加仑。②

图拉真加上第十条图拉真引水道。③某些古代引水道仍然对罗马供水，颇为有趣；即教皇皮乌斯四世修复之维尔果引水道（仍称原名）；教皇保罗五世连结图拉真与阿尔希提纳引水道建成保拉（Paola）引水道；以及1870年修复之马尔奇亚-皮亚（Marcia-Pia）引水道者。帝国他处亦建辉煌之引水道，此等罗马工程成就之最佳遗迹或可见于西班牙之塞哥维亚（Segovia）以及内茅苏斯（Nemausus, the Pont-du-Gard，尼姆，嘉德水道桥）。

---

① 马尔提阿利斯，第7卷第32首第11行："但仅维尔果洁白之水流过。"（Sed curris niveas tantum prope Virginis undas.）；第6卷第42首第18行："天然河水流入维尔果或马尔奇亚。"（Cruda Virgine Marciave mergi.）
② 史密斯之《古物辞典》第1卷第150页。
③ 见上第二十三章第一节。

引水道之建造及组织，渠道与蓄水堡

水流经过之渠道（specus）略有倾斜。由石或砖组成，铺以混凝土，且有排气孔。有时水不流过渠道本身，而流经沿渠道内部陶或铅制之管（fistulae）。引水道源头有一大蓄水池（piscina），而沿路亦间隔置蓄水池。水至城市时流入一大室，自其导入三个较小之水池，中间者承储另二者之溢流。此二外侧之水池供应私人住宅及公共浴场之用水；中间者供应公共喷泉及池塘；故缺水时先满足最有用之目的。此等蓄水池形成主要蓄水堡（castella），通常置于大型建筑物中。水自主蓄水堡流入分布城市各地区较小之蓄水堡。蓄水堡或公有或私有。前者供应赛马场、圆形竞技场、公共喷泉、浴场、禁卫军营。

私人蓄水堡由用水家庭共同分担费用而建，但为控制水道之公家官员督水官（curatores aquarum）监管。水量以出自蓄水堡之水管（calix）大小而测量。

雇用大量官员管理供水、维修引水道、并防止水之诈欺挪用。弗隆提努斯时，督水官下有460奴隶。依其职责分为[①]：(1) 管理各种水管者（vilci）；(2) 管理蓄水堡者（castellarii）；(3) 到处检查引水道者（circuitores）；(4) 当须检查地下水管时，移除并重铺道路者（silicarii）；(5) 处理石工之泥水石匠（tectores）。由此可见诸帝对城市供水发展之细致组织。[②]

浴场：公共浴场，公共浴场之描述，大型浴场建筑，私人浴场

浴场。早期罗马人以浴场作为健康及清洁之用。每日清洗其手脚一次，而每周清洗其全身一次。但后来视沐浴为必需之事，且系奢侈，帝国时期则为罗马生活之一显著特色。起初公共浴场（Balneae）仅为家中无法有浴室之低级穷人

[①] 亦分为两科：(1) 公共引水道科（familia aquaria publica），(2) 恺撒引水道科（familia aquaria Caesaris）。

[②] 马尔提阿利斯曾书隽句致图密善，《铭辞》第9卷第18首"请求允准安排自马尔奇亚引水道取水至其罗马家中"（Cum mihi vicino Marcia fonte sonnet），亦请供水至其乡间小宅（或于诺门图姆）。

而设；但于共和结束前，各阶级之人皆采用公共浴场①，皇帝本身亦与其公民同胞一同洗浴。浴场为最贫者亦可放纵享受之廉价奢侈，费用仅罗马最小钱币之一枚铜板。② 妇女或须付较多钱。通常洗浴时间约为第八时③，于一日主餐之前；但闲散及奢侈之人一日常洗浴数次。饕餮者常于进食前后皆浴，以便有好胃口；此习归之于例如卡里古拉及尼禄，当代作家老普林尼认为此乃道德堕落之部分原因。④ 一如西塞罗之时为同样目的用催吐剂，乃通常之习惯。⑤

公共浴场之数目，若干为国家，其他为私家投机者所建⑥。据云阿格里帕又增 170 座浴场；及至第四世纪

卡拉卡拉浴场

---

① 原本 balneae 严格字义为公共浴场；balneum 为私人浴池；balnea 为不止一室之私人浴场。但此等名辞之区分渐泯。

② 马尔提阿利斯，第 3 卷第 30 首第 4 行："何处给与最小之铜板？"（Unde datur quadrans?）贺拉斯，《讽刺诗集》第 1 卷第 3 首第 137 行："一枚最小铜板洗浴。"（Quadrante lavatum.）

③ 马尔提阿利斯，第 11 卷第 52 首第 3 行 "第八时可共浴"（Octavum poteris servare; lavabimur una.），视第十时为迟（同上，第 3 卷第 36 首第 5 行）。或于第六时洗浴（同上，第 10 卷第 48 首第 3 行）："蒸气前之一时，哈拉特与尼禄于第六时热水浴。"（Nimios prior hora vapors, Halat et immodico sexta Nerone calet.）尤维纳尔建议佩尔希库斯于第六时前一时沐浴（第 11 首第 204 行）：即使此时去浴场亦无须不好意思，虽须整个第六时。（Iam nunc in balnea salva, Fronte licet vadas, quamquam solida hora supersit ad sextum.）

④ 贺拉斯，《书札》第 1 卷第 6 首第 61 行："沐浴以免晚餐不消化与头脑不清。"（Crudi tumidique lavemur.）佩尔西乌斯，第 3 首第 98 行："浮夸之大餐与洗浴白色之大腹。"（Turgidus hic epulis atque albo ventre lavatur.）然后描述继之而至之疾病及死亡。尤维纳尔，第 1 首第 142 行："当汝除去衣物，惩罚就在眼前，充满食物之肿胀肚皮内有不消化之孔雀，如此进入浴场之门。故而猝死或年老未立遗嘱而亡。"（Poena tamen praesens cum tu deponis amictus, Turgidus et crudum pavonem in balnea portas. Hinc subitae mortes atque intestata senectus.）

⑤ 西塞罗《关于饮食》（Pro Deiot）第 21 段，《论目的》（De Finibus）第 2 卷第 23 段："晚餐盛宴席间出入呕吐桌上，次日复狼吞虎咽。"（Qui in mensam vomant et qui de conviviis auferantur crudique postridie se rursus ingurgitent.）

⑥ 尤维纳尔提及太阳神（Phoebus）浴场（第 7 首第 232 行）。斯特发努斯浴场地近马尔提阿利斯住所（马尔提阿利斯，第 11 卷第 52 首第 4 行）。

初，浴场之数几达一千。沐浴非唯包括热水浴或冷水浴，且系一漫长过程，颇似土耳其浴，更加精细。热气与热水皆用。浴场之主要房室为更衣室（apodyterium），入浴者于其中脱除衣物，交与众所周知不诚实之奴隶；储存油膏之涂油室（elaethesium）；仅沐浴冷水之冷水浴室（frigidarium）；以微暖空气保温之温水浴室（tepidarium），浴者坐着涂油，再进入热水浴室（caldarium）。有些堂皇之浴场有专门之涂油室（unctorium）。热水浴室为地板下之热坑（hypocaust）保热。庞贝老浴场中此室一端有一温水池，另一端有一冷水盆，浴者离开前以冷水泼头。若干浴场中有较高温之出汗室，称为热气浴室（laconicum），为一有圆顶天花板之圆形房间。当浴者大汗淋漓后，用一骨或金属制之尖锐工具刮刀（strigil）刮遍全身，刮刀之边缘以油软化。① 富人有随行之奴隶刮身，穷人自己刮。挑剔者无法与使用恶臭油膏者共浴②，浴者涂油后，于温水浴室略事停留，以免立即进入冷空气。

　　大体描述适用于普通浴场以及为阿格里帕引进成为帝国时期罗马之特色，称大型浴场（Thermae）③之浴场。浴场仅大型浴场之一部分，后者实为"罗马对希腊体育馆（gymnasium）之调适"。④ 此时吾人关注于罗马所建四大座大型浴场，即阿格里帕、尼禄、提图斯及图拉真者。⑤ 此等浴场为广大华丽之场所，为各

---

① 尤维纳尔，第 3 首第 262 行，提及沐浴时一私室"涂油刮刀回响，安置麻巾以及灌满之油瓶"（Sonat unctis, Strigibus et pleno componit lintea guto）。浴巾为麻制。奢侈之特立马乔（佩特罗尼乌斯，《爱情神话》[*Satyricon*]第 28 节）以最柔软之羊毛毯擦身。油瓶称为 gutus，常以角制（gutus corneus，见马尔提阿利斯，第 14 卷第 52 首），有时称为犀牛（rhinoceros）。尤维纳尔，第 7 首第 130 行"以犀牛角洗浴"（Cum rhinocerote lavari）。

② 贺拉斯《讽刺诗集》第 1 卷第 6 首第 123 行："涂油，但非以骗人肮脏之纳塔油灯。"（Unguor olivo, Non quo fraudatis immundus Natta lucernis.）尤维纳尔，第 5 首第 90 行"罗马无人喜与波卡尔共浴"（Romae cum Boccare nemo lavatur），暗示努米底亚玩蛇人（Numidian）所用之难闻油膏。

③ Balnea 与 Thermae 之区分见尤维纳尔，第 7 首第 232 行"修复大型浴场或太阳神浴场时"（Dum petit aut thermas aut Phoebi balnea）。

④ 故狄翁·卡西乌斯以 γυμνάσιον 指阿格里帕以及尼禄之公共浴场。

⑤ 马尔提阿利斯，第 3 卷第 36 首第 5 行："于第十时或更晚至大浴场，感到疲累，余将追随汝至阿格里帕浴场，虽于本人于提图斯浴场沐浴。"（Lassus ut in thermas decima vel serius hora, Te sequar Agrippae, cum laver ipse Titi.）第 10 卷第 51 首第 12 行称阿格里帕、尼禄、提图斯公共浴场为"三座大型浴场"。

种运动及娱乐之方便而装备。此处罗马青年可学习操练体育运动；①此处有凉爽之列柱厅（exedrae），闲人可休憩谈天、哲人可讲演、诗人可朗诵其诗篇。

门客惯常陪同其赞助者至公共浴场，如此衣衫褴褛又肮脏之大群随从颇招其他人厌烦。②

于公共浴场（非大型浴场）中有分开之妇女浴池。有故事谓一执政官夫人欲于坎帕尼亚之特阿努姆（Teanum）男子浴场沐浴，随即下令逐出所有男子。男子之设施或较女子者更方便。尽管部门分开，但帝国时代男女于相同浴场混杂共浴乃普通习惯。③ 正派体面之妇女当然无此行为，但此习惯如此流传，哈德良及马尔库斯·奥里略皆须试图阻止丑行。

富人于其住宅中有私家浴室（balnea），但仍经常光顾公共浴场。尤维纳尔提及以60万塞斯特斯（4 800镑）建造一套浴室为高价。④ 弗隆托之浴场耗资过此数之半（2 800镑）。

第五节 公众娱乐

娱乐：公众竞赛会及表演，政治重要性，争夺

竞赛会及表演。于罗马之公众，竞赛非但为罗马生活中之惊人特色，且于帝国时期具有重要之政治意义，乃诸帝用以转移群众关注政治生活中二大引诱之一。另一引诱为廉价或免费面包之配给。弗隆托谓精明皇帝不应忽视于竞技场及圆形竞技场中之表演者，深知罗马人民尤为二事所掌握，"粮食及表演"

---

① 浴场球赛，参考马尔提阿利斯，第12首第82行。
② 尤维纳尔，第7首第131行："带泥之一群随从骚扰浴场。"（Vexat lutulenta balnea turba.）参考马尔提阿利斯，第3卷第36首。
③ 尤维纳尔讽刺女子堕落时，描述一贵妇携一群门客于夜间至浴场（第6首第419行）："彼常夜至浴场，晚上吩咐将其油瓶及设备于夜间搬至其地，享受热水浴场之所有喧嚣。"（Balnea nocte subit; conchas et castra moveri, Nocte iubet; magno gaudet sudare tumultu.）
④ 第7首第178行"六百（狄纳尔）之浴室"（Balnea sescentis）。

(annona et spectaculis),政府之成功有赖娱乐及严肃之政策事宜。① 此二种诱惑于尤维纳尔之名言"面包与娱乐"(panem et circenses)中并列。② 罗马之腐化大众满足于皇帝提供之廉价食物供应及廉价刺激之娱乐,而放弃其政治权利。帝国时期公众竞赛会之次数、种类及壮观皆有增加。吾人须区分(1)剧场中之戏剧表演(ludi scenici)及竞赛场(ludi circenses),后者包括(2)比赛之竞技场(circus)与(3)角斗士及野兽表演之圆形斗兽场。竞赛会为执政官、司法官、财政官或皇帝本人提供。执政官负责于罗马每年9月2日亚克兴周年庆祝之亚克兴竞赛会(Actian Games)及纪念奥古斯都生辰(9月23日)之竞赛会。第二世纪初期被选出之执政官负责角斗士演出(称为礼物[munera]),第二世纪后期由新就任之执政官为之。共和时期市政官负责管理公众竞赛会,为奥古斯都转交至司法官。③ 但帝国时期公开或私人之角斗士表演不由司法官,而系财政官负责,克劳狄时解除财政官铺路之义务以便承担此新责任。此安排维持约七年,图密善时恢复。

观察公众竞赛给予表现公众意见之机会,此乃要点。"共和时期公众人物于剧场中为大众欢迎之方式非常重要。帝国时期吾人听闻皇帝或显贵人物进场时观众起立,或挥舞手绢且大喊赞美之头衔,或唱美好愿望之歌曲。当然有请求解放于竞赛中表现良好之奴隶或罪犯、为有名角斗士请求除役之最吵闹之喊叫,及对诸多不受欢迎人物甚或皇帝本人之嘲笑。人民利用此等场合宣布反对法律、反对憎恨之官员,例如提格利努斯及诸多其他呼吁与示威。的确,帝国时期此乃几乎唯一可表现或测量民情之场合;附诸民意表现之重要性可自下事见之,提图斯为欲执行某些自认明智之处决,而让全场之人要求之。"④

---

① 弗隆托《历史原理》第210页。
② 第10首第80行:"仅焦虑期待二事:面包与娱乐。"(Duas tantum res anxius optat panem et circenses.)参考第1首第118行:"城市竞赛场及剧场。"(Urbem circo scenaeque vacantem.)塔西佗指出,喜爱演员及角斗士、马匹、竞赛(histrionalis favor et gladiatorum equorumque certamina)为罗马之特殊罪恶。《关于演说家之对话》第29章。
③ 尤维纳尔第10首第36行:"司法官站立于高车上。"(Praetorem curribus altis exstantem.)
④ 取自《古物辞典》第2卷第88页之竞赛会(Ludi)条。

帝国时期竞赛会之一特色为争夺(scramble)。提供者往往向观众投掷礼物,且相抢夺。称此等礼物为"投掷物"(missilia);包括水果或其他食物,更常为可享受各种娱乐之门票(tesserae)。① 另一习俗为向舞台及座椅上洒香水,尤其是番红花。②

剧场,建筑设计

剧场——帝国时期罗马有三剧场。(1)建于公元前 55 年之庞贝剧场,为罗马最早之此类石造建筑。根据米底亚利尼(Mytilene)剧场之模型而建构,包含 40 000 座位。(2)容纳 20 500 观众之马尔凯路斯剧场。③ (3)可容 11 510 人之巴尔布斯剧场。

罗马剧场类似其复制之希腊者,但有若干不同。希腊戏剧中之酒神合唱合舞团(Dionysiac chorus)于罗马表演中失去作用,乐队席或"舞池",其形状有所改变。不再为几乎完整之圆形,仅为半圆,且用作为部分坐席。结果剧场中观众区(cavea)亦成半圆。进一步之改变为,希腊剧场中舞台与观众坐席不连接,其间有过道,而罗马剧场中舞台建筑之墙与观众席之墙为连续者。自旁边拱形通道抵达乐队席。各色遮篷覆盖建筑物以免众人受日晒雨淋。戏剧开始前,舞台(pulpitum)为一帘幕(aulaeum)掩盖④;幕落时——不同于吾人之幕启时——戏剧开始。

---

① 马尔提阿利斯,第 8 卷第 78 首第 9 行:"此时奖牌突然如雨降,此时给与观众大竞赛门票。"(Nunc veniunt subitis lasciva nomismata nimbis, Nunc dat spectates tessera larga feras.)尤维纳尔,第 7 首第 174 行之食物票(tessera frumenti)为一份粮食分配券(largitio)。参考佩尔西乌斯,第 5 首第 74 行:"普布里乌斯赢得少得可怜之粗粮票。"(Publius emeruit scabiosum tesserula far.)不可将此种票与表演中争夺之票相混。

② 马尔提阿利斯,第 5 卷第 25 首第 7 行:"舞台洒播奢华之番红花红雾。"(Rubro pulpita nimbo, Spargere et effuse permaduisse croco.)

③ 见上第十章第一节。马尔提阿利斯,第 10 卷第 51 首第 11 行:"其处无马尔凯路斯或庞贝剧场,但有三座大型浴场。"(Sed nec Marcelli Pompeianumque, nec illic, Sunt triplices thermae.)

④ siparium 乃其后较小之幕;尤维纳尔,第 8 首第 185 行,意为"达马希普斯,汝将于舞台上发声"(Consumptis opibus vocem, Damasippe, locasti Sipario)。

乐队处席位为元老保留;①或亦接纳外国贵宾。罗斯奇乌斯·奥托法（Roscius Otho）（公元前67年）将最靠近乐队之"十四排"座位派给骑士。② 安置观众照看席位之小官称定位者（designator）。马尔提阿利斯常提及雷图斯（Lēitus）为清除擅入骑士席位者之官员。③ 奥古斯都进一步规定将剧场特殊部分配给特殊阶级之人。有席位或皇室"包厢"于舞台上方、观众左边,保留给皇帝或主持表演之人。对面右边有类似席位为维斯塔贞女所有,皇后之座在其中。

表演之特色,单人哑舞剧

表演节目亦如共和时期,有喜剧、悲剧、阿特拉（Atellan）闹剧及哑剧。哑剧代表讲俚俗言语之庸俗角色,特受欢迎,而哑剧之写作更为开明。

女性角色由女子饰演,演出常具非常放荡之性质。④ 剧情一般为放荡之风流韵事。若干哑剧中有鬼,例如卡图路斯之法斯玛（Phasma）⑤;以及另一哑剧中

---

① 尤维纳尔,第3首第178章"乐队及大众"（Orchestram et populum）,意谓元老及一般人民。第7首第46行中形容以剧场为模型装成之私人朗诵室:"诗人依靠于一租用小横木上之几排阶梯座位,乐队席设有座椅,用毕须归还。"（Et quae conducto pendent anabathra tigillo, Quaeque reportandis posita est orchestra cathedris.）,其中anabathra为阶梯式座椅。

② 贺拉斯《抒情诗集》第4首第15行:"镇定地坐于骑士排中,不顾奥托之法。"（Sedilibusque magnus in primis eques, Othone contempt sedet.）《书札》第1卷第1首第62行:"请告知何者为佳,罗斯奇乌斯法之权利,或一正行王国之童谣?"（Roscia dic sodes melior lex an puerorum est Nenia, quae regnum recte facientibus offert.）尤维纳尔,第3首第154行:"离开骑士席位,汝等之财力不合法。"（De pulvino surgat equestri, Cuius res legi non sufficit.）第159行:"愚昧之奥托乐于如此处置吾等。"（Sic libitum vano qui nos distinxit Othoni.）第14首324行:"奥托之法赋予区别之十四排。"（Bis septem ordinibus quam lex dignatur Othonis.）

③ 例如第5卷第25首第1行:"汝无四十万,凯雷斯特拉特,站起,且看雷图斯将至,起立,逃跑,奔走,躲开。"（Quadringenta tibi non sunt, Chaerestrate;surge. Leitus ecce venit; st! fuge, curre, late.）

④ 贺拉斯提及一名为阿尔布斯库拉（Arbuscula）之女演员。《讽刺诗集》第1卷第10首第77行谓:"骑士为予鼓掌足矣。"（Satis est equitem mihi plaudere.）马尔提阿利斯,第8卷序言提及"哑剧言语放荡"（mimicam verborum licentiam）。

⑤ 尤维纳尔,第8首第186行:"表演卡图鲁斯喧闹之法斯玛。"（Clamosum ageres ut Phasma Catulli.）此卡图鲁斯乃流行之哑剧编剧家。尤维纳尔,第13首第111行:"机智卡图鲁斯（剧中）之逃奴。"（Urbani qualem fugitivus scurra Catulli.）马尔提阿利斯,第5卷第30首第3行:"卡图鲁斯之动人场景。"（Facundi scena Catulli.）

有"古代大盗迪克·特平"(Dick Turpin)之称之劳雷欧鲁斯(Laureolus)。① 此一哑剧中劳雷欧鲁斯被钉十字架,马尔提阿利斯叙述一罪犯饰演此角,结果真被钉十字架,为熊撕裂。② 但帝国时期新型表演成为时尚,至少于高等阶级中比哑剧更流行。此即单人哑舞剧(pantomimus)③,由一舞者以动作及手势表现完整故事。即使严肃人物如哲学家塞涅卡亦承认喜好此等表演;而文名显著之卢坎及斯塔提乌斯编着"跳跃舞"(saltatory)剧本。④ "约于帝国时兴起对舞蹈表演之狂热可由以下诸例示范之,奥维德之诗篇本不为剧场而写,结果被编成单人哑舞剧(如同吾人之二流小说被编成剧本),演说竟然被加上音乐,并改编成舞蹈。"⑤题目有各类,一般为爱情故事。演员依次以各种不同角色出现,舞蹈时合唱团演唱歌曲(cantica)。自古代作者可得许多证据显示此等表演极度引人入胜。⑥ 舞者之艺术,及其对扮演角色之性格再现,旋即变得相当传统。琉善叙述一演员须扮演克罗诺斯(Cronos)食其子女,却跳成提埃斯特斯(Thyestes)食其子女。此等单人哑舞剧之表演,其中激情与温柔皆由舞者之性感动作而表现,无疑对道德有严重影响;出身高贵之罗马贵妇爱上哑剧演员,其人颇似今日著名音乐家备受赞美。若干演员——帝国时期演员(histrio)一般指单人哑剧演员⑦——在朝廷具影响力,例如麦尼斯特以及帕里斯。但法律上此辈为"卑劣者"(infames),无公

---

① 尤维纳尔,第 8 首第 187 行:"灵活之棱图鲁斯饰演劳雷欧鲁斯成功,予认为值得一真正之十字架。"(Laureolum velox etiam bene Lentulus egit, Iudice me dingus vera cruce.)

② 马尔提阿利斯,《演出卷》第 7 首第 4 行:"劳雷欧鲁斯真被钉十字架。"(Non falsa pendens in cruce Laureolus.)

③ mimus 此字可指哑剧或演员,但 pantomimus 则仅为演员,哑剧本身为 fabula saltica。

④ 尤维纳尔第 7 首第 93 行:"诗人由舞台获得生计。"(Vati quem pulpit pascunt.)。同上第 87 行(关于斯塔提乌斯):"其人饥饿,除非卖哑剧阿噶维。"(Esurit, intactum Paridi nisi vendit Agaven.)

⑤ 《古物辞典》第 2 卷第 335 页。

⑥ 关于埃及人帕里斯之受欢迎程度,见上第二十一章第三节,同时参考马尔提阿利斯有关其人之死之讽刺短诗(第 11 首第 13 行):"跋涉弗拉米尼亚大道之旅人,不管何者,不留意经过一高贵纪念碑。城市之喜爱,尼罗河有才之人,体现艺术及优雅、嘻闹及喜悦,罗马剧场之声名及痛苦,以及所有爱神及丘比特皆葬于帕里斯长眠之墓。"(Quisquis Flaminiam teris, viator, Noli nobile praeterire marmor, Urbis deliciae salesque Nili; Ars et gratia, lusus et voluptas, Romani decus et dolor theatri, Atque omnes Veneres Cupidinesque, Hoc sunt condita, quo Paris, sepulchro.)

⑦ 故尤维纳尔第 7 首第 90 行谓:"贵人不能给与者,演员可以(给诗人)。"(Quod non dant proceres, dabit histrio [to the poet].)

共及某些私人权利；通常为奴隶、获释奴或外国人。帝国时期骑士阶级者经常出现于舞台之事实，一般而言，改善演员之社会地位。前已提及提比略及图密善干涉到演员职业；但乃特殊情形。

大竞技场之描述

于帕拉廷与阿文廷山谷间之大竞技场（或大斗兽场）很长时期为罗马仅有之竞技场；为弗拉米尼乌斯竞技场及所有后起此类建筑之模型（公元前217年）。为长形建筑物，起码2 000英尺长，600英尺宽，东端（朝向卡佩纳门）以及西端弯曲成半圆，西端在牛市广场中，终止于竞赛马车出发之室（carceres）。建筑物周围皆有阶梯式座位①，分成楔形区块（cunei），此部分称为围场（cavea）。围场水平地分成座区（maeniana），或为三区。围场脚下一围绕全场称为墩座（podium）之大理石平台，将之与跑道分开，台上有招待贵宾之大理石座椅。奥古斯都引进安置观众之新规则，类似其为剧场规定者。将墩座派给元老及其他高阶人士，限定围场特殊部分给军士、妇女、男童及其教师、与已婚之平民。在此之前，男女混坐。公元前31年大火后，奥古斯都重修竞技场时增添大理石包厢（pulvinar），为皇室所用。围场中若干座椅为大理石，但其他即使于第二世纪时皆为木制，拥挤时意外经常发生。安东尼·皮乌斯时期，曾有记载谓座椅倒塌而千人丧命。

马车出发之室为低拱顶之室，各室足够容纳一车及其马匹，为栅门关闭，竞赛开始时栅门打开。马车室之上国家包厢高起，中坐执政官或他人；整个构造称之为"堡"（oppidum），因其形状类似城镇之塔楼。跑道以称为"脊骨"（spina）之长台分为两臂，台上有雕像、小型方尖碑、奖牌。奥古斯都重建竞技场时，于中心置一埃及方尖碑，今日矗立于罗马之波波洛广场（Piazza del Popolo）。因一般竞赛跑七圈，脊骨两端各有一套七枚大理石蛋，每跑完一圈即除去一蛋。转弯点

---

① 阶梯（Gradus）或木椅（subsellia）。

(metae)由置于半圆基座之三个高圆锥组成,靠近脊骨之两端。起点线为粉笔横过赛场画出,与最靠近马车出发室之转弯点相对。信号由赛会主席挥帕(mappa)发出。① 终点线自两转弯点间之一点以粉笔画出,与裁判所坐之包厢相对。

大竞技场于36年遭回禄之灾相当受损,为克劳狄修复。重建马车室,迄今为白色大理石之泉华(tufa),新转弯点以鎏金青铜建造,取代旧日木制者。此竞技场可容二十五万人。图密善继之以更多改进,但于图拉真时建筑始真正宏伟。"具阶梯座位之整个围场、马车室、皇帝之包厢、其时为闪闪发光白色大理石之中央脊骨,饰以黄金及彩色,宝石般之玻璃镶嵌,长排色彩丰富之东方大理石圆柱、与成排大型大理石及鎏金青铜雕像、与昂贵金属屏幕及雕刻华丽之高级官员座位。"②罗马其他竞技场为弗拉米尼乌斯竞技场、梵蒂冈山脚下阿格里皮娜花园中之盖乌斯及尼禄竞技场以及位于哈德良陵墓西北之哈德良竞技场。

竞赛,游行行列,御者及马匹,阵营

竞技场之比赛由游行行列开启,行列聚集于卡庇托丘,下至广场,经托斯库斯街及维拉布鲁姆进入牛市广场,于此处自"游行门"(Porta Pompae)进入大竞技场(colosseum)西端。继而绕过脊骨,停下献牺牲,并向皇帝之包厢致敬。游行行列由驾车而穿着成凯旋统帅之主持官或皇帝带领;一奴隶持金圈环于其头顶之上。③ 一队贵族跟随之;其后为马车及出赛之御者;继之为据其行会而分、

---

① 马尔提阿利斯,第12卷第29首第9行:"穿白色衣服之司法官会送出手帕。"(Cretatam praetor cum vellet mittere mappam.)故尤维纳尔(第11首第193行)称:"大母神赛会之观众欲见开赛信号之帕。"(Megalesiacae spectacula mappae.)

② 《希腊罗马古物辞典》,第1卷第430页。

③ 尤维纳尔,第10首第36行:"若见司法官站立于高大马车上,于竞技场尘土中,身着朱庇特及膝外衣以及肩披提尔人之刺绣长袍,头戴沉重王冠之饰,一颈无法承受其重官员撑得满身大汗,执政官或未太欢欣,奴隶乘坐同车。"(Quid si vidisset praetorem curribus altis, Exstantem et medii sublimem pulvere circi, In tunica Iovis et pictae Sarrana ferentem, Ex umeris aulaea togae magnaeque coronae, Tantum orbem, quanto cervix non sufficit ulla? Quippe tenet sudans hanc servus publicus.)朱庇特外衣(tunica Iovis)乃有饰外衣(tunica palmata),一镶金之及膝外衣。长袍皱褶(aulaea togae)乃刺绣长袍(toga picta),长袍之大量皱褶因刺绣而僵硬。

618 持神像之祭司。竞赛会主要为赛车；拉车之马匹数目不一，一般为二或四匹，或可多达十匹。车赛极危险，御者（aurigae）需非凡之勇气及技巧。每一御者旨在激怒其对手，鲜有无人遭碾毙或严重受伤之竞赛。御者惯以缰绳围绕其腰，以致危险更甚；虽其腰带有刀可脱困，但意外发生时突然震惊往往不可能用上。① 竞赛时博奕（sponsio）甚大②，成功之御者往往自押注其马者得到大量财富。据记载图密善时，御者斯科尔普斯一个钟头内获得十五袋金。③ 御者之受欢迎程度可由为此辈所立雕像显示④——此为令卢坎惊异之罗马特色。赛马主要养殖于北希腊、西班牙、毛里塔尼亚及西西里，仔细训练。⑤ 不许五岁以下之马出赛。尤维纳尔及马尔提阿利斯时代最有名之赛马为希尔皮努斯（Hirpinus）。马尔提阿利斯提及"善交际者"（bellus homo）标记之一为知希尔皮努斯之祖先。⑥

619 当官员或其他人于竞技场举办竞赛时，仅供给金钱，并对某些称为"阵营"（factiones）之制定团体承诺安排整个管理，供应马匹及御者。此等阵营以颜色

---

① 尽管有此等危险，若干御者活着得到大量胜利。御者迪奥克雷斯（Diocles，约公元150年）之纪念碑记录其曾击败赢得2 048次胜利之斯科尔普斯（Scorpus）；慕斯克洛苏斯（Pomp. Musclosus）赢过3 559次；埃帕弗洛狄图斯（Pomp. Epaphroditus）赢过1 467次。迪奥克雷斯本身42岁退休时赢得3 000次双马竞赛（bigae），1 462次多于双马者。

② 尤维纳尔，第11首第201行："让少男观看，其喧闹声、大胆博奕及坐于闺女身边皆适宜。"（Spectent iuvenes quos clamor et audax sponsio, quos cultae decet adsedisse puellae.）马尔提阿利斯，第11卷第1首第15行："只有当关于斯科尔普斯以及印基塔图斯之投注与闲言。"（Sed cum sponsio fabulaeque lassae de Scorpo fuerint et Incitato.）斯科尔普斯与印基塔图斯乃著名御者。印基塔图斯亦为皇帝盖乌斯一马之名。

③ 马尔提阿利斯，第10卷第74首第5行。此辈亦应人民要求自司法官得到巨额金钱。尤维纳尔，第7首第243行："获得人民要求给胜利者之金。"（Accipe, victori populus quod postulat, aurum.）马尔提阿利斯有一诙谐讽刺短诗（第4卷第67首）提及此等用途。其友高鲁斯（Gaurus）请求司法官以1万塞斯特斯弥补骑士收入。司法官答曰：须以远多于此数者给予御者斯科尔普斯及塔鲁斯（Thallus）。马尔提阿利斯之评语为："司法官给马者与骑士者不平等。"（Quod non das equity, vis dare, praetor, equo.）

④ 马尔提阿利斯第5卷25首第10行："斯科尔普斯之金鼻到处闪闪发光。"（Aureus ut Scorpi nasus ubique micet.）

⑤ 尤维纳尔第8首第58行："肯定赞美敏捷之马，地上许多胜利女神手掌为轻易获胜者而发光，而胜利女神于嘶哑之竞技场狂喜。"（Sic laudamus equum facili cui plurima palma fervet et exsultate rauco Victoria circo.）

⑥ 第3卷第63首12行："熟知希尔皮努斯先祖。"（Hirpini veteres qui bene novit avos.）参考尤维纳尔第8首第62行："若胜利女神罕予眷顾，则克里法及希尔皮努斯之后代仅为待售之畜。"（Sed venale pecus Coryphaei posteritas et Hirpini, si rara iugo Victoria sedit.）

(panni)区分。最老者为白队(albata)及红队(russata);帝国初期产生蓝队(veneta)及绿队(prasina)。① 图密善加上第五队,以紫与金识别。绿队及蓝队最终成为最重要者。每队皆精心组织,有大量官员及奴隶。此等阵营间彼此竞争乃自然之事,遂常导致暴动及骚乱。帝国后期此辈于君士坦丁堡(Constantinople)获得政治阵营之重要性,其竞争时有恐怖之流血场面。

圆形竞技场,弗拉维或大竞技场之描述

罗马人最具特色之娱乐为角斗士表演及与野兽之搏斗。尽管其文明于其他方面之进步,对此等残忍运动之爱好流行于各阶层,乃野蛮之标记,明显区分罗马与希腊。起初角斗士表演常于罗马广场举行,而野兽表演则于竞技场。但感到需要一新型建筑,不似竞技场之长而窄,而为所有观众同时对于全场有良好视野者。最早企图提供此需要者为库里欧(Scribonius Curio),(公元前50年)建造放置于枢轴上之二剧场,以便使二者转而正面相对,形成一个建筑物(成一双或圆形之竞技场)以举行角斗士及野兽表演;或背面相对成为两个表演戏剧之剧场。此建筑为木造,几年后恺撒所建之圆形剧场亦然。前已提及之陶汝斯石造剧场于尼禄时焚毁。奥古斯都曾企图于罗马之中心建一此种大建筑,但直至韦伯芗方开始执行计划,提图斯及图密善完成之,即弗拉维竞技场。②

此奇妙建筑物占地约六英亩,呈椭圆形。③ 观众座位为阶梯式围绕全场,以四条走廊抵达,每一走廊对应一层。下三层之走廊以八十大型拱门开口自外部

---

① 尤维纳尔,第7首第114行:"拉凯尔奈于另一红队。"(Parte alia solum russati pone Lacernae. [Lacernae 为御者之名])第11首第197行:"今日罗马之竞技要一日,喧声震耳,自其得知绿派得胜。"(Totam hodie Romam circus capit et fragor aurem percutit, eventum viridis quo colligo panni.)马尔提阿利斯曾为绿派喝彩,为其以图密善喜爱而获胜之怀疑辩护(第11卷第33首第4行):"不因尼禄之喜爱而得胜。"(Vicit nimirum non Nero sed Prasinus.)参考第10卷第48首第23行:"予绿派客人维内托克发言。"(De Prasino conviva meus Venetoque loquatur.)
② 见上第二十一章第一节。建筑较高部分起初或为木造。现存之结构中此等部分之年代最早始于三世纪。
③ 马尔提阿利斯,《演出卷》第1首第7行:"恺撒之任何作品无逾此竞技场,其名声将广为流传。"(Omnis Caesareo cedit labor amphitheatro; Uunum pro cunctis fama loquetur opus.)

导入空气。每一扶壁(pier)前立一圆柱,拱门之上围绕全场有连续之柱头盘(entablature)。最低层之圆柱为罗马多利克式,第二层为爱奥尼式,第三层为科林斯式。第四层无拱门,有开窗之墙,饰以复合式之壁柱。

一墙围绕表演场中,高度足以保护观众不为野兽所伤。如同竞技场,自此墙顶竖立平台(podium),有条宽可容纳二或三排大理石椅之台阶,保留给元老、外国大使或亦有服侍维斯塔之贞女。皇帝及竞赛展示者于平台上有加高之座位。平台之上方有阶梯式座位容纳其他观众。分成座区,或楼层。最低者为保留给骑士之十四排座位,第二层为罗马公民(populus)充用,第三层给平民。① 更高处有为不许进入此建筑其他部分之妇女所设分开之看台。每两层楼间有楼梯平台(praecinctio)。座区不连接,而以楼梯段分成楔形区块②,每一观众有标明座位之票。中央空间为铺沙(以便吸血)之木板,故以"沙"(arena)称之。角斗场下有精心建造之地下建筑,此即洞穴,野兽饲养于洞中可移动之笼,自活板门放入场中。野兽不可能长久关于此,因有时于野兽表演场之间,将场地灌满水以作海战之用。③

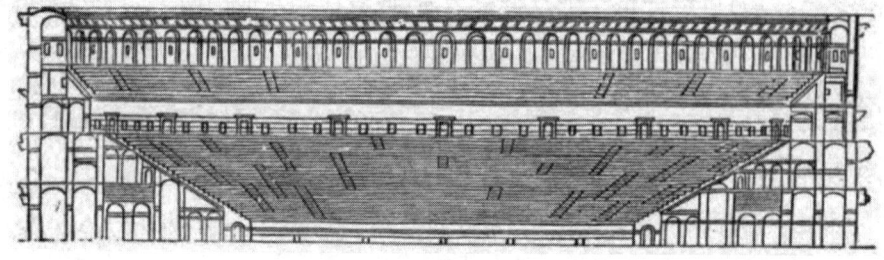

弗拉维竞技场一区

---

① 尤维纳尔,第2首第143行描述一以角斗士现身之贵族,谓其较"图路斯、保路斯、法比乌斯及所有台上观众"更为尊贵(omnibus ad podium spectantibus)。参考马尔提阿利斯,第4卷第2首第3行:"当民众、骑士、元老、与图密善共坐。"(Cum plebs et minor ordo maximusque sancto cum duce candidus sederet.) minor ordo = 骑士;maximus ordo = 元老;duce = 图密善。

② 马尔提阿利斯,第1卷第26首有关一常于竞技场中大量饮酒之骑士:"塞克斯提利阿努斯,汝饮五排观众之份,非唯邻座之代币,且饮远区块之酒。"(Sextiliane, bibis quantum subsellia quinque-Nec consessorum vicina nomismata tantum, Aera sed a cuneis ulteriora bibis.) Nomismata 似为给与持有人可饮定量酒之代币。

③ 马尔提阿利斯,《演出卷》第24首。第26首中形容水上场景之生动画面(Tableaux vivants)。参考第28首。

弗拉维竞技场之普遍效果及其表演场面,见于吉本(Gibbon)之著名叙述中。"大建筑物外覆以大理石,饰以雕像。构成内部之巨大凹形斜坡围绕满布六十或八十排同为大理石之座椅,上铺椅垫,①很轻易容纳八万余观众。六十四进出口通道(vomitories)[其门之名极易识别]涌出大量群众;而入口、通道及阶梯皆以精湛技术挖空心思设计,以便无论元老、骑士或平民者,皆无困难或混乱而抵指定地点。对任何有助观众便利及享受之事,皆不遗余力。观众偶尔自头顶拉起宽敞之遮篷,以遮蔽烈日风雨。空气为持续喷出之喷泉更新,且为丰盛芳香剂之愉悦香气浸染。建筑物中心之场地或舞台铺撒最细之沙,先后采用极不同之形式。某一时刻如同赫斯佩里德斯(Hesperides)之花园自地上出现,随即成为色雷斯之岩石及洞穴。地下管道输送之水取之不尽;方才出现之平地,霎时可变成满布战船之大湖,且充满深水中之怪物。罗马诸帝于此类情景之装饰中展示其财富及慷慨;吾人理解竞技场于各种场合中所有家具皆为银、金或琥珀。"尼禄暂时建立之木造竞技场中,用以保护观众之网为金丝所制。

角斗士:角斗士学校,训练师,各类之角斗士

角斗士分二种。有被迫格斗者,例如奴隶、俘虏、罪犯②,以及自愿加入格斗生涯者,于入行时发誓服从。帝国时期各阶级之人,即令其为元老或骑士,③而且

---

① 仅元老及骑士座椅有垫。
② 马尔提阿利斯,《演出卷》第4首第3行:"亦非赛场中之犯人。"(Nec cepit harena nocentes.)
③ 据云图密善因嫉妒格拉布里欧(Acilius Glabrio)角斗士之技艺而下令处死其人。尤维纳尔,第4首第95行:"年轻人不应遭此残酷之死,于其帝之剑下早逝。"(Cum iuvene indigno quem mors tam saeva maneret et domini gladiis tam festinata.)参考第11首第8行,及第8首第199行。

非唯男人,亦有女子,皆可作角斗士。① 角斗士养成所称为学校。② 图密善于罗马建四所角斗士学校(Ludi)。教练称为训练师(lanistae);③角斗士或属于雇用此辈出赛之训练师,或属于雇用训练师锻炼此辈之普通公民。公元前68年元老院限制一公民可拥有之角斗士数目,但为盖乌斯皇帝废除。盖乌斯派一官员检查并控制角斗士学校。学校中角斗士以木剑(rudes)练习④,当角斗士解雇之时,获一木剑以为释放之凭证。公众表演时真正战斗前有以木制武器格斗,称为序幕(prolusion)之假戏。⑤ 当角斗士受伤时,观众习惯呼喊"打!"(habet!)或"重击!"(hoc habet!),若受伤者之命运由对手决定,观众欲其死时,即竖起拇指;⑥欲其生时,或即挥舞手帕。角斗士表演最寻常之场合为葬礼。

角斗士以各种武器做不同方式之格斗。⑦ 其中有戴高缨之盔持椭圆盾

---

① 塔西佗谓尼禄时"杰出女子"出赛于竞技场(《编年史》第15卷第32章),而斯塔提乌斯为图密善时女子之武艺喝彩(《诗草集》第1卷第6首53行):"武艺不精之女子毫不谦虚地从事男子之格斗。"(Stat sexus rudis insciusque ferri et pugnas capit improbus viriles.)尤维纳尔于《讽刺诗集》第6首第246行及以下描述女子角斗士。于《讽刺诗集》第1首22行提及:"美维亚(Mevia)与熊格斗,以之为其时堕落之象征:当美维亚裸露胸部以打猎之矛刺穿托斯坎熊。"([Cum] Mevia Tuscum figat aprum et nuda teneat venabula mamma.)

② 尤维纳尔,第8首第199行:"还有何者比角斗士学校外更糟?"(Haec ultra quid erit nisi ludus?)。第11首第20行:"如此获得角斗士学校之食物。"(Sic veniunt ad miscellanea ludi.)其中"miscellanea"指角斗士所用食物。

③ 尤维纳尔第11首第8行:"训练师之文字及雄壮之语。"(Scripturus leges et regia verba lanistae.)

④ 贺拉斯《书札》第1卷第1首第2行:"予已获木剑,自旧艺荣退,麦凯纳斯,可容予乎?"(Spectatum satis et donatum iam rude quaeris, Maecenas, iterum antique me includere ludo?)尤维纳尔,第7首第171行:"故给予木剑。"(Ergo sibi dabit ipse rudem.)

⑤ 故尤维纳尔第5首第26行有序幕冲突(iurgia proludunt)之隐喻。

⑥ 尤维纳尔第3首第36行:"当普通人拇指向上时,下令杀之以悦众。"(Verso police vulgus quem iubet occident populariter.)参考贺拉斯《书札》第1卷第18首第66行:"支持者以两拇指赞美角斗士校。"(Fautor utroque tuum laudabit pollice ludum.)其中utroque pollice意指两拇指压下,而不朝上。

⑦ 马尔提阿利斯有关于著名角斗士埃尔梅斯(Hermes)之短诗(第5卷第24首第1行)"埃尔梅斯武术世界之享乐"(Hermes martia saeculi voluptas),描述其精通两种博斗。(1)持矛(Velite),11:交战中辉煌之矛(Belligera superbus hasta)。(2)持网(retiarius),12:以其海神之三叉戟威胁。(Aequoreo minax tridente.)萨摩尼特人对抗摘缨者(pinnirapus):尤维纳尔,第3首第158行:"年轻摘缨者尊敬年轻训练师。"(Pinnirapi cultos iuvenes iuvenesque lanistae.)

(scutum)之萨姆尼特人;有色雷斯人,佩戴其族之圆盾、镰形短剑以及胫甲;①武装似高卢人之米尔米罗角斗士(Mirmillones)②,一般与持网者对抗;格斗时因头盔无眼洞而目不能视之盲斗士(Andabatae);于战车中格斗之战车斗士(Essedarii);持网者(Retiarii)以网(是以得名)缠住敌人,当对手陷入网中时以三叉戟刺之;以及与持网者对抗之追逐者(Secutores),或因持网者无法撒网时须逃逸,而追逐者绕场追逐之而得名。③ 角斗士格斗为罗马画家及雕塑家常用之题材。

斗兽,升降机

人与野兽或野兽彼此之格斗称为"狩猎",吾人可称之为"诱兽"(beastbaiting),展示各种野兽。常见者有斗牛、牛与象之斗;人与象、狮、虎、熊以及野猪之格斗。一场斗兽(venatio)中所屠野兽数目有时庞大;据云图拉真于征服达契亚后之竞赛会中屠兽达 11 000 头。马尔提阿利斯之《演出卷》中纪念若干诱兽场景,形容一犀牛抛起一牛,④一熊紧黏于竞技场血染之沙,屠兽者(bestiarius)卡尔波弗鲁斯(Carphorus)对付牛及狮之手艺。驯服野兽亦臻完善。吾人听闻有大象起舞、为花豹戴轭、牡鹿及熊配辔等事。⑤

---

① 贺拉斯《书札》第 1 卷第 18 首第 35 行:"在底部或种菜人之驽马即为色雷斯者。"(Ad imum Thrax erit aut olitoris aget mercede caballum.)以及尤维纳尔,第 8 首第 201 行:"格拉古格斗,不用盾或镰刀。"(Nec clipeo Gracchum pugnantem aut falce supina.)
② 尤维纳尔,第 8 首第 200 行:"无米尔米罗之武器。"(Nec mirmillonis in armis.)
③ 尤维纳尔形容此种格斗(第 8 首第 203 行):"以其平稳沉着之右手垂下之网做假撒网动作后,对观众抬起无遮盖之脸而穿过竞技场逃逸—很容易被认出。不可能错认其及膝外衣,金色流苏自颈部延展,而高帽上之绳线颤动。故追逐者被命与格拉古格斗,此乃比任何伤痛更糟之耻辱。"(Movet ecce ti identem et, Postquam vibrata pendentia retia dextra, Nequiquam effudit, nudum ad spectacular voltum, Erigit et tota fugit agnoscendus harena. Credamus tunicae, de faucibus aurea cum se, Porrigat et longo iactetur spira galero. Ergo ignominiam gravierem pertulit omni, Vulnere cum Graccho iussus pugnare secutor.)galerus 为戴在左臂之皮或金属护臂,spira aurea 为金绳之套索。
④ 图密善在位时,犀牛首见于罗马,该事件由若干上有此兽表征之钱币做纪念。
⑤ 马尔提阿利斯第 1 首第 104 行。关于驯兽师(magistri)之意外事件,参考尤维纳尔,第 14 首第 246 行:"吼叫之狮将其颤抖之驯兽师拖入笼中。"(Trepidumque magistrum in cavea magno fremitus leo tollet alumnus.)马尔提阿利斯,《演出卷》第 10 首第 1 行:"诡谲而忘恩负义之狮伤其驯兽师。"(Laeserat ingrate leo perfidus ore magistrum.)

罗马史：从奥古斯都建立至奥里略去世

竞技场升高野兽之法

竞技场中各种场景以高达数层楼之巍峨升降机（pegmata）展示，①可以机械升高或降低，向外开或向内关。斯特拉波于罗马广场见展示之此种升降机。场景为埃特纳，及判罪而置于山顶之西西里土匪。木架突然倒塌，其人落入隐藏其下之野兽中。吾人听闻弗拉维竞技场中有男童自升降机之顶部掉至遮篷。②

附录及插图

庆典

共和时建立之奉献还愿（votive）、包括竞赛及表演之庆典有七种：（1）据云始自塔尔奎提乌斯·普里斯库斯之罗马庆典（Ludi Romani）；（2）始自约公元前216年之民众庆典（Ludi Plebeii）；（3）晚于公元前493年之谷神庆典（Ludi Ceriales）；（4）建立于公元前212年之阿波罗庆典（Ludi Apollinares）；（5）始自公元前194年纪念"大母神"西伯勒之庆典（Ludi Megalenses）；帝国时仪式更加精细；（6）始于公元前238年之花神弗洛拉

---

① 马尔提阿利斯，《演出卷》第2首第2行："增加升降机之高度。"（Et crescent media pegmata celsa via.）

② 尤维纳尔，第4首第122行"男童由升降机一掉至遮篷"（Et pegma et pueros inde ad velaria raptos）。

庆典(Ludi Florales);逐渐延长至六日,而庆典多淫荡之举;(7) 始于公元前 82 年之苏拉凯旋庆典(Ludi Victoriae Sullanae)。

帝国时期又增各种新节庆,主要为纪念仍在或已逝之皇帝。例如奥古斯都为凯旋而纪念亚克兴阿波罗之庆典(Ludi Actiaci),哈德良为纪念图拉真胜利之安息庆典(Ludi Parthici),尼禄纪念其首次剃须(59 年)之青春庆典(Ludi Juvenales)。生日(natalicii)庆典为在位皇帝而设,但除被奉为神者外,似于逝世后即停止。至于世纪庆典(Ludi Saeculares),见上,页62。

"军营之母"福斯提娜

索引①

A

Ab actis senatus, 元老院记事监督官, 31

Abgar of Osroene, 奥斯罗尼王阿布噶, 308, 451

Abilene, 阿比林, 113, 227, 367

Abrinca, 阿布林卡, 354

Aburnius Valens, 阿布尔尼乌斯·瓦林斯, 526

Acarnania, 阿卡纳尼亚, 105

Achaia, 亚该亚, 103 及以下, ·192, 241, 293, 300, 380, 439

Acroama, 朗诵或音乐, 605

Acte, 阿克特, 276

Acta, imperial, 皇室记事, 36; ~ senatus, 元老院记事, 37; ~ diurna, 每日记事, 44, 478

Actium, battle of; 亚克兴战役; 结果, 2, 4; 纪念庆典, 7, 21, 105

Actiads, 亚克兴赛会, 105

Acumincum, 阿库民库姆, 430

Adane, 亚丁, 121

Adiabene, 阿狄亚波纳, 452

Adiatorix, 阿迭托利克斯, 7

Adlectio, 选任, 30

Adminius, 阿德米尼乌斯, 225

Aedemon, 艾德蒙, 239

Aedileship, 市政官, 38

Aelia Capitolina, 埃利亚卡庇托里纳, 508; ~ Paetina, 艾莉亚·派提纳, 245

Aelius Gallus, 埃利乌斯·加卢斯, 122; ~ Catus, 埃利乌斯·卡图斯, 406

Aerarium militare, 军库, 70; ~ Saturni, 国库, 36, 38, 142, 237

Aetna, 埃特纳, 464

Africa, 非洲, 89 及以下, 228, 239

Agri Decumates, 德库马特, 什一税地, 403, 418

---

① 索引中之页数对应于英文原著第三版。——编者

索　引

Agricola, Cn. Julius, 阿格里可拉, 398 及以下

Agrippa, Herod i, 希律·阿格里帕一世, 218, 227, 232, 233, 243

Agrippa, Herod ii, 希律·阿格里帕二世, 312, 366, 368, 373, 432

Agrippa, M. Vipsanius, 阿格里帕; 性格, 2, 3, 4; 执政, 9, 10, 48; 婚姻, 49; 逝世, 51, 65, 85, 87, 98, 120, 145; 地图, 150; ~ Postumus, 阿格里帕·波斯图穆斯, 54, 165; ~ 盆地, 283

Agrippina, the elder(朱利娅之女), 老阿格里匹娜, 54, 168, 171, 179, 197 及以下; 逝世, 204, 225

Agrippina, the younger, 小阿格里匹娜, 199, 209, 217, 221, 224, 234, 238, 240, 246, 257 及以下, 274, 275 及以下; 逝世, 279; 回忆录, 458

Ahenobarbus, L. Domitius, 多米提乌斯, 131; ~ Cn. Domitius, 尼禄之父多米提乌斯, 269, 274

Akiba, 阿吉巴, 508

Alae, 骑兵队, 69

Alans, 阿兰人, 321, 385, 505, 525

Alba, 阿尔巴, 395

Albania, 阿尔巴尼亚, 207, 450

Albingaunum, 阿尔宾高努姆, 334

Albinovanus Pedo, 佩多, 159, 171; ~ Celsus, 凯尔苏斯, 159

Albintimilium, 阿尔宾提米里乌姆, 333

Albinus, Lucceius, 路凯乌斯·阿尔比努斯, 338

Albis, 易北河, 127 及以下

Alburnus, 奥布尔努斯, 543

Alexander of Emesa, 埃美撒之亚历山大, 7

Alexandria, in Troas, 特罗阿斯之亚历山大城, 106; ~ in Egypt, 埃及之亚历山大城 115, 228, 340, 376

Alimentary institutions, 扶助机构, 415, 437, 514

Aliso, fort, 阿利索堡, 128 及以下, 135, 136, 137

Alpes Maritimae, 海岸阿尔卑斯, 91, 333; ~ Cottiae, 科提亚阿尔卑斯省, 94, 300; ~ Penninae, 本宁阿尔卑斯, 300

Altinum, 阿尔提努姆, 545

Alutus, 阿鲁图斯, 426

Amastris, 阿玛斯特里斯, 441

Amici Caesaris, 帝友, 22

Amisia R., 阿米西亚, 127 及以下, 175

Amisus, 阿米苏斯, 441, 442

Amphitheatres: of Taurus, 陶汝斯竞技场, 146, 221; Flavian, 弗拉维竞技场, 370, 380, 382, 620 及以下

Ampelius, 安佩利乌斯, 555

Ampsivarii, 安普希瓦里人, 301, 302

553

Amyntas, 阿敏塔斯, 107, 108

Ananias, 亚拿尼亚, 368

Ancona, 安科纳, 437

Ancyra, 安克拉, 108

Andecavi, 安得卡维人, 184

Andetrium, 安德特里乌姆, 133

Angrivarii, 安格里瓦里人, 174, 418

Anicetus, 阿尼凯图斯, 278, 279, 282

Annius Verus（马尔库斯之子）, 安尼乌斯·韦鲁斯, 547

Anio Novus, 新阿尼奥, 222, 437

Annona, 谷物供给, 61, 576

Anthedon, 安塞东, 369

Anthemusias, 安特穆西阿斯, 208

Antinoopolis, 安提诺斯城, 507

Antinous, 安提诺斯, 507

Antioch, 安提阿, 111, 450, 452, 454, 490, 507

Antiochus, of the Heniochi, 赫纽基人之安提阿库斯, 450; ~ iii, of Commagene, 科马吉尼之安提阿库斯三世, 111, 227; ~ iv, of Commagene, 科马吉尼之安提阿库斯四世, 227, 242, 312, 380

Antipas（基督教殉道者）, 安提帕斯, 445

Antistius, 安提斯提乌斯, 292; ~ Vetus, 安提斯提乌斯·维图斯, 458

Antium, 安提乌姆, 199, 300

Antonia, 克劳狄之女, 安东尼娅, 234; ~ 屋大维娅之女安东尼娅, 52, 54, 197, 203, 217; ~ Tryphaina, 安东尼娅·特里费纳, 227

Antoninus Pius, 皇帝安东尼努斯·皮乌斯, 517, 518; 帝制, 523 及以下

Antonius, Julius, 尤利乌斯·安东尼, 53; ~ M., triumvir, 三执政之安东尼, 2, 4, 6, 46, 118; ~ Musa, 穆萨, 49; ~ Natalis, 纳塔利斯, 288; ~ Primus, 普里姆斯, 341 及以下, 353

Aorsi, 阿尔西, 242

Apamea, 阿帕米亚, 441

Apicata, 阿匹卡塔, 197

Apicius, 阿匹丘斯, 212, 595

Apion, 阿皮翁, 485

Apollinaris, Sulpicius, 阿波利纳里斯, 555

Apollo, 帕拉廷阿波罗庙, 61

Apolnius of Tyana, 提亚纳之阿波罗尼乌斯, 560, 576

Apollodorus, 建筑师阿波罗多鲁斯, 426, 438

Apophoreta, 送宾礼, 474, 605

Apotheosis of Antoninus, 安东尼努斯之神化, 532, 585

Appian, 阿皮安, 557

Apronius, L, 阿普罗尼乌斯, 186

Apsilia, 阿普西里亚, 450

Apuleius, 阿普雷乌斯, 554,

Apulum, 阿普路姆, 429

Aqua Marcia, 马尔奇亚引水道, 437; Trajana, 图拉真引水道, 438; Virgo, 维尔果引水道, 见 Aqueducts

Aquae (Baden), 阿块, 418; ~ Mattiacae, 威斯巴登泉, 404; ~ Sulis, 苏利斯泉, 263

Aqueducts, 引水道, 65, 222, 437, 440, 469, 607 及以下

Aquila, Julius, 阿奎拉, 242

Aquileia, 阿奎莱亚, 342, 543

Aquincum, 阿坤库姆, 500, 545

Aquitania, 阿奎塔尼亚, 84, 399

Arabia, 阿拉伯, 121, 122; ~ Petraea, 佩特拉阿拉伯, 430, 431, 507

Arae Flaviae, 弗拉维祭坛, 404

Arar, R, 阿拉尔河, 300

Arausio, 阿劳修, 184

Arbalo, 阿尔巴洛, 128

Archelaus, of Cappadocia, 卡帕多奇亚之阿尔克劳斯, 177

Archelaus, 希律之子阿尔克劳斯, 112

Arches, 凯旋拱门, 148; 提图斯拱门, 372

Architecture, 建筑, 581 及以下

Arduba, 阿尔都巴, 133

Arelate, 阿勒拉特, 85

Arenacum, 阿莱纳库姆, 363

Argentoratum, 阿根托拉图姆, 129

Argiletum, 阿尔吉列图姆, 143

Ariminum, 阿里米努姆, 133, 148

Ariobarzanes, 阿留巴札尼斯, 120

Ariogaesus, 阿留盖苏斯, 545

Aristides, 诡辩家阿里斯提德斯, 580; ~ 修辞学家阿里斯提德斯, 558, 573

Aristius Fuscus, 弗斯库斯, 156

Armenia, 亚美尼亚, 118 及以下, 177, 206 及以下, 305 及以下, 448 及以下; 罗马行省, 451; 被放弃, 493, 540 及以下; ~ 小亚美尼亚, 109, 227, 450

Arminius, 阿尔米尼乌斯, 134 及以下, 170 及以下; 逝世, 176–177

Army, 军队, 68 及以下, 389; 哈德良之军事改革, 497, 498

Arria, 老阿里娅, 575; ~ 特拉塞亚 (Thrasea) 之妻阿里娅, 291, 391

Arrian, 阿瑞安, 505, 556

Arrius Varus, 瓦鲁斯, 348

Arruntius, L, 阿伦提乌斯, 160, 165

Arsaces, 阿尔塔巴努斯之子阿尔萨西斯, 206

Arsacids, 阿尔萨奇德, 117

Arsamosata, 阿尔萨摩萨他, 318

Artabanus of Media, 米底亚之阿尔塔巴努斯, 177; ~ iii, of Parthia, 安息之阿尔塔巴努斯三世, 206 及以下, 306

Artagira, 阿尔塔吉拉, 121

Artaunum, 阿尔陶努姆, 404

Artavasdes, 亚美尼亚之阿特瓦斯德斯, 119; 阿特罗帕泰尼之阿特瓦斯德斯, 119

Artaxata, 阿尔塔克萨塔, 178, 311, 314, 541

Artaxes, 阿塔克西斯, 119, 120; ~（芝诺）, 178, 206

Arvales, 祭祀团, 19, 61

Arverni, 阿弗尼人, 294

Arviragus, 阿尔维拉古斯, 402

Asandros, 阿山德罗斯, 109

Ascalon, 阿斯卡隆, 368, 369

Asciburgium, 阿斯布尔吉乌姆, 356

Asconius Pedianus, 佩狄阿努斯, 461

Asia, Province, 亚洲行省, 106 及以下, 507

Asiarch, 亚细亚议会主席, 107

Asiaticus, Valerius, 瓦勒里乌斯·亚细亚提库斯, 247, 260; ~ Valerius（69 年比尔吉卡总督）瓦勒里乌斯·亚细亚提库斯, 331

Asper, Aemilius, 阿斯佩尔, 469

Asprenas, L., 阿斯普雷那斯, 136

Assyria, 罗马行省亚述, 452, 455, 493

Astingi, 阿斯亭吉人, 546

Asturians, 阿斯图里亚人, 86 及以下

Asturica Augusta, 阿斯图里卡, 87

Ateste, 阿特斯特, 5, 342

Athenaeum, 阿西娜庙, 551

Athens, 雅典, 104, 448, 505, 506

Athesis, R., 阿特西斯河, 342

Atia, 阿提娅, 1

Atratinus, L., Sempronius, 阿特拉提努斯, 91

Atrebates, 阿特雷巴特人, 260, 261

Atrium, 中庭, 601

Atropatene, 阿特罗帕泰尼, 118, 119

Attianus, 阿提阿努斯, 496, 513

Attidius Cornelianus, 阿提迪乌斯·科尔内利阿努斯, 540

Attributed places, 属地, 79

Augusta, 奥古斯塔头衔, 20, 246, 252

Augusta Praetoria, 阿奥斯塔, 94, 148; ~ Taurinorum, 陶里瑙鲁姆, 353; ~ Treverorum, 特雷维若汝姆, 240, 358, 361; ~ Vindelicum, 文德里奇亚, 93—94

Augustales, 奥古斯都祭司团, 67

Augustiani, 奥古斯提阿尼, 280

Augustodunum, 奥古斯托杜努姆, 331

Augustus, 授予之奥古斯都之名, 12; 其名意义, 16, 20; 双奥古斯都, 536

Augustus Caesar, 恺撒, 1 及以下; 其名, 2; 特质, 2; 凯旋, 7; 辞去三头政治之职, 9; 建立帝制, 12 及以下; 头衔, 20; 晚

年,137;逝世,138;功业录,139;赞助文学,149,150及以下;著作,150;葬礼及遗嘱,166

Aurasius, Mons., 奥拉修斯山, 182

Aurum coronarium, 冕金, 513

Auspex, Julius, 奥斯佩克斯, 360

Auxilia, 辅助军, 68, 72, 80

Auzea, 奥兹亚, 183

Avaricum, 阿瓦里库姆, 86

Aventicum, 阿文提库姆, 331

Avidius Cassius, 阿维迪乌斯·卡西乌斯, 540, 541

Aviola Achilius, 阿维奥拉, 184

Avitus, Dubius, 阿维图斯, 301

Axidares, 阿西达勒斯, 448

B

Babrius, 巴布里乌斯, 561

Baetica, 贝提卡, 87, 88, 332

Baiae, 拜亚, 222, 278

Balbilla, 鲍比拉, 507, 561

Balbus, L., Cornelius, 巴尔布斯, 614

Ballomar, 巴洛马, 543, 545

Balneae, 浴场, 609 及以下

Balnea, 私人浴池, 609, 611

Banasa, 巴拿萨, 504

Bar-Cocaba, 圣星之子, 508

Barea Soranus, 索拉努斯, 291, 292

Basilia, 巴塞尔, 390

Basilica Aemilia, 埃米利亚会堂, 143; ~ Julia, 朱利亚会堂, 142, 236; ~ Ulpiana, 乌尔匹亚纳会堂, 438

Bassus Aelius, 巴苏斯, 543; ~ (98年,比提尼亚代行执政官), 444; ~ Caesius, 巴苏斯, 463; ~ Saleius, 巴苏斯, 470

Bastarnae, 巴斯塔纳人, 98

Batanea, 巴他尼亚, 367

Batavians, 巴塔维人, 352 及以下;其人城市, 363, 496

Batavodurum, 巴塔沃杜鲁姆, 363

Bathinus, 巴提努斯战役, 133

Baths, 浴场, 609 及以下

Batnae, 巴特奈, 451

Bato, Dalmatian, 达尔马提亚之巴托, 132, 133; ~ Pannonian, 潘诺尼亚之巴托, 132, 133

Bauli, 包利, 278

Beastbaiting, &c., 诱兽, 221, 624

Belgica, 比尔吉卡, 84, 175, 300

Beneventum, 贝内文图姆, 300

Berenice, 阿格里帕妹贝勒尼斯, 381; ~ Golden, 金贝勒尼斯, 114; ~ Troglodytic, 特洛格洛迪之贝勒尼斯, 114

Bericus, 贝里库斯, 261

Bersovia, 贝尔索维亚, 423

557

Berytus，贝里图斯，110，340

Bessi，贝斯人，98

Betriacum，贝特里亚库姆，334；首次战役，336，349；二次战役，344

Bingium，宾吉乌姆，360

Bithynia，比提尼亚，106，439及以下，507

Bithyniarch，比提尼亚省议会主席，107

Blaesus, Julius，布莱苏斯，167，183；~ Pedius，布莱苏斯，299；~高卢卢格杜南西斯省长，331

Boadicea，鲍狄卡，268，269

Bocchus，波库斯，89

Bodotria，波多特里亚，399，400，525

Boduni，波杜尼，261，270，271

Bodyguard of Emperors，皇帝护卫，21，73

Bogud，波古德，89

Bohemia，波希米亚，131，176

Boiocalus，波伊欧卡路斯，301

Bonna，波纳，330，354，358

Bononia (Gallic)，高卢之波诺尼亚，126，225

Bononia (Italian)，意大利之波诺尼亚，341

Borbetomagus，波柏托马古斯，129

Borcovicium，波尔科维其乌姆，503

Boresti，波瑞斯提人，401

Bosporus，博斯普鲁斯，109，242

Bostra，波斯特拉，431

Bracara，布拉卡拉，87

Breuni，布鲁尼人，93

Breviarium imperii，帝国财政摘要，139

Britain，不列颠，86；盖乌斯之征，225；克劳狄之征服，258及以下；奥古斯都之计划，259，398及以下495，501；哈德良之墙，502，519，520；安东尼之墙，525，540

Brigantes，布里甘特人，265，398，400，501，503，525

Briganticus, Julius，布里甘提库斯，363

Brigetio，布里格提奥，500

Britannicus，不列坦尼库斯，246，252，253，262，275；逝世276

Brixellum，布里克塞路姆，336，337

Bructeri，布鲁克特里人，134，301，355，359，418

Brundusium，布伦杜西乌姆，7

Burebistas，布雷比斯塔斯，407，422

Buri，布里人，423

Burrus, Afranius，布鲁斯，255，275，276，279，280，281

Byllis，比利斯，103

Byzantium；拜占庭，纳贡属国，78；244，442，443

C

Caecina Alienus, A.，凯奇纳，331及以下，339，342及以下，378；~ Severus, A.,

塞维鲁斯，133，167，168，170，171

Caedicius, L., 凯迪秋斯，136

Caelius, Roscius, 凯利乌斯，399

Caepio, Fannius, 凯皮奥，60

Caesar, 恺撒，皇室别名及头衔，20，234，339，517，523

Caesar, 恺撒，见尤利乌斯以及奥古斯都；~奥古斯都之孙盖乌斯，51，52，53，121；~路奇乌斯，51-53

Caesaraugusta, 恺撒奥古斯塔，87

Caesarea, 恺撒里亚，112，367，368，369，373

Caesariensis, 恺撒里恩西斯，228，239

Caesonia, 凯索尼娅，221，231，239

Calabria, 卡拉布里亚，186

Caledonia, 卡利多尼亚，400及以下

Calgacus, 卡尔加库斯，401

Caligula, 卡里古拉，168；见盖乌斯 Gaius

Calleva, 卡列瓦，263，270

Callistus, 卡利斯图斯，244，248

Calpurnius Siculus, 西库鲁斯，462，464

Calvinus, Cn. Domitius, 卡尔维努斯，143

Camalodunum, 卡马洛杜努姆，262，263，266，268，269，270

Campania, 坎帕尼亚，345

Campus Martius, 马尔斯广场，144及以下

Candace, 坎达斯，122

Caninius, 卡尼尼乌斯，478

Canninefates, 坎尼内发特斯人，353，362

Cantabrian wars, 坎塔布里亚战争，83，86，88

Capito Cossutianus, 卡皮托，292，299；Ateius, 卡皮托，161；~ Fonteius；见 Fonteius

Capitolium, 卡庇托林，146，346，376

Cappadocia, 卡帕多奇亚，108，177，178，310，312，317，505

Capreae, 卡普里，200

Caracalla, 卡拉卡拉敕令，565

Caractacus, 卡拉克塔库斯，261，264，265

Carenes, 卡勒尼斯，308

Carisiu, P., 卡里修斯，87

Carmen, Saliare, 战神祭司团，6；~ Saeculare, 感恩诗歌，63

Carnuntum, 卡农图姆，132，409，500

Carrhae, 卡雷，541

Carrinas, C., 卡里纳斯，7，126

Carsulae, 卡尔苏莱，346

Carthage, 迦太基，91

Cartimandua, 卡尔提曼杜阿，265，266

Casperius Aelianus, 卡斯培里乌斯，416

Cassius, C., 卡西乌斯，308

Castra Vetera, 维特拉堡，128，135，137，168，225，354及以下

Catualda, 卡图阿尔达，176

Catullus Messalinus, 美萨利努斯，391，395，

416

Caucasian Gates, 高加索隘口, 321

Celenderis, 克伦德里斯, 179

Celer, 建筑师凯勒尔, 286

Celsus, 凯尔苏斯, 212

Celsus, Marius, 凯尔苏斯, 332, 334 及以下

Celsus' *True Word*, 凯尔苏斯著作《真言》, 576

Cena, 晚餐, 603 及以下; ~ recta, 权利晚餐, 595

Censorial powers, 为图拉真默许之监察官职权, 435

Censorship, 监察官职权, 19; 克劳狄者, 235; 韦伯芗者, 377, 379; 图密善者, 387, 434

Census, 监察官, 19, 379, 387

Census equitum, 骑士监察官, 19

Centumcellae, 肯图姆切拉, 437, 530

Cephalenia, 凯发列尼亚, 505

Cerealis, Petilius, 凯里阿利斯, 268, 369 及以下, 398

Certus, 塞尔图斯, 414

Cestius Proculus, 普罗库路斯, 299

Chaerea, Cassius, 凯瑞亚, 226, 231, 232

Chalcis, 叙利亚之哈尔基思, 113, 243, 367

Chamavi, 卡马维人, 418

Charax Spasinu, 卡拉克斯·斯帕希努, 453

Charicles, 卡里克利斯, 210

Chatti, 卡提人, 128, 134, 170, 172, 174, 240, 357, 386, 396, 543

Chauci, 考其人, 127, 174, 239, 301, 362

Cherusci, 切鲁西人, 128, 134, 170, 172 及以下, 240

Chosroes, 科斯罗埃斯, 448, 494, 504

Christians, 基督徒, 被控纵火, 287, 288, 302; 图密善治下, 394, 445; 图拉真治下, 446 及以下, 520, 521; 安东尼王朝治下, 578 及以下

Chrysippus, 克律西普斯, 568

Cilicia, 西利西亚, 109, 177, 179, 227, 311, 380

Cilurnum, 西路尔努姆, 503

Cimbri and Cinbric peninsula, 辛布里人及辛布里半岛, 131

Cingonius Varro, 瓦罗, 326

Cinna, Cn. Cornelius, 秦纳, 60

Circus, 竞技场之竞赛, 280; ~ Maximus, 大竞技场, 227, 235, 285, 617; ~ Flaminius, 弗拉米尼乌斯竞技场, 617; ~ of Gaius and Nero, 盖乌斯及尼禄之竞技场, 618; ~ of Hadrian, 哈德良竞技场, 618

Cirta, 锡尔塔, 91

Civil service, 内政, 190, 510, 511

Civilis, Julius, 奇维利斯之叛, 352 及以下

Civitates foederatae and librae, 联盟城邦与自

由城邦，77

Clarissimus，最显赫，538

Clarus, C. Septicius，克拉鲁斯，496

Classicus, Caecilius，克拉西库斯，438；~ Julius，克拉西库斯，357及以下

Classis praetorian，海军舰队，71

Claudia，尼禄之女克劳狄娅，283；~ Pulchra，普尔克拉，199

Claudiopolis，克劳狄波利斯，440

Claudius，皇帝克劳狄，95，209；帝制，232及以下，逝世，254；征服不列颠，259及以下，307；著作，458；~ Etruscus，克劳狄乌斯·伊特鲁斯库斯，389

Clausentum，克劳森图姆，270

Cleopatra，克里奥帕特拉，4，7；~女儿，90

Client states，附属王国，78

Clients at Rome，罗马之门客，595

Clodia，奥古斯都之妻克洛迪娅，46

Clota，克洛塔，399，400

Clunia，克路尼亚，325

Cluvius Rufus，卢弗斯，338，467，482

Codrus（诗人），科德鲁斯，154

Coenis，科尼斯，376

Coercitio，约束及惩罚之权，7

Cogidubnus，科吉杜布努斯，262

Cohortes urbanae，城市武警部队，70

Coinage，钱币，22，37；其贬值，285，299，539

Collegia，商社，438，444，539

Colonatus，佃农身份，549

Colonia，殖民地，76，77

Colonia Agrippinensis（见 Oppidum Ubiorum），科隆尼亚·阿格里皮嫩西斯，240，252，330，354，355，357，359，418

Colonia Trajana，图拉真殖民地，418

Colosseum，大竞技场，379，380，382

Columella，科路美拉，459，461

Comitatus and comites，战友团；帝国时，22；日耳曼，420

Comitia，会议，29；保民官之权，29，189，237，415

Comitium，民会，142

Commagene，科马吉尼，177，178，242，380

Commendatio，推荐权，34

Commodus, L. Aurelius，路奇乌斯·埃利乌斯·奥里略·康茂德，547，549

Comum，科莫姆，483

Concilia，行省会议，78，85，87

Congiaria，赏赐，389，425，436，524，539

Consecration of Emperors，皇帝之神化，16；皇后之神化，283

Consilium，政治与司法之咨询团，32，34，190，291，388，395；哈德良治下司法咨询团，511，512，526，538

Consolatio ad Liviam，致利维娅劝慰辞，51，

130, 158

Consors imperii, 皇帝同僚, 47, 54

Consular provinces, 执政官级行省, 81

Consularis potestas, 皇帝所无之执政官权力, 19, 23

Consulate, 执政官, 38; 韦伯芗者, 277; 图密善者, 387

Consules suffecti, 候补执政官, 38

Conventus, 法庭, 78

Convivia publica, 公众宴会, 606

Coptos, 科普托斯, 121

Corbulo, Domitius, 科尔布洛, 239, 293; 于东方, 311 及以下, 回忆录, 458

Cordus, Caesius, 科杜斯, 192

Corinium, 科里尼乌姆, 270

Corinth, 科林斯, 105

Corn supply, 谷物供应, 64

Cornelia, vestal, 贞女科尔内里亚, 391

Cornificius, L., 科尼非丘斯, 148

Cornutus, Annaeus, 科尔努图斯, 462

Corsica, 科西嘉, 92, 256

Cos, 科斯岛, 179, 244

Cottii, Regnum, 科提王国, 94, 239, 300; 见 Alpes Cottiae, 科提亚阿尔卑斯

Cottius, Julius, 科提乌斯, 239

Cotys (of Thrace), 色雷斯之科提斯, 100, 184; ~ (of Bosporus), 博斯普鲁斯之科提斯, 242; ~ (of Little Armenia),

小亚美尼亚之科提斯, 243, 307

Crassus, Calpurnius, 卡尔普尔尼乌斯·克拉苏, 434; ~ M. Licinius, 克拉苏, 99

Cremona, 克雷莫那, 108, 334, 335, 336, 341, 343, 344, 345

Cremutius Cordus, 科杜斯, 198, 211, 216

Crescens, 克雷森斯, 581

Crete, 克里特, 109, 299

Crispinus, 克里斯匹努斯, 391, 395

Ctesiphone, 泰西封, 452, 453, 541

Cugerni, 库格尔尼, 355, 362

Cumanus, 库马努斯, 367

Cunobellinus, 库诺贝里努斯, 261

Cura annonae, 谷物供应之监督官, 64; ~ aquarum, 引水道监督官, 65; ~ operum publicorum, 公地及公共建筑之监督官, 65; ~ riparum et alcei Tiberis, 台伯河督, 190; ~ viarum, 道路监督官, 66, 414

Curator reipublicae, 国家督察官, 435, 509, 538; ~ actorum Senatus, 元老院记事监督官, 31

Curia Julia, 尤利乌斯元老院, 142, 143

Curiatius Maternus, 马特尔努斯, 479

Cursus honorum, 晋升体系, 31; ~ publicus, 帝国邮务, 67, 414, 510

Curtilius Mancia, 曼奇亚, 301

Curtisius, Titus, 库尔提修斯, 186

索 引

Curtius (Rufus), Quintus, 卢弗斯, 459

Cuspius Fadus, 法杜斯, 367

Cynic philosophers, 犬儒派哲学家, 378, 560, 570

Cyprus, 塞普鲁斯, 109, 454

Cyrenaica, 昔兰尼卡, 109, 299, 454

Cyrene, 昔兰尼, 109, 454

Cyrrhus, 居鲁斯, 546

Cyzicus, 基奇库斯, 262, 507, 582

D

Dabel, 达贝尔, 430

Dacia, 达契亚, 406, 422; 行省, 428—429, 499; 二省, 500, 542, 543

Dacians, 与达契亚人之战, 406 及以下, 421 及以下

Daemons, 守护神, 对其信仰, 570, 576

Dalmatia, 达尔马提亚, 95, 96 及以下; 叛乱, 132 及以下, 234, 406

Damascus, 大马士革, 111, 368

Dandaridae, 丹达里德人, 242

Dardanians, 鞑靼尼亚人, 98

Darius, 阿尔塔巴努斯之子大流士, 209

Dausara, 道萨拉, 541

Decebalus, 德切巴鲁斯, 407 及以下, 421 及以下, 逝世, 427

Decemviri, 十名争议裁判委员会, 39

Decennalia, 十年庆典, 189

Decianus, Catus, 德奇阿努斯, 268

Declamations, 演说, 599, 600

Decoration of houses, 房屋之装饰, 586 及以下, 601

Decurions, 市政长官, 440, 442

Decursio, 骑兵典礼, 586

Delatores, 告密者, 192, 195

Delos, 提洛, 583

Delphi, 德尔菲, 104, 106

Demetrius, 德米特里乌斯, 378

Demonax, 德莫纳克斯, 571

Dentheletae, 登特利特人, 98

Designation, 指定, 17

Designator, 带位者, 615

Deva, 德瓦, 264, 267, 269, 271, 398, 403

Diegis, 迪吉斯, 409

Dies imperii, 接任统帅之日, 17

Diocles (auriga), 御者迪奥克雷斯, 619

Dion Chrysostom, 狄翁, 391, 487

Dionysius of Halicarnassus, 哈利卡尔纳苏斯之狄奥尼修斯, 161; the periegete, 地理志作者狄奥尼修斯, 557

Diurpaneus, 丢尔帕涅乌斯, 407

Divodurum, 迪渥杜鲁姆, 361

Divus, 神化皇帝之神圣称号, 16

Dobuni, 多布尼人, 270, 271

Dolabella, Publius, 多拉贝拉, 183

Dominus, 主人之头衔, 15, 190, 388, 434

Domitia Lucilla，多米提娅·卢奇拉，534；~科尔布洛之女多米提娅，384，389，391，392；~Lepida，多米提娅·列比妲，245，250，254，274

Domitian，皇帝图密善，346，347，364；帝制，383 及以下；逝世，392，400；不列颠政策，402；日耳曼边墙，404；对达契亚及苏维人之战，405 及以下；文学竞赛，466，473，601，606

Domitian，克雷门斯之子图密善，390

Domitilla，Flavia，韦伯芗之妻弗拉维娅·多米提拉，376；~韦伯芗之女多米提拉，376；~克雷门斯之妻多米提拉，390，445

Domitius，见阿赫诺巴布斯；~Marsus，马尔苏斯，156

Domus，住屋，600 及以下

Doryphorus，多里弗鲁斯，284

Drobetae，德罗卑泰，422，426

Druids，德鲁伊，259，267，357

Drusilla，德鲁希拉，209，221，224；~费利克斯之妻德鲁希拉，367

Drusus，Nero Claudius（利维娅之子）德鲁苏斯，46，52，84，85，93；特质，126；日耳曼之征，127 及以下；逝世，129；~提比略之子，51，166，167，176，196，197，204；~日耳曼尼库斯之子，197，202，203

Ducenarii，收入在 20 万塞斯特斯以上之骑士，42

Duras，杜拉斯，407

Durostorum，杜罗斯托鲁姆，430

Dyarchy，两头政治，15，189，563

Dyme，狄梅，104

Dynamis，狄纳米斯，109

Dyrrhachium，狄拉苢，103

E

Eburacum，埃布拉库姆，400，401，403，501

Ecdicus，督察官，442

Edessa，埃德萨，451，453，540

Edicts，以敕令立法，36

Egeta，埃格塔，422，426

Egypt，埃及，4，78，113 及以下，178，340，372，477，507

Eleazar，亚拿尼亚（Ananias）之子以利亚撒，368；~西蒙之子，370

Elegeia，艾勒盖亚，450

Eleuthero-lacones，自由之拉科尼亚人，104

Emerita，埃美里塔，332

Emesa，埃美萨，113

Emona，埃摩那，97

Emmaus，以马午斯，373

Ennia，恩尼娅，210，220

Epaphroditus，埃帕夫洛迪图斯，392

Ephesus, 以弗所, 507

Epicharis, 埃皮卡里斯, 289

Epictetus, 爱比克泰德, 569

Epicurean school, 伊壁鸠鲁派, 567

Epirus, 伊庇鲁斯, 103

Epistolae laureatae, 镶有桂环之信件, 410

Epponina, 埃波尼那, 360

Eprius Marcellus, 马尔凯路斯, 292, 299

Eques splendidus, 辉煌之骑士, 538; ~ Romanus and Equo publico, 罗马骑士及被授予公共马匹之骑士, 40

Equites, 为奥古斯都组成骑士, 40 及以下; 哈德良治下者, 510, 511

Erani, 互助社团, 441

Ergastula, 处罚关锁奴隶之地下工作场所及住处, 593

Ermine street, 貂皮街, 270

Erucius Clarus, 克拉鲁斯, 453

Esquiline quarter, 埃斯奎林地区, 592

Eunones, 尤诺尼斯, 242

Euphorion, 欧福里昂, 154

Europus, 尤罗普斯战役, 541

Evocati Augusti, 志愿留任之老兵, 73

F

Factions(Circensian), 阵营, 620

Fannia, 范尼亚, 390

Fanum Fortunae, 法努姆, 345

Faustina, 老福斯提娜, 523, 528, 529, 532, 582; ~小福斯提娜, 523, 530, 547

Felix, 犹太之代行财政官费利克斯, 367

Fenestella, 费尼斯特拉, 160

Fedei commissa, 信托, 510

Fiscus, 帝库, 36, 37, 436

Flaccus, Avillius, 弗拉库斯, 228; ~ Horatius, 见 Horace; ~ Verrius, 弗拉库斯, 160

Flavia Neapolis, 弗拉维亚奈阿波利斯, 373

Flavius Clemens, 克雷门斯, 390, 392, 394, 445; ~ Sabinus, (父)萨比努斯, 263, 336, 342, 346, 347; ~ Sabinus, (子)萨比努斯, 385, 390, 392

Flavus, 弗拉弗斯, 134, 172

Fleet, 舰队, 71, 498

Flevo, 弗勒伏湖, 127

Flevum, 弗勒翁, 186

Florus, Anninus, 弗罗鲁斯, 484, 553; ~ Gessius, 弗洛鲁斯, 367; ~ Julius, 弗洛鲁斯, 184

Fonteius Agrippa, 阿格里帕, 406; ~ Capito, 卡皮托, 325, 352

Forum, 罗马广场, 141 及以下; ~ Alieni, 阿里埃尼广场, 342; ~ Augustum, 奥古斯都广场, 143, 515; ~ Hadriani, 哈德良广场, 501; ~ Julium, 尤利乌斯广场, 71, 143, 333; ~ Trajani, 图拉真广

场,427,438; ~ transitorium,涅尔瓦广场,379,414

Fossa Drusiana,德鲁苏斯运河,127,172

Frisians,弗里西亚人,127,185,186,239;东方及西方者,300,301,353,364

Frontinus, Sextus Julius,弗隆提努斯,398,404,468

Fronto,弗隆托,492,528及以下,554; ~ M. Claudius,马尔库斯·克劳狄·弗隆托,515

Fucine Lake,弗奇内湖,237

Fufius Geminus,弗非乌斯,96

Fulcinius Trio,特里奥,181

Fulginium,弗尔吉纽姆,345

Fulvia,弗尔维娅,578

Fundanius,丰达尼乌斯,156

Furtius,福尔提乌斯,544

Fuscus, Cornelius,弗斯库斯,395,408,409

G

Gabinius, P.,加比尼乌斯,239

Gadara,加达拉,368,369

Gades,加地斯,88,605

Gaetulians,盖图利人,90

Gaius,见 Julius Caesar

Gaius,皇帝盖乌斯(卡里古拉 Caligula),168,201,202,205,209,210;帝制,214及以下,逝世,227,233

Gaius,法理学家盖乌斯,526

Galen,盖伦,534

Galilee,加利利,367,369

Galatia,加拉太,107,381

Galba,皇帝加尔巴,224,239,260,294及以下;其治,325及以下

Galeria Lysistrata,噶蕾里亚·李希斯特拉塔,529

Galerianus,加勒里阿努斯,348

Gallio, Junius,加利奥,204

Gallus, Aelius;见 Aelius; ~ Anninus,加卢斯,333,334,335,360; ~ Asinius,加卢斯,165,201,233; ~ C. Cestius,加卢斯,320,368; ~ C. Cornelius,加卢斯,4,151,152,153; ~ A. Didius,加卢斯,242,266; ~ Herennius,赫伦尼乌斯加卢斯,354及以下,361; ~ Nonius,加卢斯,126; ~ Togonius,加卢斯,205

Garamantes,加拉曼特,90

Gaul,高卢,83及以下;盖乌斯之访,223及以下,235,294,357及以下

Gaza,加萨,369

Gelduba,盖尔杜巴,355,356

Gellius, Aulus,奥鲁斯·格利乌斯,554,576

Gemonian stairs,哀悼阶梯,204,347

Genius Augusti,奥古斯都保护神,16,21

Gerasa，杰拉什，369

Gerba，杰尔巴，92

Germanicus，日耳曼尼库斯，出生，54，133，134，137，138，167；日耳曼战役，169 及以下，凯旋，175；东方之任务，176；逝世，179；家庭，209

Germans，公元前 1 世纪日耳曼人之生活与建设，125；一世纪末期者，418 及以下

Germany，日耳曼，124 及以下，169 及以下；上下日耳曼，175，224，239，294，300，301，327，329，403，418

Gesoriacum，格索里阿库姆，126，260，262；见 Bononia

Geta, Cn. Hosidius，盖塔，239，260；~ L.，盖塔，218

Gindaros，金达罗斯战役，118

Gir, R.，吉尔河，239

Gladiators，角斗士，123，238，623 及以下

Glevum，格雷弗姆，264，270，271，398

Golden House of Nero，尼禄之金屋，286

Gorneas，戈尔涅亚斯堡，309

Gotarzes，阿尔塔巴努斯三世之子戈塔尔泽斯，306 及以下

Gracilis, Aelius，格拉奇利斯，300

Grammatici，语法学者，598

Granius Marcellus，马尔凯路斯，192

Gratilla，格拉提拉，391

Grattius，格拉提乌斯，159

Graupian Mountain，格劳皮乌斯山战役，401

Greece，希腊，103 及以下，293，505，525

Grinnes，格里尼斯，363

H

Hadrian，皇帝哈德良，475；帝制，490 及以下；出行，519；现存之信，520；诗篇，518，550，553

Hadrianê，哈德良，507

Hadrianopolis at Athens，雅典之哈德良城，505

Haliartos，哈利阿托斯，104

Hatra，哈特拉，453

Helvetii，赫尔维提人，331，380

Helvidius Priscus，老普里斯库斯，291，376，378，390；~ 小普里斯库斯，391，414

Herculaneum，赫库拉内乌姆，383，586，588

Herennius Senecio，塞内秋，390

Hermunduri，赫门杜里，241

Herod Agrippa，见 Agrippa；~ Antipas，希律·安提帕斯，112，218，227；~ the Great，希律·阿格里帕，6，111，112；~ 卡尔基思之阿格里帕，243

Herodes Atticus，赫罗德斯，506，529

Hetaeriae，结社，447

Hibernia，希伯尼亚，400

Hirpinus，希尔皮努斯，619

Hispalis，西斯帕利斯，332

Homerus Latinus，拉丁荷马，464

Honestiores，高贵者，527

Horace，贺拉斯，150，154 及以下，593 等

Hordeonius Flaccus，弗拉库斯，327，353 及以下

Horse-races，赛马，618 及以下

Hostia，赫斯提亚，157

Hostilia，霍斯提利亚，343

Houses，罗马房屋，600 及以下

Humiliores，低微者，527，593

Hyginus，西吉努斯，160，484

Hyrcania，希尔卡尼亚，208

I

Iader，伊阿德尔，97

Iapydes，亚匹德人，95，96

Iberia，伊比利，207，309，311，450

Icelus，伊凯路斯，325，327

Iceni，伊凯尼人，263，267 及以下

Idistaviso，伊迪斯塔维索战役，173

Ignatius，伊纳爵之殉教，456

Illyric triumph of Augustus，奥古斯都于伊利里亚之胜利，7

Illyricum，伊利里库姆，97，98

Imperator，统帅之权力与行省，13，14；作为首名，20；于皇帝名字之后，20，377

Imperium Galliarum，高卢帝国，358 及以下

Imperium proconsulare，代行执政官统帅，13，28；同僚者，47—48；~ maius，皇帝之最高权力，13，28，32，38

Incitatus，因奇塔图斯，619

Indictions，定额征税法，513

Inguiomer，因哥美尔，170，171

Insulae，公寓楼，600

Intercession，皇帝之调解，33，保民官者，38

Isca Dumnoniotum，伊斯卡·杜姆诺尼奥鲁姆，266；~ Silurum，伊斯卡·西路鲁姆，266，268

Iseum et Serapeum，伊西斯神庙与塞拉皮斯神庙，394

Isis，伊西斯，394，577

Isthmus，地峡，222

Italica，意大利卡，416，417

Italicus，弗拉弗斯之子意大利库斯，240；~ Suevian，苏维人意大利库斯，341

Italy，意大利，分成地区，66；征税，226，414；农业，415，436，437，509，524，538

Ituraea，伊图瑞亚，227

Izates，伊札特斯，308

J

Janus，掩蔽之亚努斯庙，8，376

Jazyges，亚兹格人，241，341，406，407，410，

429, 499, 542 及以下

Jerusalem, 耶路撒冷, 368 及以下; 其毁坏, 372, 508

Jews, 犹太人, 194, 228, 236, 366 及以下, 394, 445, 454, 495, 496, 508, 577

John of Giscala, 吉斯卡拉之约翰, 370 及以下

Jol Caesarea, 恺撒里亚, 239

Joppa, 雅法, 369

Joshua, son of Hanan, 哈南之子乔舒亚, 371

Josephus, 约瑟夫斯, 369, 371, 485

Jotapata, 约塔帕塔, 369

Juba, 朱巴, 90

Judea, 犹太, 111, 112, 227, 228, 243; 其叛, 366 及以下, 373, 394, 432, 454

Judices, 法官, 34, 42, 216

Julia, 恺撒之姊朱利娅, 1; 奥古斯都之女朱利娅, 46, 47, 48, 50, 51; 放荡, 53

Julia, the younger, 小朱利娅, 54, 158; ~ 提图斯之女, 381, 385, 390; ~ 提比略孙女, 202, 277; ~ 日耳曼尼库斯之女, 209, 217, 221, 224, 234

Julianus, 尤利阿努斯, 408; ~ Salvivus, 萨尔维乌斯·尤利阿努斯, 512, 526

Julias, 尤利阿斯, 367

Julius Caesar, C., the Dictator, 独裁者尤利乌斯·恺撒, 1, 32, 192; ~ Caesar, C., 三头政治者, 屋大维, 见 Augustus;

~ Nicanor, 尼卡诺, 104

Junia, 雷必达之妻朱尼娅, 6; ~ Claudilla (盖乌斯之妻), 朱尼娅, 210

Juniana Latinitas, 朱利亚拉丁法, 193

Junius Rusticus, 尤尼乌斯·鲁斯提库斯, 529

Juno, 对朱诺之崇拜, 61

Juridici of Italy, 意大利之司法, 509, 524, 538

Jurisprudence, 法理学, 526

Jus (或 ius) edicendi, 发布行政敕令之权, 14; ~ primae relationis, 每次开会可首先提出议案之权, 14; ~ Latinum, 拉丁公民权, 36, 77, 380, 498; ~ Italicum, 意大利权, 76, 429; ~ trium liberorum, 有三子者之特权, 62, 473, 483

Justin Martyr, 殉教者尤斯丁, 580

Juvenal, 尤维纳尔, 205, 248; 讽刺诗第四卷, 395, 475 及以下, 488, 593, 595, 597

Juvenalia, 成年节, 280

K

Kainêpolis, 新城, 541

Kostoboks, 科斯托伯克, 525

L

Labeo, Claudius, 拉贝奥, 359, 360; ~ M.

Antistius, 拉贝奥, 161

Laberius Maximus, 马克西姆斯, 422, 424

Labienus(狂犬 rabies), 拉比埃努斯, 161

Laco, Cornelius, 拉可, 325, 327; ~ Graecinus, 拉可, 203

Lambaesis, 拉姆白西斯, 498, 504, 524

Langobardi(即伦巴人 Lombards), 伦巴底人, 131, 176, 543

Laodicea Catacecaumene, 劳迪塞亚, 108

Lares, worship of, 家庭守护神之崇拜, 16

Largus, Scribonius, 拉尔古斯, 461

Larisa, 拉里萨, 104

Lateranus, Plautius, 拉特拉努斯, 288

Latus clavus, 宽紫带, 31

Laugonna, R., 劳根纳, 127 及以下

Laureolus, 劳雷欧鲁斯, 616

Lauriacum, 劳里阿库姆; 三地具此名, 403, 544

Lavinium, 拉维尼乌姆, 528

Lazi, 拉兹人, 525

Lectica, 活动躺椅, 394, 594

Lectio senatus, 元老名单, 30

Legati, Aug. iuridici, 皇帝任命之元老级审判官总督, 82

Legati, Aug. propr., 皇帝任命之元老级司法官总督, 82

Legati, legionary, 军团副帅, 69

Legerda, 列格尔达, 317

Legions, 军团; 双(合组)军团 double legions (Gemina), 5; 名称, 71, 72; 奥古斯都治下, 同上; 克劳狄及尼禄治下, 323; 韦伯芗治下, 365, 366, 373, 380

Leitus, 雷图斯, 615

Lentulus Gaetulicus, 盖图利库斯, 223

Leon(legio), 利昂(军团), 86

Lepida, 见 Domitia; ~ Aemilia, 列比姐, 245

Lepidus, M. Aemilius, 三头政治之雷必达, 6, 逝世, 18; ~ M. Aemilius(前者之子), 雷必达, 其阴谋, 6; ~ M. Aemilius, 德鲁希拉之夫雷必达, 209, 224; ~ Paullus Aemilius, 雷必达, 19

Leucê Cômê, 路奇科姆, 111, 121

Lex Rubria, 汝布里亚法, 66; Julia municipalis, 朱利亚法之市政法, 66; ~ Titia, 提提亚法, 9; Saenia, 塞尼亚法, 9, 61; Aelia Sentia, 艾利亚·森提亚法, 63; Fufia Caninia, 富菲亚·卡尼尼亚法, 63; ~ de imperio, 皇权法, 14, 17; 其文, 24, 28, 29, 36, 165; ~ Junia Norbana, 诺巴纳法, 193

Leges Juliae Augustus, 奥古斯都时之朱利亚法, 62, 63

Libertini, 获释奴, 地位, 63, 67, 193; 于政治中, 244, 436

Libo Drusus, 利波, 181

Liburna, 轻型高速较小型之木船, 71

Libraries in Rome, 罗马之图书馆, 147, 150

Ligures Baebiani, 里古雷斯·贝比阿尼, 437

Lindum, 林杜姆, 271, 398, 399

Limes Germanicus, 日耳曼边墙, 403—405, 410, 501; ~ Raeticus, 雷提亚边墙, 405, 410, 501

Lingones, 林果尼人, 294, 326, 352, 357, 359, 365

Literature, 文学, 奥古斯都治下, 149 及以下; 提比略治下, 211, 212; 克劳狄及尼禄治下, 458 及以下; 弗拉维王朝下, 465 及以下; 图拉真治下, 475 及以下; 哈德良以及安东尼王朝下, 551 及以下

Litterator, 教师, 598

Livia, 利维娅, 奥古斯都之妻利维娅, 46, 47, 53, 61, 147, 166, 178, 179, 180, 190, 194, 197, 201, 217, 234

Livianus, Ti. Claudius, 利维阿努斯, 422, 424

Livilla, 利维拉, 196, 197, 204

Livy, 李维, 159, 160

Locus Castorum, 卡斯托庙, 335

Locusta, 洛库斯塔, 254, 276

Lollia Paulina, 洛里亚·保利纳, 221, 252

Lollius, M., 洛利乌斯, 126

Londinium, 伦迪尼乌姆, 262, 266, 268, 270

Longinus, 隆吉努斯, 162; ~ Cassius, 卡西乌斯, 209, 461; ~ Cassius (praef. castr.), 营地长官隆吉努斯, 427

Lopodunum, 罗波杜努姆, 418

Lorium, 洛里乌姆, 530

Lucan, 卢坎, 288, 289; 逝世, 290, 292; 作品, 463, 464, 471, 473

Lucian, 琉善, 559, 560, 571, 573, 576, 579, 605

Lucilius the younger, 小路奇利乌斯, 464

Lucilla, 卢奇拉, 548

Lucuas, 路库阿斯, 454

Lucullus, gardens of, 卢库路斯花园, 247

Ludi (games), 庆典, scenici and circenses, 戏剧表演及竞赛, 613 及以下; Actiaci, 纪念亚克兴阿波罗之庆典, 7; ~ Sevirales, 骑兵队长带领表演之竞技, 41, 68; ~ Saeculare, 世纪庆典, 62, 236, 394, 524; ~ 见学校, 以及角斗士

Ludius, 鲁迪乌斯, 587

Lugudunensis, 卢格杜南西斯, 83, 84, 85, 294, 579

Lugudunum, on Rhone, 罗讷河之卢格杜努姆, 71, 85, 129; 盖乌斯于其地, 229, 232, 300, 384, 579; ~ on Rhine, 莱茵河者, 129

Luppia, R., 路皮亚, 127 及以下, 169

Lusius Quietus, 奎埃图斯, 424, 451,

453, 495

Lusitania, 路西塔尼亚, 86, 88

Lutetia, 卢特提亚, 86

Lutorius Priscus, 普里斯库斯, 194

Lycaonia, 吕考尼亚, 108

Lycia, 吕基亚, 108, 241, 299

Lygdamus, 吕格达姆斯, 156

Lystra, 吕斯特拉, 108

M

Macedonia, province of, 马其顿行省, 103 及以下, 192, 241

Macer, Aemilius, 马凯尔, 150, 153; ~ Clodius, 克洛狄乌斯·马凯尔, 325; ~ Marcius, 马凯尔, 334, 336

Machaerus, 马凯鲁斯, 372

Macro, Sertorius, 马克罗, 203, 209, 210, 220

Madaura, 马道拉, 554

Maecenas, C. Cilnius, 麦凯纳斯, 2; 特质, 3, 5, 6; 逝世, 59, 60, 65, 150 及以下

Maezaei, 迈扎伊, 133

Magistrates, 官员, 其选举, 34; 职责, 38 及以下

Maiestas, 叛逆法, 194, 414, 512

Malaca, 马拉加, 380

Malchus, 马尔喀斯, 430

Malorix, 马洛里克斯, 301

Manahem, 默纳恒, 368

Manilius, 马尼琉斯, 159

Manisares, 马尼撒勒斯, 452

Mannus, 曼努斯, 452

Mantinea, 曼提内亚, 505

Mantua, 曼图亚, 151

Marcella(屋大维娅之女), 马尔凯拉, 4, 46, 48

Marcellus, C., 马尔凯路斯, 屋大维娅之夫, 4, 46; ~ M., 马尔凯路斯, 屋大维娅之子, 46

Marcia Furnilla, 弗尔尼拉, 381

Marciana, 马尔奇亚纳, 430, 434

Marcianopolis, 马尔奇阿诺波利斯, 430

Marcion, 马吉安, 581

Marcodurum, 马尔科杜鲁姆, 356

Marcomanni, 马科曼尼人, 131, 176, 241, 409, 542 及以下

Marcus Aurelius, 皇帝马尔库斯·奥里略, 517, 523, 528, 529 及以下; 帝制, 533 及以下; 逝世, 559; 作品, 534, 552, 570; 对基督教之态度, 578, 579

Mardi, 马尔迪人, 315

Mariba, 马里巴, 122

Marius Priscus, 马里乌斯·普里斯库斯, 438, 483

Marmarica, 马尔马里卡, 90

Maroboduus, 马若波杜斯, 131 及以下,

136, 137, 176

Marriage, 婚姻, 奥古斯都之立法, 62

Marsi(意大利者), 马尔西, 237

Marsians, 马尔西人, 134, 169, 170, 174

Martial, 马尔提阿利斯, 395, 473-4

Massa Baebius, 贝比乌斯, 391

Massada, 马萨达, 372

Massilia, 马西利亚(即马赛), 83

Mater castrorum, 军营之母, 547

Mathematici, 占星师, 391, 577

Matidia, 马提底亚, 434

Mattium, 马提乌姆, 170

Mauretania, 毛里塔尼亚, 89, 90, 91, 229, 239, 495, 497, 504

Mauricus, Junius, 毛里库斯, 391, 415

Mausoleum of Augustus, 奥古斯都陵墓, 146; 哈德良者, 515

Maximus, Sex. Quintilius, 马克西姆斯, 439

Meals, Roman, 罗马之饮食, 603 及以下

Mediolanum, 美迪奥拉努姆, 334

Meherdates, 美赫尔达提斯, 308

Mela, Annaeus, 美拉, 291; ~ Pomponius, 美拉, 461

Melissus, C., 梅利索斯, 156

Melitene, 梅利泰内, 317, 319

Mesene, 美塞尼, 453

Mesopotamia, 美索不达米亚, 308, 450 及以下; ~行省, 452, 493

Messalina, Statilia, 美萨利娜, 290; ~ Valeria, 美萨利娜, 234, 245 及以下

Messalinus, M. Valerius, 美萨利努斯, 132

Messalla, Barbatus, 巴巴图斯, 85; ~ Corvinus, 科尔维努斯, 66, 84; ~ Potitus, 波提图斯, 8, 150

Metilius, Secundus, 美提留斯·塞昆杜斯, 504

Metius Carus, 卡路斯, 390, 391

Metulum, 梅图路姆, 95

Mevania, 美瓦尼亚, 345

Milichus, 米利库斯, 289

Mimes, 笑剧或哑剧, 615

Minucius Felix, 米努奇乌斯·费利克斯, 556, 581

Misenum, 米塞努姆, 278

Missilia, 投掷物, 614

Mithradates, of Bosporus, 博斯普鲁斯之密特拉达提斯, 242; ~ of Armenia, 亚美尼亚之密特拉达提斯, 306

Mithras, 密特拉, 514

Mnester, 麦尼斯特, 247

Moesia, 默西亚, 98 及以下, 133, 300, 406, 408, 422, 429, 430, 442, 443; 上下两者, 409

Moguntiacum, 摩根提阿库姆, 128, 130, 137, 330, 353, 354, 356, 357, 361, 405, 515

Mona，莫那岛，267，398

Montanus, Julius，蒙塔努斯，277；~Sextus，蒙塔努斯，250

Monumentum Ancyranum，安克拉奥古斯都神殿，120，139

Mopsus，莫普苏斯，151

Morini，摩里尼人，126，355

Morum legumque regimen，定法制礼，19

Mosa, R.，摩萨河，240

Mosaics，镶嵌图或马赛克，589

Mosella, R.，摩塞尔河，300

Mucianus, C. Licinius，穆奇亚努斯，339 及以下，347，348，364，383，406

Munatius Plancus，普兰库斯，142

Municipium，市镇，76，77

Munius Lupercus，卢培尔库斯，354，359

Murena, A. Terentius Varro，穆瑞纳，60，94

Mursa，穆尔萨，500

Musonius Rufus，穆索尼乌斯·卢弗斯，378，569

Musulamii，木苏拉姆人，90，182

Myos Hormos，米奥斯荷尔莫斯，121

N

Nabalia，纳巴利亚，364

Nabatean kingdom，纳巴泰王国，111，122，369，430

Nahar-malcha，王室运河，452

Napata，纳帕达，123

Napoca，纳波卡，429

Narbo，纳波，325

Narbonensis，纳博讷，83，85

Narcissus，纳尔奇苏斯，244，245，246，248，250，254，261，275，340

Naumachia, the basin called，海战竞技场，382

Naupactus，瑙帕克图斯，105

Nauportus，瑙波图斯，95

Neapolis，奈阿波利斯，292

Nemausus，尼摩苏斯，5，83，504，523

Nemetes，内美特人，240

Nero，尼禄，son of Germanicus，日耳曼尼库斯之子，197，202

Nero，尼禄，皇帝，251；收养，252，253，254；即位，255，256；其治，274 及以下；性格，298；地峡之演说，303，387；诗文，458

Neronia，尼禄节庆，280，293

Nerva, Cocceius，科克乌斯·涅尔瓦，200，206

Nerva，皇帝涅尔瓦，290，392，413 及以下

Nervii，聂耳维人，359

Nicaea，尼西亚，440，442

Nicephorium，尼斯弗里乌姆，208

Nicer, R.，内克尔河，403，404

Nicolaus of Damascus，大马士革之尼古劳

斯, 162

Nicomedia, 尼可美底亚, 107, 440, 441, 443, 444

Nicopolis, 尼可波利斯, 105

Niger, Q. Sextius, 尼格尔, 161

Ninus, 尼努斯, 308

Nisibis, 尼西比斯, 451, 452, 453, 541

Nola, 诺拉, 138, 200

Nomenclator, 唱名之仆, 529

Nominatio, imperial right of, 皇帝之提名权, 34

Norbanus, L. Appius, 诺巴努斯, 390

Noricum, 诺里库姆, 79, 94, 95

Novaesium, 诺维西乌姆, 354 及以下

Noviomagus(Nimeguen), 诺维奥马古斯(尼梅亨), 129; ~ (Speyer), 诺维奥马古斯(斯派尔), 129, 240

Nuceria, 努凯里亚, 300

Numidia, 努米底亚, 89 及以下, 228

Numisius Rufus, 努米西乌斯, 354, 358

Nymphidius Sabinus, 宁菲迪乌斯·萨比努斯谋自立, 296, 326

O

Obodas, 奥波达斯, 111, 112

Octavia, 屋大维娅, 奥古斯都之姊, 4, 46, 47, 50; 逝世, 51, 146; ~ 克劳狄之女屋大维娅, 234, 251, 281, 282, 283

Octavia,《屋大维娅》, 460

Octavian, (Augustus), 屋大维, 2; ~ C. (Augustus), 奥古斯都, 2

Odeum, 音乐场, 395

Odrysians, 欧德里萨人, 99

Oenus, R., 欧努斯河, 341

Oescus, 伊斯库斯, 430

Olbia, 奥尔比亚, 109, 525

Olennius, 奥伦尼乌斯, 185

Olisipo, 奥利西波, 88

Olympia, 奥林匹亚, 505

Ombi, 温比人, 477

Onias, 奥尼亚斯, 其处之庙, 372

Opitergium, 欧皮特吉乌姆, 342

Oppian, 欧皮安, 561

Optimus, title of Trajan, 图拉真之头衔"最优", 434

Orcades, 奥克尼人, 401

Ordovices, 奥多维西人, 264, 398

Orestilla, 奥瑞斯提拉, 221

Orkney islands, 奥克尼岛, 401

Ornospades, 奥尔诺斯帕德斯, 208

Orodes, 奥洛德斯, 207

Ostia, 奥斯提亚, 237, 248, 437

Osroene, 奥斯罗尼, 451, 541

Ostorius Scapula, P., 奥斯托留斯·斯卡普拉, 263 及以下; ~ M., 马尔库斯·奥斯托留斯, 264

Otho, 奥托, 皇帝, 278, 328; 帝制, 329 及以下

Ovid, 奥维德, 100, 157 及以下

Ozogardana, 奥左加达纳, 452

P

Pacorus, 帕可鲁斯, 448

Paelignus, Julius, 佩利努斯, 310

Paetus; 见 Thrasea; ~ L. Caesennius, 佩图斯, 317 及以下, 380

Pagus, German, 日耳曼之区, 125

Painting, 绘画, 586 及以下

Palaces, imperial, 皇宫, 601 及以下

Palatine hill, 帕拉廷山, 147, 286

Palatium, 帕拉廷, 147

Palestine, 巴勒斯坦, 行省, 509

Pallas, 帕拉斯, 244, 248, 250, 252, 276, 284, 367

Palma, Cornelius, 帕尔马, 430, 495

Palmyra, 帕米拉, 113, 431, 507

Palpellius Hister, 西斯特, 241

Pamphylia, 潘菲利亚, 108, 439

Pandateria, 潘达特里亚, 53, 202, 282

Panhellenion, 泛希腊同盟集会地, 506

Pannonia, 潘诺尼亚, 95 及以下; 其叛, 132 及以下, 167, 422, 429; 上下两者, 430, 499, 500, 510

Pantheon, 万神殿, 145

Panticapaeum, 潘提卡派乌姆, 499

Pantomimes, 单人哑舞剧, 391, 616

Parasites, 寄生虫, 592, 595

Paris, 帕里斯, 391, 616

Parium, 巴里乌姆, 106

Parlais, 巴尔莱斯, 108

Parthamaspates, 帕塔玛斯帕特斯, 453, 494

Parthenius, 帕尔特尼乌斯, 392, 416

Parthia, 安息, 117 及以下, 177, 206 及以下, 448 及以下, 504, 540 及以下

Parthomasiris, 帕托马西里斯, 453, 494

Passennus Paullus, 保路斯, 478

Passienus, 帕西埃努斯, 251

Pater patriae, 国父, 18, 385, 495

Patrae, 帕特雷, 105

Patriciate, 贵族阶级, 9, 61, 377

Patrimonium of Emperors, 皇帝继承之财产, 37

Paulina, wife of Seneca, 塞涅卡之妻保利娜, 290

Paullus, Claudius, 保路斯, 352

Pausanias, 保萨尼亚斯, 557

Pax Julia, 帕克斯朱利亚, 88

Pax Romana (Augusta), 罗马和平 (奥古斯都), 8; 韦伯芗者, 377

Pegasus, 佩嘉苏斯, 467

Pegmata, 脚手架, 625

People, the political position of, under the

empire, 帝国下人民之政治地位, 29

Peregrini dediticii, 自由之外省人, 76

Peregrinus, 佩雷格里努斯, 571

Pergamum, 帕加马, 107

Peristylium, 列柱廊, 601

Perpetual Edict, 永久之敕令, 512

Persius, 佩尔西乌斯, 462, 573

Pertinax, P. Helvius, 佩尔提纳克斯, 544

Pervigilium Veneris, 维纳斯之守夜, 554

Pessinus, 佩西努斯, 108

Petra, 佩特拉, 111, 121, 431, 507

Petraea, 佩特拉, 431

Petronius Arbiter, 裁决人佩特罗尼乌斯, 逝世, 291; 作品, 465, 604, 605; ~ C. (Ethiopian expedition), 埃塞俄比亚之征之佩特罗尼乌斯, 123

Petronius Secundus, 佩特罗尼乌斯, 416; ~ Turpilianus, 佩特罗尼乌斯·图尔皮利阿努斯, 270, 290, 296, 326, 398; ~ (犹太总督)佩特罗尼乌斯, 228

Phaedrus, 费德鲁斯, 212

Phaon, 法翁, 297

Pharasmanes, 法拉斯马尼斯, 207, 306, 309, 310, 316

Philip, son of Herod, 希律之子腓力, 112

Philippopolis, 腓力普波利斯, 184, 544

Philippus, L. Marcius, 菲利浦斯, 146

Philo, 斐洛, 219, 228, 485

Philosophy, 哲学, 535, 567 及以下

Phlegon, 弗雷贡, 521, 553

Phraataces, 弗拉塔且斯, 120

Phraates iv, 弗拉特斯四世, 118, 119, 120

Pinnes, 平内斯, 133

Pisidia, 皮西底亚, 108

Piso, C. Calpurnius, 皮索, 反对尼禄之阴谋, 288 及以下; ~ Cn. Calpurnius, 皮索, 60, 178 及以下; ~ L., 皮索, 于色雷斯, 100, 189; ~ M. Licinianus, Caesar, 皮索, 328, 329

Placentia, 普拉森提亚, 331

Plagues, 瘟疫, 536, 541

Planasia, 普拉纳西亚, 54

Plancina, 普兰其娜, 178 及以下

Plancus Munatius, 普兰库斯, 12, 19

Platorius Nepos, A., 奥鲁斯·普拉托利乌斯·聂波, 503, 520

Plautia Urgulanila, 普劳提娅, 245

Plautius (Silvanus), Aulus, 西尔瓦努斯, 260 及以下, 263; ~ Silvanus, Ti., 西尔瓦努斯, 245, 300, 406

Plebiscita, 公民投票, 237

Pliny, the elder, 老普林尼, 383, 466, 576; ~ the younger, 小普林尼, 383, 391, 413, 434, 438, 439; 于比提尼亚, 439 及以下, 482 及以下; 其别墅, 602, 603

Plotina, 普洛提娜, 421, 434, 490, 491

Plutarch, 普鲁塔克, 485 及以下, 571

Poetovio, 波托沃, 95, 98, 341, 430

Pola, 波拉, 97

Polemon of Pontus, 本都之波勒摩, 109, 242; ~ of Smyrna, 斯米尔纳之波勒摩, 506, 530

Pollio, C. Asinius, 波利奥, 151, 152; ~ Caelius, 波利奥, 309

Polyaenus, 波利埃努斯, 557

Polybius, freedman, 获释奴波利比乌斯, 244, 248, 256

Polycarp, 波利卡尔普, 579

Polycletus, 波里克里图斯, 269

Pomoerium, 城界, 236, 427

Pompeianus, Ti. Claudius, 提比略·克劳狄·庞培阿努斯, 544, 548

Pompeii, 庞贝, 383, 582, 586 及以下

Pompeii, family of, 庞培家族, 223

Pompeius, Cn., 庞培乌斯, 234, 262; ~ Cn., (Pompey the Great), 庞培, 442

Pompeius, Trogus, 特罗古斯, 160

Pomponius Secundus, 朋波尼乌斯, 212

Pomptine marshes, 朋廷沼泽地, 437

Pons Aelii, Pons Aelius, (在 Newcastle) 埃利乌斯桥, 503, 515

Pontia, 彭提亚, 202

Ponticus, 朋替库斯, 159

Pontifex Maximus; Lepidus, 大祭司长雷必达, 18; Augustus, 大祭司长奥古斯都, 18

Pontius Pilatus, 彼拉托, 287, 302

Pontus, 本都, 106, 227; ~ Polemoniacus, 波勒摩尼亚库斯本都, 299

Poppaea Sabina, wife of Scipio, 科尼留斯·西庇阿之妻波佩娅, 247; ~ Sabina, wife of Nero, 尼禄之妻波佩娅, 278, 281, 282, 283, 288, 290, 485

Porolissum, 波罗利苏姆, 422

Portico: of the Argonauts, 阿尔戈英雄画之柱廊, 145; of Octavia, 屋大维娅柱廊, 146, 383; of Octavius, 屋大维柱廊, 146; of Philippus, 菲利浦柱廊, 146

Portus Lemanis, 勒马尼斯港, 270; ~ Romanus, 罗马港, 237

Praefecti (见 Praefectura); aerarii, 军库三长官, 70; praetorio, 禁卫队长, 70, 191, 377, 511

Praefectura alae, 骑兵指挥官, 41, 69; ~ annonae, 督粮官, 64; ~ castrorum, 军营长官, 69; ~ urbis, 罗马城行政长官, 65, 66, 189, 190; ~ vigilum, 消防队队长, 65

Praetores aerarii, 国库司法官, 36

Praetorian camp, 禁卫军营, 191; ~ guards, 禁卫军, 70, 191, 231, 255, 328; ~

prefects, 见 Praefecti; ~ provinces, 司法官行省, 81

Praetors, 司法官, 38

Prasutagus, 普拉苏塔古斯, 267

Premnis, 普雷姆尼斯, 123

Princeps, 元首, 其意义, 15; ~ iuventutis, 首席青年, 53, 215; ~ senatus, 首席元老, 15, 31

Proconsular power; 见 Imperium

Proconsuls, 前执政官, 81, 82

Proculeius, 普罗库雷乌斯, 60

Proculian school of jurists, 法学家之普罗库路斯派, 161, 461

Proculus, Licinius, 普罗库路斯, 332, 336; ~ Scribonius, 普罗库路斯, 226, 294

Procurators, 代行财政官, 39, 43, 82

Promona, 普罗摩那, 96

Propertius, 普罗佩提乌斯, 156, 157

Propraetors, 前司法官, 81, 82

Protogenes, 普罗托吉尼斯, 226

Provinces, 行省, 元老及皇帝者, 33, 81; 其政府, 74 及以下; 名单, 116; 191, 227, 240, 299, 380, 438 及以下, 494, 496, 499 及以下

Prusa, 普鲁萨, 440, 443

Ptolemy, Caesarius, 托勒密, 4; ~ son of Juba, 朱巴之子托勒密, 90, 227; ~ geographer, 地理学家托勒密, 557

Publilius Celsus, 普伯利利乌斯·凯尔苏斯, 495

Purpura, imperial, 皇帝所著紫色, 21

Puteoli, 普特奥利, 222, 300

Pythodorus, 皮托多鲁斯, 283

Q

Quadi, 夸迪人, 241, 409, 542 及以下

Quadratus, Ummidius, 夸德拉图斯, 310 及以下, 367

Quaestors, provincial, 行省财政官, 82

Quaestorship, 财政官之职务, 39

Quatuorviri, 四名清洁道路官, 39; ~ agro dividend, 四名元老处理分地之委员会, 415

Quindecimviri, 十五人祭司团, 19, 61, 63

Quinquatrus, 五日节, 278, 279, 598

Quintilian, 昆体良, 390, 468, 576

Quirinius, P. Sulpicius, 奎里尼乌斯, 90

Quirinus, L. Sestius, 奎里努斯, 60

R

Radamistus, 拉达米斯图斯, 309, 311

Raetia, 雷提亚, 93, 94, 544

Randeia, 兰德亚, 317

Ratiaria, 拉蒂亚里亚, 430

Ravenna, 拉文纳, 71, 549

Reate, 雷阿特, 383

Regia, 雷吉亚, 142, 285, 394

Regina Castra, 雷吉纳堡, 500

Regions of Rome, fourteen, 罗马之十四区, 66; ~ of Italy, 意大利地区, 66

Regulus, M. Aquilius, 雷古鲁斯, 391; ~ Memmius, 梅米乌斯, 221

Relatio, 引进法案之权, 31, 537

Religion, 宗教, 528, 575 及以下

Remi, 雷米人, 86, 360

Res privata, of Emperors, 皇帝个人之获得, 37

Rhascuporis, 拉斯库波里斯, 184

Rhetoricians, school of, 修辞学派, 558, 573, 599

Rhoemetalces, 罗美塔奇斯, 100, 184; ~ son of Rhascuporis, 拉斯库波里斯之子罗美塔奇斯, 185, 227; ~ son of Cotys, 科提斯之子罗美塔奇斯, 227

Rhodes, 罗得岛, 107

Rigodulum, 里戈杜鲁姆, 361

Rigomagus, 里哥马古斯, 354

Roma quadrata, 方形罗马, 147

Rome, 罗马, 十四区, 39; 建筑及地势, 141 及以下; 14 年之大火, 285 及以下; 其生活, 592 及以下

Roxolani, 罗克索拉尼人, 332, 406, 407, 499

Rufus, Faenius, 卢弗斯, 281, 288, 289, 290

Rubellius Blandus, 布兰杜斯, 209; ~ Plautus, 普劳图斯, 277, 281

Rura, R., 鲁尔河, 169

Rusicade, 如西卡德, 504

Rusticus, Arulenus, 卢斯提库斯, 390; ~ Fabius, 法比乌斯·卢斯提库斯, 467, 482; ~ Junius, 卢斯提库斯, 555, 573, 581

Rutupiae, 鲁图皮埃, 270

S

Saalburg, 萨尔堡, 405

Sabaei, 萨拜人, 122

Sabina, 萨比娜, 422, 491, 507, 515

Sabinian school, 萨比努斯派, 161, 467

Sabinus, Flavius; 见 Flavius; ~ Julius, 萨比努斯, 357, 599; ~ Masurius, 萨比努斯, 212; ~ Oppius, 萨比努斯, 408; ~ Poppaeus, 萨比努斯, 184, 192; ~ Titius, 萨比努斯, 200; ~（诗人）, 159; ~（保民官）, 226, 232

Sacrilegium, 渎神, 445

Sacrovir, Julius, 萨克罗维尔, 184, 294, 358

Saepta, 会场, 145, 221

Salamis, 萨拉米斯, 104

Salassi, 萨拉西人, 94

Salonae, 萨洛奈, 97, 132, 544

Salpensa, 萨尔本萨, 380

Samaria, 萨马里亚, 218, 367, 369, 373

Samosata, 萨摩萨他, 450

Sampsigeram, 三浦西格拉姆, 243

Sardinia, 萨丁尼亚, 92, 282, 299, 300, 380

Sarmizegethusa, 萨尔米泽格图萨, 408, 422, 424, 425, 427, 429

Satala, 萨他拉, 450

Satrius Secundus, 萨特留斯, 203

Saturninus, L. Antonius, 萨图尔尼努斯, 389, 416; ~ Aponius, 阿波尼乌斯, 341; ~ Cn. Sentius, 萨图尔尼努斯, 132, 179, 260

Scaevina, Flavius, 斯凯维努斯, 289

Scapula; 见 Ostorius

Scaurianus, D. Terentius, 斯考里阿努斯, 429

Schools, 学校, 598 及以下

Scribonia, 史克里伯尼亚, 46

Scribonius Rufus, 卢弗斯, 24; ~ Proculus, 普罗库路斯, 226, 294

Sculpture, 雕塑, 583 及以下

Scythopolis, 希索波利斯, 369

Sebaste(Samaria), 塞巴斯特, 112

Secundus, Pomponius, 朋波尼乌斯, 231, 240

Segestes, 塞格斯特斯, 134, 170

Segovia, 塞哥维亚, 608

Seiopum, 塞欧普姆, 404, 405

Sejanus, L. Aelius, 塞亚努斯, 183, 191, 196 及以下

Seleucia, 塞琉西亚, 118, 208, 306, 307, 453

Selinus, in Cilicia, 西利西亚之塞利努斯, 454

Semnones, 塞姆诺内人, 178, 548

Senate, 元老院, 帝国下其功能, 30 及以下; 如何进入, 30; 人数, 30; 元老生涯, 31; 委员会, 31; 行政功能, 33; 司法功能, 33, 选举官员之功能, 34, 立法功能, 35, 财政功能, 36; 提比略治下, 190; 盖乌斯治下, 216; 克劳狄治下, 235; 尼禄治下, 299; 韦伯芗治下, 377; 图密善治下, 386 及以下; 涅尔瓦治下, 413; 图拉真治下, 434, 435; 哈德良治下, 510-512; 安东尼治下, 524; 奥里略治下, 537

Senatorial provinces, 元老院之行省, 33

Seneca, 塞涅卡, 父, 212, 223; ~ 子, 238, 246; the Ludus de morte Claudii, 神圣之克劳狄乌斯变瓜记, 256; 放债, 267; 训练尼禄, 274; 为官, 275 及以下; 逝世, 290; 作品, 459 及以下, 568 及以下, 594

Senecio, Claudius, 克劳狄·塞内秋, 278, 288

Septemviri, college of, 七人祭司团, 19

Sequani, 塞广尼人, 294, 359, 365

Serapis, 塞拉皮斯, 520

Serdi, 瑟迪人, 99

Serdica, 瑟迪卡, 430

Servianus, 色维阿努斯, 508, 513, 516, 518, 520, 521

Servilia, 塞尔维利亚, 292

Servilian gardens, 塞尔维利亚花园, 296

Setovia, 塞托维亚, 97

Severus, Cassius, 卡西乌斯·塞维鲁, 161; ~ Catilius, 卡提利乌斯·塞维鲁, 495, 518; ~ Cornelius, 科尼留斯·塞维鲁, 159; ~ Julius, 尤利乌斯·塞维鲁, 508; ~ 建筑师塞维鲁, 286

Seviri(equitum), 骑士队长, 41

Severianus Maximus, 塞维里阿努斯·马克西姆斯, 540

Sextilius Felix, 塞克斯提利乌斯, 360

Sexviri Augustales, 六人团, 67

Sicily, 西西里, 50, 93, 504

Siculus Flaccus, 弗拉库斯, 484

Sido, 西多, 241, 341

Sigimer, 西吉梅尔, 135

Signia, 西格尼亚, 530

Silana Junia, 西拉娜, 277

Silanus, D. Junius(son of C. Appius Silanus and Aemilia Lepida), 西拉努斯与列比妲之子西拉努斯, 288; ~ C. Appius (married) (1) Aemilia Lepida, (2) Domitia Lepida), 与埃米利亚·列比妲以及多米提娅·列比妲成婚之西拉努斯, 246; ~ L. Junius(son of C. Appius Silanus), 西拉努斯之子西拉努斯, 234, 251, 262; ~ Q. Metelius Creticus, (leg. of Syria), 叙利亚总督西拉努斯, 177; ~ M., (proc. of Africa), 阿非利加省长西拉努斯, 210, 220; ~ M., 西拉努斯, 51; ~ M., (son of C. Appius), proc. Asia, 西拉努斯之子亚细亚省长西拉努斯, 275

Silius, C, 西留斯, 167, 172, 184, 198; ~ C., lover of Messalina, 美萨利娜情人西留斯, 247 及以下; ~ Italicus, 西留斯, 470

Silures, 志留人, 264, 266, 268, 398

Silva Caesia, 卡西亚森林, 169

Similis, 西米利斯, 496

Simon, son of Gioras, 鸠拉斯之子西蒙, 371 及以下

Singara, 辛加拉, 451

Singidunum, 辛吉杜努姆, 406

Sinnaces, 辛纳塞斯, 208

Sinope, 西诺普, 107, 440

Siraci, 西拉奇人, 242

Sirmium, 西尔米乌姆, 132

Siscia, 西斯其亚, 96, 500

Slavery, 奴隶制, 436, 527, 529

Slaves, in Italy, 意大利之奴隶, 186, 187, 193; 罗马者, 592 及以下

Sohaemus, 索埃慕斯, 227, 340

Soothsayers, 预言者, 194

Sophon, Lake, 索封湖, 441

Soranus, Barea, 索拉努斯, 291

Soza, 索萨, 242

Spain, 西班牙, 86 及以下, 380, 504

Sparta 斯巴达, 104

Sportula, 赈济品, 595

Statilius Taurus, 陶汝斯, 66, 87, 97, 146

Statius, Papinius, 斯塔提乌斯, 391, 395, 450, 479 及以下

Statius Priscus, 斯塔提乌斯·普里斯库斯, 539

Stella, Arruntius, 斯特拉, 471, 474

Stephanus, 斯特发努斯, 392

Stipendiaria civitas, 须交贡赋之城市, 76

Stipendium, 赋税, 76

Stoicism; and politics, 斯多葛派以及政治 282, 378, 390, 534, 567 及以下

Strabo, 斯特拉波, 122, 162

Subrius Flavius, 弗拉维乌斯, 288, 290

Suetonius Tranquillus, 苏维托尼乌斯·特兰奎鲁斯, 553; ~ Paulinus, 苏维托尼乌斯·保利努斯, 239; 于不列颠, 267 及以下, 332, 334 及以下, 338, 458

Suevians, 苏维人, 125, 176, 241

Suffragatio, 推荐权, 34

Sugambri, 苏甘布里人, 126, 127, 128, 130, 396

Suicide, frequency of, 自杀率, 574

Sulla, Cornelius, 苏拉, 281, 282

Sulpicia, niece of Messalla, 美萨拉之侄女苏尔匹其娅, 156; ~ wife of Calenus, 卡勒努斯之妻苏尔匹其娅, 475

Sumelocenna, 苏美洛申纳, 418

Sunuci, 苏努奇人, 359

Sura, L. Licinius, 素拉, 416, 424, 434, 491

Sura, battle of, 苏拉战役, 541

Susa, 苏萨, 148

Syene, 塞耶尼, 123

Syllaeus, 叙来乌斯, 122

Syracuse, 叙拉古, 93

Syria, 叙利亚, 110 及以下, 134, 178, 380, 432, 541

T

Tacfarinas, 塔克发里纳斯, 182

Tacitus, 塔西佗, Cornelius; on Germanicus, 关于日耳曼尼库斯, 172, 181; 关于提比略, 212, 250, 257, 321, 395;《阿格

里可拉传》, 402;《日耳曼尼亚志》, 418, 419, 439, 478 及以下, 484

Tamfana, 坦法纳, 169

Tampius Flavianus, 弗拉维阿努斯, 341

Tanagra, 塔纳格拉, 104

Tanaus, 塔瑙斯, 399

Tapae, battle of, 86 年塔佩战役, 408; 101 年之役, 423

Tarentum, 塔伦图姆, 300

Tarquitius Priscus, 塔尔奎提乌斯·普里斯库斯, 253, 299

Tarracina, 塔拉奇那, 347

Tarraco, 塔拉哥, 87, 497

Tarraconensis, 塔拉哥纳, 87

Tarsa, 塔尔萨, 185

Taunus, Mt., 陶努斯山, 128, 404

Taxation, 税制, 37, 43, 191, 414

Temples, 庙

~ Apollo (Palatine), 帕拉廷之阿波罗庙, 147, 286

~ Castor, 卡斯托庙, 142

~ Concord, 和谐神庙, 142

~ Diana, 狄安娜庙, 148, 285

~ Divus Antoninus, 安东尼神庙, 582: ~ Augustus, 奥古斯都神庙, 191; ~ Julius, 尤利乌斯神庙, 142; ~

Vespasianus, 韦伯芗神庙, 395

~ Fortuna redux, 返回幸运女神庙, 409

~ Herculis Musarum, 赫丘力斯神殿, 146

~ Janus, 亚努斯神庙, 143, 376

~ Jupiter Capitolinus, 卡庇托之朱庇特神庙, 376, 383, 393; ~ Custos, 庇护者朱庇特庙, 394; ~ Feretrius, 誓约朱庇特庙, 146; ~ Optimus Maximus, 最伟大之朱庇特大神庙, 146; ~ Stator, 支持者朱庇特庙, 147, 285; ~ Tonans, 雷神朱庇特庙, 147①

~ Mars Ultor, 战神之庙, 143

~ Minerva, 密涅瓦庙, 415

~ Peace, 和平女神庙, 379

~ Rome and Venus, 罗马及维纳斯神殿, 496, 515

~ Sacrae Urbis, 圣城神庙, 379

~ Saturn, 农神庙, 142

~ Venus Genetrix, 维纳斯神庙, 143

~ Vesta, 维斯塔神庙, 142, 285, 329

Tencteri, 藤克特里人, 126, 127, 355

Terentia, 特伦提亚, 60

Terentius, M., 特伦提乌斯, 205; ~ Scaurus, 特伦提乌斯·斯考鲁斯, 555

Testimus, 特斯提穆斯, 97

Teutoburg Forest, 条托堡森林, battle of, 其

---

① 原书误植为 148 页。——整理者

索　引

地战役, 135, 136; 其址, 140; 171

Thamesis, R., 泰米西斯河, 261

Theatres, 剧场, 292, 293; 巴尔布斯剧场, 146, 383; 马尔凯路斯剧场, 146; 庞培剧场, 145, 191, 301, 383, 614 及以下

Thenae, 特奈, 504

Thermae: 浴场, 611; 阿格里帕浴场, 145, 383; 素拉浴场, 438; 提图斯浴场, 382; 图拉真浴场, 438

Thespiae, 特斯比埃, 104, 505

Thessalonica, 色萨罗尼卡, 104

Thessaly, 色萨利, 104

Theudosia, 条多西亚, 102

Thrace, 色雷斯, 99 及以下, 184, 227, 241, 430

Thrasea Paetus, 特拉塞亚, 291, 292

Thubursicum, 土布尔西库姆, 183

Thumelicus, 图梅利库斯, 173

"Thundering Legion", "雷鸣军团", 545

Thurinus (Augustus), 图里努斯, 2

Thusnelda, 图斯内尔达, 136, 170, 176

Tiber, 台伯河, 237

Tiberias, 提贝里亚斯, 218, 367, 508

Tiberius (Claudius Nero), 提比略, 皇帝, 8; 出生, 46; 奥古斯都时期之事业, 51 及以下; 雷提亚之征服, 93, 120; 于日耳曼, 130 及以下; 镇压潘诺尼亚叛乱, 132 及以下, 137, 138; 帝制, 164 及以下; 逝世, 210; 性格及政策, 210 及以下; 遗嘱, 215; 未被神化, 同上; 回忆录, 388

Tiberius Alexander, 亚历山大, 367; ~ Gemellus, 提比略·盖美路斯, 209, 214, 215, 220

Tibiscus, R., 提比斯库斯河, 422, 423

Tibullus, Albius, 提布鲁斯, 150, 156

Ticinum, 提其努姆, 334

Tierna, 提尔纳, 418, 429

Tigellinus, Sofonius, 提格利努斯, 281 及以下, 285, 288, 290, 291, 296, 327, 332

Tigranes, king of Armenia, 亚美尼亚王提格拉尼斯, 120

Tigranocerta, 提格拉诺且尔塔, 315, 316, 322

Tineius Rufus, 提内乌斯·卢弗斯, 508

Tingis, 丁吉斯, 89

Tingitana, 廷吉塔纳, 228

Tiridates, grandson of Phraates, 弗拉特斯之孙提里达提斯, 208; ~ brother of Vologeses i., 沃洛吉斯一世之弟提里达提斯, 310 及以下; invested by Nero, 为尼禄授职, 321

Titianus, 提提阿努斯, 334, 336, 338

Titus, 提图斯, 皇帝, 340; 围攻耶路撒冷, 370 及以下, 377, 378, 379; 帝制, 381 及以下, 465

Toga, 长袍, 514

Togodumnus, 托格杜姆努斯, 261

Tolbiacum, 托尔比亚库姆, 362

Tomi, 托米, 100, 430, 499

Torture, 拷问, 其实施, 527

Trachonitis, 特拉科尼提斯, 111

Trajanus, M. Ulpius (father of Emperor), 皇帝之父图拉真, 381

Trajanus, Emperor, 皇帝图拉真, 416; 帝制, 417 及以下; 评注, 427; 性格, 434; 行政, 434 及以下; 逝世, 455

Tranjan's column, 图拉真纪功柱, 427, 585

Trapezus, 特拉佩组斯, 107

Trebellius Maximus, 马克西姆斯, 398

Tres Galliae, 高卢三省, 84, 131

Tresviri capitals, 三名执法官, 39; ~ monetales, 三名铸币官, 39

Treveri (见 Augusta Treverorum 特雷维里, 即 Trier), 184, 294, 326, 356, 357 及以下, 365

Triballi, 特里巴利人, 98

Tribuni aerarii, 国库总长, 42

Tribunate, military, 军事司令官, 41; semestris, 半年之保民官, 42; ~, 保民官, 38

Tribunicia potestas; 保民官权位, 其意义, 6; 于帝制宪法中之重要性, 14; 授予模式, 17, 18; 牵涉之权利, 28, 29, 348, 377, 385

Tribunician year of Emperors, 皇帝之保民官年, 18

Tributum, 赋税, 76

Triclinium, 餐厅, 602

Trinovantes, 特里诺凡特人, 261, 264, 268

Trisantonam, 特里桑托纳姆, 272

Triumphs, decreed by senate, 元老院下令之凯旋礼, 35; posthumous, 身后之凯旋礼, 455

Triumvirate of Caesar (Augustus), 恺撒之三头政治, 8, 9; resigned, 辞职, 10

Troy, game of, 特洛伊竞赛会, 8

Troesmis, 特罗埃斯米斯, 499

Tubantes, 图班特人, 169

Tucca, 图卡, 150, 153

Turbo, Q. Marcius, 图尔波, 454, 495, 496, 499

Turesis, 图雷西斯, 185

Turnus, 图尔努斯, 475

Turones, 图若奈人, 184

Tutela, 保护权, 539

Tutor, Julius, 图托尔, 357 及以下

Tyras, 提拉斯, 109, 300, 499

U

Ubii, 乌比人, 167, 354, 356, 359

Ubiorum, Oppidum, 乌比奥鲁姆, 167, 168;

索 引

见 Colonia Agrippinensis

Ulpia Trajana(Sarmizegethusa)，乌尔匹亚·图拉真，429

Ulpius Marcellus，马尔凯路斯，526

Umbrae，影子，604

Urbicus, Q. Lollius，洛利乌斯·乌尔比库斯，525，578

Usipetes，乌西佩特人，126，127，169

Uspe，乌斯坯，242

Utica，乌提卡，91

V

Vada，瓦达，363

Vahalis，瓦哈利斯，363

Valens, C. Fabius，瓦林斯，331 及以下，343，345，346；~ Manlius，瓦林斯，266

Valentia，瓦伦西亚，85

Valentinus, Julius，瓦伦提努斯，360

Valerius Flaccus，瓦勒里乌斯，372，465，469；~ Maximus，瓦勒里乌斯，211；Paulinus，保利努斯，345①；~ Probus，普罗布斯，461

Valgius，瓦尔吉乌斯，156

Vangio，汪鸠，241

Vangiones，汪鸠尼人，240，360

Vannius，汪尼乌斯，241

Vardanes，瓦尔达尼斯，306 及以下

Varius Rufus, L.，瓦略斯，150，153，158

Varus, Alfenus，瓦鲁斯，152；~ P. Quinctilius，瓦鲁斯，134 及以下

Vascones，瓦斯空人，356

Vatican valley，梵蒂冈谷地，280，287

Vectigal，关税，76，284

Vectis，维克提斯，263

Vehiculatio，差旅税，414

Veiento，维恩托，395，416

Vělěda，魏勒妲，359，364

Veleia，维雷亚，437

Vellaeus, P.，维莱乌斯，184

Velleius Paterculus，维雷乌斯·帕特库鲁斯，209，211

Venta Belgarum，文塔，270

Venta Icenorum，伊凯尼镇，269

Venutius，维努提乌斯，266

Veranius，维拉尼乌斯，266，267

Verax，维拉克斯，363

Verginius Rufus，维尔吉尼乌斯，295，325，337，365

Verona，维洛纳，342，343

Verritus，维里图斯，301

Verulamium，维鲁拉米乌姆，261，266，268

Verus, Emperor，皇帝维鲁斯，518，523，

---

① 原书误植为 344 页。——整理者

531, 532; Augustus, 奥古斯都, 536, 539, 540 及以下, 544

Verus, L. Ceionius Commodus (Caesar), 维鲁斯, 515, 517; ~ M. Annius; 见 Marcus Aurelius

Vesontio, 维松提奥, 295

Vespasian, Emperor, 皇帝韦伯芗, 260, 261, 263, 339, 340, 347, 348, 365, 366; in Judea, 于犹太, 369; principate, 帝制, 375 及以下, 404, 406, 407, 465

Vespasian, son of 克雷门斯之子韦伯芗, 390

Vestinus, L., 维斯提努斯, 376

Vestricius Spurinna, 斯普林纳, 332, 333, 416

Vesuvius, 维苏威, 383, 471

Vetera; 见 Castra Vetera

Veterans, settlement in Italy、Gaul &c, 意大利、高卢及他处之除役军人殖民地, 5, 69

Vettius Bolanus, 波拉努斯, 398; ~ Valens, 瓦林斯, 250

Vetus, L., 维图斯, 300

Vexilla, vexillarii, 军旗老兵, 69

Vezinas, 维西纳斯, 408

Via Claudia Aug., 克劳狄大道, 240

Via Trajana, 图拉真大道, 437

Vibidia, 维比迪亚, 250

Vibius Marsus, 马尔苏斯, 243, 307; ~ Maximus, 马克西姆斯, 467; ~ Serenus, 塞雷努斯, 192

Vicesima hereditatum, 遗产税, 436, 513

Vicetia, 维琴查, 342

Vici, 小区, 65

Victorinus, C. Aufidius, 盖乌斯·奥菲迪乌斯·维克托里努斯, 543; ~ Furious, 弗里乌斯·维克托里努斯, 543

Vienna, 维恩纳, 85, 294, 331

Vigiles, 消防人员, 65

Vigintivirate, 二十人团, 31, 39

Villas, Roman, 罗马别墅, 602

Viminacium, 维米纳休姆, 422, 423

Vindelicia, 文德利奇亚, 93

Vindex, Julius, 文德克斯, 294, 295, 365; ~ M. Macrinius, 文德克斯, 545

Vindobona, 文多波纳, 500, 545, 549

Vindonissa, 文多尼萨, 95, 128, 354, 404

Vinicianus, L. Annius, 维尼奇阿努斯, 226, 234

Vinicius, M., 维尼丘斯, 131, 209

Vinius, T., 维尼乌斯, 295

Violentilla, 维欧棱提拉, 472, 474

Vipsania Agrippina, 阿格里皮娜, 51

Vipsanius Laenas, 莱纳斯, 299

Vipstanus Messalla, 美萨拉, 467

Vir clarissimus; *eminentissimus*; &c, 最显

赫, 538

Virgil, 维吉尔, 50, 150, 151 及以下, 469, 470

Viroconium, 维洛科尼乌姆, 264, 272

Visurgis, R., 维苏尔吉斯河, 127 及以下

Vitellius, Emperor, 皇帝维特利乌斯, 329 及以下; 其治, 337 及以下

Vitellius, L. 维特利乌斯, 于东方, 206, 207, 306; 监察权, 235, 251, 262; ~ L., 皇帝之弟维特利乌斯, 345, 347

Vitruvius, 维特鲁威, 161

Vocula, Dillius, 沃库拉, 355 及以下

Volandum, 伏兰杜姆, 314

Volcae, 弗尔凯, 83

Vologeses i, 沃洛吉斯一世, 297, 308 及以下, 380, 540 及以下

Vologeses iv, 沃洛吉斯四世, 525

Volusius Maecianus 麦基阿努斯, 526; ~ Proculus, 普罗库路斯, 289

Vonones, 沃诺尼斯, 177, 206; ~ ii, 沃诺尼斯二世, 308

Vota, public, for Emperors, 皇帝公开之誓, 21

W

Watling Street, 瓦特灵街, 270

Women, 妇女; 帝国时其仪态与道德, 595, 596, 612, 616, 623

X

Xenophon, 色诺芬, 医生, 255

Y

Yemen, 也门, 122

Z

Zama Regia, 扎马雷吉亚, 504

Zeno of Pontus, 本都之芝诺, 178; ~ stoic, 斯多葛芝诺, 567

Zenobia, 芝诺比娅, 311

Zenodorus of Abila, 阿比拉王芝诺多鲁斯, 111

Zeugma, 组格马, 317, 541

Zion, 锡安, 370 及以下

安东尼·皮乌斯钱币,显示其神化时之火葬堆

后 记

《罗马史：从奥古斯都建立至奥里略去世》一书，系台湾师范大学历史系故曾祥和教授迻译英人伯里（John Bagnell Bury, 1861—1927）教授所著之 *A HISTORY OF THE ROMAN EMPIRE FROM ITS FOUNDATION TO THE DEATH OF MARCUS AURELIUS:27 BC－180 AD*（1900年第三版，伦敦约翰·莫瑞出版社）者也。古代罗马贵族喜著作历史，凡战争、政事、人物掌故，留于纸草碑石者，犹足以供今人治史所取材，伯里之书，其著者也。全书依帝王在位顺序，叙述其朝局变异、疆场进退，兼述文学艺术，叙事生动，析论精辟。甫问世，风行上庠。然百余年来，不见有译为中文者。曾教授于讲课之余，独从事于此。惜赋性谦慎，未尝以稿示人。二〇一三年，弃其笔砚。其爱女沈念祖以德美尝侍曾教授之门，请董理其遗稿。原书共三十一章，而译稿自第二十五章第三节前半以后，尚未完成。为能呈现伯里本书全貌，德美补译该节后半及第四节。念祖则译第二十六至三十一章及各章附录，全书译文复经"中央研究院"近代史研究所陆宝千教授润色。曾教授以文言体译伯里之书，达意而传神。于严又陵、林南琴之外，别具一格。借其妙笔而进展罗马帝国之盛衰于国人眼前，洵盛事也，亦其遗惠也，敬感而为之记。

附　识

一、曾祥和教授，1920年出生于北平，2013年于台北去世。1937—1943年就读中央大学史学系及历史研究所，1943年起先后任教四川白沙国立女子师范学院史地系、台湾师范大学历史系、台湾大学、辅仁大学、东吴大学、文化大学、铭传大学等校之西洋上古史、西洋中古史等课程，直至2008年方完全退休，任教年资长逾一甲子。

二、曾教授约于60年前翻译本书，若干专有名词之翻译已与现在通行者有出入，我等于已约定俗成之专有名词继续沿用，旧译与现在用法不同者，尽量改为今日常用者。主要根据迈克尔·格兰特（Michael Grant, 1914—2004）著 *History of Rome*（London: Faber and Faber, 1993），王乃新、郝际陶译《罗马史》（上海：上海人民出版社，2008），与王焕生著《古罗马文学史》（北京：人民文学出版社，2006）二书之翻译。专有名词初见时，尽量附上原文，若为一般名词或文句之原文，则予省略。保留原书所附地图与图片，以利参考。

2021年6月
刘德美　沈念祖
谨记

整理《罗马史》感言

儿时的记忆有欢声笑语，有温雨柔风，有纯净蓝天中的白云，但是往往没有年月。在我上小学后期，妈妈宣布她承诺翻译一本罗马史。不清楚翻译何书，只知道需要订约，还记得这件事让妈妈很高兴。长成后才了解妈妈为她的婚姻做出许多牺牲，其中一事就是需要赚钱贴补家用，但是得回避爸爸参与审核的研究补助，不能申请这些经费，只好四处兼课，日夜奔波，也就无暇著述。终于在爸爸身体康健而我稍长时，才有空闲做点学术工作。妈妈在家连一张书桌都没有，如何写作呢？当然是等我们父女安睡之后，牺牲睡眠而为。

1965年秋，我上初中，爸爸在推辞三年之后，终于答应去西柏林的自由大学主持新设的东方研究部门，虽然颇受学生欢迎及同事礼遇，但一年后坚持返台。我们正欢庆一家团聚，爸爸却于不久后罹患肺癌。我清晰记得妈妈带着我在烈日下、飞扬的尘土中等待公交车，奔走各处请教医学方面的高人，悲苦焦虑。爸爸住院治疗期间，妈妈一下课就直奔石牌的荣民总医院，无法关注罗马史。爸爸病愈后身体大不如前，历经十年多直至辞世，一直是妈妈最娇的老小孩！妈妈也彻底放弃了除教书以外的一切活动，曾带我去见齐邦媛女士，向她解释不能完成罗马史译著的苦衷，并深深致歉。我在一旁，感到妈妈的无奈与心痛，随着年岁的增长，更能理解她的抉择与牺牲。我从来不知道妈妈这本译著做了多少，这是一件我们之间永远不想再提的事。

妈妈一生从未抱怨过自己先天不健全的心脏，或是多年积劳而至晚年显现的不良状况，"只要我一早还醒得来，就想着今天怎么快乐而有意义地过！"妈妈总是如此说。她缅怀过世的亲人，希望继续写些"小文章"，发抒自己的观感。

妈妈常对我讲："留下些东西也好纪念你的外公外婆。""没精力查资料了，历史书是作不了啦！"这是妈妈的遗憾。妈妈一生奉献杏坛，直到八十多岁才完全退休，九十高龄出版了《西洋民主政治的治乱兴衰》。我们兴致勃勃地商量着，如何在我退休后帮她整理家中堆积了六十多年的著作稿件。"我写写对很多事物的想法，都是短文，你来打字；至于我以前学术方面的稿子嘛，刘德美说她可以帮忙。"在妈妈去世前几年，我时常听她提及刘德美的大名，还提及"对我很好，以前师大的学生，而后来成朋友的还有沈怀玉、魏秀梅，你回来就能大家见面，快退休吧！"

妈妈向来不认为师生关系有什么特别，她常说："大学里学生多半无法选择老师，这种关系往往不是自愿。学生毕业后还愿意和我往来，那就是朋友，这是最珍贵的情谊。"以上提到的大姊们正是妈妈如此的良友，我热切期待见到她们。遗憾的是，在我正式退休的前一天，2013 年 4 月 24 日，妈妈于台北市青田街寄寓六十多年的老屋中安详地在梦中离去。我带着不能置信的悲痛回台奔丧，在妈妈的告别式中见到她时常提及的这几位好朋友，已经没有妈妈从中的介绍，只有相对的泪眼。

青田街的老屋要在三个月内交还台大，超过一甲子的东西清捡不易，幸有老友不惮暑热来帮忙，我们发现其中有妈妈的罗马史译稿。读者见到的这本译著是妈妈、德美姊与我合作完成，能够付梓，我对德美姊的感谢非言语可表。德美姊说："我答应过老师要帮她忙的。"这君子一诺跨越了生死！妈妈对自己的婚姻有"一诺何止千万金"之语，而德美姊的许诺亦如是。迟了半个多世纪，罗马史译著终于问世，其中涵盖的无比情谊，缺憾之美，正是妈妈人生的写照！

沈念祖

2021 年 4 月